IRAN

Islamischer Staat und jahrtausendealte Kultur

Peter Kerber

Trescher Verlag

2., aktualisierte und erweiterte Auflage 2013

Trescher Verlag
Reinhardtstr. 9
10117 Berlin
www.trescher-verlag.de

ISBN 978-3-89794-233-2

Herausgegeben von Detlev von Oppeln und
Bernd Schwenkros

Reihenentwurf und Gesamtgestaltung:
Bernd Chill
Gestaltung, Satz und Bildbearbeitung:
Ulla Nickl
Lektorat: Sabine Fach
Stadtpläne und Karten: Johann Maria Just,
Martin Kapp

Gedruckt auf chlorfrei gebleichtem Papier

Printed in Germany

Alle Angaben in diesem Reiseführer wurden sorgfältig recherchiert und überprüft. Dennoch können aktuelle Entwicklungen vor Ort dazu führen, dass einzelne Informationen unvollständig oder nicht mehr korrekt sind. Gerne nehmen wir dazu Ihre Hinweise und Anregungen entgegen. Bitte schreiben Sie an: **post@trescher-verlag.de**

Der Norden 180

Vorwort

Des Lebens Karawane zieht so schnell dahin
und jeder Tag ohne Freud' ist ewiger Verlust.

Omar Khayyam

Der Iran oder Persien, wie das Land bis 1935 hieß, gehört zu den zentralen Ländern an der ehemaligen Seidenstraße. Hier trafen sich viele Kulturen und brachten eine der ältesten Zivilisationen der Menschheit hervor. Wiederholt integrierten sich Angehörige der verschiedensten Völker: Griechen, Araber, Seldschuken, Turkmenen, Mongolen, Armenier und andere. Bedeutende Reisende durchquerten den Iran wie Marco Polo, Sven Hedin und der Wüstenforscher Alfons Gabriel.

Der Iran war und ist ein Land der Gegensätze, nicht nur im politischen und sozialen Sinne. Seine teilweise grandiosen Landschaften reichen von ewigem Schnee bis zu subtropischen Küsten, von heißen Wüsten bis zu gemäßigten Regionen mit üppiger Vegetation. Die moderne Metropole Teheran mit über neun Millionen Einwohnern, Hochhäusern, Schnellstraßen und drei Millionen zugelassenen Fahrzeugen kontrastiert besonders mit Isfahan und Yazd, deren Zentren noch einheitliche orientalische Stadtbilder bieten.

Die Iraner unterscheiden sich nicht nur durch die vorherrschende schiitische Glaubensrichtung von den mehrheitlich sunnitischen Arabern, sondern auch dadurch, dass Farsi zu den indogermanischen Sprachen gehört. Bei Gebildeten gibt es eine weitverbreitete Rückbesinnung auf die vorislamische Geschichte. Man ist sich bewusst, dass Persien vor 2400 Jahren eine religiös tolerante Weltmacht war und von Indien bis Ägypten herrschte. Nach der arabischen Eroberung gab es einen nachhaltigen persischen Einfluss auf islamische Kultur und Architektur.

Die Religiosität im Iran ist augenfällig, aber selten fanatisch. Bis auf die innersten Bezirke der drei schiitischen Hauptheiligtümer in Mashhad, Qom und Shiraz können Reisende alle Moscheen besuchen und deren Architektur bewundern.

Wegen sich verändernder Reisetrends wird in diesem Buch auch auf den sich entwickelnden Individualtourismus eingegangen und unter den Städte-Infos auch auf die Hotels verwiesen, welche Fernreisende bevorzugt benützen.

Im Land kann man sich entgegen dem negativen Image, das primär auf die Verdächtigungen bei der Nuklearanreicherung, die Gegnerschaft zu Israel und den USA sowie die provokante Rhetorik des iranischen Präsidenten zurückgeht, als Tourist sicher bewegen. Solange Verhandlungsmöglichkeiten bestehen, sind militärische Auseinandersetzungen relativ unwahrscheinlich. Da mitteleuropäische Länder in Iran keine kolonialen Bestrebungen hatten und ihre Ingenieure und Kaufleute beim industriellen Aufbau mithalfen, ist gegenüber deutschsprachigen Touristen immer noch Sympathie spürbar. Unabhängig davon wird man generell von der Freundlichkeit und Aufgeschlossenheit der Bevölkerung beeindruckt sein.

Das Sheikh-Safi-Heiligtum in Ardebil

Hinweise zur Benutzung

Schreibweisen

Die unterschiedlichen Schreibweisen für iranische Eigennamen, die sich in der Literatur finden (Täbris - Tabriz, Kerman - Kirman, Urmia - Orumiyeh, Kaschan - Keshan und andere), sind darauf zurückzuführen, dass für Persisch die arabische Schrift verwendet wird, die im Buch- und Zeitungsdruck ohne die Kurzvokale a, e, o und u auskommt.

Die Wiedergabe in diesem Buch entspricht der im Iran üblichen Anwendung lateinischer Schrift für Straßenschilder, Landkarten, Literatur und Sehenswürdigkeiten. Diese folgt der UN-Empfehlung von 1972, die auch im Internet für Persisch am häufigsten Verwendung findet.

Abweichungen von der üblichen deutschen Aussprache ergeben sich bei dieser Transliteration in folgenden Fällen:

Buchstaben	**Aussprache**
ch	tsch
gh und q	˜g (Rachenlaut zwischen g und r)
j	dsch
kh	ch
sh	sch
v	w
y	j
z	s (weich gesprochen)
zh	sch (weich und stimmhaft gesprochen)

Auch hinter den deutschen Namen der Sehenswürdigkeiten folgen in Klammern die persischen Bezeichnungen in dieser Umschrift, damit Sie notfalls nach ihnen fragen könnten. **Bitte beachten Sie die obigen Aussprachehinweise und insbesondere, dass ›ch‹ als ›TSCH‹, ›j‹ als ›DSCH‹, ›kh‹ als ›CH‹ und ›Z‹ als weiches ›S‹ ausgesprochen werden, sonst wären Sie nicht zu verstehen.**

Jahreszahlen aus verschiedenen Quellen differieren manchmal um ein Jahr, da der Jahresanfang des persischen Kalenders von dem des gregorianischen Kalender um drei Monate abweicht.

Häufig vorkommende Begriffe

Bolvar	Boulevard
Bozorgrah	Schnellstraße
Chaharrah	Kreuzung
Kh./Khiaban	Straße
Kuche	Gasse
Meydan	Platz
Muze	Museum
Imamzadeh	moslemisches Heiligtum
Madrese	theologische Hochschule
Masjed	Moschee
Qaleh	Festung, Burg
Bagh	Garten, Park
Rud	Fluss
Kuh	Berg

Für weitere Begriffe, die z. B. in Adressangaben auftauchen → S. 154.

Teppich im Safi-Heiligtum in Ardebil

Taubentürme bei Ezhyeh in der Provinz Isfahan

Hotelbewertungen

Um auf einen Blick sehen zu können, ob Qualität und Preis in angemessenem Verhältnis stehen, wurde nach folgendem Schema bewertet. Q5/P4 würde beispielsweise auf ein gutes Preis-Leistungs-Verhältnis hinweisen.

Qualität	Preisstufe	Preise in Euro pro DZ
Q5 - sehr hoch	P5 - sehr hoch	P5 - über 100
Q4 - hoch	P4 - hoch	P4 - 80 bis 100
Q3 - gut	P3 - mittel bis hoch	P3 - 60 bis 80
Q2 - befriedigend	P2 - mittel	P2 - 40 bis 60
Q1 - moderat	P1 - niedrig bis mittel	P1 - 30 bis 40
Q0 - gering	P0 - niedrig	P0 - 20 bis 30
Q0a - mäßig	P0a - sehr günstig	P0a -15 bis 20
Q0b - anspruchslos	P0b - minimal	P0b - unter 15

Zeichenlegende

- Allgemeine Informationen, Reisebüros, Stadtführer
- Banken, Wechselstuben
- Internetcafés
- Flughäfen
- Bahnverbindungen
- Busverbindungen
- Schiffsverbindungen
- Taxi-Informationen
- Hotels und Pensionen
- Restaurants und Cafés
- Museen
- Einkaufsmöglichkeiten

Das Wichtigste in Kürze

Einreise

Für Reisen in den Iran wird ein Visum benötigt. Dieses ist bei der iranischen Botschaft in Berlin oder den Konsulaten in Frankfurt, Hamburg oder München zu beantragen. Das hierzu erforderliche Antragsformular kann man von der Website der Iranischen Botschaft oder des betreffenden Konsulats herunterladen.

Kleidung

Die im Lande üblichen islamischen Kleidungsregeln müssen beachtet werden (bereits beim Einsteigen in ein iranisches Flugzeug). Herren tragen keine kurzen Hosen. Damen tragen ein Kopftuch, das die Haare bedeckt. Da die Körperformen verhüllt sein sollen, tragen Frauen knöchellange Hosen und eine bis zur halben Oberschenkellänge reichende, nicht taillierte Jacke oder einen kurzen Staubmantel und geschlossene Schuhe. Falls man innerhalb des Trauermonats Moharram oder des Fastenmonats Ramadan (pers. Ramazan) reist, wird empfohlen, Kleidung in gedeckten Farben auszuwählen.

Frauen in Abyaneh

Verhalten

Traditionen und religiöses Verständnis erfordern Zurückhaltung im Umgang zwischen Männern und Frauen. Beispielsweise sollten Männer bei Begrüßungen von einheimischen Frauen kein Händeschütteln anbieten.
Nicht-Moslems dürfen religiöse Stätten bis auf die inneren Bezirke der schiitischen Heiligtümer in Mashhad, Qom und Shiraz betreten.

Geld

Die Landeswährung ist der Rial (IRR). 10-Rial-Einheiten werden in der Umgangssprache Tuman genannt. Da Zahlungen mit Schecks und Kreditkarten nur sehr bedingt möglich sind, sollte man Bargeld in Euro mitnehmen. Es wird empfohlen, dies nur bei Banken, z.B. bei der Einreise am Flughafen einzutauschen. Anfang 2013 bekam man für 1 Euro ca. 30 000 Rials.

Sicherheit

Iran ist ein überdurchschnittlich sicheres Land, auch für allein reisende Damen. Trotzdem sollte man mit Reisepapieren und Geld vorsichtig umgehen, da Diebstähle vorkommen können. Von Reisen in die Grenzgebiete mit Afghanistan, Pakistan und Irak wird abgeraten.

Strafrechtliche Vorschriften

Die Einfuhr von Alkoholika ist verboten. Alkoholgenuss ist untersagt, zieht aber bei Nicht-Moslems keine Strafen nach sich. Von jeglichem Rauschgiftgenuss wird abgeraten. Sexuelle Kontakte sind für Moslems nur in der Ehe erlaubt. Bei

Nusshändler auf dem Basar von Saveh

sexuellen Kontakten eines Nicht-Moslems mit einer moslemischen Frau und homosexuellen Kontakten mit Moslems drohen schwere Strafen bis zur Todesstrafe.

Reisen im Land

Es gibt ein gutes und preiswertes Netz an Fluglinien, Überland- und Minibussen und Savari-Sammeltaxen für Kurzstrekken. Taxi-Einzelfahrten sind natürlich möglich. Für sie benützt man den Ausdruck ›dar baste‹, d.h. bei ›geschlossener Tür‹ fahren. Züge sind langsam, aber besonders günstig. PKWs und Geländewagen (mit Fahrer) können vielerorts gemietet werden. Die meisten Zentren Irans sind durch Autobahnen verbunden, und asphaltierte Straßen führen bis zu den entlegensten Dörfern.

Gesundheit

Wenn man die üblichen Hygieneregeln beachtet, treten Magenverstimmungen nur selten auf. Es ist empfehlenswert, sowohl Salate und Kräuter als auch Hackfleischgerichte nur in guten Restaurants zu essen. In Teheran, Isfahan und anderen Großstädten kann man Trinkwasser ohne Risiko verwenden.

Für Reisen in den Iran sind keine Impfungen vorgeschrieben. Im Südosten des Landes und am Persischen Golf kann Malaria auftreten. Es gibt gute Krankenhäuser und ausgezeichnete Ärzte. Für die Reise sollte eine Auslandskrankenversicherung abgeschlossen werden.

Fotografieren

Grundsätzlich darf – bei entsprechender Rücksichtnahme – alles fotografiert oder gefilmt werden. Ein Fotoverbot besteht bei militärischen, behördlichen oder verkehrstechnisch bedeutenden Anlagen. Einschränkungen der Fotogenehmigung kann es bei einigen religiösen Stätten geben.

Telefon

Das Telefonnetz ist gut ausgebaut. Iran besitzt ein landeseigenes Mobil-Telefonnetz, mit dem verschiedene deutsche Netzbetreiber Verträge haben.

Die **Polizei** ist landesweit unter Tel. 110 zu erreichen.

Landesvorwahl für Iran: 00 98, für Deutschland: 00 49.

Zentrale **Notrufnummer** zum Sperren von EC-, Kredit- und Handykarten: 00 49/116 116.

Unterkunft

Seit 30 Jahren sind keine internationalen Hotelketten mehr im Iran tätig. Da es nur einheimische Konkurrenz gibt und viele Hotels in staatlicher Hand sind, entspricht die Qualität nicht den kategoriemäßigen internationalen Ansprüchen, sondern ist etwa einen Stern niedriger anzusetzen. Die Preise sind aber dem etwas niedrigeren Niveau angemessen. Für ein Doppelzimmer in einem guten 3-Sterne-Hotel zahlt man knapp 70 Euro.

Verständigung

Wer kein Persisch spricht, ist auf Englisch angewiesen, das aber in größeren Städten von relativ vielen jungen Leuten gesprochen wird. In Hotels unterhalb der 3-Sterne Kategorie wird es aber häufig schwierig. Über die örtlichen Tourismus-Büros oder Reiseveranstalter findet man auch deutschsprachige Reiseführer. Die Straßenbeschilderung ist überwiegend zweisprachig, in Persisch, das mit arabischen Buchstaben geschrieben wird, und in der in diesem Buch verwendeten Umschrift in lateinischen Buchstaben.

Ausführliche Informationen in den Reisetipps von A bis Z ab → S. 540 sowie für Individualreisende ab → S. 546.

Routenvorschläge

Die empfohlenen Übernachtungsorte sind fett gedruckt.

8 Tage

Teheran - **Shiraz (Flug)** - Persepolis - **Yazd** - **Isfahan** - **Teheran**

16 Tage (Sehenswürdigkeitean und Natur)

Teheran - **Hamadan** - Kangavar - Bisotun - T. Bostan - **Kermanshah** - Susa - Chogha Zanbil - **Ahvaz** - Bishapur - **Shiraz** - Persepolis - Naqsh-e Rostam - Pasargadae - **Kerman** - Mahan - **Yazd** - Nain - **Isfahan** - Natanz - **Abyaneh** oder Wüstencamp **Matinabad** - Kashan - Qom - **Teheran**

Rast auf einer Wüstentour

15 Tage (Norden/Sehenswürdigkeiten und Natur)

Teheran - Alamut-Tal - **Qazvin** - Soltaniyeh - Zanjan - Takht-e Soleiman Feuertempel - **Takab** - Maragheh - Kandovan - **Tabriz** - Thaddäuskloster - **Tabriz** - Nordroute um das Sabalan-Gebirge - **Ardebil** - Straße durch den kaspischen Wald von Khalkhal nach Asalem - **Bandar-e Anzali** - Mordab-Lagune - Masouleh - **Teheran** - Damghan - Shahrud - **Bastam** - Forumad - Neyshabur - **Mashhad** (Flug) - **Teheran**

12 Tage (Süden/Sehenswürdigkeiten und Natur)

Teheran - **Shiraz** (Flug) - Firuzabad - Konar-Siah-Feuertempel - **Lar** - **Bandar Abbas** - Minab (Donnerstagsmarkt) - **Insel Qeshm** (vor allem für Naturfreunde sehr empfehlenswert) - Insel Hormuz - **Bandar Abbas** (Flug) - **Insel Kish** (Flug) - **Teheran**

Entfernungstabelle

	Ahvaz	Ardebil	Band. Abbas	Gorgan	Hamedan	Isfahan	Kashan	Kerman	Kermanshah	Mashhad	Orumiyeh	Qom	Shiraz	Tabriz	Teheran	Yazd	Zahedan	Zanjan
Zanjan	967	377	1653	716	329	757	565	1357	414	1213	588	451	1243	280	319	996	1886	
Zahedan	1759	2158	743	1520	1654	1190	1261	529	1817	951	2264	1375	1100	2166	1567	890		1886
Yazd	1081	1268	657	1074	734	300	371	361	953	922	1374	485	425	1276	970		890	996
Teheran	874	591	1334	397	337	439	246	1038	526	894	907	132	924	599		970	1567	319
Tabriz	1075	219	1933	996	609	1038	845	1637	588	1493	308	731	1523		599	1276	2166	280
Shiraz	565	1515	619	1321	949	485	667	571	1112	1374	1559	764		1523	924	425	1100	1243
Qom	715	723	1142	529	289	279	114	846	499	1026	1039		764	731	132	485	1375	451
Orumiyeh	1064	527	2026	1304	610	1074	1153	1735	582	1801		1039	1559	308	907	1374	2264	588
Mashhad	1768	1333	1374	569	1231	1222	1140	889	1420		1801	1026	1374	1493	894	922	951	1213
Kermanshah	487	791	1769	923	189	653	595	1288		1420	582	499	1112	588	526	953	1817	414
Kerman	1230	1629	485	1435	1125	661	732		1288	889	1735	846	571	10637	1038	361	529	1357
Kashan	926	837	1028	643	403	182		732	595	1140	1153	114	667	845	246	371	1261	565
Isfahan	745	1030	975	836	464		182	661	653	1222	1074	279	485	1038	439	300	1190	757
Hamedan	638	667	1421	734		464	403	1125	189	1231	610	289	949	609	337	734	1654	329
Gorgan	1271	764	1731		734	836	643	1435	923	569	1304	529	1321	996	397	1074	1520	716
Bandar Abbas	1278	1925		1731	1421	975	1028	485	1769	1374	2026	1142	619	1933	1334	657	743	1653
Ardebil	1305		1925	764	667	1030	837	1629	791	1333	527	723	1515	219	591	1268	2158	377
Ahvaz		1305	1278	1271	638	745	926	1230	487	1768	1064	715	565	1075	874	1081	1759	967

Herrlich ist der Orient
übers Mittelmeer gedrungen
nur wer Hafis liebt und kennt
weiß was Calderon gesungen.
Wer sich selbst und andre kennt
wird auch hier erkennen
Orient und Okzident
sind nicht mehr zu trennen.

Goethe, West-östlicher Divan

LAND UND LEUTE

Der Iran im Überblick

Name: Islamische Republik Iran/Jomhuri-ye Eslami-ye Iran.

Sprachen: Persisch (Farsi, Amtssprache), Aserisch, Kurdisch, Lurisch, Gilaki u.a.

Alphabet: Arabisch mit einigen zusätzlichen Buchstaben.

Fläche: 1 648 000 Quadratkilometer (etwa 4,5 mal größer als Deutschland), davon 55 % Wüste und Steppe, 20 % Weideland, 12 % Agrarland, 8 % Wald, 5 % Städte.

Hauptstadt: Teheran (9 Mio, 16 Mio Großraum).

Große Städte: Mashhad (2,4 Mio), Isfahan (1,6 Mio), Karaj (1,4 Mio), Tabriz (1,4 Mio), Shiraz (1,2 Mio), Ahvaz (1 Mio), Qom (960 000), Orumiyeh (580 000), Rasht (560 000)

Staatsgrenzen mit: Irak, Türkei, Armenien, Aserbaidschan, Turkmenistan, Afghanistan, Pakistan.

Höchste Erhebung: Damavand (5671 m) im Elburz-Gebirge östlich Teherans.

Längste Flüsse: Karun, 830 km, mündet in den Arvand Rud am Persischen Golf, Sefid Rud, 720 km, mündet in das Kaspische Meer.

Klima: gemäßigt im Nordwesten, feuchtwarm am Kaspischen Meer, arid im Landesinnern, alpin in den höheren Lagen der Elburz- und Zagros-Gebirge, subtropisch am Persischen Golf.

Einwohnerzahl: 77 Millionen (Stand 2012), davon sind 50 % unter 35 Jahre alt.

Bevölkerungsdichte: 45,5 Einwohner pro Quadratkilometer.

Bevölkerungswachstum: 1,8 % jährlich.

Bevölkerung: Perser, Aseri, Kurden, Luren, Mazanderaner, Gilaken, Turkmenen, Qashqais, Belutschen, Araber u.a.

Lebenserwartung: 71 Jahre.

Stadt-/Landbevölkerung: 70:30.

Religion: 89 % Schiiten, 9 % Sunniten, 0,6 % Yaresan oder Ahl-e Haqq (Schätzung), 0,4 % Bahai (Schätzung), 0,2 % Christen, 0,02 % Zoroastrier, 0,02 % Juden.

Alphabetisierungsrate: 84 %.

Staatsoberhaupt: Oberster religiöser Führer: Ayatollah Ali Khamenei (auf Lebenszeit).

Präsident: Mahmud Ahmadinejad (Wiederwahl im Juni 2009 für vier Jahre).

Parlament: Majlis, für vier Jahre gewähltes Einkammerparlament mit 290 Sitzen; die Kandidaten werden vom Wächterrat zugelassen; letzte Wahlen am 2. März 2012.

Mitgliedschaft in internationalen Organisationen: Vereinte Nationen, OPEC, OIC (Organisation der Islamischen Konferenz), G24, IAEA, IMF, WHO, UNESCO.

UNESCO-Weltkulturerbe: Ardebil (Safi-Heiligtum), Bam, Bisotun, Chogha Zanbil, Isfahan (Imam-Platz Ensemble), Pasargadae, Persepolis, Persische Gärten (neun), Shushtar (Bewässerungssysteme), Soltaniyeh (Mausoleum), Tabriz (Basar), Takht-e Soleiman (Feuertempel), Armenische Klöster (zwei), Isfahan (Jame Moschee), Gonbad-e Kavus (Grabturm)

Landeswährung: Rial (IRR).

BIP-pro-Kopf: 5400 USD (geschätzt 2011).

Inflationsrate 2011: 16,3 %.

Arbeitslosigkeit 2010: 13,2 % (gesamt), 23,01 % (15–24 Jährige).

Zeitzone: MEZ + 2,5 Stunden.

Nationalfeiertag: 1. April (Gründung der Islamischen Republik im Jahre 1979).

Autokennzeichen: IR.

Vorwahl: +98.

Internetkennung: ir.

Geographie

Der Iran liegt im Mittleren Osten und ist umgeben von der Türkei, dem Irak, Pakistan, Afghanistan, Turkmenistan, Aserbaidschan und Armenien. Im Norden wird er vom Kaspischen Meer und im Süden vom Persischen Golf begrenzt. Durch diese Mittellage zwischen Asien und Europa ist der Iran ein traditionelles Durchgangsland.

Das Staatsgebiet umfasst 1 648 000 Quadratkilometer. Seinen längsten Grenzabschnitt von etwa 1605 Kilometern hat es mit dem Irak und den kürzesten von 48 Kilometern mit Armenien. Der Iran ist etwa viereinhalb mal größer als Deutschland. Die Strecke zwischen Tabriz im Norden und Chabahar am Persischen Golf beträgt 2500 Kilometer und entspricht der Entfernung von Dänemark bis Sizilien. Die Hauptstadt Teheran befindet sich auf dem gleichen Breitengrad wie Kreta oder Gibraltar und etliche Längengrade östlich von Moskau.

Landschaften

Auffallend sind die unterschiedlichen Landschaftsformen. Im Norden erstreckt sich ein feuchter fruchtbarer Küstenstreifen am Kaspischen Meer, das 27 Meter unter normalem Meeresspiegel liegt. In seiner gesamten Länge wird dieser oft nur wenige Kilometer breite Küstensaum vom Elburz-Gebirge mit der höchsten Erhebung Irans, dem laut neuester offizieller Angabe 5610 Meter hohen Damavand, abgeriegelt. Damit bildet dieses Gebirgsmassiv eine Klimascheide zum wesentlich trockeneren zentraliranischen Hochland, das mit etwa 800 000 Quadratkilometern die Fläche der Türkei übertrifft.

Das auf durchschnittlich 1100 Metern Höhe gelegene Hochland wird im Süden und Westen von den bis 300 Kilometer breiten und bis 4540 Meter hohen Zagros-Gebirgsketten, dem Sabalan-Gebirge und im Osten von zahlreichen

Die Mordab-Lagune mit dem Elburz-Gebirge

weiteren Gebirgszügen eingefasst. Dadurch bildet es einen abgeschlossenen Bereich, in dessem zentralen Becken die Flüsse in Morasten versickern oder in Salzpfannen verdunsten.

Die fruchtbaren Gebiete des Hochlands haben die meisten bedeutenden Städte Irans hervorgebracht wie Teheran, Mashhad, Tabriz, Isfahan, Shiraz, Yazd, Kerman, Hamadan, Kermanshah und andere.

Hier befinden sich aber auch die großen Wüstengebiete der Dasht-e Kavir im Nordosten und der Dasht-e Lut im Osten. Die Dasht-e Kavir besteht im wesentlichen aus Salzsümpfen und Geröll. Die Dasht-e Lut bietet faszinierende Landschaften mit Yardang-Gebieten (Persisch: Kalut). Diese sind von Winden abgeschliffene, über 150 Kilometer parallel verlaufende Hügelketten, deren südwestliches Ende durch ein bisher nicht durchquertes riesiges Dünengebiet abgeschlossen wird. Die Lut gilt als eine der lebensfeindlichsten Wüsten der Erde.

Im Süden Irans verläuft ein tropischer Küstenstreifen am persischen Golf, dessen westlicher fruchtbarer Teil mit dem Mesopotamischen Tiefland verbunden ist.

Betrachtet man das iranische Gebiet erdgeschichtlich, so gehört seit 250 bis 220 Millionen Jahren ein Streifen Nordirans zum eurasischen Kontinent. Als sich der südlich davon gelegene Teil des Tethys-Urmeers vor etwa 100 bis 80 Millionen Jahren schloss, verband sich die iranische Platte mit dem eurasischen Kontinent. Durch die Schubkraft der nachfolgenden arabisch-afrikanischen Platten bilden sich seit 50 bis 40 Millionen Jahren die zentralen iranischen Gebirgsketten. Zusätzlich schieben sich Teile des Urmeerbodens nördlich des persischen Golfs unter die iranische Platte. In dieser Subduktionszone durchbrechen Salzsedimente als Salzdome die Erdoberfläche, während die Ablagerungen von Kleinstlebewesen und Pflanzen nun als Erdölvorkommen genützt werden.

Im Zagros-Gebirge

Zufluss zum Gavkhuni-Salzsee östlich von Isfahan

Binnengewässer

Das größte Binnengewässer ist der Orumiyeh-See (→ S. 225, 251), dessen Wasserfläche je nach Jahreszeit etwas schwanken kann. Im Jahre 2010 umfasste er eine Fläche von bis zu 3100 Quadratkilometern. Er ist damit flächenmäßig fast sechsmal größer als der Bodensee. Wegen des hohen Salzgehalts von bis zu 38 Prozent kann im Orumiyeh-See allerdings kein Leben gedeihen.

Der 1500 Quadratkilometer weite Große Salzsee (Daryach-e Namak) in der einsamen Wüste nordwestlich von Kashan trocknet im Sommer aus. Kleinere Salzseen wie Maharlu und Bakhtegan liegen an der Strecke von Shiraz nach Kerman.

Die längsten Flüsse sind der Sefid Rud im Norden, der in das kaspische Meer mündet, und im Süden der Karkheh und der teilweise schiffbare Karun. Typisch für das abflusslose zentrale Becken ist der Zayandehrud, der durch Isfahan fließt und dann im Gavkhuni-Morast endet.

Informationen zum Kaspischen Meer, an das der Iran im Norden angrenzt, gibt es auf → S. 272.

Klima und Reisezeiten

In den zentralen Gebieten Irans herrscht Kontinentalklima mit heißen trockenen Sommern und kalten Wintern. An den Randzonen dominieren gegensätzliche klimatische Bedingungen. So fallen am Kaspischen Meer während des gesamten Jahres reichliche Niederschläge, aber im Hochland sind diese auf Spätherbst bis Frühjahr konzentriert und kommen oft als Schnee. Innerhalb des Hochlands gibt es wiederum Unterschiede in der Häufigkeit und Ergiebigkeit der Regenmengen, die von den vorherrschenden Westwinden mitgeführt werden. Dies ist der Grund dafür, dass die Niederschläge von Westen nach Osten abnehmen, wo sich die extremsten Wüstenregionen befinden. Im nördlichen Hochland und in den Gebirgen sinken die Temperaturen im Winter unter Null Grad, und auch in Teheran fällt Schnee. Im Hochsommer können in der Lut-Wüste über 60 Grad erreicht werden, während es gleichzeitig in Teheran ›nur‹ 35 Grad heiß ist.

Für Reisende ist es wichtig zu wissen, dass man im Hochland, das die meisten Sehenswürdigkeiten aufweist, auch noch Temperaturen über 35 Grad relativ gut ertragen kann, da die Luft sehr trocken ist.

Für die Gegend am Kaspischen Meer und das mittlere Hochland mit Teheran, Isfahan, Shiraz, Yazd und Kerman sind die besten Reisezeiten die zweite Hälfte März bis Mai und die zweite Hälfte September bis November. Für Tabriz, Ardebil und Mashhad gelten die gleichen Zeiträume, aber etwas sichereres Reisewetter ist dort erst ab der zweiten Hälfte April zu erwarten. Ab Anfang Mai bis Anfang November herrscht im Hochland durchgehend sonniges Wetter. Die angenehmsten Zeiten am Persischen Golf sind die Monate Dezember bis Februar. In der nachfolgenden Tabelle werden verschiedene Klimafaktoren dargestellt.

Im Tal des Kuhrang in der Provinz Chaharmahal

Mittlere Temperaturen in °C												
	J	F	M	A	M	J	J	A	S	O	N	D
Zum Vergleich: Frankfurt	0,7	1,8	5,2	9,2	13,7	17,1	18,9	18,3	14,8	9,8	4,7	1,8
Zentrales Hochland												
Teheran	3,7	5,8	10,2	16,6	22,0	27,4	30,2	29,4	25,4	18,8	11,4	5,8
Isfahan	3,4	6,0	10,5	16,0	21,0	26,4	28,9	27,4	23,3	16,9	10,1	5,0
Shiraz	6,2	8,2	11,9	16,6	22,1	26,8	29,2	28,3	24,4	18,8	12,4	7,9
Yazd	5,6	8,7	13,5	19,4	24,7	30,0	31,9	30,0	25,9	19,4	12,4	7,5
Kaspische Küste												
Bandar Anzali	7.3	7.0	8.7	13.5	18.8	23.3	25.9	25.7	22.5	18.2	13.5	9.6
Nordwest												
Tabriz	-1,7	0,3	5,4	11,4	16,6	21,9	26,0	25,8	21,3	14,4	7,0	1,1
Nordost												
Mashhad	1,7	3,6	8,3	14,5	19,4	24,2	26,5	24,6	20,2	14,2	8,6	3,9
Süden												
Ahvaz	12,3	14,5	18,8	24,8	30,9	35,1	37,1	36,5	32,8	27,1	19,7	14,0
Bandar Abbas	17,8	19,3	22,5	26,4	30,7	33,3	34,3	33,9	32,3	29,3	24,2	19,6

Mittlere Niederschläge in mm	J	F	M	A	M	J	J	A	S	O	N	D
Zum Vergleich: Frankfurt	44	40	51	52	61	70	63	65	48	51	59	54
Zentrales Hochland												
Teheran	34	32	40	31	15	3	2	2	1	11	26	34
Isfahan	20	14	22	19	9	1	2	1	0	4	12	20
Shiraz	90	53	56	27	7	0	1	1	0	4	29	78
Yazd	12	8	13	8	4	1	1	0	0	1	4	10
Kaspische Küste												
Bandar Anzali	171	121	114	57	49	54	46	116	272	335	305	217
Nordwest												
Tabriz	22	24	41	53	43	17	6	3	8	22	28	23
Nordost												
Mashhad	33	35	56	46	28	4	1	1	2	9	16	25
Süden												
Ahvaz	50	27	28	15	5	0,4	0	0	0	7	32	48
Bandar Abbas	51	44	35	9	3	0,0	1	2	1	4	6	30

Qanat-Arbeiter

Bewässerung

Etwa 55 Prozent des Landes bestehen aus Wüste und Steppe, wovon besonders die Provinzen Yazd und Kerman betroffen sind, etwa acht Prozent sind Waldflächen, und der restliche Anteil ist Weide- und Agrarland. Von der Gesamtfläche werden nur elf Prozent landwirtschaftlich genutzt. Abgesehen vom niederschlagsintensiven Kaspischen Tiefland wird Landwirtschaft im Iran vorwiegend in ariden (trockenen) und semi-ariden Zonen betrieben.

Wegen der geringen Regenmengen von Mai bis Oktober werden seit dem Altertum **Qanate** verwendet. Dies sind unterirdische Kanäle, die Quellwasser oder Sickerwasser aus Tunneln abtransportieren, die durch die wasserführenden Schwemmfächerzonen der Gebirge getrieben wurden. Der Aushub der Kanalarbeiten wird durch vertikale Schächte mittels Winden nach oben befördert. Diese Schächte in Abständen von etwa 20 bis 200 Metern dienen auch zur Belüftung und sehen aus der Entfernung wie Ketten von Maulwurfshügeln aus. Es sind noch schätzungsweise 16 000 dieser Qanatanlagen in Betrieb, doch geht ihr Anteil an der Wasserversorgung durch die zunehmende Verwendung von Motorpumpen und kanalisiertem Wasser aus Staudämmen zurück.

Vegetation

Im Iran gibt es etwa 8200 verschiedene Pflanzenarten, von denen über 20 Prozent endemisch sind, also nur hier vorkommen. Dies spiegelt die vielfältigen klimatischen und geologischen Gegebenheiten wider.

Der kaspische Urwald

Besonders beeindruckend ist das Gebiet am Kaspischen Meer, das sich durch üppige Vegetation auszeichnet. Die dortigen Laubwälder, die in Persisch ›jangal‹ genannt werden, sind Relikte der Waldzone, die im Tertiär von Europa bis Nordasien reichte. Während der Baumbewuchs in den Kälteperioden bis nach Südeuropa verschwand, weist dieser hyrkanische Urwald eine durch keine Eiszeiten unterbrochene Entwicklung auf. Mit den Kolchis-Wäldern östlich des Schwarzen Meeres bildete der Kaspische Urwald eine der entscheidenden Ausgangsbasen für die nacheiszeitliche Erneuerung der europäischen Laubwälder.

Noch heute finden sich hier viele endemische Baumarten, wie die zu den Zaubernussarten zählende Parrotie, ein Baum, der bei einem Stammumfang von drei Metern bis zu 25 Meter hoch werden kann und dessen Herbstlaub ein beeindruckendes Farbenspiel von Purpurrot über Orange bis Gelb aufweist. Auch die hochwachsenden kastanienblättrigen Eichen sind endemisch. Sie überragen die zahlreichen Hainbuchen, Gleditschien, ulmenartigen Zelkoven, Flügelnuss- und Ahornarten sowie die kaspischen Buchsbäume und Wildobstarten.

Die einzigen ursprünglichen Nadelbäume des kaspischen Urwalds sind die an wenigen Standorten anzutreffenden Eiben und Zypressen. Weitere Nadelbaumarten sind erst in neuerer Zeit bei Aufforstungen eingeführt worden.

Gebirgs- und Hochlandvegetation

In den mittleren Elburz-Regionen der Nordseite herrschen Persische Eiche, Samtahorn und Orient-Buche vor. Diese ›rash‹ genannten Gebirgsbuchen liefern ein extrem festes Holz, das gerne für Möbel verwendet wird.

In den Hochlagen behaupten sich verschiedene Dornpolstergewächse. Auf der trockenen Südseite des Elburz-Gebirges bestimmen lichte Wacholderwälder das Bild. Im Hochland mit seinen ausgedehnten Steppenfluren herrschen Wermut-, Tragant- und Tamariskenarten vor, denen in den Übergangszonen zu den fast vegetationslosen Wüsten Calligonum- und Saxaul-Sträucher folgen, die auch zur Befestigung der Wanderdünengebiete angepflanzt werden. In den Randgebieten der versalzten Senken und Wüsten prägen Halophyten das Bild mit dickfleischigen Blättern und wasserspeichernden Geweben.

Nach der Schneeschmelze, in Mai und Juni, herrscht eine wahre Blütenpracht an den Ausläufern der Gebirge. Kaiserkronen, wilde Tulpen, Narzissen, Lilien,

Persische Parrotie im Herbst

Saxaul-Landschaft im zentralen Hochland

Nelken, Eremurus-Steppenkerzen, die endemische Ladebour-Lilie und viele andere sind dann dort anzutreffen. An den Steilhängen der mittleren und höheren Gebirgsregionen blühen ab Ende Juni die bei Pflanzenkennern beliebten Dionysia-Primelgewächse in Schattierungen von Weiß über Gelb und Rosa bis Violett. Typisch für die Zagros-Gebirgskette ist der Bewuchs mit Bergmandel und wilden Pistazien, dem in den höheren Zonen niedrige Eichenwälder folgen.

Die Landschaften südlich des Zagros und entlang der Küsten des Persischen Golfs weisen mit mehreren Akazienarten, Zwergfächerpalmen, Prosopis-Gehölz, dem afrikanisch-südasiatischen Fettblattbaum, Stocksia-brahuica-Sträuchern, Konar-Kreuzdornbüschen, Oleander und anderen subtropischen Bewuchs auf. Ausgedehnte Mangrovenwälder findet man im Nordwesten der Insel Qeshm und östlich von Chabahar nahe dem iranisch-pakistanischen Grenzgebiet.

Dattelernte bei Bam

Nutzpflanzen

Wichtige Nutzpflanzen sind Weizen, Gerste, Reis und Tee – die letzteren beiden in den kaspischen Provinzen –, Hülsenfrüchte, Zuckerrüben und Kartoffeln – besonders in Ardebil, Hamadan und Kurdestan –, Zitrusfrüchte, Melonen, Äpfel, Weintrauben, Kirschen, Granatäpfel, Pfirsiche, Auberginen, Datteln, Mandeln und Safran. Besonders gut gedeihen Pistazien bei Rafsanjan und Damghan und Zuckerrohr in Khuzestan. Obwohl vorwiegend moderne Arzneimittel und Kosmetika benützt werden, sind in den Basaren immer noch pflanzliche Produkte erhältlich wie Barijeh-Galbanum, Annab von der Jujube-Brustbeere, Sedre aus dem Christdorn oder Henna, Vitamin-C-haltige Senjed-Früchte der Ölweide oder das Anguzeh-Harz vom Asant-Strauch.

Die Tierwelt

Die Fauna lässt sich drei Hauptverbreitungsgebieten zuordnen, dem vegetationsreichen kaspischen Raum im Norden, dem mittleren Bereich mit regenarmen Gebirgs-, Steppen- und Wüstenlandschaften und dem subtropischen Gebiet südlich des Zagros-Gebirges. Die Artenvielfalt ist groß. Es gibt 165 Säugetierarten, 324 Brutvogelarten, 199 Reptilienarten, 139 Süßwasserfischarten, aber nur 20 Amphibienarten, was auf das überwiegend trockene Klima zurückzuführen ist.

Tiere der Kaspi-Region

In den kaspischen Niederungen leben Rehwild, Wildschwein, Fuchs, Otter und Schakal. Die sich anschließenden Ausläufer des Elburz-Gebirges sind das Revier des Iranischen Rothirsches, der bis zu 250 Kilo schwer werden kann. Dort gibt es auch Wölfe und kapitale Wildschweine. Der kaspische Tiger gilt seit etwa 1960 als ausgestorben. Typisch für dieses regenreiche Gebiet ist, dass hier auch Wasserbüffel gehalten werden.

Die Lagunen und die in das Kaspische Meer einmündenden Flüsse enthalten Welse, Karpfen, Hechte und andere von Mitteleuropa her bekannte Fischarten. Obwohl der Fischfang im Kaspischen Meer kontrolliert wird, sind die Bestände des beliebten Kutum-Weißfisches und der verschiedenen Störarten gefährdet. Dies ist auf Wilderei – besonders von Fischern aus den Nachfolgestaaten der ehemaligen Sowjetunion – und auf die Probleme durch das Einschleppen der Rippenqualle in das Kaspische Meer zurückzuführen.

Tiere im Hochland

Von den Tieren des zentralen Hochlands und den umgebenden Gebirgen sind die sechs Wildschafarten mit dem starken Urial besonders erwähnenswert. Da ihre Bestände wieder gestiegen sind, dürfen sie mit Sondererlaubnis auch wieder bejagt werden. Wildesel, Kropf- und Chinkara-Gazelle sind selten geworden und nur noch in Schutzgebieten anzutreffen.

Auch im Iran besonders gefährdet: der Gepard

Der Rückgang dieser Beutetiere hat negative Auswirkungen auf die Bestände der Raubtiere wie Leopard und Gepard. Der Letztere gilt als besonders gefährdet und dabei hilft es ihm wenig, dass er das schnellste Säugetier mit Spitzengeschwindigkeiten von über 100 Stundenkilometern ist. In den schrofferen Gebirgsregionen ist die Bezoarziege anzutreffen. Sie gilt als die Stammform unserer Hausziege.

Der Süden

In Südiran gibt es Mungo-, Otter- und Stachelschweinarten, die der indomalaiischen Zone angehören, sowie Honigdachs, Sandkatze und Wüstenigel, die der afrotropischen Zone zuzurechnen sind. Zu den gefährdeten Tierarten in Südiran gehört das Gando-Krokodil, das in Flusstälern nahe der pakistanischen Grenze anzutreffen ist.

Karettschildkröte und Grüne Seeschildkröte kommen zur Eiablage an die Strände der Inseln Qeshm und Shidvar. Aquarianer kennen die bunten Killifische. In Iran kommen mehrere Arten vor, von denen der Geno-Zahnkärpfling in bis zu 41 Grad warmen Quellen lebt. Bei den iranischen endemischen Killifischarten, die im von Gebirgen eingeschlossenen Hochland leben, wird angenommen, dass sie Relikte aus dem Thetys-Urmeer sind, dessen ehemaliger Boden entsprechend angehoben wurde.

Gefährdete Tiere

Bedauerlicherweise wurde der letzte Persische Löwe 1942 in der Gegend von Dezful gesehen. Es gibt aber auch erfreuliche Dinge zu berichten. Der als ausgestorben geltende Belutschistan-Schwarzbär tritt seit 1973 wieder in Erscheinung, das kleine Kaspische Pferd wurde 1965 in Nordiran von Louise Firouz identifiziert und wird seitdem wieder gezüchtet. Der Gangesbrillenvogel ist seit 1978 wieder in den Mangrovengebieten bei Jask gesichtet worden.

Vögel

Kaum ein Land beherbergt vergleichbar viele Vogelarten aus verschiedenen Klimazonen. Im Norden findet man die gleichen Arten wie in Europa und Asien. Hinzu kommen die endemische Kaspimeise, das seltene Kaukasische Birkhuhn, der Halsbandfrankolin und viele Wasservögel. In den angrenzenden Gebirgen gibt es Steinadler, Bartgeier, Rötelfalken, Schneehühner, Mauerläufer mit leuchtend roten Flügeldecken, das Chukarhuhn und auch Spezialisten wie den Wacholderkernbeißer.

Typische Vogelarten der ausgedehnten Steppen und Halbwüsten sind Wüstenfalke, Kragentrappe, Steinlerche, Wüstengimpel, das Sandflughuhn, das sich durch pfeilschnellen Flug auszeichnet, der endemische Pleskehäher, der cremefarbige Rennvogel und andere. Im Süden trifft man auf Vogelarten aus Afrika, Arabien und der indomalaiischen Zone wie Hinduracke, Brahmakauz, Purpurnektarvogel, den grünglänzenden Smaragdspint, die unauffällige, zu den Sperlingsvögeln gehörige Streifenprinie und auch seltenere Arten wie Tamariskenspecht, Schelladler und Basrarohrsänger. Einige der Wasservögel am Persischen Golf sind zum Beispiel Goliathreiher, der wegen seines hell-dunklen Kopfgefieders und schwarz-gelben Schnabels über weite Entfernung sichtbare Krabbentriel sowie der Mangrovenreiher.

Gando-Krokodil im Sarbaz-Fluss

Nationalparks und Schutzgebiete

Etwa 7,5 Prozent der Landfläche sind als Schutzzonen ausgewiesen. Es gibt 19 Nationalparks, 125 Tierschutz- und Naturschutzgebiete, 16 nationale Naturdenkmäler, 9 Biosphärenreservate und 22 internationale Feuchtgebiete.

Am Beginn der Naturschutzbemühungen stand die Bildung des Iranischen Verbandes für Wildtierschutz im Jahre 1956. Die erste Schutzzone war der 1967 gegründete Golestan-Nationalpark. 1971 wurde in Ramsar am Kaspischen Meer die Internationale Vereinbarung über Feuchtgebiete geschlossen, die mit einigen späteren Nachträgen noch heute weltweit gültig ist. Als UNO-Mitglied ist Iran an verschiedenen Abkommen wie beispielsweise dem für Artenschutz von 1993 beteiligt.

Hier eine kleine Auswahl von Schutzgebieten, die zusätzlich zur Pflanzen- und Tierwelt auch landschaftlich sehr ansprechend sind:

Golestan (im Nordosten westlich von Kalaleh): Es weist unterschiedliche Naturzonen auf und ist empfehlenswert für die Beobachtung von Kropfgazelle, Bezoarziege, Urial und anderer Wildschaf-Arten. Geeignete Gebiete sind das Almeh-Tal und die Karkuli- und Mirza-Baylu-Quellen. Für Besucher wurde dort das Camp Gazar eingerichtet.

Miankaleh (im Nordosten am Kaspischen Meer bei Behshahr): Dieses Gebiet ist beliebt bei ornithologischen Kennern, da hier die Beobachtung von verschiedenen Wasservogelarten möglich ist.

Dasht-e Naz (im Nordosten nahe Sari bei Var Kola): Der in den ursprünglichen Flussauen in Khuzestan fast ausgestorbene Mesopotamische Dammhirsch hat hier eine Bleibe gefunden. Das Gebiet ist auch wegen hoher kaspischer Laubbäume wie Parrotie und kastanienblättrige Eiche sehenswert.

Kaspischer Lotus in der Mordab-Lagune

Mordab-Lagune (im Norden bei Bandar Anzali): Hier findet man vielerlei Arten von Wasservögeln, beeindruckend ist die Blüte des Kaspischen Lotus in der Zeit von Ende Juni bis erste Hälfte Juli.

Zentral-Elburz (Zugang über Kamarbon nördlich von Gachsar): Dies ist das Revier von Hochgebirgsvögeln wie Steinadler, Rötelfalke und dem riesigen Bartgeier. Auch gibt es hier Kaspische Schneehühner, Felsenkleiber, Mauerläufer, Schneefinken, aber auch Gebirgswild, Wolf und Braunbär.

Touran (südöstlich von Shahrud): Es handelt sich hier um überwiegend steppen- und halbwüstenartiges Gelände mit Wildeseln, Chinkara- und Kropfgazellen, Hyänen, Leoparden, Houbara-Kragentrappen, Chukar- und Sandhühnern.

Parvar (im Elburz-Gebirge nördlich von Semnan): Hier findet man Vögel wie Steinortolan, Gebirgsstelze, Rotstirngirlitz, Kaspimeise, Isabellenwürger und Gebirgswild.

Laleh Vazhgun (östlich von Chelgerd): In dieser Mittelgebirgslandschaft blühen Anfang Mai die Kaiserkronen.

Bakhtagan (östlich von Shiraz): Besonders der zu dem Gebiet gehörige Tashk-See ist ein Refugium für Flamingos, Rosa- und Krauskopfpelikane, Kraniche, Rost- und Brandgänse.

Oshtorankuh (östlich von Khorramabad): Dies ist eine wundervolle Hochgebirgslandschaft um den über 4000 Meter hohen Berg gleichen Namens mit dem tiefblauen Gahar-See.

Hara (Nordwesten der Insel Qeshm – Persischer Golf): In diesem ausgedehnten Mangrovengebiet findet man viele Wasservögel der subtropischen Zone.

Tiab und Minab (östlich von Bandar Abbas am Persischen Golf): Das umliegende Gelände ist günstig für die Beobachtung der südlichen Vogelwelt und könnte mit einem Besuch des farbenprächtigen Donnerstagsmarkts in Minab verbunden werden.

Weitere Schutzzonen sind: **Lar** am Damavand-Gebirge, **Kavir-Wüstengebiet**, **Arasbaran-Mittelgebirgsregion** bei Kaleybar, **Haftad Gholleh** mit Wildschafen und Bezoarziegen 25 km nordöstlich von Arak, **Shadegan** südlich von Ahvaz, wo etwa die Hälfte der weltweiten Marmelenten-Bestände überwintert, **Geno** nördlich von Bandar Abbas mit vielen Wanderwegen und der unweit des Osteingangs zu sehenden singulären Killi-Fischart Aphanius ginaonis sowie **Khosh Yeilagh** mit dem nahen, oft in Nebel gehüllten **Abr-Gebiet**, 70 bis 80 km nördlich von Shahrud.

Öko-Reisen

Auch für Individualreisende ist es empfehlenswert, einheimische Führer für Nationalparks zu nehmen oder sich die Erlaubnisscheine hierfür über iranische Reiseveranstalter besorgen zu lassen. Empfehlenswert für **Ornithologie** ist Mr. Seyed Babak Musavi, Tel. 0098(0)919/6737394, mbabak2002@gmail.com. Eine Fotoauswahl finden Sie unter http://babakmusavi.com ›Weblog‹. Ein erfahrener **Botaniker** ist Mr. Dr. Valiollah Mozaffarian, 0098(0) 912/1876267, mozaffarian89@yahoo.com, der auch die Vorkommen seltener Dionysia-Arten kennt. Wer direkt die für Naturschutzgebiete zuständigen Behörden kontaktieren möchte, wendet sich an Director for Protected Areas & Habitats Bureau, Dept. of Environment (DoE), Teheran, Pardisan Eco Park. Aktuelle Kontakte hierzu sind im Internet zu finden.

Umweltsituation

Artikel 50 der iranischen Verfassung besagt, dass der Erhalt der Umwelt, in der gegenwärtige und zukünftige Generationen gedeihlich leben sollen, eine Aufgabe aller Bürger ist und Aktivitäten untersagt sind, die zur Beeinträchtigung und Schädigung der Umwelt führen.

Das erste Umweltministerium wurde 1971 gegründet. Durch die Revolution und den Iran-Irak-Krieg gab es lange Zeit andere Prioritäten, aber seit Anfang der 1990er Jahre werden die Bemühungen um den Umweltschutz verstärkt. Es ist leicht vorstellbar, welche Anstrengungen unternommen werden müssen, um den verschiedenen Belastungen zu begegnen, die durch den rasanten Bevölkerungsanstieg von etwa 8,5 Millionen Einwohnern im Jahre 1900 auf gegenwärtig 77 Millionen Einwohner entstanden sind.

Um dem Smog in den Großstädten entgegenzuwirken, werden verkehrsberuhigte Zonen und abgasarme öffentliche Verkehrsmittel eingesetzt.
Teheran hat seit einigen Jahren eine U-Bahn. In Mashhad, Tabriz, Isfahan, Shiraz und Ahvaz befinden sich weitere Metrosysteme im Betrieb oder im Bau.

Zwar sind die meisten Fahrzeuge über 20 Jahre alt und besitzen keine Abgasfilter, aber mehr als die Hälfte der gegenwärtigen PKW-Produktion der bedeutenden Firma Iran Khodro ist bereits mit Hybrid-Antrieb ausgestattet.

Es wird geschätzt, dass in den vergangenen 40 Jahren der Waldbestand durch Abholzen um 30 Prozent zurückging. Um dem entgegenzuwirken, werden landesweit Wiederaufforstungsmaßnahmen unternommen, deren positive Auswirkungen in Ballungs- und Erholungsgebieten bereits feststellbar sind. Wachsendes Umweltbewusstsein wird auch durch entsprechenden Unterricht in den Schulen gefördert.

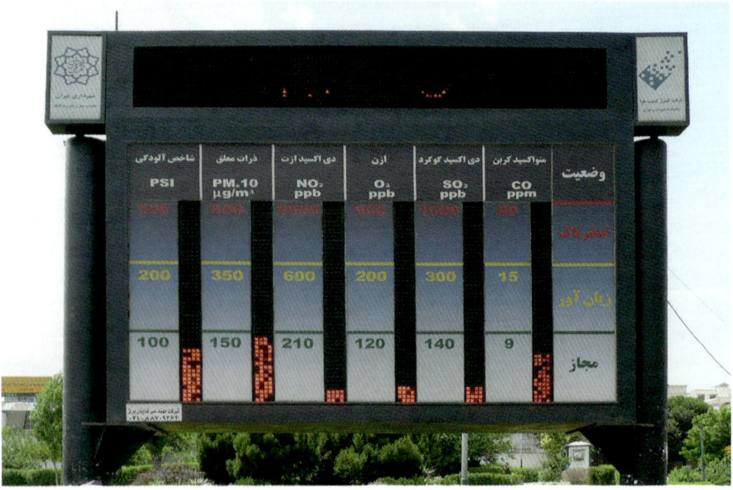

Smog-Anzeige in Teheran

Salz am Orumiyeh-See

Gewässerschutz

Überall im Iran sind Investitionen in den Bau und die Erweiterungen von Kläranlagen stark gestiegen. Im Persischen Golf und im Golf von Oman bestehen Überfischungsrisiken durch internationale Fangschiffe und Verschmutzungsgefahr durch den Öltransport.

Probleme gibt es auch beim etwa 4000 Quadratkilometer großen Hamun-Feuchtgebiet, das an der Grenze zu Afghanistan liegt. Die Dürreperiode in der dortigen Region zieht sich nun schon über zehn Jahre hin. Es gibt viele Sandstürme, und der Hamun-See lag jahrelang trocken, da in Afghanistan das Wasser des Hilmand, der in den Hamun-See mündet, für eigene Zwecke genützt wurde. Nach neuen Vereinbarungen mit der afghanischen Regierung wird seit 2005 wieder mehr Wasser eingespeist, so dass sogar Fischfang wieder möglich ist. Die Wasserversorgung bleibt jedoch prekär.

Der Orumiyeh-See schrumpft seit 40 Jahren kontinuierlich, sein durchschnittlicher Wasserspiegel sank in den vergangenen zehn Jahren um vier Meter.

In das Kaspische Meer wurde 1999 die Rippenqualle in Ballasttanks von Schiffen über das Schwarze Meer und den Wolga-Don-Kanal eingeschleppt. Da es für sie im Kaspischen Meer keine natürlichen Feinde gibt, kann sie sich ungehemmt vermehren und durch Plankton-Fraß der Nahrungskette der Fische schweren Schaden zufügen. Bezeichnenderweise ging der Fang der Kilka-Sardellen seitdem um 80 Prozent zurück. Dementsprechend werden auch Kaspische Robbe und die Störarten beeinträchtigt. Die Fischereibehörden der Anrainerstaaten versuchen dem Problem durch strikte Überwachung der Fangquoten entgegenzuwirken, und besonders die Fischzuchtanstalten Russlands und Irans setzen verstärkt Jungfische aus. Außerdem wird überlegt, ob man wie im Schwarzen Meer eine vorzugsweise die Rippenqualle fressende andere Quallenart einsetzen sollte, aber welche Auswirkungen dies auf das Öko-System des Kaspischen Meers haben würde, ist noch unklar.

Geschichte

Vorgeschichte

Im Gebiet des heutigen Iran lebten bereits vor hunderttausenden von Jahren frühe Menschenarten. Dies wird durch Funde von Steinwerkzeugen an verschiedenen Orten belegt, deren wichtigste in der Karte aufgeführt sind. Man nimmt an, dass der Iran bei der Ausbreitung des Menschen von Afrika nach Asien als Durchgangsland diente. Leider gibt es bisher keine entsprechenden Skelettfunde, was auch darauf zurückzuführen sein mag, dass die vorgeschichtliche Erforschung Irans erst seit etwa zehn Jahren intensiviert wird.

Steinwerkzeuge aus der Neanderthaler-Zeit von vor etwa 150 000 bis 30 000 Jahren wurden überwiegend in Höhlen des westlichen Zagros-Gebirges gefunden und nur vereinzelt auf der zentralen Hochebene. Für die Annahme, dass sich dort noch vor etwa 50 000 Jahren eine durchgehende Seenlandschaft befand, haben sich keine Beweise finden lassen. Die dortigen Salzwüsten sind auf viel frühere Erdzeitalter zurückzuführen. Die letzte, erst vor 14 000 Jahren abgeklungene Eiszeit behinderte die Ausbreitung der modernen Menschen, die Bergziegen,

Der Iran in frühgeschichtlicher Zeit

In der Gegend von Ganj Dareh wurde bereits im 9. Jahrtausend v. Chr. Landwirtschaft betrieben

Wildschafe, Wildesel, Rothirsche, Gazellen bejagten und Früchte, Beeren und Nüsse sammelten. Da sich durch wärmere Umweltbedingungen die Pflanzen- und Tierwelt ausbreitete, stieg auch die Bevölkerungsdichte. Vor etwa 10 000 Jahren wurden die ersten Ziegen bei Ganj Dareh domestiziert, und etwa 500 Jahre später setzte die Landwirtschaft mit dem Anbau von Gerste, Emmer und Linsen bei Ali Kosh und Chogha Bonat ein.

In der Hotu-Höhle wurden etwa 9000 Jahre alte Skelette gefunden. Darunter waren die Überreste einer Frau und eines Mannes von 167 bzw. 175 Zentimetern Länge mit schmalen Gesichtern und geraden Profilen, die sie wie derzeit lebende Menschen aussehen lassen würden. Vor 8500 Jahren wurden mit Häcksel und kleinen Steinen stabilisierte Lehmziegel für den Bau von Gebäuden in Ozbaki und Zaghe verwendet. Einer der Räume war mit Bergziegenhörnern geschmückt und wies Farbornamente auf, was vermuten lässt, dass er rituellen Zwecken diente. Bergziegen waren im Iran in den folgenden Jahrtausenden ein Symbol für Regen, Stärke und Wohlstand.

Vor etwa 8500 Jahren wurde in Ali Kosh gediegenes Kupfer verarbeitet, und 500 Jahre später begannen die ersten Versuche mit der Kupferschmelze in Tal-e Iblis bei Kerman. Türkis, Hämatit, Obsidian, Steinschalen und erste bemalte Keramik sind als Handelsgüter nachweisbar. Vor 7500 Jahren entwickelte sich Chogha Mish zu dem bedeutendsten Ort im fruchtbaren Flachland zwischen Zagros-Gebirge und persischem Golf. Nach seiner Zerstörung begann der Aufstieg Susas, wo man vor 6200 Jahren die bis dahin größte Terrassenanlage mit 80 Metern Seitenlänge baute, die mit Keramiken in hornähnlicher Form geschmückt war. Etwa 200 bis 300 Jahre später setzte man in Arisman bei Natanz die ersten Brennöfen für die Kupferschmelze ein und handelte mit den dortigen Kupferartikeln bis nach Mesopotamien.

Shahr-e Sokhte war ein Zentrum der frühgeschichtlichen Zivilisation

Shahr-e Sokhte südwestlich von Zabol entwickelte sich vor 5200 Jahren zu einer Stadt mit einer Grundfläche von 150 Hektar. Allein ihr Friedhof mit tausenden von Gräbern hatte ein Ausmaß von 20 Hektar. Dort und auch in anderen Orten wie Tepe Sialk, Tepe Hissar, Shahdad und Tepe Yahya bestand Arbeitsteilung, und es gab industrielle Fertigung von Keramik, Schmuck, Steingefäßen und Kupferobjekten.

Besonders erwähnenswert ist eine erst im Jahre 2001 entdeckte gewaltige Terrassenanlage von jeweils 300 Metern Seitenlänge, die vor etwa 4500 Jahren in Konar Sandal bei Jiroft entstand. Dort wurden hauptsächlich Chlorit- und Keramikgefäße aber auch einige Tontafeln mit bisher nicht entzifferten sehr frühen Schriftzeichen gefunden. Wahrscheinlich war dies der Hauptort von Marhashi, das in späteren akkadischen Urkunden als wichtigster Staat jenseits von Elam benannt wurde und mit dem es dynastische Verbindungen durch Heirat gab. In diesem Gebiet der heutigen Provinz Kerman gibt es hunderte unerforschter Siedlungshügel, von denen viele nach ersten Untersuchungen in die Zeit des 3. Jahrtausends v. Chr. und davor zurückreichen, so dass noch mit weiteren Überraschungen gerechnet werden kann.

Elam

Kerngebiet Elams war das fruchtbare Flachland der Susiana in der heutigen Provinz Khuzestan, das im Norden und Osten an das Zagros-Gebirge grenzte. Sein Hauptort war das wichtige städtische Zentrum Susa. Nordwestlich davon lag Awan, das heutige Gebiete Lurestans sowie Teile Ilams und Kermanshahs einschloss. Simashki befand sich auf dem Hochland im mittleren heutigen Iran, und das wichtige Kerngebiet Anshan deckte sich mit großen Teilen der heutigen Provinzen Fars und Bushehr. Sein Hauptort befand sich beim heutigen Tal-e Malyan etwa 45 Kilometer nordöstlich von Shiraz. Hinzu kamen noch weitere Gebiete des iranischen Hochlands, deren Lage ungeklärt ist.

Das sumerische Wortzeichen für Elam bedeutet Hochland, was bedeutet, dass die Sumerer Elam nicht nur mit dem susianischen Flachland gleichsetzten, sondern auch zumindest Teile des iranischen Hochlands dazuzählten. Die neuere Forschung geht davon aus, dass die elamischen Kerngebiete und die von ihnen abhängigen Orte und Landschaften den größten Teil des heutigen Iran umfassten. Zieht man in diese Betrachtung das unabhängige Marhashi in der heutigen Provinz Kerman mit ein und das östlich davon befindliche Shahr-e Sokhte, ergibt dies in Verbindung mit den immer besser nachweisbaren Handelsbeziehungen nach Mesopotamien und in das Industal das Bild einer der wichtigsten frühmenschlichen Zivilisationen.

Interessant ist auch, dass die elamische Sprache keine Verbindungen zu semitischen oder indoeuropäischen Sprachen aufweist. Ob sie eine gemeinsame Basis mit südasiatischen drawidischen Sprachen hat, ist umstritten. Die Entwicklung erster Schriftsysteme erfolgte in elamischem Gebiet unabhängig von der in Mesopotamien. Tontäfelchen aus dem frühen 3. Jahrtausend in einer bisher unentzifferten Schrift mit hauptsächlich tierischen- und geometrischen Zeichen wurden in Susa und auf dem iranischen Hochland in weit von einander entfernten Orten wie Tal-e Malyan, Tepe Godin, Tepe Sialk, Tepe Yahya und Shahr-e Sokhte gefunden. Diese Zeichen sind bereits stärker schematisiert oder abstrahiert als die Zeichen der frühen Schrift in Uruk. Diese Abstraktionen deuten auf einen längeren Umgang mit solchen Zeichen hin. Damit wäre es auch denkbar, dass manche Entwicklungen in Mesopotamien aus dem iranischen Hochland und besonders aus der Susiana mit ihrer feinen Keramik, den bewährten Rollsiegel- und Zahlsteinsystemen und der Monumentalarchitektur angestoßen wurden. So scheint auch die sumerische Bezeichnung Zikkurat für Stufentempel ein Lehnwort aus dem Elamischen zu sein. Um 2300 v. Chr. benützten die Elamer eine eigene Strichschrift, die aber zugunsten der akkadischen Keilschrift aufgegeben wurde. Sie vereinfachten aber die Schreibweise und verwendeten nur 200 der 800 akkadischen Keilschriftzeichen. Handelsbeziehungen zum iranischen Hochland waren für die Sumerer und Akkader sehr wichtig, da es in Mesopotamien

Keilschrift aus mittelelamischer Zeit in Chogha Zanbil

keine oder nur geringe Vorkommen von beispielsweise Kupfer, Gold, Silber, Bauhölzern, Lapislazuli, Türkis und Steatit gab. Der Streit um Rohstoffe dürfte auch einer der Hauptgründe für die immer wieder aufflammenden kriegerischen Auseinandersetzungen gewesen sein. So ist auch der erste eindeutige Hinweis auf Elam in den sumerischen Annalen mit einem erfolgreichen Beutezug des Königs Enmenbaragesi um 2650 v. Chr. in Elam verbunden.

Elamische Chronologien

Zu den Zeitangaben für die elamische Epoche ist anzumerken, dass sie als ungefähr gelten. Gründe hierfür sind, dass es verschiedene Eckpunkte für die mesopotamischen und korrelierten elamischen Chronologien gibt. Diese spiegeln sich in einer langen, mittleren und kurzen Zeitrechnung wider, die insgesamt um etwa 100 Jahre differieren kann. Hier wurden, so weit verfügbar, die Angaben der mittleren Zeitrechnung verwendet. Als weiterer chronologischer Unsicherheitsfaktor kommt hinzu, dass die Abfolgen der epartidischen Regierungszeiten nicht eindeutig sind, da in deren Herrscherhaus oft innerhalb der unmittelbaren Familie geheiratet wurde. Durch Funde, die sich für Radiokarbon-Bestimmungen eignen, versuchen Archäologen, den realen Daten näher zu kommen.

Die altelamische Zeit (2600–1500 v. Chr.)

In diesem Zeitraum regierten die Dynastien von Awan (2600–2100 v. Chr.), Simashki (2100–1900 v. Chr.) und die Sukkulmahs oder Epartiden (1900–1600 v. Chr.).

Dem Namen nach ist der Awaner Peli der erste bekannte Herrscher Elams. Zwar benützte er Susa als Regierungssitz, doch bereits einige Zeit vorher war Tal-e Malyan oder Anshan mit einer fünf Kilometer langen Mauer umgeben und größer als Susa. Nach einem erfolgreichen Kriegszug des akkadischen Königs Sargon um 2340 v. Chr. gerieten die Susiana und Anshan längere Zeit unter mesopotamische Vorherrschaft, gegen die man wiederholt aufbegehrte. Um 2250 wurde mit dem akkadischen König Naram-Sin ein Friedensvertrag abgeschlossen, von dem eine Version in elamischer Keilschrift erhalten blieb.

König Kutik-Inshushinak, ›der von Gott Beschützte‹, konnte die Unabhängigkeit Susianas um 2200 v. Chr. wieder herstellen und regierte über die Susiana, Anshan, Simashki und andere Gebiete des Hochlands. In Susa ließ er die Tempelanlagen zu Ehren des Hauptgottes Inshushinak und die Bewässerungssysteme ausbauen.

Der mächtige sumerische König Shulgi gewann die Oberhoheit über Susa. Sein Ziel war Kooperation. Er sprach Elamisch, förderte den Tempelbau in Susa und setzte auf dynastische Verbindungen. Um 2070 v. Chr. gab er eine seiner Töchter dem von Elam unabhängigen König von Marhashi zur Frau. Wenige Jahre später verheiratete er eine weitere Tochter mit dem Fürsten von Anshan. Doch die Auseinandersetzungen gingen weiter, und im Jahr 2004 v. Chr. griffen die Elamer unter König Kindattu die Sumerer an und zerstörten deren Hauptstadt Ur. Die Statue der Himmelsgöttin Inanna wurde geraubt und Ibbi-Sin, der letzte König der dritten sumerischen Dynastie, nach Anshan deportiert. Diese tragischen Ereignisse wurden in einem sumerischen Klagelied betrauert, von dem eine Strophe lautet: »Was brachte den großen Gott Enlil dazu, sich gegen das Schicksal seiner Verehrer zu entscheiden. Er ließ die feindlichen Elamer aus den Bergen herabkommen. Auch Nansi wandte sich ab. Feuer umhüllte Ninmarki im Tempel Guaba. Große Boote trugen das erbeutete Silber und Lapislazuli fort. Die große Dame, die heilige Ninmarki, unterwarf sich, die Provinz Lagash wurde den Elamern ausgeliefert. Und dann kam auch das Ende der Königin.«

Großregenten oder Sukkulmahs führten ab etwa 1900 v. Chr. den elamischen Staatenbund. Sie stammten aus einer Herrscherfamilie, nach deren Ahnherr Ebarti oder Eparti sie benannt sind. In Susa wurden sakrale Bauwerke erweitert und in Anshan Felsreliefs geschaffen. Eines befindet sich wie auf einem natürlichen Zikkurat an einem Berggipfel über dem Fahlian-Fluss bei Nurabad westlich von Shiraz. Dort wird Gott Napirisha auf einem Schlangenthron mit seiner Frau Kiririscha dargestellt. Ein weiteres Relief schuf man nahe dem Zentrum Anshans in Naqsh-e Rostam, was gleichzeitig verdeutlicht, dass es sich dort um einen uralten Kultplatz handelt. Zwar ist dieses Relief durch ein etwa 2000 Jahre späteres Bildnis des Sassanidenkönigs Bahram II. (275–293 n. Chr.) fast vollständig überdeckt, aber seitlich davon kann man die Figur eines Elamers gut erkennen. Schlangen wurden in Elam besonders verehrt und auf vielen Keramik- und Steingefäßen abgebildet.

Die mittelelamische Zeit (1500–1100 v. Chr.)

Die Dynastien dieses Zeitraums waren die Kidinuiden (1500–1400 v. Chr.), die Igehalkiden (1400–1200 v. Chr.) und die Shutrukiden (1200–1100 v. Chr.). Diese Periode zeichnet sich durch die ›Elamisierung‹ der Susiana aus. Die Herrscher nannten sich nicht mehr Sukkulmah sondern ›Könige von Anshan und Susa‹. Die Stadt Susa verlor zeitweise ihre zentrale Bedeutung. So ließ der kidinuidische König Tepti Ahar etwa 15 Kilometer südlich von Susa das neue Zentrum Kabnak (heute Haft Tepe) bauen. Es enthielt zwei Zikkurats, Palast- und Verwaltungsgebäude und eine Grabanlage.

Wie wichtig auch die Seehandelsbeziehungen mit Mesopotamien, dem bahrainischen Dilmun und dem Industal waren, kann man daran erkennen, dass der igehalkidische Regent Humban-Numena um 1350 v. Chr. einen Tempel in Liyan bei Bushehr errichten ließ. Als Sinnbild der Verbundenheit aller Elamer schuf König Untash Napirisha (1275–1240 v. Chr. oder 1340–1300 v. Chr. lt. D. Potts und F. Vallat) die zeremonielle Hauptstadt Dur-Untash (heute Chogha Zanbil) bei Susa. Das gewaltige Zikkurat wurde nicht nur Susas Hauptgott Inshushinak sondern auch Anshans Gott Napirishah geweiht. Zusätzlich brachte man Statuen der Götter von Awan und Simashki auf dem Tempelgelände unter.

Während Elams Glanzzeit war König Shutruk-Nahhunte (1185–1155 v. Chr.) an der Macht. Er führte erfolgreiche Kriege in Mesopotamien und brachte als Kriegsbeute die Gesetzesstele des babylonischen Königs Hammurabi und eine

Sieg-Stele des akkadischen Königs Naram-sin nach Susa. Dort wurden sie von französischen Archäologen vor etwa hundert Jahren gefunden und nach Paris gebracht, wo sie jetzt im Louvre zu sehen sind. Im besiegten Babylon setzte er seinen Sohn Kutir-Nahhunte III. als König ein. Da Babylon rebellierte, kehrte dieser mit dem elamischen Heer zurück, zerstörte große Teile der Stadt und nahm die Statue des babylonischen Hauptgottes Marduk, des ›Herrn der vier Weltgegenden‹, mit nach Susa.

Unter dem nächsten König, Shilhak-Inshushinak, erreichte Elam seine größte Ausdehnung, aber als dessen Sohn Huteludush-Inshushinak an die Macht kam – knapp 30 Jahre nach der Entführung Marduks aus Babylon –, rief Babylons König Nebukadnezar sein Volk dazu auf, Marduk zurückzuholen. Es wurde ein wahrer Rachefeldzug, und nach mehreren Schlachten eroberten und verwüsteten die Babylonier die Susiana und brachten Marduk zurück in ihre Hauptstadt. Vermutlich floh Huteludush-Inshushinak nach Anshan. Es war die Zeit um 1100 v. Chr. und das Ende der zweiten elamischen Periode.

Die neuelamische Zeit (1100–539 v. Chr.)

Die Niederlage um 1100 v. Chr. muss verheerend gewesen sein. Über 250 Jahre lang gibt es keine einheimischen und mesopotamischen Aufzeichnungen über Elam. In Tepe Malyan (Anshan) wurden aus dieser Zeit mehrere Tafeln gefunden, die elamische Namen enthalten, aber historische Angaben fehlen.

Im Jahre 814 v. Chr. werden elamische Truppen als Teilnehmer an einem babylonischen Feldzug gegen die Assyrer erwähnt. Um 750 v. Chr. regierten wieder unbedeutende elamische Könige. Erst für König Shutruk-Nahhunte II. (716–699 v. Chr.) fand man wieder elamische Aufzeichnungen. Sie beschreiben, dass er Gebiete des alten Reichs wie Susiana und Anshan unter sich vereinte. Um zu zeigen, dass er sich in der Tradition früherer Herrschaftshäuser sah, ließ er Statuen von Huteludush-Inshushinak und weiteren Königen vor dem Standbild des Gottes Inshushinak in Susa einsegnen. Möglicherweise hat dieser König auch die Restaurierung des Tempels der Göttin Manzat in Deh-e Now etwa zehn Kilometer nördlich von Chogha Zanbil veranlasst.

Chogha Zanbil in der heutigen Provinz Khuzestan

Felsrelief in Kul-e Farah

Mit dem Anstieg elamischer Macht intensivierten sich aber auch wieder die Verwicklungen in mesopotamische Konflikte, was damit endete, dass der assyrische König Assurbanipal die Elamer 653 v. Chr. besiegte und nach erneutem Widerstand 646 v. Chr. vernichtend schlug. In den assyrischen Annalen werden umfangreiche Deportationen und Zerstörungen geschildert wie beispielsweise der Raub aller Wertgegenstände aus Susa und die Zerstörung des dortigen großen Zikkurats.

Trotzdem existierte die Susiana aber weiter. Von Susa aus regierten von 585 bis 539 v. Chr. Shutur Nahhunte, Hallutush Inshushinak und Attahamita-Inshushinak, die sich trotz des Machtverlustes weiterhin Könige von Anshan und Susa nannten. Besonders aber in abgelegeneren Landesteilen wie in Ayapir (heute Izeh), etwa 160 Kilometer westlich von Susa am Rand des Zagros-Gebirges, schien sich nicht viel geändert zu haben. Der dortige Regent, ein weiterer Shutur Nahhunte, mit einfachem Königstitel, ließ in seiner Residenz einen Tempel errichten, und ein lokaler Fürst namens Hanni schuf im nahen Kul-e Farah viele Felsreliefs, die wohl als Hintergrund für religiöse und jahreszeitliche Feste dienten.

Das große Reich der Elamer aber war vergangen, was weniger mit den Assyrern zusammenhing, als mit den von Norden einwandernden Medern und Persern. So gehörten um diese Zeit Teile Awans und Simashkis zum medischen Einflussbereich, und die Perser, die sich laut assyrischer Quellen um 843 v. Chr. noch südwestlich des Orumiyeh-Sees befanden, dominierten weite Gebiete Anshans. Durch die Kontakte mit dessen Bewohnern eigneten sich die Perser Kenntnisse von deren alter Zivilisation an. Der persische König Kyrus nannte sich bezeichnenderweise König von Anshan, bevor er 539 v. Chr. mit einer persischen Übermacht kampflos in Babylon einziehen konnte. Genauso wird er in Susa eingezogen sein, das auf der Strecke zwischen Babylon und Anshan bzw. der neuen Persis lag, als der Aufstieg zur achämenidischen Weltmacht begann. Die hohe Wertschätzung Elams kann man daran erkennen, dass die Elamer immer an dritter Stelle nach den Persern und Medern, also vor anderen arischen Stämmen genannt wurden. Auch wurde die elamische Sprache noch längere Zeit in der Verwaltung der Kerngebiete des neuen Weltreichs benützt.

Dynastien und wichtige Herrscher

Zeit (*= v. Chr.)	Dynastien	Bedeutende Herrscher
2600–1500*	Alt-Elam	Peli, Kutik- od. Puzur-Inshushinak, Kindattu
Ab 2500*	Marhashi	Jiroft-Gegend 21. Jh.*: Libanugshabash
1500–1100*	Mittel-Elam	Untash Napirisha, Shutruk Nahhunte I.
1100–539*	Neu-Elam	Shutruk-Nahhunte II.
715–550*	Meder	Deiokes, Phraortes, Kyaxares, Astyages
559–330*	Achämeniden	Kyrus II., Darius I., Xerxes I., Artaxerxes II.
323–247*	Seleukiden	Seleukos I., Demetrios I., Antiochos I.
247*–224	Parther	Arsakes I., Phraates I., Mithridates I.& II.
224–642	Sassaniden	Ardeshir I., Shapur I., Bahram V., Chosrau II.
660–750	Omayaden	Muawiya I., Yazid I., Abd al-Malik, Hisham
750–1258	Abbasiden	Al-Mansur, Harun al-Rashid, al-Mamun
821–873	Taheriden	Ost-Iran: Tahir
867–911	Saffariden	Ost-Iran: Yaqub ibn Laith
892–999	Samaniden	Ost-Iran: Ismail I., Nasr II
928–1090	Ziyariden	Nord-Iran: Vashmgir, Shams al-Maali Qabus
945–1055	Buyiden	Ahmad Muizz ad-Dowla, Khosrau ad-Daula
977–1190	Ghaznawiden	Ost-Iran: Sebuktegin, Mahmud, Bahram Shah
1038–1194	Seldschuken	Toghrul Beg, Alp Arslan, Malik Shah
1194–1231	Choresmier	Ala ad-Din Tekis
1256–1353	Ilkhaniden	Hulegu, Abaqa, Ghazan, Oljeitu, Abu Said
1314–1393	Muzzafariden	Mitte-Ost-Iran: Mubariz ad-Din, Shah Shuja
1336–1432	Jalairiden	West-Iran: Hasan Bozorg, Uwais
1370–1506	Timuriden	Timur Lenk, Shah Rukh, Babur, Abu Said
1380–1468	Qara Qoyunlu	West-Iran: Jahan Shah
1387–1501	Aq Qoyunlu	West-Iran: Uzun Hasan, Yaqub Sultan
1501–1722	Safawiden	Ismail I., Tahmasp I., Abbas I., Abbas II.
1736–1796	Afscharen	Nader Shah, Shah Rukh
1750–1794	Zand	Karim Khan Zand, Ali Murad, Lotf Ali Khan
1796–1921	Qajaren	Shahs:Fath Ali, Nasseruddin, Muzaffar adDin
1925–1979	Pahlavi	Reza Shah, Mohammad Reza Shah
Ab 1979	–	Islamische Republik Iran

Vorachämenidische Reiche

Urartu

Hurritische Stämme wurden etwa um 830 v. Chr. von Sardur I. im urartäischen Staatsverband zusammengefasst. Das Zentrum mit der Hauptstadt Tuschpa lag am Van-See in der Osttürkei. Urartu erstreckte sich zur Zeit der größten Ausdehnung von der Gegend um Ardebil über den Orumiyeh-See hinweg etwa 650 Kilometer bis nach Kleinasien und im Norden über den Sewan-See hinaus bis zur Nordgrenze Armeniens. Es war wiederholt mit Assyrien in Konflikte verwickelt, wurde aber wegen seiner Gebirgslage trotz assyrischer Siege nie gänzlich unterworfen.

Auf nordwest-iranischem Gebiet liegen die Ruinen der zweitgrößten urartäischen Bergfestung Bastam (→ S. 229). Typisch für urartäische Architektur sind Plattformen für Tempel und Palastbauten, die später auch in achämenidischer Architektur anzutreffen sind. Etwa ab 580 v. Chr. wurde Urartu von den Medern beherrscht und ging später in Armenien und der achämenidischen Provinz Azerbaijan auf.

Mannäa

Das Reich der Mannäer erstreckte sich vom Südwesten des Orumiyeh-Sees bis in den Norden der heutigen Provinz Kurdistan. Es wurde in der zweiten Hälfte des 9. Jahrhunderts v. Chr. das erste Mal erwähnt. Hauptstadt war Izirta, das vermutlich bei Bukan lag. Hurriter und Lulubäer sollen mit ihnen verwandt gewesen sein. Sie errichteten verschiedene Städte und Festungen, wovon die sehenswerten Ruinen bei Hasanlu (→ S. 218) am Südende des Orumiyeh-Sees zeugen. Im 7. Jahrhundert v. Chr. verbündeten sie sich mit den Skythen. Aus dieser Zeit stammt der prächtige Schatz, der in der mannäischen Festung Ziwiye östlich von Saqqez gefunden wurde (→ S. 216). Die Assyrer unterwarfen Mannäa um 660 v. Chr. Im Jahre 612 v. Chr. ging Mannäa schließlich im medischen Reich auf.

Kulturelle Zentren des Hochlands

Auf dem iranischen Hochland gab es vom 12. bis zum 8. vorchristlichen Jahrhundert zusätzlich zu Elam-Anshan, Urartu und Mannäa zahlreiche kulturelle Zentren, die teilweise bereits lange vor ihrer Integration in die medischen oder achämenidischen Reiche existierten. Wie man auch an ihren Keramik- und Metallerzeugnissen erkennen kann, standen diese Zentren miteinander in Verbindung.

Im Nationalmuseum in Teheran sind Objekte wie hochwertig verarbeitete Bronzeartikel aus Lurestan, modern wirkende Terrakotta-Tierfiguren und Goldgefäße mit mythologischen Motiven aus Marlik, schöne Keramiken aus Tepe Sialk und vielen anderen Orten ausgestellt.

Medien

Die Meder gelangten im Verlauf der arischen Wanderungen in den westlichen Nordiran und wurden erstmals Mitte des 9. Jahrhunderts v. Chr. in assyrischen Geschichtsquellen erwähnt. Ihr Fürst Deiokes gründete um 700 v. Chr. Ecbatana, das heutige Hamadan, und vereinte die Stämme. Die Kerngebiete ihres Reichs erstreckten sich über die Provinzen Hamadan, Kermanshah und den südlichen Teil des heutigen Kurdestans. Von 652 bis 625 v. Chr. wurde Medien von den Skythen beherrscht. Nach deren Vertreibung eroberte Kyaxares im Jahre 614 v. Chr. Assur. Sein Nachfolger Astyages wurde 550 v. Chr. vom Perserkönig Kyrus II. besiegt, der, um Bündnisgenossen zu gewinnen, die verwandten Meder als gleichwertig mit den Persern anerkannte. Wie am Feueraltar aus der Zeit von 700 bis 600 v. Chr. in der medischen Festung Tepe Nushejan, südlich von Hamadan, erkennbar ist, zählten die Meder zu den frühesten Anhängern Zarathustras.

Das achämenidische Weltreich

Nachdem der persische König Kyrus II. im Jahre 539 v. Chr. mit seinen Truppen kampflos in Babylon eingezogen war, ließ er einen Tonzylinder anfertigen, auf dem in akkadischer Keilschrift verkündet wird, dass die bei Kriegszügen von den Babyloniern verschleppten Götterstatuen aus Sumer und Akkad in ihre ursprünglichen Tempel zurückgebracht werden sollen und die Unterdrückung der fremden und eigenen Bevölkerung beendet sei. Dies führte auch zur Entlassung der Juden aus babylonischer Gefangenschaft. Kyrus ging damit neue Wege, denn bisher waren Kriegszüge mit Massakern, Deportationen und Plünderungen verbunden. Die vorherigen Triumphreliefs assyrischer Könige mit Massakerszenen stehen denn auch im Gegensatz zu den friedlichen Reliefs in Persepolis.

Die medische Festung Tepe Nushejan

Kyrus II. wurde von vielen Geschichtsschreibern als toleranter Herrscher geschildert. Ob es sich um Toleranz aus innerer Überzeugung oder aus Einsicht handelte, sei dahingestellt, aber es lässt sich daran die Selbstsicherheit dieser eindrucksvollen Persönlichkeit erkennen. Noch über 300 Jahre später brachte Alexander der Große seine Verehrung vor dem Grabmal dieses persischen Königs in Pasargadae (heutige Provinz Fars) zum Ausdruck.

Kyrus II. legte die Grundlage für das bis dahin größte Weltreich. Unter seinen Nachfolgern Kambyses II. und Darius I. erstreckte es sich vom heutigen Pakistan bis nach Ägypten. Um 500 v. Chr. ließ Darius I. einen Kanal zwischen rotem Meer und Mittelmeer bauen und veranlasste die Renovierung des Amon-Tempels in Hibis westlich von Luxor. Nach der noch in der Zeit von Kyrus dem Großen errichteten ersten Hauptstadt Pasargadae, wurden nun auch Susa und die Repräsentationsstadt Persepolis ausgebaut. Zusätzlich wurde eine über 2500 Kilometer lange Königsstraße zwischen Susa und Sardes, das 95 Kilometer östlich von Izmir liegt, angelegt.

Nach einem Überfall von Griechen unter Athener Führung auf Sardes, das dabei durch einen Brand vernichtet wurde, entwickelten sich jahrelange Auseinandersetzungen, die in den Jahren 480 und 479 v. Chr. nach dem Kampf an den Thermophylen, der Besetzung Athens und der Verwüstung der Akropolis als Rache für Sardes, mit den persischen Niederlagen in der Seeschlacht bei Salamis und der Landschlacht bei Plataiai endeten. Diese war zugleich das Ende der persischen Bestrebungen, Griechenland zu dominieren.

Während im persischen Kernland die zoroastrische Religion mit Ahura Mazda bisher Vorrang hatte, ließ Artaxerxes II. im frühen 4. Jahrhundert auch die Anahita- und Mithras-Kulte zu. Den jüdischen Schriftgelehrten Esra entsandte er um 400 v. Chr. nach Jerusalem, damit er dort nach der jüdischen Rückwanderung die Thora-Auslegung reorganisierte.

König Darius auf einem Thronrelief im Schatzhaus von Persepolis

Der Anahita-Tempel in Kangavar

Artaxerxes III. konnte zwar Ägypten wieder zurückgewinnen, doch das Reich hatte seinen Zenit überschritten. Er verstarb 339 v. Chr., und fünf Jahre später begann mit der von den Persern verlorenen Schlacht am Granikos-Fluss, östlich der Dardanellen, der Eroberungszug Alexanders des Großen. Im Frühjahr 330 v. Chr. ließ Alexander die Terrassenanlage von Persepolis, das Symbol achämenidischer Herrschaft, bei einer Siegesfeier niederbrennen. Wenig später wurde der letzte achämenidische König, Darius III., auf der Flucht in der Nähe Damghans von seinem Satrapen Bessos ermordet. Das bedeutendste Zeugnis achämenidischer Architektur und Kunst ist die Terrassenanlage von Persepolis, deren Reliefs, teilweise durch Brandschutt geschützt, die Zeiten überdauerten (→ S. 492).

Die Seleukiden

Der griechische General Seleukos I. Nikator setzte sich in den Diodochen-Kämpfen um die Nachfolge Alexanders des Großen durch und herrschte ab 321 v. Chr. über den nahen und mittleren Osten. Im persischen Kernland konnte sich die Hellenisierung nicht durchsetzen, und die Erinnerungen an die glorreiche achämenidische Zeit blieben erhalten. Im Jahre 245 v. Chr. machte sich die Provinz Parthien im Nordosten Persiens unter dem Anführer Arsakes selbständig.

Das parthische Reich

Die Parther, ein halbnomadischer arischer Reiterstamm, eroberten um 245 v. Chr. zuerst die persischen Gebiete und um 141 v. Chr. auch Mesopotamien mit Babylon und Assur. Ihr König Mithridates I. proklamierte um 140 v. Chr. Ktesiphon-Seleucia nahe dem heutigen Bagdad zur Hauptstadt des parthischen Reichs. Die Parther waren Anhänger Zarathustras und verhielten sich tolerant gegenüber anderen Religionen und Kulturen.

Nachdem der Rest des seleukidischen Reichs, mit dem sich die Parther arrangiert hatten, um 63 v. Chr. von den Römern aufgelöst worden war, begannen andauernde Auseinandersetzungen mit dem römischen Reich. Die dadurch entstandene Schwächung der Zentralgewalt ermöglichte es dem Herausforderer Ardeshir, den letzten parthischen König Artabanus IV. im Jahre 224 n. Chr. zu besiegen.

Zu den wenigen erhaltenen Zeugnissen parthischer Architektur auf iranischem Gebiet zählen der Anahita-Tempel von Kangavar, die Bauten in Kuh-e Khwaje und der Pavillon von Qaleh-ye Zohak. An figürlicher Kunst sind die Bronzestatue des Fürsten von Shami und die Marmorbüste der Musa, der Frau von König Phraates IV., sehenswert. Beide befinden sich im Nationalmuseum in Teheran.

Das sassanidische Reich

Der Stammvater dieser Dynastie (224–642) soll der Oberpriester Sasan in Istakhr, das unweit von Persepolis lag, gewesen sein. Sein Enkel Ardeshir, der Gouverneur der Parsis, der heutigen Provinz Fars, lehnte sich gegen den parthischen König Artabanus IV. auf, dessen Heer er 224 n. Chr. besiegte und ihn im Zweikampf tötete. Dieser Kampf ist auf einem großflächigen Relief bei Firuzabad abgebildet (→ S. 502). Kurz darauf griff Ardeshir I. die Römer in den Grenzgebieten zum heutigen Irak und Syrien an, da sie ihm das ehemals parthische Mesopotamien streitig machten.

Sein Nachfolger Shapur I. setzte diese Auseinandersetzungen ab 240 fort. Dabei besiegte er drei römische Kaiser: Gordianus III., Philippus Arabs, und Valerian, den er 260 gefangennahm. Er gründete um 266 die Residenzstadt Bishapur, in deren Nähe mehrere Felsreliefs seine Siege darstellen. In die Zeit Shapurs I. fällt auch die Ausbreitung des vom Perser Mani gegründeten Manichäismus, der später zu einer zeitweilig ernsthaften Konkurrenz des Christentums in Nordafrika und Südeuropa werden sollte. Im persischen Raum entwickelte sich der Zarathustrismus unter der Führung seines Oberpriesters Karter zur Staatsreligion.

Shapurs Nachfolger waren gegenüber Rom weniger erfolgreich, und erst mit Shapur II. stellte das sassanidische Reich ab 309 wieder einen Rom ebenbürtigen Machtfaktor dar. Das Reich umfasste Gebiete vom heutigen Pakistan bis nach Syrien und von der nördlichen arabischen Halbinsel bis nach Usbekistan. Nachdem sich Kaiser Konstantin anmaßte, auch Schutzherr der Christen des sassanidischen Reichs zu sein, kam es während der Kämpfe zwischen Shapur II. und Ostrom um 340 zu Christenverfolgungen in Persien mit tausenden von Toten, da man die Christen als fünfte Kolonne Ostroms betrachtete. Nach Siegen Shapurs II. gab Ostrom alle besetzten Gebiete in Mesopotamien an ihn zurück.

Das von Shapur I. gegründete Gondeshapur, dessen Ruinenfeld westlich von Dezful liegt, wuchs zu einem Wissenschaftszentrum heran. Ursprünglich wurden dort Mediziner ausgebildet, aber nachdem christliche Gelehrte aus Edessa und Neoplatoniker aus Byzanz im 5. und 6. Jahrhundert in das tolerantere Sassanidische Reich übersiedelten, ließ Khosrow I. ab 531 die Universität von

Gondeshapur vergrößern. Dort wurden nun griechische Texte in das Mittelpersische übersetzt. Sogar astronomische und mathematische Werke aus Indien und Abhandlungen über Heilpflanzen aus China wurden übertragen.

Im Jahre 428, in der Zeit von Bahram V. Gur wurde der größte Teil Armeniens sassanidische Provinz.

Khosrow I., ein Zarathustrier, trug den Zusatznamen Anushirvan, die unsterbliche Seele. Er schloss mit Ostrom Frieden, besiegte um 560 die Hephthaliten oder Weißen Hunnen und schuf so Stabilität. Er ließ den Regierungssitz Ktesiphon prächtig ausbauen, wobei auch der riesige Bogenbau des Taq-e Kisra entstand. Interessant ist auch, dass damals im sassanidischen Reich eine große christliche Minderheit existierte, die auf dem Gebiet des heutigen Irans in über 30 Bistümern organisiert war, beispielsweise in Tus, Neyshabur, Istakhr (bei Persepolis), Darab, Gur (Firuzabad), Rey, Isfahan, Susa, Shushtar, Hamadan, Bishapur, Amol, Ganzak (Leylan bei Miyandoab), Ahvaz und Godeshapur.

Khosrow II. Parviz, der von 591 bis 628 regierte, war der letzte bedeutende sassanidische König. Seine Heirat mit einer schönen Christin ist die Grundlage für das Liebes-Epos ›Khosrow und Shirin‹. Er führte mehrere Kriege, eroberte dabei auch Jerusalem und entwendete das heilige Kreuz, das angeblich bis zu seiner Rückgabe in dem wichtigen Feuerheiligtum Takht-e Soleiman aufbewahrt wurde. Seine Kriegszüge führten bis nach Ägypten und Sudan und schwächten das sassanidische Reich so sehr, dass der oströmische Kaiser Heraclius später zum Gegenschlag ausholen konnte, vorübergehend Mesopotamien und Azerbaijan besetzte und Armenien um 630 zurückeroberte.

Geschwächt durch die kräftezehrenden langen Kriege mit Ostrom konnte der Nachfolger Yazdegerd III. den islamisch-arabischen Angreifern keine ebenbürtigen Truppen entgegenstellen, und mit der Niederlage bei Nehavand im Jahre 642 wurde das Ende des sassanidischen Reichs besiegelt.

Die arabische Eroberung

Innerhalb von ein bis zwei Jahren nach dem Tod des Propheten Mohammed im Jahre 632 war die Herrschaft der Moslems über Arabien abgesichert, und die Eroberungen Nordafrikas und der byzantinischen und sassanidischen Reiche begannen. Kalif Omar besiegte die byzantinische Armee 635 bei Damaskus und eroberte die sassanidische Hauptstadt Ktesiphon zwei Jahre später. Von dort aus drangen die Araber im heutigen Südiran ein und eroberten Ahvaz und Susa. Um 638 wurde das bis dahin byzantinische Jerusalem von den Truppen des Kalifen Omar erobert. Durch den Sieg bei Nehavand im Jahre 642 war der Weg frei zur Besetzung weiterer sassanidischer Provinzen, wobei der örtliche Widerstand die Einnahme des gesamten persischen Gebiets bis zu 300 Jahre verzögerte. In Nordiran beispielsweise wurde die Pahlavi-Schrift erst 350 Jahre später durch das Arabische abgelöst. Da die Führer der Araber Sunniten waren, besetzten sie

Der sassanidische König Ardeshir I. auf einem Relief in Firuzabad

die wichtigen Statthalter- und andere Verwaltungsposten mit Sunniten, während kooperationsbereite Zarathustrier untergeordnete Positionen behalten konnten. Auch Schiiten wanderten ein, aber sie blieben bis zum 16. Jahrhundert in Persien in der Minderheit.

In der omayadischen Zeit von 660 bis 750 ließen die Kalifen Persien über ihre Statthalter ausbeuten, und die arabischen Moslems fühlten sich trotz des moslemischen Gleichheitsgebots den persischen konvertierten Moslems gegenüber überlegen. Kalif Omar ibn Abd al-Aziz, der von 717 bis 720 regierte, soll der erste Herrscher gewesen sein, der es den Juden zur Pflicht machte, sich durch einen ›gelben Fleck‹ an ihrer Kleidung auszuweisen. Die allgemeinen Diskriminierungen der Nicht-Araber führten letztlich zu Revolten und Aufständen, die sich am stärksten in Khorasan bemerkbar machten. Dort sammelte Abu Muslim die Unzufriedenen, die letztlich die Omayaden-Dynastie stürzen konnten.

Die Abbasiden

Die Abbasiden (750–1258) waren über ihren ersten Kalifen Al-Abbas mit der Familie des Propheten verwandt. Durch die Verlagerung ihres Hauptsitzes von Damaskus nach Bagdad, das unweit der früheren sassanidischen Hauptstadt Ktesiphon liegt, veränderte sich auch die Art der Hofhaltung und Verwaltung. Der Hof des Kalifen mit seinem Zeremoniell wurde persischer und die Staats- und Hofämter nach sassanidischem Vorbild organisiert. Perser wurden mit den höchsten Verwaltungsstellen betraut.

Unter Harun al-Rashid, der von 786 bis 809 regierte, erlebte das Reich eine wirtschaftliche und kulturelle Blüte. Zwischen den beiden mächtigsten Männern der damaligen Zeit, ihm und Karl dem Großen, wurden Gesandtschaften ausgetauscht. Man erkannte sich gegenseitig an, und so schenkte Harun al-Rashid als Friedensgeste Karl dem Großen einen Elefanten, der 802 bei einer Synode in der Kaiserpfalz von Aachen vorgeführt wurde.

Die Abbasiden führten die Universität von Gondeshapur fort. Deren Bedeutung schwand aber, als der Kalif al-Mamun im Jahre 832 die Universität Bayt al-Hikma, das Haus der Weisheit, in Bagdad einrichtete. Dort sollen zeitweise 90 moslemische, zarathustrische, christliche und jüdische Gelehrte zuerst an Übertragungen der von den Persern gesammelten klassischen Texte in das Arabische und anschließend an direkten Übersetzungen aus dem Griechischen, Aramäischen und aus dem Sanskrit gearbeitet haben. Neben vielen hervorragenden Wissenschaftlern der damaligen Zeit war dort auch der großartige persische Mathematiker al-Khwarizmi tätig, der als Vater der Algebra gilt und die von Indern entwickelte Ziffer Null in das arabische Zahlensystem einführte. Unter dem Kalifen al-Mutawakkil, der ab 847 regierte und sehr orthodox war, wurde die Förderung mancher Fächer reduziert oder eingestellt.

Zur selben Zeit begann der Niedergang der abbasidischen Dynastie. So bildeten sich in Persien selbständige lokale Dynastien heraus, die den Kalifen nur noch formal anerkannten. Zu diesen Dynastien zählten die Taheriden, Safariden und Samaniden in Ost-Persien und die Ziyariden in Nord-Persien. Die Buyiden

Innenhof der unter den Abbasiden erbauten Jame-Moschee in Nain

begannen als lokale Fürsten in Nord-Persien und beherrschten ab 945, als sie Bagdad besetzten, große Teile Persiens und den Irak. Die turkstämmigen Ghaznaviden expandierten von Ghazni in Afghanistan aus nach Khorasan, Sistan und um 1000 bis nach Nordindien.

Diese Zeit der lokalen Dynastien brachte aber auch eine Blüte der geistigen Kräfte in Persien zur Entfaltung, wobei sich die Begegnung mit der arabischen Sprache als Bereicherung bemerkbar machte. So steigerte sich die Dichtung über Rudaki, Ferdowsi und Khayyam bis zu Saadi und Hafis. Aber auch für die wissenschaftliche Entwicklung sind Gelehrte wie al-Ghazali, ibn Sina (Avicenna) und al-Biruni von besonderer Bedeutung.

Die Seldschuken

Turksprachige Stämme breiteten sich seit dem 8. und 9. Jahrhundert n. Chr. verstärkt in den östlichen Randgebieten des Kalifats aus. Sie stellten Söldner und örtliche Militärführer für die moslemischen Armeen, woraus sich im Laufe der Zeit neue Kraftzentren entwickelten. So konnten die Seldschuken, die den sunnitischen Glauben angenommen hatten, Anfang des 11. Jahrhunderts Khorasan und weitere Provinzen unter ihre Kontrolle bringen und im Jahre 1055 Bagdad besetzen. Ihrem Anführer Toghrul Beg wurde vom Kalifen der Sultanstitel verliehen. Von da an standen die Kalifen unter dem Schutz der Seldschuken. Alp Arslan besiegte die Byzantiner in der Schlacht von Manzikert 1071 und ermöglichte dadurch die türkische Besiedlung Anatoliens. Allerdings löste dieser Sieg auch einen Hilferuf des byzantinischen Kaisers an den Papst aus. Dies und die Zerstörung der Jerusalemer Grabeskirche im Jahre 1009 durch den fatimidischen Sultan al-Hakim waren einige der Gründe für den Beginn der Kreuzzüge.

Aus den folgenden Auseinandersetzungen zwischen Muslimen und Christen ragen zwei Persönlichkeiten hervor. Die eine ist Sultan Saladin, der zwar die

Kreuzfahrer 1187 entscheidend besiegte, aber von seinen christlichen Gegnern als ritterlich und tolerant anerkannt wurde. Er spielt auch eine Rolle in Lessings Drama ›Nathan der Weise‹, und Kaiser Wilhelm II. widmete ihm während seiner Orientreise 1898 in Damaskus einen Kenotaph. Die andere Persönlichkeit ist Kaiser Friedrich II. von Hohenstaufen, der Arabisch sprach und wissenschaftliche Fragen auch mit Muslimen diskutierte. Er wurde durch den Kirchenbann des Papstes genötigt, einen Kreuzzug zu unternehmen, auf dem er sich 1229 in Jaffa in Verhandlungen mit dem ayyubidischen Sultan al-Malik auf einen für alle Beteiligten annehmbaren Status Jerusalems einigte. So blieb dieser Kreuzzug der einzige ohne kriegerische Handlungen.

Die Seldschuken zeichneten sich als gerechte Herrscher aus und förderten Künste und Wissenschaften. So stiftete der angesehene persische Großwesir Nizam ol-Molk der Stadt Bagdad im Jahre 1091 die erste große theologische Universität, die Nizamiyah. Viele alte Moscheen im Iran besitzen noch heute Kuppelbauten aus dieser Zeit. Handel und Handwerk florierten. Trotzdem gab es Widerstand von den schiitischen Ismailis, die unter ihrem Führer Hasan Sabbah hauptsächlich in den unzugänglichen Tälern des Elburzgebirges siedelten und dort eine Reihe von Festungen angelegt hatten. Ihr Widerstand resultierte aus den Gegensätzen zu den sunnitischen Seldschuken, die zudem als turkstämmige Erober von vielen Persern abgelehnt wurden. Unter Malik Shah erreichte das seldschukische Sultanat seinen Höhepunkt und die Hauptstadt Isfahan ihre erste Blütezeit.

Nachdem im Jahre 1092 sowohl Sultan Malik Shah starb als auch Nizam ol-Molk von einem ismailischen Attentäter ermordet wurde, führten die Nachfolgestreitigkeiten zu einer Dreiteilung des Reiches. Khorasan geriet 1141 unter den Einfluss der mongolisch-stämmigen Kara Kitais, die 1187 von den Choresmiern besiegt wurden. Die Choresmier-Shahs eroberten zwar ganz Persien, aber ihre Herrschaft blieb ein Intermezzo, da sie in grober Selbstüberschätzung Dschingis Khan durch die Ermordung von 450 Mitgliedern einer mongolischen Karawane provozierten. Der mongolische Angriff in den Jahren 1220 bis 1221 war verheerend. Städte wie Samarkand, Buchara, Neyshabur und viele andere wurden verwüstet und weite Gebiete Nordpersiens erobert.

Das ilkhanidische Reich

Von den besetzten Gebieten Nordpersiens aus breiteten die Mongolen ihre Herrschaft in den nächsten Jahrzehnten weiter über persische Provinzen aus. Städte, die sich ergaben, wie Maragheh und Tabriz, wurden normalerweise verschont. An Übergriffen in Städten, die sich widersetzten, beteiligten sich auch Einheimische, die sich den Mongolen angeschlossen hatten, um Beute zu machen. Der Geschichtsschreiber Juwaini berichtet, wie die Bevölkerung von Sarakhs sich an den Gräueltaten in Merw (heute Turkmenistan) beteiligte und wie

Mihrab in der Isfahaner Jame-Moschee

religiöse Gegensätze zwischen Schiiten und den hanafitischen und schafiitischen Rechtsschulen der Sunna zum Ausbruch kamen. So öffneten Schafiiten bei der Belagerung Isfahans ein Tor, um die Hanafiten dem Massaker preiszugeben, in Qom mussten die Mongolen die Schiiten vor der Wut der Sunniten schützen.

Es scheint, dass es bei dem mongolischen Feldzug, der 1220 begonnen hatte, in erster Linie darum ging, die choresmischen Kerngebiete zu verwüsten und dass kein Plan für die Eroberung Persiens bestand. Nach der Wahl Möngkes zum Großkhan 1251 entschieden die Mongolen, das abbasidische Kalifat zu beseitigen. Hulegu traf 1253 in Persien ein und eroberte auf dem Kriegszug nach Bagdad die bisher als uneinnehmbar geltenden Festungen der Ismailis wie die Gerdkuh bei Damghan, die Alamut oder die Meymun Diz bei Moallem Kalayeh. In Bagdad ließ er 1258 den Kalifen al-Mustasim töten und beendete damit das abbasidische Kalifat.

Gegen die Mameluken, die von ehemaligen türkischen Militärsklaven abstammten und kurz zuvor in Ägypten die Macht übernommen hatten, konnte sich Hulegu nicht durchsetzen. In einer der entscheidenden Schlachten der Geschichte wurden die sieggewohnten Mongolen von den Mameluken im September 1260 bei Ain Jalut, etwa 15 Kilometer südöstlich von Nazareth, vernichtend geschlagen. Ihre Bestrebungen nach der Oberhoheit über Ägypten und andere Mittelmeerländer waren damit beendet. Hulegu gründete das Reich der Ilkhaniden (Stammesführer), dessen Zentrum Persien bildete. Er war Buddhist und religiös tolerant. Seine Mutter und auch seine Frau, Dokuz Khatun, waren Christinnen. Das ostsyrische Christentum, das in der assyrischen Kirche des Ostens organisiert war, hatte sich bereits in sassanidischer Zeit entlang der Seidenstraße von Persien aus ausgebreitet, und manche Mongolen hatten sich ihm angeschlossen. Hulegu war auch wissenschaftlich interessiert und ließ in seiner Hauptstadt Maragheh eine Sternwarte bauen.

Außengalerie des Mausoleums von Oljeitu in Soltaniye

In der Zeit von Hulegus Nachfolger Ilkhan Abaqa, der von 1265 bis 1282 regierte, verlegte der ostsyrische Metropolit Yaballaha III. seinen Sitz von Ktesiphon nach Maragheh. Dort ließ er eine zweischiffige Kathedrale, Kirchen und ein Kloster errichten. Damals reichte der Einfluss der ostsyrischen Kirche bis Indien und China. Die tolerante Einstellung hielt auch unter den Nachfolgern Abaqas an, bis der Ilkhan

Ghazan 1295 zum Islam übertrat und entschied, dass christliche Kirchen, Synagogen und buddhistische Tempel zu zerstören seien. Dies führte zu Verfolgungen von Nicht-Moslems, und auch in der Verwaltung wurden sie zurückgedrängt. Die mongolische Oberschicht trat damals zum sunnitischen Glauben über. Ab 1313, in der Zeit von Oljeitu, wurde Soltaniye bei Zanjan zur neuen Hauptstadt ausgebaut. Dort ließ Oljeitu als schiitischer Konvertit ein gewaltiges Mausoleum für sich errichten, das erhalten blieb und besichtigt werden kann. Mit dem Tod Oljeitus im Jahre 1316 begann der Niedergang des Reichs. Sein Nachfolger Abu Said war nur noch ein unbedeutender Herrscher.

Muzaffariden und Jalayriden

1286 wurde Sharaf al-Din Muzaffar Statthalter in Maybod. Sein Nachfolger Mubariz al-Din Mohammad eroberte zwischen 1341 und 1357 Kerman, Shiraz und Isfahan. Unter Shah Shuja, der von 1358 bis 1384 regierte, wurden Kunst und Wissenschaft gefördert. Die Jame-Moscheen in Yazd und Kerman stammen aus dieser Zeit.

Die Jalayriden kamen während des Niedergangs der Ilkhane in Irak mit Hasan Bozorg an die Macht. Im Jahre 1360 eroberten sie die Provinz Azerbaijan.

Mit dem Aufstieg Timur Lengs endeten diese Dynastien.

Die Timuriden

Timur, Tamerlan oder Timur Leng (Timur, der Lahme) vom turko-mongolischen Stamm der Chagatai stieg in der zweiten Hälfte des 14. Jahrhunderts zum Anführer auf. Er sah sich in der Nachfolge von Dschingis Khan. Nachdem er Choresmien unterworfen hatte, wandte er sich um 1380 der Eroberung Persiens zu. Er besiegte Dynastien wie die Muzaffariden und die Jalayriden. Als strenggläubiger Sunnit sah er sich als islamischen Schutzherrn und verfolgte Andersgläubige. Wer sich ihm widersetzte, wurde von seinen Chagatai-Kriegern vernichtet. 1388 wütete er bei der Eroberung Isfahans und ließ 70 000 Einwohner massakrieren. Architekten, Künstler und Wissenschaftler ließ er nach Samarkand im heutigen Usbekistan schaffen, das als Hauptstadt prächtig ausgebaut wurde.

Nach Timurs Tod 1405 kam Shah Rukh an die Macht. Dieser legte als Amtssprache Persisch fest und ließ Samarkand und seine Hauptstadt Herat ausbauen. Die Konsolidierung des Reiches stand im Vordergrund. Die Wirtschaft blühte auf. Kriege wurden nur geführt, wenn es notwendig war. Seine Frau Gawarshad und er förderten Kunst, Architektur und Literatur. Eine großartige Moschee in Mashhad, die Gawarshad-Moschee, entstand in dieser Zeit. Shah Rukh starb 1447. Von den Nachfolgern ist Hoseyn Baiqara in Herat wieder bemerkenswert. Seine Regierungszeit von 1470 bis 1506 gilt als Höhepunkt der künstlerischen und kulturellen Entwicklung der Timuridenzeit.

Die Timuridenherrscher waren wiederholt in Auseinandersetzungen mit den von Anatolien und der Provinz Azerbaijan aus angreifenden Turkmenenstämmen der Qara Qoyunlu und Aq Qoyunlu verwickelt. Unter ihrem Anführer Jahan Shah kamen die Qara Qoyunlu, die schwarzen Hammel, im Jahre 1458 bis nach Herat, überzogen damit aber ihre Möglichkeiten und wurden von den konkurrierenden Aq Qoyunlu, den weißen Hammeln, unter Uzun Hasan im Jahre 1467 vernichtend geschlagen. Auch Uzun Hasans Sohn, Yaqub Sultan, regierte von Tabriz aus, das im 15. Jahrhundert eines der bedeutendsten islamischen Zentren war.

Die Safawiden

Die Safawiden, die aus Ardebil stammten, waren die Anführer eines militanten Sufi-Ordens, der auf Sheykh Safi od-Din zurückging, der um 1334 starb. Sie erhoben den Anspruch, Nachfahren des 7. Imams, Musa al-Kazim, zu sein. Ihre Sturmtruppen waren die als Qizilbash, Rotköpfe, bekannten, mehrheitlich turksprachigen Ordensangehörigen, die ein rotes, stielähnliches Emblem an ihren Turbanen trugen. Daran kann man sie auch leicht auf den Schlachten-Bildern im Chehel-Sotun-Palast in Isfahan erkennen. Tabriz, das sie 1501 eroberten, wurde Hauptstadt.

Ihr Anführer Ismail I. regierte von 1501 bis 1524 als erster safawidischer Shah und, um sich vom feindlichen, sunnitischen Osmanischen Reich abzugrenzen, erklärte er das Schiitentum zur Staatsreligion. In den folgenden 150 Jahren wurde Iran von einem mehrheitlich sunnitischen zu einem schiitischen Land umgestaltet, wo sich nur in einigen Randgebieten noch Sunniten halten konnten. Zum einen führte dies zu Zwangskonversionen und Vertreibungen von sunnitischen Geistlichen, aber zum anderen auch zur Identifikation der Schiiten anderer Länder mit dem Safawidenreich. Darauf reagierten beispielsweise die Osmanen 1511 bei einer schiitischen Revolte in ihrem Teil Anatoliens mit Massakern.

Im Jahre 1514 kam es bei Chaldiran, nahe der persisch-türkischen Grenze zu einer Schlacht, bei der Shah Ismail besiegt wurde, da er der Artillerie der Osmanen nichts entgegensetzen konnte. Im Anschluss verlegte Shah Tahmasp I, der ab 1524 regierte, die Hauptstadt von Tabriz nach Qazvin, da man dann weiter von der Grenze mit der Türkei entfernt war. In seiner Regierungszeit fanden zwei Ereignisse statt, die den lange anhaltenden Einfluss persischer Sprache und Kultur in Indien erklären. Babur, ein im persischen Kulturkreis aufgewachsener Nachfahre Timurs, wurde bei Nachfolgestreitigkeiten um das Sultanat von Delhi zu Hilfe gerufen. 1526 gründete er in Delhi die Mogul-Dynastie. Sein Sohn Humayun floh 1543 nach Persien, wo ihm Shah Tahmasp I. Asyl gewährte. 1554 konnte Humayun den Mogul-Thron zurückgewinnen, und die Mogul-Dynastie blieb bis 1858 an der Macht.

Der safawidische Shah Abbas I., der später der Große genannt wurde, verlegte 1598 die Hauptstadt von Qazvin nach Isfahan, das er zu einer der schönsten Städte des Orients ausbaute. Mit 600 000 Einwohnern gehörte es damals zu den bevölkerungsreichsten Zentren der Welt. Shah Abbas I. konsolidierte das safawidische Reich und blieb in kriegerischen Auseinandersetzungen erfolgreich. Um die Abhängigkeit von den Qizilbash-Stämmen zu reduzieren, nahm er Armenier und Georgier in die Verwaltung und in das Militär auf. Die diplomatischen Kontakte erstreckten sich nach Europa und bis nach China. Isfahan besaß weltoffenes

Flair durch die Anwesenheit vieler Botschafter, Repräsentanten verschiedener Religionen und internationaler Händler. Der Ausbau der Karawanenrouten sorgte für die Intensivierung der Handelsbeziehungen, was zu einem beispiellosen Aufschwung führte.

Im 17. Jahrhundert hielten sich auch Deutsche zeitweise in Isfahan auf, zum Beispiel Tectander, der mit einer Gesandschaft Kaiser Rudolfs II. unterwegs war, dann Heinrich von Poser, Adam Ölschläger (latinisiert Olearius) aus einer Holsteiner Handelsmission und Engelbert Kämpfer, der die wertvollsten Berichte hinterlassen hat.

Nach dem Tod von Shah Abbas I. 1629 setzte der langsame Niedergang der safawidischen Dynastie ein. Nur unter dem fähigen Shah Abbas II., der von 1642 bis 1666 regierte, blühte das Land noch einmal auf. Die letzten beiden in Isfahan residierenden Shahs waren schwache Herrscher, die große Teile der Bevölkerung gegen sich aufbrachten. Gründe für den Unmut waren die schlechte wirtschaftliche Lage, die sich bereichernden Gouverneure, die zeitweiligen Verfolgungen von Juden, Christen und Zarathustriern und die Diskriminierungen von Sufis und Sunniten, was sich sicherlich auch auf die Beziehungen zu der mehrheitlich sunnitischen Bevölkerung Afghanistans auswirkte. Afghanische Stämme, die vorher von willkürlich agierenden Gouverneuren der Isfahaner Zentrale unterdrückt wurden, nahmen ihre Chance wahr, um das persische Kernland anzugreifen und im Jahre 1722 Isfahan zu erobern. Nach fünf Jahren wurden sie vom Afscharen-General Nader Qoli Beg vertrieben.

Das 18. und 19. Jahrhundert

Nachdem 1736 der letzte safawidische Shah Abbas III. gestorben war, erklärte sich Nader Qoli Beg zum Shah und wählte Mashhad als Hauptstadt. Dadurch war er nahe am Stammesgebiet der Afscharen-Nomaden, die den Kern seiner Armee stellten. Er sah sich in der Nachfolge Timur Lengs und versuchte die Gegner-

Shah Abbas II. auf einem Gemälde im Chehel-Sotun-Palast in Isfahan

Land und Leute

schaft zwischen Schiiten und Sunniten abzubauen. Dann trat er zum Angriff auf Indien an, da dem Mogul-Kaiser angeblich Teile des von den Afghanen erbeuteten safawidischen Kronschatzes übergeben worden waren. Nader Shah besiegte das Mogul-Reich 1739 und besetzte Delhi. Dort erbeutete er den berühmten Pfauenthron, den Diamanten Kuh-e Nur und weitere Schätze und brachte sie nach Persien. Nader Shah war auch danach ständig in Kriege verwickelt, so in Dagestan, Chiwa, Buchara und mit dem Osmanischen Reich in Mesopotamien. Er eroberte Oman und Bahrain und wurde 1747 getötet.

Karim Khan war General unter Nader Shah und setzte sich als Anführer der Zand-Nomaden in Südwestiran um 1750 durch. Nachdem er seine Macht über Isfahan und andere Teile Persiens konsolidiert hatte, ernannte er sich zum Vakil oder Statthalter und regierte von Shiraz aus. Er war wegen seiner Bescheidenheit ein beliebter Herrscher. Bis zum Ende seiner Regierungszeit im Jahre 1779 erlebte Persien eine Phase des Friedens und des steigenden Wohlstands. In Shiraz gibt es mehrere Gebäudekomplexe, wie den Vakil-Basar und die Vakil-Moschee, die aus jener Zeit stammen. Aqa Mohammed Khan, ein Fürst des turkmenischen Qajaren-Stamms aus Nord-Persien, floh 1779, nach dem Tod von Karim Khan Zand, aus Shiraz, wo er 16 Jahre von den Zands in Geiselhaft gehalten worden war. Fünfzehn Jahre später wurde von ihm der letzte Zand-Regent Lotf Ali Khan getötet.

Die Qajaren

Nachdem Aqa Mohammed Khan 1779 aus der Gefangenschaft in Shiraz entkommen war, eroberte er mit seinen qajarischen Stammeskriegern Nord-Iran mit Teheran, das er 1789 zu seiner Hauptstadt ernannte. Dann setzte er seine Eroberungszüge durch die persischen Provinzen fort. Nach der Beseitigung des letzten Zand-Regenten 1794 und dem Tod des letzten Afscharen-Regenten Shah Rukh in Khorasan krönte er sich 1796 zum Shah von Persien. Nur ein Jahr später fiel er einem Mordanschlag zum Opfer, und sein Neffe Fath Ali Shah übernahm die Macht.

In der Regierungszeit Fath Ali Shahs (1797–1834) und der des Nasseruddin Shah (1848–1896) drang Russland auf persisch beherrschtes Gebiet vor. Persien musste 1813 Georgien, Dagestan und das Gebiet der heutigen Republik Aserbaidschan abtreten, 1828 den Verlust Armeniens hinnehmen und 1881 alle Ansprüche auf Choresmien, das Gebiet der heutigen Republiken Turkmenistan und Usbekistan, zu Gunsten Russlands aufgeben. 1828 legte Russland seine Oberhoheit über das Kaspische Meer und seine Randgebiete fest und bestimmte, dass nicht mehr als fünf Prozent Zoll auf russische Importe zu erheben seien. 1840 besetzten Russen die Insel Ashuradeh bei Bandar-e Torkaman.

Natürlich erkannte Nasseruddin Shah, dass Persien militärisch und wirtschaftlich reformiert werden musste, doch ließ er nach Hofintrigen den reformorientierten, fähigen Premierminister Amir Kabir 1852 ermorden. 1856 musste Persien auf britischen Druck hin seine Ansprüche auf Afghanistan aufgeben. Für die Briten schuf der daraus resultierende afghanische Pufferstaat mehr Sicherheit für ihre Ambitionen in Indien.

Marmorthron aus der Zeit von Karim Khan Zand im Golestan-Palast in Teheran

Vergabe von Konzessionen

Aus Geldmangel kamen Nasseruddin Shahs geplante Reformen nicht voran. Er unternahm aufwendige Europareisen und lebte ebenso wie seine Nachfolger verschwenderisch. Um an Geld zu kommen, wurden Konzessionen vergeben. So räumte man ab 1867 einem Russen die gesamten Fischereirechte im Kaspischen Küstenbereich ein. Der Begründer von Reuters Nachrichten, der spätere britische Baron de Reuter, erhielt 1872 die Konzession, sämtliche Wirtschaftsressourcen Persiens auszubeuten. Dies führte zu russischen Protesten, der Fatwa eines religiösen Führers und letztlich zur Vertragsannullierung.

Zwei Konzessionen, die sehr zum antibritischen Sentiment der Iraner beitrugen, waren die Vergabe des Tabakmonopols an den Briten Gerald Talbot im Jahre 1890 und der Erdölkonzession an den britischen Unternehmer Knox D'Arcy 1901. Da die Bevölkerung und die Basarhändler am unmittelbarsten vom Tabakmonopol betroffen waren, kam es innerhalb kurzer Zeit unter der Führung der Kleriker zu einem Volksaufstand. Die Konzession war von Gerald Talbot aus über eine britische Zwischenfirma innerhalb weniger Monate zur kurzfristig gegründeten britischen Tobacco Corporation of Persia gelangt. Diese stimmte der Aufhebung der Konzession nur unter der Bedingung einer Entschädigungszahlung von 500 000 Pfund Sterling zu. Da eine solche, damals riesige Summe im persischen Staatshaushalt nicht vorhanden war, wurden die zukünftigen Zolleinnahmen der Häfen am persischen Golf zur verzinsten Zahlung an die Briten verpfändet.

Wenn man den im Internet verfügbaren Sitzungsbericht des britischen House of Commons vom 26. Mai 1892 liest, wird man den Verdacht nicht los, dass nicht nur britische Staatsbürger Nutzen aus der Vergabe dieser Konzession zogen. Letztendlich hatte die persische Bevölkerung das Nachsehen. Die sehr ungünstigen Bedingungen der Erdölkonzession konnten erst in der Regierungszeit von Reza Shah 1933 durch eine neue, etwas verbesserte Konzession mit der Anglo-Persian Oil Company ersetzt und 1951 in der Regierungszeit von Premier Mossadeq durch Verstaatlichung der Erdölindustrie beendet werden.

Verfassungsrevolution

Die allgemeine Unzufriedenheit mit der wirtschaftlichen und politischen Situation führte 1905 zur Verfassungsrevolution. Der daraus resultierenden neuen Verfassung, die eine konstitutionelle Monarchie mit gewähltem Parlament vorsah, stimmte Muzaffaraddin Shah im Dezember 1906 zu. Unter seinem Nachfolger Mohammad Ali Shah wurde 1908 mit Hilfe der Russen die Verfassung wieder aufgehoben, was zu blutigen Kämpfen mit den Verteidigern der Verfassung führte. Ein Jahr später eroberten diese Teheran, und die neue Verfassung wurde wieder wirksam. Mohammad Ali Shah wurde nach Russland ins Exil geschickt, und der schwache Ahmad Shah übernahm die Regierung.

Wie ohnmächtig das Land damals war, zeigt die zwischen Russland und Großbritannien 1907 beschlossene Aufteilung Persiens in Einflusszonen, die besonders von Russland in seinem nördlichen Gebiet durch umfassende militärische Besetzungen ausgenutzt wurde. Im Ersten Weltkrieg kümmerte sich keine der hier kriegsführenden Parteien (das Osmanische Reich, Russland und Großbritannien) um persische Staatsgrenzen. Auch Deutsche waren an Kriegshandlungen beteiligt wie der ehemalige Konsul Wilhelm Wassmuss, der den britischen Vormarsch von Bushehr aus in das Landesinnere jahrelang mit befreundeten Nomadenkriegern aufhielt, oder Oskar von Niedermayer, der sich mit einer Kommando-Einheit bis Kabul durchschlug, und Graf Kanitz, der Polizisten und Nomaden zum Widerstand gegen die Russen organisiert hatte und südlich von Hamadan ums Leben kam.

Die Pahlavi-Dynastie

Reza Khan (1878–1944) stammte aus einem Gebirgsdorf in Mazanderan. Er wurde früh Soldat in der persischen Kosakenbrigade, wo er durch Mut und Umsicht auffiel und zum Offizier aufstieg. Als im Jahre 1921 das Gerücht aufkam, dass Russen und Briten den Oberbefehl über die persische Armee übernehmen wollten, marschierte er nach Teheran und wurde zum Verteidigungsminister ernannt. Er führte eine Armeereform durch und ging gegen Separatistenbewegungen in Nordiran und Azerbaijan vor. Als Premierminister machte er durch patriotische Maßnahmen auf sich aufmerksam. So ließ er statt des arabischen den alten, sehr genauen Sonnenkalender mit persischen Monatsnamen wieder einführen. Im Dezember 1925 setzte das Parlament den letzten Qajaren-Herrscher, Ahmad Shah, ab, der sich mehr in Paris als in Teheran aufhielt und übergab die Regierungsgewalt an Reza Khan, der sich 1926 zum neuen Shah krönte.

Persien war bei seinem Regierungsantritt ein strukturschwaches Agrarland mit zahlreichen mittelgroßen Handelsstädten und vielen kleinen Handwerksbetrieben. Das erklärte Ziel Reza Khans war, Persien zu modernisieren und zu einem starken Nationalstaat zu formen. 1935 wurde Persien in Iran umbenannt. Das Rechtssystem wurde nach dem Vorbild des französischen Code Civil unter Beachtung islamischer Gegebenheiten reformiert und der Aufbau eines staatlichen Bildungs- und Gesundheitswesens in Angriff genommen. Straßen- und Eisenbahnnetze wurden ausgebaut und die Industrialisierung begann.

Um den Aufbruch in die Neuzeit zu demonstrieren, verbot Reza Shah Pahlavi den Männern, die traditionellen Spitzhüte zu tragen, und den Frauen, den Schleier anzulegen. Besonders durch das Schleier-Verbot verletzte er nicht nur die religiösen Gefühle vieler Bürger, sondern provozierte auch die Geistlichkeit, die aber noch zu schwach war, um wirksam Widerstand leisten zu können. In Mashhad ließ er protestierende Gläubige zu Hunderten im Innenhof der Gawarshad-Moschee niederschießen und in Massengräbern verscharren. Regimegegner verschwanden in Gefängnissen und wurden ohne Gerichtsverfahren getötet.

Als der Zweite Weltkrieg ausbrach, erklärte sich Iran als neutral, doch wurde der deutschfreundliche Reza Shah ultimativ von den sowjetischen und britischen Botschaftern aufgefordert, zurückzutreten. Im September 1941 dankte er zugunsten seines Sohnes Mohammed Reza ab, der sofort die Regierungsgeschäfte übernahm. Sein Vater wurde ins Exil nach Südafrika geschickt. Für den Iran wiederholte sich nun die bekannte rücksichtslose Behandlung durch die stärkeren Mächte Sowjetunion und Großbritannien. Sie teilten das Land erneut in Einflusszonen auf und richteten den ›persischen Korridor‹ für Nachschublieferungen in die Sowjetunion ein. In den späteren Kriegsjahren wurde dieser von den Amerikanern mitbenutzt.

Inneneinrichtung aus der Pahlavi-Zeit in der Teheraner Saadabad-Palastanlage

Schulmädchen in der Provinz Isfahan

Nach dem Abzug der Besatzungsmächte und der Zerschlagung der kurzlebigen azerbaijanischen autonomen Republik und der kurdischen Volksrepublik unterstand ab Ende 1946 das gesamte iranische Territorium wieder der Staatsführung. In den Jahren von 1946 bis 1953 besaß das iranische Parlament in Übereinstimmung mit der Verfassungsreform von 1906 mehr Freiraum als in der Zeit von Reza Shah Pahlavi. Es zeichnete sich aber bereits der Konflikt ab, der zwischen Mohammed Reza Shah und Dr. Mohammad Mossadeq, dem Führer der Nationalen Front, einem 1947 gegründeten Bündnis von nationalen, sozialistischen und liberalen Gruppierungen, entbrennen sollte.

Als Mossadeq 1951 Premierminister wurde, verstaatlichte er die Anglo-American Oil Company gegen den Willen des Shahs. In den folgenden Auseinandersetzungen verlangte er vom Shah die Befehlsgewalt über das Kriegsministerium, was ihm dieser verweigerte. Daraufhin trat Mossadeq zurück, aber nach landesweiten Massendemonstrationen übertrug ihm der Shah wieder das Amt des Premierministers und gab ihm die Befehlsgewalt über die Armee. Mossadeq zeigte sich nun aber damit nicht mehr zufrieden und ließ sich vom Parlament auch Notfall-Vollmachten genehmigen, was bei manchen die Frage entstehen ließ,wie weit diese autokratischen Ansätze gehen würden.

Wegen der sich verschlechternden wirtschaftlichen Lage und der anhaltenden Auseinandersetzungen von Anhängern und Gegnern Mossadeqs erhöhte sich die allgemeine Unsicherheit auf den Straßen. Mossadeq ließ nun das Parlament nach einem Referendum auflösen und Neuwahlen ausrufen, nach denen er hoffte, seine Vollmachten noch erweitern zu können. Der durch Mossadeq mittlerweile praktisch entmachtete Shah verließ in Abstimmung mit den Amerikanern am 11. August 1953 das Land, und der vom britischen Geheimdienst und der CIA koordinierte Umsturzplan TP-AJAX wurde mit Hilfe der mittlerweile großen Gegnerschaft Mossadeqs und bezahlter Schlägerbanden am 19. August realisiert.

Der Shah kehrte drei Tage später zurück. In Folge regierte er fortan als Diktator, da er sich nie wieder die Macht durch parlamentarische ›Schwachstellen‹ nehmen lassen wollte, außerdem hatte er sich durch die Unterstützung seitens der Amerikaner in den Augen vieler Iraner diskreditiert. Damit begann eine 26 Jahre währende Repression und Ausschaltung von Regimegegnern, die ab 1957 nach der Gründung des berüchtigten Geheimdienstes SAVAK noch verstärkt wurde. Tausende Menschen wurden im Laufe der Jahre in Gefängnisse geworfen und hunderte hingerichtet. Besonders verrufen war dabei das Evin-Gefängnis im Norden Teherans.

Anfang 1963 wurde die Weiße Revolution in Gang gesetzt, deren primäres Ziel es war, die Umverteilung der landwirtschaftlichen Nutzflächen von den großen Landbesitzern, zu denen auch Geistliche und religiöse Stiftungen gehörten, auf viele Bauern zu erreichen. Dazu kam die Verkündung des Frauenwahlrechts. Beides erregte erbitterten klerikalen Widerstand, in dessen Mittelpunkt Ayatollah Khomeini stand. Als im folgenden Jahr amerikanischen Militärberatern im Iran Immunität gewährt wurde, predigte Khomeini gegen den Shah, der ihn daraufhin des Landes verwies. Die daraus resultierenden Demonstrationen wurden blutig niedergeschlagen. Die Weiße Revolution scheiterte hinsichtlich der Landreform, doch wurde der Ausbau des Bildungswesens, die Einführung des Arbeitsrechts mit Kündigungsschutz und die Rentenversicherung realisiert. Die bereits vor dem Zweiten Weltkrieg begonnene Industrialisierung wurde fortgesetzt. Staudämme und Stahlwerke wurden errichtet, Textilbetriebe, Automobilwerke und andere Produktionsstätten eröffnet. Wenn auch vieles zu schnell ging, so wurde dadurch doch die Basis für einen modernen Staat geschaffen.

In Deutschland genoss der Shah lange Zeit den Nimbus eines Märchenkönigs, vor allem durch seine Heirat mit Soraya Esfandiary im Jahre 1951, die von einem Bakhtiari-Adligen und einer deutschen Mutter abstammte. 1958 ließ er sich von ihr wegen Kinderlosigkeit scheiden und nahm Farah Diba zur Frau, die ihm vier Kinder gebar. In Deutschland sind besonders sein Staatsbesuch im Juni 1967, bei dem es zu umfangreichen Studentenprotesten kam, und die verschwenderische 2500-Jahrfeier der persischen Monarchie im Jahre 1971 in Erinnerung geblieben.

Der Iran seit 1979

Die Tatsache, dass der Shah an großen Teilen seiner Bevölkerung vorbeiregierte und die Kultur und Religiosität seines Landes missachtete, rächte sich in der islamischen Revolution von 1979.

Die latente Unzufriedenheit begann sich Bahn zu brechen, nachdem Jimmy Carter, der das amerikanische Präsidentenamt im Januar 1977 antrat, in seinem Wahlkampf wiederholt versprochen hatte, sich für die Einhaltung der Menschenrechte einzusetzen und dabei auch auf die Verhältnisse im Iran verwiesen hatte. So schrieben im Juni 1977 der iranische Schriftstellerverband und die Führer der Nationalen Front offene Briefe an den Shah, in denen schriftstellerische Freiheit und die Beschränkung des Shahs auf eine repräsentative Funktion im Einklang mit der außer Kraft gesetzten Verfassung verlangt wurden. Im Juli fand im amerikanischen Kongress eine Debatte über weitere Waffenlieferungen an Iran statt, in der man wieder die Shah-Diktatur thematisierte. Etwa zeitgleich wurde im Iran ein Brief von über 60 bekannten Rechtsanwälten veröffentlicht, in dem man die Unabhängigkeit der Justiz forderte. Die Basarhändler (Basaris) folgten im August mit einer großen Demonstration.

Während des Shah-Besuchs im November 1977 bei Präsident Carter, versammelten sich tausende protestierender iranischer Auslandsstudenten vor dem Weißen Haus und wurden mit Tränengas vertrieben. Diese Szenen waren auch im iranischen Fernsehen zu sehen. Viele Studenten waren von den Ideen des Dr. Shariati beeinflusst, einem Soziologen und Intellektuellen, der während seines Studiums in Paris auch an Debatten über Existentialismus und Marxismus teilgenommen hatte. Er vertrat die Linie eines vom Sufismus beeinflussten schiitischen Islam, der demokratisch, mit geringem Einfluss der Geistlichkeit, im Iran realisiert werden sollte. Er starb 1977 in London, bevor die Revolution begann.

Ayatollah Khomeini und die neue Verfassung

Ayatollah Khomeini, mit dem höchsten schiitischen Titel des Marja-e Taqlid, (Quelle der Nachahmung) ausgestattet, war ein charismatischer theologischer Gelehrter, zu dessen Schülern spätere Ayatollahs wie Ali Khamenei und Ali Akbar Rafsanjani gehören. Bewundert wurde er besonders für seine Unerschrockenheit und Geradlinigkeit. Im Exil entwickelte er das Regierungsmodell der islamischen Republik, bei dem ein oberster geistlicher Rechtsgelehrter, der Vali-ye Faqih, den Staat führt.

Am 1. Januar 1978 lobte Präsident Carter bei einem Gegenbesuch den Iran als Insel der Stabilität in einer unruhigen Region. Dies nahm Ayatollah Khomeini, der sich noch im Asyl in Najaf im Irak befand, zum Anlass, den Shah und Präsident Carter zu attackieren. Daraufhin wurde am 7. Januar 1978 ein Artikel in der Regierungszeitung Ettelaat veröffentlicht, in dem man Ayatollah Khomeini beleidigte. Dieser Artikel war der Zündfunke für die Revolution, denn am nächsten Tag kam es zu massiven Demonstrationen in Qom, bei denen auch Geistliche getötet wurden. Daraus entwickelte sich eine Kette von Demonstrationen, da die Schiiten traditionell am siebten und vierzigsten Tag nach dem Todestag der Verstorbenen gedenken. Bei diesen Trauerfeiern kam es immer wieder zu Konfrontationen mit den Sicherheitsorganen, was zu weiteren Toten führte. Die Kombination allnächtlicher ›Allah Akbar‹-Rufe, die das Gemeinschaftsgefühl der Protestierenden stärkten, mit Streiks und Demonstrationen machten den Iran nach einigen Monaten unregierbar.

Am 16. Januar 1979 verließ der Shah mit seiner Familie das Land. Zwei Wochen später kehrte Ayatollah Khomeini nach Teheran zurück. Menschen aus allen Gesellschaftsschichten, die sich gegen die Unterdrückungen der Shah-Zeit aufgelehnt hatten, erwarteten nun den Anbruch einer besseren Zeit. Am 1. April 1979 wurde die Islamische Republik Iran proklamiert. Zwei Monate später stimmte Ayatollah Khomeini dem Entwurf einer neuen Verfassung zu, die einen starken

Imam Khomeini an einer Hauswand in Teheran

Präsidenten und den religiösen Wächterrat vorsah. Demokratischen und linken Politikern war die vorgesehene Verfassung nicht liberal genug, und so wurde sie der neu gegründeten, von Geistlichen beherrschten Expertenversammlung zur Überarbeitung übergeben. In diesem Gremium wurde nun gegen den Widerstand von Geistlichen wie Großayatollah Shariat-Madari oder Ayatollah Taleqani und den meisten demokratischen Bündnissen, die Stelle des Obersten Rechtsgelehrten (Vali-ye Faqih) als Staatsoberhaupt geschaffen, die in der Verfassung verankert wurde. Unmittelbar war diese Position für den Revolutionsführer Imam Khomeini vorgesehen, nur machten sich viele Gedanken darüber, wie ein Nachfolger mit dieser fast unbeschränkten Machtfülle umgehen würde. Außerdem wurden die Gültigkeit der Sharia, das Tragen des Hejab (Kopftuch), Tanzverbot und ähnliche Verordnungen im Sinne eines strikten Islam festgelegt.

Die Besetzung der Amerikanischen Botschaft

Während der Zeit vom 22. Oktober bis 15. Dezember 1979 hielt sich der Shah wegen der Behandlung seines Krebsleidens in den USA auf, was militante Studenten, die Anhänger von Ayatollah Khomeini waren, zum Anlass nahmen, am 4. November die amerikanische Botschaft in Teheran zu besetzen. Die für die USA demütigende ›Geiselaffäre‹, bei der 52 Botschaftsangehörige 444 Tage festgehalten wurden, begann. Interim-Premierminister Mehdi Bazargan trat daraufhin mit seinem Kabinett zurück, da er keinen Spielraum mehr für eine vernünftige Politik erkennen konnte. Da die Freilassungsverhandlungen keine Fortschritte machten, brach Präsident Carter am 7. April 1980 die diplomatischen Beziehungen zum Iran ab. Sozialistische, nationalistische und demokratische Gruppen im Iran wollten sich mit der Übernahme der Staatsgewalt durch einen religiösen Führer und Teile der Geistlichkeit nicht abfinden. So kam es zu blutigen Auseinandersetzungen, Bombenanschlägen auf Regierungsstellen und vielen Hinrichtungen.

Der Friedhof der Kriegstoten (Golestan-e Shohada) in Isfahan

Der Iran-Irak-Krieg

Zur gleichen Zeit verschlechterten sich die Beziehungen zwischen Iran und Irak zusehends. Irak warf dem Iran vor, den schiitischen Bevölkerungsteil des Irak durch Aufrufe zum Sturz der irakischen Regierung aufzuwiegeln und hinter Anschlägen auf Regierungsmitglieder zu stecken. Iran warf umgekehrt dem Irak vor, die Einheit des Landes durch Unterstützung von kurdischen und arabischen Separatistenbewegungen zu gefährden. Um die mittelfristig mögliche Destabilisierung seines Regimes abzuwenden und sich des umstrittenen Arvand Rud oder Shatt-al-Arab-Wasserwegs sowie der ölreichen Provinz Khuzestan zu bemächtigen, entschloss sich Saddam Hussein zum Krieg.

Am 22. September 1980 begann der Angriff der materialmäßig überlegenen irakischen Streitkräfte. Diese waren hauptsächlich mit sowjetischen Waffen ausgestattet. Auch während des Krieges blieb die Sowjetunion mit Abstand der größte Waffenlieferant des Irak. Das durch ›Säuberungen‹ geschwächte iranische Militär konnte gemeinsam mit Pasdaran-Revolutionsgarden und Basij (Freiwilligen-Verbänden) den irakischen Vormarsch nach der Eroberung der Hafenstadt Khoramshahr zum Stillstand bringen. Durch zahlenmäßige Überlegenheit und höhere Motivation der Iraner wurden die Iraker Mitte 1982 zurückgedrängt.

Saudi-Arabien legte im September 1982 einen vom Irak unterstützten Friedensplan vor, der den Rückzug auf irakisches Gebiet und Reparationszahlungen an Iran vorsah. Dieser Friedensplan wurde von der iranischen Führung abgelehnt. Weder die USA noch andere Mächte wollten aber, dass sich Iran oder Irak durch einen deutlichen Sieg zur Vormacht des mittleren Ostens erheben konnten. So versuchte man, beide Seiten durch Waffenlieferung und Unterstützung im Gleichgewicht zu halten. Die wichtigste US-Hilfe an den Irak war die Weitergabe von Satellitendaten über iranische Gefechtsfeldbewegungen. Dennoch lieferten die

USA im Zusammenhang mit einer libanesischen Geiselaffäre Panzerabwehrraketen an den Iran, was das zahlenmäßige irakische Übergewicht bei Panzern ausglich.

Um die Schifffahrtswege für die Ölversorgung zu sichern, patrouillierte die US-Marine im Persischen Golf. Am 3. Juli 1988 kam es während einer Auseinandersetzung mit iranischen Schnellbooten zum versehentlichen Abschuss eines iranischen Passagierflugzeugs und am 18. Juli, nachdem ein US-Kriegsschiff auf eine Seemine lief, zu amerikanischen Bombardierungen von zwei iranischen Ölplattformen und zur Versenkung iranischer Marineschiffe. Bis zum 20. August 1988 hatten beide Kriegsparteien den UN-Friedensplan akzeptiert, der die Grenzen der Vorkriegszeit wiederherstellte.

Die iranische Oppositionsgruppe der Volksmujaheddin, die von Saddam Hussein mit Waffen ausgestattet worden war, drang bei Kriegsende Richtung Kermanshah in West-Iran vor, wo sie besiegt wurde. Heute leben in Irak noch über 3000 Volksmujaheddin in Camp Liberty nahe dem Bagdader Flughafen. Die irakische Regierung hat beschlossen, dass sie schnellstmöglich den Irak verlassen müssen. Welche Länder bereit sein werden, sie aufzunehmen, ist ungeklärt. International ist die Gruppe, die von dem Ehepaar Rajavi geführt wird, trotz der Anhänger, die sie in vielen Ländern hat, isoliert. In Iran hat sie sich in den Augen von Systemgegnern durch den Kampf an der Seite Saddam Husseins diskreditiert. Der oben erwähnte Angriff der Volksmujaheddin auf iranisches Territorium hatte für iranische Oppositionelle jedoch fürchterliche Folgen, denn er führte zu einer Hinrichtungswelle politischer Gegner, die tausende Opfer forderte. Der damalige designierte Nachfolger Imam Khomeinis, Ayatollah Montazeri, kritisierte diese Vorgehensweise, was mit zum Widerruf seiner Kandidatur führte. Später stand er wegen seiner regierungskritischen Einstellung in Qom unter Hausarrest, wo er Ende 2009 verstarb..

Die Zeit nach Khomeini

Am 3. Juni 1989 starb Imam Khomeini, und Ayatollah Khamenei wurde zum neuen Staatsoberhaupt ernannt. Damals war als eines der Ergebnisse der Revolution zu erkennen, dass sie im weitesten Sinne zu einer Rückbesinnung auf die eigene Kultur führte. Wichtig für die Entwicklung nach dem Krieg war der Geistliche Ali Akbar Rafsanjani, der ab 1989 bis 1997 zwei Amtsperioden lang Präsident war. In wirtschaftlicher Hinsicht ein Pragmatiker, hatte er besonders dabei Erfolg, europäische Firmen für Handelbeziehungen mit dem Iran zu gewinnen. Das Straßennetz wurde ausgebaut und die Elektrifizierung vorangetrieben. Heutzutage sind die meisten Zentren Irans durch Autobahnen verbunden, und asphaltierte Straßen und Stromleitungen führen auch zu abgelegenen Ortschaften. Allerdings blieb Rafsanjani innenpolitisch konservativ, was sicherlich mit seiner Tochter Faezeh, die von 1996 bis 2000 Parlamentsmitglied war und sich für Frauenrechte einsetzt, zu Debatten geführt hat. Sein Nachfolger, Mohammad Khatami, wurde 1997 überraschend mit einem Stimmenanteil von 70 Prozent zum Präsidenten gewählt. Er setzte sich für Rede-

Imam Khomeini (rechts) und Ayatollah Khamenei auf einem Plakat in Mashhad

und Pressefreiheit ein, für mehr Frauenrechte und eine Zivilgesellschaft, in der sich auch Institutionen wie Basij, Geheimdienst und Gefängnisbehörden an Gesetze und Verfassung halten sollten. Als Zeichen dafür, dass er eine Verbesserung der interkulturellen Beziehungen anstrebte, verkündete er sein Projekt des ›Dialogs der Kulturen‹. Da er von 1978 bis 1980 Direktor des Islamischen Zentrums Hamburgs war, kannte er Deutschland bereits, als er im Jahre 2000 einen Staatsbesuch machte. Um in der Außenpolitik Verbesserungen zu erreichen, war der ihm von Staatsoberhaupt Ayatollah Khamenei eingeräumte Spielraum jedoch zu beschränkt.

Als in Präsident Khatamis zweiter Amtszeit fast alle Reformbestrebungen durch übergeordnete Stellen abgeblockt wurden, wandten sich große Teile seiner Wählerschaft von ihm ab und mussten sich in den folgenden Jahren mit der Aussichtslosigkeit ihrer Reformwünsche abfinden, was sich auch im Rückgang der Wahlbeteiligung an Präsidentenwahlen von 79,9 Prozent im Jahr 1997 auf 59,8 Prozent im zweiten Wahlgang 2005 ausdrückte, dem Jahr in welchem Dr. Mahmud Ahmadinejad Präsident wurde.

Ahmadinejad ist promovierter Bauingenieur. Er war Kommandeur einer Einheit der Revolutionswächter, Gouverneur der Provinz Ardebil und Oberbürgermeister der Stadt Teheran. Bei der Neubesetzung wichtiger Stellen in Ministerien und Behörden wurden während seiner ersten Präsidialzeit häufig ehemalige Pasdaran (paramilitärische Revolutionswächter) berücksichtigt. Seine Anhängerschaft setzte sich hauptsächlich aus national eingestellten Iranern, Staatsangestellten und Menschen aus ärmeren Schichten zusammen.

Außenpolitisch fiel Präsident Ahmadinejad durch provokante Reden gegenüber Israel und den USA auf, was westliche Regierungen verunsicherte und zu Besorgnissen vor allem hinsichtlich der hartnäckig verfolgten Nuklear- und

In der Provinz Zanjan

Raketenprogramme führte. Das feste Auftreten gegenüber dem Westen fand aber auch Zustimmung bei Teilen der Bevölkerung. Seine religiösen Überzeugungen manifestierten sich vor allem in der Verehrung des 12. Imams, dessen großes Heiligtum in Jamkaran bei Qom er prächtig ausbauen ließ.

Die nur schleppende Verbesserung der wirtschaftlichen Lage – trotz des starken Ölpreisanstiegs – wurde auch im iranischen Parlament kritisiert. Die Arbeitslosigkeit unter Jugendlichen und die Inflationsraten blieben bis zum Ablauf seiner ersten Amtszeit bei jeweils über 20 Prozent.

Die Ereignisse 2009 und danach

Bei der Präsidentenwahl am 12. Juni 2009 kam es sofort nach Bekanntgabe des Wahlergebnisses von fast 62,6 Prozent der Stimmen für Ahmadinejad und 33,8 Prozent für den politisch reformorientierten Kandidaten Hossein Moussavi zu Straßenprotesten. Die Demonstranten konnten nicht glauben, dass bei einer Wahlbeteiligung von 84 Prozent, die darauf hindeutete, dass zusätzlich zu Jungwählern auch wieder der Regierung kritisch gegenüberstehende Wähler teilgenommen hatten, ein so hoher Wahlsieg für Ahmadinejad möglich sei. Kritisiert wurde auch der hohe Anteil mobiler Wahlurnen und das Drukken von zusätzlich mehr als 10 Millionen Stimmzetteln bei 46,2 Millionen Wahlberechtigten. Laut Wahlgesetz sollen nämlich in jedem Wahllokal genügend Wahlzettel vorrätig sein, damit man auch außerhalb des Wohnorts wählen kann.

Hossein Moussavi, der diesen unterstützende ehemalige Präsident Khatami, der moderate Kandidat Mehdi Karroubi und ein konservativer Kandidat, der aber später widerrief, gaben bekannt, dass sie die Wahlergebnisse als manipuliert betrachteten und forderten Neuwahlen. Da dies abgelehnt wurde, setzten sich die Demonstrationen fort, deren größte am 15. Juni 2009 auf dem Azadi-Platz in Teheran mit hunderttausenden von Teilnehmern stattfand.

Nachdem die Medienberichterstattung eingeschränkt worden war und internationale Journalisten das Land verlassen hatten, wurden die Proteste von den Sicherheitsbehörden und Bassij-Kräften gewaltsam beendet, wobei es auch zu Übergriffen, wie auf das Studentenwohnheim der Teheraner Universität, und bei Verhafteten zu Todesfällen, wie im Kahrizak-Gefängnis, kam. Um die ›grüne‹ Protestbewegung, die ihren Namen aus dem unter der Symbolfarbe Grün geführten Wahlkampf Hossein Moussavis ableitete, und andere kritische Gruppen einzudämmen, wurden die Kontrollen über Internet, Medien und Journalisten weiter verstärkt. Hossein Moussavi und Mehdi Karroubi stehen seit Anfang 2011 unter Hausarrest. Wegen des konsequenten Durchgreifens der Staatsmacht gilt das Wiederaufleben von größeren Demonstrationen in absehbarer Zeit als unwahrscheinlich.

Die Behandlung von Dissidenten, kritischen Journalisten und Bloggern in Iran ist immer wieder ein Thema internationaler Medien. Irans Regierung wird ab Anfang 2013 einen biometrischen Ausweis einführen, von dem angenommen wird, dass er auch zur Identifikation beim Zugang zum vorgesehenen nationalen Halal-Internet dienen könnte.

Als Regionalmacht hat Iran seine Position durch die Erweiterung der Einflussnahme auf Irak gefestigt, da dort nach der Beseitigung Sadam Husseins durch die USA die schiitische Mehrheit herrscht. Während die Sanktionen in den vergangenen Jahren dazu führten, dass die Handelsbeziehungen zu Europa zurückgingen, konnte Iran die Beziehungen zu Ländern wie China, Nordkorea, Südkorea, Venezuela, Bolivien und Sudan ausbauen

Die Shahid-Hemmat-Schnellstraße in Teheran

Zeittafel

8000–6700* Ziegen- und Schaf-Domestizierung, Anbau von Getreide.

6700–5000* Warenaustausch mit Türkis und Keramik, Weinherstellung.

5000* Entwickelte Siedlungen: Ali Khosh, Sialk, Rey, Hissar.

Ab 4200* Terrassenbau in Susa, Warenaustausch Hochland–Mesopotamien.

3200–2500* Städtische Siedlungen: Shahr-e Sokhte, Anshan, Sialk, Jiroft.

Um 2700* Bronzeherstellung, protoelamische Schrift.

2000* Elamer greifen Sumer an und zerstören die Hauptstadt Ur.

Ab 1200* Verstärkte Einwanderung arischer Stämme.

1100* Babylonier unter Nebukadnezar erobern die Susiana.

Um 900* Zarathustra geboren in Ost-Iran/östl. arischen Gebieten.

646* Assyrer unter Assurbanipal verwüsten die Susiana.

614* Meder unter Kyaxares erobern Assur.

539* Perser und Meder unter Kyrus II. besetzen Babylon.

539* Kyrus II. entlässt Juden aus babylonischer Gefangenschaft.

525–500* Expansion des achämenidischen Reichs bis Ägypten und Indien.

Um 500* Königsstraße zwischen Susa und Sardes (95 km östl. von Izmir).

499* Griechen revoltieren und zerstören den Kybele-Tempel in Sardes.

480* Xerxes verliert bei Salamis und lässt die Akropolis verwüsten.

330* Alexander d. Große erobert das achämenidische Reich, zerstört Persepolis.

Um 245* Satrapie Parthien in Ost-Iran verlässt seleukidisches Reich.

140* Parther Mithridates I. erobert West-Iran und Mesopotamien.

224 n. Chr. Ardeshir I. siegt über die Parther und gründet das sassanidesche Reich.

258 Shapur I. nimmt den römischen Kaiser Valerian gefangen.

Ab 337 Krieg mit Rom und Christenverfolgungen durch Sassaniden.

531–579 Sassanidische Blütezeit unter Khosrow I. Anushirvan.

627 Oströmischer Kaiser Heraclius besiegt Khosrau II.

642 Das sassanidische Reich endet durch arabischen Sieg bei Nihavand.

642–945 Arabische Kalifate herrschen über Persien.

945–1055 Persisch-schiitische Buyiden übernehmen die Macht in Persien.

Ab 1040 Seldschuken erobern Persien und besetzen 1055 Bagdad.

Ab 1220 Mongol./ilkhanidische Herrschaft über Persien.

Ab 1370 Timuriden herrschen über Persien.

1501 Safawiden erklären Schiitentum zur Staatsreligion.

1588–1629 Safawidische Blütezeit unter Shah Abbas I., dem Großen.

2. Hälfte 17. Jh. Zwangskonvertierungen von Sunnis, Juden und Zarathustriern zum Schiitentum.

1722 Einfall der Afghanen beendet safawidische Herrschaft.

Ab 1730 Nader Shah vertreibt Afghanen. Indienfeldzug 1739.

1751–1794 Die Zand-Dynastie regiert über weite Teile Irans.

1796 Gründung der qajarischen Königsdynastie.

1926–1979 Seit Reza Shah erzwungene Modernisierung und Säkularisierung.

1979 Islamische Revolution unter Führung von Imam Khomeini.

1980–1988 Iran–Irak-Krieg

(*=v. Chr.)

Der iranische Staat

Bevölkerung

Im Jahre 2012 hatte Iran etwa 77 Millionen Einwohner. In den Jahren unmittelbar nach der Revolution wurde von der Regierung ein hohes Bevölkerungswachstum begrüßt, was aber überwiegend in den unterprivilegierten Schichten stattfand. Durch soziale Veränderungen und Geburtenkontrolle sank die durchschnittliche Rate von 45 Geburten pro 1000 Einwohner in den achtziger Jahren auf gegenwärtig 17 Geburten pro 1000 Einwohner. Für Deutschland liegt die Rate bei 8 Geburten auf 1000 Einwohner. Die Einwohnerzahl Irans hat sich seit 1980 verdoppelt. Im August 2012 wurde die staatliche Förderung der Geburtenkontrolle eingestellt, da die Regierung ein Bevölkerungswachstum bis auf 150 Millionen Menschen für angemessen und vertretbar hält. Ungefähr 50 Prozent der Bevölkerung sind unter 35 Jahre alt. Siebzig Prozent der Einwohner leben in Städten. Es wird geschätzt, dass über zwei Millionen Iraner seit der Revolution das Land verlassen haben. Diese Emigranten weisen einen überdurchschnittlich hohen Bildungsgrad auf. Die meisten von ihnen leben in den USA im Raum Los Angeles. In Deutschland gibt es zwischen 140 000 bis 150 000 Menschen iranischer Herkunft. Die in Iran lebende Bevölkerung ist zu etwa 70 Prozent arischen Ursprungs, zu 27 Prozent turkstämmig und 3 Prozent arabischer Herkunft.

Nomaden

Der Anteil der Nomaden an der Gesamtbevölkerung betrug Anfang des vergangenen Jahrhunderts noch über 25 Prozent. Gegenwärtig gibt es noch etwa 1,2 Millionen Nomaden, deren Zahl durch Sesshaftwerdung weiterhin abnimmt. Sie pendeln zwischen ihren Winterquartieren (Qeshlagh) und den Sommerweiden (Yeylagh). Bei den Wanderungen kommt es wegen der Ausbreitung der Agrarlandschaften immer wieder zu Konflikten. Der Sammelbegriff für Nomaden ist Ilha.

Zu den bedeutendsten Nomaden zählen die den Persern verwandten Bakhtiaren, die auf ihren Wanderungen von den Winterlagern in Khuzestan zwischen Lali und Izeh hohe Zagrospässe überwinden, um zu ihren Sommerweiden in der Provinz Chaharmahal-va-Bakhtiari zu gelangen. In der Zeit zwischen Juni und September halten sie sich beispielsweise im Gebiet des Kuhrang-Gebirges bei Chelgerd oder im Bazoft-Tal auf. Die turksprachigen Qashqais haben ihre Winterquartiere südlich von Firuzabad und Kazerun und ziehen im Frühjahr in das Gebiet zwischen Yasuj und Pasargadae. Weitere bekannte Nomadenvölker sind die Afscharen im Raum Kerman, die Zafaranlus und Jalayers in Nord-Khorasan, die Shahsavanen im Gebiet nordwestlich von Ardebil, die Kalhoren im westlichen Kermanshah und Teile der Kurden und Belutschen im Westen und Osten Irans.

Bakhtiar in der Provinz Chaharmahal

Kurdinnen in West-Azerbaijan

Sprachen

Persisch, das zur indo-europäischen Sprachfamilie zählt, ist Amtssprache des Iran. Worte wie Pedar für Vater, Madar für Mutter, Dokhtar für Tochter und Baradar für Bruder zeigen die gemeinsame Herkunft, z.B. mit dem Deutschen. Es wird von über 50 Prozent der Bevölkerung als Muttersprache gesprochen. Dazu kommen weitere Sprachen, die zum iranischen Zweig zählen wie Kurdisch, Mazanderanisch, Gilakisch, Lurisch mit Bakhtiarisch und Belutschisch. Persisch hat auch eine besondere Bedeutung durch die tausendjährigen Verbindungen besonders nach Osten, wo beispielsweise Urdu auf Persisch zurückgeht oder Verwandtschaften mit dem Hindi bestehen. Im Nordwesten Irans wird das zu den Turksprachen gehörige Aserisch gesprochen. Gemeinsam mit den kleineren Bevölkerungsgruppen der Qashqai und Turkmenen ergibt dies insgesamt über 36 Prozent mit turksprachigem Hintergrund. In Khuzestan und in den südlichen Küstenregionen leben arabischsprachige Iraner, die unter drei Prozent der Gesamtbevölkerung ausmachen. Persisch wird mit dem arabischen Alphabet und einigen zusätzlichen Buchstaben geschrieben. Geschäftssprache ist auch Englisch.

Staatsform

Gemäß der Verfassung von März 1979 ist der Iran eine islamische Republik. Die wichtigste politische Institution ist die des Geistlichen Führers, der als Staatsoberhaupt eine fast unbeschränkte Machtfülle hat. Ihm unterstehen die Streitkräfte, die Pasdaran-Revolutionswächter, die Basij-Freiwilligenverbände und die Polizei. Er ernennt den Leiter der staatlichen Rundfunk- und Fernsehanstalt und den Leiter der Justizbehörden. Er übt die Richtlinienkompetenz für die Außenpolitik aus und kann alle Beschlüsse des Parlaments kraft seines Amts des Obersten Rechtsgelehrten, des Velayat-e Faqih, aufheben. Er wird vom Expertenrat auf Lebenszeit gewählt. Nur der Expertenrat könnte ihn auch wieder absetzen. Der Geistliche Führer ist Ayatollah Ali Khamenei, der Vorsitzende des Expertenrats ist Ayatollah Mahdavi Kani.

Der Expertenrat wird vom Volk gewählt. Zur Wahl werden allerdings nur Kandidaten zugelassen, denen der Wächterrat zustimmt. Der Wächterrat setzt sich zur Hälfte aus Klerikern zusammen, die vom Geistlichen Führer ernannt werden, und seine restlichen Mitglieder werden vom Leiter der Justizbehörden ausgewählt. Der Wächterrat ist auch zuständig für die Zulassung der Kandidaten zu den Parlaments- und Präsidentenwahlen. Er überwacht die Wahlen und hat das Vetorecht bei der Verabschiedung von Gesetzesvorlagen. Der Vorsitzende des Wächterrats ist Ayatollah Janati.

Der Präsident, derzeit Mahmud Ahmadinejad (bis 2013) wird für eine Amtszeit von vier Jahren vom Volk gewählt. Er ist zuständig für Außen- und Innenpolitik und ernennt die Kabinettsmitglieder. Zusätzlich gibt es noch einen Schlichtungsrat, dessen Mitglieder vom Obersten Geistlichen ernannt werden. Diese Institution vermittelt bei Konflikten zwischen Parlament und Wächterrat. Parlamentswahlen finden alle vier Jahre statt, zuletzt am 2. März 2012. Der Termin für die nächsten Präsidentenwahlen ist der 14. Juni 2013.

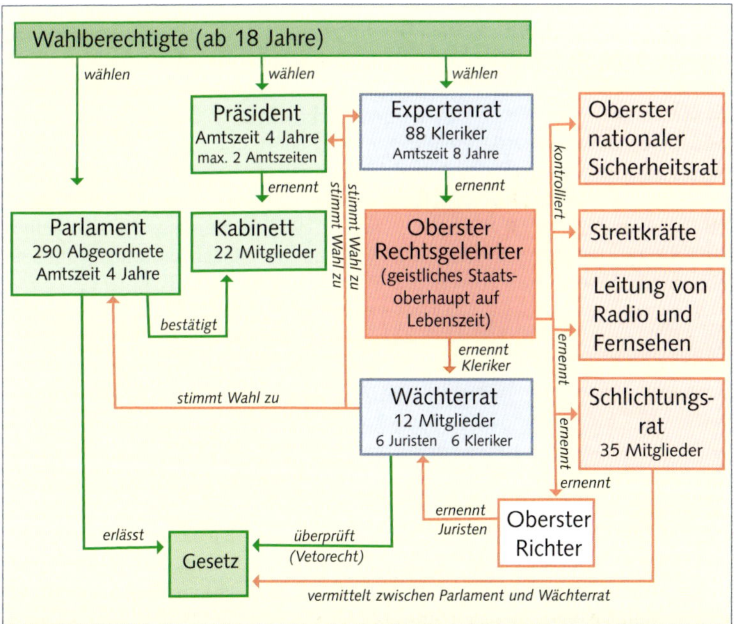

Die Struktur der islamischen Republik

Nationalflagge

Die Nationalflagge

Die seit Juli 1980 gültige Nationalflagge entspricht mit den Farben Grün, Weiß und Rot der Nationalflagge der Shah-Zeit. Grün steht für die Farbe des Islam, Weiß für den Frieden und Rot für Tapferkeit. Im Zentrum enthält sie das rote Staatswappen, das aus vier Mondsicheln und einem Schwert besteht. Diese Bestandteile stehen für die Macht und den Glauben des Islam. Im Ganzen lässt sich das Zeichen auch als Stilisierung des arabischen Wortes Allah lesen oder als Symbol einer Tulpenblüte. Zusätzlich sind im roten und grünen Streifen Schriftbänder enthalten, die 22 mal in kufischen Zeichen ›Allah Akbar‹ (Gott ist groß) ausdrücken. Dies erinnert an den 22. Bahman oder 11. Februar 1979, den Tag des Sieges der islamischen Revolution.

Administrative Gliederung

Schon in achämenidischer Zeit gab es verwaltungsmäßige Gliederungen – die Satrapien des Perserreichs. Seit sassanidischer Zeit ist ›ostan‹ die Bezeichnung für Provinz. Gegenwärtig besteht der Iran aus 30 Provinzen, die von Gouverneuren (ostandar) geleitet werden. Diese Gouverneure werden vom Innenministerium ernannt, was auch zeigt, dass die Provinzen stärker unter der Kontrolle der Zentralregierung stehen als die Bundesländer in Deutschland. Die Provinzen sind in Verwaltungsbezirke (shahrestan) gegliedert, unterhalb derer es noch die Kreise (bakhsh), Städte (shahr) und Landkreise (dehestan) gibt. Um die Aufgaben der Verwaltungen zu erleichtern, wurden bei zunehmenden Bevölkerungszahlen neue Provinzen gebildet. So wurden 1993 Ardebil aus Ost-Azerbaijan, 1996 Qazvin aus Zanjan und 1997 Golestan aus Mazanderan ausgegliedert. Zuletzt wurde Khorasan 2004 in drei Provinzen aufgeteilt.

Politische Situation

Das zweite Amtszeit Präsident Ahmadinejads wird vom religiös-konservativen Establishment kritisch betrachtet, da er sich beispielsweise gegen Geschlechtertrennung an Universitäten und gegen zu häufige Kontrollen durch die Sittenwächter wandte und wiederholt in Konflikte mit dem Revolutionsführer geriet, als es um die Besetzung von Ministerposten oder politische Fragen ging. Um ihm seine Grenzen aufzuzeigen, wurden einige ihm nahestehende Anhänger verhaftet und wegen Wirtschaftvergehen verurteilt. Ahmadinejad steht auch wegen seiner Finanz- und Wirtschaftspolitik mit Subventionsabbau unter starker Kritik. Manche betrachten den Subventionsabbau allerdings als mutigen Schritt, nur sei der Zeitpunkt ungünstig gewählt. Bei den Parlamentswahlen im Frühjahr

2012 gewannen die konservativen Widersacher Ahmadinejads mit deutlichem Vorsprung und beherrschen das Parlament.

Im August 2012 übernahm Iran für drei Jahre den Vorsitz über die Organisation der Blockfreien, der 120 Staaten angehören.

Durch die Syrien-Krise, in welcher Iran die Regierung Bashar al-Assads unterstützt, hat sich das Verhältnis zur Türkei abgekühlt. Der Kern der Außenpolitik bleibt die Gegnerschaft zu den USA und Israel. Ahmadinejad und Revolutionsführer Khamenei sprechen dem ›zionistischen Gebilde‹ regelmäßig das Existenzrecht ab und unterstützen die Hamas und die libanesische Hisbollah politisch und militärisch. Israel wiederum droht Iran mit der Zerstörung der Nuklear-Anreicherungsanlagen. Da die USA automatisch in diesen militärischen Konflikt hineingezogen würden, wird der wiedergewählte amerikanische Präsident alles daransetzen, durch Verhandlungen eine akzeptable Lösung des Nuklearproblems zu erreichen.

Die nächsten iranischen Präsidentenwahlen sollen am 14. Juni 2013 stattfinden. Mahmud Ahmadinejad ist aus rechtlichen Gründen für eine folgende dritte Amtszeit nicht wählbar. Einige der aussichtsreichen konservativen Kandidaten sind der Teheraner Bürgermeister Ghalibaf und Parlamentspräsident Ali Larijani. Große Chancen hätte auch Ex-Außenminister Ali Velayati, derzeit Berater des religiösen Führers. Reformorientierte Kandidaten würden sicherlich ohne Distanzierung von den seit Februar 2011 unter Hausarrest stehenden Wahlverlierern von 2009, Hossein Moussavi und Mehdi Karrubi, nicht zugelassen.

Junge Leute in Hamadan

Seeleute am Persischen Golf

Wirtschaft

Die nach der Revolution angestrebte ›Islamisierung‹ der iranischen Wirtschaft führte einerseits zu mehr Sicherheit für die bedürftige Bevölkerung, andererseits aber durch weitestgehende Verstaatlichung der Großindustrie und ausufernde Subventionen zu fehlendem Wettbewerb und reduzierter Effizienz.

Besonders während der ersten Amtszeit Präsident Ahmadinejads konnten sich die wirtschaftlichen Interessen der Pasdaran-Revolutionsgarden permanent ausbreiten, dadurch dass sie zur Privatisierung anstehende Staatsbetriebe in ihre Firmenverbände übernahmen. Aufgrund der bestehenden Gesetzeslage, die verhindert, dass eine in Iran ansässige Firma mehrheitlich einem Ausländer gehören kann, und bedingt durch die Sanktionen wird in Iran von westlichen Ländern nicht oder nur zögerlich investiert. Dies führte dazu, dass Iran ein relativ autarkes Wirtschaftssystem besitzt. Iranische Raffinerien werden erst ab 2013 genügend Kapazitäten besitzen, um den Benzinbedarf des Landes zu decken. Auf der anderen Seite hat sich Iran seit Jahren erfolgreich auf den Ausbau der Wasserkraft und besonders der Erdöl- und Gaskraftwerkskapazitäten konzentriert, wodurch ein Elektrizitätsüberschuss besteht und Strom auch in benachbarte Länder exportiert wird.

Die Inflationsraten lagen in den letzten Jahren bei durchschnittlich 20 Prozent und dürften primär durch die 2012 verstärkten Sanktionen auf 30 Prozent steigen, wobei die täglich fühlbaren Preissteigerungen wie bei Hähnchenfleisch, Gemüse und Früchten von 70 bis 80 Prozent auch mit dem Wegfall der Subventionen im Dezember 2010 für Benzin und Grundnahrungsmittel zusammenhängen, da die Produzenten ihre Preissteigerungen an die Verbraucher weitergeben. Der Rial verlor in der zweiten Jahreshälfte 2012 zeitweise bis zu zwei Drittel seines Werts. Bei den 15- bis 24-Jährigen liegt die geschätzte Arbeitslosenrate bei über 20 Prozent. Die fehlenden Arbeitsmöglichkeiten und die politische Situation verursachen eine seit Jahren anhaltende Abwanderung von jungen Leuten der iranischen Mittel- und Oberschicht nach Nordamerika und Europa.

Hinsichtlich des Bruttoinlandsprodukts ist man hinter die Türkei und Südkorea zurückgefallen. Diese Länder exportieren auch weit mehr Industrieerzeugnisse als Iran, das über 75 Prozent Erdöl, Erdgas und erdölabhängige Produkte ausführt. Die restlichen 25 Prozent setzen sich je zur Hälfte aus Agrarprodukten, Mineralien und industriellen Erzeugnissen wie Chemikalien, Metallen, Textilien, Maschinen und Kraftfahrzeugen zusammen. Die früher oft hervorgehobene Exportgruppen Pistazien und Teppiche machen mittlerweile nur noch knapp 1,5 beziehungsweise 0,5 Prozent aus. Den größten Anteil an der iranischen Volkswirtschaft bilden mit 65 Prozent die Dienstleistungen, verarbeitendes Gewerbe und die Industrie sowie die Landwirtschaft mit 10 Prozent. Die restlichen 25 Prozent umfassen den Erdöl- und Erdgassektor. Die Vereinigten Arabischen Emirate, China und Südkorea sind die größten Handelspartner. Deutschland hielt bei den Lieferländern im Jahre 2011 nur noch einen Anteil von 4,8 Prozent, was einem Exportvolumen etwa 3 Milliarden Euro entsprach. Bedeutende deutsche Ausfuhrgüter sind Maschinen und chemische Erzeugnisse. Ohne die gegenwärtigen Sanktionen bestände ein geschätztes jährliches Exportpotential für deutsche Firmen von 8 bis 10 Milliarden Euro, doch nimmt dies kontinuierlich ab und geht mehr oder weniger unwiederbringlich in die Hände von Lieferanten aus hauptsächlich asiatischen Ländern über.

Hervorzuheben ist, dass im Dezember 2010 die Subventionen für Benzin, Heizöl, Strom, Wasser und Grundnahrungsmittel drastisch abgebaut wurden. Um dies abzufedern, werden pauschale finanzielle Beihilfen an die bedürftigen Bevölkerungsschichten gewährt. Die stark steigenden Energie- und Lebensmittelpreise können dadurch aber nicht ausgeglichen werden. Es wird jedoch erwartet, dass der Subventionsabbau dazu beitragen wird, durch marktgerechtere Preise die Verschwendung von Ressourcen zu verringern.

Autoindustrie

Die iranische Automobil-Industrie ist die bedeutendste des mittleren Ostens. Begonnen hatte es 1967, als auf der von der britischen Rootes-Gruppe nach Iran gelieferten Produktionsanlage des Hillman Hunter der erste Paykan, persisch der ›Pfeil‹, bei Iran Khodro gebaut wurde. Der Paykan wurde bis 2005 hergestellt. Sein Nachfolger ist der moderne Samand, der in Iran auf Basis des Peugeot 405 entwickelt wurde. Iran Khodro, der auch Peugeot-PKW- Modelle, Mercedes-Busse und -LKW herstellt, ist der größte Automobil-Hersteller. Der Zweitgrößte ist Saipa, wo der Kia Pride, Kia Rio,

Iran Khodro ist der größte Fahrzeughersteller des Landes

Salzgewinnung im Alamut-Gebiet

Mazda-Pick-ups, Volvo-Busse und -LKW produziert werden. Gegenwärtig werden jährlich insgesamt über eine Million Automobile hergestellt. In der Vergangenheit gehörte der Automobilmarkt mit jährlichen Wachstumsraten von über 15 Prozent zu den stärksten Sektoren der iranischen Volkswirtschaft. Die Pläne zur Umstellung von Kraftfahrzeugen auf Dual-Betrieb mit Gas und Benzin werden dem Markt weitere Impulse geben.

Erdöl und Erdgas

Auf iranischem Gebiet befinden sich elf Prozent der weltweit bekannten Erdölreserven. Iran ist der viertgrößte Erdölexporteur der Welt. Mit 15 Prozent Weltmarktanteil besitzt Iran nach Russland die zweitgrößten Gasvorkommen der Welt. Iran ist Mitglied der OPEC. Seine Erdöl- und Gasvorräte befinden sich hauptsächlich im Südwesten des Landes am und im Persischen Golf sowie unter dem Seebett des Kaspischen Meeres. Im Juli 2009 wurde im Kaspischen Meer eine Förderungsplattform eingeweiht, die zu den größten im Mittleren Osten zählt. Hauptverladestationen am Persischen Golf sind in Abadan, Bandar-e Mahshar und auf der Insel Khark nordwestlich von Bushehr. Zwischen dem Ort Bandar-e Asaluyeh, der sich 270 Kilometer südöstlich von Bushehr befindet, und dem Emirat Katar liegt das riesige Erdgasvorkommen ›South Pars‹ im Persischen Golf. Dieses wird über Rohrleitungen an den petrochemischen Komplex in Asaluyeh angeschlossen und von dort in die geplante Rohrleitung nach Pakistan und Indien eingespeist werden.

Russland spielt bei dem Erdöl- und Erdgasgeschäft in dieser Region eine sehr wichtige Rolle, denn es versucht, die Länder am Kaspischen Meer an sich zu binden, so dass die Auslastung der Nabucco-Pipeline, die an Russland vorbeiführt, fraglich wird. Zusätzlich wird es in Iran ein Mitspracherecht dadurch erhalten, dass es sich an der Finanzierung der Erdgasleitung nach Indien beteiligt.

Der Basar

Durch die Verdoppelung der Bevölkerungszahl in den letzten 30 Jahren und den Zuzug aus ländlichen Gebieten haben sich die Städte stark ausgedehnt. Moderne Großmärkte in den neuen Stadtbezirken ziehen Käufer an, und die traditionellen Basare verlieren an Bedeutung. Besonders die früher in den Basaren ansässigen Handwerkszweige wie Kupferschmiede, Schuhmacher, Keramikhersteller und andere sind zurückgegangen. Traditionelles Kunsthandwerk hat aber seinen Platz in den Basaren behaupten können, die häufig von Touristen besucht werden, wie in Isfahan und Shiraz.

Das Wort Basar stammt aus dem Persischen und bedeutet Handelsplatz oder Markt. Basare wurden in den Zentren der Städte angelegt. Zu ihnen gehören Verkaufsstände, Lagerhäuser, Moscheen, Restaurants und Badehäuser, die heutzutage aber nur noch selten in Betrieb sind. Die Verkaufsstände befinden sich an den Seiten der Basargassen, deren Kreuzungen oder Chaharsus bevorzugte Geschäftsstandorte sind. Timchehs bilden platzartige, mehrgeschossige Hallenbauten, und Khanes sind große Gebäude mit meist zweigeschossigen, abschließbaren Innenhöfen im Karawansereitypus. Die traditionellen, nach Gewerben getrennten Viertel gibt es noch, aber in den Hauptgassen ist eine immer stärkere Durchmischung feststellbar. Basare sind auch wichtige Waren-Umschlagsplätze, wo Einzelhändler einkaufen. Ein typischer Basar dieser Art ist der Große Basar in Teheran.

Basargasse im Reza-Basar in Mashhad

Religiöse Stiftungen

Eines der mächtigsten religiösen Unternehmen, die Astan-e Qods-e Razavi, die sich aus der Stiftung oder Waqf des Imam-Reza-Heiligtums in Mashhad entwickelt hat, gilt als der größte Grundbesitzer Irans. Sowohl diese als auch die teilweise aus Stiftungen der Shahzeit hervorgegangen Bonyads, darunter die Bonyad-e Mostazafan va Janbazan, die Stiftung der sozial Benachteiligten und Invaliden, bilden Konzerne, die etwa 20 Prozent der Volkswirtschaft umfassen. Zu ihnen gehören Firmen, die in allen Wirtschaftssektoren tätig sind, wie die Getränkefirma Zam Zam oder Zeitungen wie Ettelaat und Kayhan, Bauunternehmen, Textilfirmen, Hotels, Touristikunternehmen und andere. Dadurch, dass die Firmen dieser Stiftungen starke Konzerne hinter sich haben, ist es für Privatfirmen schwierig, mit ihnen zu konkurrieren. Die Stiftungen unterstehen dem Geistlichen Führer Ali Khamenei.

Beschäftigungssituation

Im Jahre 2011 lag die Zahl der Erwerbspersonen (Erwerbstätige und Erwerbslose) bei 27,5 Millionen, davon waren 45 Prozent in Servicebetrieben tätig, 31 Prozent in der Industrieproduktion und 24 Prozent in der Landwirtschaft. Die Arbeitslosenrate lag insgesamt bei 12 Prozent, für Jugendliche zwischen 15 und 24 Jahren überschritt sie 20 Prozent, und bei weiblichen Jugendlichen in dieser Altersgruppe stand sie bei 32 Prozent. Es besteht eine Arbeitslosenversicherung. Für den Schutz der Arbeitnehmer sind staatliche Gewerkschaften zuständig. Die Versuche, unabhängige Gewerkschaften zu gründen, sind bisher unterbunden worden.

Um den noch aus der vorrevolutionären Zeit stammenden strikten Kündigungsschutz zu umgehen, der vorschreibt, dass dem Entlassenen pro Jahr Betriebszugehörigkeit ein volles Monatsgehalt zu zahlen ist, werden bei notwendiger Kurzarbeit Arbeitsverträge unter drei Monaten abgeschlossen, für die diese Kündigungsschutzregelung nicht gilt. Solche Kurzarbeitsverträge können dann gegebenenfalls wiederholt erneuert werden.

Die Verdienste reichen bei den relativ hohen Inflationsraten kaum aus. Besonders in Teheran, wo die Mieten sehr hoch sind, hat ein einzelner Büroangestellter oder eine Büroangestellte bei einem monatlichen Durchschnittsverdienst von etwa 450 Euro große Schwierigkeiten, ein Auskommen zu finden. Familienväter sind dadurch manchmal auf zusätzliche Arbeit angewiesen, wenn ihre Frauen nicht mitverdienen.

Verkehr

Iran besitzt ein asphaltiertes Straßennetz von etwa 130 000 Kilometern. Dieses erschließt auch abgelegene Gebiete des Landes. Zwischen den wichtigen Städten sind Autobahnen oder Schnellstraßen mit getrennten Fahrbahnen in Betrieb. Ein wichtiges im Bau befindliches Projekt ist die Autobahn von Teheran durch das

Büroangestellte in Teheran

Elburzgebirge zum Kaspischen Meer. Diese ›Azadrah-e Tehran-Shomal‹ wird die Fahrtstrecke von 200 Kilometern auf 120 Kilometer verkürzen. Weitere wichtige Autobahnabschnitte werden Sirjan mit Bandar-e Abbas und Qazvin mit Rasht verbinden, wobei letztere größtenteils bereits in Betrieb ist.

Wegen der großen Entfernungen innerhalb Irans werden häufig Flugverbindungen benützt. Es gibt sieben internationale und 70 nationale Flughäfen. Einheimische Fluglinien sind die staatliche Iran Air sowie Mahan, Aseman, Kish, Caspian Airlines und andere.

Das Eisenbahnnetz ist 11500 Kilometer lang. Das fehlende Teilstück zwischen Kerman und Zahedan wurde 2010 fertiggestellt. Damit gibt es nun eine Verbindung durch Iran von der Türkei nach Pakistan. Die Eisenbahnlinie von Isfahan nach Shiraz wurde 2011 in Betrieb genommen.

Bei den städtischen Untergrundbahnen ist Teheran am weitesten fortgeschritten. Die Teheraner Metro wird auch im Verbundnetz mit Karaj noch weiter ausgebaut. Metrosysteme in Isfahan, Shiraz, Mashhad und Tabriz sind im Betrieb oder Bau.

Mit Abstand die wichtigsten Handelshäfen sind Bandar Abbas und Bandar-e Imam Khomeini am Persischen Golf sowie Bandar Anzali am Kaspischen Meer.

Straßenbauarbeiten bei Anarak in der Provinz Isfahan

Als Durchgangsland zwischen Asien und Europa ist Iran ein wichtiges Transitland. Beispielsweise verläuft die LKW-Route aus Mitteleuropa nach Turkmenistan und Usbekistan durch die Türkei und über die iranischen Zollstellen Bazargan und weiter über Bajgiran oder Sarakhs. Indische Stückgut-Exporte nach Turkmenistan und Usbekistan werden nach Bandar-e Abbas verschifft und gehen per Eisenbahn weiter über Sarakhs. Usbekistan verschickt etwa die Hälfte seiner Baumwollexporte über Bandar-e Abbas.

Gesundheitswesen

Gemäß Verfassung haben alle Iraner Anspruch auf medizinische Versorgung. Während in den Städten genügend Ärzte und Krankenhäuser zur Verfügung stehen, ist in den ländlichen Gebieten alleine schon wegen der großen Entfernungen die Versorgung knapper. Dies versucht man durch Gesundheits- und Beratungszentren in größeren Orten auszugleichen. Hinzu kommt, dass Ärztinnen und Ärzte nach Studienabschluss für einige Jahre in den ländlichen Gebieten praktizieren müssen. Um die Kosten für Arzneimittel erschwinglich zu halten, werden sie subventioniert und häufig als Generika, das bedeutet als wirkstoffgleiche Kopien von Markenprodukten, in den einheimischen Pharmabetrieben hergestellt. Die steigende Effektivität des Gesundheitswesens drückt sich auch durch die in den letzten dreißig Jahren von 56 auf 71 Jahre gestiegene Lebenserwartung aus. Es gibt Kranken- und Rentenversicherungen. Seit 2007 besteht ein Rauchverbot für öffentliche Plätze, Transportmittel, Hotels, Restaurants und Teehäuser, was auch das Verbot des Rauchens von Wasserpfeifen einschließt.

Die Seidenstraße

Handelsstraßen haben eine lange Geschichte im iranischen Raum. Sie lassen sich bis in das 4. Jahrtausend v. Chr. nachweisen, als Lapislazuli aus Badakhshan im heutigen Afghanistan und Kupfer vom iranischen Hochland bis nach Mesopotamien gehandelt wurden. Im 3. Jahrtausend v. Chr. dehnten sich diese Routen auch in östliche Richtung bis in das heutige Gebiet Pakistans aus. Um 110 v. Chr. begann die Seide eine wichtige Handelsware zu werden, als in der Regierungszeit des parthischen Königs Mithridates II. Beziehungen zur Han-Dynastie in China hergestellt wurden. Ungefähr ab 50 v. Chr. war Seide ein begehrter Luxusartikel in Rom. Der dortige Senat erließ Verordnungen, die das Tragen von Seide verboten, aber es nützte nichts.

Der Hauptstrang der Seidenstraße (Jaddeh-ye Abrisham), auf der aber auch viele andere Güter wie Lackwaren, Arzneimittel, Schmuck und Metalle transportiert wurden, kam aus Richtung Merw (heutiges Turkmenistan) und überschritt die iranische Grenze beim heutigen Sarakhs. Er führte an Tus und Hekatompylos bei Damghan vorbei nach Rey und von dort über Saveh, Hamadan, das heutige Kermanshah nach Ktesiphon bei Bagdad. Palmyra (heutiges Syrien) war der Hauptumschlagplatz im Seidenhandel zwischen Parthern und Römern. Die Palmyrer schafften die Seide nach Antiochia, von wo sie per Schiff nach Rom befördert wurde. Eine weitere Drehscheibe war Petra (heutiges Jordanien), das vom Norden her mit Palmyra in Verbindung stand.

Auch in sassanidischer Zeit wurde der Handel auf der Seidenstraße fortgesetzt. König Narseh und Kaiser Diokletian vereinbarten im Jahre 297 n. Chr., dass Nisibis, das heutige türkische Nusaybin an der Grenze nach Syrien, als Handelszentrum für Seide zwischen Römern und Sassaniden dienen sollte. Über 260 Jahre später wurde dies von König Khosrow I. und Kaiser Justinian nochmals bestätigt. In früher islamischer Zeit wurde die vorher genannte Route im Iran weiter benutzt. Von dort verlief sie über Bagdad und Damaskus zu den Mittelmeerhäfen Tyros oder Sidon. Im Iran kam dann eine Route hinzu, die von Rey aus über Zanjan, Tabriz, Erzerum zu Lande oder über Trapezunt per Schiff weiter nach Konstantinopel führte. Obwohl die Bedeutung der Seide abnahm, lief der Handel mit China weiter.

Einer der bekanntesten Reisenden auf der Seidenstraße war Marco Polo, der aber eine Route wählte, die Kerman und Yazd mit einschloss. Nachdem das mongolische Reich, das für den Schutz im östlichen Bereich der Handelswege gesorgt hatte, zerfallen war, und die Türken 1453 Konstantinopel erobert hatten, brachen die Europäer auf, um China und Indien über den Atlantik in westlicher Richtung zu suchen.

Ehemalige Karawanserei in der Provinz Khorasan im Osten des Landes

Religion und Gesellschaft

Das religiöse Spektrum umfasst etwa 89 Prozent Schiiten, 9 Prozent Sunniten, 0,6 Prozent Yaresan, 0,4 Prozent Bahai, 0,2 Prozent Christen, 0,02 Prozent Zoroastrier und 0,02 Prozent Juden. Im Parlament (Majlis) sind fünf Sitze für religiöse Minderheiten vorgesehen, je einer für die Zarathustrier, für die Juden und für die assyrischen Christen sowie zwei für die armenischen Christen.

Der Islam

Alle Muslime glauben, dass es keinen Gott außer Allah gibt und dass Mohammed sein Prophet ist. Die göttlichen Offenbarungen, die über den Erzengel Gabriel an den Propheten Mohammed übermittelt wurden, sind im heiligen Koran niedergeschrieben. Propheten der Bibel und auch Jesus gelten als Vorgänger des letzten Propheten Mohammed. Beim jüngsten Gericht wird entschieden, wer in Paradies oder Hölle aufgenommen wird.

Die im Koran festgelegten religiösen Pflichten sind das Glaubensbekenntnis (Shahada), das Gebet (Salat, Namaz), zu dem der Azan-Gebetsruf ertönt, dann das Almosengeben (Zakat), das Fasten (Sawm, Ruzeh) während des Monats Ramadan (persich Ramazan) und die Pilgerreise (Haj). Koran und Überlieferung (Hadith) bestimmen die Verhaltensweisen, bei deren Nicht-Einhaltung das islamische Gesetz, die Scharia, angewandt wird.

Allen Muslimen ist verboten (haram), Alkohol zu trinken, Glücksspiel zu betreiben und Schweinefleisch zu essen. Es ist nur dann erlaubt (halal), Fleisch zu essen, wenn zugelassene Tiere in der vorgeschriebenen Weise getötet wurden. Die linke Hand gilt als unrein, da sie zur Reinigung nach dem Toilettengang benutzt wird. Es ist ritueller Brauch, dass Knaben beschnitten werden. In vielen Gegenden der islamischen Welt ist es Tradition, dass Frauen Kopftücher und Körperschleier tragen. Vom Koran her ist dies nicht eindeutig vorgeschrieben (Sure 24, Vers 31), sondern Interpretationsfrage. Im Iran ist für Frauen das Tragen von figurverhüllender Kleidung und Kopftuch Vorschrift – auch für Touristinnen.

Die Mehrheit der Muslime sind Sunniten, die verschiedenen Rechtsschulen angehören, wie den gemäßigten Hanafiten in Bosnien und der Türkei, den ewas strengeren Schafiiten in kurdischen Gebieten und den sehr strengen Richtungen der Wahabiten und Salafisten in Saudi-Arabien und vielen weiteren Ländern.

Sunniten im Iran

Gegenwärtig gibt es im Iran etwa sechs Millionen Sunniten. Bis Anfang des 16. Jahrhunderts bildeten sie die Mehrheit. Da sich der safawidische Staat gegenüber dem sunnitischen Osmanischen Reich abgrenzen wollte, erklärte man den Schiismus zur Staatsreligion und förderte oder erzwang den Übertritt der meisten

Porträt eines Molla aus Fars

Sunniten zum Schiismus. Zur Unterstützung der einheimischen Kleriker wurden dabei auch schiitische Geistliche aus Mittel- und Südlibanon eingesetzt, die in hohe Funktionen aufstiegen, wie Al-Karaki, Hoseyn ibn Abd al-Samad und Sheykh Bahai. Im heutigen Iran sind Sunniten in höheren Staatsstellen unterrepräsentiert. Es wird berichtet, dass sie in Teheran keine eigene Moschee besitzen, obwohl dort tausende von Sunniten leben. Die Hauptregionen Irans mit sunnitischer Bevölkerung sind die kurdischen Gebiete sowie Nord-Khorasan und Belutschistan.

Koranständer

Die Zwölfer-Schiiten

Im Iran gibt es knapp 68 Millionen Schiiten, die zur Richtung der ›Zwölfer-Schiiten‹ (arabisch: Ithna Ashari) oder ›Jafariya‹ gehören. Die Bezeichnung ›Zwölfer-Schiiten‹ bezieht sich auf die Verehrung von zwölf Imamen. Die ›Jafariya‹ geht auf die von dem sechsten Imam Jafar as-Sadiq gegründete Rechtsschule zurück.

Der Begriff Schia basiert auf Shiat Ali, was für Parteigänger des Ali ibn Abi Talib steht. Dieser war Vetter des Propheten Mohammed und mit dessen Tochter Fatima verheiratet. Als der Prophet Mohammed im Jahre 632 starb, bildeten sich zwei Lager, die um die Nachfolge stritten. Die Gruppe um Ali ibn Abi Talib konnte sich dabei nicht durchsetzen, und Abu Bakr wurde erster Kalif. Die Anhänger Alis gaben aber nicht auf, und nach der Ermordung des dritten Kalifen wurde Ali im Jahre 656 muslimischer Führer.

Für die Schiiten war er nicht nur Kalif, also Nachfolger des Propheten, sondern auch Imam, nämlich göttlich geweihtes Oberhaupt der Schiiten. Ein Grund hierfür war, dass er nach Meinung der Schiiten von Prophet Mohammed kurz vor seinem Tod in dem Ort Ghadir al-Khum zum Nachfolger ernannt worden war. Diese Nachfolge-Verkündung geschah am 18. Dhul-Hijjah des arabischen Kalenders und wird von den Schiiten als hoher Feiertag begangen. Imam Ali wurde nach seiner Ermordung im Jahre 661 in Najaf/Irak beerdigt. Seine Grabmoschee ist ein wichtiger Wallfahrtsort.

Im Sinne der Schiiten ging der Führungsanspruch des ersten Imam Ali auf seine Söhne über. Hasan, der älteste Sohn Alis wurde zum zweiten Imam ausgerufen, doch musste er hinsichtlich der überwältigenden militärischen Überlegenheit des omayadischen Gegenkandidaten Muawiya verzichten. Im Jahre 670 soll er im Auftrag des Kalifen Muawiya vergiftet worden sein.

Der dritte Imam – Hoseyn, auch ein Sohn Ali ibn Abi Talibs – hatte ein besonders tragisches Schicksal. Als er im Jahre 680 auf der Rückkehr von einer Pilgerreise war, wurde ihm von Anhängern aus Kufa mitgeteilt, dass man seinen

Führungsanspruch unterstützen würde. Daraufhin wollte er sich nach Kufa begeben. Als dort Truppen des Kalifen Yazid I. erschienen, ließen ihn seine Anhänger im Stich. Die Truppen des Kalifen drängten die kleine Pilgergruppe nach Kerbela ab. Dort stellte sie sich der vielfach überlegenen feindlichen Übermacht und 72 Mitglieder der Gruppe wurden getötet, darunter Frauen und Kinder.

Aus diesen Vorgängen, die am 10. Moharram 680 stattfanden, hat sich die schiitische Trauerzeit im Monat Moharram entwickelt mit den Höhepunkten am 9. und 10. Tag, Tasua und Ashura. Dabei finden Umzüge mit Selbstgeißelungen statt, und Passionsspiele werden in den Hoseyniye- oder Tekieh-Theatern aufgeführt. Wichtige Rollen als Märtyrer spielen dabei Hoseyn, dessen Sohn Ali al-Akbar, das Wickelkind Ali al-Asghar, Qasim, der junge Sohn Hasans, Abolfazl al-Abbas und andere Familienmitglieder. Besonders emotional ist die Szene, wo Abolfazl al-Abbas sich opfert, um Wasser für die verdurstenden Kinder zu holen, und ihm beide Arme abgeschlagen werden. Hoseyn ist in Kerbela/Irak beerdigt.

Auf Hoseyn folgten als vierte und fünfte Imame Ali Zayn al-Abidin, ein Sohn Hoseyns, und Mohammad Baqir. Letzterer hat Überlieferungen (Hadithe) aufgezeichnet und war Sohn des vierten Imams. Der sechste Imam, Mohammad Baqirs Sohn Jafar as-Sadiq, war ein bedeutender Gelehrter. Er gilt als Begründer der schiitischen Rechtsschule. Er starb 765. Für die Zwölfer-Schia gilt Musa al-Kazim, ein Sohn Jafar as-Sadiqs, als der siebte Imam. Er starb 799. Demgegenüber sehen die unten beschriebenen Ismailis den ältesten Sohn Jafar as-Sadiqs, Ismail ibn Jafar, der aber vor seinem Vater starb, als nächsten Imam an.

Besondere Verehrung im Iran genießt der achte Imam, Ali Reza, den Kalif al-Mamun nach Merw an seinen Hof einlud und der auf einem Kriegszug 818 in Tus vermutlich an einer Vergiftung starb. Er ist in Mashhad beerdigt. Seine Schwester Fatima al Masumeh erkrankte auf einer Reise nach Khorasan. Sie starb 817 in Qom. Aus den Grabmälern dieser beiden Propheten-Nachfahren haben sich im Laufe der Jahrhunderte große schiitische Pilgerstätten entwickelt. Imam Rezas Bruder, Amir Ahmad ibn Mussa oder Shah Cheragh, starb 835 in Shiraz. Sein Grabheiligtum ist das drittheiligste der Schiiten im Iran.

Bildnis des Imam Hoseyn im Heiligtum Harun-e Velayat in Isfahan

Der neunte Imam Mohammad al-Javad oder at-Taqi, ein Sohn Ali Rezas, war mit einer Tochter des Kalifen al-Mamum verheiratet. Er starb 835 in Bagdad. Ali al-Hadi oder an-Naqi, der zehnte Imam, musste dem Kalifen al Mutawakkil nach Samarra folgen, wo er 868 starb. Der elfte Imam, Al-Hadis Sohn Hasan al-Askari, wurde 873 in Samarra ermordet.

Nach sunnitischer Überlieferung blieb der elfte Imam kinderlos, was von den Schiiten bestritten wird. Nach schiitischer Überlieferung hielt der elfte Imam seinen Sohn Mohammed, den zwölften Imam, verborgen, um ihn dem Zugriff des Kalifen zu entziehen. Nur engste Familienmitglieder und Vertraute hätten ihn gekannt, ehe er verschwand. Er befindet sich nun in der großen Abwesenheit (Gheybat-e kubra) und wird als Imam der Zeitalter (Imam-e Asr) bezeichnet. Nach dem Glauben der Schiiten wird er eines Tages wiedererscheinen und als Rechtgeleiteter (Mehdi) das Unrecht auf der Welt beseitigen. In Iran wird er in Jamkaran bei Qom verehrt.

Unterschiede zwischen Sunniten und Schiiten

Unterschiede zwischen Sunniten und Schiiten bestehen in der Anerkennung der Rechtmäßigkeit des Imamats, da die Sunniten die Nachfolge-Erklärung des Propheten für Ali bestreiten. Die Sunniten lehnen auch die Vorstellung ab, dass ein Nachfolger des Propheten im Besitz des Gesamtwissens der Rechtswissenschaften, Theologie und Exegese (Auslegung) sein kann und dabei einen Status der Unfehlbarkeit einnimmt. Dies bedeutet, dass Sunniten auch Hadithe ablehnen, die auf Imame zurückgehen. Sunniten glauben, dass der Mahdi in der Zukunft kommen wird, nach schiitischer Vorstellung war der Mahdi bereits auf der Erde und befindet sich in der großen Abwesenheit. Das von Imam Khomeini entwickelte Konzept des obersten Rechtsgelehrten, der den Staat in Abwesenheit des Mahdi führt, wird von Sunniten nicht anerkannt. Im schiitischen Glaubensbekenntnis gibt es den Zusatz ›und Ali ist Gottes Freund‹.

Im Gegensatz zu den Sunniten beten die Schiiten nur dreimal anstatt fünfmal täglich. Die Schiiten werden aufgefordert, kleinere Pilgerfahrten (Ziyarat) zu den Gräbern der Imame zu unternehmen. Die bedeutendsten Heiligtümer von Nachfahren des Propheten nennen sie Astan (Türschwelle), weniger wichtige werden als Imamzadeh bezeichnet. Die Schiiten veranstalten Trauerfeiern an den Todestagen von Imam Ali und Imam Hoseyn. Für den Fall von Verfolgungen war es Schiiten von ihrer Geistlichkeit erlaubt, sich zu verstellen (Taqiya), was zwar vom Koran her zugestanden wird, aber wozu Sunniten weniger bereit sind. Bei Schiiten ist die Zeitehe (Mutah, Sighe) erlaubt, von Sunniten wird sie abgelehnt.

Die Siebener-Schiiten

Die ›Siebener Schiiten‹ oder Ismailis betrachten Ismail ibn Jafar, den ältesten Sohn des sechsten Imams Jafar as-Sadiqs, als nächsten Imam, da er von seinem Vater bereits zum Nachfolger ernannt worden war. Allerdings starb er vor seinem Vater und konnte das Imamat nicht antreten. Das Oberhaupt dieser auch als Nizaris bekannten Glaubensgemeinschaft, was von dem arabischen Wort ›nass‹ für Ernennung abgeleitet wird, ist derzeit Prinz Aga Khan IV. Er gilt als 49. Nachfolger des Propheten Mohammed und als Manifestation Gottes (Mazhar).

Die Europäer kennen die Ismailis auch durch die aus dem Mittelalter stammende Bezeichnung Assassinen. Diese führten von den Bergfestungen des Alamut-Tals aus Anschläge auf ihre Feinde durch. Ihre Festungen wurden von den Mongolen erobert, und nach dem 14. Jahrhundert residierten die ismailischen Führer in der Gegend von Mahalat in der Provinz Markazi, in den Orten Anjudan und Kahak, wo es noch einige Grabstellen gibt, oder in Shahr-e Babak. Anfang des 19. Jahrhunderts siedelten ihre Führer nach Indien über, da sie sich mit dem qajarischen Königshaus überworfen hatten, und viele ihrer Anhänger folgten. In Teheran und Nordostiran, beispielsweise in Neyshabur und Kerman, gibt es noch einige tausend Ismailis.

Yaresan oder Ahl-e Haqq

Diese religiöse Gemeinschaft verehrt Ali als eine Manifestation Gottes. Sie ist hauptsächlich im Westteil der Provinz Kermanshah heimisch. Zu ihren frühen Führern gehören Shah Koshin, Sultan Sahak und Baba Yadegar, dessen Grab etwa 40 Kilometer westlich von Kerend in der Einsamkeit der Berge liegt. Es wird vermutet, dass Baba Taher, der bedeutende persische Dichter aus Hamadan, der Anfang des 11. Jahrhunderts starb, auch ein Yaresan war. Beim Felsengrab Dokan-e Dawud kurz vor Zar-e Pol-e Zohab befindet sich einer ihrer bevorzugten Friedhöfe. Die Männer tragen lange ›Kaiser-Wilhelm‹-Bärte. Man kann sie daran im Straßenbild von Sahneh, Kerend und Zar-e Pol-e Zohab erkennen. Ihre Zahl wird auf ungefähr 400 000 Personen geschätzt.

Sufi-Orden im Iran

Der schiitische Nimatollahi-Orden mit seinen drei Zweigen, darunter dem Gonabadi-Orden, ist am bekanntesten, da sein Gründer Shah Nimatollah Vali, der 1431 starb, in Mahan in der Provinz Kerman beigesetzt ist. Dort steht eine auf Reisen gern besuchte Grabanlage mit türkisfarbener Kuppel und schönem Innenhof. Der Orden hat mehrere zehntausend Mitglieder im Iran und ist auch international tätig. Seit einigen Jahren üben die Behörden auf ihn Druck aus und haben einige seiner Versammlungsstätten geschlossen. Wahrscheinlich möchte man so dem Zulauf zu diesem Orden und der ungenügenden Kontrolle über ihn entgegenwirken. Der schiitische Dhahabiyya- oder Zahabiye-Orden, der auf Najmuddin Kubra zurückgeht, der 1220 starb, ist kleiner, besitzt aber auch Versammlungsstätten in Teheran, Shiraz und anderen Städten. Der sunnitische Qadiriyya- oder Ghaderi-Orden wurde von Sheykh Abdul Qadir al-Jilani gegründet, der aus Gilan stammte und 1166 starb. Er ist einer der weitestverbreiteten Sufi-Orden in der islamischen Welt. Sein Schwerpunkt im Iran liegt in der Provinz Kurdestan.

ESSAY

Theologen, Philosophen und Mystiker

Wichtig für die Zwölfer-Shia sind vor allem die Sammlungen der Aussprüche der Imame und der Traditionen, die von den aus der Gegend von Qom stammenden Theologen Al-Kulaini und Ibn Baboye im 10. Jahrhundert zusammengetragen wurden. Letzterer begründete auch die Existenz des verborgenen zwölften Imams. Ihnen folgte im 11. Jahrhundert Mohammed at-Tusi mit den ›Betrachtungen der umstrittenen Überlieferungen‹ und der ›Revision der Entscheidungen‹, die zu den Grundlagen der schiitischen Lehre gehören.

Nach der Zerstörung Qoms durch die Mongolen im Jahre 1224 verlagerte sich der Schwerpunkt schiitischer Gelehrsamkeit in die Stadt Hilla südlich von Bagdad, wo zwei Theologen, Al-Muhaqqiq al-Hilli und Al-Mutahhar al-Hilli, am Ende des 13. und Anfang des 14. Jahrhunderts grundlegende juristische Werke verfassten. In Hilla studierten auch Theologiestudenten aus dem Libanon, die nach ihrer Rückkehr für die Festigung und Ausbreitung der Lehre der Zwölfer-Schia im Mittel- und Südlibanon sorgten.

Am Anfang des Sufismus, der islamischen Mystik, standen Gelehrte wie Bayazid Bistami, der um 875 starb, und al-Hallaj, der 922 hingerichtet wurde. Beide propagierten das mystische Einswerden mit Gott. Der aus Tus stammende Abu Hamid Ghazzali, einer der bedeutendsten islamischen Philosophen, festigte Ende des 11. Jahrhunderts die Bedeutung der aristotelischen Logik für die islamische Theologie. In der zweiten Hälfte des 12. Jahrhunderts definierte Yahya Sohrawardi die Lichtmetaphysik. Zu den Philosophen dieser Zeit gehört auch Farid ud-Din Attar, der 1220 beim Mongolensturm in Neyshabur umkam, aber vorher noch seine Lehre des mystischen Pfads (Tariqa) dem großen Sufimeister Jalaluddin Rumi vorgestellt hatte. Rumi zog sich nach Konya zurück, wo er 1273 starb.

Seyed Baqir Astarabadi, genannt Mirdamad, der Anfang des 17. Jahrhunderts in Isfahan lebte, verschmolz die Lichtmetaphysik Sohrawardis mit der Metaphysik von al-Farabi und Ibn Sina und führte sie weiter. Sein Schüler Sadruddin Shirazi, auch bekannt als Molla Sadre, war der bedeutendste Vertreter dieser Isfahaner Schule, die aber auch harschen Kritiken strenggläubiger Theologen ausgesetzt war. Der 1678 vom safawidischen König Suleiman I. zur höchsten theologischen Instanz, Sheykh ol-Eslam, ernannte orthodoxe Geistliche Mohammed Baqir Majlisi schränkte den Sufismus ein, bekämpfte die Theosophen und übte Konvertierungsdruck auf Sunnis und andere religiöse Gruppen aus.

Als bedeutendste Philosophen des 19. und 20. Jahrhunderts im Iran gelten unter anderen Molla Hadi Sabzevari und Allamah Seyed Tabatabai, zu dessen Schülern Morteza Motahari, Dr. Beheshti und Dr. Mofatteh gehörten.

Auch Imam Khomeini hat sich besonders in seinen jüngeren Jahren mit Mystik befasst und bis in die 1950er Jahre einige metaphysische Abhandlungen verfasst wie Mesbah al-Hidaya – das leitende Licht. Bekannter ist er aber für seine politisch-theologischen Arbeiten und das Konzept des Velayat-e Faqih, die Herrschaft des obersten Rechtsgelehrten.

Derwisch in Isfahan

Nichtislamische Religionen

Zoroastrier

Der Zoroastrismus ist eine monotheistische Religion, die nach ihrem Gründer Zarathustra benannt ist, der vermutlich um 900 v. Chr. in von Ariern beherrschten Gebieten östlich des heutigen Irans oder im afghanischen Raum um Bamyan geboren wurde. Noch bevor dies im Judentum feststellbar ist, tritt hier der Dualismus zwischen Gut und Böse in Form des guten Schöpfergottes Ahura Mazda und des bösen Dämonen Ahriman auf.

Der Zoroastrismus war Staatsreligion im sassanidischen Reich. Er lehrt, Gutes zu denken, zu reden und zu tun. Die Betonung liegt darauf, immer die Wahrheit zu sagen. Feuer, Wasser, Luft und Erde gelten als heilig. Die Toten wurden deshalb in sogenannten Schweigetürmen ausgesetzt und die von Geiern gereinigten Knochen später in Höhlen gesammelt. Wichtige Glaubenspunkte sind der Erlöser Saoshyant, der von einer Jungfrau geboren wird, die Auferstehung, ein Weltgericht und Himmel und Hölle. Die Glaubensinhalte sind in der Awesta festgehalten, der ›Bibel‹ der Zarathustrier.

Nach der arabischen Eroberung wanderten Zarathustrier nach Indien aus, wo sie als Parsen bekannt sind. Viele konvertierten später auch, um Diskriminierungen zu entgehen, oder um, wie in safawidischer Zeit, den Anreiz wahrzunehmen, dass man als muslimischer Konvertit, das gesamte Eigentum der Verwandtschaft erben konnte. Jetzt gibt es im Iran noch etwa 20 000 Zoroastrier, die hauptsächlich in Yazd, Kerman und Teheran leben. Chak Chak, ein wichtiges Heiligtum liegt 50 Kilometer nordöstlich von Yazd in der Bergeinsamkeit. Dort treffen sich Zarathustrier aus aller Welt jährlich Mitte Juni.

Juden

Die Ansiedlung von Juden auf persischem Gebiet geht bis in das 6. Jahrhundert v. Chr. zurück, in die Zeit von König Kyrus. Damals sollen nicht alle aus der babylonischen Gefangenschaft freigelassenen Juden zurückgekehrt sein. In Iran befinden sich einige Bauten mit Bezug auf das frühe Judentum. In Hamadan steht ein Grabturm, in dem Esther und Mordechai beigesetzt sein sollen. Südlich von Hamadan, in Tuyserkan, gibt es ein Grabmal des Propheten Habakuk, und in Susa steht das Daniel-Mausoleum. Die Jüdin Shushandokht war mit dem sassanidischen König Yazdegerd I. Anfang des 5. Jahrhunderts verheiratet. In Pir Bakran südlich von Isfahan gibt es einen der altesten jüdischen Friedhöfe des Landes. Trotz häufiger Konvertierungen besonders in der späten safawidischen Zeit und jüngster Abwanderungen nach Nordamerika und Israel gibt es noch etwa 10 000 Juden im Iran, die hauptsächlich in Teheran leben.

Obwohl die Juden eine anerkannte Minderheit im Iran sind bewirkt die ausgeprägte Gegnerschaft des iranischen Staates zu Israel einen latenten Antisemitismus. Dies hat zu Verunsicherung und zur Abwanderung von Juden nach der Revolution geführt.

Christen

Die orthodoxen Armenier bilden mit 80 000 Personen die größte christliche Religionsgemeinschaft. Hinzu kommen auch katholische Armenier, deren Anzahl aber nur bei einigen hundert Personen liegt. Armenier wohnen in Teheran, Isfahan und Tabriz. Sie stammen hauptsächlich von Umsiedlern ab, die Anfang des 17. Jahrhunderts aus der Gegend von Jolfa nach Isfahan und Umgebung kamen. Ihrer Überlieferung nach wurden die ersten Armenier vom Apostel Thaddäus christianisiert. Nach dem Übertritt des Königs Tiridates III. im Jahre 301 breitete sich das Christentum schnell in ganz Armenien aus. Jedes Jahr im Juli treffen sich die armenischen Christen in der Qarah Kelisa, dem Thaddäuskloster, das 220 Kilometer nordwestlich von Tabriz liegt.

Heute gibt es im Iran noch etwa 8000 assyrische Christen der apostolischen Kirche des Ostens und der chaldäischen Richtung. Assyrien kam früh mit dem Christentum in Kontakt, und von dort aus breitete es sich auch auf parthischem Gebiet aus. So gab es um 220 n. Chr. mehrere christliche Gemeinden in Khuzestan, darunter in Susa. Aus der Inschrift des zarathustrischen Oberpriesters Kartir um 280 bis 290 an der Kaaba-ye Zardosht in Naqsh-e Rostam geht hervor, dass assyrische und griechische Christen im sassanidischen Reich lebten. Gemäß einer Synode von 424 waren Tus, Neyshabur, Istakhr, Darab, Rey, Isfahan, Susa, Shushtar, Bishapur, Hamadan und andere Orte zu Bischofssitzen herangewachsen. Bei der Eroberung durch die Araber im Jahre 642 muss es eine relativ große christliche Minderheit in Persien gegeben haben. Die Mitgliederzahl der im Bereich von Orumiyeh und Salmas in West-Azerbaijan lebenden christlichen assyrischen Gemeinden ging im Ersten Weltkrieg durch Verfolgungen und Flucht stark zurück.

Einige wenige Katholiken, Protestanten, Anglikaner und orthodoxe Christen runden das christliche Spektrum ab.

Das armenische Thaddäus-Kloster im Nordwesten des Landes

Bahai

Der Bahai-Glauben sieht sich als kosmopolitisch und enthält wesentliche Inhalte aus verschiedenen Religionen. Der Religionsstifter wurde 1817 in Persien geboren und da er eine vom Islam unabhängige Religion verkündete, des Landes verwiesen. Er endete in Haifa, wo er 1892 in einem Mausoleum bestattet wurde. Die Bahais gelten als Häretiker und sind Diskriminierungen ausgesetzt. Ihre Anhängerschaft im Iran wird auf 300 000 Personen geschätzt.

Bildung und Wissenschaft

Im Iran besteht Schulpflicht. Kinder werden mit sechs Jahren nach Geschlechtern getrennt eingeschult. Die Grundschule umfasst fünf Jahre. Darauf folgen zwei Sekundärstufen zu je drei Jahren und ein Vorbereitungsjahr auf das Universitätsstudium. Schulbesuch und Studium an staatlichen Universitäten sind kostenfrei. Auch in abgelegenen Regionen sind Schulen vorhanden, und es gibt ortsunabhängige Schulen in Zelten für Nomadenkinder. Die Alphabetisierungsrate ist in den letzten 30 Jahren von unter 60 Prozent auf 84 Prozent gestiegen. Die Universitäten haben hohes wissenschaftliches Niveau. Es gibt knapp drei Millionen Studenten. Der Anteil der weiblichen Studierenden liegt bei etwa 60 Prozent. Allerdings werden seit August 2012 Frauen zu Studienfächern wie Volkswirtschaft, Ingenieurwesen, Landwirtschaft, Forstwissenschaft und anderen nicht oder nur noch beschränkt zugelassen.

Gesellschaftliche Lage

Familie und Verwandtschaft bilden den Kern des gesellschaftlichen Lebens. Die verwandtschaftlichen Beziehungen besitzen einen hohen Stellenwert. Das durchschnittliche Heiratsalter liegt zwischen 22 (auf dem Land) und 25 Jahren (in der Stadt). Etwa 15 Prozent der Ehen werden noch traditionell von den Eltern arrangiert. Die Scheidungsrate liegt bei zwölf Prozent. Bei jungen Ehen wird die Scheidung zu etwa 80 Prozent von Frauen eingereicht. Das späte Heiratsalter ist sicher nicht im Sinne strenger religiöser Gesetze, die das Zusammensein von Frau und Mann erst nach der Eheschließung gestatten. Die vom Gesetz erlaubte ›Ehe auf Zeit‹ (Muteh oder Sighe) wird von der überwiegenden Mehrheit der Mittel- und Oberschicht als unethisch abgelehnt. Hauptgrund für das späte Heiratsalter sind die langen Ausbildungszeiten und dass man zuerst einmal genug verdienen möchte, um sich als Ehepaar eine Wohnung leisten zu können.

Wer auf Selbständigkeit Wert legt und nicht in Behörden oder staatlichen Verbänden arbeiten möchte, ist von Arbeits- und Perspektivlosigkeit bedroht. Dies gilt besonders für Frauen, die nur 17 Prozent aller Beschäftigten stellen. Dadurch ist ein gravierendes Drogenproblem entstanden. Auch sind junge Leute in den Städten oftmals mit dem religiösen Druck nicht einverstanden und suchen nach Auswegen durch Hinwendung zu Sufismus oder Chauvinismus, wobei die vorislamische Zeit häufig in einem verklärenden Licht gesehen wird.

Rechtliche Situation

Es wird das islamische Recht der Scharia (der ›rechte Weg‹) angewendet. Dieses ist aus dem Koran, den Aussagen des Propheten Mohammed (Hadithe) und islamischem Gewohnheitsrecht abgeleitet. In ihm sind Pflichten und Verbote von den religiösen Vorschriften wie den Speisegeboten über das Zivil- bis zum Strafrecht festgelegt. Im Iran wird die Todesstrafe angewandt. Die Steinigung ist aber als Hinrichtungsart nicht mehr zulässig. Auf Abfall vom Islam kann die Todesstrafe verhängt werden. Homosexueller Verkehr eines Nicht-Moslems mit einem Moslem und Geschlechtsverkehr eines Nicht-Moslems mit einer Moslema sind todeswürdige Verbrechen. Bei Geschlechtsverkehr eines Moslems mit einer Nicht-Moslema droht die Auspeitschung. Drogenvergehen werden streng bestraft. Auf Drogenhandel steht die Todesstrafe. Eine Nicht-Moslema, die gegen das Kleidungsgebot (Kopftuchtragen) verstößt, wird gemahnt und kann ausgewiesen werden. Beleidigende Bemerkungen über den Geistlichen Führer können strenge Strafen nach sich ziehen. Mädchen können mit 13 Jahren heiraten und Jungen mit 15 Jahren.

Beim Scheidungs- und Sorgerecht sind Frauen nicht gleichberechtigt. Polygamie für Männer ist möglich. Die Zeugenaussage einer Frau ist nur halb so viel wert wie die eines Mannes, und eine Tochter erbt nur halb so viel wie ein Sohn. Die Staatsangehörigkeit iranischer Männer ist auf ihre Kinder übertragbar, aber nicht die von Iranerinnen auf ihre Kinder. Frauen dürfen nur mit Zustimmung ihres Ehemanns international verreisen. Es ist auch nicht zulässig, dass Sängerinnen alleine Lieder vortragen. Die Iranerinnen wissen, dass sie es vor allem hinsichtlich ihrer Bildungschancen besser haben als Frauen in anderen islamischen Ländern wie beispielsweise in Saudi-Arabien, doch stellt diese Relativierung sie natürlich nicht zufrieden.

Feste

Die Iraner sind sehr traditionsverhaftet. Das wichtigste nicht-religiöse Fest ist Nowruz, das Neujahrsfest, das am 20. oder 21. März (abhängig davon, ob das Jahr ein Schaltjahr ist) stattfindet. In der Nacht vor dem letzten Mittwoch des Jahres, dem Chaharshanbe Suri, werden Feuerkracher gezündet, Lärm gemacht und Weihrauch benützt, um die bösen Geister zu vertreiben. Feuer werden angezündet, über die gesprungen wird. Manchmal tritt auch eine Person im roten Mantel als Haji Firuz auf, der gute Laune bringen soll.

Zur Nowruz-Feier trifft sich die Familie, und auf einer Tischdecke (Sofreh) werden sieben Glücksbringer-Symbole (Haft Sin), die mit dem Buchstaben ›S‹ beginnen, aufgestellt. Oft sind dies Sabze (Weizensprösslinge), Saat (eine Uhr), Sib (Äpfel), Sir (Knoblauch), Sonbol (Hyazinthen), Sekke (Münzen), Somaq (Somaq-Gewürz), Serke (Essig) und andere. Dazu kommen noch Kerzen als Symbole des Feuers, Goldfische als weitere Glücksbringer, Spiegel, um den bösen Blick abzuwenden und Fotos von abwesenden Familienmitgliedern. Dazu wird bei manchen Familien noch der traditionelle süße Griesbrei (Samano) aus geröstetem Weizen serviert. Die Nowruz-Feiertage schließen mit dem Sizdabedar, dem dreizehnten Tag nach Neujahr. An diesem Tag gehen die Iraner hinaus in die Natur, um den Frühling zu feiern.

Jashn-e Mehregan ist das persische Erntedankfest. Es wird am 9. oder 10. Oktober gefeiert. Shab-e Yalda markiert die längste Nacht des Jahres am 20. oder 21. Dezember. Da danach die Tage wieder länger werden, symbolisiert dieses Fest den Sieg des Lichts über die Finsternis und war früher dem Lichtgott Mithra oder Sol Invictus geweiht. Rechnet man diese Tage vom alten Julianischen Kalender auf den heute gültigen Gregorianischen Kalender um, ergibt sich der 24. und 25. Dezember, unser Weihnachtsfest.

Verhaltensweisen

Eine typisch iranische Verhaltensweise ist der Tarof, eine Art formalisierter Höflichkeit, die auch beim Telefonieren angewandt wird, wenn eine stereotype Reihe von Sätzen mit Höflichkeitsfloskeln dem eigentlichen Gespräch vorangeht. Tarof tritt in vielen Formen auf. Zum Beispiel, wenn man jemanden nach der Straße fragt und dieser gibt trotz Unwissens vor, sich auszukennen, nur um einen nicht zu enttäuschen. Wenn der Fahrer eines Privattaxis bei der Ankunft sagt, dass es nichts koste, sollte man zwei- oder dreimal auf der Bezahlung beharren. Sollte er dann immer noch ablehnen, hat er einen wirklich aus Sympathie mitgenommen. Wenn man bei neuen Bekannten eingeladen wird, sollte man zuerst abwehren, erst dann wird man feststellen, ob die Einladung ernst gemeint ist. Wenn einem bei einem Besuch ein Gegenstand in der Wohnung des Gastgebers besonders gefällt, sollte man diesen nicht in höchsten Tönen loben, ansonsten kann es passieren, dass einem der Gastgeber diesen Gegenstand anschließend unbedingt schenken will. Durch den Tarof kann es also für beide Seiten zu Problemen kommen. Man sollte diese Hintergrundinformationen berücksichtigen und sich ansonsten auf sein Fingerspitzengefühl verlassen.

Kleine Geschenke, wie Süßigkeiten, werden bei Einladungen immer gerne angenommen.

Wenn man in eine Wohnung eintritt, sollte man anbieten, die Schuhe auszuziehen. Dies gilt natürlich grundsätzlich für Moscheebesuche.

In landestypischen kleinen Restaurants sind oft keine Messer auf dem Tisch vorhanden, und man zerdrückt das Fleisch mit der Seite der Gabel. Natürlich wird man Ihnen aber auf Ihre Bitte hin ein Messer geben. Zu Teegläsern wird meistens kein Teelöffel zum Umrühren des Zuckerwürfels gereicht, da man diesen in den Mund nimmt und dadurch den Tee beim Trinken süßt.

Die religiös-gesellschaftlichen Normen verlangen, dass Männer und Frauen in der Öffentlichkeit distanziert miteinander umgehen und sich beispielsweise nicht die Hände geben.

Auf keinen Fall sollte man mit dem Daumen nach oben versuchen, ein Fahrzeug anzuhalten, da dies als obszönes Zeichen entsprechend dem ›Mittelfinger -Zeigen‹ in unserem Kulturkreis gilt. Man gibt stattdessen ein Zeichen mit der geöffneten Hand.

Kultur und Kunst

Architektur

Die ersten architektonisch interessanten Gebäude entstanden um 6500 v. Chr. bei Zaghe und Ozbaki südlich von Qazvin. Sie wurden aus mit Häcksel stabilisierten Lehmziegeln erbaut. Dann folgte Monumentalarchitektur wie ein 80 mal 80 Meter großer Terrassenbau von 4200 v. Chr. in Susa, ein gewaltiger 300 mal 300 Meter großer Stufenbau aus Lehmziegeln aus der Zeit zwischen 2500 und 2200 v. Chr. in Konar Sandal und eine gut erhaltene Stufenpyramide von 1250 v. Chr. in Chogha Zanbil. Gebäudeteile von mannäischen Siedlungen und Festungen sind in Hasanlu und Ziwiye erhalten geblieben. Die urartäische Festungsanlage von Bastam in Nordwestiran und die medische Festung in Nushejan nordwestlich von Malayer bieten weitere Eindrücke der vor-persischen Architektur.

Grundsätzlich zeichneten sich die Achämeniden durch Achtung und Aufgeschlossenheit gegenüber fremder Baukunst aus und integrierten assyrische, babylonische, griechische und urartäische Bestandteile in eine eigene persische Architekturform. Da Hallenbauten auf Plattformen etwas typisch Urartäisches waren, könnten sie verbunden mit griechischen Bestandteilen als Vorbilder für persische Hallenbauten gedient haben. Beim Bildnerischen scheinen die Achämeniden besonders in Pasargadae auch von ägyptischen Vorbildern beeinflusst zu sein und in Persepolis von assyrischen, was man an den Torgebäuden mit den Fabelwesen gut erkennen kann. Die Ruinen der Residenzstadt Persepolis mit der Nekropole Naqsh-e Rostam sind die beeindruckendsten Zeugnisse der achämenidischen Epoche.

Tor aller Länder in Persepolis

In der parthischen Zeit wurden viele Bauten mit Tonnengewölben abgeschlossen, da man noch keinen Übergang zu einem Kuppelgewölbe verwendete. Ein schönes Beispiel dieser Art ist der abgelegene Pavillon von Qaleh-ye Zohak südlich von Hashtrud. Abgesehen vom Anahita-Tempel in Kangavar und der kleinen Palast- oder Tempelanlage in Khurheh bei Delijan sind wenige parthische Bauten im Iran erhalten geblieben.

Eine der hervorragenden architektonischen Leistungen der sassanidischen Architektur ist die seitdem im persisch-iranischen Kulturraum benutzte Trompen-Konstruktion, die den Übergang von einem quadratischen Raum zu einer Kuppel ermöglicht. Anschauliche

Beispiele hierfür findet man im Feuertempel in Niasar bei Kashan, im Palastbau und der Festung Qaleh-ye Dokhtar in Firuzabad und im sassanidischen Bauwerk bei Sarvistan. Die geometrisch schönste Umsetzung des Trompen-Konzepts in einem islamischen Sakralbau kann man im Taj-ol-Molk-Kuppelbau von 1088 in der Jame-Mosche in Isfahan bewundern. Ein weiterer wichtiger Bestandteil sassanidischer Architektur ist die Ausstattung von Innenhöfen mit Iwan-Portalbauten, deren Entwicklung in parthischer Zeit begann.

Lohnenswert ist es, sassanidische Feuertempel aufzusuchen. Zum einen liegen sie wegen des ausgeprägten Naturbezugs der Zarathustrier in attraktiver Landschaft, zum anderen sind sie oft in relativ gutem Erhaltungszustand. Beispiele sind der schon erwähnte Tempel in Niasar, die Feuertempelanlage von Takht-e Soleiman und die etwas abgelegenen Tempelanlagen von Konar Siah südwestlich von Firuzabad und die Tempelanlage von Chak Chak bei Rostaq südwestlich von Darab.

Nach der arabischen Eroberung wurden über vierhundertfünfzig Jahre lang die Moscheen hauptsächlich im Riwaq-Stil, also als Säulenhallen ohne Iwane, errichtet. Leider sind von ihnen nur wenige Beispiele erhalten geblieben, wie die ehrwürdige Tarik Khaneh in Damghan von 760 n. Chr. und die späteren Jame-Moscheen von Faraj bei Yazd, von Shushtar und von Nain, wobei sich letztere zusätzlich durch schöne frühe Stuckdekorationen mit Weinranken, Akanthusblättern und Flechtwerk auszeichnet. Eines der typischen Konstruktionsmerkmale dieser frühen islamischen Moscheen ist die Verwendung von Spitzbögen, während in Europa das Prinzip des romanischen Rundbogens üblich war.

Die erste vom Riwaq-Stil abweichende Moschee ist die Jame-Moschee in Isfahan, die ab 1121 im Vier-Iwan-Stil umgebaut wurde. Seitdem ist dieser Bautyp üblich für den Moscheebau im Iran. Damals wurden in den Städten noch überwiegend Lehmziegel eingesetzt. Heutzutage trifft man auf Lehmziegel-Häuser nur noch in alten Stadtteilen und in ländlichen Gegenden. Wesentliche Gebäudetypen waren die an den Handelsrouten in Abständen von 25 bis 30 Kilometern, entsprechend der Tagesetappe einer Kamelkarawane, angelegten Karawansereien (Caravansaray). Hinzu kamen kühlende Kuppelbauten über den Zisternen (Ab anbar), Eishäuser (Yakhchal), die größtenteils unterirdisch angelegt waren und in denen Eisbrocken aus den winterlichen Bergen zwischen Strohschichten über den nächsten Sommer hinaus aufbewahrt werden konnten.

Wichtig waren und sind noch heute in manchen heißen Gegenden die mit Luftschlitzen versehenen Windtürme (Badgir), die durch ihre Zirkulation für Kühlung in der Sommerzeit sorgen.

Eine interessante Architekturform ist der Grabturm. Es wird vermutet, dass er eine Umsetzung von Zeltformen in Stein ist. Der erste und zudem beeindruckendste Grabturm ist der Gonbad-e Gabus, der im Jahre 1006 in der Stadt gleichen Namens errichtet wurde. Weitere sehenswerte Grabtürme stehen in Kharaqan, Maragheh, Mehmandust, Aliabad-e Kashmar und in Qom.

Trompenkonstruktion in der Isfahaner Jame-Moschee

Blick über Yazd

Mit dem ilkhanidischen Oljeitu-Mausoleum in Soltaniye ist der großartigste Kuppelbau Irans aus dem Mittelalter erhalten geblieben. Er gilt als Vorbild für den Zentralbau des Taj Mahals. Wichtige Sakralarchitektur aus timuridischer und safawidischer Zeit findet man in Isfahan und in Mashhad, wobei leider die Gawharshad-Moschee im Imam-Reza-Heiligtum für Nicht-Moslems nicht zugänglich ist. Mit der aus safawidischer Zeit stammenden Innenstadt um den Imam-Platz ist Isfahan eine der schönsten Städte des Orients, wenn nicht der Welt. Shiraz zeichnet sich durch seine vielen Gartenanlagen, Moscheebauten und den attraktiven Basar aus. Ein einheitliches Stadtbild mit Windtürmen, Minaretten und Kuppeln hebt Yazd hervor. Wer moderne Architektur sucht, findet sie in Teheran. Sie ist unter dessen Sehenswürdigkeiten beschrieben.

Relief mit König Shapur I. in Naqsh-e Rostam

Felsreliefs

Eine bildnerische Besonderheit Irans sind die vielen erhaltenen Felsreliefs. Das früheste stammt aus der Zeit zwischen 2300 und 2200 v. Chr. und befindet sich in Zar-e Pol-e Zohab im Westen der Provinz Kermanshah. Es zeigt die Göttin Ishtar mit einem Lullabäer-Fürsten und einer Reihe aneinander gefesselter Feinde. Dieses Motiv wurde in abgewandelter Form mit König Darius und seinen in einer Reihe stehenden gefesselten Feinden am Bisotun-Felsen um 500 v. Chr. auch verwendet. In der altelamischen Epoche schuf man ab 1900 v. Chr. Reliefs bei Kurangun und Naqsh-e Rostam und in neuelamischer Zeit bei Izeh. Die Sassaniden bedienten sich häufig dieser Kunstform und ließen ihre Siege, Krönungen oder auch einfach ihre Familien in Reliefs abbilden, so in Firuzabad, Bishapur, Naqsh-e Rostam, Naqsh-e Rajab und an anderen Stellen. Die Qajaren griffen diese Darstellungsform wieder auf. Von ihnen gibt es Reliefs an der Cheshmeh-Ali-Quelle in Rey und in der Tang-e-Washi-Klamm bei Firuzkuh.

Persischer Garten

Als König Kyrus vor 2500 Jahren seine Hauptstadt Pasargadae schuf, ließ er dort auch einen Garten in vierteiligem Grundriss anlegen. Den Gegensatz zwischen der vorherrschenden kargen Landschaft und dem grünen von Wasserläufen durchzogenen Biotop kann man sich größer kaum vorstellen. Als um 400 v. Chr. griechische Söldner unter Xenophon die von Mauern eingefassten achämenidischen Gartenanlagen sahen, die im Persischen Paradaisos oder ›von Mauern umgeben‹ hießen, nahmen sie diese Bezeichnung in die griechische Sprache auf, woraus sich auch das Wort Paradies ableitet. Der ursprüngliche vierteilige Plan von Pasargadae bildete mit seinen Pflanzungen, Wasserläufen und Pavillons ein Vorbild für viele Gärten und hatte auch Auswirkungen auf die europäische Gartenkunst der Renaissance. Bedeutende Gartenanlagen in Iran sind der Fin-Garten in Kashan, die Chehel-Sotun-Anlage in Isfahan, die Naranjestan-, Golshan- und Eram-Gärten in Shiraz, der Shahzadeh-Garten in Mahan, der Dowlatabad Garten mit Pavillon in Yazd, die Pahlevanpur- und Abbasabad- Gärten in Mehriz und Beshahr, der Landschaftspark Park-e Jamshidiyeh in Teheran und der Golshan Garten – ein grünes Paradies in der Oasenstadt Tabas im Zentrum der iranischen Wüsten.

Literatur

Die Verehrung einheimischer Dichter ist groß. An den Gräbern der Poeten Saadi und Hafis in Shiraz trifft man viele iranische Besucher aus allen Gesellschaftsschichten. Sicherlich war die persische Sprache ein wesentlicher Faktor für das Überleben der persischen Zivilisation, die in ihrer Geschichte alle Eroberer integrieren konnte.

Als Vater der neupersischen Sprache gilt Abu Abdullah Jafar Rudaki, der zeitweilig als Dichter am samanidischen Hof beschäftigt war. Von ihm sind verschiedene Gedichte auch in Form von Doppelversen (Masnavi) und Vierzeilern (Rubai) bekannt. Als sein Meisterwerk gilt die Übertragung der Fabelsammlung Kalila und Dimna in Versform in das Neupersische. Er starb 941 n. Chr.

Baba Taher ist der erste bedeutende Dichter des Sufismus. Er schrieb vor allem Vierzeiler mystischen Inhalts in persischen Dialekten und in Kurdisch. Er starb Anfang des 11. Jahrhunderts in Hamadan.

Als einer der größten persischen Dichter gilt Abul Qasim Ferdowsi, der ›Paradiesische‹. Er schrieb über dreißig Jahre lang an seinem Monumentalwerk, der ›Shahname‹ (Königsbuch), welches die Geschichte Irans von der Vorzeit bis zur islamischen Eroberung behandelt. Im mythischen Teil schildert er unter anderem die Liebesgeschichte von Zal und Rudabeh, den Eltern Rostams, dessen Heldentaten in den epischen Teil überleiten. Nach den ersten siebzehn Urkönigen wird das Werk mit den geschichtlichen Königen fortgesetzt und endet mit Yazdegerd III. Ferdowsi stammte aus einem Ort nahe bei Tus und starb dort 1020. Eine als ›Klassiker‹ geltende Übersetzung in das Deutsche von Friedrich Rückert wurde 1838 plubliziert.

Der Mathematiker, Astronom und Dichter Omar Khayyam trug nicht nur zur Fertigstellung des sehr genauen persischen Sonnenkalenders bei, sondern war auch ein Meister des Vierzeilers. Der Grundton seiner Dichtungen ist lebensnah bis skeptisch. Er starb 1131 in Neyshabur.

Nizami zählt zu den Meistern der persischen Literatur Er verfasste einen Diwan (Sammlung) mit bedeutenden mystischen Gedichten und überarbeitete die Epen Leila und Majnun, Khosrow und Shirin. Dazu schrieb er die ›Sieben Bilder‹, von denen ›Die Sieben Geschichten der Sieben Prinzessinnen‹ auf Deutsch erschienen sind und ein kostbares Beispiel seiner Erzählkunst abgeben. Er starb um 1205.

Das Denkmal für Goethe und Hafis in Weimar

Fariduddin Attar war nicht nur als Lehrer für Sufismus tätig, wobei er auch Rumi traf, sondern schrieb auch die wunderbare Erzählung ›Die Konferenz der Vögel‹. Er starb 1220 in Neyshabur.

Der bekannteste Vertreter der Sufidichtung ist Maulana Jalaluddin Rumi. Sein Hauptwerk ›Mathnavi-e-Manavi‹, die ›Doppelverse des Geistes‹, enthalten in Reimform einige der schönsten mystischen Verse, die jemals geschrieben wurden. Er starb 1273 in Konya.

Saadi, eigentlich Muslih uddin Shirazi, stammte aus Shiraz und studierte an der berühmten Nizamiyeh-Hochschule in Bagdad Literatur und Religionswissenschaften. Danach wurde er Mitglied des Suhrawardi-Sufi-Ordens und machte lange Reisen, die ihn nach Ägypten und Indien führten. Nach seiner Rückkehr nach Shiraz schrieb er Gedichte und Kurzgeschichten, die in den Sammelwerken ›Bustan‹ (Duftgarten) und ›Golestan‹ (Rosengarten) erfasst wurden. In der Gedichtform des Ghasels brachte er es in Persisch zu erster Meisterschaft. Das Ghasel ist mystischen, erotischen oder auch reflektierenden Inhalts und benutzt für seine Strophen grundsätzlich die Endreime aa, ba, ca, da, ea und so fort. Saadi starb 1292 in Shiraz.

Shams uddin Mohammed, der unter seinem Ehrentitel Hafis (iran. ›Hafez‹, ›der den Koran auswendig weiß‹) bekannt ist, gilt als der größte Lyriker der persischen Sprache. Er wandte das Ghasel nicht nur formal, sondern auch inhaltlich vollendet an. Die Iraner verehren seine Lyrik sehr. In gebildeten Kreisen finden manchmal zwanglose Treffen statt, bei denen aus seinen Werken rezitiert wird. Seine Geburtsstadt war Shiraz, wo er 1389 starb, ohne die Stadt jemals länger verlassen zu haben. Sein Sammelwerk, der Diwan, wurde Anfang des 19. Jahrhunderts von Joseph von Hammer-Purgstall übersetzt. Es inspirierte Wolfgang von Goethe, der sich als geistiger Bruder von Hafis fühlte, zu seinem West-östlichen Diwan. Der ehemalige Präsident Mohammed Khatami weihte deshalb im Juli 2000 während eines Staatsbesuchs in Weimar ein Denkmal ein, das an die geistige Begegnung Goethes mit Hafis erinnert. Auf der dortigen Plakette wird aus Goethes West-östlichem Diwan zitiert.

Als bedeutende Dichterin der Neuzeit gilt Parvin Etesami, die sozialkritische Themen in klaren Sprachbildern darstellte. Sie starb 1941 in Teheran und ist im großen Atabaki-Hof des Fatemeh-Masumeh-Heiligtums in Qom beigesetzt. Simin Behbahani wurde 1927 in Teheran geboren. Sie gehört zu den anerkannten modernen Dichterinnen, ist eine Kritikerin von Auswüchsen der gegenwärtigen Politik und iranische Patriotin.

Zu den wichtigen modernen Schriftstellern zählt Sadeq Hedayat, in dessen skeptischen Werken es Anklänge an Franz Kafka und Edgar Allan Poe gibt. Er starb 1951. Sohrab Sepehri fühlte sich nicht an traditionelle Versformen gebunden. Seine Lyrik ist voller menschlicher Wärme und Humanität. Er starb 1980 und ist im Heiligtum von Mashhad-e Ardehal bei Kashan beerdigt. Der bekannteste Vertreter zeitgenössischer Prosa aus Iran ist Mahmud Doulatabadi. Seine Romane wie ›Kelidar‹ und ›Die alte Erde‹ schildern die Lebensumstände iranischer Bauern, Hirten und Nomaden so realistisch, dass man erkennen kann, dass er in diesem Umfeld aufgewachsen ist.

Kunstgewerbe

Als Tourist begegnet man immer wieder dem im Iran noch florierenden traditionellen Kunsthandwerk, das einen wichtigen Wirtschaftszweig darstellt. Iranische Handarbeiten umfassen Silber- und Kupferwaren, Miniaturmalereien, Kalligraphien, Holzschnitzarbeiten, Keramik, Einlege- und Emaillearbeiten, handbedruckte Baumwolltischdecken und gewebte Textilien wie Brokat.

Keramik

In Iran ist der Gebrauch von Keramik bereits für die Zeit vor 8000 Jahren belegt. Beispielsweise kann man im Raum Kashan unter Einbeziehung des Tepe Sialk auf eine kontinuierliche Keramikherstellung über tausende von Jahren zurückblicken. Hier wurden nicht nur im 13. und 14. Jahrhundert kostbare mehrfarbige Fayencen hergestellt, sondern Kashan blieb auch in den folgenden Jahrhunderten ein Zentrum für hochwertige Fliesenproduktion, was dazu führte, dass Fliesen im Persischen ›kashi‹ heißen.

Heutzutage wird künstlerische Gebrauchskeramik beispielsweise in Teheran, Isfahan, Shiraz, Meybod bei Yazd, Lalejin nördlich von Hamedan, Natanz und anderen Orten hergestellt

Teppiche

Der Beginn der Knüpfkunst verliert sich in grauer Vorzeit. Der im Eremitage-Museum in St. Petersburg aufbewahrte Pazyrik-Teppich, der aus einem Skytengrab aus der Zeit um 500 v. Chr. stammt, zeigt persische Motive, die von Elchen und Reitern umgeben sind. Dieser Teppich ist bereits von solch guter Qualität, dass eine längere Entwicklungszeit vorausgegangen sein muss. Im 6. Jahrhundert n. Chr., zur Zeit des sassanidischen Königs Khosrow I., lag im Palast in Ktesiphon ein viel bewunderter großflächiger Seidenteppich, der ein Gartenmuster aufwies und als ›Frühling des Khosrow‹ bekannt war.

Durch vielerlei politische Umbrüche wie Mongolensturm und die Kriegszüge Timurs bedingt sind für Persien erst im 15. Jahrhundert wieder Teppiche nachweisbar. Dass auch in den dazwischen liegenden Jahrhunderten die Knüpfkunst auf hohem Niveau erhalten blieb, belegen die wunderbaren Exemplare der sogenannten Ardebil-Teppiche von 1539, die im Londoner Victoria & Albert Museum und im Los Angeles County Museum aufbewahrt werden. Durch die Exportmöglichkeiten nach Europa nahm die persische Knüpfkunst während des 17. Jahrhunderts, in der Zeit von Shah Abbas I., einen gewaltigen Aufschwung.

Stilistisch weisen im Iran hergestellte Teppiche eine große Variationsbreite von streng linear-geometrischen bis zu floral-arabesken Mustern auf. Die Qualitätsbandbreite reicht von einfachen rustikalen Nomadenteppichen bis zu feinsten Spitzenerzeugnissen. Auch in der Farbgebung ist die Skala umfangreich. Wer sich für Teppiche interessiert, dem sei ein Besuch im Teppichmuseum in Teheran empfohlen. Ob man als Tourist im Iran wesentlich preiswerter Teppiche

Tuchweber auf dem Basar von Yazd

einkaufen kann, als bei einem Teppichhändler in Europa, hängt vom Einzelfall ab. Die Auswahl, die man in Basaren und Teppichgeschäften im Iran findet, ist jedoch größer.

Miniaturmalerei

Die persische Miniaturmalerei nimmt in der islamischen Kunst eine Sonderstellung ein. Hier wurden und werden Tiere und Menschen dargestellt, was im Gegensatz zum Verbot des Islams steht, Lebewesen abzubilden. Kurz nach der mongolischen Eroberung setzte die erste Blütezeit der Miniaturmalerei ein, denn die ilkhanidischen Herrscher förderten viele Künste und brachten auch chinesische Maler mit Persern in Kontakt. Hieraus entwickelte sich die Schule von Tabriz, die in der ersten Hälfte des 14. Jahrhunderts beispielsweise die „Shahname", das Königsbuch des Ferdowsi, illustrierte. Mit dem Aufstieg der Timuriden verlagerte sich der Schwerpunkt der Miniaturmalerei zu deren Residenz in Samarkand und dann nach Herat. Ende des 15. Jahrhunderts arbeitete dort der berühmte Miniaturmaler Kamal uddin Behzad, den der safawidische Shah Ismail im Jahre 1506 nach Tabriz holte. In Tabriz verfeinerte er erfolgreich diese Malkunst und schuf wunderbare Miniaturportraits. Nach seinem Tod im Jahre 1535 stagnierte die Entwicklung. Erst mit der Einrichtung neuer Ateliers in Isfahan Anfang des 17. Jahrhunderts und der Mitarbeit von Reza Abbasi begann ein neuer Aufschwung. Nachdem sich der qajarische Hof im 18. Jahrhundert in Teheran etabliert hatte, waren dort auch Miniaturmaler tätig, aber die Qualität von Kamal uddin Behzad und Reza Abbasi wurde nie wieder erreicht. Die heutige Miniaturmalerei wird mehr aus kommerziellen Gründen betrieben, und wirklich gute Künstler sind selten geworden.

Kalligraphie

Da im Islam die Darstellung von Tiere und Menschen unerwünscht ist, wird überwiegend geometrische und floral-arabeske Ornamentik als Dekor verwendet. Ein weiteres Schmuckelement ist die arabische Schrift, die unter Hinzufügung einiger zusätzlicher Buchstaben im Iran benutzt wird. Die Schriftarten sind:

Kufi – eine alte, eckige Monumentalform der arabischen Schrift mit langen senkrechten Buchstaben.

Naskhi – eine kursive Schriftform mit normal langen vertikalen arabischen Buchstaben.

Nastaliq – eine Schriftform mit starker Neigung der Buchstaben und langgezogenen Anfangs- und Endformen.

Thulth (persische Aussprache: ›Sols‹) – eine sehr dekorative Schriftform mit langen vertikalen Buchstaben und verschlungenen Formen.

Film

Abdolhossein Sepanta drehte 1932 den Filmklassiker ›Dokhtar-e Lor (Mädchen des Loren-Stammes). Dieser war gleichzeitig der erste iranische Tonfilm. Wegen der folgenden Umbrüche und des Zweiten Weltkriegs ging es erst ab 1950 mit dem iranischen Film weiter. 1961 gab es im Iran ungefähr 200 Kinos. Zehn Jahre später hatte sich die Zahl verdoppelt, wovon auf Teheran etwa ein Viertel entfiel. Danach stieg die Anzahl der Kinos nur noch langsam. In 1971/72 wurden 83 iranische und 193 ausländische Filme gezeigt, wovon die Hälfte aus den USA und immerhin 40 aus Italien und der Rest aus vielen anderen Ländern stammte. Von der Anzahl der Aufführungen her übertrafen allerdings die iranischen Filme die aus dem Ausland, da ihre Kino-Laufzeiten länger waren.

Bedeutende Filme, die in den 1960er bis Mitte der 1970er Jahre entstanden, waren ›Die Kuh‹ und ›Postchi‹ von Dariush Mehrjui, der von sich sagte, dass er vom Neorealismus in Italien beeinflusst sei. Der im Ausland erfolgreiche Film ›Postchi‹, der Postmann, wurde für den Iran von der Shah-Zensur gesperrt, da er zu sehr die Probleme des sich entwickelnden Landes zeigen würde. Das gleiche Schicksal traf ›Ruhe in der Gegenwart der Anderen‹ von Nasser Taghavi. 1971 brachte Bahram Bayzai ›Ragbar‹, Platzregen, heraus, der als erfolgreichster Film der damaligen Zeit gilt.

Der iranische Film der Gegenwart zeichnet sich dadurch aus, dass er oft im Umfeld kleiner Leute spielt und deren alltägliche Probleme beleuchtet. Da diese Probleme auch mit Übertretungen islamischer Regeln zu tun haben können, entstehen gelegentlich Konflikte zwischen den Zensurbehörden und den Filmschaffenden.Iranische Regisseure wie Abbas Kiorostami mit ›Close up‹ und ›Der Geschmack der Kirsche‹, Jafar Panahi mit ›Der weiße Ballon‹, ›Der Spiegel‹, und ›Offside‹ und Majid Majidi mit ›Kinder des Himmel‹, ›Die Farben des Paradieses‹ und ›The Song of the Sparrows‹ erhielten wiederholt Auszeichnungen auf internationalen Filmfestspielen. Mohsen Mahmalbaf, drehte unter anderen ›Gabbeh‹, ›Salam Sinema‹ und ›Reise nach Kandahar‹, das 2001

Schriftdekor

von Time Magazine in die Liste der 100 besten Filme aller Zeiten aufgenommen wurde. Als Nachwuchsregisseurin hat sich auch Samira Makhmalbaf, die 1980 geborene Tochter Mohsen Makhmalbafs, bemerkbar gemacht. Ihre Filme ›Fünf Uhr Nachmittags‹ und ›Schwarze Tafeln‹ wurden bei den Filmfestspielen von Cannes in den Jahren 2000 und 2003 prämiert. Der Regisseur Asghar Farhadi erhielt 2009 für ›Alles über Elly‹ den Silbernen Bären und 2011 den Goldenen Bären für ›Nader und Simin – eine Trennung‹, der 2012 mit dem Oskar für den besten ausländischen Film ausgezeichnet wurde..

Musik

Die Geschichte der Musik auf dem Gebiet des heutigen Irans reicht weit in die Vergangenheit zurück. Es ist überliefert, dass am sassanidischen Hof im 6. und 7. Jahrhundert musiziert wurde. Bedeutende Musiker der Zeit waren Barbod, Nakisa und Bamshad. Im 10. Jahrhundert erfasste Farabi die Musikstücke der sassanidischen Epoche und betätigte sich als Musiktheoretiker.

Die klassische persische Musik ist nach festliegenden Grundstrukturen (dastgah) aufgebaut. Hauptinstrumente sind die Tar, ähnlich einer Laute mit sieben Saiten, unterteiltem Klangkörper und langem Hals, die Si-tar, eine kleinere, ältere Form der Tar mit drei Saiten, die Zarb oder Tombak, Trommeln, die mit den Fingern geschlagen werden, und die Ney, eine Rohrflöte.

Mitte des 20. Jahrhunderts öffnete sich der Iran auch der europäischen klassischen Musik, und 1951 wurde das Teheraner Symphonieorchester gegründet. Ab 1967 nahm das Opernhaus Rudaki Hall seinen Betrieb auf, und im Laufe der Jahre wurden dort verschiedene Opern aufgeführt. Herausragende Musiker der Mitte und zweiten Hälfte des 20. Jahrhunderts waren der Pianist Javad Maroufi, der ein anerkannter Interpret von Chopin, Mozart, Bach und Beethoven war, sowie der Sänger Gholam-Hossein Banan und die Sängerin Marzieh. Beide sangen im klassisch-traditionellen Stil und wurden und werden von vielen Iranern verehrt. Marzieh musste sich nach der Revolution wie Googush, Hayedeh und andere Sängerinnen mit dem Tatsache abfinden, dass Frauen im Iran nicht alleine auftreten und singen dürfen. Dies führte dann dazu, dass sie ins Ausland reisen musste, um auftreten zu können.

Ein geschätzter, stilvoller Liedermacher ist Dariush Eghbali. Als populärer Sänger ist Nasrollah Moein bekannt. Beliebte traditionelle Interpreten sind Mohammad-Reza Shajarian, Shahram Nazeri und Kayhan Kalhor. Zu den jungen Pop-Sängern zählen Arash, Erfan und Omid

Sport

Mit rund vier Millionen Spielern ist Fußball die beliebteste Sportart. Die Anfänge gehen bis vor den Ersten Weltkrieg zurück, als in den ausländischen Schulen in Teheran, auch in der im Jahre 1908 eröffneten deutschen Schule, Fußball zum Sportunterricht gehörte, an dem auch einheimische Schüler teilnahmen. Die eigentliche Aufbruchstimmung im iranischen Fußball setzte um 1919 mit der Rückkehr von Iranern ein, die an europäischen Universitäten ausgebildet worden waren und 1920 den iranischen Fußballverband gründeten. 1945 trat man der FIFA bei. Das iranische Nationalteam war achtmal Erster oder Halbfinal-Teilnehmer beim Asia Cup. Hinzu kamen Teilnahmen an den Olympischen Spielen und an den Weltmeisterschaften 1978, 1998 und 2006. Bei den Weltmeisterschaften 1998 in Frankreich kam es zu dem legendären 2:1 Sieg über die USA.

Bisher fanden zwei Begegnungen zwischen den iranischen und deutschen Teams statt. 1998 in Frankreich und am 9. Oktober 2004 in Teheran. Beide Male verlor Iran mit 0:2. Bundesligaspiele werden manchmal im iranischen Fernsehen gezeigt, so dass ein gewisses Interesse am Fußballgeschehen in Deutschland herrscht. Die erste Liga Irans umfasst 14 Teams, wovon die bekanntesten Persepolis, Paas und Esteghlal aus Teheran, Sepahan aus Isfahan und Fulad aus Ahvaz sind. International bekannte Spieler sind Ali Karimi, Ali Daei, M. Mahdavikia, V. Hashemian und andere. Die beiden größten Fußballstadien sind das Azadi-Stadion in Teheran mit einem Fassungsvermögen von 100 000 Zuschauern, und das Stadion Naqsh-e Jahan in Isfahan mit 75 000 Plätzen.

Bei Olympischen Spielen waren iranische Ringer, Gewichtheber und Taekwando-Kämpfer bisher 59 Mal in den Medaillenrängen. Der Erfolg in diesen Disziplinen hängt auch mit den iranischen Traditionen zusammen, denn die meisten dieser Teilnehmer waren in Zurkhanehs, den iranischen Kraftsport-Häusern, tätig. Hinzu kommt eine Silbermedaille im Diskuswerfen im Jahre 2012.

Iranerinnen nehmen auch an Olympischen Spielen beispielsweise im Schießsport teil. Der Frauensport im Iran hatte es nicht einfach, aber vor über zehn Jahren konnte Faezeh Rafsanjani, die Tochter des ehemaligen Präsidenten Rafsanjani, manche Erleichterungen durchsetzen. Dies war kein einfaches Unterfangen, wenn man sich vorstellt, dass es noch heutzutage religiös-orthodoxe Menschen sehr ungern sehen, wenn Iranerinnen Fahrrad fahren. Allerdings ist man Fahrrad-Touristinnen gegenüber tolerant.

Am 28. April 2006 gab es ein erstes Freundschaftsspiel zwischen einer iranischen und einer Berliner Frauenfußballmannschaft in Teheran. Leider kam ein Rückspiel nicht zustande. Bei Autorallyes setzen sich Fahrerinnen wie Laleh Seddigh, Zohreh Vatankhah und Sonbol Fatemi auch gegen männliche Konkurrenten durch. Auch als Bergsteigerinnen haben Iranerinnen ihr Können bewiesen. Am 30. Mai 2005 standen Farkhondeh Sadegh und Laleh Keshavarz als Teilnehmerinnen einer Expedition des iranischen Bergsteigerverbands auf dem Mount Everest.

Speisen und Getränke

Sehr beliebt sind Kebabs, Spieße für die man Fleisch von Geflügel, Hammel, Ziege oder Rind verwendet. Als Beilage wird Reis serviert, der auf spezielle Art in Dampf gegart wird. Als Vorspeise werden Joghurt (mast), Salate (salad) oder Kräuter (sabzi) und Fladenbrot (nun) gereicht. Fladenbrot gibt es in drei Varianten, sehr dünn als Lavash, dünn auf heißen Steinen gebacken als Sangak oder dicker, mit gerillter Oberfläche als Barbari.

Zum Essen werden Cola-Getränke, Limonaden oder Mineralwasser getrunken. In traditionellen Restaurants wird häufig noch der Abgusht oder Dizi genannte Fleischeintopf angeboten oder Dough, ein mit Wasser, Minze und Salz versetztes Yoghurt-Getränk. Das Essen wird üblicherweise mit Tee abgeschlossen. Wenn man anschließend länger zusammen bleibt, werden Obst, Nüsse oder Süßigkeiten angeboten.

Kebab

Reis pur heißt Chelo, mit Zutaten wie Gemüse oder Kräutern Polo. Hackfleisch wird Kubide genannt. Fisch (mahi) wird zu besonderen Anlässen gerne gegessen. Die beliebten Schmorgerichte (khoresht), die ein typischer Bestandteil der persischen Küche sind, werden wegen ihres großen Zubereitungsaufwands nicht in jedem Restaurant angeboten. Die meisten Gerichte sind vergleichsweise mild gewürzt. Weitere Hinweise zur persischen Küche finden Sie unter den folgenden Rezepten und im Sprachführer auf → S. 533.

Rezepte

Mast-e Khiar – Persischer Gurkenjoghurt
Zutaten für 2 Portionen: 500 g Joghurt (3,5% Fett), 1 Salatgurke, ½ Zehe Knoblauch, ½ TL Salz und Pfeffer

Zubereitung: Den Joghurt in eine Schüssel geben und ein wenig umrühren. Salatgurke schälen und mit der Küchenreibe – hierzu die großen Löcher wählen – zerkleinern. Das Gurkenwasser wegkippen. Den gehackten Knoblauch mit dem Joghurt vermengen. Alles mit Salz und Pfeffer abschmecken. Zum Schluss gibt man die abgetropften Gurkenteilchen dazu und rührt nochmals kräftig um. Gekühlt als Vorspeise oder zu einem Hauptgericht servieren.

Albalu Polo – Reis mit Hähnchen und Sauerkirschen
Zutaten für 4 bis 6 Personen: 3 Tassen Reis, über Nacht eingeweicht, 2 Tassen Sauerkirschen, entsteint, Saft auffangen, 1 Hähnchen, in 8-10 Teile zerlegt, 2 EL Zucker, 1 TL Kurkuma , Salz und Pfeffer, 1/8 TL Safran in 1 Esslöffel heißem Wasser aufgelöst, 2 EL Butter , Öl zum Braten, 1 EL Pistazien, Nüsse oder Mandeln, gehackt

Zubereitung: Reis waschen, abtropfen lassen. Hähnchenteile mit Salz, Pfeffer und Kurkuma würzen und in Öl goldbraun anbraten. Sauerkirschen mit Zucker und aufgefangenem Saft in einen kleinen Topf geben und kochen. Dabei sollte wenig Flüssigkeit übrigbleiben. Reis im Verhältnis 1 Tasse Reis zu 1 ½ Tassen Wasser auf kleiner Flamme knapp 15 Minuten kochen. Butter in einem großen Topf zerlassen, eine Schicht Reis darüber verteilen, darauf einige Kirschen und die Hähnchenteile nebeneinander legen, darauf eine Schicht Reis, dann Kirschen und dies wiederholen, wenn man möchte. Etwa ½ Tasse Reis mit dem aufgelösten Safran vermischen und als letzte Reisschicht oben auflegen. Ein sauberes Küchentuch zwischen Topf und Deckel legen, fest verschließen und 1 ½ Stunden auf kleinster Flamme garen lassen. Danach den Topfboden von außen gut mit kaltem Wasser abspülen, damit sich die Kruste löst. Reis und Hähnchenteile auf einer Platte anrichten, die vorher mit ausgelassener Butter bestrichen wird. Mit gehackten Pistazien, Nüssen oder Mandeln garnieren. Die goldbraune Kruste aus dem Topf lösen und zum Reis servieren. Beilage: Mast-e Khiar – siehe Rezept weiter oben.

Khoresht-e Bademjan – Lammfleisch mit Auberginen
Zutaten für 4 Personen: 500 g Gulasch vom Lamm, 1 Zwiebel, gehackt, 2 Auberginen, möglichst schlanke mit wenig Kernen, 2 EL Tomatenmark , 1 Packung oder Dose passierte Tomaten, 3 getrocknete Limonen, ersatzweise 3 El. Zitronensaft, ½ TL Kurkuma, Salz und Pfeffer, 1 Prise Zimt, Öl zum Braten

Zubereitung: Die Zwiebel in heißem Öl anbraten, dann Lammfleisch zufügen, anbraten, Gewürze und Tomatenmark zugeben, kurz mitschmoren lassen, mit passierten Tomaten aufgießen, Limonen oder Zitronensaft zufügen, 2 Stunden köcheln lassen, bis das Fleisch weich ist. Wenn nötig mit etwas Wasser aufgießen. Inzwischen Auberginen schälen, längs in 1 bis 1 ½ Zentimeter dicke Scheiben schneiden, mit reichlich Salz bestreuen und

Gemüsemarkt

1 Stunde in einem Sieb abtropfen lassen. Dann abspülen, mit Küchenpapier trocknen und in Öl goldbraun braten. 10 Minuten vor Ende der Kochzeit in die Sauce geben und mitziehen lassen. Mit gegartem Reis servieren.

Lubia Polo – Grüne Bohnen mit Reis (und Hackfleisch)
Zutaten für 4 Portionen: 3 Tassen Reis, 500 g grüne Bohnen, 2 Tomaten, 3 Zwiebeln, 1 kleine Dose Tomatenmark, 4 große Kartoffeln, 500 g Hackfleisch, Öl, Salz, Pfeffer, Muskat, 3 bis 4 Fäden Safran

Zubereitung: Den Reis in reichlich Salzwasser etwa 10 Minuten lang auf kleiner Flamme kochen, dann abschütten und abtropfend stehen lassen. Die Tomaten kurz in kochendes Wasser geben, die Haut abziehen und würfeln. Die Bohnen in 2 Zentimeter große Stücke schneiden, mit einer gewürfelten Zwiebel, Öl, Pfeffer, Salz, Muskat und den gewürfelten Tomaten dünsten. Eventuell etwas Wasser zugeben. Wenn die Bohnen weich sind, sollte kein Wasser mehr im Topf sein. Die gedünsteten Bohnen stehen lassen. Das Hackfleisch mit den restlichen gewürfelten Zwiebeln, Öl, Pfeffer, Salz und dem Tomatenmark anbraten und etwa 15 Minuten schmoren lassen. Gegebenenfalls etwas Wasser hinzugeben, aber darauf achten, dass die Flüssigkeit am Ende des Schmorvorgangs verdampft ist. Hackfleischmasse und gedünstete Bohnen mischen. Kartoffeln schälen und in dünne Scheiben schneiden. In großem Topf Öl erhitzen, die Kartoffelscheiben auf den Boden legen und schichtweise Reis und Bohnen-Fleisch-Gemisch in den Topf geben. Topf mit Deckel verschließen. 30 bis 40 Minuten auf niedriger Flamme garen lassen. Anschließend, den Topf umstülpen und die Kartoffeln mit einer Kelle vom Boden lösen. Vegetarier können dieses Gericht auch ohne Hackfleisch zubereiten.

Du komm mit dem Traum zur Stadt herein,
Daß das Lied in deinen Augen verborgen sei.
Wir, aus dem warmen Gestern stetig-gleicher Räume gekommen,
Unser Treffpunkt
Ist in der Hauptstadt der Lieder des Morgens.

Ahmad-Reza Ahmadi, 2. Hälfte 20. Jh.

STADT UND PROVINZ TEHERAN

Moderne Weltstadt Teheran

Viele Flüge treffen erst in der Dunkelheit in Teheran ein. Während des Sinkflugs beeindruckt die Stadt durch ihr funkelndes Lichtermeer, das die großen Magistralen wie Perlenketten durchziehen. Die Lufttrockenheit des iranischen Hochlands sorgt für eine beeindruckende Fernsicht.

Die iranische Hauptstadt liegt in 1100 bis 1700 Metern Höhe an den Südabhängen des Elburz-Gebirges. Ihre mehr als sieben Millionen Einwohner leben auf einer Fläche von 700 Quadratkilometern. Schließt man die nahen Städte Karaj, Shahriyar und Varamin ein, so ergibt sich eine Gesamtzahl von 14 bis 15 Millionen Menschen für den Großraum Teheran.

Wegen der Höhenlage fällt in den Wintermonaten Schnee, während die Temperaturen im Hochsommer auf über 40 °C steigen, was aber wegen der erwähnten Lufttrockenheit erträglich bleibt.

Teheran im Winter

Viele Touristen, die hier mit dem Flugzeug eintreffen, betrachten die Riesenstadt Teheran lediglich als Durchgangsstation und versuchen, der modernen Metropole schnell zu entkommen. Orientalische Städte wie Isfahan, Shiraz und Yazd sind natürlich ansprechender, aber wenn man sich einen Gesamteindruck des Landes verschaffen möchte, sollte ein Aufenthalt in dessen dynamischer Hauptstadt nicht fehlen. Teheran wirkt nicht nur wegen seiner modernen Architektur und der internationalen Werbung im Straßenbild weltoffen, sondern auch durch ausländische Mitbewohner und die einheimischen ethnischen und religiösen Minderheiten. Über die Hälfte seiner Einwohner ist zugezogen und nicht hier geboren.

Im Großraum Teheran gibt es knapp 50 Universitäten und Hochschulen. Auch sind hier viele kulturelle Einrichtungen anzutreffen, wie beispielsweise Theater, ein Haus der Künstler oder das preisgekrönte Bahman-Kulturzentrum, dem durch seine Lage im ärmeren Südteheran auch eine soziale Komponente zukommt.

Geschichte der Stadt

Teheran erstreckt sich über uralte Kulturlandschaft. Funde aus den Siedlungshügeln von Ali Cheshme (Rey), Kara Tepe (Shariyar) und Ismailabad werden bis in das 6. Jahrtausend vor Chr. datiert. Die Herkunft des Namens Teheran ist umstritten. Nach einer der Interpretationen bedeutet er ›warmer Ort‹, im Gegensatz zu Shemiran, dem ›kühlen Ort‹, einem Stadtteil nahe dem Elburz-Gebirge.

Der südliche Vorort Rey war schon in der Antike als Rhages bekannt und eine

▲ Umschlagkarte

Drehscheibe der Seidenstraße. 1220 wurde Rey von den Mongolen zerstört, woraufhin sich dessen Flüchtlinge in der Kleinstadt Varamin und in Teheran ansiedelten, das bis dahin ein Dorf war.
Etwa einhundert Jahre später wird Teheran vom Geographen Mustawfi als Marktplatz erwähnt. Dann, nach einer Durchreise im Jahre 1404, schildert Ruy Gonzáles de Clavijo, der spanische Botschafter am timuridischen Hof, dass Teheran ein größerer Ort und Rey noch immer unbewohnt sei. Der Safawide Shah Tahmasp I. ließ Teheran um 1550 mit Mauer, Toren und Türmen befestigen. Ansonsten aber konzentrierte man sich in safawidischer Zeit mehr auf Städte wie Tabriz, Qazvin, Kashan und Isfahan.

Teheran im 18. und 19. Jahrhundert

Zweihundert Jahre nach Shah Tahmasp legte Fürst Karim Khan-e Zand (1750–1779) in Teheran eine Festung mit Teilen des späteren Golestan-Palasts und den Basar an. Als Regierungssitz zog er aber Shiraz vor.
Der Qajarenfürst Agha Mohammad Khan setze sich in den Machtkämpfen nach Karim Khan-e Zands Tod mit seinen Nomadenkriegern und Anhängern durch und machte Teheran 1789 zur Hauptstadt, in der er 1795 zum Schah gekrönt wurde. Damals hatte die Stadt etwa 15 000 Einwohner. Die Lage in der Mitte der Ost-West-Achse seines Reiches war günstig. Hinzu kam, dass es hier reichlich Wasser und fruchtbaren Boden gab und dass man sich am nahen Gebirgsrand angenehme Sommersitze einrichten konnte.
Sein Nachfolger Fath Ali Shah (1797–1834) errichtete weitere wichtige Teile des Golestan-Palasts und die heutige Imam-Khomeini-Moschee. Naseroddin Shah, der in der zweiten Hälfte des 19. Jahrhundert Europa bereiste, ließ das safawidische Mauerwerk abreißen und durch eine 16 Kilometer lange Stadtmauer ersetzen, wodurch sich die städtische Siedlungsfläche vergrößerte.

Teheran im 20. Jahrhundert

Shah Reza Pahlawi, der 1925 den letzten Qajaren-König abgesetzt hatte, und zu dessen Regierungsantritt man etwa 250 000 Einwohner zählte, trieb die Modernisierung der Stadt voran, die immer mehr Menschen anzog. So wurde ein großzügiges Straßennetz angelegt, dem viele Altstadtbauten und Befestigungen weichen mussten. Neue Verwaltungsgebäude, die Universität, der Bahnhof, Krankenhäuser und königliche Palastanlagen in Nordteheran entstanden. Shah Reza Pahlavi wurde 1941 wegen seiner deutschfreundlichen Haltung von Großbritannien und der Sowjetunion zum Rücktritt gezwungen

Blick von den Bergen auf die Stadt

und sein Sohn Mohammad Reza zum Nachfolger ernannt.
Vom 28. November bis 1. Dezember 1943 fand die ›Teheraner Konferenz‹ statt. An ihr nahmen Roosevelt, Churchill und Stalin teil. Auf dieser Konferenz wurde die Fortsetzung des Krieges in Europa mit den Sowjets abgestimmt, und Stalin äußerte seine Forderungen nach Gebietsgewinnen in Polen und Ostpreußen.
Nach Kriegsende 1945 beschleunigte sich der Modernisierungsprozess. Wegen des wachsenden PKW-Verkehrs wurde ab 1960 mit dem Bau der Stadtautobahnen begonnen. Viele Industriefirmen siedelten sich im Umfeld an.
Die Unzufriedenheit mit der Herrschaft des Shahs führte 1978 zu Unruhen, die im Dezember 1978 in Großdemonstrationen in den Straßen Teherans mündeten. Der Shah verließ Teheran mit dem Flugzeug im Januar 1979, und am 1. Februar 1979 kehrte Imam Khomeini nach langjährigem Exil zurück. Zwei Monate später wurde von ihm die islamische Republik Iran proklamiert. Im Iran-Irak-Krieg von 1980 bis 1988 war Teheran Ziel von Bomben- und Raketenangriffen, die zu zivilen Opfern führten. Die Gebäudeschäden waren nicht schwerwiegend und konnten bald behoben werden.
Heutzutage entfallen etwa 45 Prozent der iranischen Wirtschaftskapazitäten auf Teheran. Durch Zuzüge aus den Westprovinzen während des irakisch-iranischen Krieges, durch Landflucht und durch Bevölkerungswachstum stieg die Einwohnerzahl des Großraums Teheran seit Mitte der 1970er Jahre von 4 Millionen auf jetzt etwa 14 bis 15 Millionen.
Erstaunlicherweise hat die Infrastruktur dies verkraften können. Der Wasserversorgung dienen etwa 300 Qanate oder unterirdische Kanäle, die vom Elburz-Gebirge herabführen und gewaltige Rohrleitungen, die beispielsweise an den Karaj-Stausee angeschlossen sind.
Die größten Probleme sind der dichte Verkehr und die Luftverschmutzung. Man versucht dem entgegenzuwirken, indem Autos abhängig von der Kennzeichen-Endzahl nur an geraden oder ungeraden Tagen benützt werden dürfen. Außerdem wurde 1999 ein S- und U-Bahn-System in Betrieb genommen, das kontinuierlich erweitert wird (Liniennetz → S. 157).

Orientierung

Der alte Kern Teherans mit der Arg-Festung, die den Golestan-Palast mit einschloss, ist etwa 15 Kilometer von den kühleren Gebirgshängen entfernt. Es blieb nicht aus, dass sich wegen des angenehmeren Klimas und der reichlicheren Wasservorkommen die Wohngebiete der vermögenden Einwohner in nördliche Richtung ausdehnten, während die ärmeren Schichten sich mit den Arealen im Süden begnügen mussten.
Der Basar-Stadtteil bildet auch heute noch das Zentrum. Zu ihm gehören alte Quartiere wie Udlajan, Sangelaj und Chaleh Meydan, die in neueren administrativen Bezirken aufgegangen sind. Udlajan nördlich des Basars wird jetzt saniert und ist unter der Bezeichnung Pamenar bekannt. Sangelaj wurde aufgelöst und den nördlichen Teil bildet jetzt der Stadtpark (Park-e Shahr). Chaleh Meydan schließt sich östlich an den Basar an.
Südlich des Basars befindet sich der Hauptbahnhof, und ausgedehnte Wohnsiedlungen ziehen sich hinunter bis nach Rey. Das Gebiet unmittelbar nördlich des Basars wird von vielen Regierungs-

▲ Umschlagkarte

Auf der Vali-Asr-Straße

stellen eingenommen. Diesem folgt das Finanz- und Botschaftsviertel. Im nahen Abbasabad konzentrieren sich dann die Firmensitze und deren Verwaltungen. Noch weiter nördlich beginnen exklusivere Wohngebiete in Darrous, Qolhak, Qeytariyeh oder in Elahiyeh mit einer Mischung von Apartmenthochhäusern und Botschaftsresidenzen in parkähnlichen Anwesen. Im nordwestlichen Shahrak-e Qods, auch Shahrak-e Gharb genannt, stehen moderne Hochhauskomplexe, während sich an das westliche Ekbatan, das östliche Teheran Pars und im Süden bei Rey und Eslamshahr Industriegebiete anschließen.

Zu Teheran gehören viele Parkanlagen, und die meisten freien Flächen um die Schnellstraßen wurden aufgeforstet. Besonders erwähnenswert ist die von Platanen gesäumte knapp 18 Kilometer lange Vali-Asr-Straße, die vom Tajrish-Platz im Norden bis zum Hauptbahnhof im Süden verläuft. Im nördlichen Abschnitt ist sie eine wichtige Geschäftsstraße. Zur Bewässerung der Bäume wird sie von offenen Kanälen, den Jubs, begleitet, für die das Gefälle von Norden nach Süden ausgenützt wird.

Die Metro

Die Metro, das Teheraner S- und U-Bahnsystem, startete 1999 mit der inzwischen 42 Kilometer langen S-Bahnstrecke nach Karaj. Im Jahre 2000 folgte die erste U-Bahn, die Linie 2 in Ost-West-Richtung. Sie ist 20 Kilometer lang und hat Anschluss an die S-Bahn nach Karaj.

Da die meisten Sehenswürdigkeiten in einem Nord-Süd-Korridor liegen, dürfte für Touristen die Nord–Süd-Linie 1 am wichtigsten sein. Sie führt von Gheitarieh durch die Innenstadt zum südlich der Stadt gelegenen Friedhof Behesht-e Zarah mit dem Mausoleum Imam Khomeinis. Bis 2013 soll im nördlichen Streckenabschnitt der Linie 1 die Lücke zwischen Gheitarieh und Tajrish-Platz geschlossen werden.

Im Tagesdurchschnitt werden S- und U-Bahnen von einer Million Passagieren benützt. Vom täglichen Verkehrsaufkommen macht dies lediglich zehn Prozent aus, während Taxis noch immer einen Anteil von etwa 20 Prozent bewältigen müssen. Der Rest verteilt sich auf private PKW und Busse mit je etwa 23 Prozent und andere Verkehrmittel. Aus diesem Grund wird das U-Bahnnetz im innerstädtischen Bereich weiter aus-

Die moderne Teheraner Metro

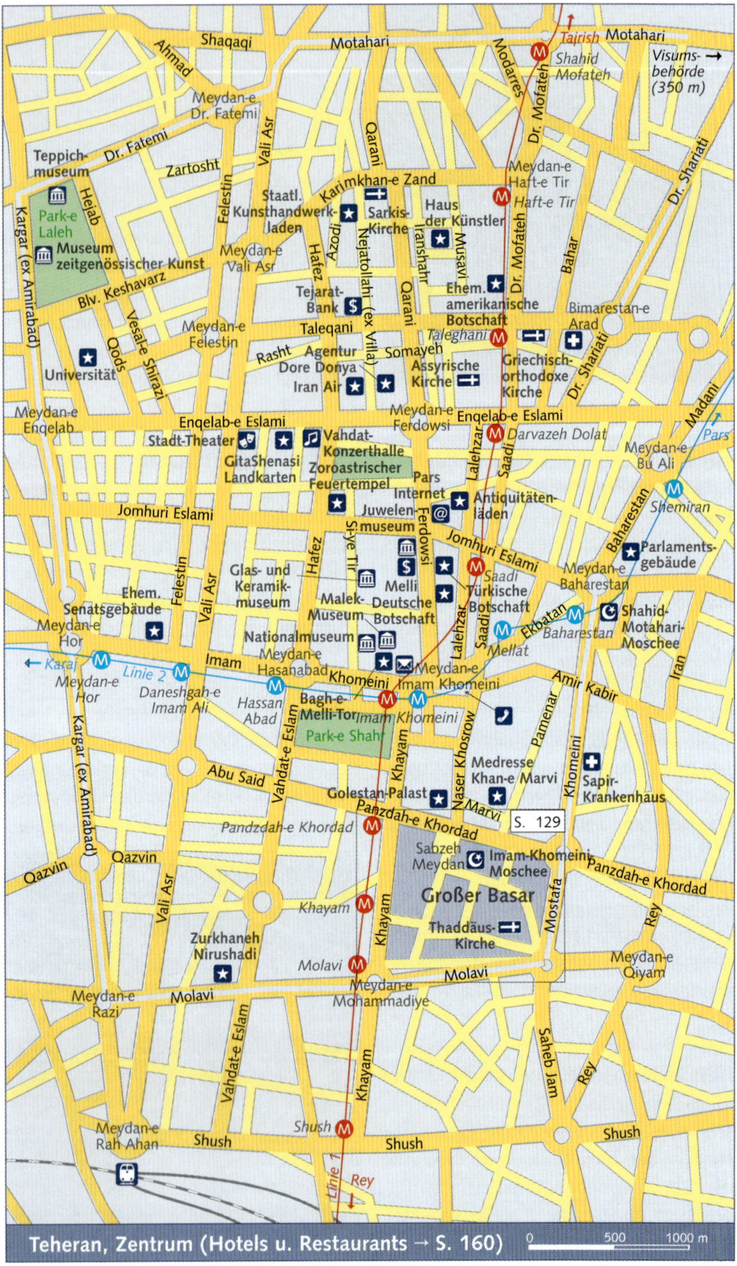

Teheran, Zentrum (Hotels u. Restaurants → S. 160)

gebaut. Priorität hat die Linie 3, die vom Nordosten her durch Abbasabad zur südlichen Vali-Asr-Straße führen soll. Bis es zu einer U-Bahnstrecke entlang der nördlichen und mittleren Vali-Asr-Straße und zu einer S-Bahn-Anbindung des Imam-Khomeini-Flughafens kommen wird, werden noch einige Jahre vergehen (www.tehranmetro.com, Tel. 66747500, Metroplan → S. 157).

Golestan-Palast

Im Zentrum des alten Teherans lagen der Basar und die Arg-Festung, zu welcher der erhaltene Golestan-Komplex gehörte. Er war Regierungssitz der qajarischen Könige und zeichnet sich durch seine für die damalige Zeit typischen Paläste in ›neo-barockem‹ Stil aus. Der Golestan- oder Rosengarten-Komplex (Majmue-ye Kakh-e Golestan) liegt am Meydan-e Panzdah-e Khordad (Metro: L.1 Panzdah-e Khordad) gegenüber dem Großen Basar.

Der Baubeginn geht auf Shah Abbas I. (1588–1629) zurück. Karim Khan Zand (1750–1779) ließ die Anlage erweitern, und von den qajarischen Königen wurde sie fertiggestellt. Die letzten Krönungen, die hier stattfanden, waren die von Reza Shah Pahlavi 1925 im Marmorthronpalast und von Mohammad Reza Shah 1967 in der Museumshalle des Empfangsgebäudes. Beide gaben Neujahrs- und Geburtstags-Empfänge im Marmorthronpalast. Zur Anlage gehören Gärten mit Rosen, Platanen, Springbrunnen und Wasserläufen.

Empfangspalast

Der Empfangspalast (Emarat-e Salam), dem ein von vier Doppelsäulenpaaren getragener Portikus vorangestellt ist, war die Residenz der qajarischen Könige. Die Eingangshalle ist wie viele andere Säle und Iwane der Golestan-Paläste mit Spiegelmosaiken ausgekleidet. Bereits Nasr ad-Din Shah (1848–1896) stellte in diesem Gebäude neben Kunstgegenständen und Waffen viele der Geschenke aus, die er von seinen Reisen mitbrachte, darunter auch von einer Europareise, während der er 1873 auch Berlin besucht hatte.

Vor dem Empfangspalast

Weißer Palast

In dem rechts am Eingang stehenden Weißen Palast, dem Kakh-e Abyaz, ist das sehenswerte **Ethnologische Museum** (Muze-ye Mardom Shenassi) untergebracht. In zahlreichen Vitrinen zeigt es Wachsfiguren mit den Trachten der unterschiedlichen Volksgruppen in naturgetreuer Umgebung. Dazu kommen Haushaltsgegenstände, Handwerkszeug, Musikinstrumente, Wasserpfeifen und traditioneller Schmuck.

Marmorthronpalast

Der Marmorthronpalast (Emarat-e Takht-e Marmar) wurde von Karim Khan-e Zand 1751 begonnen und von Agha Mohammad Khan Qajar (1779–1797) vollendet. In diesem Palast steht der auf den Schultern von Frauen- und Chimären-Statuen ruhende gewaltige Marmorthron aus der Zeit Karim Khan-e Zands. Diesen Thron aus Yazder Marmor hatte Karim Khan-e Zand zwischen 1747 und 1751 herstellen lassen und in Shiraz genutzt. Agha Mohammad Khan ließ diesen Thron und die beiden riesigen kannelierten Marmorsäulen, welche die Decke des Thronsaals an der Gartenseite tragen, aus dessen Palast in Shiraz herbeischaffen und, so wird behauptet, auch die Leiche seines Erzfeindes, die in der Nähe dieses Palasts begraben wurde. Erst nach Ende der Qajarenzeit brachte man die sterblichen Überreste wieder nach Shiraz zurück, wo sie nun im Nazar-Garten beigesetzt sind.

Die Thron-Halle, die mit Spiegelmosaiken ausgekleidet ist, ist zur Gartenseite hin offen, so dass von dort aus ein unbehinderter Blick auf den thronenden König möglich war. Östlich schließt sich eine kleine von Bögen überwölbte Terrasse, die Khalvat-e Karim Khani, an. Wie der Name sagt, stammt sie aus der Zeit Karim Khan-e Zands, und Khalvat bedeutet abgeschiedener Ort. Naseroddin Shah soll diese Terrasse gerne aufgesucht haben, wenn er Ruhe suchte. Nun hat man dort dessen wertvollen Marmor-Grabstein aufgestellt.

Sonnenpalast

Der Sonnenpalast (Shams ol-Emareh) mit dem Gartensaal, den Naseroddin Shah 1867 vom Architekten Dust Ali Khan Mamalek errichten ließ, ist wegen seiner beiden turmartigen Seitenflügel ein auffälliges Gebäude, in welchem sich aber nicht, wie man wegen der vielen vergitterten Fenster auf seinen fünf Stockwerken vermuten könnte, der Harem befand. Wegen seiner Höhe war er wohl als Symbol der Herrschaft und des

▲ Karte S. 126

Der Sonnenpalast

Fortschritts gedacht und galt als eines der ersten Hochhäuser Teherans. Von der oberen Etage aus war eine weite Aussicht über die Stadt möglich. Hier hat Naseroddin Shah ausgewählte Gäste empfangen.

In den Räumen waren auch Geschenke untergebracht, z.B. Gobelins von König Louis Philippe und eine große mechanische Uhr mit beweglichen Figuren und Pfauen von Königin Victoria.

Windturm

Auch erwähnenswert ist das Windturm-Gebäude (Emarat-e Badgirha) mit vier Windtürmen. Es stammt ebenfalls aus der Zeit Naseroddin Shahs und vereint in seiner Achitektur qajarische und europäische Stilelemente.

Die ehemaligen Haremsbauten schlossen sich nördlich an den Golestan-Komplex an. Von ihnen ist nichts mehr erhalten.

i

Öffnungszeiten tgl. 8.30–15.30 Uhr, außer Do, So und an Feiertagen, Tel. 331 13 33-5 (bis -8). Das Ethnologische Museum, Tel. 33110653, ist auch freitags geschlossen.

Rund um den Großen Basar

Der Haupteingang des Großen Basars (Bazar-e Bozorg) befindet sich südlich des Golestan-Palasts. Mit seinen etwa 30 000 Läden und Werkstätten gilt er als einer der größten überdachten Basare der Welt. Täglich arbeiten hier über 100 000 Menschen.

Die Händler- und Handwerksinnungen für Textilien, Schmuck, Uhren, Teppiche, Kupferwaren, Kosmetika, Haushalts- und Papierwaren, Elektroartikel, Lebensmittel, Gewürze und andere sind immer noch schwerpunktmäßig in bestimmten Bereichen (Rasteh) angesiedelt, aber eine Vermischung des Angebots ist besonders in den Hauptgassen feststellbar.

Die Basaris gehörten zu den wichtigsten Förderern der islamischen Revolution. Sie fürchteten die rapide eingeführten westlichen Wirtschaftsformen, die mit den vom Shah geförderten Kaufhäusern ihre Geschäfte bedrohten und durch industrielle Fertigungen die Handwerksbetriebe des Basars zur Aufgabe zwangen. Dies war möglicherweise vom Shah mit beabsichtigt, um die Macht der grundsätzlich religiös-konservativen Basaris zu verringern. Auch die gegenwärtige Führung möchte die immer noch bestehende Macht der Basaris reduzieren, da nicht auszuschließen ist, dass sich diese eines Tages gegen sie wenden könnten.

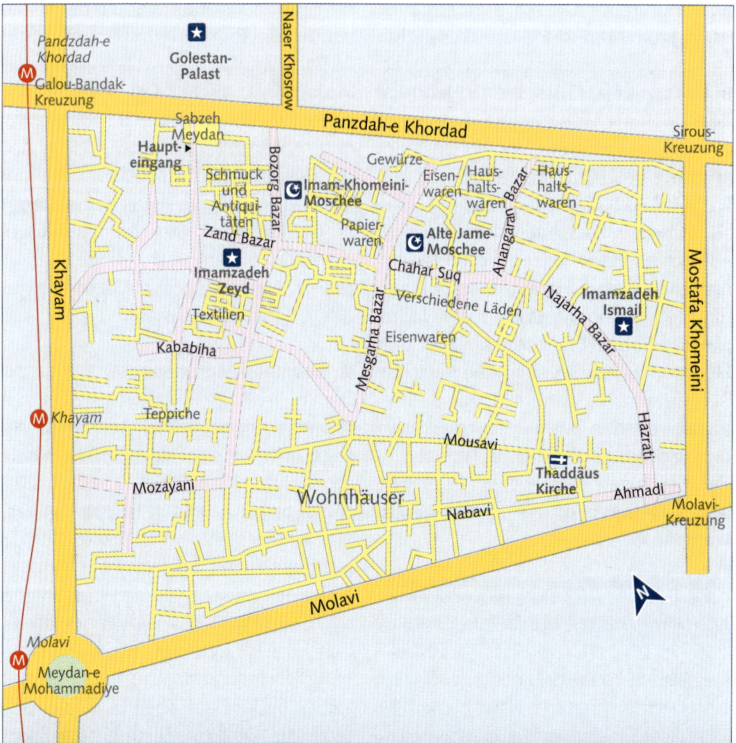

Teheran, Basar

Erschwerend kommt für die Händler hinzu, dass viele neue Einkaufszentren besonders in Nordteheran entstanden sind, wodurch die dortigen Einwohner weniger auf den Basar angewiesen sind. Er spielt aber immer noch eine große Rolle für die ärmeren Bevölkerungsschichten im Süden der Stadt.
Im Gegensatz zu den Basaren in Isfahan und Shiraz, die mehr auf Einzelkunden und Touristen ausgerichtet sind, ist der Teheraner Basar auch ein wichtiger Umschlagsplatz für Zwischenhändler. Durch seine Gassen werden deshalb häufiger die Waren auf kleinen Wagen, den Guris, transportiert.
Die Ladengeschäfte, die Hojrehs, sind nicht nur in den Gassen, sondern auch in überdachten oder überkuppelten Hallen, den Timchehs, untergebracht. In der zweiten Hälfte des 19. Jahrhunderts sollen 150 Karawansereien in Betrieb gewesen sein, von denen kaum zehn übrigblieben, die heutzutage vorwiegend als Lagerhallen dienen. Hinzu kommen Teestuben, Imbissbuden, ehemalige Badehäuser, verschiedene Moscheen und Heiligtümer wie die Imam-Khomeini-Moschee, die Jame-Moschee, das Imamzadeh Zeyd und das Imamzadeh Seyed Ismail. Religiöse Stätten sind Bestandteile der Basare, da sie von den Basaris finanziert werden und die geringen Entfernungen es den Gläubigen ermöglichen, ihren täglichen Gebeten in der Nähe nachzukommen.

i Basar

Öffnungszeiten tgl. 8.30–13 und 15–19 Uhr, aber vereinzelt sind Geschäfte auch durchgehend geöffnet. Ab Donnerstagnachmittag bis Samstagmorgen bleiben die meisten Geschäfte geschlossen.

▶ Karte S. 129

Händler auf dem Großen Basar

Dar al-Fonun

Das Dar al-Fonun (Haus der Wissenschaften) war die erste iranische säkulare Elite-Hochschule der Neuzeit. Sie wurde vom Premierminister Amir Kabir 1851 gegründet. An ihr wurden von in- und ausländischen Experten Medizin, Geologie, Politik-, Sprach-, Ingenieurs- und Militärwissenschaften gelehrt. Aus ihr entwickelte sich die Universität von Teheran. Ihr mit zwei Säulen und Fliesen in traditionellen Sternenmustern geschmücktes Ostportal befindet sich in der Kh. Naser Khosrow 700 Meter von deren Südende entfernt.

Khomeini-Moschee

Die Imam-Khomeini-Moschee (Masjed-e Imam Khomeini), früher Shah-Moschee, liegt am Nordrand des Großen Basars an der Kh. Panzdah-e Khordad, 200 Meter östlich des Basar-Haupteingangs. Sie wurde 1824 fertiggestellt. Das Hauptportal mit hallenartigem Torraum bildet den Zugang von der Straßenseite her. Die Nische des Hauptportals enthält eine prachtvolle Stalaktitenwölbung. Der quadratische Innenhof mit Wasserbecken hat über 60 Meter Seitenlänge. Direkter Zugang zum Basar besteht über zwei Nebeneingänge. Die

Decke der Gebetshalle wird durch Pfeiler gestützt, zwischen denen sich 40 kleine Kuppeln befinden. Die beiden Minarette des Nordiwans, die den Uhrturm einrahmen, wurden 1879, in der Zeit Naseroddin Shahs, hinzugefügt.

Jame-Moschee

Innerhalb des Basars, etwa 200 Meter östlich der Imam-Khomeini-Moschee befindet sich die alte Jame-Moschee (Masjed-e Jame Bazaar). Sie gilt als Teherans älteste Moschee. An ihren Innenhof sind im Süden zwei dreijochige Pfeilerhallen angegliedert. Die unmittelbar anschließende Pfeilerhalle soll über 500 Jahre alt sein, während die folgende, größere Pfeilerhalle im 16.–17. Jahrhundert entstanden ist. 1822–1824 ließ Mirza Masi, ein bedeutender Geistlicher Teherans, noch eine Gebetshalle an der Ostseite des Innenhofs errichten, die über mehreckigen Pfeilern 49 Kuppeln bildet.

Heiligtum Imamzadeh Zeyd

Das etwa 200 Meter südlich des Basar-Haupteingangs liegende Heiligtum, entstand in safawidischer Zeit im 17. Jahrhundert. Es wurde zu Ehren von Zeyd, einem Nachfahren eines Imams errichtet. Das Innere ist mit Spiegeln ausgekleidet. Im Hof befindet sich das Grab des letzten Shahs der Zand-Dynastie Lotf Ali Khan (1769–1794), der auf Veranlassung des ersten Shahs der Qajaren-Dynastie, Agha Mohammed Khan, getötet wurde.

Imamzadeh Seyed Ismail

Das Imamzadeh Seyed Ismail im Ostteil des Großen Basars an der Kh. Shahid Mostafa Khomeini geht im Kern auf das 15. Jahrhundert zurück und ist eine der ältesten sakralen Stätten Teherans. Die Anlage wurde in der Zeit von Mohammed Shah um 1845 renoviert. Sie ist an den beiden Minaretten erkennbar, die unten mit weißen Kartuschen auf gelbem Grund verziert sind. Besonders schön sind die Schnitzereien auf einer Tür im Inneren des Heiligtums, die aus der Entstehungszeit stammt.

Pamenar-Moschee

Zwei weitere sakrale Gebäude nördlich des großen Basars sind die Pamenar-Moschee (Masjed-e Pamenar), die nach dem Pamenar-Viertel benannt ist, das als Udlajan ein wichtiger Bestandteil Alt-Teherans war, und die Madrese Khan-e Marvi. Die Pamenar-Moschee befindet sich auf etwa halber Länge in der Kh. Pamenar. Für Teheraner Verhältnisse ist sie eine sehr frühe Gründung, denn sie stammt aus dem 15. Jahrhundert. Sie ist an ihrem Minarett mit sich kreuzenden weißen Fliesenbändern auf blauem Grund leicht zu erkennen.

Madrese Khan-e Marvi

Die südliche Kh. Pamenar wird durch die Kh. Marvi mit der Kh. Nasser Khosrow verbunden. Die theologische Schule Khan-e Marvi (Madrese Khan-e Marvi)

Teppichlager im Basar

Stadt und Provinz Teheran

liegt auf halber Strecke der Kh. Marvi. Sie wurde 1815 zur Zeit Fath Ali Shahs fertiggestellt. Es handelt sich um einen Vier-Iwan-Bau, der um einen zentralen Hof von etwa 40 mal 28 Metern mit achteckigem Wasserbecken gruppiert ist. Der Südiwan wird durch schöne durchbrochene Holzgitter vom Innenhof abgetrennt. Die anderen Iwane enthalten Stalaktitendekor. Der Nordiwan zeichnet sich durch feinen Fliesenschmuck aus. Im Süden ist eine Stützhallenmoschee angegliedert.

Shahid-Motahari-Moschee

Südöstlich des Meydan-e Baharestan (Metro L.2 Baharestan) liegt die Shahid-Motahari-Moschee (Masjed-e Shahid Motahari), die früher Sepahsalar-Moschee hieß. Sie umfasst 3700 Quadratmeter Grundfläche und ist mit acht Minaretten ausgestattet. Mirza Hoseyn Khan Sepahsalar, der in der Zeit Naseroddin Shahs als Premierminister tätig war, ließ sie zwischen 1878 und 1890 erbauen. Sepahsalar bedeutet ›militärischer Befehlshaber‹. Sie enthält 60 Räume, darunter eine Hauptgebetshalle mit 44 Säulen und einen großen Kuppelsaal, an den sich vier ellipsenförmige Halbkuppeln anschließen. Sie ist nicht nur Moschee, sondern wird auch als Madrese benützt. Rund um den Innenhof von 62 mal 60 m Länge liegen die Wohnräume der Studierenden. Dieser Hof wird durch Bäume beschattet und enthält ein Wasserbecken. Den floralen Fliesen- und Ziegelschmuck der Wände des Innenhofs und der Minarette dominieren Ocker-, Rosétöne und ein geringer Blauanteil. Kontrastierend hierzu herrschen bei den Fliesen der Kuppel die Weiß-, Türkis- und hellen Blautöne vor, und der Ockeranteil ist geringer.

Die Shahid-Motahari-Moschee

▲ Karte S. 126

Nationalmuseum

Das bedeutendste und älteste Museum des Landes (Muze-ye Melli-ye Iran) wurde vom französischen Archäologen André Godard geplant und 1937 eröffnet. Sein auf der Südseite der Kh. Shahid Yarjani liegendes Portal in parabolischer Form entspricht sassanidischen Vorbildern. Zu dem Komplex gehören das Archäologische Museum (Muze-ye Iran Bastan) und das Museum Islamischer Kunst (Muze-ye Honarha-ye Islami).

Archäologisches Museum

Einen Rundgang durch das Archäologische Museum sollte man im Erdgeschoss rechts vom Eingang in der vor- und frühgeschichtlichen Abteilung beginnen. Den Anfang machen Vitrinen mit Funden aus der Steinzeit. Dann folgen erste Keramikfiguren in Form von Fruchtbarkeitsgöttinnen, die bis in das 7. Jahrtausend v. Chr. zurückgehen. Dieses Alter gilt ebenfalls für die ersten Gebrauchskeramiken beispielsweise aus Ganj Dareh. Zurück bis in das 6. Jahrtausend v. Chr. datieren Funde aus Cheshme Ali und Shahriyar bei Teheran,

Vase aus Tepe Sialk

Tepe Sialk bei Kashan, Tepe Hissar bei Damghan, Shahdad bei Kerman und Susa. Wahrscheinlich gibt es außer dem iranischen Hochland keine andere Region, wo diese frühe Keramik in so vielen unterschiedlichen Formen und Mustern vorkommt. Manche dieser Gegenstände faszinieren durch ihre einfache, aber ausdrucksstarke Art wie beispielsweise die Zeichnungen der Bergziegen mit gebogenen Hörnern auf einer Vase aus Tepe Sialk aus dem 4. Jahrtausend v. Chr. oder die fast lebensgroßen Terrakotta-Portraitplastiken aus Shahdad aus dem 3. Jahrtausend.

Im Gang zwischen den Keramikvitrinen steht eine Kopie der Gesetzesstele des Hammurabi von Babylon aus dem 18. Jahrhundert v. Chr., deren Original, das in Susa ausgegraben wurde, jetzt im Louvre aufbewahrt wird.

Elamische Funde wie eine Löwenplastik aus Susa und eine Stierplastik vom Zikkurat in Chogha Zanbil sind in der Mitte des Ostgangs ausgestellt. In die Zeit des Eintreffens indoeuropäischer Völker zwischen dem 2. und 1. Jahrtausend v. Chr. fällt auch die verstärkte Verwendung menschlicher und tierischer Formen, besonders im kaspischen Bereich bei Marlik, Kaluraz, Kelardasht und Turang Tepe.

Im Gang zwischen beiden Innenhöfen werden einige der berühmten Luristan-Bronzen aufbewahrt. Im nördlichen Quergang und im anschließenden Westflügel sind Beispiele aus der frühen medischen und persischen Zeit ausgestellt. Hierzu gehören achämenidische Reliefs, Architektur-Teile und Keilschrift-Tafeln aus Persepolis und Susa.

Zu den wichtigsten Exponaten der achämenidischen Zeit gehört das Audienzrelief des Darius aus dem Schatzhaus in Persepolis. Es zeigt den thronenden König mit Kronprinz Xerxes. Vor ihm stehen zwei Weihrauchgefäße. Die Person, die sich in demutsvoller Haltung von rechts nähert, ist wahrscheinlich der Hofmarschall Farnaka.

Das bislang einzige Zeugnis achämenidischer Rundplastik ist eine in den 60er Jahren in Susa gefundene, leider kopflose Statue des Darius im langen Faltengewand. Auf der Statue sind Inschriften sowohl in Keilschrift als auch in ägypti-

Gründungstafel aus Persepolis

schen Hieroglyphen angebracht, woran man erkennt, dass Ägypten damals Teil des persischen Großreichs war.

Im nächsten Gang sind Funde aus seleukidischer, parthischer und sassanidischer Zeit ausgestellt. Darunter eine Marmorbüste der parthischen Königin Musa, das Bronzestandbild eines Partherfürsten aus Shami und sassanidische Mosaiken aus Bishapur.

Im Obergeschoss sind einige Objekte aus Bronze und Edelmetall aus der ›Schatzkammer‹ ausgestellt, die aus Marlik, Ziwiye, Hasanlu und Arjan stammen sowie die goldenen Tafeln mit den Gründungstexten aus Persepolis.

Islamisches Kunstmuseum

Das Islamische Kunstmuseum ist im östlichen Nebengebäude untergebracht. Es bietet eine Übersicht über die Kunst der islamischen Epoche ab dem achten Jahrhundert. Ein Modell der ältesten erhaltenen Moschee Irans, der Tarik Khaneh, die 760 n. Chr. in Damghan erbaut wurde, befindet sich im Erdgeschoss. Außerdem werden hier viele wertvolle Koranausgaben und Manuskripte, Öllämpchen, Kerzenleuchter, Teppiche, Keramiken, Glas- und Metallwaren ausgestellt. Interessant ist auch die Sammlung von Astrolaben, deren ältestes 1162 hergestellt wurde. Die verschiedenen Mihrabs (Gebetsnischen) im Obergeschoss sind alleine schon den Besuch wert. Hervorzuheben sind vor allem ein Marmor-Mihrab aus dem 11. Jahrhundert, Stuckmihrabs aus Rey und Oshtorjan bei Isfahan und, besonders, ein in Kashan hergestelltes Mihrab mit glänzenden Lüsterfliesen aus dem 14. Jahrhundert. Hinzu kommen Mimbare oder Predigtstühle, Holztüren mit Schnitzarbeiten, Inschriftenfriese, Einlegearbeiten, sternförmige Fliesen und Kleinkunst.

Glasschüssel aus dem 14. Jahrhundert

▲ Karte S. 126

Nationalmuseum

Das Nationalmuseum, bestehend aus Archäologischem Museum und Museum Islamischer Kunst, liegt an der Kh. Si-e-Tir nahe der Kh. Imam Khomeini (Metro: L.1 & L.2 Imam Khomeini).

Öffnungszeiten tgl. 9–13 und 14–18 Uhr, im Herbst und Winter nur bis 17 Uhr, geschlossen Mo und an Feiertagen, Tel. 667 02 06-1 (bis -6).

Malek-Museum

Das Malek-Museum (Muze-ye Malek) schließt sich in östlicher Richtung an das Museum für Islamische Kunst an. Man könnte es auch von den Exponaten her als Ergänzung des Museums islamischer Kunst betrachten, da es mehr auf die profane Kunst der qajarischen Zeit ausgerichtet ist. Es ist sicherlich kein ›Muss‹, wenn man unmittelbar nach dem Besuch der vorherigen Museen nicht mehr aufnahmebereit sein sollte und wenig Zeit hat. Es enthält Kunstgegenstände aus qajarischer Zeit und 13 Gemälde des qajarischen Hofmalers Kamal-ol-

Das Bagh-e-Melli-Tor

Molk (1847–1939), der auch in Paris und Florenz ausgebildet wurde. Als Anerkennung für sein Lebenswerk setzte man Kamal-ol-Molk in Neishabur neben dem Grab des Sufi-Dichters Attar bei.
Das Museumsgelände kann man in südlicher Richtung auch durch das **Bagh-e-Melli-Tor** (Darvaze-ye Bagh-e Melli) zur Kh. Imam Khomeini hin verlassen. Dieses wurde 1922 erbaut, als sich hier noch ein großer Exerzierplatz befand. Deshalb zeigt es in seinen Fliesenbildern militärische Motive wie Kanonen und Maschinengewehre.

Malek-Museum

Öffnungszeiten tgl. 8.30–13.30 Uhr, außer Fr und an Feiertagen, Tel. 66726613, 66726653.

Für eine kleine Pause ist der südlich gelegene **Park-e Shar** (Stadtpark) der geeignete Ort. Das dort befindliche traditionelle **Teehaus und Restaurant Sonati Sangalag** ist bekannt für gute iranische Gerichte, Tel. 66731075.
Als Alternative für Vegetarier bietet sich das **Restaurant des Ferdowsi-Hotels** mit umfangreichem Salatbüffet an, das in nordöstlicher Richtung liegt.

Glas- und Keramikmuseum

Nördlich des Nationalmuseums befindet sich das Glas- und Keramikmuseum (Muze-ye Abgineh wa Sofalineh). Die Ausstellung umfasst Glas- und Kristallwaren, Keramiken und Porzellangefäße von den Anfängen bis in die neuere Zeit. Anhand der Exponate werden verschiedene Entwicklungsstufen und Techniken demonstriert.
In den als Kristall (Bolour) und Email (Mina) bezeichneten Galerien im Erdgeschoss werden vorgeschichtliche unglasierte und glasierte Keramik, verzierte antike Glasgefäße und Parfümfläschchen ausgestellt, wie sie damals

auch exportiert wurden. Die Räume im ersten Stock tragen Namen wie Perlmutt (Sadaf), Goldfarben (Zarrin) und Lapislazuli (Lajevard). Hier stehen die Ausstellungsstücke aus islamischer Zeit. Besonders beeindruckend sind die Keramiken aus frühislamischer Zeit mit Kufi-Inschriften und Unterglasur-Malereien aus Kashan, Rey und Neyshabur, aber auch die attraktiven Lüsterfliesen in Sternform aus dem 13. Jahrhundert und die Porzellanwaren.

Das Museumsgebäude wurde um 1910 im qajarischen Stil erbaut. Es diente bis 1953 dem mehrfachen Premierminister Ahmad Qavam als Residenz und Wohnhaus, anschließend war es vorübergehend Sitz der ägyptischen Botschaft. Das Haus mit seinem sehr schönen Treppenhaus wurde ab 1976 zum Museum ausgebaut und 1980 eröffnet.

i Glas- und Keramikmuseum

Kh. Si-e Tir 55 (Metro: L.1 Saadi). Öffnungszeiten tgl. 9–18 Uhr, im Herbst und Winter 9–17.30 Uhr, außer Mo und an Feiertagen, Tel. 667 08 15-3, -4.

Juwelenmuseum

Das Juwelenmuseum (Muze-ye Javaherat-e Melli) ist in einem Nebengebäude der Bank Markazi (Zentralbank) in der Kh. Ferdowsi gegenüber der deutschen Botschaft untergebracht. Bitte beachten Sie die weiter unten aufgeführten eingeschränkten Öffnungszeiten.

Dieses Museum enthält eine der bedeutendsten Juwelensammlungen der Welt. Es handelt sich um die ehemaligen Kronjuwelen der persischen Könige, die durch Parlamentsbeschluss von 1937 unter den Schutz der iranischen Zentralbank gestellt wurden und auch zur Deckung des Banknotenumlaufs gedacht waren. Ihr eigentlicher Wert ist nicht abschätzbar.

▲ Karte S. 126

Den Grundstock der Sammlung bildeten die **Kronjuwelen der safawidischen Könige** (1501–1732), die zwar bei den anschließenden afghanischen Einfällen geraubt, aber zum großen Teil vom persischen König Nader Schah während seines Indienfeldzugs zurückgewonnen wurden. Einer der Gründe für diesen Indienfeldzug waren, dass die früheren afghanischen Sieger sich auf indisches Gebiet zurückzogen hatten, als Nader Shah die Oberhand gewann, und, dass sich der indische Moghul-Herrscher Mohammed Shah weigerte, Juwelen des persischen Staatsschatzes, die er von den Afghanen übernommenen hatte, herauszugeben. Nachdem Nader Shah in Indien 1739 gesiegt hatte, mussten ihm dann zusätzlich zu den persischen Juwelen auch Teile des Moghul-Staatsschatzes ausgehändigt werden, darunter der legendäre Pfauenthron. Dieser Pfauenthron ging in den Wirren nach Nader Shahs Tod verloren.

Der damals **186-karätige Koh-i-Nur Diamant**, der ursprünglich das Auge des Pfaus geschmückt hatte, gelangte über Afghanistan zurück nach Indien und wurde später von den dort siegreichen Briten nach London geschafft, wo er zum Kronschatz gehört.

Der **182-karätige Darya-i Nur** (Meer des Lichts) blieb dem persischen Staatsschatz erhalten und ist in Vitrine 34 zu sehen. Er ist der größte roséfarbene Diamant der Welt. Nach dem Urteil von kanadischen Experten, kann man davon ausgehen, dass der Darya-i Nur und der **60-karätige Nur-ol Eyn**, der auf das Diadem (Nr. 2) montiert wurde, das sich in Vitrine 26 befindet, von demselben

Rohdiamanten stammen, da sie identische Strukturen aufweisen.
Das Museum enthält auch zwei Throne, die in qajarischer Zeit hergestellt wurden, den **Sonnen- oder neuen Pfauenthron** und den **Naderi-Thron**. Der mit Juwelen geschmückte Sonnenthron besteht aus einer großen, tischähnlichen Plattform, die von vier geschwungenen Beinen gestützt wird. Vorne führt eine dreistufige Treppe hinauf zu einer Aussparung in der Umrandung. Die Rückseite wird von einem runden Sonnensymbol überragt. Er wurde in der frühen Regierungszeit für Fath Ali Shah, der 1797 gekrönt wurde, angefertigt. In Anlehnung an den Namen seiner Lieblingsfrau Tavus (Pfau) Khanum Tajodoleh nannte man ihn später Pfauenthron.
Der **Naderi-Thron** ist ein stuhlähnlicher Thron von 2,25 Meter Höhe, den man in zwölf Teile zerlegen kann. Er ist mit 26733 Edelsteinen geschmückt und stammt auch aus der Zeit Fath Ali Shahs. Er wurde bei den Krönungen von Reza Shah 1926 und Shah Mohammad Reza im Jahre 1967 verwendet. Sein Name ist von ›nader‹, das ›einmalig‹ bedeutet, abgeleitet.
Die vom letzten Shah benützte **Pahlavi-Krone** ist besetzt mit 3380 Diamanten, 368 Perlen, sowie Smaragden und Saphiren und enthält im Strahlenkranz einen großen gelben Diamanten. Sie lehnt sich an die Form sassanidischer Kronen an und befindet sich mit dem dazugehörigen Zepter in derselben Vitrine wie der Darya-i Nur (34).
Aus dieser Vitrine ist auch der **Aigrette-Kopfschmuck** Nadir Shahs mit Silberreiherfedern, Smaragden und einem Halbmond aus Diamanten mit einem Gewicht von insgesamt 781 Karat erwähnenswert.
In Vitrine 35 sieht man die Krone, die **Farah Diba** bei der Krönung trug. Sie wurde von der Firma Van Cleef & Arpels angefertigt und wirkt modern und elegant. 1545 verschiedene Edelsteine wurden bei ihrer Herstellung verwendet. In ihrem Strahlenkranz befindet sich ein großer Smaragd.
Die **Krönungskrone Fath Ali Schahs** von 1797, die sogenannte ›Kiani‹-Krone ist mit dem dazugehörigen Zepter in Vitrine 36 ausgestellt. Da sie von der von ihm ausgeschalteten Qajaren-Dynastie stammte, legte Reza Shah natürlich großen Wert darauf, bei seiner Krönung 1926 die neue bereits erwähnte Pahlavi-Krone zu benutzen.
Sehr beeindruckend ist die **Weltkugel** von 66 Zentimetern Durchmesser in Vitrine 37. Sie wurde von iranischen Goldschmieden um 1869 angefertigt. Das Gewicht des verarbeiteten Goldes beträgt 34 Kilo und das Gesamtgewicht der 51366 Edelsteine beläuft sich auf 3,6 Kilo. Für die Ozeane und Seen wurden Smaragde verwendet, während die Kontinente mit Rubinen dargestellt sind.
Man wird viele weitere Kostbarkeiten entdecken wie beispielsweise in Vitrine 30 das **Repräsentationsschwert Nasr ed Din Schahs** mit 12384 Diamanten, 275 Rubinen, 214 Smaragden (Nr. 48), in Vitrine 11 den wohl **drittgrößten Rubin der Welt** mit 100 Karat (Nr. 9) und den drittgrößten **Spinell der Welt** mit 500 Karat (Nr. 38) oder **Perlen vom persischen Golf** in Vitrine 13, darunter eine von 30 Gramm auf einer goldenen Blume (Nr. 3).

i Juwelenmuseum

Kh. Ferdowsi (Metro: L.1 Saadi). Öffnungszeiten: Sa–Di 14–16.30 Uhr, Tel. 64 46 37 85.

Museen im Park-e Laleh

Für Kunstinteressierte ist der Park-e Laleh (Tulpenpark) der geeignete Ausgangspunkt. Hier befinden sich das Museum für zeitgenössische Kunst, das Teppichmuseum und ein offener Kunstgewerbebasar. Hinzu kommen zahlreiche Kunstwerke, die über den gesamten Park verteilt aufgestellt sind. Hier sei vor allem das im südlichen Teil stehende Werk von Ali Madadi erwähnt, das den Universalgelehrten **Al-Biruni** ehrt, der mit den Planetenbahnen abgebildet ist. Beim nahegelegenen Laleh-Hotel könnte man noch in der **Laleh-Galerie**, Tel. 88960492, vorbeischauen und anschließend durch die **Kh. Enqelab** mit ihren vielen Buchhandlungen bummeln, die auch englischsprachige und antiquarische Literatur anbieten.

■ Museum zeitgenössischer Kunst

In diesem Museum (Muze-ye Honarhaye Moaser) im Nordwestteil des Park-e Laleh sind Werke ausgewählter iranischer Künstler des 19. und 20. Jahrhunderts zu sehen wie von Haydarian, Hamidi, Sepehri, Javadipour, Petgar und Farshchian.

Die Sammlung moderner westlicher Kunst gilt als die umfangreichste außerhalb Europas und Amerikas. Sie umfasst beispielsweise Monets ›Environs de Giverny‹ und Werke von Chagall, Picasso, Dali, Georg Grosz, Paul Klee, Emil Nolde, George Braque, Miro bis Roy Lichtenstein, Man Ray und Warhols ›Mick Jagger‹ oder ›Mao Tse-tung‹. Leider wird nur eine kleine Auswahl davon präsentiert.

Im dazugehörigen kleinen Park sind Skulpturen von Marino Marini, Henry Moore, Alberto Giacometti, René Magritte, Parvis Tanavoli und anderen zu sehen.

Der moderne Museumskomplex mit seinen auffälligen Windtürmen wurde von Kamran Diba erbaut und 1977 eingeweiht.

Wer das von Kamran Diba 1978 errichtete **kleine Gebetshaus** (Namaz-Khaneh) sehen möchte, passiert das an das Museum nördlich im Laleh-Park angren-

Das Museum für zeitgenössische Kunst

▲ Karte S. 126

zende Gelände des Kunstgewerbebasars. Wenn man sich auf der Höhe der Westseite des Teppichmuseums befindet, sieht man den aus zwei ineinander gestellten Betonquadraten bestehenden Bau, dessen inneres Quadrat etwas versetzt ist, um den Innenraum gegen Blicke und Verkehrslärm abzuschirmen.

i Museum zeitgenössischer Kunst
Öffnungszeiten tgl. von 10–18 Uhr, außer Fr und an an religiösen Feiertagen, Tel. 88989375, www.tmoca.com.

Teppichmuseum

Das Teppichmuseum (Muze-ye Farsh) liegt im Nordwestbereich des Laleh-Parks und hat die Form eines Nomadenzelts, an dessen Außenseiten Teppich-Knüpfstühle angelehnt sind. Hier werden ausgewählt schöne und interessante persische Teppiche gezeigt. Sie repräsentieren die unterschiedlichen Provenienzen wie die von Tabriz und Heris, die extrem haltbaren Sennehs aus dem Gebiet des heutigen Sanandaj, die großartigen Kashans mit feingliedrigen Floral- und Arabeskenmustern, die ehemaligen Hofmanufakturen Isfahans sowie die Teppiche aus Kerman mit Boteh- und Vasenmustern. Hinzu kommen neuere Seidenteppiche aus Qom und Nain und die robusten Nomaden-Teppiche der Bakhtiaren, Afscharen, Qashqais und Belutschen. Man begegnet einer wahren Symphonie von Farben und Mustern.

Der Beginn der Knüpfkunst verliert sich in grauer Vorzeit. Bereits etwa 500 v. Chr. wurde sie in hoher Qualität beherrscht, wie der in einem Skythengrab im ewigen Eis des Altai-Gebirges gefundene und nun im Eremitage-Museum in St. Petersburg aufbewahrte Pazyrik-Teppich belegt. Die persische Knüpfkunst nahm ab dem 16. Jahrhundert einen Aufschwung durch die Exportmöglichkeiten nach Europa. Wunderbare Exemplare sind die sogenannten Ardebil-Teppiche von 1539, die im Victoria and Albert Museum in London und im Los Angeles County Museum aufbewahrt werden.

i Teppichmuseum
Öffnungszeiten tgl. 9–18 Uhr, im Herbst und Winter 9–17 Uhr, außer Mo und an Feiertagen, Tel. 8896-2703, 88967707.

Nördlich des Zentrums

Reza-Abbasi-Museum

Das äußerst sehenswerte Reza-Abbasi-Museum (Muze-ye Reza Abbasi) liegt auf halber Strecke zwischen Innenstadt und Nordteheran an der Kh. Dr. Shariati 972 jonub-e Pole- Seyedkhandan (südlich der Seyedkhandan-Brücke). Mit seinem Namen wird der berühmte Miniaturmaler Reza Abbasi geehrt, der von 1565 bis 1635 lebte und auch für den safawidischen Hof tätig war.

Das Museum befindet sich in der Obhut der Organisation Iranisches Kulturerbe. Hier wird eine wahrhaft exquisite Sammlung iranischer Kunsterzeugnisse aus vorislamischer und islamischer Zeit gezeigt, weshalb dieses Museum unter Kennern einen sehr guten Ruf besitzt.

Die ältesten Exponate befinden sich im **dritten Stockwerk**, wo auch die Bibliothek untergebracht ist. Sie umfassen sowohl eine Sammlung von keramischen Gebrauchsgegenständen, Kleinplastiken, fein getriebenem Gold- und Silberschmuck als auch Bronzearbeiten aus vorgeschichtlicher, urartäischer, medischer, achämenidischer und sassanidischer Zeit.

Im **ersten Stockwerk** ist die Entwicklung der islamischen Kalligraphie und Buchkunst dargestellt. Dort werden sowohl religiöse, wissenschaftliche und literarische Werke in den wichtigsten kalligraphischen Stilrichtungen Kufi, Thulth, Naskhi und Nastaliq als auch Miniaturmalereien gezeigt.
Großartig und zeitlos ist der Dekor auf den Schalen, Karaffen, Vasen und Glasurfliesen, die man im **zweiten Stockwerk** sehen kann. Hier sind alle wichtigen Zeiträume und Manufakturen von Kashan, Rey, Saveh, Nishapur bis Takht-e Soleiman vertreten. Auch durchbrochene bronzene Weihrauchgefäße, Öllämpchen und Kerzenständer, Ziselierarbeiten auf Metall und Lackarbeiten sind zu bewundern.

i Reza-Abbasi-Museum
Öffnungszeiten tgl. 9–18, Herbst/Winter 9–17 Uhr, außer Mo und an Feiertagen, Tel. 886300-1, -2, -3.

Filmmuseum

Das Filmmuseum (Muze-ye Sinema) ist in einer attraktiven ehemaligen Sommerresidenz der qajarischen Könige untergebracht, die sich in der Parkanlage Bagh-e Ferdows an der Kh. Vali Asr und Tusi kurz vor dem Meydan-e Tajrish befindet. In dem Museum wird die lange und erfolgreiche Geschichte des iranischen Films veranschaulicht. Erklärungen sind teilweise in englischer Sprache vorhanden. 1932 wurde der erste iranische Tonfilm gedreht. Iranische Filmschaffende wie Abbas Kiarostami, Mohsen Mahmalbaf, Jafar Panahi und Majid Majidi erhielten wiederholt Auszeichnungen auf internationalen Filmfestspielen. Neuere und klassische iranische Filme werden täglich im dazugehörigen Kino gezeigt.

Picknick im Mellat-Park

i Filmmuseum
Öffnungszeiten tgl. 9–17 Uhr, Fr 14–17 Uhr. Tel. 22725880 , www.cinemamuseum.ir (Metro: L.1 Tajrish, ab 2013).

Park-e Mellat

Im weitläufigen Park-e Mellat, dem Volkspark, ist sogar an Wochenenden noch ein Plätzchen auf dem Rasen zu finden. Er liegt an der nördlichen Vali-Asr-Straße und ist beliebt bei Jung und Alt. Beeindruckend ist die Freundlichkeit und Lebhaftigkeit der Teheraner beim Bummeln, Spielen, Tretboot fahren oder Picknicken.

Ehemalige amerikanische Botschaft

Auf dem Gelände der ehemaligen amerikanischen Botschaft (Sefarat-e amrika-ye Sabeq) wurde am 19. November 1979 das Botschaftspersonal von revolutionären Studenten gefangengenommen. Da der geflohene Shah Mohammed Reza im Oktober 1979 in die USA eingereist war, wurde von der iranischen Führung seine Auslieferung gefordert. Die amerikanische Regierung teilte mit,

▶ Umschlagkarte

dass man ihn wegen der Behandlung seines schweren Krebsleidens einreisen ließ und weigerte sich, ihn auszuliefern. Daraufhin stürmten 400 Studenten die Botschaft. Zwei Tage später trat die damalige nicht-klerikale iranische Regierung unter Ministerpräsident Bazargan aus Protest zurück, da sie die Gefangennahme ablehnte.

Insgesamt befanden sich 52 Amerikaner in der Gewalt der Geiselnehmer. Eine schlecht geplante amerikanische Befreiungsaktion scheiterte im April 1980 in der Wüste bei Tabas. Nach dem Tod des Shahs wurden vom neugewählten Präsidenten Reagan wesentliche Forderungen des Revolutionsrats erfüllt und iranische Vermögen in den USA freigegeben. So durften die Geiseln nach 444 Tagen Haft das Land verlassen. Auf dem ehemaligen Botschaftsgelände an der östlichen Taleqani-Straße befindet sich jetzt ein Ausbildungszentrum der Revolutionswächter.

Arabzadeh-Teppichmuseum

In diesem Museum (Muze-ye Farsh-e Arabzadeh) werden Teppich-Meisterwerke von Rassam Arabzadeh (1914–1996) ausgestellt. Dieser war ein bekannter Teppichdesigner. In einem angeschlossenen Studio kann man Knüpferinnen bei der Arbeit zuschauen.

Im Jamshidiyeh-Park

> **i Arabzadeh-Teppichmuseum**
> Öffnungszeiten tgl. 9–16 Uhr, außer Fr und an Feiertagen, Tel. 22849775, 2284791-1, -2, -3. Es befindet sich in der Kh. Yekom-e Bustan, einer Nebenstraße der Kh. Pasdaran.

Jamshidiyeh-Park

Der Park-e Jamshidiyeh an den Abhängen des Tochal-Gebirges zählt zu den sehenswertesten Grünanlagen Teherans. Die Gestaltung erfolgte unter künstlerischen Gesichtspunkten und verbindet Bäume, Pflanzen und Felsen in einem harmonischen Ensemble. Es gibt hier mehrere Restaurants mit regionaler iranischer Küche. Man sollte nach Möglichkeit die Wochenenden meiden, da dann viele einheimische Wanderer unterwegs sind.

Naturkundemuseum

Den Besuch des Naturkundemuseums (Muze-ye Hayat-e Wahsh) könnte man mit einer Wanderung zum Darabad-Tal verbinden. Das Museum enthält präparierte Wildtiere aus Iran und anderen Ländern sowie lebende Vögel, Schlangen, Fische und Reptilien. Auch gibt es Vorführungen von naturkundlichen Filmen.

> **i Naturkundemuseum**
> Öffnungszeiten tgl. 8.30–8 Uhr, außer Sa und an religiösen Feiertagen, Tel. 22288517, 22290002. Lage: Kh. Pasdaran (Kh. Shahid Pureb-tehaj–Kh. Shahid Sebari im Ortsteil Darabad).

Zurkhaneh

In einem Zurkhaneh oder ›Haus der Stärke‹ finden traditionelle Kampfsport-Übungen statt, die ihren Ursprung in vorislamischer Zeit haben. In den Anfangszeiten nach der arabischen Eroberung wurden sie im Geheimen abgehalten und später, nachdem sie nicht mehr als gefährlich für die neue Ordnung galten, wurden sie wieder öffentlich ausgeübt. Während der Veranstaltungen werden religiöse Texte, Hafis-Gedichte und Auszüge aus dem Königsbuch, dem Shahnameh, zitiert. Der Morshed, ein Sufi-Ausdruck für Meister, leitet die Veranstaltung und gibt den Takt durch Schlagen der Trommel, einer Zarb, vor. Die in verzierte halblange Leder- oder Stoffhosen gekleideten Teilnehmer führen die Varzesh-e Pahlavani genannten Kampfsport-Übungen in einer versenkten achteckigen Arena durch. Als Geräte benützen sie schwere Holzkeulen (mil), Holzschilde (sang) und eiserne Bögen (kabadeh). Zwischendurch machen sie Auflockerungsübungen und drehen sich wirbeltanzähnlich, was an die tanzenden Derwische in Konya erinnert. Diese traditionelle Sportart hat auch in anderen Ländern Anhänger gefunden und wird, wie man auf der Website www.zurkhaneh.com feststellen kann, beispielsweise in Indien, Pakistan und den USA ausgeübt.

Bei Ringer- und Gewichtheber-Weltmeisterschaften und bei Olympischen Spielen haben eine Reihe von Zurkhaneh-Sportlern Medaillen gewonnen, darunter Gholamreza Takhti, Imam-Ali Habibi und Hoseyn Rezazadeh. Ein berüchtigter Zurkhaneh-Sportler war Shaban Jafari, dessen Rollkommandos 1953 mit dazu beitrugen, dass die Regierung von Dr. Mossadegh gestürzt wurde.

In Teheran soll es etwa 80 Zurkhanes geben. Einige von ihnen, die Zuschauer zulassen (auch Frauen, wenn sie mit einer Reisegruppe kommen), sind:

Zurkhaneh Shahid Fahmide (ehemals: bashgah-e Jafari) in der Kh. Shahid Fayyaz Bakhsh Nr. 17 nördlich des Park-e Shahr. Es wurde erneuert und nun finden wieder Zurkhaneh-Veranstaltungen statt. Besuche können über Herrn Ganji, Tel. 66715021, abgestimmt werden. Das dazugehörige kleine Museum ist täglich (außer an Feiertagen) ab 18 Uhr geöffnet.

Zurkhaneh Ayatollah Taleqani am Meydan-e Chizar, nordwestlich des Park-e Qeytariyeh, Tel. 22549514. Metro: L.1 Qeytariyeh.

Nirushadi Zurkhaneh, westlich des Basars, in der Kh. Molawi, im Basarcheh Sadat, das sich westlich der Straße Vahdat-e Islami befindet. Metro: L.1 Molawi.

Training in einem Zurkhaneh in Yazd

Tajrish-Basar

Der Tajrish-Basar hat trotz einiger Modernisierungen seinen ursprünglichen Charakter bewahrt. Er liegt am Meydan-e Tajrish, dem Verkehrsknotenpunkt Nordteherans (Metro: L.1 Tajrish, ab 2013). Viele Hausfrauen kaufen hier Gemüse, Obst, Fleisch und andere Dinge des täglichen Bedarfs. Es werden auch Haushaltswaren, Elektroartikel und Kleidung angeboten.

Wie bei den meisten Basaren üblich, ist auch hier eine religiöse Stätte integriert, das **Imamzadeh-Saleh-Heiligtum**. Es ist nach Saleh, einem Nachkommen des Propheten, benannt. Er war Sohn von Imam Kazem und damit ein Bruder von Imam Reza, der in Mashhad beerdigt ist. Der Legende nach soll Saleh auf dem Weg zu seinem Bruder Imam Reza gewesen sein, als er hier in der Nähe eines Baumes umgebracht wurde. Das ursprüngliche Grab wurde während der Mongoleneinfälle zerstört und deshalb geht der Kern der derzeitigen Anlage auf das 13. Jahrhundert zurück. Im 19. Jahrhundert wurde die Anlage erweitert und renoviert. Die Grabkammer ist mit Spiegelmosaiken ausgekleidet, und in ihrem Zentrum befindet sich das durch silberne Gitter geschützte Grab. Zu dieser Pilgerstätte gehören auch eine Bibliothek und eine Küche für Armenspeisungen.

Saadabad-Palastanlage

Der Saadabad-Palastanlage (Majmue-ye Kakh-e Saadabad) war die erste Sommerresidenz der qajarischen Könige. Nach einigen Erweiterungen wurde sie seit den 1920ern von Reza Shah Pahlavi und seinem Sohn Mohammed Reza, dem letzten Shah, benützt. Der etwa 110 Hektar große Komplex liegt nördlich des Tajrish-Platzes. Auf dem Gelände stehen achtzehn Paläste, die teilweise in Museen umgewandelt wurden. Die wichtigsten Gebäude für Besucher sind der Weiße und der Grüne Palast.

Auf dem Tajrish-Basar

Weißer Palast

Der Weiße Palast, dessen zentraler Teil 1982 in das Mellat- oder Volksmuseum (Muze-ye Mellat) umgewandelt wurde, besitzt eine moderne schlichte Fassade. Mit 54 Räumen und einer Wohnfläche von etwa 5000 Quadratmetern ist er der größte Palast auf diesem Gelände. Reza Shah ließ ihn 1936 errichten. Ein breiter Treppenaufgang führt zum Eingang im ersten Stock. Vor der Fassade, links von dieser Treppe, stehen ein Paar riesige bronzene Reitstiefel als Überreste einer überlebensgroßen Statue Reza Shahs. Die Böden und Treppen innerhalb des Gebäudes sind mit feinem Marmor aus Yazd ausgelegt. Beeindruckend ist der in Mashhad geknüpfte feine Teppich von 145 Quadratmetern im Festsaal im ersten Stock. Dieser Saal enthält auch Wandgemälde im Kuppelbereich mit Szenen aus dem mythologischen Shahnameh-Königsbuch. Hinzu kommen Gemälde, Lüster, beispielsweise mit 108 Armen im Festsaal, Möbel und Antiquitäten.

In einem Seitenflügel dieses Palasts ist das **Museum der Kunst der Nationen** (Muze-ye Honar-e Melal) untergebracht. Hier sind verschiedenartigste Objekte aus Iran, Indien, Afrika, Europa, Mittelamerika und dem Fernen Osten ausgestellt, die von der Königsfamilie gesammelt oder ihr geschenkt wurden.

Grüner Palast

Im Norden des Geländes liegt der Grüne Palast (Kakh-e Sabz). Sein Name ist von der Fassadenverkleidung aus grünlichen Marmorplatten abgeleitet. Er wurde 1928 fertiggestellt. Während der Eingangsbereich relativ schlicht und kantig gehalten ist, beeindruckt die rückwärtige Terrasse im orientalischen Stil mit ihren Bögen und Säulen. Die exquisite Innenausstattung der Shah-Zeit ist erhalten geblieben. In seinem Spiegelsaal liegt ein sehr fein geknüpfter Teppich von 70 Quadratmetern, und die Wände sind mit Spiegelfacetten und prächtigem Stuckdekor verziert. Der Wohnbereich in diesem Palast wirkt überschaubar und familiär. Auch in diesem Gebäude sind Teile der Ausstattung aus der Shah-Zeit erhalten geblieben wie Möbel, Gobelins, Gemälde, Statuen und Lüster.

Museen auf dem Palastgelände

Kunstinteressierten eröffnen sich hier vielerlei Möglichkeiten. Es gibt ein **Museum der schönen Künste** (Muze-ye Honarha-ye Ziba) mit Gemälden iranischer Künstler vom 17. bis 20. Jahrhundert. Ihr Schwerpunkt liegt auf der Hofmalerei in safawidischer und qajarischer Zeit liegt. Hinzu kommt volksnahe

Im Grünen Palast

persische Malerei aus dem 18. und 19. Jahrhundert und eine Auswahl europäischer Malerei des 19. und 20. Jahrhunderts.

In den drei **Miniaturmalerei-Museen**, die Hoseyn Behzad (1894–1968), Mahmoud Farshchian (geb. 1929) und Clara Abkar, einer armenisch-stämmigen Iranerin (1915–1996), gewidmet sind, kann man sehen, wie diese traditionelle Kunst bis in die Gegenwart fortgesetzt wird.

Die Ausstellung im **Kalligraphie-Museum**, die dem Meister Mir Emad (1554–1615) gewidmet ist, beginnt mit einem geschichtlichen Rückblick auf die ersten Schriften auf iranischem Boden, der elamischen Keilschrift und sassanidischen Pahlavi-Schrift, und zeigt dann sehr schöne Kalligraphien der frühen und mittleren islamischen Zeit im ersten Stockwerk. Im zweiten Stockwerk wird dies noch gesteigert durch überragende Arbeiten von Mir Emad, der nach Meinung von Kennern das eleganteste Nastaliq schrieb und zeitweilig auch Konkurrent von Reza Abbasi (1565–1635) am safawidischen Hof in Isfahan war.

▲ Umschlagkarte

Hinzu kommen Werke von Mir Ali Tabrizi und weiteren Meistern.

Beispiele feiner Handarbeiten werden im **Museum des Kunsthandwerks** ausgestellt, wobei dies von der Objektwahl Berührungspunkte mit dem **Volkskundlichen Museum** hat. In diesem werden Textilien, Kleidung, traditionelle Werkzeuge für Landwirtschaft und Fischerei, Musikinstrumente, Kupfergefäße, Astrolabien und vielerlei andere Gebrauchsgegenstände gezeigt.

Das **Militärmuseum** enthält Schlachtpanoramen, Uniformen und Waffen aus achämenidischer Zeit bis in die Gegenwart sowie Kriegsgerät wie Kanonen, Panzer und Flugzeuge.

Im **Museum für Wasserversorgung** werden die traditionellen Mittel für das Sammeln, Weiterleiten und Verteilen von Wasser demonstriert. Es gibt auch viele Fotos und Schaubilder. Wer dies mehr von der praktischen Seite sehen möchte, dem seien die Wassermuseen in Yazd oder auf der Insel Kish empfohlen.

Das **Reisemuseum** ist berechtigterweise den Brüdern Omidvar gewidmet. Diese brachen 1954 zu einer zehnjährigen Weltreise auf, die sie durch alle Kontinente führte. Dabei hielten sie sich lange bei ethnischen Minderheiten auf wie den Aboriginees, den Maories, den Pygmäen, den Eskimos und den Amazonas- und Feuerland-Indianern. Ihre Fotos und Filme, die sie unter schwierigsten Umständen drehten, sind nicht nur dokumentarisch, sondern auch künstlerisch wertvoll (www.omidvar-brothers.com).

i Saadabad-Palast

Öffnungszeiten tgl. 9–17 Uhr bzw. bis 18 Uhr Uhr, abhängig von der Jahreszeit, außer an religiösen Feiertagen.

Niavaran-Palastanlage

Diese Palastanlage (Majmue-ye Kakhh-e Niavaran) befindet sich in Nordostteheran im Stadtteil Niavaran am Meydan-e Shahid Bahonar.

Zu ihren sehenswertesten Gebäuden zählt der **Palast Saheb Qaranieh** (Kakh-e Saheb Qaranieh), den Nasseruddin Shah, der von 1848 bis 1896 regierte, als Sommerresidenz errichten ließ. Die Fassade des Gebäudes ist durch einen Portikus und Wandpfeiler gegliedert. Die Einrichtungs- und Kunstgegenstände umfassen einen Zeitraum von etwa 200 Jahren. Wer einen Einblick in die Lebensumstände der iranischen Herrscher gewinnen möchte, dem sei ein Besuch dieses Palastes empfohlen. Hier gibt es Arbeitszimmer, Empfangsräume

Der Palast Saheb Qaranieh

für Botschafter und ausländische Staatsgäste, Teeraum, Salon mit Bar, Esszimmer, Privaträume und sogar eine komplett eingerichtete Zahnarztpraxis.
Hübsch ist der traditionelle **Gartenpavillon Kushk-e Ahmed Shahi**, der sich durch Terrassen und schlanke Säulen an der Eingangsseite auszeichnet. Nicht weit davon entfernt liegt der kleinere zweistöckige **Ahmed-Shah-Kiosk**, der viele Präsente, die der Shah-Familie übergeben wurden, enthält.
Den **Niavaran-Palast** (Kakh-e Niavaran) ließ Mohammed Reza Shah in den späten 1960er Jahren in modernem Stil bauen. Die Fassade hat einen zurückgesetzten Eingangsteil mit Säulen und Pilastern, die sich über drei Stockwerke erstrecken. Dem Eingang folgt eine hohe zentrale Halle, an die sich Konferenz- und andere Räume für offizielle Anlässe anschließen. Oben liegen die ehemaligen Privatgemächer. Es war die letzte Residenz von Shah Mohammed Reza. Das massive Flachdach diente als Hubschrauber-Landeplatz, von dem aus man ihn zum Flughafen flog, als er am 16. Januar 1979 das Land verließ.
Fährt man vom Niavaran-Komplex auf der Kh. Shahid Bahonar westlich etwa 1,5 Kilometer und folgt dann der nördlich abzweigenden Kh. Jamaran 500 Meter, erreicht man den Kontrollposten vor dem **Wohntrakt des Revolutionsführers Imam Khomeini**, der hier seit der erfolgreichen Revolution von 1979 bis zu seinem Tode 1989 lebte. Auch nachdem er an die Macht gekommen war, wohnte er weiter in bescheidenen Verhältnissen.

i Niavaran-Palastanlage
Öffnungszeiten tgl. außer Sa von 8.30–16 bzw. 17 Uhr, abhängig von der Jahreszeit, Tel. 22 28 20 50.

▶ Umschlagkarte

Kulturzentren und Theater

Haus der Künstler
Eine kulturelle Attraktion besonderer Art ist das Haus der Künstler (Khane Honarmandan). Es befindet sich nördlich der Kh. Taleghani (Metro: L.1 Taleghani) in einer Parkanlage der Kh. Musavi Shomali, der ehemaligen Kh. Forsat Shomali. Es besitzt drei Säle und vier Galerien, in denen wechselnde Ausstellungen stattfinden. Hinzu kommen noch ein Café und ein sehr gutes vegetarisches Restaurant (Restoran-e Giyahi), in dem oft interessante Leute anzutreffen sind (tgl. von 10–20 Uhr, Tel. 88310457, 88317484, www.iranartists.org).

Niavaran-Kulturzentrum
Das Niavaran Cultural Center (Farhangsara-ye Niavaran) liegt im Stadtteil Niavaran in der Kh. Pasdaran gegenüber dem Park-e Niavaran. Der Architekt war Kamran Diba, der auch das Museum für zeitgenössische Kunst entworfen hat. Der Gebäudekomplex wird durch Innenhöfe, Treppen, Wasserflächen und Bäume gegliedert. Es gibt hier einige Galerien, und es finden oft kulturelle Veranstaltungen statt. Ein Café lädt zum Verweilen ein (10–18 Uhr, freitags 14–19 Uhr, www.nacfiran.com).

Talar-e Vahdat
Die Talar-e Vahdat oder ›Halle der Einheit‹ hieß früher Rudaki-Halle nach dem für die neupersische Sprache ersten bedeutenden Dichter aus dem 10. Jahrhundert. Sie wurde 1967 als Opernhaus und Konzerthalle eröffnet und liegt in der Kh. Hafez, Chaharrah-e Kh. Enqelab. Es war das Stammhaus der Teheraner Symphoniker, die vor einigen Jahren neu formiert wurden, und des Iranischen Nationalballets, als dessen Nachfolger sich die 2002 in Stockholm gegründeten Les

Das Stadttheater

Ballets Persanes betrachten. Jehudi Menuhin, Zubin Mehta, Herbert von Karajan oder Maurice Bejart, Margot Fonteyn und Rudolf Nureyev gaben hier Gastspiele.

Im Jahre 2006 trat das Teheraner Symphonische Orchester und dessen Kammerorchester, die Teheran Sonfonietta, vor begeisterten Auditorien in Osnabrück und Berlin auf.

Der Architekt Dr. Aftandilian entwarf das wuchtige rechteckige Gebäude, dessen nüchterne Glaswände durch dunkle Marmorpfeiler vertikal betont werden. Der Zuschauersaal fasst bis zu 1350 Personen und entspricht dem eines Operhauses mit zwei Logenreihen und einer Balkon-Galerie (Programmhinweise unter Tel. 66705101).

Stadttheater

Das Stadttheater (Teatre Shahr) liegt in der Kh. Enqelabn, nahe der Kreuzung mit der Vali-Asr-Straße. Sein Rundbau fällt im Stadtbild durch seine vorgestellten Säulen und die Verbindung moderner und traditioneller persischer Architekturelemente auf. Es wurde 1971 vom Architekten Ali Sardar Afkhami erbaut (Programmhinweise unter Tel. 66460595, www.teatrshahr.com).

Teatre Nasr

Das Gebäude des Teatre Nasr, des ältesten Theaters Teherans, ist noch vorhanden. Es steht in der Lalehzar-Straße, die um 1900 eine der prächtigsten Straßen war, und vom damaligen zentralen Tupkhaneh-Platz, jetzt Meydan-e Imam Khomeini, nach Norden verläuft. Es soll renoviert werden.

Bahman-Kulturzentrum

Wo früher im Süden der Stadt die Schlachthöfe standen, wurde 1991 das Bahman-Kulturzentrum (Farhangsara-ye Bahman) eingerichtet. Es steht in sozial schwachem Umfeld und wird für vielerlei kulturelle Veranstaltungen benützt, was ihm eine besondere Bedeutung verleiht. Es liegt etwa 1,5 Kilometer westlich der Metrostation Khazaneh.

Das moderne Teheran

Azadi-Monument

Das Azadi-Monument (Borj-e Azadi) stammt aus dem Jahre 1971 und wurde aus Anlass der 2500-Jahrfeier des persischen Kaiserreichs errichtet. Der damalige Name Shahyad bedeutete, ›dem Gedenken des Kaisers gewidmet‹. Wenige Jahre später, am 10. Dezember 1978, demonstrierten hier über eine Millionen Menschen gegen den Shah.

Das 45 Meter hohe Gebäude vereint islamische und vorislamische Architekturelemente. An den Seiten stehen sich zwei sassanidische parabolisch verlaufende Bögen, die dem höchsten Bogenbau des Altertums in Ktesiphon nachempfunden sind, und zwei Spitzbögen, wie sie in Moscheebauten verwendet werden, gegenüber. Das Bauwerk besteht aus Stahlbeton und ist mit 25 000 Scheiben weißen Marmors verkleidet. Architekt war Hoseyn Amanat. Im Gebäudeinneren befindet sich ein historisches Museum. Die Aussichtsterrasse ist über Aufzüge und Treppen zu erreichen. Wegen des dichten Verkehrs wird empfohlen, den Zugangstunnel an der Ostseite des Azadi-Platzes zu benutzen.

Das Azadi-Monument

▲ Umschlagkarte

i Azadi-Monument

Öffnungszeiten tgl., außer Sa und an Feiertagen, 9–12.30 und 14–19.30, im Herbst und Winter bis 17 Uhr. Tel. 660 23 95-1 (bis -5). Metro: L.2 Azadi, dann etwa 1,5 km in westlicher Richtung.

Milad-Turm

Der Milad-Turm (Borj-e Milad), das neue Wahrzeichen Teherans, wurde im Herbst 2008 fertiggestellt. Er dient der Telekommunikation. Mit 435 Metern Höhe nimmt er weltweit den vierten Rang nach den Türmen von Toronto, Moskau und Shanghai ein. Er steht nördlich des Stadtteils Gisha (Nasr). Zu seinen Attraktionen gehören ein Drehrestaurant in 276 Meter Höhe, ein Imbissrestaurant und mehrere Aussichtsplattformen. Architekt war Dr. Hafezi. An der Bauausführung waren neben iranischen, kanadischen und schwedischen Unternehmen auch die deutschen Firmen BASF-Bauchemikalien, Etzel und MERO-TSK beteiligt, wobei letztere mit der Außengestaltung des ›Korbes‹ mit 17 000 Quadratmetern Glasfläche betraut war.

Der Turm ist Bestandteil des Internationalen Handels- und Tagungszentrums, zu dem sowohl Kongress- und Ausstellungshallen als auch ein 5-Sterne-Hotel gehören. (Tägliche Öffnungszeiten: 9–20 Uhr, Eintritt 90 000–250 000 Rials, abhängig von der Höhe der Aussichtsplattform; Tel. 84361000, www.tehranmiladtower.ir).

Mosalla-Gebetsplatz

Der neue riesige Gebetsplatz (Imam Khomeini Grand Mosalla oder Mosalla-ye Bozorg) befindet sich östlich der Modarres-Schnellstraße auf Höhe der Resalat-Schnellstraße. Der gigantische

Komplex für religiöse Veranstaltungen mit zwei je 230 Meter hohen Minaretten fasst 600 000 bis 800 000 Gläubige. Der zentrale Teil wird bereits benützt. Bis die gesamten vorgesehenen Einrichtungen fertiggestellt sein werden, wird es noch einige Jahre dauern. Die endgültige Gesamtanlage wird eine Fläche von etwa 1000 mal 2000 Metern umfassen. **Zutritt für Touristen und Fotografieren ist nicht gestattet** (Metro: L.1 Mosalla).

Ibrahim-Moschee

Diese Moschee (Masjed-e Ibrahim) steht auf dem Messegelände. Die kubusförmige Gebetshalle lehnt sich an frühislamische Formen an, während beim Minarett auch Verbindungen zu vorislamischen sassanidischen Elementen zu erkennen sind.

Al-Ghadir-Moschee

Wenn sie auch ein kleinerer Bau ist, so ist die turmartige Al-Ghadir-Moschee (Masjed-e Al-Ghadir) architektonisch doch anerkannt. Ihre Kuppel wird von mehreren gestaffelten Quadraten geformt. Sie wurde 1980 von Jahangir Mazloum Yazdi erbaut und steht in Nordteheran, Bolvar-e Mirdamad, östlich der Naft-Straße (Metro: L.1 Mirdamad).

Parlamentsgebäude

Das Parlamentsgebäude (Emarat-e Majlis-e Shuray-e Islami), das 2004 bezogen wurde, liegt zentral am Meydan-e Baharestan. Seine moderne pyramidenförmige Architektur spiegelt sich in umgebenden Wasserflächen. Das an der Schmalseite des Baharestan-Platzes gelegene renovierte alte Parlamentsgebäude, das 1906 eingeweiht wurde, wird nun als Bibliothek und Museum benützt (Metro: L.2 Baharestan).

Senatsgebäude

Das ehemalige Senatsgebäude (Sakhteman-e Majles-e Sena-ye Sabeq) wird für Sitzungen der Expertenversammlung genutzt. Es liegt zentral an der Kh. Imam Khomeini nahe dem Meydan-e Hor. Es war bis 1978 Senatsgebäude, und von 1979 bis 2004 fanden hier die Parlamentsitzungen statt. Dies Gebäude entspricht dem modernen Stil der Mitte der 1950er Jahre und wurde vom Architekten Heydar Ghiai gebaut. Die gesamte Fassade wird durch einen vorgesetzten rechteckigen Beton-Gitterost aufgelokkert, dem an den Seiten vertikale Lamellen um die halbrunde Rückseite folgen. Das Dach wird vorne an den Außenseiten von je einem durchbrochenen Pfeiler gestützt (Metro: L.2 Daneshgah-e Imam Ali).

Sharif-Universität

Die Fertigstellung der Sharif-Universität (Daneshgah-e Sharif) wurde bis 1975 von Hoseyn Amanat, der auch das Azadi-Monument geplant hat, betreut. Dieses Insitut glänzt als technische Eliteuniversität. Architektonisch bemerkenswert ist das Avicenna- (Ibn Sina)-Gebäude mit dem schlanken, reliefierten Turm (Metro: L.2 Daneshgah-e Sharif).

Neue Nationalbibliothek

Das Teheraner Architekturbüro Pirraz, das auch den Erweiterungsbau des Heiligtums in Qom gestaltet hat, plante die 2004 fertiggestellte Neue Nationalbibliothek (Ketabkhaneh Melli-ye Iran), die sich an einem Hügel zwischen den Autobahnen Haqani und Hemmat hinzieht. Die Gebäude sind terrassenartig gegliedert und im Inneren mit hohen Lesesälen und indirektem Lichteinfall ausgestattet (Tel. 886 44 08-0, -1, www.nlai.ir, Metro: L.1 Shahid Hemmat).

Ekbatan-Stadtviertel

An der Karaj-Autobahn, nördlich des Flughafens Mehrabad, wurden die modernen Wohnkomplexe des Ekbatan-Stadtviertels (Shahrak-e Ekbatan) ab 1975 in drei Phasen für 75 000 Einwohner errichtet. Sie bestehen aus 33 Blöcken, die unterschiedlich hohe Gebäude zwischen 5 und 15 Stockwerke aufweisen. Die Häuser stehen auf kurzen Betonstelzen, und ihre Fassaden sind durch Fenster- und Brüstungsbänder gegliedert. Diese Siedlung bildet mit ihren Schulen, Kindergärten, Geschäften, Restaurants, Moscheen und Gesundheitseinrichtungen eine eigene Stadt. Bis zur Revolution war der Bauherr die Teheraner Firma TRC, die in der ersten Phase unter anderem mit der amerikanischen Gruzen Partnership kooperierte (Metro: L.2 Ekbatan)

Shahrak-e Qods

Nördlich des Milad-Turms stehen die imposanten Appartment-Hochhäuser von Shahrak-e Qods, das auch Shahrak-e Gharb genannt wird, was West-Stadt bedeutet. Hier wohnen Angehörige des gehobenen Bürgertums, und in der Nähe gibt es Einkaufszentren wie das Milad-e Nur oder Golestan. Die reichen Teheraner sind in den nördlichen Stadtteilen an den Ausläufern des Elburz-Gebirges ansässig wie in Velenjak, Zafaraniyeh oder Hesarak.

Chaharsad Dastgah

In Südteheran, etwa einen Kilometer östlich des Bahman-Kulturkomplexes, wurde in den 1960er Jahren der wohl erste soziale Wohnungsbau Irans in Chaharsad Dastgah, was ›vierhundert Einheiten‹ bedeutet, realisiert. Aus diesem Umfeld gab und gibt es Aufsteiger, die beispielsweise Akademiker oder Fußballspieler wurden. Für unterprivilegierte Bevölkerungsschichten wurden in den letzten Jahrzehnten weitere soziale Wohnsiedlungen errichtet, wie beispielsweise im östlicher gelegenen Shahrak-e Imam Khomeini.

Radfahrer in Teheran

Azadi-Sportkomplex

Der Azadi-Sportkomplex (Mojtame-e Varzeshi Azadi) wurde 1974 mit den Asiatischen Spielen eingeweiht. Zu ihm gehören das 100 000 Zuschauer fassende Azadi-Stadion, verschiedene Hallen, Sportplätze, Rennbahnen und eine Regattastrecke. Leitender Architekt für das Gesamtkonzept und das Stadion war Abdol Aziz Farman Farmaian. Der Komplex liegt an der Autobahn nach Karaj (Metro: L.2 Azadi).

Industrie

Wichtige Industriefirmen sind **Iran Khodro** und **Saipa**, deren Produktionsstätten an der Karaj-Autobahn westlich des Ekbatan-Viertels liegen. Iran Khodro ist der bedeutendste Automobilhersteller des Mittleren Ostens und stellt jährlich etwa 600 000 moderne Samad-Mittelklassewagen und andere PKWs her.

▲ Umschlagkarte

Außerdem produziert man dort tausende Busse und LKW in Lizenzen von Mercedes, Peugeot und MAN. Die jährliche Stückzahl der Saipa-Automobile erreicht fast 500 000. Saipa baut in Kashan ein weiteres großes Werk und lässt in Syrien montieren. An der Karaj-Autobahn findet man auch die Fabrikationsstätten von **Darou Pakhsh**, dem größten Pharmahersteller des Mittleren Ostens, und vieler weiterer Industriefirmen.

Hochhäuser

Das auffällige, 1997 errichtete **Armita-Hochhaus** (Borj-e Armita) steht an der Kh. Bokharest oder Shahid Ahmad Ghasir. Es ist ein Bürohochhaus mit sternförmigem Grundriss im persischen Shamseh-Muster zweier um 90 Grad gegeneinander gedrehter Quadrate. Es ist 21 Stockwerke hoch und von einer Kuppel mit Kupferdach überwölbt.

Mit 162 Metern Höhe und 54 Stockwerken ist das **Teheran International** Hochhaus (Borj-e beynol-melal Tehran) derzeit das höchste Wohngebäude Teherans. Sein Grundriss ist ein dreizackiger Stern. Es steht 200 Meter südlich des A.S.P. Appartment-Komplexes an der Bozorgrah-e Kordestan.

Der **Hochhauskomplex Atisaz** (Mojtame-e Maskuni Atisaz) wurde 1997 errichtet. Er gleicht in seiner Form einer Skisprungschanze und liegt in Nordteheran an der Bozorgrah-e Chamran im Westen des Messegeländes.

Das moderne Gebäude der **Bank Tejarat** in der Kh. Nejatollahi an der Kreuzung Kh. Taleqani gegenüber dem Hoveyzeh-Hotel zeichnet sich durch große, leicht wirkende Glasflächen aus. Sein Bau wurde vor der Revolution begonnen und 1979 fertiggestellt.

In Nordteheran hält der Trend zu Appartmenthochhäusern an. Östlich der Modarres-Schnellstraße auf der Höhe des Ortsteils Elahiyeh werden mittlerweile die Gartenanlagen gepflegter Anwesen und Botschaftsresidenzen von markanten Bauten wie den Zwillingstürmen (Borjha-ye doqolu) und den Saba-, Parsa- oder Afrakomplexen überragt.

Der Hochhauskomplex Atisaz

Stätten religiöser Minderheiten

Der Volkszählung des Jahres 2006 zufolge lebten in Teheran Angehörige folgender nicht-moslemischer Religionen: 9900 Zoroastrier, 5000 Juden und 56 000 Christen. Sie können ihren Glauben in ihren Gotteshäusern ausüben und haben Repräsentanten im iranischen Parlament.

Feuertempel und Friedhöfe der Zoroastrier

Der zoroastrische **Große Feuertempel** (Adorian-e Bozorg-e Tehran) liegt im Stadtteil Yousefabad in der Kh. Zartoshtian, die über die Bozorgrah-e Kordestan und Kh. Shasht-o-Hashtom erreichbar ist (Tel. 88 04 49 03, 88 04 48 35).

Ein weiterer **zoroastrischer Feuertempel** (Ateshkade-ye Zartoshtian) ist in einem auffälligen Gebäude mit Säulenportikus und Vasengeländer am Dach untergebracht. Er befindet sich in der Kh. Mirza Kuchek Khan, welche die nördliche Verlängerung der Si-ye-Tir-Straße mit dem Glas- und Keramikmuseum bildet (Tel. 66451082).

Im Stadtteil Qasr-e Firuzeh, südöstlich des Dowshan Tappeh an der östlichen Peripherie, liegt der **zoroastrische Friedhof** (Qabrestan-e Zartoshtian-e Qasr-e Firuzeh). Er ist zu erreichen über die Kh. Piruzi und deren östliche Verlängerung, die Jaddeh-ye Qasr-e Firuzeh. Dort befindet sich eine moderne Andachtsstätte für Totengedenkfeiern. Die Toten werden in Gräbern beigesetzt. Seit Anfang des 20. Jahrhunderts wurde die traditionelle Aussetzung der Toten in Schweigetürmen (dakhmas) allmählich aufgegeben und die letzten Türme in Yazd und Kerman um 1970 geschlossen. Im Großraum Teheran sind östlich von Rey am Berghang noch die Rundmauern eines solchen Schweigeturmes zu sehen.

▲ Umschlagkarte

Jüdische Einrichtungen

Die Yousefabad-Synagoge (Kenisa-ye Yusefabad) ist das größte jüdische Gotteshaus in Teheran und befindet sich im Bezirk Yousefabad in der Kh. Seyed Jamalod Din Asadabadi an der Kreuzung mit der Kh. Panzdahom, Tel. 887 101 49. Mehr als zehn weitere Synagogen stehen den Gläubigen in Teheran zur Verfügung.

Das **Dr.-Sapir-Krankenhaus** (Bimarestan-e Dr. Sapir), das über 120 Betten verfügt, gehört zu den wenigen verbliebenen Gebäudekomplexen des alten jüdischen Viertels östlich der Pamenar-Straße, aus dem die meisten Bewohner bereits vor langer Zeit weggezogen sind. Dieses vor fast 70 Jahren gegründete Hospital wird nun als wohltätige Einrichtung mit Unterstützung in- und ausländischer jüdischer Organisationen weitergeführt. Es behandelt nun zu etwa 90 Prozent moslemische Patienten. Damit findet es Anerkennung bei der Bevölkerung und den Behörden. Es steht an der Ostseite der Kh. Shahid Mustafa Khomeini.

Das **Tehran Jewish Committee** befasst sich mit jüdischen Angelegenheiten. Es befindet sich in der Kh. Sheik Hadi 223 (Tel. 66 70 25 56).

Der **jüdische Friedhof** (Gabrestan-e Yahudi) mit vielen alten Grabsteinen liegt an der Kh. Khavaran am Khavaran Kulturzentrum gegenüber der Kh. Hashemabad.

Christliche Kirchen und Friedhöfe

Die große armenische **Sarkis-Kirche** (Kelisa-ye Sarkis) ist Bischofssitz und wurde 1970 erbaut. Sie liegt am Bolvar-e Karim Khan-e Zand und ist tagsüber meistens geöffnet (Tel. 8890163-4, -5, -6, 88897980, Metro: L.1 Haft-e Tir, dann 1 km westlich).

Die armenische **Thaddäus-Kirche** (Kelisa-ye Tatavus) befindet sich an der Südseite des Basars in der Kh. Musavi. Durch Bilder und farbigen Dekor besitzt sie einen stimmungsvollen Innenraum. Sie ist am ersten Freitag jeden Monats von 9 bis 12 Uhr geöffnet und ist die älteste christliche Kirche Teherans. Sie wurde in der Zeit Fath Ali Shahs Anfang des 19. Jahrhundert erbaut.

Die armenische **Maryam-Kirche** (Kelisa-ye Maryam) in der Kh. Mirza Kuchek Khan, in der nördlichen Verlängerung der Si-ye Tir Straße, steht gegenüber einem zarathustrischen Feuertempel.

Die assyrisch-katholische **Sankt-Joseph-Kirche** (Kelisa-ye Hezrat-e Yusef) liegt in der Kh. Musavi, ehemals Kh. Forsat, nördlich der Kh. Enqelab. Das 1950 fertiggestellte Gebäude imitiert assyrische Architektur. Die von zwei zinnenbewehrten Türmen eingefasste Eingangsseite imitiert das Nergal-Tor des alten Ninive (Tel. 88823549).

Die **griechisch-orthodoxe Kirche** in Form eines klassischen griechischen Tempels ist ein auffälliges Gebäude an der Kreuzung von Taleghani- und Mofatteh-Straße.

Die **katholische St.-Abraham**-Kirche befindet sich etwa 500 Meter westlich des Universitätsgeländes in der Kh. Jamalzadeh 100 (Tel. 66929203). Da sie auf mönchische Traditionen zurückgeht, gibt es dort auch einen Kreuzgang. Sie wurde Anfang der 1960er Jahre erbaut. Es sei erwähnt, dass die ersten Dominikaner vor 700 Jahren, in ilkhanidischer Zeit, in den Iran kamen.

Christliche Friedhöfe befinden sich in Dulab (Gabrestan-e Dulab) bzw. Bagh-e Vosuq, was Garten der Zuversicht bedeutet. Das Gelände liegt südwestlich von Dowshan Tappeh, nahe der Kh. Dahome Farvardin zwischen der Kh. Shahid Tajeri und der Kh. Pasderan-e Gomnan. Im westlichen Teil liegt der alte armenische Friedhof (Gabrestan-e Aramene), für dessen Besuch man sich über Tel. 33171013 anmelden kann. Im südöstlichen Teil befindet sich der russisch-orthodoxe Friedhof, und nordöstlich schließt sich der römisch-katholische Friedhof an.

Auf dem katholischen Friedhof liegen die Gräber von 1892 Polen, die 1942 aus sowjetischen Arbeits- und Internierungslagern nach Iran entlassen wurden und von denen viele wegen ihres geschwächten Zustands innerhalb kurzer Zeit nach der Ankunft starben.

Die **evangelische Gemeinde** deutscher Sprache im Iran besitzt einen kleinen Kirchenraum in Nordteheran, im Stadtteil Gholhak, in der Kh. Yakhchal/Kh. Shahid Sheydari 52. Gottesdienst findet freitags ab 10 Uhr statt.

Das Gemeindebüro ist sonntags, montags, dienstags und donnerstags von 9 bis 13 Uhr geöffnet (Tel. 22606117, Metro: L.1 Gholhak).

Im **protestantischen Friedhof** Bagherabad sind Menschen aus mehr als zwanzig Nationen beerdigt. Er existiert seit mehr als 100 Jahren. Acht Botschaften gehören zum Friedhofskommittee und kümmern sich um seine Belange. Der Friedhof liegt im Süden Teherans in der Nähe des Friedhofs Behesht-e Zahra (Metro: L.1 Haram-e Motahar). Von Behesht-e Zahra aus in östliche Richtung erreicht man nach etwas mehr als zwei Kilometern beim Dorf Bagherabad die Straße Jaddeh-ye Qom, der man 1,2 Kilometer in nördliche Richtung folgt. Dort, am Ortsausgang von Bagherabad, liegt der Friedhof. Es ist allerdings erforderlich, den Besuch vorher beim Büro der Evengelischen Gemeinde anzumelden (s.o.).

Teheran-Informationen

Achtung: Die Orientierung in iranischen Großstädten ist schwierig, Straßen werden oft umbenannt, und auch den Einheimischen sind die aktuellen Straßennamen nicht immer geläufig. Manche der folgenden Adressangaben enthalten deswegen Zusätze, die der Orientierung dienen; diese sind hier in ihrer persischen Variante aufgeführt, damit man sie z.B. einem Taxifahrer ansagen kann. Mehre Straßennamen hintereinander zeigen den Weg zu einer Einrichtung an.

Häufig vorkommende Begriffe bei Adressangaben:

mostaghim	geradeaus
dasht-e rast	rechts
dasht-e chap	links
bala	oben
beyn, miyan-e	zwischen
betarafe	nach, in Richtung
Bolvar-e	Boulevard
Bozorgrah-e	Schnellstraße
Chaharrah-e	Kreuzung
dar gharb-e	westlich von
dar junub-e	südlich von
dar sharq-e	östlich von
dar shomal-e	nördlich von
Falake-ye	Rondell
Jadde-ye	Landstraße
jelo-ye	vor
Kh./Khiaban-e	Straße
Meydan-e	Platz
naresideh be	vor, unterhalb von
nazdik-e	nahe
Otoban-e	Autobahn
pain-e	unten
Pelak-e	Hausnummer
posht-e	hinter
Rah-e	Weg
ruberu-ye	gegenüber
sar-e nabsh-e	an der Ecke

Allgemeines

Vorwahl: +98/(0)21.
Polizei (polis): 110
Funktaxi: Tel. 133.
Taxi von Frauen für Frauen (hellgrün): Tel. 1821.
Fernmeldeamt (Markaz-e Telefon), Südseite des Meydan-e Imam Khomeini. Metro L.1, L.2 Imam Khomeini.
Hauptpostamt (Markaz-e Post) Bolvar-e Imam Khomeini, 200 m westl. des Meydan-e Imam Khomeini. In demselben Gebäude ist auch das **Postmuseum** untergebracht. Metro L.1, L.2 Imam Khomeini.
Postämter (Postkhaneh oder Edare-ye Post) gibt es z.B. am Meydan-e Vali Asr oder am Meydan-e Tajrish.
DHL Express, Kh. Vozara 131, Shiraz Building, 3rd floor, 15116 Tehran (sar-e nabsh-e Kh. Bist-o-awal, nazdik-e Meydan-e Argentin) Tel. 88727337, 88717682.

Internet

In vielen Hotels stehen PCs mit Internet-Zugang zur Verfügung.
Pars Internet, Tel. 33924173, nahe der Britischen Botschaft in der Kh. Ferdowsi ist empfehlenswert. Von hier aus kann man auch preiswert telefonieren.
Meganet, Tel. 88776557, befindet sich am Bolvar-e Mirdamad (sar-e nabsh-e Kh. Vali Asr), gegenüber dem Eskan-Einkaufszentrum im Payetakht Computer Center mit dessen unverwechselbarer Fassade in Form eines riesigen ›barocken‹ amerikanischen Autoradios der späten 1950er Jahre.

Geldwechsel

Dies ist im Flughafen, bei großen Banken und in Hotels wie dem Laleh Hotel möglich. Anfang 2013 bekam man für 1 Euro ca. 30000 Rial (IRR).

Touristeninformation

Am Flughafen und in der Stadt gibt es derzeit keine geeigneten offiziellen Stellen. Man kann sich für Auskünfte an den gut informierten **Mr. Hamid Mousavi**, Tel. (0)912/4361974, nice 4human@yahoo.com, wenden, der auch über das Hotel Firouzeh erreichbar ist und bei Buchungen von Flügen, Bahn-, Busfahrten und Hotels hilft.

Lange etabliert und zuverlässig ist die Reiseagentur (Azhans-e Mosaferate) **Dore-Donya**, Kh. Nejatollahi 70, nazdike Kh. Somayeh, Tel. 888091-26 (bis -32). Mr. Mohammad Hosseini, Mobiltel. (0)912/2222260, hosseini@ doredonya.net oder dringende Mail: 9122222260rgp@gmail.com. Büro: Sa–Mi 8.30–16 und Do 8.30–12 Uhr.

Reiseveranstalter

Iran Doostan Tours, Kh. Vali Asr, Kh. Sevom no. 15 (ruberu-ye Kh. Motahari). Die Kh. Sevom liegt etwa 50 Meter südlich der Kreuzung Vali Asr und Motahari, an der Westseite der Kh. Vali Asr. Tel. 887229-75 bis -77, Fax 88712927, www.idt.ir. Der Autor kennt diese Firma seit über 10 Jahren und empfiehlt sie gerne an Reisende, die Studienreise-Niveau erwarten: Manager: Mr. Saeed Azam, saeed@idt.ir oder Mr. Ali Vaghefi, ali@idt.ir.

Mahsun Safar Rent-a-Car and Travel Agency, Kh. Azadi no. 117, nördliche Straßenseite, Kreuzung (Chaharrah-e) mit der Kh. Dr. Gharib, 700 Meter westlich des Meydan-e Enqelab. Tel. 66359581. mahsunsafar@yahoo.com, Mr. Morteza Tiraghan: mobil (0)912/ 1494606, Mr. Mehdi Tiraghan: mobil (0)912/3162057. Autovermietung.

Deutschsprachige Reiseleiter

Frau Zohreh Farzaneh (Kultur, Wandern), zfarzaneh2001@yahoo.com, mobil (0)912/1960567.

Frau Haideh Dilmaghani (Kultur, Kunst), mobil (0)912/1577456, heide_dilmaghani@yahoo.com.

Englischsprachige Reiseleiter:

Mr. Alireza Javaheri (Stadtführungen, Rundreisen), mobil (0)912/3351830, javaheri_arh@yahoo.com.

Mr. Ali Sadrnia (Studienreisen, archäologische Spezialtouren), mobil (0)912/ 3041695, alisadrnia@hotmail.com.

Mr. Mohammad Hajabolfath (Bergtouren, Fahrten zu Nomaden, Skifahren), Tel. 88883704, mobil (0)912/ 2104966, m.hajabolfath@mountain zone.ir.

Mr. Reza Chahkanouei (Bergtouren, Nationalparks, Angeln: auch Fliegenangeln) Tel. 22752661, mobil (0)912/ 4183437, reza@irannaturetours.com.

Medizinische Hilfe

Krankenhäuser und Ärzte

Krankenhaus ›Bimarestan-e Arad‹, im Zentrum, Kh. Dr. Shariati (Kh. Somayyeh sar-e nabsh-e Kh. Bahar), Tel. 7760100-1 (bis -6). Dies ist ein von in Teheran lebenden Ausländern häufig konsultiertes Privatkrankenhaus.

Krankenhaus ›Bimarestan-e Day‹, im mittleren Norden (Kh. Vali Asr–Kh. Abbaspur–Kh. Tavanir), Tel. 88779070, 88797115. Auch dies ist ein Privatkrankenhaus mit gutem Ruf.

Zahnärztin (deutschsprachig), Frau Dr. Armaghan Shamakhi, Kh. Mollasadra 207 (zweigt westlich vom Meydan-e Vanak ab), Tel. 88032208.

Arzt für Allgemeinmedizin (englischsprachig), Dr. Mohamad Kazem Jazayeri, in der Clinic Nasim Qeytariyeh, Bolvar-e Qetariyeh 17 (miyan-e Park-e Qeytariyeh va Bozorgrah-e Ayatollah Sadr), Tel. 22685240 (Klinik), 22427675 (privat), mobil (0)912/3750751.

Apotheken

In Teheran gibt es viele Apotheken (Darukhane) im **Zentrum**:

Darukhane Ramin, Meydan-e Ferdowsi, Südwestecke, Tel. 66705301.

Darukhane 13 Aban, am östlichen Ende der Kh. Karimkhane Zand, links vom Kartengeschäft Gita Shenasi.

Behörden

Botschaften

Deutsche Botschaft (Sefarat-e Alman), zentral in der Kh. Ferdowsi 320–324, Tel. 39990000 (So–Do). Nur im Notfall: Mobiltel. (0)912/1131007, info@teheran.diplo.de. Metro: L.1 Saadi, dann etwa 400 m westlich auf der Kh. Jomhuri.

Österreichische Botschaft (Sefarat-e Otrish), Nord-Teheran, nordwestlich des Meydan-e Qods (über Kh. Dr. Bahonar-Kh. Zamani–Kh. Mir Vali 11). Tel. 22750040, 22750046 (So–Do). Metro: L.1 Meydan-e Qods, dann etwa 1,5 km nordwestlich.

Schweizer Botschaft (Sefarat-e Swiss), nordöstlich des Zentrums im Stadtteil Elahiyeh, Kh. Yasaman 13 (über Bozorgrah-e Modares–Kh. Maryam–Sharifmanesh), Tel. 22008333, 2200845-4, -55 (So–Do). Metro: L.1 Sadr, dann 500 m westl. auf der Kh. Elahiyeh zur Kh. Yasaman

Türkische Botschaft (Sefarat-e Torki), neben der Deutschen Botschaft in der Kh. Ferdowsi, Tel. 33115299, 3311-8997, 33115351.

Visumsangelegenheiten

Die Ausländerpolizei (Police Atba-e Khareje) befindet sich in der Kh. Soroush, 30 Meter rechts oberhalb der Kuche Hamid, die nordwestlich der Kreuzung Kh. Motahari / Kh. Shariati liegt. Eine Bank Melli Filiale ist unterhalb der Kuche Hamid in der Kh. Shariati. Sa–Mi von 7.30–1.30 Uhr und Do von 7.30–12 Uhr. Da immer großer Andrang besteht, weicht man nach Möglichkeit auf andere Städte aus.

Messen, Handelskammern

Das Gelände der **Internationalen Messe** (Namayeshgah-e Beynol-melal) liegt in Nordteheran an der Chamran-Schnellstraße.

Deutsche Firmen im Iran und iranische Firmen mit deutschen Interessen sind organisiert in der **Deutsch-iranischen Industrie- und Handelskammer**, Kh. Afriqa, Kh. Navak 7 (etwas südlich des Meydan-e Vanak), Tel. 88799805, 88663211. Entsprechende österreichische und schweizerische Wirtschaftsverbindungen laufen über die Außenhandelsstellen der betreffenden Botschaften.

Transport, Verkehrsverbindungen

Taxis

Der überwiegende Teil des öffentlichen Verkehrs erfolgt per **Sammeltaxi**. Lange waren diese Taxis orange oder gelb lackiert, aber sie haben mittlerweile die verschiedensten Farben. Diese Sammeltaxis fahren die Hauptverkehrsstraßen entlang und halten auf Wunsch zum Zu- oder Aussteigen. Sie werden von Frauen und Männern gleichermaßen benützt.

Taxis für Direktfahrten kann man bei Agenturen bestellen. Für Funktaxis lautet die generelle Telefonnummer

133. Es gibt auch Taxis (hellgrün) mit weiblichen Fahrern, die nur Frauen befördern, Tel. 1821.

Eine Fahrt mit dem Sammeltaxi kostet pro 10 km etwa 10 000 Rials (etwa 0,75 Euro, Stand 2012). Ein Direkttaxi kostet etwa das Zehnfache. Diese Preise könnten sich wegen der gegenwärtig hohen Inflation innerhalb eines Jahres um 2000 Rials erhöhen.

Bitte beachten Sie bei **Taxifahrten vom Flughafen** Imam Khomeini, der etwa 50 Kilometer vom Stadtzentrum entfernt liegt, darauf, dass Sie nur die offiziellen Flughafentaxis benützen. In der Ankunftshalle gibt es einen ›Airport Taxi‹-Schalter der Firma Seiro Safar. Dort kann man einen Gutschein kaufen, den man vor dem Flughafengebäude dem zugewiesenen Fahrer gibt. Derzeit kostet eine Fahrt nach Teheran pauschal 350 000 Rials.

Stündlich verkehrt ein **Flughafenbus** für etwa 3 Euro zum Inlandsflughafen Mehrabad und hält unterwegs zumindest am Meydan-e Azadi (Anschluss Metro: L2/Azadi).

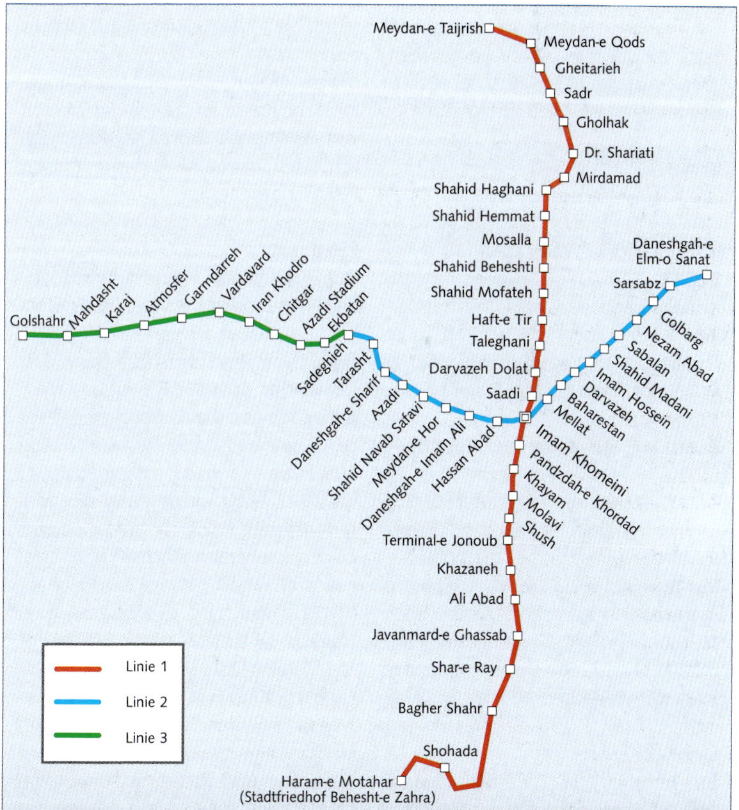

Teheran, Metro (Info → S. 158)

Metro (Netzplan → S. 157)
Das neue Metro-Netz deckt bisher nur einen geringen Teil der Stadt ab. Es ist zuverlässig, und die Züge verkehren in Minutenabständen. Es ist der schnellste Weg, von einem Punkt zum anderen zu gelangen, nur muss man oft von den Stationen noch weit laufen oder fahren, um ans Ziel zu gelangen.
Die U-Bahnen verkehren durchschnittlich im 4-Minuten-Takt. Fahrkarten werden an Schaltern direkt in den Stationen verkauft. Eine Fahrt kostet derzeit 3500 Rial.
Für Frauen ist am Zuganfang zwar extra ein eigenes Abteil vorgesehen, aber es ist ihnen freigestellt, auch in den anderen Abteilen mitzufahren.

Busse
Die Karten für den Busverkehr innerhalb der Stadt kauft man vor Fahrtantritt am Kiosk. Wenn man nur einige Tage in Teheran verbringen möchte, ist es kaum lohnenswert, sich mit dem unübersichtlichen Streckennetz zu beschäftigen, um per Bus ans Ziel zu gelangen. Frauen und Männer müssen getrennt sitzen.
Zentraler Bus-Terminal (Terminal-e otobus-e Meydan-e Arzhentin) am Argentin-Platz. Ausgangspunkt für Reisen nach Isfahan, Shiraz, Yazd, Tabriz, Rasht, Mashhad und in die Türkei.
Bus-Terminal West (Terminal-e gharb), nordwestlich Meydan-e Azadi (nächste Metro-Station: Daneshgah-e Sharif, dann etwa 1 km westlich). Ausgangspunkt für viele internationale Buslinien und Fahrten Richtung Westen und kaspisches Meer.
Bus-Terminal Ost (Terminal-e shargh), etwa 7 km nordöstlich Meydan-e Imam Hoseyn oder Metro L.2 Dardasht, dann etwa 2 km südöstlich. Richtung Nordost-Iran, wie Amol, Sari, Gorgan, Gonbad-e Kavus und Bojnurd.
Bus-Terminal Süd (Terminal-e jonub), östlich des Hauptbahnhofs. Metro: Teminal-e jonub. Richtung Süd-Iran, nach Qom, Isfahan, aber auch nach Semnan.

Mietwagen
Das Leihen eines Mietwagens für Selbstfahrer ist in Teheran wegen der für vorübergehende Besucher verwirrenden innerstädtischen Verkehrsverhältnisse nicht empfehlenswert. Internationale Autoverleihfirmen gibt es bisher nicht.
Mahsun Safar (→ S. 155) bietet angemessene Preise, und auch das Mieten von PKW ohne Fahrer ist dort möglich, wenn man einen Internationalen Führerschein besitzt.

Eisenbahn
Vom Teheraner Hauptbahnhof aus bestehen Zugverbindungen nach Istanbul (Do., Dauer 3 Tage) – siehe www.seat61.com/Iran.htm, nach Damaskus (2x wöchtl. über die Türkei) und nach Jolfa an der aserbaidschanischen Grenze (Anschluss nach Russland). Die Strecke von Kerman nach Zahedan soll bis 2013 fertig werden und die Weiterfahrt nach Pakistan ermöglichen.
Züge ab Teheran verkehren nach Isfahan (tägl. 7 St.), Shiraz (2x wöchentl. 15 St.), Yazd (tägl. 6–8 St.), Kerman (täglich 14 St.), Mashhad (tägl. 12 St.), Tabriz (tägl. 13 St.).
Landschaftlich und technisch attraktiv wegen der vielen Brücken, Tunnel und Höhenunterschiede sind die Strecken nach Sari und Richtung Ahvaz von Dorud nach Andimeshk. Wegen der Abfahrtszeiten und relativ niedrigen

Ticketgebühren kann man im Internet unter dem Link der iranischen Staatsbahnen www.raja.ir/default.aspx nachschauen. Falls die dortigen Angaben nicht aktuell sind, sollte man sich an eine kompetente Reiseagentur wie Dore Donya (→ S. 155) wenden, die auch internationale Bahntickets besorgt, oder direkt an die Bahnhofsschalter.

Flughäfen

Flughafen Imam Khomeini (Forudgah-e Imam Khomeini), 50 km südlich der Stadt Richtung Qom.

Flughafen Mehrabad (Forudgah-e Mehrabad), nur für Inlandsflüge, westlich des Stadtzentrums

Büros der Fluglinien

Iran Air, Kh. Nejatollahi (Villa) 44–46 (nazdik-e Kh. Enqelab, nordwestlich des Meydan-e Ferdowsi), Tel. 8880-8472, 88829080. Sa–Mi 8–16, Do 8–13 Uhr. Metro: L.1 Darvazeh Dowlat.

Lufthansa, Kh. Sarfaraz 2 (nazdik-e Kh. Beheshti), Tel. 8873870-0, -1. Sa–Mi 8–16, Do 8–13 Uhr. Metro: L.1 Shahid Beheshti.

Swissair, wie Lufthansa

Austrian Airlines, Kh. Sarfaraz 32 (nazdik-e Kh. Motahari), Tel. 88745313. Öffnungszeiten wie Iran Air. Metro: L1. Shahid Mofateh.

Turkish Airlines, Kh. Ostad Motahari 238 (nazdik-e Bozorgrah-e Modarres), Tel. 88737464, 8874845-0, -1. Öffnungszeiten wie Iran Air. Metro: L1. Shahid Mofateh.

Mahan Air, Kh. Azadegan 21 (nazdik-e Bozorgrah-e Jenah), Tel. 44070020, 44072031. Öffnungszeiten wie Iran Air.

Hotels

Q: Qualitätsstufe, P: Preisstufe (s. auch → S. 15, Karte → S. 160)

Azadi Grand Hotel (Parsian Chamran)***** (ex Hyatt), Bozorgrah-e Chamran, Tel. 223444-44 (bis -57), Fax 22344475, www.parsianhotel.ir. In Nordteheran, nahe Messegelände (Q4/P5).

Hotel Esteghlal***** (ex Hilton), Bozorgrah-e Chamran, Tel. 226600-11 (bis -25), www.esteghlalhotel.com. In Nordteheran, nahe Messegelände (Q4/P5).

Hotel Homa***** (ex Sheraton), Kh. Shahid Khodami 51 (nazdik-e Meydan-e Vanak), Tel. 887730-21 (bis -39), www.homahotels.com. (Q4/P5).

Hotel Laleh***** (ex Interconti), Park-e Laleh, Tel. 8896502-1 (bis -9), www.lalehhotel.com. Zentral am Laleh-Park, empfehlenswert für Touristen (Q4/P5).

Hotel Asareh****, Kh. Zare, 600 m westl. des Meydan-e Enqelab. Tel. 66564555, www.asarehhotel.com (Q4/P4).

Hotel Raamtin****, Kh. Vali Asr 1081 (jelo-e Park-e Saiye), Tel. 8872278-6, -7, -8, www.raamtinhotel.com. Etwas nördlich des Zentrums, Einkaufsmöglichkeiten und Restaurants in der Nähe (Q4/P4–5).

Hotel Hoveyzeh****, Kh. Nejatolahi (nazdik-e Kh. Taleghani), Tel. 888043-44 (bis -53). Zentrale Lage, Metro: L.1 Taleghani (Q3–4/P4).

Hotel Ferdowsi Grand****, Kh. Kushke Mesri Nr. 24 (nazdik-e Kh. Ferdowsi), Tel. 667270-26 (bis -31), www.ferdowsihotel.com. Zentrale Lage, 10 min. Fußweg zu den wichtigen Museen und 20 min. zum Großen Basar. Metro: Imam Khomeini (Q3–4/P4).

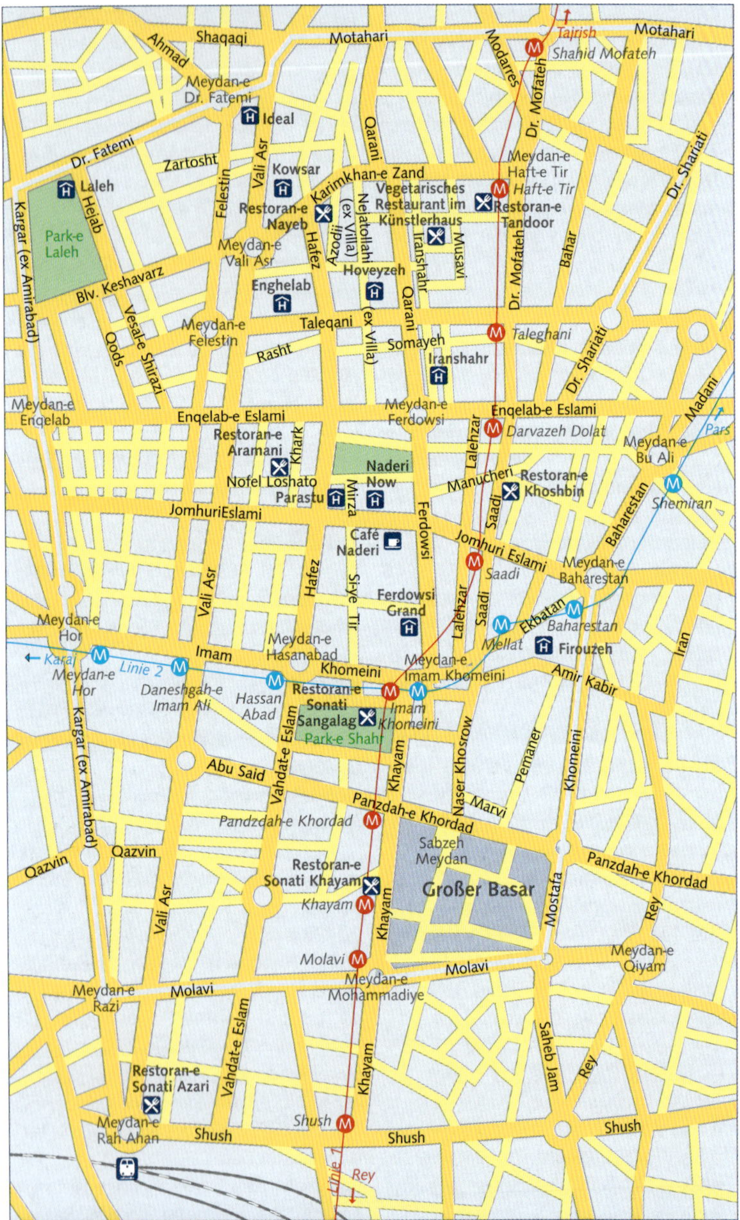

Hotels/Restaurants im Zentrum (anderes: S. 126)

▶ siehe auch Umschlagkarte

Hotel Enghelab****, Kh. Taleqani (nazdik-e Kh. Vali Asr), Tel. 8894329-3, -4, -5, 88937251, www.parsianhotels.ir. Zentrale Lage (Q3–4/P4).

Hotel Kowsar****, Kh. Shahid Molayi 8 (nazdike Meydan-e Vali Asr), Tel. 8890812-1 (bis -5), www.parsianhotels.ir. Im nördlichen Bereich des Zentrums (Q3–4/P4).

Hotel Iranshahr***, Kh. Iranshahr 75 (beyn Kh. Somaye & Enqelab), Tel. 8831099-5 (bis -9), www.hotel-iranshahr.com. Ruhig, zentral, 25 Minuten Fußweg zu den wichtigen Museen. Metro: L.1 Darvazeh Dolat (Q3/P3).

Hotel Naderi Now (Neu)***, Kucheh Goharshad 53, Kh. Jomhuriye (nazdik-e sefarat-e Britaniya), Tel. 6670953, -0, -1, Fax 66709532. In einer ruhigen Gasse, zentral und nahe dem traditionsreichen Café Naderi, der Antiquitäten-Straße Manucheri, dem Armenischem Club und der Deutschen Botschaft, 15 Minuten Fußweg zu wichtigen Museen. Metro: L.1 Saadi (Q2/P2–3).

Ideal Hotel (Apartments)***, Meydan-e Dr. Fatemi, Kuche Kamran, etwa 1,2 km östlich des Park-e Laleh entlang der Kh. Dr. Fatemi, Tel. 88920841, www.hotelideal.ir. Voll ausgestattete Appartments, (Q3/P2–P1, abhängig von der Personenzahl).

Hotel Parastu (= Parastoo)**, Kh. Shahid Mohammad Beygi – Kh. Jomhuri, südlich der Russischen Botschaft (jonub-e sefarat-e russye). Tel. 66708571, www.hotel-parastoo.com, Alle Zi. mit Dusche und WC, sauber, (Q2/P0–1). Metro: L.1 Saadi.

Hotel Firouzeh *–**, Kuche Dowlatabadi, Kh. Amir Kabir, 580 m östlich des Meydan-e Imam Khomeini, in der nördl. Gasse. Tel. 33113508, www.firouzehhotel.com. Man arrangiert preiswerte Fahrten in die Umgebung, auch zum Skifahren. Saubere Zimmer auch mit Dusche, Etagen-WCs. Sehr empfehlenswert für Individualreisende, (Q1–2/P0). Metro: L.2 Baharestan.

Gastronomie

Restaurants

Restoran-e Alborz, Kh. Sohrevardi (Chaharrah-e Hoveyzeh), Tel. 8876-0629. Eines der besten Chelo-Kebab-Restaurants. Metro: L.1 Shahid Beheshti, dann 1 km östlich.

Restoran-e Alighapu, 55, Kh. Gandi 55 (nazdik-e Meydan-e Vanak), Tel. 88777803. Sehr gutes Chelo Kebab, traditionelle Musik.

Restoran-e Hani, Kh. Vali Asr (Chaharrah-e Motahari, ex: Takht-e Tavus), Tel. 88895311, 88895544. Metro: L.1 Shahid Mofateh, dann 1,5 km westlich. **Filiale**: Mirdamad/Vali Asr (gegenüber Eskan-Einkaufszentrum), Tel. 88787037. Ausgezeichnete persische Küche. Selbstbedienung, Hauslieferung.

Restoran-e Howz Khaneh, Kh. Vali Asr 1158 (ruberu-ye Park-e Saiye), Tel. 88772668. Stimmungsvolles kleineres Restaurant mit traditionellem Gesang.

Restoran-e Khansalar, Meydan-e Argentin, Kh. Alwand 22, Tel. 88780454. Alteingesessenes Restaurant, gute persische Küche, angenehmes Ambiente.

Restoran-e Khoshbin, Kh. Saadi 406 (Chaharrah-e Kh Manoucheri), Tel. 33902194. Ein einfaches Restaurant mit Gerichten aus der kaspischen Provinz Gilan: die berühmte Mirza Ghassemi (eine Mischung aus pürierten Auberginen, Tomaten, Zwiebeln und Eiern) oder Zeytoun-e Parvardeh (eingelegte Oliven in Granatapfelsaft mit geraspelten Wallnüssen) und andere. Metro: L.1 Saadi.

Restoran-e Nayeb, Kh. Vali Asr (ruberu-ye Park-e Saiye), Tel. 88713474. Es gibt drei weitere Nayeb-Filialen in Teheran – diese Kette hat eine Geschichte von über 120 Jahren.

Restoran-e Nayeb, Kh. Shahid Azodi (ex Aban) (nazdik-e Kh. Karim Khan-e Zand), Tel. 88713474. Metro: L.1 Haft-e Tir, dann etwa 1 km westlich.

Restoran-e Papa, Kucheh Afshari 5, nördlich der Modarres-Schnellstraße (Kh. Vali Asr, Kh. Fayyazi (ex Fereshte), Kh. Shabdiz), Tel. 22009157. Sehr gute persische Küche und stilvolles Ambiente.

Restoran-e Sonati Saadabad, auch Ghavekhaneh Sonati Saadabad genannt, Tel. 2270534-5, -6, 2274690-8, -9. Nördlich der Saadabad-Paläste am Meydan-e Darband. Das Restaurant ist in einem riesigen Kunststoffzelt untergebracht.

Restoran-e Zeytoon, im Ferdowsi-Hotel, Tel. 667270-26 (bis -31). Nahe den zentral gelegenen Museen, 2 min. Fußweg nördlich des Imam-Khomeini-Platzes in der Kh. Ferdowsi (Chaharrah-e Kh. Kushke Mesri). Gut geeignet auch für Vegetarier wegen des großen Salatbuffets. Metro: Imam Khomeini.

Restoran-e Zagros, an den Ausläufern des Elburz-Gebirges, am nördlichen Ende des Park-e Jamshidiye, Tel. 228-10107. Gute persische Küche und schöner Blick auf Teheran.

Vegetarisches Restaurant (Restoran-e giyahi) **im Haus der Künstler** (Khane honarmandan), Kh. Taleghani (Shahid Musavi shomali – ex: Forsat shomali), Tel. 88310462. Zentrale Lage. Metro: L.1 Taleghani.

Vegetarisches Restaurant Ananda (Restoran-e giyahi ›Ananda‹), Kh. Pasdaran, Kh. Ekhtiyarieh 17 (Chaharrah-e Behestan Dahom, nazdik-e Kh. Nilufar), Tel. 22556767, 22551352. Das von der iranischen vegetarischen Gesellschaft betriebene Restaurant bietet ausgezeichnete Küche!

Armenischer Klub (Restoran-e Aramane), Kh. Khark 68 (nazdik-e Kh. Nofel Loshato – ex Kh. France), Tel. 667005-21, -22 und 66752813. Nordwestl. der französischen Botschaft (Sefarat-e farans). Gute persische und internationale Küche. Zutritt nur für Nicht-Moslems möglich, da dieses Lokal von den islamischen Kleidungsvorschriften befreit ist. Metro: L.1 Saadi, dann 1,5 km westlich.

Traditionelle Restaurants (Sofrekhaneh)

Restoran-e Sonati Azari, am südlichen Ende der Kh. Vali Asr nördlich des Meydan-e Rah Ahan (Bahnhofsplatz), Tel. 55373665. Stimmungsvolles traditionelles Restaurant mit Gesang und Rezitationen aus Ferdowsis Werken. Sehr guter Fleischeintopf ›Dizi‹ oder ›Abgusht‹. Metro: L.1 Shush, dann 1 km westlich.

Café in Teheran

▶ Karte S. 160

Restoran-e Sonati Khayam, Kh. Khayam, westlich des Großen Basars, wenige Minuten südlich der Metro-Station Kayam (L.1), empfehlenswert im Zusammenhang mit einem Basarbesuch.

Restoran-e Sonati Sangalag, im Park-e Shahr (Stadtpark), Tel. 66731075. Metro: Imam Khomeini oder Panzdah-e Khordad (L.1).

Kale-Pache-Garküchen: Kale Pache ist ein traditionelles persisches Gericht, das gewöhnungsbedürftig ist. Frühmorgens werden Schafsköpfe mit Gehirn, Augen und Zungen gekocht und mit Limonensaft verfeinert angeboten. Diese Garküchen werden immer seltener, aber sind in Südteheran noch anzutreffen. Sie sind an Schildern zu erkennen, auf denen umhertollende junge Schafe abgebildet sind.

Internationale Küche

Restoran-e azhdaha-ye talayi – Golden Dragon (chinesisch), Kuche Turaj 23, (Kh. Vali Asr nazdik-e Chaharrah-e Chamran), Tel. 22040508. Dieses Restaurant war bereits vor der Revolution für gute chinesische Küche bekannt.

Restoran-e Casa Mia (italienisch), im Gandi-Einkaufszentrum im Bereich am Vanak-Platz (→ S. 166), 1. Stock. Tel. 88791959.

Restoran-e Monsoon (thailändisch), Vanak-Bereich im Gandi-Einkaufszentrum, 1. Stock. Tel. 8879198-2, -3. Sehr empfehlenswert, es gibt auch sehr gute Sushi.

Restoran-e Italia, Vanak-Bereich, nahe Homa-Hotel, Kh. Mahtab 47 (über Kh. Aftab), Tel. 88052604. Sehr gut, teuer.

Restoran-e Tandoor (indisch) im Safir Hotel, Kh. Dr. Mofateh, Kh. Ardalan, Tel. 88300873. Metro: L.1 Taleghani.

Restoran-e Garcia (mexikanisch), in Lavasan, etwa 30 Kilometer von Nordteheran aus in nordöstlicher Richtung, Kh. Etehad. Tel. (0)221/4527471. Besitzer sind ein Iraner und seine mexikanische Frau, die sich in den USA kennengelernt haben. Sie ist eine sehr gute Köchin. Sonntags geschlossen.

Cafés

Café Aks (Café Foto), im Eskan-Einkaufszentrum (→ S. 165). Dies ist ein Treffpunkt von professionellen Fotografen.

Café de France, im Gandi-Einkaufszentrum, wo es auch weitere Cafés gibt, die gerne von jungen Leuten besucht werden.

Café Cuba, im Einkaufszentrum Milad-e Nur. Hier unterbrechen moderne Teheraner gerne ihren Bummel.

Café Naderi, 405 Kh. Jomhuri, westlich der Ferdowsi-Straße, Tel. 6670-1810. Eine Teheraner Institution, deren traditionelle Kaffeehaus-Atmosphäre immer noch spürbar ist. Metro: Saadi, dann 500 m westlich.

Café Gallery, im Kulturzentrum Niavaran (Farhangsara-ye Niavaran), Kh. Pasdaran (gegenüber dem Niavaran-Palastkomplex).

Imbiss

Boof-Schnellimbiss (Pizzas, Hamburger, Brathähnchen), viele Filialen an der Vali-Asr-Straße und im Golestan-Einkaufszentrum, beliebt bei Jugendlichen.

Haida Sandwich, Imbisskette mit mehreren Filialen, z.B. in der Kh. Vali Asr oberhalb vom Bolvar-e Mirdamad (Tel. 22258442), in der Kh. Vali Asr nahe Kh. Motahari (Tel. 88908657) oder am Meydan-e Qods östlich vom Meydan-e Tajrish (Tel. 22700396).

Gewürzhändler auf dem Basar

Autobahnraststätte Mahtab, etwa 100 Kilometer südlich von Teheran an der Autobahn Richtung Qom bei der Tankstelle Aminabad. Sauberer Schnellimbiss mit Café.

Einkaufen

Damenmoden

Dünne modische Damenmäntel kann man in Geschäften an der Kh. Vali Asr etwa 200 m südlich der Kh. Motahari kaufen. Dies ließe sich auch mit einem Besuch des exzellenten Hani-Buffetrestaurants an der Ecke Vali Asr und Südseite der Motahari-Straße verbinden.

Modeboutiqen gibt es im Tandis-Einkaufszentrum am Tajrish-Platz und am östlichen Ende des Bolvar-e Mirdamad in der Nähe des Madar-Platzes.

Antiquitäten

Ein Bummel durch die **Manucheri-Straße** (Kh. Manucheri) lohnt sich alleine schon wegen der Atmosphäre. Die Straße zweigt von der Kh. Ferdowsi südlich des Meydan-e Ferdowsi in östliche Richtung ab. Ältere, künstlerisch wertvolle Objekte darf man nicht ausführen, aber das Angebotsspektrum ist riesig, und so lassen sich auch neuere interessante Dinge finden.

Kunsthandwerk

Läden für Kunsthandwerk (Forushgah-e Sanaiy-e Dasti) gibt es in der Kh. Nejatollahi (Villa) südlich der Kh. Karim Khaneh Zand.

Außerdem in der Kh. Taleghani (Nähe Metro-Station Taleghani) und in der Kh. Vali Asr gegenüber dem Park-e Mellat.

Bücher

Buchhandlungen (Ketabkhane) mit Reiseliteratur befinden sich in den Eingangshallen großer Hotels wie Laleh, Homa und Azadi Grand.

Die **Internationale Buchhandlung Noor** im A.S.P. Gebäude, Bozorgrah-e Kordestan, Kh. Shast-o-chaharom (64. Straße), Tel. 88055319, verkauft ausgewählte neue und antiquarische Bücher.

Landkarten und Stadtpläne (Naqshe) findet man in großer Auswahl in der Verkaufsstelle des Verlags Gita Shenasi in der Kh. Ostad Shahriyar 15, hinter dem Park-e Daneshju, östlich der Kreuzung Kh. Vali Asr und Kh. Enqelab. Tel. 66713603, 66709335, www.gitashenasi.com.

Teppiche

Teppichgeschäfte (Khane-ye Farsh) findet man im Großen Basar. Metro:

L. 1 Khayam. Von der Haltestelle in der Khayam-Straße führen Basareingänge direkt zu den Teppichgeschäften im Bazar-e Farsh.

Teppichgeschäft Azimzadeh (große Auswahl mittel- und hochpreisiger Teppiche), beim Teppichmuseum Arabzadeh (→ S. 141), in der Kh. Yekom-e Bustan, einer Nebenstraße der Kh. Pasdaran. Tel. 22847911, 2288-8161, www.azimzadeh.ir

Teppichgeschäft Shafaghi (große Auswahl hochpreisiger, exklusiver Teppiche), Kh. Dahom-e Bustan, einer Nebenstraße der Kh. Pasdaran (neun Straßen nördlich vom Teppichgeschäft Azimzadeh), Tel. 22593450, 2259-3410, www.shafaghicarpets.com.

Teppichgalerie Iran mit ausgewählten Stücken aller Preisklassen (Khane-ye Farsh Iran – Bolurchi), Kh. Dr. Fatemi, gegenüber Hotel Laleh, Tel. 8897-3731.

Galerien

Haus der Künstler (Khane Honarmandan) mit Galerien, Café und vegetarischem Restaurant, nördlich der Kh. Taleghani (Kh. Musavi shomali/ehemals Forsat shomali), tgl. 10–20 Uhr, Tel. 88310457, 88317485, www.iranartists.org. Metro: L. 1 Taleghani.

Elahe-Galerie, Bolvar-e Afriqa (Jordan), Kh. Golfam 24, Tel. 22054128, www.elahe.net, 16–20 Uhr. Im Süden des Ortsteils Elahiyeh.

Arya-Galerie, Kh. Vali Asr – Kh. Dr. Beheshti – Kh. Zarin 11, Tel. 8871-6401. In der nördlichen Innenstadt gelegen.

Golestan-Galerie, Kh. Shahid Komasayi 42 (über Kh. Dr. Shariati, Kh. Yakhchal), Tel. 22541589. Nordöstlich der Innenstadt im Stadtteil Darrus.

Laleh-Galerie, Kh. Dr. Fatemi. Tel. 88960492, 9–13 und 15–19 Uhr. Nahe dem Laleh-Hotel.

Fotobedarf, Elektrowaren

Fotogeschäfte (Forushgah-e Aks) gibt es viele, aber Aks Baran ist wahrscheinlich das beste seiner Art in Teheran. Hier werden auch professionelle Fotografen fündig. Es befindet sich im **Eskan-Einkaufszentrum** an der Ecke Vali Asr und Mirdamad, Tel. 88792121, 88793131.

Preisgünstige **Elektroartikel**-Geschäfte sind konzentriert in der Jomhuriyeh-Straße nahe der Hafez-Querstraße.

Nüsse und Pistazien (Ajilha wa Pesteha)

Tavazo (Ajilha wa Khoshbarha Tavazo), Kh. Vali Asr 1056 (pelak-e hezar-o panjah-o-shish ruberu-ye Park-e Saiye), Tel. 88717094. Tavazo hat noch weitere Filialen, beispielsweise in der Kh. Vali Asr, kurz unterhalb der Chamran-Schnellstraße, oder im Bustan-Einkaufszentrum im Stadtteil Punak.

In der Kh. Vali Asr, 300 m unterhalb des Meydan-e-Tajrish, gibt es bei **Ladan** ausgewählte Pistazien- und Nusssorten sowie Süßigkeiten. Tel. 2271-0555.

Weitere gute Pistazien-Geschäfte gibt es beim Ferdowsi-Hotel und im Großen Basar.

Einkaufszentren

Tandis (Markaz-e Kharid-e Tandis), Kh. Shahid Jafari 29. Etwa 100 Meter nördlich des Tajrish-Platzes. Es gilt als eines der modernsten Einkaufszentren Teherans. Hier findet man viele Geschäfte, die Markenwaren verkaufen. Metro: L. 1 Tajrish (ab 2013).

Milad-e Nur (Markaz-e Kharid-e Milad-e Nur), Anfahrt über Bozorgrah-e Hemmat, Yadegar-e Imam, Eyvanak, Farahzadi junubi. Im Stadteil Shahrak-e Gharb, etwa 1 km vom Milad-Turm aus in nordwestlicher Richtung. Es ist eines der populären neueren Zentren.

Tiraje (Markaz-e Kharid-e Tiraje), am Bolvar-e Ashrafi Esfahani junubi nach der Kreuzung mit der Bozorgrah-e Hemmat. Es bietet Freizeiteinrichtungen wie Bowling und Auto-Scooter; tgl. 14–24 Uhr, Tel. 44492000.

Bustan (Markaz-e Kharid-e Bustan), am Meydan-e Punak im Stadtteil Punak, etwa 4,5 km nordwestlich vom Milad-Turm. Flächenmäßig ist dies eines der größten Einkaufszentren.

Jam-e-Jam (Markaz-e Kharid-e Jam-e-Jam), Kh. Vali Asr, in Nordteheran am Nordende des Park-e Mellat, gegenüber der Straße Jam-e-Jam. Das dazugehörige Jam-e-Jam Restaurant wird gerne von jungen Leuten besucht.

Gandi (Markaz-e Kharid-e Gandi), in der nördlichen Gandi-Straße nahe des Meydan-e Vanak. Hier gibt es gute Textilgeschäfte und mehrere Cafés, wo man nach Geschäftsschluss gerne zusammensitzt.

Unterhaltung/Freizeit

Theater → S. 146 und 147, zusätzlich **Ferdowsi Hall** (100 m nördlich der Talar-e Vahdat, über Tel. 66743357). Dort besonders empfehlenswert die Puppenspiele unter Ltg. von B. Gharibpour.

Haus der Künstler (Khane Honarmandan) mit Galerie, Cafe, vegetarischem Restaurant und verschiedene **Galerien** → S. 164 und http://events.kodoom.com/en/persian/tehran.

Kino Farhang Sinema an der Khiaban-e Dr. Shariati – nahe Khiaban-e Kollahduz. Tel. 22601205, Metro: L.1 – Gholhak.

Im Milad-Einkaufszentrum

Cafés und moderne Einkaufszentren → S. 163 u. 165.

Zurkhaneh – Häuser für traditionellen Kampfsport → S. 142

Fußball: die Teams ›Persepolis‹ oder ›Esteghlal‹ spielen meist donnerstags oder freitags im Azadi-Stadion → S. 150.

Frauenpark (Park-e Banuan), wochentags nur für Frauen, die dort picknikken oder Sport treiben und Kopftuch und Mantel ablegen können: östlich der Haqani-Straße (Park-e Neshat).

Wassersport-Anlage Azadegan (Park-e Abi-e Azadegan), 9 km südöstlich, wo die Emam Reza (Khavaran), Besat und Azadegan Straßen zusammentreffen, nur für Männer, Tel. 33759295.

Wandern/ Skifahren → S. 167/dazu Trekking-Guides → S. 155.

Die Umgebung von Teheran

Ausflug zum Tochal

Von Nordteheran aus bieten sich viele Ausflugsmöglichkeiten in das Elburz-Gebirge.

Teherans Hausberg ist der 3960 Meter hohe Tochal. Von Velenjak aus kann man mit der Telecabin-Seilbahn, deren Bodenstation sich nördlich der Kh. Velen-jak befindet, fahren (Tel. 22404-00-1 (bis -4), www.tochal.org). Mit knapp 7,5 Kilometern Länge gehört sie zu den längsten Seilbahnen der Welt. Sie ist seit 1978 in Betrieb und führt von 1900 Metern bis zum Tochal-Plateau in 3700 Metern Höhe hinauf, wofür sie etwa eine halbe Stunde benötigt. Wer sich mit den niedriger liegenden Haltestellen begnügen möchte, kann die Stationen 2 in 2350 Metern oder 5 in 2900 Metern Höhe wählen. Ein in Serpentinen die Seilbahn begleitender Wanderweg kann zum Auf- oder Abstieg genützt werden.

Kleinere Wanderungen wie vom **Park-e Jamshidiyeh** aus zum Turm am **Kolakchal-Berg** (halber Tag) oder von Darabad aus in das **Darabad-Tal** hinein werden Ungeübten genügen. Für trainierte Personen ist es aber auch möglich, an einem Tag von **Darband** aus (1800 m) auf Pfaden von etwa neun Kilometern Länge zum **Tochal-Gipfel** zu wandern und wieder zum Ausgangspunkt hinabzusteigen.

Skigebiete

Von Ende November bis Anfang Mai ist Saison für Skifahrer. Es gibt mehrere Skigebiete, die von Teheran aus zu erreichen sind. Eines davon liegt in Stadtnähe auf dem **Tochal**. Mit der Telecabin fährt man zur 7. Station in etwa 3500 m Höhe. Dort gibt es Skipisten, und es besteht die Möglichkeit im dortigen Tochal Hotel zu übernachten, das von der Telecabin-Firma betrieben wird.

Man kann aber auch gleich in das herrliche **Skigebiet von Dizin** fahren. Dazu benötigt man etwa zweieinhalb Stunden Autofahrt über Karaj.

Um das **Skigebiet von Shemshak** über Fasham zu erreichen, fährt man nur eineinhalb Stunden, aber die dortigen Skipisten sind buckeliger und weniger attraktiv als die von Dizin. Für diese Ausflüge sollte man, wenn möglich, Donnerstage und Freitage vermeiden, da an diesen Tagen großer Andrang herrscht.

Stadtfriedhof Behesht-e Zahra

An der Autobahn nach Qom, etwa 25 Kilometer südlich vom Stadtkern, liegt der Friedhof Behesht-e Zahra, das Paradies der Zahra. Al-Zahra, die Strahlende, war der Beiname von Fatima, der Tochter des Propheten Mohammed. Wegen seiner Ausdehnung von etwa

Die Seilbahn auf den Tochal

Stadt und Provinz Teheran

Das Imam-Khomeini-Mausoleum

zweieinhalb mal drei Kilometern darf man das Friedhofsgelände mit dem Auto befahren. Es beherbergt nicht nur den Teheraner Stadtfriedhof, sondern hat auch eine besondere Bedeutung als Ruhestätte der Toten der islamischen Revolution und der vielen im Iran-Irak-Krieg gefallenen Soldaten, die hier beerdigt wurden.

Imam-Khomeini-Mausoleum

Westlich des Haupteingangs steht das Mausoleum des Imam Khomeini (Aramgah-e Imam Khomeini oder Haram-e Motahar). Hier ist Revolutionsführer Ayatollah Ruholla Khomeini beigesetzt, der 1989 starb. Das Mausoleum fällt besonders nachts durch seine weithin sichtbare farbige Beleuchtung auf.

Im Zentrum erhebt sich die höchste Kuppel Irans von 68 Metern Höhe, unter der sich der Sarkophag befindet. Dieser wird von einer baldachingedeckten Gitterkonstruktion, einem Zarih, geschützt und steht im Zentrum einer Halle von 100 mal 100 Metern. Die Kuppel wird innen von acht hohen Marmorsäulen gestützt und außen von vier Minaretten flankiert. Vier niedrigere Kuppeln überwölben die Nebengebäude. Im östlichen und im westlichen Teil wurden zwei Höfe eingerichtet, der Hof der Märtyrer (Sahn-e Shohada) und der Hof des Mostafa Khomeini (Sahn-e Aqa Mostafa Khomeini).

Zu der derzeitigen Anlage gehören Pilgerzentren und Einkaufshallen. Zukünftig soll sie zu einem gewaltigen islamischen Zentrum mit einer der größten islamischen Hochschulen sowie karitativen Einrichtungen und Geschäftszentren ausgebaut werden (Metro: L.1 Haram-e Motahahr).

Rey

Das alte Raga oder Rhages, war bereits mehr als tausend Jahre, bevor sich Teheran langsam zur Stadt entwickelte, ein wichtiger Knotenpunkt an der Seidenstraße. Es liegt zwölf Kilometer südlich des Teheraner Stadtzentrums, besitzt aber immer noch eine eigene Verwaltung. Seine Besiedlung reicht über 6000 Jahre zurück. In der Avesta der Zoroastrier wird es als heiliger Ort erwähnt. Alexander der Große kam hier

▲ Karte S. 169

vorbei. In parthischer Zeit diente es um 200 v. Chr. vorübergehend als königliche Residenz. In frühislamischer Zeit war es neben Bagdad eine der bedeutendsten Städte des Orients und hieß Mohammadiyeh. Harun al Rashid wurde 763 hier geboren. In buyidischer Zeit war es Regierungssitz unter wichtigen Sultanen wie Rokn o-Dowleh (932–976) und Fakhr o-Dowleh (976–997), die dort auch Befestigungen und Paläste errichteten. In der folgenden seldschukischen Zeit behielt es seinen bedeutenden Status. Rey war auch bekannt für die Produktion feiner Keramiken. Das Ende des alten Rey kam mit der Eroberung durch die Mongolen, die es 1220 zerstörten und die Bevölkerung vertrieben. Im Laufe der folgenden Jahrhunderte wurde dann westlich der alten Stadt das neue Rey angelegt.

Astane-ye Shah Abd ol-Azim

Bei einer Besichtigung könnte man mit einer der wichtigsten Pilgerstätten Irans, dem Astane-ye Shah Abd ol-Azim beginnen, die knapp zwei Kilometer südöstlich der Metrostation Rey liegt. Abd ol-Azim war ein Nachfahre des 2. Imams Hasan und kam im 9. Jahr-

Die Umgebung von Teheran

hundert in Rey ums Leben. Außerdem fanden hier Hamzeh, ein Bruder des achten Imams, und Taher, ein Nachfahre des vierten Imams, ihre letzten Ruhestätten. Einige der Grundmauern des Heiligtums und das Schatzhaus gehen auf seldschukische Zeit zurück. Wesentliche Gebäudeteile, wie der Iwan und die Kuppel, entstanden in der ersten Hälfte des 16. Jahrhunderts. Die beiden Minarette stammen aus dem 19. Jahrhundert. Damals wurden auch farbige Fliesen und Spiegelfacetten angebracht und die Kuppel vergoldet. Seiner Bedeutung gemäß wurde 1888 von Teheran dorthin die erste iranische Eisenbahnlinie gebaut. Am Heiligtum befinden sich viele Gräber. Dazu gehörte auch das Mausoleum Reza Schahs, das nach der islamischen Revolution abgetragen wurde.

Toghrol-Grabturm

Knapp zwei Kilometer nordöstlich des Heiligtums steht das bedeutendste aus vormongolischer Zeit erhalten gebliebene Gebäude, der 20 Meter hohe seldschukische Toghrol-Grabturm von 1139. Dieser ist außen durch dreieckig vorspringende Pfeilerstreben und Muqarnas gegliedert, deren Schatten wie eine Sonnenuhr wirken. Das wohl ursprünglich konische Dach fehlt.

Quelle Cheshmeh Ali

Siebenhundert Meter nördlich des Grabturms liegt das Quellbecken Cheshmeh Ali. Man benützte es wegen seiner guten Wasserqualität besonders gerne zum Teppichwaschen. Die gereinigten Teppiche wurden dann zum Trocknen auf den dahinter befindlichen Felsabhang gelegt, was ein farbenprächtiges Bild ergab. Dieses traditionelle Verfahren wird aber wegen moderner Waschanstalten immer seltener angewandt.
In der Felswand oberhalb der Quelle ließ sich Fath Ali Shah (1797–1834) im Kreise seiner Höflinge in einem **Relief** festhalten. Überragt wird dieser Felsen von imposanten renovierten Festungsmauern. Die Keramikfunde des dazugehörigen Siedlungshügels reichen bis in das 5. Jahrtausend v. Chr. zurück. Weniger sehenswert sind die **Ruinen des alten Rey**, die etwa 600 Meter östlich auf einer Erhebung liegen. Hier sind auch **Reste von Befestigungen** zu sehen, die bis in parthische Zeit zurückreichen.

Schweigeturm

Weitere zwei Kilometer östlich, an der Nordseite des Tabarak- oder Bibi-Sharbanu-Gebirgszugs steht oberhalb einer Zementfabrik die Ruine einer Dakhme, eines Schweigeturms, auf dem die Zoroastrier früher ihre Toten aussetzten. Wer Yazd in seinem Reiseprogramm hat, kann auf den Besuch dieser Dakhme verzichten, denn die dortigen Schweigetürme sind eindrucksvoller.

Yazid-Grabturm

Folgt man am Ortsausgang von Rey etwa 800 Meter der Straße Jaddeh-ye Aminabad Richtung Varamin, befindet sich nördlich davon auf einem Hügel der sogenannte Yazid-Grabturm, der aus seldschukischer Zeit stammt. Etwa 250 Meter unterhalb dieses Turms kann man parallele runde Grundrisse sehen, deren innerer Kreis von etwa 19 Metern Durchmesser in buyidischer Zeit die

Das Heiligtum für Shah Abd ol-Azim

Basis für einen zwölfeckigen Grabturm von beträchtlicher Höhe gebildet hatte. Dieses Gelände ist als Naqareh Khaneh, (Paukenhaus) bekannt. Der arabische Geograph Muqaddasi beschrieb im 10. Jahrhundert, dass die Buyiden auf ihren Gräbern hohe Türme errichtet hatten. Stoffreste, die um 1930 in den Krypten gefunden wurden, stammen aus buyidischer Zeit. Bekanntermaßen gilt der erhaltene 50 Meter hohe imposante Grabturm von Gonbad-e Qabus in Golestan aus dem Jahre 1006 als ältester Grabturm Irans. Der hiesige buyidische Grabturm dürfte ihm aber von den Maßen her ebenbürtig gewesen sein und war 20 bis 30 Jahre älter. Hinzu kommt, dass die mächtigeren Buyiden enge Beziehungen zu den Ziyariden unterhielten, die den dortigen Grabturm bauen ließen.

Mausoleum Bibi Sharbanu

Fährt man den Gebirgszug entlang in östliche Richtung, sieht man nach einigen hundert Metern die mit farbigen Fliesen verzierte Kuppel des Mausoleums von Bibi Sharbanu. Bibi Sharbanu war die Tochter des von den Arabern besiegten letzten Sassanidenkönigs Yazdegerd III. (632–652) und war der Legende nach mit Hoseyn, dem dritten Imam verheiratet. Über viele Treppenstufen gelangt man hinauf. Der Kern des Heiligtums stammt aus buyidischer Zeit, wurde aber in späteren Jahrhunderten einige Male renoviert und erweitert. Es wird vermutet, dass sich hier in sassanidischer Zeit ein Anahita-Heiligtum befand. Nimmt man sich etwas Zeit, kann man die besondere Stimmung dieses Ortes spüren.

Tepe Mil

Fährt man Richtung Varamin, liegt nach 10 Kilometern westlich der Landstraße der Hügel Tepe Mil. Auf dessen Kuppe sind von der Straße aus zwei parallel stehende Torgebäude zu erkennen. Sie gehören zu einer mehrstöckigen sassanidischen Palast- oder Tempelanlage. Typisch für sassanidische Architektur sind der parabolisch verlaufende Bogen des äußeren Torgebäudes und die Schichtwechsel zwischen Ziegeln und Bruchsteinen im Mauerwerk.

Reste eines zoroastrischen Schweigeturms bei Rey

▶ Karte S. 169

Sassanidisches Portal auf dem Tepe Mil

Varamin

40 Kilometer südöstlich von Teheran liegt die Stadt Varamin. Als die Mongolen 1220 Rey zerstörten, nahm auch Varamin viele Flüchtlinge auf, was zu dessen Aufschwung beitrug.

Jame-Moschee

Die alte Jame-Moschee wurde 1322 errichtet und gehört zu den ältesten Vier-Iwan-Moscheen Irans. Der Kuppelraum und seine Dekoration blieben größtenteils erhalten. Um den gesamten Innenraum läuft ein breiter Stuckfries, der von Ranken durchsetzt und von Borten eingefasst ist. Darüber wird in den Ecken durch Muqarnas der Übergang vom Quadrat zum Achteck und dann zum Sechzehneck hergestellt. Der untere Teil des Raums ist mit Stuckdekor verziert. Dies gilt auch für das prächtige Mihrab, das zusätzlich Friese in Kufi-Schrift enthält. Die Mitte der Innenkuppel nimmt eine in Fliesenmosaik ausgeführte Rosette ein. Die Iwane und das Mauerwerk weisen weitere Stuck-, Ziegel- und Fliesenverzierungen auf. Dies ist die eindrucksvollste alte Moschee im Nahbereich Teherans.

Grabturm Ala ad-Din

Der 17 Meter hohe Grabturm von 1289 besitzt noch sein Spitzdach und beeindruckt durch die dreißig prismenförmigen Pfeilervorlagen, die seine Außenmauer auflockern. An den oberen Abschlüssen der Spalten sind Muqarnas eingesetzt, und darüber verläuft eine Kufi-Inschrift, in der Fliesen und Terrakottaziegel harmonisch verbunden sind.

Imamzadeh Yahya

Auf einem Friedhof im Süden Varamins erhebt sich der quadratische von einer Kuppel überwölbte Ziegelbau des ehrwürdigen Imamzadeh Yahya aus dem 13. Jahrhundert. Leider ist von der Innenausstattung wenig erhalten geblieben. Über das Heiligtum schrieb bereits 1910 der bekannte Forscher Sven Hedin in seinem Werk ›Zu Land nach Indien‹, was hier sinngemäß wiedergegeben wird: ›Dort befindet sich das Imamzadeh Jahija, dessen kostbare Fayencen ein Muschtehid, ein Schriftgelehrter, entwendet, um sie an Europäer in Teheran zu verkaufen.‹ Nun ist es sicherlich nicht so interessant, zu wissen, in welche

In der Jame-Moschee

Sammlungen einzelne dieser Fayencen eingefügt wurden, aber es ist schon erstaunlich, dass eine fast komplette prachtvolle Gebetsnische es von Varamin bis nach Hawai schaffte, wo sich nun die Besucher der Shangri La Collection an ihrem Anblick erfreuen können.

Festung Iraj

Knapp zwei Kilometer nordöstlich von Varamin liegt die Lehmziegelfestung Iraj (Qale-ye Iraj), die mit einer Grundfläche von 1,45 mal 1,25 Kilometern, 8 bis 12 Meter dicken Mauern, 4 Toren und bis zu 40 bzw. 35 Bastionen an den Längs- und Breitseiten gewaltige Ausmaße hat. Sie wurde in sassanidischer Zeit benützt, doch ist sie in früherer Literatur nicht beschrieben.

Karawanserei Daihr Gachin

Wer sich einen Eindruck davon verschaffen möchte, wie eine einsame Karawanserei in früheren Zeiten auf die Reisenden gewirkt haben muss, kann dies tun, wenn er von Varamin aus etwa 35 Kilometer auf Pisten in südwestliche Richtung fährt (35°03'30"/51°25'13"). Dort trifft man auf die imposante Karawanserei Daihr Gachin (Caravansera-ye Daihr-e Gachin), die noch gut erhalten ist. Sie lag an der Pilgerstraße von Mashhad über Varamin nach Qom und ist mit etwa 108 mal 108 Metern eine der größten in Iran. An den Ecken wird sie von vier Rundtürmen eingefasst. Durch das von Bastionen flankierte Eingangstor betritt man den Innenhof, der vier Iwane aufweist. Hier gibt es Schlaf- und Lagerräume, eine Moschee, eine Bäckerei, Bäder und einen abgesonderten Wohnkomplex in der Nordostecke. Da Grundrisse älterer Bauten zu erkennen sind, stand hier wahrscheinlich schon ein Bau in sassanidischer Zeit. Die Außenwände

Der Damavand

und Türme der jetzigen Anlage gehen auf das 11. bis 12. Jahrhundert zurück, während der Innenausbau im 17. Jahrhundert erfolgt sein dürfte.

Karawanserei Qasr-e Bahram und Sang-e Farsh

Etwa 85 Kilometer südöstlich von Varamin liegt die gut erhaltene safawidische Karawanserei Qasr-e Bahram am Rand des Kavir-Nationalparks. Sie ist problemlos über Pisten erreichbar. Möchte man von dort aus zum etwa 65 Kilometer nördlich gelegenen Garmsar weiterfahren, ist man auf Geländewagen angewiesen, da eine Salzwüste auf weitestgehend unbefestigten Wegen zu durchqueren ist. Den interessantesten Teil dieser Strecke bildet der imposante etwa 30 Kilometer lange ehemalige Karawanenweg Sang-e Farsh (Steinteppich), den Shah Abbas anlegen ließ. Er besteht aus Steinen, die im zentralen Salzmorast als Damm aufgeschüttet wurden. Ein weiterer Weg führt südlich zum Siah-Kuh-Gebirge und dem Großen Salzsee. Ab Qasr-e Bahram benötigt man die Erlaubnis der Nationalpark-Behörden, die in dieser Karawanserei eine Station unterhalten.

▲ Karte S. 169

Damavand-Gebirge

Das Damavand-Gebirge östlich von Teheran ist Teil des Elburz-Gebirges und ein attraktives Ausflugsziel. Die Möglichkeiten reichen von leichten Bergwanderungen bis zur Ersteigung des nach Angaben des iranischen Statistischen Amts 5610 Meter hohen Gipfels Damavand, für den meist 5671 Meter angegeben werden. Ausgangspunkt ist Polur, das 85 Kilometer von Teheran entfernt liegt. In der Mitte der Ortschaft Polur biegt man, ehe die Durchgangsstraße eine Rechtskurve bildet, nach links in Richtung Sadd-e Lar (Lar-Damm) ab. Nach 3,5 Kilometern erreicht man eine Weggabelung, von der aus es westlich zum Lar-Damm weitergeht oder östlich am Berg entlang oberhalb der Schlucht der Haraz-Straße nach Reyneh. An dieser Strecke gibt es Möglichkeiten das Auto zu parken und leichte Bergwanderungen zu unternehmen. Über Reyneh könnte man wieder zur Haraz-Straße hinabfahren und beispielsweise in Abask im Kuhestan-Restaurant Forellen essen. Diese Strecke und auch die Straße bis zum Lar-Damm sind mit normalem PKW befahrbar.

Vararu-Hochebene

Ab Mitte Juni beginnt die Zeit für Fahrten mit dem Geländefahrzeug zur Vararu-Hochebene (Dasht-e Vararu). Dafür folgt man der vorher erwähnten westlichen Strecke zum Lar-Damm, der 14 Kilometer von der Weggabelung entfernt liegt. Nach weiteren fünf Kilometern auf der parallel zum Stausee verlaufenden Piste kreuzt eine Gebirgswand, die nördlich zu umfahren ist. Nach weiteren fünf Kilometern in westlicher Richtung öffnet sich in der nördlichen Abbruchkante ein Taleinschnitt, in den man hineinfährt und der Piste folgt, die sich den Hang hinaufwindet. Oben angekommen, befindet man sich in einer mit Teheran verglichen ›anderen Welt‹, denn hier hüten Hirten und Nomaden von Mitte Juni bis Mitte September ihre Tiere auf den saftigen Weideflächen einer 3000 Meter hohen Ebene, die bis unmittelbar an die Abhänge des Damavand-Gebirges heranreicht.

Besteigung des Damavand

Diese Tour stellt keine besonderen klettertechnischen Anforderungen. Die wettersicherste Zeit ist ab Mitte Juli bis

Der Lar-Stausee im Damavand-Gebirge

September. Wegen seiner Höhe (5671 m) und der freistehenden Lage können aber auch im Sommer Minusgrade und starker Wind auftreten. Deshalb sollte man den Berg nicht unterschätzen. Trittsicherheit, alpine Erfahrung und besonders Höhentauglichkeit sind erforderlich. Der Ablauf einer Besteigung ist bei der Wahl der üblichen Südroute folgendermaßen: Am ersten Tag fährt man über Polur Richtung Reyneh und mit geländegägigem Fahrzeug fünf Kilometer den Berg hinauf nach Gusfandsara in 3000 Meter Höhe. Von dort führt ein Pfad durch alpine Weiden zum Lager 3 (Bargah-e Sevom) auf 4150 Metern zur Übernachtung. Der folgende Tag wird zur Akklimatisierung und für Wanderungen in 4500 bis 4800 Metern Höhe genützt. Am dritten Tag wird sehr früh mit der Ersteigung begonnen. Die Route führt auf Pfaden über Schotter, Lavafelsen und an Schneezungen entlang. Nach Erreichen des Gipfels kann man die grandiose Fernsicht genießen, da in den Sommermonaten normalerweise schönes Wetter herrscht. Man wird auch den leichten Geruch von Schwefeldämpfen wahrnehmen, da es sich um einen erloschenen Vulkan handelt. Dann wird nach Gusfandsara abgestiegen und die Rückfahrt angetreten.

Damavand-Gebirge

Wer einen erfahrenen Berg-Guide sucht, kann sich mit Mr. Mohammad Haj Abolfath oder mit Mr. Reza Chahkanouei in Verbindung setzen (beide englischsprachig und aus Teheran). Information auf → S. 155.
Der Damavand eignet sich auch besonders für Skiabfahrten im Winter.

▶ Karte S. 169

Baladeh und das Nur-Tal

Dieser Tagesausflug von Teheran, bei dem eines der quer verlaufenden Elburz-Täler als Verbindung zwischen der Straße durch das Haraz-Tal und der nach Chalus benützt wird, führt zuerst nach Polur und dann weitere 60 Kilometer über Gazanak nach Hardo Rud, wo man westlich in das Nur-Tal abbiegt. Dies ist das letzte Tal vor dem Erreichen der Waldzone der Kaspischen Region, und die Pflanzenwelt beginnt hier schon etwas üppiger zu werden.

In der 50 Kilometer entfernten Ortschaft Baladeh stehen die hoch aufragenden Ruinen einer Festung, die aus vorsafawidischer Zeit stammt. Nach weiteren neun Kilometern erreicht man Yush, wo für Nima Yushi, einen der Begründer der modernen persischen Dichtung, in seinem ehemaligen Haus eine Erinnerungsstätte eingerichtet wurde. Nima Yushi starb zwar 1960 in Teheran, wurde aber seinem Wunsch gemäß hier in Yush beigesetzt. Von hier sind es noch 53 Kilometer bis Pol-e Zanguleh, wo man etwa vier Kilometer nördlich des Kandovan-Tunnels die Chalus-Straße erreicht.

Die Klamm Tang-e Washi

Aufgrund seiner landschaftlichen Attraktivität erfreut sich dieses Ausflugsziel zunehmender Beliebtheit. Um dorthin zu gelangen, fährt man etwa 145 Kilometer östlich in Richtung Firuzkuh. Zwei Kilometer vor Firuzkuh biegt man nördlich ab zum zehn Kilometer entfernten Jelisjand. Dort folgt man einer mit PKW befahrbaren Piste 3,5 Kilometer bis zum ausgebauten Parkplatz und Ausgangspunkt der Klammwanderung. Man sollte Schuhzeug mitnehmen, das zum Waten

Die Schlucht Tang-e Washi

Relief in der Klamm

im Wasser des Bachbetts, das kantige Kieselsteine enthält, geeignet ist. Ab Mitte Juni sollte der Wasserstand in der Klamm so weit gefallen sein, dass man sie ohne Schwierigkeiten passieren kann. In dieser Klamm befindet sich ein Relief, das Fath Ali Shah mit Gefolge bei der Jagd zeigt.

Der nachfolgende Talkessel war in der Qajarenzeit ein beliebtes Jagdgelände. Es gibt frühe, mit der Plattenkamera aufgenommene Fotos, welche das dort gelegene königliche Zeltlager zeigen. Folgt man dem nördlichen Bachlauf etwa eine Stunde, trifft man auf eine weitere Klamm, an deren Ende ein kleiner Wasserfall zu sehen ist.

Die Höhle Rudafshan

Obwohl sie sehr sehenswert ist, wurde die Höhle (Ghar-e Rudafshan) bisher nicht erschlossen. Auch zu ihr fährt man in Richtung Firuzkuh. Nach 100 Kilometern biegt man bei Seyedabad in südliche Richtung ab. Nach fünf Kilometern wird Kalak durchfahren, und nach weiteren zehn Kilometern folgt man der östlichen Piste entlang des Bachbetts nach Rudafshan. Diese Piste ist zwar schon mit PKW befahrbar, aber sie wird in nächster Zeit weiter ausgebaut werden. Vom Dorf aus führt ein Pfad hinab zum Tal des Bachs Dali Chay. An der südlichen Talseite führt der Pfad dann wieder aufwärts zum Höhleneingang. Im Dorf kann man aber auch nach der ›Ghar-e‹ fragen oder einen Begleiter suchen. Man sollte eine starke Taschenlampe mitnehmen. Ein Trekking-Stock kann nützlich sein, da der Boden der Eingangshalle teilweise etwas steil ist.

Der Höhleneingang misst 60 mal 12 Meter, und die unmittelbar folgende Halle ist mit über 160 Metern Länge, einer Breite von 94 Metern und bis zu 40 Metern Höhe der größte Höhlenraum Irans. Der Hauptgang führt in den Berg hinab. Bleibt man etwas rechts von der Mitte, gelangt man in die Stalagmiten-Kammer, die etwa 60 Meter lang ist und mehrere zwei bis drei Meter hohe Tropfsteine aufweist. Biegt man

▶ Karte S. 169

am Ende dieser Kammer links ab, erreicht man nach etwa 80 Metern auf der rechten Seite die Anahita-Kammer, die wegen ihres Sinterbeckens nach der persischen Göttin des Wassers benannt ist. Es ist zu erwarten, dass diese Höhle in einigen Jahren mit der Ghar-e Ali Sadr und der Ghar-e Kataleh Khor zu den bei Touristen beliebtesten Höhlen Irans zählen wird.

Karaj

Karaj liegt etwa 45 Kilometer westlich von Teheran. Seine Einwohnerzahl hat sich seit Mitte der 1970er Jahre auf derzeitetwa 1,4 Millionen verfünffacht. Karaj ist eine emporstrebende Industriestadt, dient aber auch als ›Schlafstadt‹ für viele Pendler, die in Teheran arbeiten. Mit Teheran ist es durch eine Schnellbahn verbunden.

Seine moderne Architektur ist von Zweckmäßigkeit gekennzeichnet. Die einzige erwähnenswerte Sehenswürdigkeit ist der **Morvarid-Palast** (Perlenpalast), der sich innerhalb eines Gartengeländes im Mehrshahr-Kulturzentrum befindet. Dieser Gebäudekomplex wurde für Shams, die Schwester des letzten Shahs, vom amerikanischen Stararchitekten Frank Lloyd Wright entworfen. Die Architektur, deren zentrales Element ein muschelförmiger Kuppelbau ist, zeichnet sich durch die harmonische Abstimmung der Gebäudeteile aus. Die moderne Innenausstattung rundet den Gesamteindruck eines gelungenen Ensembles ab (tägl. 8–18 Uhr, außer Mo und Sa, Tel. (0)261/443040).

Der **Karaj-Staudamm** liegt 20 Kilometer nördlich der Stadt an der Strecke nach Chalus am Kaspischen Meer. Die zerklüfteten Elburz-Vorgebirge und seine malerische Lage in einem langezogenen Tal, das von schroffen Felswänden begrenzt wird, machen eine Fahrt dorthin sehr lohnenswert. Unterwegs könnte man in einem der Restaurants einkehren, die frische Regenbogenforellen servieren.

Picknick am Karaj-Fluss an der Straße nach Chalus

Als wir Kinder waren, gingen wir zum Meister eine Zeit lang,
eine Zeit lang waren wir betört von eigener Meisterschaft;
höre das Ende der Geschichte, die uns widerfuhr:
Wie Wasser strömen wir und verschmolzen mit dem Wind.

Omar Khayam, 11./12. Jh.

DER NORDEN

Stadt und Provinz Qazvin

Die 1997 gegründete Provinz Qazvin grenzt im Westen an die Provinz Teheran. Sie setzt sich aus ehemaligen Teilen der Provinzen Zanjan und Teheran zusammen. Mit 15567 Quadratkilometern Fläche zählt sie zu den kleineren Provinzen. Ihre Hauptstadt Qazvin liegt an den südlichen Ausläufern des Elburz auf 1300 Metern Höhe und ist 145 Kilometer von Teheran entfernt. Qazvin hat etwa 350000 Einwohner und ist bekannt für seine Textilindustrie und landwirtschaftliche Erzeugnisse wie Getreide, Weintrauben und Obst.

Geschichte der Stadt

Um 250 n. Chr. soll der Ort durch den sassanidischen König Shapur I. gegründet worden sein. Der Name könnte vom früher südlich des Kaspischen Meeres lebenden Stamm der Kaspier abgeleitet sein. In frühislamischer Zeit war Qazvin Basis für die Islamisierung der umliegenden Regionen und wurde im 8. Jahrhundert von Harun al-Rashid stark befestigt. Mit den im Elburz-Gebirge lebenden Dalaimiten-Stämmen und später mit den Ismailis war es in langwierige Auseinandersetzungen verwickelt. Die kriegstüchtigen Dalaimiten konnten von den arabisch-muslimischen Heeren, die bekanntlich bis zum Indus und zur Loire vorstießen, nicht bezwungen werden. So dauerte es lange, bis sich der Islam durchsetzte.

Die aus dieser Region stammende Buyidendynastie führte nach ihrem Siegeslauf, der zur Entmachtung des Bagdader Kalifats im Jahre 945 führte, die schiitische Glaubenrichtung in den auch danach noch lange Zeit überwiegend sunnitischen Landesteilen des heutigen Iran ein.

▲ Karte S. 183

Von den Mongolen wurde Qazvin im 13. Jahrhundert gleich zweimal heimgesucht, was zu einer längeren Periode der Bedeutungslosigkeit führte. Mitte des 16. Jahrhunderts, in der Zeit Shah Tahmasps I., wurde Qazvin zur Hauptstadt des safawidischen Reiches bestimmt. Aus dieser Zeit sind noch einige Gebäude erhalten geblieben wie der Pavillon Chehel Sotun und der Ali-Qapu-Torbau. Im Jahre 1598 verlor es seine Stellung als Hauptstadt, da Shah Abbas I. die Residenz nach Isfahan verlegte.

Es erlitt weitere Rückschläge durch Erdbeben in den Jahren 1608 und 1808, konnte aber seine Bedeutung als Knotenpunkt auf den Ost-West- und Nord-Süd-Handelsrouten behaupten, wobei seine Lage auf der Strecke zwischen den Metropolen Teheran und Tabriz eine wichtige Rolle spielte. Zudem führte von hier die einzige auch im Winter meist schneefreie Strecke zum Kaspischen Meer. So beschreibt der Reisende Pascal Coste um 1840 den Basar als besser und eleganter als den von Istanbul.

Im Ersten und Zweiten Weltkrieg war Qazvin von russischen bzw. sowjetischen Truppen besetzt.

Sehenswürdigkeiten

Qazvin ist sehenswert und verdient mehr Beachtung, als ihm bislang zu Teil wird. Schön wäre es aber auch, wenn von den dortigen Behörden mehr unternommen würde, um das safawidische Erbe zu erschließen und die alten Basarbauten zu erhalten.

■ Pavillon Chehel Sotun

Der Pavillon (Kakh-e Chehel Sotun) im Zentrum der Stadt ist ein reizender zweistöckiger, von Arkadengängen umgebe-

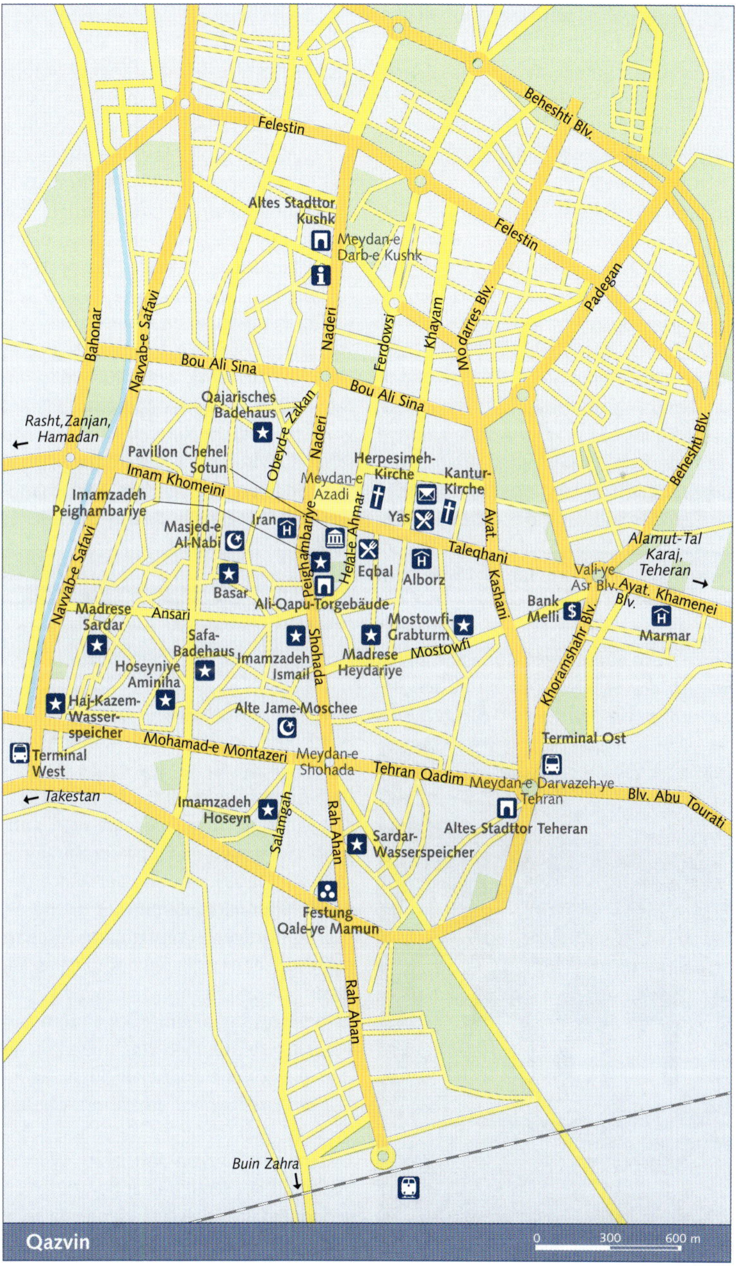
Felestin
Beheshti Blv.
Altes Stadttor Kushk
Meydan-e Darb-e Kushk
Felestin
Padegan
Bahonar
Navvab-e Safavi
Naderi
Ferdowsi
Khayam
Modarres Blv.
Bou Ali Sina
Bou Ali Sina
Qajarisches Badehaus
Obeyd-e Zakan
Naderi
Rasht, Zanjan, Hamadan
Pavillon Chehel Sotun
Imam Khomeini
Herpesimeh-Kirche
Meydan-e Azadi
Kantur-Kirche
Beheshti Blv.
Imamzadeh Peighambariye
Iran
Yas
Masjed-e Al-Nabi
Peighambariye
Helal-e Ahmar
Eqbal
Alborz
Ayat. Kashani
Taleqhani
Alamut-Tal Karaj, Teheran
Vali-ye Asr Blv.
Ayat. Khamenei Blv.
Basar
Ali-Qapu-Torgebäude
Navvab-e Safavi
Madrese Sardar
Ansari
Bank Melli
Marmar
Mostowfi-Grabturm
Safa-Badehaus
Imamzadeh Ismail
Shohada
Madrese Heydariye
Mostowfi
Khoramshahr Blv.
Hoseyniye Aminiha
Haj-Kazem-Wasserspeicher
Alte Jame-Moschee
Terminal Ost
Mohamad-e Montazeri
Terminal West
Meydan-e Shohada
Tehran Qadim
Meydan-e Darvazeh-ye Tehran
Blv. Abu Tourati
Takestan
Imamzadeh Hoseyn
Salamgah
Rah Ahan
Altes Stadttor Teheran
Sardar-Wasserspeicher
Festung Qale-ye Mamun
Rah Ahan
Buin Zahra
Qazvin
0 300 600 m

ner Gartenpalast aus der ersten Hälfte des 16. Jahrhunderts. Da er früher ein spitzes Dach hatte, was ihm das Aussehen eines Huts verlieh, wird er im Volksmund noch immer Kolah-ye Farangi, was Hut der Franken oder Europäer bedeutet, genannt.

Er besitzt Portale an den vier gegenüberliegenden Außenseiten und eine den ersten Stock von außen umlaufende Galerie. Von dieser Galerie aus stützen 32 schlanke Holzsäulen das Dach.

Im Erdgeschoss befindet sich eine Halle, die wie die anderen Gebäudeteile sparsam mit Fliesenmosaiken verziert ist. Reste figürlicher Wandmalereien kamen nach dem Entfernen alter Anstrichfarbenschichten in der erwähnten Halle und an der Südwand des Obergeschosses zum Vorschein. Shah Abbas I. soll in diesem Pavillion im Jahre 1588 zum König gekrönt worden sein.

Das Chehel Sotun lag im nördlichen Bereich der ehemaligen Königsresidenz. Südlich zog sich der Bezirk mit den Regierungsgebäuden bis zum Ali-Qapu-Tor

Der Pavillon Chehel Sotun

▲ Karte S. 183

hin. Das Haremsgelände mit seinen Gärten befand sich östlich des Regierungsbezirks. Im Westen des Chehel Sotuns lagen die ausgedehnten Parkanlagen des Bagh-e Saadat, an die sich westlich der damalige große Meydan anschloss. Der Chehel Sotun besitzt eindruckvolle Holzrahmen-Fenster, von denen das größte mit vielen bunten Glasscheiben den Hauptraum im ersten Stock in ein Farbenmeer taucht. Dort wurde ein **Kalligraphie-Museum** eingerichtet.

Wenige Schritte von diesem Gebäude in östliche Richtung eröffnete man im Jahre 2004 ein **neues Museum**, in dem vorgeschichtliche Keramik, achämenidischer Goldschmuck, Holzeinlegearbeiten, Schalen und andere kunsthandwerkliche Gegenstände aus islamischer Zeit ausgestellt werden.

i Pavillon Chehel Sotun

Öffnungszeiten für beide Museen: tgl. 9–18 Uhr außer freitags.

■ Ali-Qapu-Torbau

Folgt man der Kh. Peighambariye, die an der Außenseite des safawidischen Regierungsbezirks 400 Meter in südliche Richtung führt, gelangt man zum 17 Meter hohen Ali-Qapu-Torbau (Emarat-e Ali Qapu), der aus der Mitte des 16. Jahrhunderts stammt. Er diente als repräsentativer Hauptzugang zu den safawidischen Regierungs- und Palastanlagen.

Er besteht aus einem Kuppelraum mit vorgelagertem hohen Eingangsiwan, an den zwei offene doppelstöckige Seitenflügel anschließen, in deren oberen Stockwerken früher zu besonderen Anlässen mit Pauken musiziert wurde. Während der Mittelteil außen durch Lisenen und drei übereinander gestaffelte Spitzbogennischen strukturiert ist, wer-

den die Fassaden der Seitenflügel von Halbsäulen und Pilastern flankiert. Der Bogenzwickel des Eingangsiwans ist durch mehrfarbige Fliesenmosaike in Blütenform geschmückt.
Besondere Aufmerksamkeit verdient die im Inneren des Iwans auf halber Höhe angebrachte **Thulth-Flieseninschrift** auf strahlend blauem Hintergrund. Sie wurde vom berühmten Kalligraphen Ali Reza Abbasi ausgeführt. Oberhalb der Inschrift wird die Wand durch ein rankenförmig durchbrochenes Fenster aufgelockert, dessen Stege mit blauen floralen Fliesen verziert sind. Das Gewölbe der Halbkuppel im Eingangsiwan ist mit einem großflächigem Muqarnas-Netzwerk ausgekleidet.
Östlich an den Platz vor dem Ali Qapu schloss sich der Meydan-e Asb an, der hauptsächlich für Polospiele und Pferderennen benützt wurde. Südlich des Ali Qapu zog sich bis zur Jame-Moschee die große Chahar-Bagh-Promenade hin, die dem Verlauf der heutigen Kh. Shohada entspricht, aber damals doppelt so breit war. Es sei erwähnt, dass Shah Safi I. diese Prachtstraße 1639 bis zum Imamzadeh Hoseyn verlängern ließ, so dass sie insgesamt etwa einen Kilometer weit reichte.

Al-Nabi-Moschee

Im nordwestlichen Bereich des Basars liegt die Al-Nabi-Moschee (Masjed-e Al-Nabi), die früher Shah- oder Sultani-Moschee hieß. Der neue Name bedeutet Moschee des Propheten. Zum Bauplatz wählte man den östlichen Teil des früheren großen Meydans. Sie zählt zu den größten Vier-Iwan-Moscheen Irans. Sie wurde in der Zeit Fath Ali Shahs zwischen 1805 und 1808 unter der Leitung des Baumeisters Mirza Shirazi errichtet.
Vom Norden, von der Kh. Khomeini her, führt ein 120 Meter langer gerader Zugangsweg, der von Mauern mit Spitzbogennischen gesäumt ist, zum Hauptportal, an das sich eine hohe Torhalle anschließt. Das Hauptportal wird von einer Goldasteh überragt. Von Westen und Osten aus ist die Moschee durch Portale vom Basar her direkt zugänglich. Um den Innenhof sind an der Längsseite 18 und an der Schmalseite 12 Arkaden aufgereiht, die in der Mitte von Iwanen unterbrochen werden.
Im Süden steht der Hauptiwan mit anschließender Kuppelhalle. Der Übergang dieser Halle zur 15 Meter breiten doppelschaligen Kuppel wird durch Trompen gebildet. Zur Verzierung des Mihrabs dienen Fliesen mit floralen und geometrischen Mustern. Die relativ flache Außenkuppel ist mit türkisfarbenen Fliesen verkleidet. An die beiden Hofseiten der Kuppelhalle schließen sich vierjochige Stützhallen mit jeweils sieben Pfeilerreihen an. Die Hallen an den anderen Seiten des Moscheehofs sind nur ein oder zwei Joche tief. Die Baudekoration ist auf die Hoffassaden und Iwane konzentriert, wobei man zur harmonischeren Aufteilung der Innengewölbe Muqarnas verwendete. Als Schmuck fungieren Fliesen in hauptsächlich blauen, türkisen und gelben Farbtönen mit überwiegend geometrischer Ornamentik, aber auch mit Ranken- und Blütenmustern.

Basar

Der Basar, zu dem die Al-Nabi-Moschee gehört, vermittelt noch heute die früher große Bedeutung Qazvins als Umschlagplatz der sich hier kreuzenden Handelsrouten. Auffällig ist der große Anteil an Lagerhäusern, ehemaligen Karawansereien und Markthallen. Auch in der

Molavi-Straße südwestlich des Basars verbergen sich weitere ehemalige Karawansereien hinter den Straßenfronten.

Wichtige Bestandteile des Basars sind der **Komplex Saad ol-Saltaneh**, den Gouverneur Bagher Khan Saad ol-Saltaneh zwischen 1888 und 1896 nordöstlich der Al-Nabi-Moschee bauen ließ, und die **Qeysariye-Anlage** (die ›Kaiserliche‹) mit riesigem Innenhof aus dem 16. Jahrhundert. Letztere liegt jenseits der direkt an die Südseite der Al-Nabi-Moschee angrenzenden Basargasse mit den Teppichhändlern.

Geht man die Basargasse der Teppichhändler bis zum östlichen Ende, trifft man auf die kleeblattförmige Vorhalle des **Wesir-Basars** (Saray-e Wesir), der aus der Mitte des 19. Jahrhunderts stammt. Ein weiterer kleiner **Saray** aus qajarischer Zeit schließt sich an die Südwestseite der Qeysariye an.

Da der Basar seine Glanzzeit durch die Änderungen der Transportwege seit langem hinter sich hat, sind manche Teile im Niedergang begriffen. Dies trifft auch auf den südöstlich der Qeysariyeh liegenden anderen safawidischen Basarkomplex zu, den zweigeschossigen **Saray-e Haj Reza** mit großer überkuppelter Eingangshalle. Es lohnt sich auf jeden Fall, die besondere Stimmung dieses Basars zu erleben.

Jame-Moschee

▶ Karte S. 183

500 Meter südlich des Ali-Qapu-Torbaus an der Westseite der Kh. Shohada liegt der Vorplatz der Jame-Moschee (Masjed-e Jame Kabir). Man kann sie an ihrer türkisfarbenen Kuppel mit dem Spiralmuster erkennen. Während man sonst entweder direkt von der Straße aus einen Moscheehof betritt oder aber erst verwinkelte Gässchen durchschreiten muss, nähert man sich hier dem Heiligtum durch den 1663/64 harmonisch gestalteten Torweg mit zwei Iwanen. An dessen Ende wird ein unvermitteltes Betreten des Hofs dadurch vermieden, dass der Weg durch eine wabenförmig durchbrochene Spitzbogennische verstellt ist, an deren Seiten sich die Zugänge befinden. Der weite Hof misst 82 mal 56 Meter.

Die Vier-Iwan-Moschee soll an der Stelle eines ehemaligen Feuertempels stehen und um 800 von Harun al-Rashid gegründet worden sein. Aus dieser Zeit ist seitlich des Eingangbereichs aber nur ein geringer Rest erhalten geblieben, der zu Ehren al-Rashids Masjed-e Haruni genannt wird. Aus seldschukischer Zeit von 1153 stammt der Nordiwan, der von zwei Minaretten überragt wird.

Der beeindruckende **südliche Kuppelraum**, dessen ungeteilte große Ecktrompen zur Kuppelzone überleiten, entstand um 1106. Der Durchmesser der Kuppel beträgt 15 Meter. Sie ist deshalb gemeinsam mit der gleich großen Kuppel der Jame-Moschee in Isfahan eine der beiden größten erhalten Kuppeln ihrer Zeit. Der ursprüngliche Mihrab soll der größte im seldschukischen Reich gewesen sein. Im 14. Jahrhundert wurde er aber durch eine neue Gebetsnische aus Marmor ersetzt, der magnetische Eigenschaften besitzt.

Es lohnt sich, den **Inschriftenbändern** des Kuppelraums besondere Aufmerksamkeit zu schenken. Die obere Inschrift in Kufi und die untere in Naskhi, beide von 1107, gehören vom Schriftbild her mit den eingestreuten Ranken und Knospen zu den beeindruckendsten der damaligen Zeit.

Die Moschee wurde im Laufe der Jahrhunderte mehrfach umgebaut und ergänzt. So wurde der dem Kuppelraum vorgelagerte Hauptiwan um 1658 er-

Im Innenhof des Imamzadeh-ye Hoseyn

neuert und erweitert. Auch die Seiteniwane verloren ihr ursprüngliches Aussehen. So ließ Shah Safi II. den Westiwan um 1670 erneuern. Später wurden den Hofarkaden andere Fassaden vorgeblendet. Auch das Ostportal wurde Ende des 18. Jahrhunderts renoviert. Der Fliesenschmuck stammt überwiegend aus dem 17. und 19. Jahrhundert.

Imamzadeh Hoseyn

Im Süden der Stadt, in der Kh. Salamgah, steht die bedeutendste Pilgerstätte Qazvins. Im Imamzadeh Hoseyn ist der um 820 in Qazvin verstorbene Hoseyn, ein Sohn des achten Imam Reza, beigesetzt. Der Kern der jetzigen Anlage mit dem schönen Kuppelbau wurde Mitte des 16. Jahrhunderts auf Veranlassung von Shah Tahmasp I. geschaffen und in der folgenden Zeit erweitert. Das nördliche Haupttor und andere Gebäudeteile wurden in der zweiten Hälfte des 19. Jahrhunderts renoviert. Das Mausoleum steht in einer ummauerten rechteckigen Gartenanlage. Da die Schaufassaden bereits kurz nach Sonnenaufgang im Schatten liegen, lohnt es, dieses Heiligtum bei Abenddämmerung aufzusuchen, denn erst in Kombination mit dem Scheinwerferlicht entfalten die Farben der Fliesen ihre volle Wirkung.

Man sollte sich etwas Zeit für die Betrachtung der Fassade des Nordtors mit den sechs schlanken Minaretten nehmen. Der faszinierenden Wirkung der geometrischen Fliesenmuster in den erhöhten Rundbogennischen rechts und links der inneren Minarette und des mittleren aufgesetzten Bogenfelds kann man sich kaum entziehen. Ihre Ornamentik beruht auf jahrhundertealten Erfahrungen.

Wenn man den Innenhof betritt, sieht man als erstes ein Trinkwasser-Brunnenhaus, das zu den schönsten seiner Art im Iran zählt. Dahinter erhebt sich der von zwei weiteren Minaretten flankierte Grabbau mit einer verspiegelten Vorhalle, deren typisch schlanke Säulen mit

Muqarnas-Kapitellen einen hohen getreppten Giebel tragen. Darüber wölbt sich die blau, gelb und braun gefließte Kuppel, von der sich ein netzartiges Muster aus schmalen dunkelblauen Fliesen abhebt. Durch die beiden mit Fliesenmosaiken geschmückten Seitenflügel führen Türen in das Innere des Grabmals. Für Frauen und Männer gibt es getrennte Eingänge. Die Wände in der Innenhalle sind mit Spiegelfacetten und blauen und bräunlichen Fliesen, die florale Ornamente bilden, ausgekleidet. Der kostbare mit feinen Einlegearbeiten verzierte Holzkenotaph von 1403 ist durch ein silbernes Gitter und einen mit getriebenem Goldblech versehenen Aufsatz geschützt.

■ Madrese Sardar

Ein Besuch der Madrese Sardar ist lohnenswert. Zu ihr gelangt man, wenn man auf der westlichen Kh. Ansari vom Basar aus nach 500 Metern südlich abbiegt. Diese zweistöckige Hofanlage wurde zwischen 1813 und 1817 auf Veranlassung der Brüder Hoseyn Khan und Hasan Khan errichtet, die Befehlshaber in der qajarischen Armee waren. An der Außenseite, gegenüber dem nördlichen Portal, steht ein mit Ziegelmosaiken verzierter Ab Anbar, ein Wasserspeicher. Die Fassade des Portals ist vollständig mit mehrfarbigen Fliesen bedeckt, die Ranken, Arabesken, Palmetten, Blumensträuße und eingestreute Blüten abbilden. Dieser Schmuck setzt sich in der Portalnische fort, die zusätzlich ein Schriftband in Steinrelief enthält.

Während sich im nördlichen Querflügel der Madrese große Räume befinden, sind in den Längstrakten um den Innenhof die kleineren Unterkünfte untergebracht.

▲ Karte S. 183

Zum Mihrabsaal im mittleren Teil des südlichen Querflügels führt ein Portal, dessen gesamten Nischenbereich ein braunes Holzgitter in Flechtornamentik ausfüllt. Die Seitennischen werden durch Fliesen und Glasurziegel mit geometrischen Mustern geschmückt. Rippennetze oberhalb der Pfeiler stellen die Übergänge zu den Kuppeln her. Der Mihrab zeichnet sich durch stilvolle Fliesenverkleidung mit Rankenmotiven aus. Diese Madrese ist nicht nur klar strukturiert, sondern auch beispielhaft für meisterhaften Fliesen- und Glasurziegeldekor.

■ Madrese Heydariye

Um zu der versteckten Madrese Heydariye zu gelangen, geht man vom Ali-Qapu-Tor aus zuerst 80 Meter östlich auf der Kh. Helal-e Ahmar, dann südlich auf der Kh. Qafaye Bashi weitere 80 Meter, um zuletzt in der östlichen Gasse nach 100 Metern die Madrese zu erreichen. Mit dem Auto fährt man zum Eingang an der Kh. Seyed-e Rashti. Die Mihrabhalle dieser Madrese aus dem 12. Jahrhundert zählt zu den ältesten Sakralbauten Qazvins. Hier wurde noch das frühislamische Baukonzept der Kiosk-Moschee angewandt, bei dem die erhöhte Mihrabhalle mit angeschlossenem Iwan an der Seite der Anlage steht, die Mekka zugewandt ist. Dabei weisen die restlichen Gebäudeteile eine einheitliche Höhe auf und enthalten keine weiteren Iwane. Man nimmt an, dass in den quadratischen Mihrabsaal von etwa 14 mal 14 Metern Grundfläche ein ehemaliger Feuertempel integriert ist. Dafür spricht auch, dass dieses Gebäude von der Bevölkerung noch bis in neuere Zeit Ateshkadeh genannt wurde, was Feuertempel bedeutet. Die den Hof umgebenden Trakte wurden in qajarischer Zeit erneuert und dienen nun als Schulgebäude. Die ursprüngliche Kuppel wurde durch ein Flachdach ersetzt.

Das Innere enthält einen mit floralem Stuckdekor verzierten Mihrab, dessen untere Partien durch Feuchtigkeit beschädigt wurden und teilweise unvollständig sind. Oben ist der Erhaltungszustand besser und sogar noch die ursprüngliche blaue Bemalung vorhanden. Für die umrahmenden Inschriften wurde innen Naskhi und außen Flechtkufi verwendet. Besonders sei auf das unterhalb der Trompenzone umlaufende breite Inschriftband in floralem Kufi hingewiesen, von dem zwar ein großer Teil fehlt, aber dessen Überreste noch immer die außergewöhnliche Schönheit dieser Inschrift erkennen lassen.

Qajarisches Badehaus

Das Qajarische Badehaus (Hamam-e Qajar) liegt 300 Meter nördlich des Basars an der Kh. Obeyd-e Zakani. In diesem Zusammenhang sei erwähnt, dass der Dichter und Satiriker Obeyd-e Zakani, nach dem die Straße benannt ist, aus Qazvin stammte und im 14. Jahrhundert in seinen Werken häufig die Ungerechtigkeit und Diskriminierung der Schwachen anprangerte. Das Badehaus ist das älteste in Qazvin erhaltene seiner Art und entstand Mitte des 17. Jahrhunderts. Da es in qajarischer Zeit renoviert wurde, wird es nun namentlich dieser Periode zugeordnet. In den verschiedenen Räumen und der zentralen großen Kuppelhalle wurde ein **ethnologisches Museum** eingerichtet.

Peighambariye

Etwa 100 Meter südlich des Meydan-e Azadi an der Ostseite der Kh. Peighambariye steht die Peighambariye oder das Mausoleum der vier Propheten (Aramgah-e Chahar Anbia). Es wurde im 17. Jahrhundert zu Ehren von vier Juden errichtet, die der Legende nach kurz nach Jesu Geburt in diese Region gereist sein sollen, um über die Ankunft des Propheten Jesus zu berichten. Die Eingangsseite des Heiligtums mit verspiegelter Vorhalle, zwei Säulenpaaren und den Seitenflügeln entspricht in kleinerem Maßstab dem Aufbau des Imamzadeh Hoseyn. Im Inneren befindet sich ein Sarkophag, der von einer mit Silber- und Goldschmuck versehenen Gitterkonstruktion geschützt wird. Das Gebäude wird von einer blauen zwiebelförmigen Kuppel überragt.

Imamzadeh Ismail

Das aus dem 19. Jahrhundert stammende Imamzadeh Ismail liegt 100 Meter südwestlich des Ali-Qapu-Torbaus im Zwickel zwischen den Straßen Shohada und Ansari. Der Zugang führt durch ein Tor in der großen Rundbogennische an der Schauseite. Im Inneren wird das Grab Ismails, eines Sohnes von Imam Sadegh, verehrt. Die Innenausstattung entspricht dem qajarischen barockisierenden Stil mit flachem floralem Stuckdekor.

Mostowfi-Grabturm

An der nördlichen Seite der Kh. Mostowfi Richtung Meydan-e Vali-ye Asr befindet sich der Mostowfi-Grabturm (Maqbar-e Hamdollah Mostowfi). Er ist an seiner grün gefließten konischen Kuppel erkennbar. Hier ist der Qazviner Historiker und Geograph Hamdullah Mostowfi bestattet, der zwischen 1344 und 1349 verstarb. Zu seinen Werken gehört eine Weltgeschichte von der Entstehung der Erde bis 1330 (Tarik-e gozida) und die geographische Beschreibung Persiens und Mesopotamiens

(Nozhat al-qolub). Mostowfi hatte ein gutes Verhältnis zum ilkhanidischen Wesir Rashid ol-Din und war zeitweilig als Gouverneur des Gebiets um Qazvin eingesetzt. Der Grabturm stammt aus dem 14. Jahrhundert und enthält eine Krypta mit dem Grab sowie einen Kuppelraum.

Hoseyniye Aminiha

Die etwa 500 Meter südwestlich des Basars in der Kh. Mowlavi gelegene Hoseyniye Aminiha war ursprünglich ein privater Gebäudekomplex, den Mohamad Reza Amini im Jahre 1858 errichten ließ. Da man hier später Passionsspiele über den Tod Imam Hoseyns aufführte, kam es zum heutigen Namen. Man kann hier gut nachvollziehen, wie eine begüterte Familie im 19. Jahrhundert lebte.
Die drei zentralen Säle sind mit Stuckdekor, Spiegelfacetten und Holzschnitzereien ausgestattet. Was aber dieses Ensemble besonders sehenswert macht, sind seine traditionellen durchbrochenen Holzschiebefenster, von denen allein der südliche Saal sieben Stück von ausgezeichneter Qualität enthält. Hinzu kommt, dass in die Öffnungen oberhalb der Schiebefenster dekorative farbige Verglasungen eingefügt sind.

Safa-Badehaus

An der gegenüberliegenden Straßenseite in nördlicher Richtung liegt das Safa-Badehaus oder Hamam-e Haj Mohamad Rahim, das im Jahre 1843 erbaut wurde. Die Räumlichkeiten entsprechen dem üblichen Hamam-Baukonzept mit Eingangsbereich und überkuppelten Umkleide-, Aufenthalts- und Baderäumen. Es gibt im Inneren einige auf Löwenskulpturen ruhende Steinschalen.

▶ Karte S. 183

Sardar-Wasserspeicher

Der westlich des Imamzadeh Hoseyn an der Kh. Rah Ahan gelegene Wasserspeicher (Ab Anbar-e Sardar) von 1812 gilt als der mit der höchsten Ziegelkuppel überspannte Wasserspeicher Irans. Vom Boden aus beträgt die Kuppelhöhe 28,5 Meter. Er ist deshalb von der Straße her leicht zu erkennen. Vom Portal aus führen 50 Stufen hinab in den Speicherraum.
Ein weiterer Wasserspeicher, der aber abgelegen am westlichen Ende der Kh. Montazeri vor einer Brücke steht, ist der **Haj-Kazem-Speicher.** Er besitzt ein breites mit grünen Fliesen verziertes Portal, das von zwei kleinen Windtürmen flankiert ist. Bei ihm führen 40 Stufen hinab zum Speicherraum.

Stadttore

Von den ehemals 9 Toren der qajarischen Zeit sind zwei erhalten, nämlich das **Darvaze-ye Tehran-e Qadim** am Platz desselben Namens und das **Darvazeh-ye Darb-e Kushk**, am nördlichen Ende der Kh. Naderi. Neben dem letztgenannten Tor befindet sich das **Tourismus-Büro**. Beide Tore haben Haupt- und Nebeneingänge, sind mit Ziertürmen versehen und mit farbigen Fliesen in geometrischen Mustern geschmückt. Das Kushk-Tor besitzt zusätzlich über dem Hauptdurchgang ein Fliesen-Bogenfeld mit Abbildungen von Löwen als Machtsymbolen.

Kirchen

Die armenische Minderheit hält Gottesdienste in der einfachen **Herpesimeh-Kirche** (Kelisa-ye Aramanieh) ab, die sich an der Ecke Kh. Taleghani und Kh. Khayam befindet.
Im späten 19. bis frühen 20. Jahrhundert hatte man Russland ein Gelände

nördlich der Kh. Taleqani zwischen Kh. Khayam und Kh. Daraee überlassen, wo auch ein Konsulatsgebäude und das jetzt von städtischen Behörden benützte ehemalige Theater nördlich der Shahrdari-Straße errichtet wurden. In seinem südlichen Teil steht die aus roten Backsteinen erbaute **russisch-orthodoxe Kantur-Kirche**, deren neobarocker Turm mit türkisfarbener gefließter Kuppel die Häuser der Um-gebung überragt.

Qazvin

Vorwahl: +98/(0)281.
Postamt (Edare-ye Post), Meydan-e Azadi.
Touristen-Büro: (Khane-ye Mirase Farhangi), Meydan-e Darb-e Kushk (Kh. Naderi), Tel. 3354708. Freitags geschlossen.
Fahrten in das Alamut-Tal (siehe unten) können über die Hotels oder über das Touristen-Büro arrangiert werden.

Bank-e Melli, Meydan-e Vali-ye Asr.

Bahnhof (Istgah-e Rah Ahan). Von hier aus gibt es Zugverbindungen nach Teheran und Tabriz

Terminal Ost (Terminal-e Otobus-e Meydan-e Darvazeh-ye Tehran): Von hier aus verkehren Busse nach Karaj, Teheran und Rasht. **Terminal West** (Terminal-e Otobus-e Meydan-e Moqadas): Von hier aus verkehren Busse nach Takestan, Hamadan, Zanjan und Tabriz.

Hotel Marmar***, Meydan-e Vali Asr (Bolvar-e Ayatollah Khamenei), Tel. 255577-1 (bis -4) (Q2–3/P1–2).
Hotel Alborz**, Kh. Taleqani (naresideh be Kh. Khayam), Tel. 2227367, 2225266, 2226631 (Q2/P1).
Hotel Iran**, Kh. Peighambarieh (nazdik-e Meydan-e Azadi), Tel. 2228877 (Q1–2/P0).

Restoran-e Eghbali, Kh. Taleqhani (naresideh be Kh. Ferdowsi), Tel. 222-4990, 2233347. Empfehlenswerte Gerichte sind Mast-e Esfanadj (Yoghurt mit Spinat) und Khoresht-e Qeyme (Gulaschgericht, als Qazviner Spezialität mit zerkleinerten Pistazien).
Restoran-e Yas, gegenüber Hotel-e Alborz, Tel. 2222853.

Alamut-Tal

Ein Ausflugsziel, das Geschichte und Naturerlebnis verbindet, ist das Alamut-Tal. Die Legenden über die Assassinen beschäftigten bereits Marco Polo im 13. Jahrhundert. Immer noch werden zahlreiche Romane und Sachbücher über dieses Thema geschrieben. Die unerschrockene britische Reiseschriftstellerin Freya Stark besuchte 1929 die unzugänglichen Festungsruinen, deren wissenschaftliche Untersuchung erst 30 Jahre später begann. Jetzt kann man mit dem PKW auf größtenteils asphaltierten Straßen die Gebirgsketten überqueren, die diesem Gebiet vorgelagert sind, doch ein Rest von Abenteuer bleibt bestehen.

Die Vorfahren der Ismailis, deren derzeitiges prominentes Oberhaupt der in

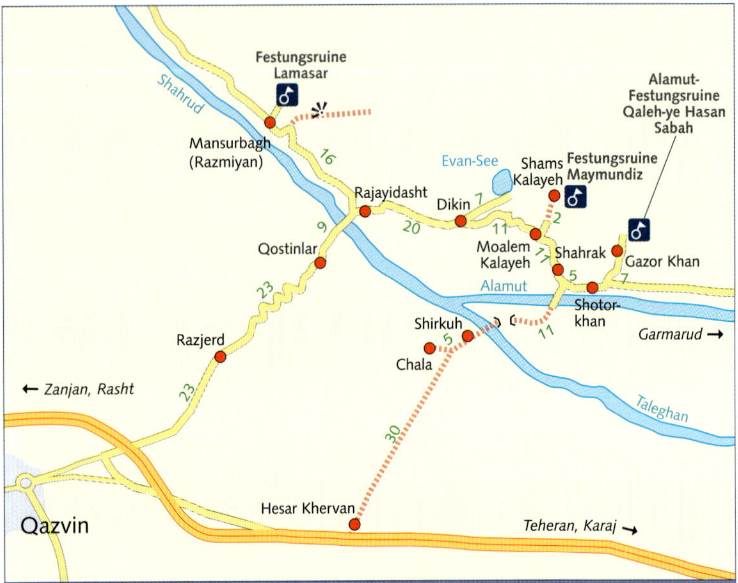

Das Alamut-Tal

Frankreich lebende Agha Khan IV. ist, waren die Perser, die niemals von den Seldschuken bezwungen wurden und den Mongolen nach deren erfolgreichen Eroberungszügen noch jahrelang von ihren Bergfestungen aus Widerstand leisteten.

Anfahrt: Am ersten südlichen Kreisel vor Qazvin, von Richtung Teheran aus gesehen, folgt man dem Schild Alamut/ Moalem Kalayeh nach Nordosten. Man überquert Gebirgsketten und den Shahrud-Fluss bei Rajayidasht, durchfährt die Ortschaft Moalem Kalayeh und erreicht nach insgesamt knapp 100 Kilometern kurz hinter Shahrak den Alamut-Fluss. Nun fährt man sechs Kilometer in östliche Richtung parallel zum Fluss weiter; hinter dem Ort Shotor Khan folgt man der Beschilderung ›Alamut-Castle‹ in nördliche Richtung sieben Kilometer bis nach Gazor Khan.

Die Alamut-Festung

Etwa einen Kilometer nördlich oberhalb von Gazor Khan erreicht man einen Parkplatz, von dem aus ein Wanderweg zum nahen Konglomeratfelsen mit der Alamut-Festung angelegt ist. Diese wurde mehrmals geschleift, so dass nur die Grundmauern erhalten geblieben sind, doch der Blick zum Takht-e-Soleiman-Gebirge mit seinen Gletschern und hinab in das Alamut-Tal bleiben unvergesslich.

Die Einheimischen nennen die Festungsruine noch immer Qaleh-ye (Festung) Hasan Sabah, nach dem gefürchteten ersten Ismaili-Führer, der hier von 1090 bis 1124 herrschte und durch seine ihm ergebenen Anhänger Einfluss von Persien bis zum Kreuzfahrerstaat Jerusalem ausübte. Um sich gegen die Seldschuken zu wehren, sandte er von hier Attentäter aus und ließ 1092 seinen erbittersten

Feind, den Wesir Nizam ul Mulk töten. Hasan Sabah galt als hochgebildet und strenggläubig. Seine umfangreiche Bibliothek auf dem Alamut-Felsen war berühmt.

Der Felsen mit der Alamut-Festungsruine

Maymun Diz

Maymun Diz, eine Festung, deren Kasematten einen ganzen Berg durchzogen, war der Ort, wohin sich die ismailische Führung im 13. Jahrhundert zurückgezogen hatte. Sie geriet 1256 bei der Eroberung durch die Mongolen in Gefangenschaft. Damit verloren die Ismailis ihre Machtbasis in Persien.

Am westlichen Ortsende Moalem Kalayes führt eine schmale Straße an der linken Seite des Taleinschnitts nach Norden durch den Weiler Shams Kalayeh. Nach insgesamt 2,5 Kilometern kann man hinter einem kleinen Imamzadeh die Öffnungen zu den Kasematten in 20 Metern Höhe einer gegenüberliegenden vertikalen Felsrinne der orange-ockerfarbigen Bergwand sehen. Sollte man noch Zeit für ein Picknick am kleinen malerischen **Evan-See** haben, so folgt man auf der Rückfahrt einer Piste, die östlich vom elf Kilometer entfernten Dikin aus einige Kilometer nach Norden führt. Die Umgebung des Iwan-Sees wäre auch zum Zelten geeignet. Ab Teheran bis Gazor Khan am Alamut-Felsen beträgt die Fahrzeit etwa vier Stunden. In Gazor Khan könnte man unter einfachen Bedingungen im Gasthaus Kuhsaran am Dorfplatz auf Bodenmatten übernachten. Auch bieten zwei weitere Familien Schlafstellen an.

Die Festungsruine Lamasar

Lamasar

Wer Lamasar, die dritte der bedeutendsten ismailischen Festungen, sehen möchte, muss insgesamt 40 Kilometer zusätzlich einplanen. Diese Festung liegt auf einem breiten Felsrücken und bietet im Gegensatz zum unscheinbaren Äußeren von Meymun Diz einen imposanten Anblick. Wegen ihrer vorteilhaften Lage konnte sie erst 1257, nachdem die Besatzung durch Krankheiten geschwächt worden war, von den Mongolen eingenommen werden.

Auf der Rückfahrt von Dikin Richtung Qazvin erreicht man nach 20 Kilometern Rajayidasht vor der Brücke über den

Shahrud-Fluss. Unmittelbar vor diesem Ort führt eine geteerte Straße in nordwestlicher Richtung parallel zum Shahrud-Fluss nach Mansurbagh (Razmiyan), das etwa 20 km entfernt liegt. Dort kann man kurz nach dem Ortseingang rechts einen Weg zwischen den Häusern zum östlichen Berghang hinauffahren, der nach einigen hundert Metern einen eindrucksvollen Blick auf das gegenüberliegende Lamasar-Festungsplateau bietet. Wer dessen Mauern, Bastionen und Zisternen erkunden möchte, muss durch Mansurbagh (Razmiyan) hindurchfahren und dann der schmalen Straße Richtung Hir an der westlichen Seite des Festungsfelsens folgen. Das Auto wird auf Höhe der Festungsnordseite abgestellt. Von dort aus ist der Zugang über einen schmalen Felsgrat möglich.

Gazor Khan

Sehr einfache, rustikale Unterkünfte bieten das **Hotel Golestan**, Tel. (0)282/3773212, und das **Hotel Farhangian**.

Überquerung des Elburz-Höhenkamms

Ab Ende Juni kann man ohne von Schneeresten behindert zu werden, über den Salambar-Pass zur Kaspischen Seite des Elburz-Gebirges wandern. Diese Tour ist sehr empfehlenswert. Der Ausgangspunkt hierfür ist Garmarud, das 17 Kilometer östlich der Abzweigung nach Gazor Khan den Alamut-Fluss aufwärts liegt. Dort endet die asphaltierte Straße.

Wenn man diese Tour selbständig durchführen möchte, sollte man sich darüber im Klaren sein, dass in den kleinen Ortschaften von Garmarud bis Yuj, das am Sehezar-Fluss jenseits des Höhenkamms liegt, die Einheimischen nur Farsi sprechen. Ohne Führer wird man auf die Piste angewiesen sein, die mittlerweile durchgehend von Garmarud bis Yuj mit Geländewagen befahrbar ist, aber in der Zeit von Ende November bis Anfang Juni von Schnee blockiert sein kann. Ab Yuj ist die Strecke nach Tonekabon am Kaspischen Meer ausgebaut und mit normalem PKW befahrbar. Ohne ortskundigen Begleiter wird man auf der anderen Seite des Passes schwerlich beispielsweise zu den bei iranischen Trekkern beliebten warmen Quellen namens Shelef und Narges, finden, für die man allerdings weitere zwei Tage einplanen müsste.

Solange die Bäche Schmelzwasser führen, was bis zur zweiten Junihälfte der Fall sein kann, sollte man ohne Führer lieber auf der Piste oder den Hauptrouten bleiben. Wenn man vor hat, eigene Wege zu gehen, könnte es nützlich sein, ein kurzes Seil zur Absicherung bei Bachdurchquerungen mitzunehmen. Privatunterkünfte, Taxis oder auch Maultiere vermittelt Herr (Aqa-ye) Sadeghi, der in Garmarud einen kleinen Verkaufsladen (Magaze) betreibt (Tel. 0282/3794008).

Streckenverlauf: Den Aufstieg beginnt man in **Garmarud** (1800 m) nach **Pichbon**, das man nach etwa vier Stunden erreicht und wo man in Privathäusern oder im Zelt übernachtet.

Von dort sind es ungefähr zwei Stunden zum **Salambar-Pass** (3200 m) mit phantastischem Blick zum weniger als 18 Kilometer Luftlinie entfernten Alam-Kuh-Gipfel (4850 m). Über **Salajanbar** geht es in vier Stunden hinab nach **Ma-**

▲ Karten S. 192, 197

Herbststimmung im Elburz-Gebirge

raan (Maran), das bereits am Rande des dichteren kaspischen Vegetationsgürtels liegt und sich malerisch einen Berghang hinaufzieht. Dort kann Aqa-ye Mansukia für eine Unterkunft sorgen.

Am nächsten Tag erreicht man nach etwa drei Stunden **Yuj** (1600 m) am Sehezar-Fluss, der im 45 Kilometer entfernten Tonekabon in das Kaspische Meer mündet. Von Yuj aus gibt es eine ausgebaute Straße entlang dem Flusstal. Es stehen Sammeltaxis oder Minibusse nach Tonekabon zur Verfügung.

Von **Tonekabon** kann man an demselben Tag über Chalus zurück nach Teheran (250 km), oder man fährt nach Rasht (140 km) und benützt dies als Basis für Ausflüge zum Hafen Bandar Anzali und ins Bergdorf Masuleh.

Eine **Alternative** zu dieser Tour über den Salambar-Pass nach Nordwesten wäre eine Wanderung über den Salambar-Pass mit Fortsetzung im Tal in südwestliche Richtung über den Gardanekuh-Pass (4300 m) zum **Ersteigen des Alam-Kuh-Gipfels** und weiter über die Hesarchal-Ebene nach Vandarbon und Rudbar bei Kelardasht. Dies ist eine streckenweise anstrengende Tour, die Trittsicherheit und Höhenverträglichkeit erfordert. Der Zeitrahmen hierfür sind sechs bis sieben Tage ab Garmarud. Am besten geeignet sind die Wochen ab Mitte Juli bis Mitte September.

Wer an dieser Tour mit der Besteigung des Alam Kuh interessiert ist, wendet sich an an Mr. Mohammad Haj Abolfath (englischspr.), mobil (0)912/2104966, oder Mr. Chahkanouei, beide unter ›Teheran-Info‹, → S. 155.

Wer nur den Alam Kuh ohne diesen mehrtägigen Trek besteigen möchte, sollte als Ausgangsort Kelardasht wählen (→ S. 286).

Semiran

Semiran war eine dailamitische Stadt, die an der damaligen direkten Handelsroute entlang dem Sefid-Rud-Fluss vom Kaspischen Meer nach Miyaneh und weiter nach Tabriz lag. Bereits um 943 wurde sie vom Reisenden Ibn Muhalhal als Stadt mit 2850 Häusern, starken Befestigungen, Türmen und einer gewaltige Zitadelle mit dreifachem Mauerring beschrieben. Ihre Bewohner galten als wohlhabend. Unter den Buyiden, Anfang des 11. Jahrhunderts, wurde sie Hauptstadt der Provinz Tarum, die zwischen Zanjan und dem Elburz-Gebirge lag. Die Stadt zog sich etwa einen Kilometer entlang dem nördlichen Ufer des Qizil-Owzan-Flusses, an der Stelle, an der dieser heute in den Manjil-Stausee mündet. Im 12. Jahrhundert wurde die Stadt durch die Ismailis beherrscht und im 13. Jahrhundert, in mongolischer Zeit, aufgegeben. Im Gegensatz zu den verschwundenen Lehmhäusern blieben

▲ Karte S. 197

die Ruinen der steinernen Zitadelle und der aus gebrannten Ziegeln und Bruchsteinen bestehenden Grabtürme erhalten. Das Gelände der ehemaligen Stadt bietet vom parallel verlaufenden nördlichen Hochufer aus einen faszinierenden Anblick. Die finsteren Ruinen der Zitadelle dominieren das ehemalige Stadtbild. Hinzu kommen einige verfallende Grabtürme, von denen der größte auf einem aufragenden Hügel steht. Vermutlich stammen sie vom Ende des 10. oder Anfang des 11. Jahrhunderts. Von den Häusern ist kaum noch etwas erhalten, da der Stausee im Frühjahr das tiefere Gelände unter Wasser setzt und vieles (wie auch ein vor wenigen Jahrzehnten im Westteil noch sichtbares Minarett) wegspült hat.

Anfahrt: Von Qazvin fährt man in Richtung Rasht durch **Lowshan**, wo es eine sehenswerte qajarische Brücke gibt, nach Manjil. Nach etwa 105 Kilometern von Qazvin aus überquert man das alte Flussbett des Sefid Rud auf einer Eisenbrücke unmittelbar unterhalb des Manjil-Staudamms. Von dieser Brücke aus sind es 16,5 Kilometer auf asphaltierter Straße bis zu einem Hinweisschild an der linken Straßenseite oder, wenn das Hinweisschild entfernt worden sein sollte, insgesamt 19 Kilometer nach Bahramabad. Vom vorher erwähnten Hinweisschild aus sind es vier Kilometer bis zum Tal von Semiran oder von Bahramabad aus in südlicher Richtung etwa 2,5 Kilometer bis zum Ende des Weges. In Bahramabad sollte man alternativ zu

Die Umgebung von Qazvin

Das Dorf Zakir

Semiran nach ›Imamzadeh Qassem‹ fragen, einem verfallenen Heiligtum am nordwestlichen Rand von Semiran. Die beiden letzten Teilstücke sind Pisten. Die Piste von Bahramabad aus endet am Rande des Plateaus über dem Flussbett des Qizil Owzan, von wo aus ein etwa 500 Meter langer Pfad zum Gelände der ehemaligen Stadt hinabführt.

Empfehlung: nach der Besichtigung von Semiran, das auf etwa 300 Metern Höhe liegt, könnte man von Bahramabad aus die asphaltierte Straße weiterfahren über Gilvan Richtung Zanjan. Diese Strecke ist gut ausgebaut und asphaltiert. Von den 2200 Meter hohen Pass-Strecken des Qaflan-Kuh-Gebirges bietet sich ein schöner Blick zurück in das Tal des Qizil Owzan. Am südlichen Gebirgshang fährt man dann an verschiedenen Dörfern vorbei. Malerisch ist der Ort **Zakir**, dessen Bild im Herbst von vielen hohen Dung- und Strohhaufen beherrscht wird. Etwa 20 Kilometer östlich von Zanjan trifft die Straße auf die Autobahn. Die Route ab Gilvan zählt zu den landschaftlich eindruckvollen Gebirgsstrecken Irans.

▶ Karte S. 197

Kharaqan-Grabtürme

Ein Ausflug von Qazvin zu den abgelegenen seldschukischen Grabtürmen aus dem 11. Jahrhundert führt zu zwei der sehenswertesten frühen Ziegelbauten Irans. Zuerst nimmt man die Autobahn in Richtung Zanjan; man verlässt sie nach 40 Kilometern bei Takestan. Dann fährt man 50 Kilometer Richtung Hamadan bis Ab Garm weiter. Dort zweigt eine schmale Straße in Richtung Westen zum Dorf Hesar-e Armani (Hesar-e Vali Asr) ab, das man nach 30 Kilometern erreicht.

Die 15 Meter hohen Ziegeltürme stehen 1,5 Kilometer hinter dem Ort links der Straße. Der westliche Grabturm stammt von 1093 und der östliche von 1068. Beide besitzen oktagonale Grundflächen. An den Ecken des Mauerwerks sind Säulen eingebunden, die zu drei Vierteln frei stehen. Die Wandflächen zwischen den Säulen werden durch spitzbogige Blendarkaden aufgelockert. Ein schmaler Inschriftenfries und darüber ein breites Band mit Ziegelfechtwerk setzen den Unterbau von der Kuppelzone ab. Der westliche Turm enthält im Inneren flache Spitzbogennischen und zusätzlich ein einfaches Mihrab.

Die Kharaqan-Grabtürme

Die Bauwerke trugen die frühesten in der iranischen Architektur bekannten doppelschaligen Kuppeln, deren Innenschalen den Jahrhunderten trotzen. Leider wurden sowohl sie als auch weitere Gebäudeteile durch ein Erdbeben im Jahre 2002 beschädigt, so dass Renovierungsarbeiten notwendig wurden. Angaben zu den Personen, die man hier beisetzte, sind in den vorhandenen Inschriften nicht enthalten. Es waren aber sicherlich hochrangige Mitglieder des seldschukischen Adels. Der die gesamten Außenwände überziehende verschiedenartige Dekor, der durch versetzte Anordnungen der rotbraunen Ziegel erzielt wird, zählt zu der schönsten Ornamentik der damaligen Zeit.

Von Qazvin nach Süden

Die asphaltierte Straße von Qazvin nach Saveh folgt dem alten Karawanenweg. Wer zwei der typischen, aus der safawidischen Zeit des 17. Jahrhunderts stammenden Karawansereien sehen möchte, kann diese Strecke wählen. Die erste Karawanserei, **Mohamadabad**, erreicht man nach 27 Kilometern. Es ist eine aus gebrannten Ziegeln errichtete Hofkarawanserei mit vier Iwanen und einem überkuppelten Eingangsbau. Sie hat eine Grundfläche von etwa 80 mal 65 Metern und ist in sehr gutem Zustand.
Nach weiteren 10 Kilometern überquert die Straße das Bett des Rud-e Shur Flusses. Wenige Meter westlich der modernen Brücke steht noch die mehrbogige **Shah-Abbas-Brücke** aus dem 17. Jahrhundert, über die der alte Karawanenweg führte. Einen Kilometer nach dieser Brücke sieht man die Reste einer bis auf die Grundmauern verfallenen Karawanserei aus Lehmziegeln.
Die zweite eindrucksvolle Karawanserei auf dieser Strecke ist in **Hejib**, 47 Kilometer südlich von hier gelegen. Auf dem Weg dorthin durchfährt man Buin Zahra. Die Anlage in Hejib ist auch eine Hofkarawanserei aus gebrannten Ziegeln mit vier Iwanen und einem überkuppeltem Eingangsbau. Im Innenhof befindet sich ein Wasserspeicher, der von einem Qanat gespeist wird. Sie ist größer als Mohamadabad, da die Stallungen durchgehend an allen Seiten liegen, während sie in Mohamadabad im Eingangsbereich untergebracht sind. Im Gegensatz zu Mohamadabad wird die Anlage in Hejib nicht mehr bewohnt. Sie ist dadurch zwar leichter zugänglich, aber nicht mehr in gutem Zustand.

Ozbaki

Unweit der Autobahn Richtung Teheran befindet sich eine der ältesten Befestigungsanlagen Irans aus medischer Zeit des 7. bis 6. Jahrhunderts v. Chr. Um dorthin zu gelangen, verlässt man nach 48 Kilometern bei Abyek die Autobahn. Man durchfährt Abyek und folgt der alten Landstraße nach Teheran zum östlichen Ende Abyeks. Von dort führt eine schmale Straße in südliche Richtung zum vier Kilometer entfernten Ozbaki, von dessen östlichem Ortsrand aus es 500 Meter bis zum konisch geformten sechsundzwanzig Meter hohen Ozbaki-Hügel sind. Dieser hat an der Basis einen Durchmesser von 140 Metern. Um seine kreisrunde Kuppe zieht sich die noch etwa drei Meter hohe Steinmauer der Festung, in deren Inneren die Grundrisse von Häusern erkennbar sind. Da sich im Umkreis von 700 Metern sechs frühe Siedlungshügel befinden, deren Funde bis in das 7. Jahrtausend v. Chr. zurückreichen, darunter über 7000 Jahre alte Lehmziegel, plant die Kulturbehörde, hier eine archäologische Modellanlage für Touristen einzurichten.

Stadt und Provinz Zanjan

Die Provinz Zanjan mit ihrer gleichnamigen Hauptstadt grenzt im Osten an die Provinz Qazvin. Sie ist 21773 Quadratkilometer groß und hat knapp 1 Millionen Einwohner, die überwiegend azerischer Abstammung sind. Die Provinz ist an drei Seiten von Gebirgen umgeben, und ihre Ebenen sind durchschnittlich 1700 bis 1800 Meter hoch. Im Winter fällt viel Schnee, der bis zum Sommer schmilzt, und mit den Regenfällen des Frühjahrs gute Voraussetzungen für Landwirtschaft und Viehzucht bietet. Die Mongolen bevorzugten die Ebene um Soltaniyeh wegen ihres steppenähnlichen Charakters.

Messer aus Zanjan

Geschichte der Stadt

Die Stadt Zanjan mit etwa 350 000 Einwohnern soll vom Sassanidenkönig Ardashir I. in der ersten Hälfte des 3. Jahrhunderts gegründet worden sein. Bis in die Neuzeit war sie eine wichtige Karawanen- und Handelsstadt auf der Route von Qazvin nach Tabriz. In mongolisch-timuridischer Zeit wurde sie durch die Kriegszüge in Mitleidenschaft gezogen. In qajarischer Zeit war sie Gouverneurssitz der Provinz Khamseh. Im Jahre 1850 machten die Anhänger des Bab einen Aufstand, der von Regierungstruppen blutig niedergeschlagen wurde. Dabei kam es zu Zerstörungen im Ostteil der Stadt. Der Bab gilt als Vorläufer des Bahaullah, des Gründers der Religionsgemeinschaft der Bahais. Zanjan ist auch als das ›iranische Solingen‹ bekannt. Messer aus Zanjan werden im Iran geschätzt, aber zunehmend durch importierte Ware ersetzt. Zanjan ist Universitätsstadt und besitzt ein ausgezeichnetes Institut für Grundlagenforschung.

▲ Karte S. 202

Basar

Hauptsehenswürdigkeit ist der **Basar**, dessen Gebäude im alten Teil bis ins 17. Jahrhundert zurückgehen und im neuen Teil hauptsächlich vom Anfang des 19. Jahrhunderts, aus der Zeit Fath Ali Shahs stammen. Der Basar umfasst etwa 950 Geschäfte, die überwiegend noch nach Zünften in eigene Gassen und Sektoren gegliedert sind.

■ Jame-Moschee

Im nördlichen Basarbereich, etwa 300 Meter westlich des Meydan-e Enqelab steht die Jame-Moschee mit Madrese (Masjed-e Jame), die Abdullah Mirza, ein Sohn Fath Ali Shahs, um 1828 errichten ließ. Es handelt sich um eine Anlage mit Vier-Iwan-Hof und Kuppelgebäude. An den Hofseiten sind die Trakte mit Arkaden versehen. Die beiden Seitenflügel enthalten 16 Räume für Theologiestudenten. Beeindruckend sind der dem Kuppelgebäude vorgesetzte Südiwan sowie der Nordiwan. Die Stirnfelder über den Arkaden und die Iwane sind mit verschiedenfarbigen Fliesen geschmückt, die überwiegend florale Ornamentik aufweisen. In den Rahmenfeldern der Iwane wurden Medaillon-Muster aneinandergereiht. Die Kuppel ist strahlend blau gefließt.

Weitere Moscheen

Der Basar enthält weitere Moscheen, wie die 300 Jahre alte **Mirzaie-Moschee** (Masjed-e Mirzaie), die etwa 350 Meter von der Jame-Moschee entfernt auf der anderen Seite der Kh. Ferdowsi im westlichen Teil des Basars liegt.

Östlich der Jame-Moschee an der Kh. Imam Khomeini befindet sich das **Imamzadeh Seyed Ebrahim,** das Anfang der 1970er Jahre renoviert wurde und dessen floraler Fliesenschmuck in vorwiegend hellen türkisen Farbtönen den Gebäuden Leichtigkeit verleiht. Die Kuppel ist mit Sternenmustern in hellblauen und hellbraunen Farben gefliest.

Die kleine **Frauen-Moschee** (Masjed-e Khanum) an der Nordseite der Kh. Imam Khomeini 200 Meter westlich der Jame-Moschee fällt durch den gelben Grundton ihres Fliesedekors auf. Zum Basar gehören gehören auch zwei Hamam-Badehäuser und Karawansereien.

Museen

Empfehlenswert ist der Besuch des früheren traditionellen Waschhauses oder **Muze-ye Rakhtshoy Khaneh**, das etwa 200 Meter nördlich des Enqelab-Platzes an der östlichen Seite der Kh. Saadi zu finden ist. Dort wurde ein **ethnologisches** Museum eingerichtet. Öffnungszeiten sind von 8.30 bis 18 Uhr, außer montags und an Feiertagen.

Im **Zolfaqari-Palast** (Kakh-e Zolfaqari), der aus qajarischer Zeit stammt, soll das **Zanjan-Museum** mit einigen über 1700 bis 2000 Jahre alten Mumien von Männern aus einem Salzbergwerk untergebracht werden. Es liegt an der Kh. Taleqani etwa 300 Meter nördlich der Jame-Moschee.

Zanjan

Vorwahl: +98/(0)241.

Postamt (Edare-ye Post), Meydan-e Enqelab.

Bank-e Melli, Sabz-e Meydan (nördlich der Jame-Moschee).

Zanjan Grand Hotel****, Meydan-e Basij, Tel. 7288190, www.zanjangrandhotel.ir. Modernes gutes Hotel (Q4/P4).

Hotel Park**, Meydan-e Azadi, Tel. 3222228, www.parkhotel-zanjan.com (Q2–3/P2).

Hotel Sepid**, Meydan-e Enqelab, Tel. 3226882 (Q2/P2–3).

Restoran-e Karavansara Sangi, Kh. Khiam (ruberu-ye Istgah-e Rah Ahan; gegenüber dem Bahnhof). Stimmungsvolles Restaurant in einer ehemaligen Karawanserei. Gutes Dizi und Kebab.

Restaurant des Hotels Sepid, preiswerte iranische Küche.

Restaurant des Zanjan Grand Hotels, gute Küche.

Vom Bahnhof (Istgah-e Rah Ahan) bestehen Zugverbindungen nach Teheran und Tabriz.

Bus-Terminal (Terminal-e Otobus), südlich des Meydan-e Shilat.

Soltaniye

Die Ortschaft Soltaniye, die ›Kaiserliche‹, liegt etwa 40 Kilometer südöstlich von Zanjan in einer steppenähnlichen Ebene auf knapp 1800 Meter Höhe. Der Ilkhan Arghun richtete um 1290 hier eine Sommerresidenz ein. Nachdem Oljeitu die ilkhanidische Herrschaft 1304 antrat, wurde sie weiter ausgebaut und etwas später die Residenz von Tabriz nach Soltaniyeh verlegt. Die offizielle Einweihung als neue Hauptstadt erfolgte 1313.

Es gab dort eine starke Zitadelle, Paläste, mehrere Wohnviertel, Moscheen, Basare und Karawansereien. Als Handelszentrum wurde es dadurch gefördert, dass man von hier aus einen direkten südlichen Karawanenweg nach Hamadan einrichtete, welcher von dort Anschluss an die Hauptroute nach Bagdad und Damaskus hatte. Der Handel mit der in Gilan produzierten Seide wurde hier abgewickelt. Durch Händler aus benachbarten Ländern, aber auch aus Indien, China und Italien erlangte es kosmopolitischen Flair. Hinzu kamen Priester, Mönche und eine christliche Gemeinde. 1318 wurde es zum Sitz einer Erzdiözese erhoben.

Der Niedergang begann mit der Eroberung durch Timur 1384. Dessen Sohn Miran Mirza ließ im Jahre 1396 mutwillig repräsentative Gebäude in Soltaniye und Tabriz zerstören. Miran Mirza galt als zeitweilig unzurechnungsfähig und soll dazu gesagt, haben, dass man sich seiner dadurch noch lange erinnern würde.

Oljeitu-Mausoleum

Heutzutage ist Soltaniye ein kleiner Ort und von der einstigen Pracht kündet nur noch das bereits aus weiter Entfernung sichtbare Kuppelgebäude des Oljeitu-Mausoleums, das zum UNESCO-Weltkulturerbe zählt. Dieses Mausoleum befand sich innerhalb der vorher erwähnten Zitadelle von etwa 400 mal 400 Metern, von deren starken Bastio-

Die Umgebung von Zanjan

nen an der Südseite einige Grundmauern vor dem Betreten des Mausoleumsgeländes zu sehen sind. Innerhalb der Zitadelle gab es Palastbauten, eine Jame-Moschee, eine Madrese, Unterkünfte für Gäste, ein Hamam und ein Krankenhaus.

Oljeitu begann mit der Errichtung seines Grabmals bereits zu Lebzeiten, wie es Brauch bei den ilkhanidischen Herrschern war. Nach einem Besuch in Najaf und Kerbala im Jahre 1309 konvertierte er zum Schiitentum. Ob er als Schutzherr der Schiiten dann tatsächlich beabsichtigte, die Gebeine der Imame Ali und Hoseyn in diesem Mausoleum mit beisetzen zu lassen, ist nicht erwiesen. Sicherlich hätte die Geistlichkeit der betreffenden Städte deren Herausgabe verweigert. Es gibt sogar damalige Zeitgenossen, die schrieben, dass Oljeitu versuchen wollte, sich zum Oberherren von Mekka und Medina zu machen. Falls es diese Pläne gab, wurden sie jedenfalls nicht realisiert, und am Ende wurde der Dekor des Grabmals einfacher gestaltet und die bunten Fliesendekorationen teilweise durch Mörtelarbeiten und Wandmalereien überdeckt.

Ein Jahr nach der Einweihung des Mausoleums im Jahre 1315 starb Oljeitu und wurde, nachdem er als christliches Kind auf den Namen Nikolas getauft worden war, dann einige Zeit dem Buddhismus anhing, letztlich als Mohammed Khodabande Oljeitu hier beigesetzt. Der persische Beiname Khodabande bedeutet Diener Gottes. Sein Grabmal ist der großartigste erhaltene Kuppelbau Persiens aus dem Mittelalter. Mit der **Kuppelhöhe** von 51 Metern und einem inneren Durchmesser von 25 Metern erreicht er fast die Dimensionen der Hagia Sophia in Istanbul. Da der Blick in die Kuppel durch Gerüste behindert

Das Oljeitu-Mausoleum

wird, kann man die gewaltige Höhe innen kaum abschätzen. Wegen ihrer Dicke von sieben Metern können die tragenden Mauern das Gewicht der Doppelschalenkuppel ohne Stützbögen auffangen. Das Gebäude hat einen oktagonalen Grundriss, besitzt außen vier Portale und ist in drei horizontale Stufen gegliedert. Die vorherrschenden Farben der Fliesenverkleidung der Wände, der Minarette und der Kuppel sind dunkles und helles Blau. In die acht Seiten der Innenwände ist jeweils eine Nische mit Durchgang eingefügt. Für die Doppelschalenkuppel, deren Stabilität und relative Leichtigkeit, darauf zurückzuführen ist, dass die beiden jeweils 35 Zentimeter dicken Schalen durch vertikale und horizontale Rippen miteinander verbunden sind, wurden Ziegelsteine verwendet. Der Zwischenraum bietet außerdem den Vorteil, Temperaturunterschiede auszugleichen. Das Doppelschalensystem wurde zum ersten Mal in Europa in größerem Maßstab für die 39 Meter hohe Kuppel der Kirche Santa Maria del

Fiore in Florenz angewendet, die 1436 fertiggestellt wurde. Es wird vermutet, dass man in Europa mittlerweile von dem erfolgreichen Doppelschalensystem in Soltaniye erfahren hatte. Da die moslemischen Herrscher Indiens gerne auf persische Architekturformen zurückgriffen, gilt dieses Bauwerk auch als Vorbild für den Zentralbau des Taj Mahal.

An der Südseite des Oljeitu-Mausoleums befindet sich ein Anbau, der **Torbat Khane**, mit der Grabkammer. Die **Mihrabnische** enthält schöne Muqarnas. Wie deren restliche Ausstattung ursprünglich aussah, ist nicht mehr eindeutig zu klären.

Lohnenswert sind die Besichtigungen der **Innen- und Außengalerien**. Von der westlichen Innennische aus führt eine Treppe hinauf. Besonders sei auf die Decke der Außengalerie mit ihren ziegelroten geometrischen Stuckarbeiten hingewiesen. Der überwiegende Teil der Muster ist in Flechtwerk- und stilisierter Blüten-Ornamentik ausgeführt. Es gibt wenige Besucher, die sich hiervon nicht begeistern ließen. Die unterschiedlichen Dekortechniken an weiteren Stellen mit Fliesen, Ziegeln, Stuckaturen und Wandmalereien machen dieses Gebäude zu einem Gesamtkunstwerk der damaligen Zeit.

Oberhalb der acht Eckpunkte der Galerie sind um die Kuppel herum acht Minarette aufgesetzt, die gegenwärtig renoviert werden.

Etwa 150 m nördlich des Mausoleums befindet sich ein 1995 ausgegrabenes unterirdisches **ehemaliges Hamam**, in dem ein **Teehaus** eingerichtet wurde. In der heißen Jahreszeit ist es hier angenehm kühl.

Mausoleum des Chalebi-Oghlu

Am südwestlichen Ortsrand Soltaniyes steht ein etwa 17 Meter hoher achteckiger Grabturm vom Anfang des 14. Jahrhunderts mit flachen Spitzbogennischen an den Außenwänden und unauffälligem Ziegeldekor. Die wenigen Schmuckfliesen, die in den sechseckigen Aussparungen der Stirnfelder über den Nischen angebracht waren, sind verschwunden. Dies ist das einzige Gebäude, das außerhalb des Zitadellengeländes von der ehemaligen Stadt noch erhalten ist. Unmittelbar angrenzend liegt ein Sufi-Kloster, das in den letzten Jahren renoviert und erneuert wurde. Chalebi Oghlu war ein Jünger des großen Sufimeisters Mowlana Rumi und soll von Konya aus Reisen in verschiedene Gebiete unternommen haben und dabei auch längere Zeit in Soltaniyeh verbracht haben. Allerdings berichten Chroniken, dass Oljeitu für den von ihm geschätzten Sufi Shaykh Baraq, der bei kriegerischen Auseinandersetzungen mit kaspischen Volksstämmen ums Leben kam, einen Grabturm in Soltaniye bauen ließ. Da keine Inschriften an dem Grabturm gefunden wurden, ist nicht eindeutig geklärt, wer hier ursprünglich beigesetzt wurde. Das Wichtigste ist jedoch, dass diese einfache Sufi-Anlage noch etwas von dem Geist der damaligen Zeit spüren lässt.

Imamzadeh Molla Hassan Kashi

Dieses Imamzadeh liegt etwa 1,5 Kilometer südlich von Soltaniyeh und ist von der Außengalerie des Oljeitu-Mausoleums aus zu sehen. Es besitzt eine attraktive mit türkisfarbenen Fliesen verzierte Kuppel und ist von einem Arkadengang in typisch safawidischem Stil umgeben.

Stuckdecke in der Außengalerie des Oljeitu-Mausoleums

Es stammt aus dem 16. Jahrhundert und ist in relativ gutem Erhaltungszustand. Hier soll Molla Hassan Kashi, ein Geistlicher und Poet am Hofe Oljeitus, begraben worden sein.

Dash Kasan

Die ilkhanidische Tempelstätte (Maabad-e Dash Kasan) befindet sich in einer Abtragung an einem Hügel nahe dem Dorf Vir, zu dem von Soltaniye aus eine schmale Straße zehn Kilometer in südöstliche Richtung führt. Man kann es auch von Sonbolabad aus erreichen, das an der Landstraße von Zanjan nach Abhar liegt. Diese Tempelstätte, die möglicherweise schamanischen Ritualen diente, entstand vermutlich in der Zeit Arghuns um 1290. Die Anlage entspricht einem an der Zugangsseite offenen Rechteck, an dessen Längsseiten von etwa 50 Metern sich je eine Grotte befindet, der je ein Drachenrelief folgt, das mit Rahmen etwa drei mal fünf Meter groß ist. Diese Drachenreliefs sind von mit Muqarnas geschmückten Nischen flankiert. All dies ist um eine in die Querseite eingearbeitete zentrale Grotte gruppiert. Da sich hier Steine mit den gleichen Strukturen befinden, wie sie für das Oljeitu-Mausoleum verwendet wurden, ist anzunehmen, dass Teile dieser Anlage als Steinbruch benützt wurden.

Das Imamzadeh Molla Hassan Kashi

▲ Karte S. 202

Katalehkhor-Höhle

Dies ist eine der sehenswertesten touristisch erschlossenen Höhlen Irans. Um sie zu besuchen, fährt man von Soltaniyeh aus südlich über Geydar (Gidar) nach Zarrinrud. Von dort geht es westlich weiter, und nach insgesamt 120 Kilometern erreicht man Garmab. Von hier aus ist der Rest der insgesamt asphaltierten Strecke beschildert und nach etwa fünf Kilometern erreicht man das Ziel. Das Höhlensystem ist in mehrere Etagen gegliedert und etwa 30 Kilometer lang, wovon 2,5 Kilometer an trockenen Gängen und 5 Höhlen mit teilweise zauberhaften Stalaktiten- und Stalagmiten-›Landschaften‹ für Besucher freigegeben sind. Die Temperaturen liegen zwischen 10 und 20 °C. Skelett- und Artefaktfunde zeigen, dass die äußeren Teile des Höhlensystems in prähistorischer Zeit bewohnt waren. Die Fahrtzeit ab Soltaniyeh beträgt zwei Stunden.

Ausflug nach Westen

In westlicher Richtung liegen die Provinzen Kurdestan und West-Azerbaijan. Die nächste bemerkenswerte Sehenswürdigkeit ist die in einem einsamen Hochtal auf 2200 Meter Höhe gelegene ehemalige Feuertempelanlage von **Takht-e Soleiman** (→ S. 211). Man verlässt Zanjan über die südliche Verlängerung der Kh. Ferdowsi, um auf die Straße nach Bijar zu gelangen. Nach etwa 700 Metern überquert man den Zanjan-Fluss. Nördlich der neuen Brücke kann man die gut erhaltene Ziegelbrücke Mir Baha od-Din aus dem 19. Jahrhundert sehen.

Die Brücke Mir Baha od-Din

Etwa vier Kilometer weiter, an einem Kontrollposten der Verkehrspolizei, hat man die Wahl zwischen zwei Routen nach Takht-e Soleiman.

Wenn man bei diesem Kontrollposten rechts die schmale Straße über **Dandi** nimmt, erreicht man nach 140 Kilometern Takht-e Soleiman. Diese Strecke ist durchgehend asphaltiert, aber es kann im Frühjahr nach der Schneeschmelze im letzten Drittel Behinderungen durch Schlammablagerungen geben. Es empfiehlt sich deshalb, an diesem Verkehrsposten im Frühjahr nach den Straßenverhältnissen zu fragen. Diese Strecke führt durch Mittelgebirgslandschaften und ist **in der ersten Junihälfte** wegen der vielen blühenden Pflanzen **sehr empfehlenswert**. Auf mehreren Kilometern sieht man seitlich der Straße Hänge-Loren, in denen Zink- und Bleierze aus dem Bergwerk in Anguran transportiert werden.

Die zweite Strecke führt am Kontrollposten geradeaus weiter über Bijar und nach **Takab**, das man nach 230 Kilometern auf gut ausgebauter Straße erreicht. Diese Strecke ist allerdings nicht so abwechslungsreich wie die Strecke über Dandi.

Eine Abkürzungsmöglichkeit für PKW- und Motorradfahrer besteht in 95 Kilometer Entfernung ab Zanjan bei Qojur/Hashtadjoft. Hier kann man westlich abbiegen und erreicht über Qamcheqay und Qareh Bolagh die Strecke Bijar–Takab. Man spart 25 Kilometer, da man Bijar auslässt. Wer etwas Zeit hat, sollte von Qamcheqay aus sechs Kilometer nordwestlich zu den teilweise über 500 Meter tiefen **Schluchten des Qamcheqay-Flusses** im Bijar-Naturschutzgebiet fahren. Oberhalb des Nordufers am westlichen Ende der Schlucht befinden sich die Reste einer sassanidischen Festung (36°10'19"/47°35'24").

Takab

Das kleine **Ranji Hotel****, Tel. (0)482/522 31 79, mit einigen vor kurzem modernisierten Zimmern ist die einzige akzeptable Unterkunftsmöglichkeit weit und breit. Gruppen können sich dort auf Wunsch persische Gerichte kochen lassen. Von Takab sind es 45 Kilometer nach Takht-e Soleiman.

West-Azerbaijan

Die Provinz West-Azerbaijan (Azerbaijan-e Gharbi) hat Außengrenzen mit dem Irak, der Türkei und der Republik Aserbaidschan. Die Region ist uraltes Kulturland, wovon Orte wie das mannäische Hasanlu das urartäische Bastam und das sassanidische Takht-e Soleiman zeugen. Der Name Azerbaijan wird vom Namen des Fürsten Atropates abgeleitet, den Alexander der Große als Statthalter bestätigte und der Ahnherr einer fast 300 Jahre bestehenden Dynastie war. Atropates bedeutet Hüter des Feuers oder vom Feuer geschützt, was auf die zarathustrische Religion hinweist.

Bevölkerung

Von den 2,9 Millionen Einwohnern sind etwa 60 Prozent Kurden. Sie leben hauptsächlich in der südlichen Hälfte der Provinz und in den grenznahen Gebieten zum Irak und der Türkei. Simko, ein berüchtigter Kurdenführer, schuf 1919 ein autonomes Gebiet, das sich von Mahabad bis Maku erstreckte, aber 1922 seine Unabhängigkeit wieder verlor. Im Januar 1946 entstand in Mahabad mit Unterstützung der sowjetischen Besatzung die Republik Kurdestan, die jedoch von der Sowjetunion wegen drohender Konfrontation mit den USA wieder aufgegeben wurde und sich deshalb nur bis Dezember 1946 halten konnte. Unmittelbar nach der islamischen Revolution machte Mahabad wieder als Zentrum für kurdische Autonomiebestrebungen auf sich aufmerksam. Turksprachige Azeris stellen etwa 40 Prozent der Bevölkerung. Sie sind hauptsächlich Nachfahren der Seldschuken, die im 11. Jahrhundert in diese Gegend kamen und von später angesiedelten Turk-Afsharen.

▲ Karte S. 210

In West-Azerbaijan lebt auch eine Minderheit von etwa 8000 armenischen Christen sowie Christen der Assyrischen Kirche des Ostens, die im Folgenden der Einfachheit halber assyrische Christen genannt werden. Da dieses Gebiet schon in früher Zeit mit Armenien und Mesopotamien in Verbindung stand, waren christliche Einflüsse hier ausgeprägter als im iranischen Kernland. Im ländlichen Gebiet um Orumiyeh bildeten Anfang des 20. Jahrhunderts assyrische Christen noch über ein Drittel der Bevölkerung. Auch im Gebiet um Salmas und nördlich davon bis Maku gab es Siedlungsgebiete mit armenischen Christen. Der starke Rückgang dieser Bevölkerungsgruppen ist auf den Ersten Weltkrieg zurückzuführen, in dessen Verlauf viele Christen aus der Türkei hierher entkamen und dann gemeinsam mit den einheimischen Christen vor der einziehenden türkischen Armee und kurdischen Stammeskriegern in Gebiete des heutigen Armeniens und des Iraks flohen.

Es ist positiv festzuhalten, dass die Christen als Minderheit anerkannt sind und die iranischen Kulturbehörden sich der noch bestehenden christlichen Architektur teilweise in vorbildlicher Weise angenommen haben. So sind 31 Kirchen als schützenswert registriert, und im Jahre 2008 wurde drei Kirchen im Nordiran auf Antrag des iranischen Staates hin von der UNESCO der Status ›Weltkulturerbe‹ verliehen.

Kurdin in der Gegend von Qareh Kelisa

West- und Ost-Azerbaijan

Takht-e Soleiman

Diese Feuertempelanlage, deren Name ›Thron des Salomon‹ bedeutet, liegt auf einem Kalksinterplateau in etwa 2200 Metern Höhe und ist von bis zu 3300 Meter hohen Gebirgszügen umgeben. Im Zentrum der etwa 300 mal 380 Meter großen Anlage liegt ein 21 °C warmer artesischer Quellsee von 80 Metern Durchmesser und über 60 Metern Tiefe. Seit der Mitte des 5. Jahrhunderts n. Chr., in der Regierungszeit des sassanidischen Königs Peroz I., stand hier eine Feuertempelanlage, die ständig weiter ausgebaut wurde. In der ersten Hälfte des 6. Jahrhunderts fasste man sie mit einer wuchtigen 1120 Meter langen Wehrmauer von 13 Metern Höhe ein. Diese ist zum großen Teil noch erhalten und mit 38 Bastionen und zwei Toren ausgestattet.

Die mythologischen Namen wie Takht-e Soleiman, Zendan-e Soleiman und der Berge Takht-e Belqis für Thron der Königen von Saba oder Tawile-ye Salomon für Stall des Salomon kamen erst im oder nach dem 14. Jahrhundert auf.

Takht-e Soleiman nahm als wichtigstes Grabungsgelände des Deutschen Archäologischen Instituts im Iran einen besonderen Platz ein. Hier waren zwischen 1959 und 1977 bekannte Archäologen wie Rudolf Naumann, Wolfram Kleiss und Dietrich Huff tätig.

Es wird sehr empfohlen, den Hügel, der dem Südeingang gegenüber liegt, zu ersteigen, und den Anblick dieses magischen Ortes auf sich wirken zu lassen.

Südtor

Im Norden steht das ehemalige Haupttor. Rechts vom derzeitigen Eingang befindet sich das Südtor, dessen Durchgangshöhe über sechs Meter betrug. Da ein Ablauf des Sees durch dieses Tor geleitet wurde und sich Sedimente ablagerten, wurde der Boden des Durchgangs um drei Meter angehoben. Über dem Südtor befinden sich sieben Nischen, welche die zarathustrischen Glaubensgrundlagen symbolisieren: Gott Ahura Mazda, gute Gedanken, wahre Worte, gute Taten, Demut, Frömmigkeit und Unsterblichkeit. König Khosrow I.

Blick über die Anlage von Takht-e Soleiman

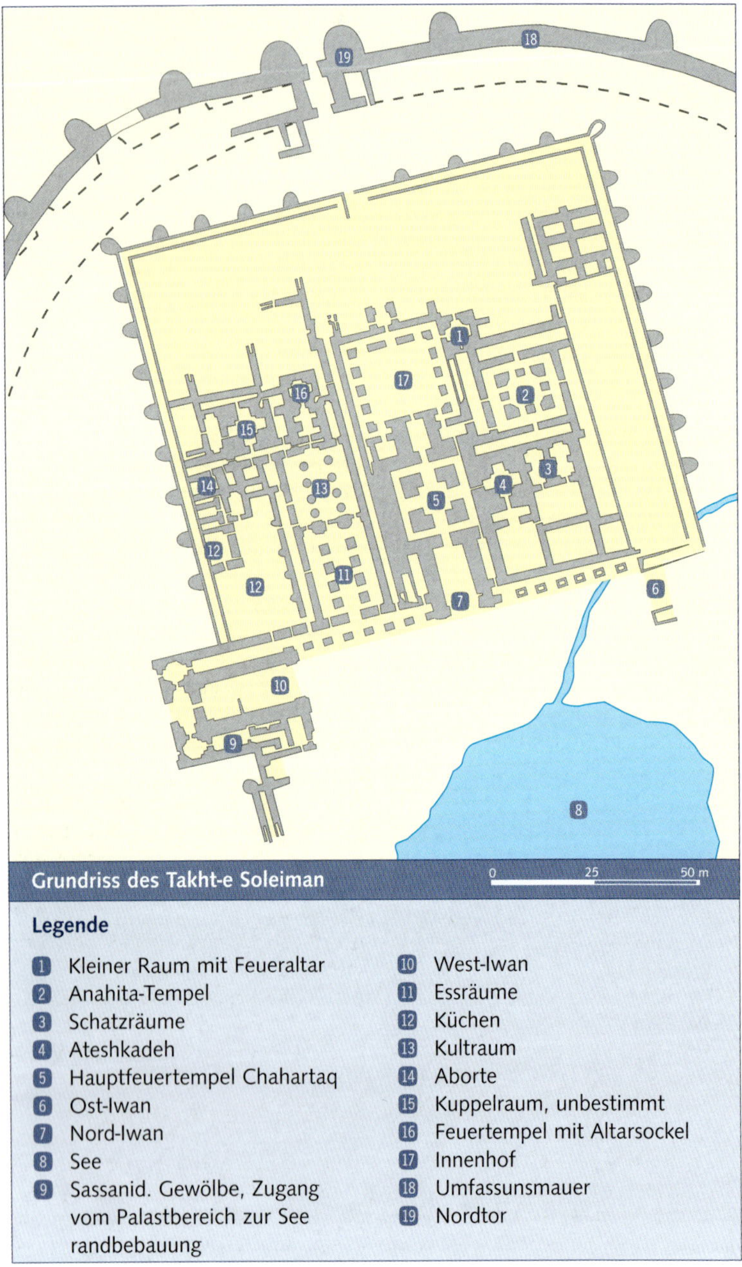

Grundriss des Takht-e Soleiman

0 25 50 m

Legende

1 Kleiner Raum mit Feueraltar
2 Anahita-Tempel
3 Schatzräume
4 Ateshkadeh
5 Hauptfeuertempel Chahartaq
6 Ost-Iwan
7 Nord-Iwan
8 See
9 Sassanid. Gewölbe, Zugang vom Palastbereich zur See randbebauung
10 West-Iwan
11 Essräume
12 Küchen
13 Kultraum
14 Aborte
15 Kuppelraum, unbestimmt
16 Feuertempel mit Altarsockel
17 Innenhof
18 Umfassunsmauer
19 Nordtor

► Karte S. 210

Anushirvan ließ 529 n. Chr. das Reichsfeuer der Ritter, Adhur Gushnasp, aus Ganzak, das bei Laylan nahe bei Miyandoab lag, hierher bringen. Takht-e Soleiman war damals unter dem Namen Shiz bekannt. Der iranische Geograph Ibn Khurdadbih, der im 9. Jahrhundert n. Chr. lebte, schrieb, dass die sassanidischen Könige seit Khosrow I. von Ktesiphon aus nach der Krönung hierher pilgerten, um zu beten und sich der Elite ihrer Ritterschaft zu präsentieren. Auf dem Hinweg machten sie Station in Soleimaniyeh, das damals auch Nim Rah (wegen seiner Lage auf der Hälfte des Weges zwischen Ktesiphon und Takht-e Soleiman) genannt wurde. Die Strecke führte weiter an Saqqez und vermutlich an den Höhlen von Karaftu vorbei.

Innenbezirk

Die Anlagen des Innenbezirks setzen sich aus zwei etwa gleich großen Hälften zusammen, die aus dem Quellsee mit Umbauung und dem nördlichen Quadrat mit den Feuertempel- und Palastanlagen bestehen. Auf diesem Gelände ist auch eine kleine Siedlung aus achämenidischer Zeit nachgewiesen. Die Bauten des nördlichen Gebäudekomplexes wurden durch eine zusätzliche Mauer mit Bastionen geschützt. Um den Quellsee herum standen Arkadengänge und je ein Iwan an der West-, Ost- und Nordseite.

West-Iwan

Der West-Iwan hat mit 10 Metern Breite und 27 Metern Tiefe die größten Ausmaße. Um 1270 wurden seine Grundmauern in den Bau eines repräsentativen **Jagdpalastes** für den Ilkhan Abaqa einbezogen. Im 13. und 14. Jahrhundert wurde hier eine Fliesen-Produktionsstätte des ilkhanidischen Hofs betrieben, deren Lüsterfliesen man für den Palastbau verwendete. Besonders erwähnenswert ist die Ausstattung des Hauptsaals und der beiden westlichen oktogonalen Anbauten. Sie waren mit sechseckigen und kreuzförmigen Lüsterfliesen in Blau- und Türkistönen mit Goldauflage geschmückt, auf denen Drachen, der mythologische Simorgh-Vogel, Jagdtiere und florale Motive abgebildet waren. Hinzu kamen Muqarnas und farbige Stuckarbeiten. Von der nördlichen Wand des Hauptsaals stammen die auffallenden Pfeiler- und Mauerreste an der Nordwestseite des Sees. Im unteren Viertel dieser Reste kann man noch die Ziegel und Werksteinsockel aus sassanidischer Zeit erkennen. Der **sassanidische Gewölbegang** an der Südseite des West-Iwans wird als Verbindung aus dem Palastbereich zur Seerandbebauung gedeutet.

Nord-Iwan

Der Nord-Iwan war acht Meter breit und 20 Meter tief. Er fungierte gleichzeitig als Südiwan des Hauptfeuertempels und scheint als Vorlage für Abbildungen auf einigen sassanidischen Münzen und Bronzeschalen gedient zu haben. Die Ausstattung des Iwans muss nach Beschreibungen persischer und byzantinischer Quellen prachtvoll gewesen sein. Durch die Auskleidung des Bogens als Himmelsfirmament und den Betrieb einer monumentalen astronomischen Uhr, welche die Bewegungen von Sonne, Mond und Planeten mit den Tierkreiszeichen darstellte, wollte man diesem Ort eine kosmische Dimension verleihen. Der Legende nach gab es einen kostbaren beweglichen Thron, der entsprechend dem Sonnenstand in jedem der Iwanen aufgestellt werden konnte. Unmittelbar hinter dem Nordiwan befand sich der **Hauptfeuertempel**, bestehend aus dem direkt zugänglichen quadratischen Chahartaq, dem Vier-Bogen-Bau, wo das ewige Feuer verehrt wurde und an den sich östlich das **Ateshkadeh** zur Aufbewahrung des Feuers anschloss. Am Ende eines von hier aus in nördliche Richtung führenden langen Korridors ist ein kleiner Raum, in dem ein Feueraltar gefunden wurde. Östlich dieses Korridors liegt ein **Anahita-Tempel** von 20 mal 20 Metern Grundfläche, dessen Seitenwände und acht Pfeiler mit geglätteten Werksteinen verblendet sind.

Westlicher Palastbezirk

Der Feuertempel im westlichen Palastbezirk dürfte dem König, seiner Familie und wichtigen Persönlichkeiten vorbehalten gewesen sein. Dort ist auch eine große Halle mit Säulenbasen, an deren östlicher Seite sich Wasserrinnen und Becken befinden. Da in diesem Raum auch Altäre gefunden wurden, dürfte er rituellen Kulten gedient haben. Westlich davon befinden sich Küchenräume und andere Räume unbestimmter Funktion.

Das Südtor

▲ Karte S. 212

Es wird berichtet, dass dieser Anlage reiche Schenkungen nach siegreichen Kriegen gemacht wurden. Das im Jahre 611 bei der Einnahme Jerusalems durch Khosrow II. (591–628) erbeutete ›Heilige Kreuz‹ wurde Takht-e Soleiman gewidmet und führte letztendlich zu dessen Eroberung durch den oströmischen Kaiser Heraclius im Jahre 627. Allerdings fand er es hier nicht vor, und es wurde ihm erst nach dem Friedensschluss zurückgegeben. Vom Tempelschatz heißt es, dass das Silber unter den Soldaten verteilt wurde und der Kaiser das Gold und die Juwelen erhielt. Die damaligen Zerstörungen waren aber nicht gravierend, denn noch Mitte des 10. Jahrhunderts wurde von arabischen Reisenden berichtet, dass sich ein Feuertempel dort befanden habe und das heilige Feuer bereits seit 700 Jahren in Betrieb gewesen sei.

In der Zeit der IlKhane entstand der auffällige südwestlich des Sees befindliche sogenannte **Viersäulenbau** mit einer Fläche von 20,5 mal 20,5 Metern, auf dem vor einigen Jahren ein helles Flachdach aus Kunststoff angebracht wurde. Er dient gegenwärtig als Magazin für die Unterbringung von größeren archäologischen Fundstücken.

Zendan-e Soleiman

Etwa 3,5 Kilometer westlich des Takht-e Soleiman erhebt sich dieser aus Sinterablagerungen gebildete Bergkegel von etwa 100 Metern Höhe, dessen Name ›Gefängnis des Salomon‹ lautet. In ihm befindet sich ein 100 Meter tiefer Krater von etwa 70 Metern Durchmesser. Hier stand in mannäischer Zeit (830–650 v. Chr.) ein Heiligtum, dessen Mauerreste sich ringförmig um den Krater ziehen. Eine Treppenanlage führt zu den oberen Terrassen. Beim Hinaufsteigen kann man die Grundmauern der Gebäude erkennen. Vermutlich wurden damals Opfergaben in den Krater hinabgeworfen. Leider war aber dort nichts finden, da der Kraterboden äußerst hart ist. Auch nachdem ein Stollen von Thyssen-Bergleuten vom Norden her in den Hügel hineingetrieben worden war, konnte man mit Pickel und Hacke den Bodenbelag kaum öffnen. Erschwerend war bei dieser Arbeit der Ausstoß an schwefelhaltigen Gasen.

Ein moderner Campingplatz mit eingefasster warmer Heilquelle befindet sich an der Straße nach Takab etwa 1,5 km westlich des Zendan-e Soleiman.

Die nächste Hotel-Übernachtungsmöglichkeit gibt es in der etwa 45 Kilometer entfernten Kleinstadt Takab im Ranji Hotel (→ S. 207).

Umgebung von Takht-e Soleiman

Die Kraterlandschaft von Berenjeh

Zu dieser faszinierenden Kraterlandschaft fährt man von Takht-e Soleiman aus die Asphaltstraße Richtung Dandi 4,5 Kilometer in östliche Richtung nach Baba Nazar. Dort biegt man rechts ab und folgt dem südlichen Flusstal. An der Brücke nach 3,5 Kilometern fährt man vorbei und um eine Felsnase herum rechts den Berg hinauf. Nach dem Passieren der Steinbrüche geht es weiter in südlicher Richtung bis zu dem Dorf Berenjeh, das man nach 8,5 Kilometern ab Baba Nazar erreicht. Man durchquert das Dorf in westlicher Richtung und stellt das Fahrzeug ab. Wenn man wenig Zeit hat, geht man direkt zum beeindrukkendsten Krater (Zendan), der sich 700 Meter südwestlich der Wiesenlandschaft erhebt (36°32'11"/47°12'02").

Der gesamte Hügel wurde aus den Ablagerungen einer artesischen Quelle

Die Krater von Berenjeh

gebildet, die nach Absinken der Wassersäule einen kleinen See in dem etwa 80 Meter tiefen Krater zurücklies. Das Kraterinnere besteht aus einem ovalen Schlot mit senkrechten glatten Wänden. Da im oberen Bereich dieses Kraters Schlangen vorkommen können, sollte man dort etwas fester auftreten, um sie zu verscheuchen.

Falls man einen Kraterrundgang machen möchte, beginnt man von der Wiesenlandschaft aus, wo das Fahrzeug abgestellt wurde. Man geht etwa 600 Meter in westliche Richtung entlang dem nördlichen Wiesenrand und dann den nächsten etwa 200 Meter hohen Hügel hinauf. Oben folgt man der sich kreisförmig um die Wiesen schließenden Hügelkette in westliche und dann südliche Richtung, wobei man drei stark erodierte Krater passiert und am Ende des Rundgangs am zuerst beschriebenen Krater ankommt. Diese Wanderung dauert etwa zweieinhalb Stunden. Wem diese Gegend zusagt, der könnte von Berenjeh aus noch zum vier Kilometer nordwestlich am Berghang auf 2200 Metern Höhe gelegenen Dorf Qizil Qeshlaq fahren und den 2600 Meter hohen Tawileye Soleiman (Stall des Soleiman) ersteigen. Dieser liegt 3,5 Kilometer von Qizil Qeshlaq entfernt in nordwestlicher Richtung und bietet einen schönen Rundblick über das Tal Takht-e Soleiman.

Die schwimmende Insel von Badrlu

In einem kleinen von Hügeln eingeschlossenen Tal einen Kilometer westlich des Dorfes Badrlu befindet sich auf 2300 Metern Höhe ein kleiner See mit schwimmender Insel, die aus abgestorbenen Pflanzenresten besteht. Einige Hügel haben ocker- und karminrote Abbruchkanten, die Anfang Juni zum Grün der Wiesen einen malerischen Kontrast bilden. Hier kommen auch Orchideenarten vor, die zu den Knabenkräutern zählen. Von Takab aus erreicht man Badrlu in nordwestlicher Richtung über Qojur, Yolqun Aghaj und Qale-ye Juq nach 15 Kilometern. Unterwegs kommt man in Yolqun Aghaj an einem kleinen stimmungsvollen Friedhof vorbei, der um ein Imamzadeh angelegt wurde.

Die Höhlen von Karaftu

▶ Karte S. 210

Von Takab aus benützt man die Straße in Richtung Gur-e Baba Ali, die später auf die Strecke Saqqez–Divandarreh stößt, und biegt nach 27 Kilometern westlich zum Ort Karaftu ab, der bereits in der Provinz Kurdistan liegt. Die Höhlen ›Ghar-e Karaftu‹ erreicht man dann nach weiteren drei Kilometern. Die gesamte Strecke ist durchgehend asphaltiert und auch für Reisebusse geeignet. Der Höhleneingang liegt in zehn bis zwölf Metern Höhe an einem steil abfallenden, alleinstehenden ockerfarbenen Felsen. Das mehrstöckige Höhlensystem ist mittels einer Eisentreppe zugänglich und elektrifiziert.

Hinter dem Eingang betritt man links als erstes eine fast 19 Meter lange Raumeinheit mit sauber geglätteten Wänden und Decken, die am Ende einen halbkreisförmigen Abschluss hat. Die apsidiale Anordnung und die Tonnengewölbe, die sich in den dahinter liegenden Räumen des dritten Stockwerks, die dem 4. bis 3. Jahrhundert v. Chr. zuzuordnen sind, wiederholen, lassen den Schluss zu, dass es sich um einen antiken Kultraum handelt. Im letzten der drei Räume des mittleren Stockwerks wurde ein Mihrab angebracht.

Nach Passieren eines Korridors und eines Vorraums im oberen Stockwerk steht man vor einer Türöffnung, über der in Griechisch steht: ›Hier wohnt Herakles, nichts Übles soll eintreten‹. Diese Inschrift wird dem 4. bis 3. Jahrhundert v. Chr. zugeordnet. Die steinernen Sitzbänke in diesem Vorraum und am Ende des vorangehenden Korridors waren für die Wartenden vorgesehen, die den von der Inschrift beschützten und verriegelbaren Raum betreten wollten. Von Tacitus wird erwähnt, dass der parthische König Gotarzes (43–51 n. Chr.) sich von einem Orakel in dieser Gegend beraten ließ. Zu diesem Komplex gehört auch eine ovale natürliche Höhle von über 40 Metern Länge und bis zu 15 Metern Höhe.

Die Festung Ziwiyeh

Von den Karaftu-Höhlen aus führt in südwestliche Richtung eine ausgeschilderte schmale Straße 30 Kilometer weiter nach Ziwiyeh, ebenfalls in der Provinz Kurdistan gelegen. Hier befinden sich auf einer Bergkuppe die sehenswerten Überreste einer Festungsanlage aus mannäischer Zeit, aus dem 8. bis 7. Jahrhundert

v. Chr. Zu der in drei Ebenen angelegten Palastanlage an der höchsten Stelle des Hügels führen steinerne Treppen hinauf. Die Wehrmauer, die bis zu 7,5 Meter dick ist, wurde aus ungebrannten Lehmziegeln hergestellt. Reste des Eingangsportals sind erhalten geblieben. Die Palastanlage war mit gelben, blauen und weißen Glasurziegeln geschmückt. Typisch für repräsentative Gebäude der mannäischen Zeit, gab es hier auch Säulenhallen. Bei Ausgrabungen fand man Gegenstände, die aus der gleichen Zeit wie die ringförmige Anlage auf dem Zendan-e Soleiman stammen. Weitere Fundstücke lassen den Schluss zu, dass diese Festung nach der mannäischen Zeit auch von Skythen benützt wurde. Ende der 1940er Jahre wurde Ziwiye durch einen Hortfund bekannt, der einen bronzenen Wannensarkophag und viele bearbeitete Gegenstände aus Eisen, Gold, Silber und Elfenbein umfasste. Die Motive und die Art der Bearbeitung weisen auf urartäische, assyrische und skythische Einflüsse hin. Ein besonders schöner Brustschild, eine Pektorale aus getriebenem Gold, wird im Nationalmuseum in Teheran aufbewahrt. Auf ihm sind in zwei Reihen geflügelte Mischwesen in assyrisch-urartäischem Stil, die auf zentrale Lebensbäume zuschreiten, dargestellt. Goldene Trinkhörner weisen bereits auf die kommende achämenidische Kunst hin.

Mädchen aus Berenjeh

Bukan und Mahabad

Seit 1976, als **Bukan** 21 000 Einwohner zählte, hat sich die Bevölkerungszahl auf 160 000 fast verachtfacht. Sie ist damit gegenwärtig die drittgrößte Stadt der Provinz West-Azerbaijan nach Orumiyeh und Khoy. Hier leben Kurden. Der bekannte Sänger Hassan Zirak, der aus dieser Gegend stammte und 1972 starb, ist im Südteil der Stadt auf einem kleinen Hügel (Aramgah-e Hassan Zirak) östlich der Durchgangsstraße beerdigt. Im Einklang mit dem dynamischen Bevölkerungswachstum siedeln sich auch Industriefirmen an, beispielsweise aus dem Bereich der Kunststoffverarbeitung. Ein 4-Sterne-Hotel ist im Bau.

Mit etwa 140 000 Einwohnern gehört **Mahabad** neben Orumiyeh und Bukan zu den kurdischen Zentren West-Azerbaijans. 1946 war es die Hauptstadt der Republik Kurdestan. Da die aus Südwesten kommenden Straßen wegen querender Gebirgsketten nicht direkt hineinführen, wird es meistens umfahren. Von der Jame-Moschee abgesehen, gibt es keine nennenswerten Sehenswürdigkeiten. Die mehrfach renovierte Jame-Moschee stammt aus safawidischer Zeit. Sie hat eine Stützhalle, deren Wölbungen von 18 Steinsäulen getragen werden. Das Kuyestan Hotel** am Bolvar-e Shahri Kandi, Tel. (0)4 42/233 57 38-42, wurde modernisiert.

Die Höhle von Sahulan

Die ›Ghar-e Sahulan‹ ist als nationales Naturdenkmal erfasst. Ein Teil der touristisch erschlossenen Strecke ist mit Wasser gefüllt und mit Booten befahrbar. Ihre Wände und Decken sind mit kristallinen Kalkablagerungen bedeckt. Im Eingangsbereich nisten Tauben, weshalb die Einheimischen sie auch Taubennest nennen. In ihren Seitengängen und -höhlen gibt es Fledermäuse. Sie ist auch aus dem Grund reizvoll, dass sie im Vergleich zur größeren Ali-Sadr-Höhle nördlich von Hamadan weniger überlaufen ist und die Anfahrt durch typische ländliche Regionen führt. Sie liegt 44 Kilometer südöstlich von Mahabad. Wer von Süden her über Bukan nach Mahabad fährt, biegt nach 28 Kilometern bei Isa Kandi westlich ab und erreicht nach weiteren vier Kilometern das Dorf Sahulan, an dessen Rand der Höhleneingang liegt. Man sollte warme Sachen mitnehmen, denn im Inneren herrschen nur Temperaturen zwischen 5 und 10 °C.

Das Felsengrab bei Mahabad

▲ Karte S. 210

Fakhrigah-Felsengrab

Etwa zehn Kilometer nördlich von Mahabad, an der Strecke nach Miyandoab, erhebt sich im Norden eine graue Felswand, zu der eine 1,3 Kilometer lange Piste führt. Etwa in der Mitte der Südseite befindet sich das Grab an einer geglätteten Stelle. In der 5,40 Meter breiten Fassade kann man zwei freistehende Säulen erkennen. Das Grab hat eine Vorhalle und eine Hauptkammer, an deren Zugang zwei weitere Säulen stehen. Im Inneren der Kammer befanden sich ursprünglich vier in den Boden eingelassene Grablegen.

Wegen der Architekturmerkmale, die entsprechenden Gräbern im Ost-Irak ähneln, und einiger Merkmale der Kapitelle und Basen halten Wissenschaftler die Entstehung im 4. bis 3. Jahrhundert v. Chr. für am wahrscheinlichsten.

Hasanlu

Unmittelbar westlich des Dorfes Hasanlu, das im fruchtbaren Schwemmland südlich des Orumiyeh-Sees liegt, befindet sich auf einem Hügel eine der sehenswertesten frühen Siedlungen des Irans. Von Naqadeh aus erreicht man den Ort nach einer Fahrt von neun Kilometern in nördlicher Richtung über Dalmeh. Um 800 v. Chr. wurde die befestigte Anlage erobert und der mannäischen Herrschaft durch nicht eindeutig feststellbare Angreifer ein jähes Ende bereitet. Da das urartäische Reich zu dieser Zeit von Anatolien aus in östliche Richtung expandierte, könnten die tragischen Vorfälle damit zusammenhängen.

Die durch einen Brand zusammenstürzenden Häuser, die oft zwei Stockwerke hoch waren, begruben alles unter sich. So konnte sich dort vieles wie in einer Zeitkapsel erhalten.

Der Siedlungshügel erhebt sich 25 Meter über die Ebene und hat einen Durchmesser von 600 Metern. Funde reichen bis in das 6. Jahrtausend v. Chr. zurück. Der Aufgang zum Hügel liegt auf der Westseite. Oben sieht man zuerst die **Reste einer Ringmauer**, die 13 Wachttürme besaß und mit Lehmziegelaufbauten etwa neun Meter hoch war. Sie stammt aus der Zeit nach der Eroberung, als die Urartäer hier einen Militärstützpunkt unterhielten. Dort, wo der heutige Weg diese Mauer überquert, befand sich der mannäische Vorgängerbau mit dem vier Meter breiten ›Streitwagen-Tor‹.

Auf der Hügelfläche sieht man die nach der Ausgrabung mit Lehmverputz geschützten **Gebäudereste der mannä-**

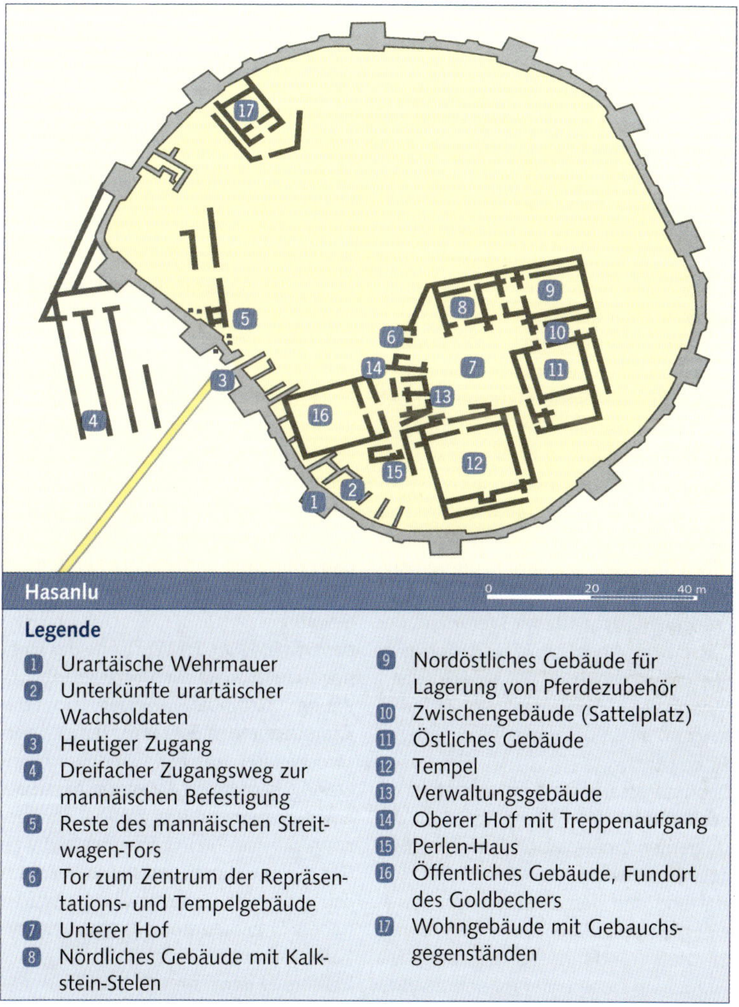

Legende

1. Urartäische Wehrmauer
2. Unterkünfte urartäischer Wachsoldaten
3. Heutiger Zugang
4. Dreifacher Zugangsweg zur mannäischen Befestigung
5. Reste des mannäischen Streitwagen-Tors
6. Tor zum Zentrum der Repräsentations- und Tempelgebäude
7. Unterer Hof
8. Nördliches Gebäude mit Kalkstein-Stelen
9. Nordöstliches Gebäude für Lagerung von Pferdezubehör
10. Zwischengebäude (Sattelplatz)
11. Östliches Gebäude
12. Tempel
13. Verwaltungsgebäude
14. Oberer Hof mit Treppenaufgang
15. Perlen-Haus
16. Öffentliches Gebäude, Fundort des Goldbechers
17. Wohngebäude mit Gebauchsgegenständen

ischen Zeit. Die Mannäer lebten südwestlich des Orumiyeh-Sees vom 9. bis 7. Jahrhundert. Ihre Herkunft ist ungeklärt. Der überwiegende Teil der Bevölkerung scheint aber weder semitisch noch indoeuropäisch gewesen zu sein.

Von hier aus wendet man sich dem Gebäudekomplex zu, der dem Aufgang östlich gegenüberliegt, und hält sich rechts von den drei aufragenden Stelen. Diese Kalkstein-Stelen stehen am nördlichen Rand eines mit Platten belegten Platzes, dem **Unteren Hof**. Das **Gebäude mit den Stelen** dürfte ein Repräsentationsbau gewesen zu sein, der im zweiten Stock bewohnt wurde. In seinem Inneren fand man 27 Tote. Die Gebäude östlich davon wurden hauptsächlich zur Aufbewahrung des Zaumzeugs und Geschirrs für Reit- und Wagenpferde benützt.

Zwischen den Gebäuden im Nordostwinkel des Hofs befindet sich ein Durchgang, der als **Sattelplatz** verwendet wurde und während der Ausgrabungen die Inventar-Nummer IV–V erhielt. Dort fand man die Skelette eines jungen Paares, das während des Brands erstickt war und sich in den Armen hielt. Von den vielen dortigen Funden sind die verkohlten Reste eines Streitwagens und eine bronzene Brustplatte für Pferde mit der Darstellung eines Schutzgottes mit zwei Stieren erwähnenswert. Letztere gilt als Meisterwerk der damaligen Zeit und wird im Nationalmuseum in Teheran aufbewahrt.

Das interessanteste Gebäude steht an der Südseite des Platzes. Es ist an der steinernen Opferplattform im Eingangsbereich zu erkennen. Gemäß der Ausstattung und den Weihegaben war es eine **Tempelanlage**. Sie maß 18 mal 24 Meter, und ihre Decke in der Halle wurde von sieben Meter hohen Säulen aus Pappelholz getragen. Manche Wissenschaftler meinen, dass sich diese mannäische Bauform letztendlich in den Hallen der Achämenidenzeit wiederfindet. Innen im Eingangsbereich stieß man während der Ausgrabungen auf 44 Tote, die meisten davon junge Frauen, die noch ihren Schmuck wie Armreifen, Ringe, Halsketten und Gewandnadeln trugen.

Im Bereich der **ehemaligen Haupthalle** sind einige Dinge noch erhalten, wie die Säulenbasen, in der Mitte eine Abstellfläche für Opfergaben und links eine ringförmige Vertiefung, wo sich eine Feuerstelle befand. An den Seiten gab es Textil-Vorhänge, deren Abdrücke an den Lehmwänden bei den Ausgrabungen noch zu sehen waren. In der Mitte der Hallen-Südseite befindet sich eine Plattform mit seitlicher Treppe. Darüber liegt eine Türöffnung mit dreifach gestuften Seitenwänden, die zu einer Cella führte, dem Aufbewahrungsort der höchsten Gottheiten. Im zweiten Stock befanden sich glasierte Wandkacheln mit Ornamenten in gelb, weiß und dunkelbraun. Dort wurden auch ideell wertvolle Gegenstände mit Inschriften babylonischer und elamischer Könige oder hochwertige Elfenbeinfiguren aufbewahrt.

Die **Gebäude an der Westseite des Hofs** dienten wahrscheinlich Verwaltungsaufgaben. Dahinter befinden sich die Grundmauern eines dem Tempel entsprechenden aber etwas kleineren Bauwerks. Hier fanden die Ausgräber 1958 einen faszinierenden großen Goldbecher, auf dem drei Gottheiten und weitere Figuren abgebildet sind, die vermutlich Bezug zu hurritischen Mythen haben. Er gilt als große Kostbarkeit und könnte damals Gegenstand religiöser Verehrung gewesen sein. Dieser Becher

▶ Karte S. 219

Die Ruinen von Hasanlu

wurde im linken Vorraum zwischen Brandschutt in den Händen eines männlichen Skeletts gefunden. Wahrscheinlich hielt sich der Mann im zweiten Stock auf, als das Gebäude zusammenbrach. Der amerikanische Archäologe Robert Dyson untersuchte die Todesumstände gemeinsam mit dem später bekannt gewordenen Forensiker William Bass, der diesen Fall in dem Buch ›Beyond the Body Farm‹ beschreibt. Sie stellten fest, dass es sich bei dem Toten nicht um einen Krieger handelte, sondern eher um einen Priester oder Verwaltungsbeamten, der den Becher in Sicherheit bringen wollte.

Südlich dieses Vorraums befindet sich das kleine **Perlenhaus**. Sein Name rührt daher, dass in ihm viele Perlen aus Karneol, weißem Glas und Ziermuscheln gefunden wurden.

Im Nordwesten der Anlage stehen noch die **Grundmauern eines Wohngebäudes aus mannäischer Zeit**. In seiner Nähe sind auch die schmaleren Mauern von Gebäuden aus urartäischer Zeit zu sehen.

Wenn man wieder hinabgeht, kann man die aus dem 9. Jahrhundert v. Chr. stammenden **dreifachen Zugangswege** zur mannäischen Befestigung ansehen. Der rechte äußere Weg wurde von Streitwagen befahren und führte oben rechtwinklig zum Streitwagen-Tor hinauf. Der mittlere und der linke Weg dienten dem alltäglichen Verkehr. Die ursprüngliche Pflasterung ist noch erhalten. Dieses Wegesystem lässt Schlüsse darauf zu, wie beeindruckend die Gesamtanlage in mannäischer Zeit einmal gewesen sein muss.

Der unscheinbare drei Kilometer südöstlich von Hasanlu gelegene **Tepe Haji Firuz** ist deshalb erwähnenswert, da hier bei Ausgrabungen Vorratsgefäße aus dem 6. Jahrtausend v. Chr. mit Ablagerungen gefunden wurden. Deren Bestimmung ergab, dass sie Spuren von Wein enthielten, der mit Terebinth haltbar gemacht wurde. Damit wäre dies der weltweit älteste Ort mit nachgewiesener Weinherstellung.

Bei Ausgrabungen von Siedlungshügeln werden diese anschließend häufig wieder bedeckt. Das ist auch hier der Fall, so dass sich ein Besuch nicht lohnt.

Orumiyeh

Die fruchtbare Landschaft südlich von Orumiyeh hat fast mediterranen Charakter mit ihren Obstbäumen, Gemüsefeldern und Weinplantagen. In diesem Gebiet lebten um die Wende des vorigen Jahrhunderts bis zu 40 Prozent assyrische Christen, die mehr als die moslemische Bevölkerung unter den Raubzügen der Kurden aus den kargen Gebirgsregionen zu leiden hatten. Von den in der damaligen Zeit tätigen Missionaren und den 1910 einrückenden russischen Besatzungstruppen erhofften sie sich Vorteile und Schutz, was sie von den

Auf dem Weg zum Orumiyeh-See

Moslems entfremdete. Als Ende des Ersten Weltkriegs die türkische Armee und kurdische Stammeskrieger das Gebiet eroberten, flohen die meisten Christen, und nur eine geringe Anzahl blieb oder kehrte zurück.

Orumiyeh, die Hauptstadt West-Azerbaijans, hat etwa 600 000 Einwohner. Sie liegt auf 1340 Metern Höhe westlich des Orumiyeh-Sees in uralter Kulturlandschaft. Eine der Annahmen für die Entstehung ihres Namens geht auf die syrisch-aramäischen Wörter Ur für ›Stadt‹ und Mia für ›Wasser‹ zurück. Der Legende nach soll Zarathustra hier geboren sein, was aber eher unwahrscheinlich ist, da vieles darauf hindeutet, dass er aus einer Region östlich des heutigen Iran stammte. Nach Beschreibungen von Reisenden war Orumiyeh im 10. Jahrhundert eine befestigte Stadt von der Größe Maraghehs. Trotz der Zerstörungen durch Seldschuken und Mongolen im 12. und 13. Jahrhundert blühte es wieder auf und nahm an regionaler Bedeutung zu. Die Expansionen des osmanischen Reichs und Russlands führten zwischen dem 16. und 20. Jahrhundert zu mehrfachen Besetzungen durch Truppen dieser Länder.

▲ Karte S. 223

Basar

Bis heute ist Orumiyeh eine wichtige Handelsstadt, und ein Bummel durch den urtümlich wirkenden Basar lohnt sich. Er wurde überwiegend im 17. Jahrhundert erbaut und ist nach dem Basar von Tabriz einer der größten überdeckten Basare Irans.

Wenn man ihn in östlicher Richtung durchquert, erreicht man die alte **Jame-Moschee.** Sie entspricht im Grundriss einem sassanidischen Feuertempel und enthält eines der schönsten Stuckmihrabs aus ilkhanidischer Zeit (1277) mit überwiegend kosmischen Symbolen. Die Innenkuppel ist mit kufischen Inschriften versehen.

Die südlich des Basars an der Kh. Imam Khomeini gelegene **Sardar-Moschee** stammt aus dem 19. Jahrhundert. Für ihren Bau wurden rötliche Ziegel verwendet, die durch hellen Mörtel abgesetzt sind. Sie ist teilweise mit farbigen Fliesen geschmückt. Der einfache Uhrturm wurde 1951 hinzugefügt. Sie enthält Steinsäulen mit Kapitellen, welche die Gewölbe der beeindruckenden Gebetshalle stützen.

Schuhmacher auf dem Basar

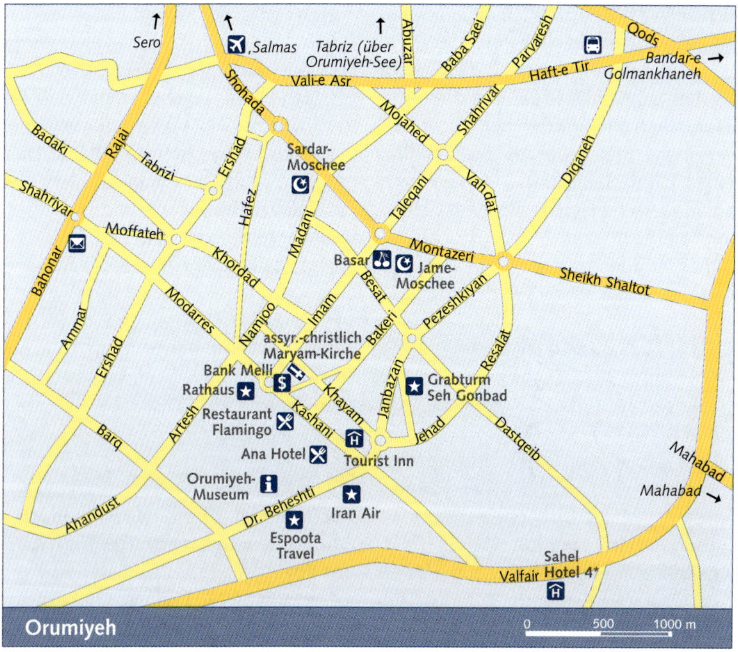

■ Maryam-Kirche

Weitere 600 Meter südlich muss man links in die Kh. Khayam abbiegen und nach 100 Metern rechts der Kh. Kelisa in einem Bogen folgen, um zur assyrisch-christlichen **Maryam-Kirche** (Kelisa-ye Hezrat-e Maryam) zu gelangen. Von ihr wird behauptet, dass sie nach der Kirche in Bethlehem die zweitälteste Kirchengründung sei und Teile des Unterbaus aus dem 2. Jahrhundert stammen. Angeblich soll sie auf den Apostel Thomas zurückgehen, der hier durchgereist sein soll. Eine chinesische Prinzessin besuchte die Kirche im Jahr 642 und spendete für Renovierungsarbeiten. Marco Polo erwähnt sie in seiner Reisebeschreibung. Auch wenn das Alter der Kirchengründung nicht beweisbar ist, so bleibt sie doch ein Symbol für den frühen christlichen Einfluss in diesem Gebiet.

■ Weitere Sehenswürdigkeiten

Am Enqelab-Platz liegt das moderne **Rathaus,** das 1932 nach den Plänen eines deutschen Architekten errichtet wurde.

Nordöstlich davon, in der Kh. Janbazan, befindet sich der **Seh-Gonbad-Grabturm** (Bana-i Seh Gonbad). Er wurde um 1180 errichtet und blieb als einziger von ursprünglich drei Grabtürmen erhalten. Er besitzt ein Portal mit typisch seldschukischem Stalaktitenschmuck in Flechtwerk-Ornamentik.

Das **Museum** (Muze-ye Orumiyeh) am Bolvar-e Dr. Beheshti ist besonders interessant wegen seiner Fülle an Exponaten aus der Vor- und Frühgeschichte. Dazu gehören Funde aus dem urartäischen Bastam, dem mannäischen Hasanlu und Qalaichi, dem parthischen Qale-ye Zohak und anderen Orten. Hier befindet sich auch der Kel-i Shin oder Blaue Stein, der während des irakisch-iranischen Krieges aus dem unsicheren Grenzgebiet hierher gebracht wurde. Um diese mit assyrischen und urartäischen Inschriften versehene Stele, welche die Funktion eines Grenzsteins hatte, ranken sich abenteuerliche Geschichten von Gelehrten, die beim Kopieren der Inschriften ermordet oder unterwegs beraubt wurden. Auch der erste Wiederentdecker dieser Stele, der Orientalist Friedrich Schulz aus Gießen, fand während seiner Forschungsarbeiten 1829 den Tod.

Als Naherholungsgebiet dient das Tal des Shahrchay-Flusses beim fünf Kilometer westlich gelegenen Ort **Band**. Hier gibt es viele Picknickmöglichkeiten, einfache Kebab-Restaurants und Teehäuser. Weitere zehn Kilometer sind es bis zu einem Staudamm, dem Sadd-e Shahrchay.

Orumiyeh

Vorwahl: +98/(0)441.

Telefonamt (Edare-ye Telefon), Kh. Imam.

Post (Edare-ye Post), Bozorgrah-e Bahonar (sar-e nabsh-e Bolvar-e Modarres, Meydan-e Farhang).

Touristen-Information (Miras-e Farhangi), am Orumiyeh-Museum (Muze-ye Orumiyeh), Kh. Dr. Beheshti Tel. 337 51 90, 340 70 40, 224 65 20.

Reisebüro: Espoota Travel, Bolvar-e Dr. Beheshti 32, Tel. 345 55 55, espoota@espootatravel.com.

Türkisches Konsulat (Sefarat-e Turkiye), Bolvar-e Dr. Beheshti 30. Tel. 222 89 70.

Grenzübergänge zur Türkei: Der nächste Grenzübergang befindet sich 55 Kilometer entfernt bei **Sero**. Als Übergangsstelle für Kraftfahrzeuge ist er eher von lokaler Bedeutung.

90 Kilometer nördlich liegt der Grenzort **Razi**, über den die Eisenbahnstrekke von Tabriz nach Istanbul oder über die Türkei nach Damaskus führt

Bank-e Melli, Kh. Kashani.

Flughafen (Forudgah), etwa 10 Kilometer nördlich der Stadt Richtung Salmas. Es gibt Verbindungen nach Teheran und zeitweise nach Mashhad. Büro der **Iran Air**, Bolvar-e Dr. Beheshti, Tel. 344 05 20.

Bus-Terminal (Terminal-e Otobus), nördlich am Bolvar-e Haft-e Tir, nahe der Bozorgrah-e Qods. Busse der Firmen Hamsafar und Vangölu mit Büros an der Kh. Imam verkehren täglich nach Van in der Türkei.

Sahel Hotel****, Bolvar-e Valifajr, Tel. 336997-0 (bis -5) (Q3–4/P3).

Tourist Inn (Mehmansara Jahangerdi)***, Kh. Kashani, Tel. 222308-0 (bis -7) (Q3/P2–3).

Ana Hotel**, Kh. Kashani, Tel. 34 53 31-4 (bis -7) (Q2–3/P1–2).

Restaurant Flamingo, Kh. Kashani, Tel. 346 11 77.

Restaurant des Ana Hotels.

Orumiyeh-Museum, Bolvar-e Dr. Beheshti, tgl. außer Mo 9–13 und 14–18 Uhr, Tel. 224 65 20.

Karte S. 223

Der Orumiyeh-See

Das größte Binnengewässer Irans ist der Orumiyeh-See, dessen Größe je nach Jahreszeit etwas schwankt, wobei er sich nach Schneefällen und dem Regen im Frühjahr am meisten ausdehnt. Durch die steigende Wasserentnahme aus den Zuflüssen und trockeneres Klima ist seine durchschnittliche Fläche zwischen 2000 und 2010 von 4700 Quadratkilometer auf 3100 Quadratkilometer geschrumpft. Der Wasserspiegel sank in dieser Zeit um vier Meter und sein Salzgehalt nahm von 30 Prozent auf 38 Prozent zu, womit er nun höher ist als der des Toten Meers. Wegen der hohen Salinität können nur primitives Plankton und Artemia-Salzkrebschen in ihm überleben, die den Flamingos und anderen Vögeln als Futter dienen.

Die Überquerung des tiefblauen Orumiyeh-Sees, der von seiner Fläche her fast sechsmal größer ist als der Bodensee, ist ein besonderes Erlebnis. Hierzu benützt man den 15 Kilometer langen Damm, der nordöstlich von Orumiyeh quer über den See gebaut wurde. Damit sich die Wassermassen des nördlichen und südlichen Seegebiets weiter austauschen können, ist der Damm am östlichen Ende durchbrochen. Diese Lücke wurde im November 2009 durch eine 1,3 Kilometer lange Brücke geschlossen. Durch diese Damm-Brückenkombination erreichte man eine fast geradlinige Streckenführung zwischen Orumiyeh und Tabriz und halbierte die vorher um den See herumführende Strecke auf 150 Kilometer.

Besonders im April und Anfang Mai, wenn Flamingoschwärme am östlichen Flachwasser auf ihren Zügen pausieren, ist ein Ausflug dorthin lohnenswert. Für den Besuch von Inseln wie **Kabudan** oder **Ashk**, die im **Naturschutzgebiet Orumiyeh-See** liegen und wo man Flamingos, Pelikane, Steinhühner, Trappen, Armenische Wildschafe und Gazellen beobachten kann, ist die Erlaubnis der Naturschutzbehörde erforderlich.

Auf Kabudan, der ›blauen Insel‹, bewahrten die ersten Ilkhaniden den Reichsschatz auf, und im Jahre 1265 soll Hulegu (Hülegü) dort mit seinen Konkubinen bestattet worden sein.

Da die Ausgabe von Besuchserlaubnissen für diese Inseln nur in beschränktem Umfang erfolgt, ist es am besten sich einer Gruppe anzuschließen, die von Reiseagenturen organisiert werden. Erkundigen Sie sich deshalb bei den angegebenen Touristenbüros in Orumiyeh oder Tabriz, wobei Mr. Nasser Khan (Tel. (0)914/1160149, amicodelmondo@yahoo.com) am hilfreichsten sein kann.

Da von den früheren Häfen keine Schiffsverbindungen mehr bestehen, wird für die Ausflüge nach den Inseln der kleine neue Hafen am Ostende des Brückendamms benützt.

Orumiyeh-See

In der **Freizeitanlage Bari**, direkt am Orumiyeh-See bei Qushchi, steht das Deniz Hotel*****, das auch Ferienhäuser vermietet. Tel. (0)443/3222960, www.bari.ir

Es gibt dort mehrere Restaurants, und im Angebot sind Bowling, Billard, Bootsfahrten, Angelausflüge zum Forellen-Gebirgssee Marmisho an der türkischen Grenze, Tontaubenschießen, Reiten und anderes. Schwimmbäder und Badestrände gibt es auch, aber sie sind für Männer und Frauen getrennt.

Die Umgebung von Orumiyeh

Ein Ausflug zu einem Aussichtspunkt, von dem aus man einen schönen Blick auf den Orumiyeh-See hat, führt nach **Sir**, das auf einer Anhöhe sechs Kilometer von Orumiyeh entfernt in südwestlicher Richtung liegt. Man fährt den Bolvar-e Beheshti entlang an der Universität (Daneshgah) vorbei zum Meydan-e Pol-e Qoyun. Dort überquert man die Brücke und fährt parallel zum Shahrchay-Fluss 5,5 Kilometer in südlicher Richtung den Hügel hinauf. Oberhalb des Dorfes Sir steht die kleine **assyrische Steinkirche Kelisa-ye Sir**, die den Heiligen Georg und Bacchus gewidmet ist. Normalerweise ist sie geöffnet, oder jemand ist mit dem Schlüssel in der Nähe.

Asgarabad-e Kuh ist ein Dorf, das von einer 600 mal 450 Meter großen Wehrmauer mit 24 Rundtürmen umgeben ist. Von Orumiyeh aus führt die Strecke dorthin am Flughafen vorbei 18 Kilometer bis Nushin und dann weitere vier Kilometer in westliche Richtung.

Ein ehemals wichtiges christliches Dorf ist das nördlich von Orumiyeh gelegene **Gavilan.** Man fährt 47 Kilometer bis

Die St. Johannes-Kapelle oberhalb von Gavilan

unmittelbar vor Qulonchi und dann 2,5 Kilometer östlich am Ort vorbei bis Gavilan. Hier stehen zwei große Kirchen, um die sich die verbliebenen fünf assyrisch-christlichen Familien kümmern. Einen wunderbaren Ausblick auf den Orumiyeh-See hat man von der St. Johannes-Kapelle (Kelisa-ye Mar Youhana) aus, die kurz vor dem Ort westlich der Straße auf einem Hügelrücken steht.

Ein **sassanidisches Relief** (von den Einheimischen Khan Takhti genannt) aus dem 3. Jahrhundert n. Chr. befindet sich etwa zwölf Kilometer vor Salmas nördlich der Autobahn an einer Felswand. Die Stelle liegt gegenüber der Abzweigung einer Straße, die südlich nach Sero führt. Hier werden Ardeshir I. und Kronprinz Shapur gezeigt, welche die Huldigungen von Armeniern entgegennehmen.

Salmas und Umgebung

Salmas ist eine moderne Stadt von 80 000 Einwohnern. 1930 wurde die einen Kilometer entfernte Stadt Dilman oder Dilmeghan, die bereits in sassanidischer Zeit bestanden haben soll, durch ein Erdbeben vollständig zerstört und die überlebenden Einwohner siedelten sich in Salmas an.

Khosrova (Khosrowabad), das drei Kilometer südwestlich von Salmas liegt, war neben Orumiyeh ein Zentrum der assyrischen Christen des Ostens, während die armenischen Christen ihre Schwerpunkte in Haftavan bei Salmas und in Khoy hatten. Vor dem Erdbeben von 1930 gab es in Khosrova sieben Kirchen, von denen später vier unbedeutende wieder aufgebaut wurden, während die große St.-Georgs-Kathedrale eine Ruine blieb. Französische Lazaristen, die ab 1844 in Khosrova tätig

▲ Karte S. 210

waren, nannten es das kleine persische Rom. Die Missionsarbeit bestand hauptsächlich darin, dass man sich um soziale Belange kümmerte und Schulen für Christen einrichtete, die aber auch Andersgläubigen offen standen. Bekehrungsversuche von Moslems waren verboten. So mussten die deutschen Missionare Közle und Zerweck 1894 sofort das Land verlassen, als ihnen nachgewiesen wurde, dass sie dies beabsichtigt hatten. Natürlich versuchte man bei dieser Arbeit, die assyrischen und armenischen Christen für den katholischen oder evangelischen Glauben zu gewinnen, aber dies gelang nur in geringem Umfang. Andererseits führte die Anhebung des Bildungsniveaus zu mehr Wohlstand und zu manchen Forderungen, bestehende Diskriminierungen zu beseitigen.

Dementsprechend wurden in Persien 1881 Gesetze erlassen, die festlegten, dass Konvertiten zum Islam, nicht mehr das gesamte Eigentum ihrer christlichen Verwandten erben konnten, sondern nur noch den Anteil, der ihnen auch als Christen zugestanden hätte. Auch wurden die Gesetze für Eigentum an Grundstükken und Gebäuden verbessert. Bei Forderungen der Christen nach mehr Gleichstellung sollte man aber nicht vergessen, dass besonders die handelstüchtigen Armenier den Aufbruch in Europa nach der französischen Revolution kannten und auch von den Moslems Forderungen an die Regierenden gestellt wurden, was sich in den Auseinandersetzungen über eine neue Verfassung in Persien Anfang des 20. Jahrhunderts niederschlug.

In **Haftavan**, 1,5 Kilometer südlich von Salmas, gab es vor dem Erdbeben von 1930 vier armenische Kirchen. Die sehenswerte St.-Gevork-Kirche und zwei weitere wurden später wieder instandgesetzt. 2,5 Kilometer weiter östlich liegt der 27 Meter hohe Siedlungshügel **Haftavan Tepe**. Wer archäologisch interessiert ist und ihn besuchen möchte, sollte dies von der südlichen Umgehungsstraße von Salmas aus versuchen. Im Bereich des Orumiyeh-Sees gehört er neben Hasanlu zu den größten Fundstätten. Seine Besiedlung lässt sich mit Unterbrechungen von der frühen Bronzezeit bis in sassanidische Zeit nachvollziehen. Zwischen 1900 bis 1550 v. Chr. erreichte er seine größte Ausdehnung mit 550 mal 450 Metern. Damals gab es auf dem Gelände viele mit Holz verstärkte Lehmgebäude und mehrfach terrassierte Strukturen. In urartäischer Zeit existierte hier wahrscheinlich ein Verwaltungssitz in einem weitläufigen Gebäudekomplex auf dem Haupthügel. Wenige hundert Jahre später wurde eine massive ringförmige Befestigung mit Graben errichtet, die der achämenidischen Zeit zugeordnet wird. Mit den Sassaniden endete die Besiedlung. Aus dieser Zeit sind Gebäudereste, wie beispielsweise gemauerte Bögen und ein Backhaus, erhalten geblieben.

Khoy

Khoy soll in medischer Zeit entstanden sein. Mit 180 000 Einwohnern ist es die zweitgrößte Stadt West-Azerbaijans. Der Name bedeutet Salz und hängt mit Salzlagerstätten in der Nähe zusammen. Es liegt in fruchtbarer Gegend und war wie andere Orte in diesem Grenzgebiet häufig umkämpft. Anfang des 19. Jahrhunderts, in der Zeit des qajarischen Kronprinzen Abbas Mirza, wurde es wegen der Auseinandersetzungen mit dem osmanischen Reich und Russland zur Festungsstadt im ›Vauban-Stil‹ ausgebaut. Die Festungswerke sind im Laufe des 20. Jahrhunderts verschwunden.

Geschwister in Khoy

Etwa 200 Meter nördlich des Meydan-e Vali-ye Asr besteht östlich der Kh. Taleqani noch ein breiter Grüngürtel. Dort findet man das einzige steinerne **Stadttor** (Darvazeh-ye Sangi), das erhalten geblieben ist. Es ist safawidisch, wirkt aber sehr altertümlich durch seine massive Form mit den abwechselnd dunklen und hellen Quaderschichten.

Hinter dem Durchgang des Tors beginnt der **Basar,** der auch auf die safawidische Zeit zurückgeht. In ihn sind drei Karawansereien eingebunden, die durch Umbauten kaum noch als solche zu erkennen sind. Im nördlichen Bereich des Basars liegt westlich der Kh. Taleqani die sehenswerte **Motaleb-Khan-Moschee**. Bei ihr handelt es sich um eine monumentale schmucklose Kuppelhalle von 20 Metern Durchmesser, die innen ein Achteck bildet, das nach oben offen ist, da die Kuppel nicht gebaut wurde. An der dem Portaliwan gegenüberliegenden Innenwand befindet sich eine riesige Mihrabnische mit Muqarnas im Spitzbogenfeld. Der Überlieferung nach soll der Bau auf ilkhanidische Zeit zurückgehen, aber das einzige feststellbare Baudatum entspricht 1838.

An der dem nördlichen Ende des Basars gegenüberliegenden Straßenseite steht die frühere Jame-Mosche von 1798, die jetzt **Masjed-e Seyed-o-Shohada** genannt wird. Sie besitzt eine mehrfach überkuppelte Halle mit sehr schönen Säulen, an denen Bündel von Rundstäben entlangführen, die sich an der Basis und am Kapitell zu Bogenfriesen verflechten.

Nördlich hiervon steht der ehemalige Gouverneurspalast aus qajarischer Zeit, der unter dem Namen **Khaneh Kabiri** bekannt ist. Ein Besuch lohnt sich, da er schöne farbige Glasfenster und teilweise perfekt wirkende Wandmalereien mit Arabesken und Blumen enthält.

Folgt man von dem Platz am nördlichen Ende des Basars dem westlichen Straßenzug 1,5 Kilometer, gelangt man an den Meydan-e Qumsal, wo die festungsartige 30 Meter lange armenische **St.-Serkis-Kirche** (Kelisa-ye Surb Serkis) steht. Auch innen ist sie einfach gehalten, wirkt aber stimmungsvoll. Das Dach und die flache Kuppel werden von sechs Pfeilern gestützt. Sie soll im 4. Jahrhundert entstanden sein, wurde aber wiederholt renoviert.

▲ Karte S. 210

Die **Gedenkstätte für Shams-e Tabrizi** (Aramgah-e Shams Tabrizi) ist von der Serkis-Kirche aus nach 1,5 Kilometern in nordwestlicher Richtung zu erreichen. Der in Tabriz um 1185 geborene Shams Tabrizi war Sufi-Lehrmeister des großen Jalal ud-Din Maulana Rumi. Shams soll nach seinem Verschwinden in Konya 1247 nach Khoy gegangen und später hier verstorben sein. Nahe bei seinem Grab baute Shah Ismail I. Anfang des 16. Jahrhunderts einen Palast, von dem aus auch Jagden veranstaltet wurden. Mufflon-Hörner wurden als Jagdtrophäen in einen Turm (Menar-e Shams Tabrizi) eingemauert, der heute noch dort steht.

Auf der südlich gelegenen Straße nach Salmas kann man nach 2,5 Kilometern östlich der Straße die etwa 60 Meter lange **Khatun-Brücke** aus frühqajarischer Zeit sehen. Sie war Bestandteil der Karawanenroute Khoy–Salmas.

Wenn man nordöstlich in Richtung Ev Oghli und Marand unterwegs ist, könnte man nach 16 Kilometern beim Dorf **Mahlezan** anhalten und die festungsartige armenische Kirche mit dem zwölfseitigen kurzen Turm anschauen. Sie soll in ilkhanidischer Zeit entstanden sein.

Khoy

Der Flughafen liegt östlich der Straße nach Salmas. Die Abzweigung dorthin ist 15 Kilometer von Khoy entfernt. Der Flughafen wird zur Zeit modernisiert.

Tourist Inn** (Mehmansara Jahangardi), Kh. Enqelab. Tel. (0)461/244 03 51 (Q2/P1). Das dazugehörige Restaurant bietet gute Kebab-Gerichte.

Bastam

Beim Dorf Bastam südwestlich von Qareh Ziyaeddin stand die neben der königlichen Zitadelle in der Hauptstadt Tuschpa am Van-See gewaltigste Festungsanlage des urartäischen Reichs. Abgesehen von einigen Rekonstruktionen der letzten Jahre kann man den Umfang der Anlage nur anhand von Mauer-, Gebäude- und Terrassenresten erkennen. Wer sich die Mühe macht und den Festungsberg ersteigt, was etwa eine halbe Stunde dauert, kann vom Gipfel aus alles gut überblicken.

Bei Maku fand man eine Inschrift, die jetzt im Nationalmuseum in Teheran aufbewahrt wird. Sie führt diese Festung als Gründung des Königs Rusa (685–645 v. Chr.) an und nennt sie Rusa-i URUTUR, was Stadt des Rusa bedeutet. Sie wurde von 1969 bis 1978 vom Deutschen Archäologischen Institut erforscht. Die Anlage besteht im wesentlichen aus der Bergfestung, die 800 mal 400 Meter maß und einem Siedlungsgelände von 600 mal 300 Metern im Tal nordwestlich der Festung.

Die **Bergfestung** war in mehreren Stufen von der Talsohle bis zum Bergesgipfel hinauf gebaut und überwand dabei 150 Höhenmeter. Der Verbindungsweg zur Hauptstadt Tuschpa zog am Südtor vorbei, das sich nahe am Dorf befindet. Von der nordwestlichen Siedlung aus betrat man die Festung durch das Nordtor und ging über eine von zwei Mauern eingefasste Rampe nach oben, die sich auch jetzt noch leicht erkennbar diagonal den Berg entlang zieht. In dieser unbefestigten Siedlung lebten Händler und Handwerker. Das Süd- und das Nordtor besaßen jeweils ein Vor- und ein Haupttor.

Die **Unterburg** am Südtor umfasste Kasernen, Stallungen, Gästehäuser,

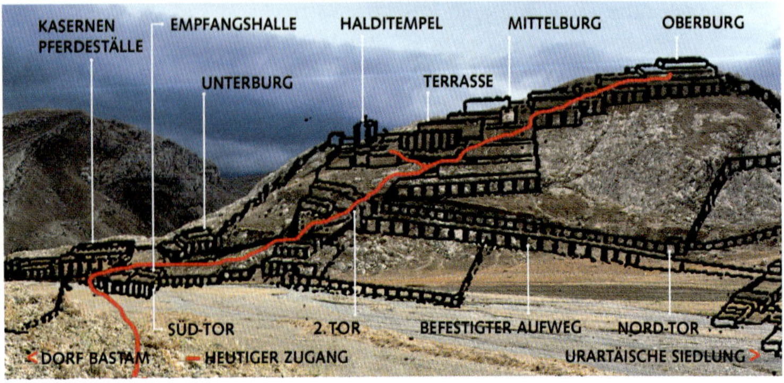

Die Bergfestung Bastam mit Rekonstruktionszeichnung

Wirtschaftsgebäude und ein Kommandantenhaus. In der Mittelburg befanden sich ausgedehnte Vorratslager, darunter ein Raum mit 68 Gefäßen von zwei Metern Höhe und 1,30 Metern Breite. Dazu kamen Repräsentations- und Verwaltungsgebäude, wo tönerne Hüllen, sogenannte Tonbullae, gefunden wurden, die mit Abgabelisten und anderem beschrieben sind. Außerdem befand sich hier der Tempelturm des Gottes Haldi auf einer 14 mal 14 Meter großen Plattform.

Die **Oberburg** bildete die Residenz des Gouverneurs und diente wahrscheinlich dem reisenden König als Unterkunft. Die Anlage wurde zwischen 600 und 550 v. Chr. von den Medern zerstört. In den folgenden Jahrhunderten war das Gelände nur sporadisch besiedelt. Ab dem 9. bis zum 15. Jahrhundert n. Chr. lebten hier Armenier, was man auch an verschiedenen mit Kreuzen versehenen Steinen erkennen konnte.

Anfahrt: Wer von Khoy aus nach Bastam möchte, fährt 58 Kilometer zum nördlich gelegen Qareh Ziyaeddin. Von dort aus geht es zwei Kilometer Richtung Chaldiran weiter, was der Strecke zum Thaddäus-Kloster entspricht. Dann biegt man südlich ab und erreicht Bastam nach sechs Kilometern. Auch die gesamte Nebenstrecke ist asphaltiert und für Reisebusse geeignet.

▲ Karte S. 210

Thaddäus-Kloster

Von zentraler Bedeutung für armenische Christen ist das in einsamer Landschaft stehende Thaddäus-Kloster oder Surb Tadi Vank. Der Apostel Thaddäus erlitt auf Befehl des armenischen Königs gemeinsam mit dessen konvertierter Tochter Sandokht in der Zeit zwischen 60 und 64 den Märtyrertod.

Eine erste Kapelle soll um das Jahr 68 hier erbaut worden sein. Im Laufe der Jahrhunderte entstand eine Klosteranlage, in deren Mittelpunkt die Kirche steht. Im 10. Jahrhundert wurde das Thaddäuskloster als Aufbewahrungsstätte der Gebeine des Apostels Thaddäus von armenischen Geschichtsschreibern erwähnt. Ab dem 13. Jahrhundert bis zur Verlegung nach Tabriz im Jahre 1841 war es Bischofssitz der Diözese Azerbaijan. Im Frühjahr 1918 erstürmte die türkische Armee das Kloster. Dabei verloren viele der dorthin Geflüchteten ihr Leben und bei den Plünderungen gingen die Gebeine des Heiligen verloren. Der letzte Abt starb 1948. Seitdem

gibt es hier keine Mönche mehr, aber jedes Jahr im Juli, und zwar 105 Tage nach dem jeweiligen Osterfest, treffen sich hier armenische Christen aus aller Welt und feiern den heiligen Thaddäus.
Seit Juli 2008 ist die Klosteranlage zusammen mit dem weiter östlich gelegenen Stephanus-Kloster (→ S. 248) als UNSCO-Weltkulturerbe anerkannt.
Die ältesten Teile des Kirchenbaus, nämlich der Altar- und Kuppelraum, die an den dunklen Steinen erkennbar sind, gaben der Anlage den Namen **Qareh Kelisa**. Die Steine gehören zu dem 1329 reparierten Kirchenbau aus dem 10. Jahrhundert, der bei dem Erdbeben von 1319 zerfallen war. Damals erneuerte man auch die Klostermauern, die Mönchszellen und Verwaltungsgebäude. Nach einigen kleineren Erweiterungen und Renovierungen wurde zwischen 1810 und 1828 der **zentrale große Kreuzkuppelbau** mit zwei Konchen sowie der triumphbogenartige **Portalbau** angeschlossen. Über dem neuen Kuppelbau erhebt sich der mittlere Turm, der von vier Pfeilern getragen wird. Für den damaligen Umbau

Das Kloster am Tag des Thaddäusfestes

wurde heller Kalkstein verwendet. Die Kirche ist außen 42 Meter lang und bis zu 23 Metern breit. Der mittlere Turm ist 24 Meter hoch und der östliche ältere Turm fünf Meter niedriger.
Ein Bogen von 4,50 Metern Weite verbindet im Inneren den mittleren Kuppelbau mit dem um vier Stufen erhöhten Altarraum. In dem kleinen Nebenraum, der sich rechts vom Altar befindet, wurden bis 1918 die Gebeine des heiligen Thaddäus aufbewahrt. An der linken hinteren Seite dieses Nebenraums gibt es eine kleine Nische, in der ein Schacht zu einer Geheimkammer nach oben führt, die in etwa die gleiche Fläche aufweist wie dieser Nebenraum.
Die **Außenwände** der Kirche sind sehr unterschiedlich gestaltet. Während die Fassaden des älteren Baus bis auf Flechtmuster relativ schmucklos sind, ist der neuere Teil durch Felder und Blendnischen gegliedert, die überwiegend mit Pflanzenornamenten und Tier- und Heiligendarstellungen in Flachrelief geschmückt sind. Erwähnenswert ist auch der schmale umlaufende Fries, dessen Reliefs Geschichten aus der Bibel, von Fabeln und täglichen Dingen ›erzählen‹.
Westlich an den 65 mal 50 Meter großen Klosterhof schließt sich ein durch Mauern gesicherter Vorhof an, in dem sich die Reste der Wirtschaftsgebäude befinden. So gibt es einen Raum mit dem steinernen Gewinde einer Ölpresse oder einen anderen mit einem Backofen.
Die **Kapelle**, die südlich der Stichstraße auf einem Hügel etwa drei Kilometer vor Qareh Kelisa liegt, soll sich an der Grabstelle der Prinzessin Sandokht befinden.
Anfahrt: von Qareh Ziyaeddin aus fährt man in Richtung Chaldiran und biegt nach 47 Kilometern kurz vor Qerkh Bolaqh nördlich in Richtung Shot ab. Nach

weiteren 2,5 Kilometern erreicht man die fünf Kilometer lange Stichstraße Richtung Westen nach Qareh Kelisa. Von Shot aus sind es 28 Kilometer bis zur Stichstraße und von Chaldiran aus erreicht man die nördliche Abzweigung nach Shot nach 18 Kilometern.

Chaldiran

Bei Chaldiran (früher Siyah Cheshmeh), östlich des Thaddäus-Klosters, erlitt die Armee des safawidischen Königs Ismail I. 1514 eine vernichtende Niederlage durch die Osmanen, die hier das erste Mal Kanonen gegen eine persische Armee einsetzten. Das safawidische Reich verlor dadurch die von Anhängern des Safi-Ordens bewohnten Gebiete Anatoliens. Die Niederlage führte auch zu einer Aufwertung des schiitischen Glaubens in Persien, da man dadurch nach innen größere Einigkeit und nach außen eine schärfere Abgrenzung erreichen konnte. Zum Gedenken an die vielen Gefallenen hat man bei Chaldiran eine Erinnerungsstätte (Bannai-ye Yadbud-e Chaldiran) eingerichtet. Diese ist über das vier Kilometer westlich gelegene Galashaqi zu erreichen, wo man nördlich abbiegt und nach einem weiteren Kilometer den einsam stehenden Kuppelbau erblickt. Von den Straßen aus, die in der Umgebung Chaldirans über Anhöhen führen, kann man bei gutem Wetter den Berg Ararat in der Türkei sehen.

Kelisa-ye Maryam Moqadas

▲ Karte S. 210

Ein schönes Ausflugsziel von Chaldiran aus ist der **Barun-Stausee** auf 1700 Metern Höhe mit abgelegenen Dörfern und der Marienkapelle (armenisch: Surb Astvatzatzin). Diese aus dem 10. Jahrhundert stammende Kapelle wurde nach dem Erdbeben von 1319 wieder aufgebaut. Sie gehörte zum armenischen Dzor-Dzor-Kloster, das im 14. Jahrhundert unter dem Einfluss von Dominikanermönchen ein Zentrum der Einheitsbewegung der armenischen und der römisch-katholischen Kirche war. Im 17. Jahrhundert musste das Kloster aufgegeben werden. Die Kapelle blieb als einziges Gebäude erhalten.

Als man den Barun-Staudamm plante, wollte man die Kapelle, die am Talgrund stand, nicht aufgeben. So wurde sie in den Jahren 1987 bis 1988 Stein für Stein auseinandergenommen, durchnummeriert und weiter oben wieder zusammengesetzt. Heute steht sie oberhalb des Staudamms auf einem Felsenvorsprung und ist UNESCO-Weltkulturerbe (39°11'17" / 44°28'34.50").

Anfahrt: Es gibt zwei Routen, über die man das Dorf Barun, bei dem die Kapelle steht, erreichen kann:

Von Chaldiran aus nimmt man die Landstraße in nordwestliche Richtung nach Zaviyeh–Avajiq und biegt nach vier Kilometern nördlich auf eine schmale Straße Richtung Shahgalan ab. Diese Straße geht später in eine Piste über und führt an einsamen Flussbetten entlang. Nach 16 Kilometern ist man am Ziel. Der Zustand der Piste ist wetterabhängig, weshalb sie nicht immer mit PKW zu befahren ist.

Die andere Strecke von Maku aus sollte mittlerweile durchgehend asphaltiert sein. Sie überwindet in Serpentinen einen Pass, der knapp 2400 Meter hoch ist, was gegenüber Maku einen Höhenunterschied von mehr als 1000 Metern

Die Marienkapelle am Barun-Stausee bei Chaldiran

bedeutet, und führt teilweise an fast senkrechten Felswänden entlang. Nach 30 Kilometern ist man in Barun. Man sollte in die Schlucht des Maku-Chay-Flusses am Staudamm hineinschauen. Diese ist fast zehn Kilometer lang, und ihre Felswände sind stellenweise über 900 Meter hoch.

Maku und Bazargan

Die Kleinstadt **Maku** zieht sich malerisch eine Schlucht entlang. Außer dem attraktiven **Palast Baghcheh Juq**, der in einer Gartenanlage zwei Kilometer westlich des Neubaugebiets steht, gibt es keine nennenswerten Sehenswürdigkeiten. Das zweistöckige Gebäude wurde für den qajarischen Militärgouverneur Eqbal os-Soltaneh Makuyi um 1900 errichtet und vereint europäisch-russische und iranische Stilelemente. In ihm sind Teile der Originalausstattung wie Teppiche, Möbel mit Einlegearbeiten, Kristallglas und anderes ausgestellt. Öffnungszeiten sind von 9 bis 13 und 15 bis 18 Uhr.

Bazargan, die wichtigste iranische Grenzübergangsstelle zur Türkei liegt 20 Kilometer von Maku entfernt. Die Ein- und Ausreiseformalitäten dauern üblicherweise nicht länger als ein bis zwei Stunden. Auch ist man versiert bei der Abfertigung von Touristen, die mit dem eigenen Kraftfahrzeug unterwegs sind. Diese benötigen zur Einreise ein Visum, einen internationalen Führerschein und ein Carnet de Passage vom ADAC. Wer länger als zehn Tage mit dem Auto im Iran unterwegs sein will, muss **iranische Nummernschilder** verwenden. Da Benzin unter Preisregime steht, muss man eine Benzinbezugskarte kaufen. Englischsprachige Beamte helfen bei der Erstellung der entsprechenden Anträge. Wer keine grüne Versicherungskarte mit Gül-

▶ Karte S. 210

Tanzende Kurden

tigkeit für den Iran vorweisen kann, muss eine KFZ-Versicherung an der Grenze abschließen.

Touristen ohne Kraftfahrzeug können Sammeltaxis und Minibusse von Maku aus und auf der türkischen Seite Minibusse zum 40 Kilometer entfernten Dogubayazit benützen. Bitte beachten: während man an den internationalen Flughäfen des Iran derzeit ein zweiwöchiges Visum auf Antrag direkt erhalten kann, ist dies an den Grenzübergangsstellen für den Überlandverkehr bisher nicht möglich.

Bazargan:

Hotel Hamid*, Tel. (0)462/3372786, 3372435 (Q1/P0).

Maku:

Tourist Inn (Mehmansara Jahangardi)**, Kh. Imam Khomeini, Tel. (0)462/3223185, 3223212 (Q2/P1).

Hotel Alvand*, Kh. Imam Khomeini, Tel. (0)462/3223491 (Q1/P0).

Tabriz und Ost-Azerbaijan

Etwa die Hälfte der Einwohner der Provinz Ost-Azerbaijan (Azerbaijan-e Sharqi) konzentriert sich auf die Hauptstadt Tabriz, wo 1,4 Millionen Menschen leben. Täbris, wie die Stadt im deutschen Sprachraum auch genannt wird, liegt in 1340 Metern Höhe am Nordrand des Sahand-Gebirges. Sie ist etwa 620 Kilometer von Teheran und 50 Kilometer vom Orumiyeh-See entfernt.

Geschichte der Stadt Tabriz

Die ersten Siedlungen auf dem Gebiet der heutigen Stadt, die man im Bereich der Blauen Moschee nachweisen konnte, sind 2500 bis 3000 Jahre alt. Hinweise aus assyrischer und armenischer Zeit auf eine Festung oder einen Ort ähnlichen Namens müssen sich nicht auf Tabriz bezogen haben. Sein Aufstieg könnte aber mit dem Niedergang der atropatenischen Hauptstadt Ganzak, die man bei Leylan südlich des Orumiyeh-Sees lokalisiert hat, zusammenhängen. Ganzak wurde 624 n. Chr. während eines oströmischen Kriegszugs teilweise zerstört und die Gegend um 643 n. Chr. von den Arabern erobert.

Der Überlieferung nach soll Tabriz von Zubaida, der Gemahlin Harun al-Rashids, gegründet worden sein. Jedenfalls förderte sie es nachweislich im Jahre 791 durch Schenkungen. Im 9. Jahrhundert regierte in Tabriz die arabisch-kurdische Dynastie der Rawadids, welche die Stadt befestigten ließ. Arabische Reisende beschreiben es im 10. Jahrhundert als eine feine Stadt mit Freitagsmoschee, guter Wasserversorgung und von Obstgärten umgeben. Nach der Eroberung Persiens durch die Mongolen wurde es unter Ilkhan Abaqa ab 1270 für 40 Jahre die Hauptstadt des ilkhanidischen Großreiches, das sich vom Hindukusch bis zum ägyptischen Herrschaftsbereich erstreckte.

In den Regierungszeiten der Ilkhaniden Ghazan Khan (1295–1304) und Oljeitu (1304–1316) wurden dort – bis letzterer 1313 die Residenz nach Soltaniyeh verlegte – einige der größten jemals im Iran errichteten Bauwerke geschaffen, darunter eine Moschee, deren Hauptiwan mit 30 Metern Breite und etwa 35 Metern Höhe bewusst den Bogen des sassanidischen Königspalastes in Ktesiphon übertraf. Der Rest dieser gigantischen Moschee ist die heutige Ali-Shah-Festung (Arg-e Ali Shah).

Tabriz war nicht nur Regierungssitz, sondern auch Universitätsstadt, und Wissenschaftler aus dem ganzen Orient, aus Indien und China kamen hierher. Marco Polo beschreibt es als eine der wichtigsten Handelsstädte, in der sich auch viele europäische Kaufleute aufhielten. Bedeutende Tabrizer Persönlichkeiten der damaligen Zeit waren Shams-e Tabrizi, ein Mystiker, der Anfang des 13. Jahrhunderts als geistiger Lehrmeister des Sufi Dichters Molana Jalal oddin Rumi tätig war, und Mir Ali Tabrizi, der im 14. Jahrhundert mit Nastaliq eine besondere Stilart der Kalligraphie schuf.

Nach dem Niedergang der ilkhanidischen Dynastie wurde die Stadt 1392 von Timur erobert, und von 1436 bis 1467 befand sich hier das Zentrum der turkmenischen Qara-Qoyunlu-Stämme. In der Zeit Shah Ismails fungierte es von 1501 bis 1514 als Regierungssitz des safawidischen Reiches und seit 1805 war es Residenz der qajarischen Thronprinzen.

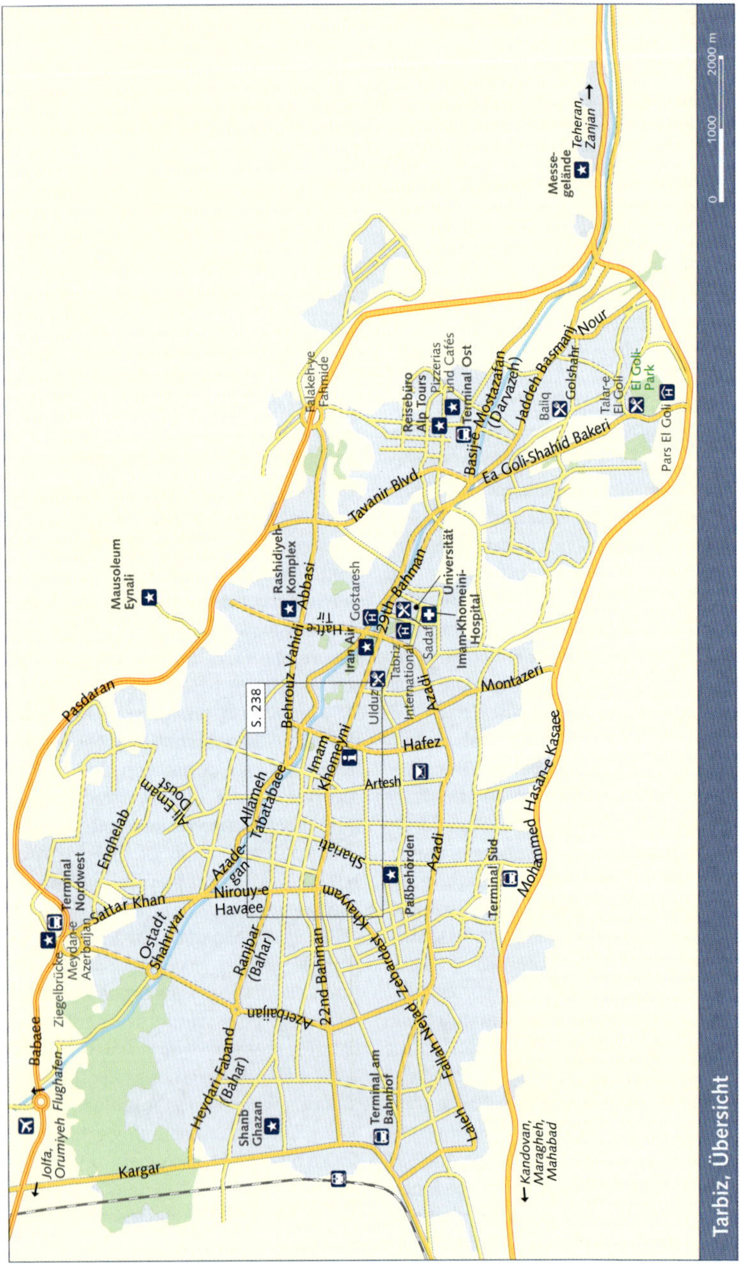

Tarbiz, Übersicht

Tabriz wurde mehrfach Opfer russischen und sowjetischen Expansionsdrangs. Von 1826 bis 1828 war es von russischen Truppen besetzt, die auch 1909 wieder einmarschierten, um den Widerstand des persischen Verfassungsrevolutionärs Sattar Khan zu brechen. Von 1941 bis 1947 wurde es von der Sowjetunion okkupiert.

Tabriz liegt in einem durch Erdbeben gefährdeten Gebiet, wobei das bisher letzte starke Beben von 1721 etwa 50 000 Opfer forderte. Durch seine Nähe zum Kaukasus und der Türkei war es vor der Eröffnung des Suezkanals (1869) die wichtigste Handelsstadt Persiens und hatte bereits zur damaligen Zeit 160 000 Einwohner. Bekannt ist es für seine Teppiche, die seit Anfang des 20. Jahrhunderts in steigender Zahl über Trabzon an Tabrizer Händler in Europa und besonders in Hamburg exportiert wurden. Wegen seiner Verbindungen erreichten neue Techniken Persien oft über Tabriz. So wurde hier das erste iranische Telefonnetz installiert und erste Kinos, Theater und moderne Druckereien eingerichtet.

Heutzutage sind Maschinen- und Textilindustrie sowie landwirtschaftliche und petrochemische Erzeugnisse die wichtigsten Einnahmequellen. Tabriz ist Messestadt, und die moderne, 1946 gegründete Universität hat einen sehr guten Ruf.

Fußball ist die populärste Sportart, und das 1996 eröffnete Yadegar-e Imam Stadion ist das drittgrößte Irans mit einem Fassungsvermögen von über 70 000 Zuschauern. Seit einiger Zeit wird am Tabrizer S- und U-Bahnnetz gearbeitet, dessen erste Teilstrecken in Kürze eröffnet werden sollen.

Die Tabrizer verbringen gerne ihre Freizeit in den vielen Parkanlagen, beispielsweise im **Golestan-Garten** (Bagh-e Golestan) aus den 1930er Jahren oder im am südöstlichen Ortsende liegenden **El-Goli-Park** mit seinen Teichen und einem zweistöckigem Pavillon aus qajarischer Zeit.

Sehenswürdigkeiten in Tabriz

Blaue Moschee

Die 1465 fertiggestellte Blaue Moschee (Masjed-e Kabud) gehörte zum religiösen Mozaffariye-Gebäudekomplex, den Fürst Jahan Shah vom Stamm der Qara Qoyunlu in Auftrag gab. Sie überdauerte als einziges Gebäude der Anlage die Jahrhunderte, auch wenn sie durch das letzte große Erdbeben im 18. Jahrhundert stark beschädigt wurde. Die Schäden konnten trotz umfangreicher Renovierungsarbeiten nicht gänzlich beseitigt werden. Ihren Namen trägt sie wegen ihres einstigen kobaltblauen Fliesenschmucks.

Der erste Anblick des nun überwiegend schmucklosen Gebäudes mag enttäuschen, aber bei näherer Betrachtung des Portals und des Inneren wird man erkennen, dass es sich um ein Meisterwerk

Blick auf Tabriz, vorne der El-Goli-Park

Der Norden

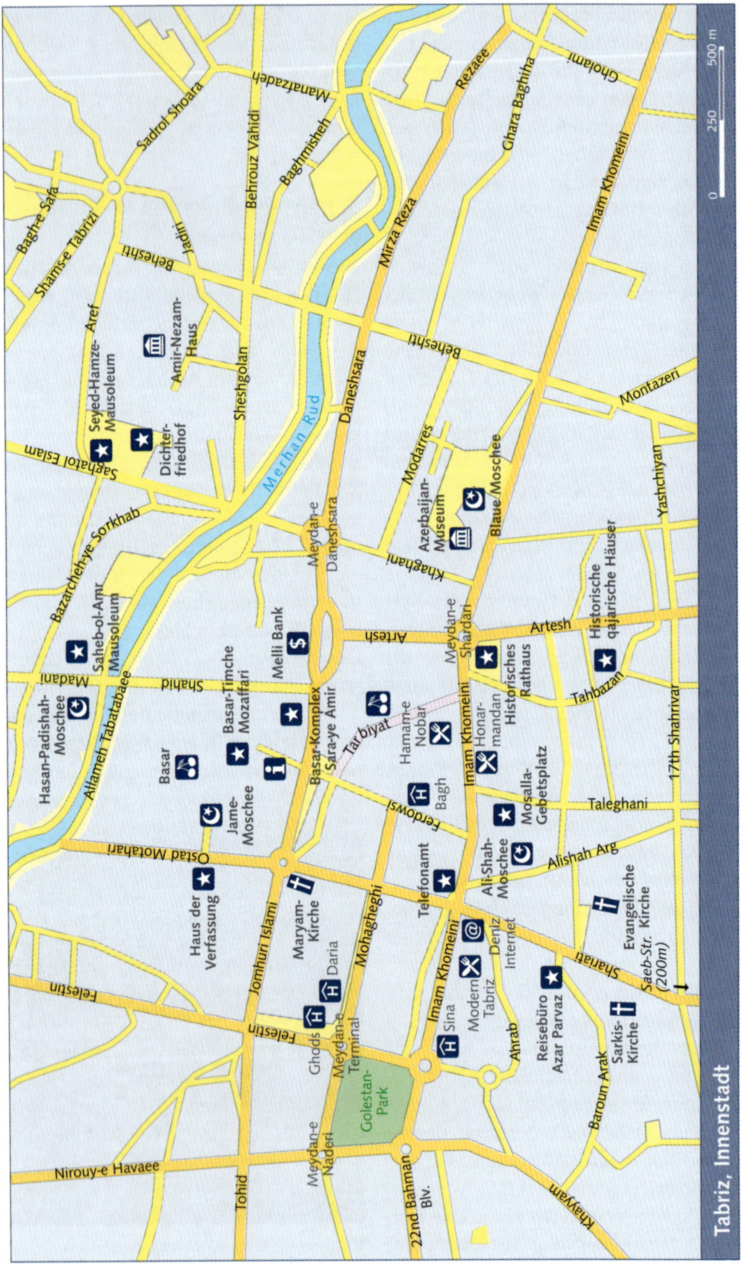
Tabriz, Innenstadt
0
250
500 m
Merhan Rud
Bagh-e Safa
Shams-e Tabrizi
Sadrol Shoara
Manafzadeh
Behrouz Vahidi
Baghmisheh
Jadiri
Beheshti
Aref
Seyed-Hamze-Mausoleum
Amir-Nezam-Haus
Dichter-friedhof
Sheshgolan
Daneshsara
Mirza Reza
Rezaee
Ghara Baghiha
Gholami
Imam Khomeini
Montazeri
Saghatol Eslam
Bazarcheh-ye Sorkhab
Saheb-ol-Amr Mausoleum
Meydan-e Daneshsara
Modarres
Azerbaijan-Museum
Blaue Moschee
Khaghani
Yashchiyan
Historische qajarische Häuser
Artesh
Meydan-e Shardari
Historisches Rathaus
Tahbazan
Madani
Shahid
Melli Bank
Hasan-Padishah-Moschee
Allameh Tabatabaee
Basar-Timche Mozaffari
Basar
Basar-Komplex Sara-ye Amir
Tarbiyat
Hamam-e Nobar
Honar-mandan
Jame-Moschee
Bagh
Ferdowsi
Mosalla-Gebetsplatz
Taleghani
17th Shahrivar
Ostad Motahari
Haus der Verfassung
Maryam-Kirche
Telefonamt
Ali-Shah-Moschee
Alishah Arg
Evangelische Kirche
Saeb-Str. (200m)
Jomhuri Islami
Mohagheghi
Daria
Deniz Internet
Shariati
Modern Tabriz
Reisebüro Azar Parvaz
Felestin
Ghods
Meydan-e Terminal
Sina
Ahrab
Sarkis-Kirche
Baroun Arak
Golestan-Park
Meydan-e Naderi
Nirouy-e Havaee
Tohid
22nd Bahman Blv.
Khayyam

des Architekturdekors handelt. Diese für persische Verhältnisse seltene, vollkommen überdachte Moscheeanlage besteht aus einem überkuppelten Zentralbau mit vier Iwanen, dem sich nach außen an drei Seiten Umgänge mit Nebenkuppeln und an der vierten Seite ein kleiner Kuppelbau Richtung Mekka anschließen.

Die **zentrale Kuppel** lagert auf zwölf Pfeilern, die durch die genannten vier Iwane und weitere gestaffelte Bögen verbunden sind. Dies und die offenen Durchgänge und Bogenfenster lockern den Innenraum auf und verleihen ihm Helligkeit.

Das **Eingangsportal** in der 45 Meter langen Fassade wird durch einen Wulst begrenzt, der aus einer breiteren äußeren und einer schmaleren inneren Borte besteht. Die Wirkung der äußeren Borte wird dadurch betont, dass sie tauartig gewunden ist. Die Eingangstür wurde durch eine einzige große Marmorplatte geschlossen.

Auf welche Art die Moschee-Außenseiten mit Fayencen und hellbraunen gerillten Stuckornamenten dekoriert waren, lässt sich an einigen Stellen noch erkennen. Im **Eingangsiwan** sind viele der ursprünglichen Fayencemosaiken erhalten geblieben, für deren dunkle Blautöne Kobalt und für die Türkistöne eine Mischung aus Kupfer- und Zinnoxid verwendet wurde. Bei der Herstellung tiefblauer Fliesen im Gebäudeinneren wurde auch kostbares Lapislazuli eingesetzt. Gelbe Ornamente bedeckte man mit Blattgold. Bekanntermaßen werden bei der Mosaiktechnik aus einfarbig glasierten Fayenceplatten vorgezeichnete Stückchen herausgeschnitten und mit andersfarbigen im Mörtel zu Mosaikmustern zusammengesetzt. Dies ist natürlich ein relativ aufwendiges Verfahren,

Pfeiler am Eingangsiwan der Blauen Moschee

das später durch den Einsatz bemalter Fliesen ersetzt wurde, wie man sie an den Moscheen in Isfahan sehen kann. Der marokkanische Weltreisende des 14. Jahrhunderts Ibn Batuta, der Fayencearbeiten in vielen Ländern gesehen hatte, hob die Qualität der persischen Mosaikfayencen besonders hervor. In der Blauen Moschee bilden sie teilweise Blumenranken mit lanzettförmigen Blättern, Knospen und Blüten.

Den **Innenraum** umgibt ein Sockel von etwa zwei Metern Höhe, der teilweise mit blauen geometrisch geschnittenen Fliesen verkleidet ist. Darüber befinden sich Felder mit Palmetten, Ranken, Wolkenbändern, eingestreuten Sternen und kleinen Schriftmedaillons. Der Portalbogen zum kleineren Kuppelsaal, unter dem sich eine leere Krypta befindet, wird in den Ecken durch Stalaktiten geschmückt. Während die große Innenkuppel mit weißen Blumen auf grünem Grund ausgekleidet war, bestand der

Dekor der kleineren Innenkuppel aus Blumenmustern auf dunkelblauem Fond, umgeben von weißen Sternen auf schwarzem Grund.

Westlich der Blauen Moschee schließt sich der **Khaqani-Garten** (Bagh-e Khaqani) an, in welchem eine Statue des um die Wende zum 13. Jahrhundert in Tabriz verstorbenen Dichters Afzaladdin Khaqani steht.

Wer sich für die Frühzeit des Tabrizer Gebiets interessiert, kann zu einem nahen **Friedhofsgelände aus der Eisenzeit II** (1000–600 v. Chr.) hinabsteigen. Der Zugang zum Friedhof (Muze-ye Gurestan-e Omr-e Ahan) befindet sich etwa 100 Meter östlich des Portals der Blauen Moschee.

Blaue Moschee

Öffnungszeiten tgl. von 8–17 Uhr, die beste Fotozeit für die Eingangsseite ist 7 Uhr morgens oder spätabends.

Ost-Azerbaijan-Museum

Das Museum (Muze-ye Azerbaijan-e Sharq) befindet sich nur etwa 100 Meter in westlicher Richtung von der Blauen Moschee entfernt an der Kh. Imam Khomeini. Es enthält umfangreiche Ausstellungen ethnologischer Art wie prähistorische Figuren, Keramik, Rollsiegel, Bronzen, Funde aus Hasanlu, Metallgefäße aus achämenidischer und sassanidischer Zeit sowie islamische Kunst. Seit kurzem werden dort auch die Skelette eines Mannes und einer Frau aus der Eisenzeit gezeigt, die gemeinsam bestattet worden waren und als die ›Liebenden‹ gedeutet werden.

Ost-Azerbaijan-Museum

Öffnungszeiten tgl. außer Fr 8–14.30 Uhr, Tel. (0)41/663 43.

▶ Karte S. 238

Im Inneren der Blauen Moschee

Rathaus und Mosalla

Geht man noch etwas weiter die Kh. Khomeini entlang, kommt man an den Meydan-e Shahrdari. Dieser wird vom historischen **Rathaus** (Emarat-e Tarikhi Shardari) mit Uhrturm (Borj-e Saat) beherrscht. Dieses Gebäude wurde in den 1930er Jahren in europäischem Stil erbaut. Nach weiteren 500 Metern erreicht man die neue **Mosalla-Anlage**, die für große religiöse Versammlungen und Freitagspredigten benützt wird.

Ali-Shah-Festung

Hinter der Mosalla kann man die Mauern der sogenannten Ali-Shah-Festung (Arg-e Ali Shah) sehen, bei der es sich um die Reste der gewaltigen Ali-Shah-Moschee (Masjed-e Ali Shah) handelt, die um 1320 im Auftrag des ilkhanidischen Wesirs Taj od-Din Ali Shah fertiggestellt wurde. Der Iwan ist 30 Meter breit und jetzt noch 28 Meter hoch. Mit ursprünglich 65 Metern Länge und einer Gewölbehöhe von etwa 35 Metern war er der größte jemals aus Ziegeln errichtete Bogenbau. Die gesamte Moscheeanlage hatte Ausmaße von etwa 250 mal 200 Metern. Angeschlossen waren eine Koranschule und ein Sufi-Kloster.

Nach den Beschreibungen damaliger Reisender war der Innenhof mit Marmorplatten ausgelegt und enthielt ein quadratisches Wasserbecken von etwa 70 Metern Seitenlänge mit löwenförmigem Springbrunnen in der Mitte. Transparente Marmorsäulen, Fliesen und Blattgold schmückten die Seitenwände und Nischen. Die Innenwände des Iwans waren einfach gehalten, damit die Aufmerksamkeit von der zentralen Gebetsnische nicht abgelenkt wurde. Deren äußerer Spitzbogen stand auf zwei dekorierten andalusischen Kupfersäulen. Gold- und Silberarbeiten bedeckten den Rahmen des mit Ranken und Kalligraphien geschmückten Mittelteils. Die außerordentliche Wirkung dieser Moschee kann man auch an der Zeichnung des Tabrizer Stadtbildes von Jean Chardin aus dem Jahre 1673 erkennen, als ein Teil des Gewölbebogens noch stand.

Da das Gebäude wegen der Beschädigungen durch Erdbeben und Eroberungen seiner Funktion als Moschee nicht mehr gerecht wurde, benützte man es zeitweilig als Festung, und seit Anfang des 20. Jahrhunderts wurde es sich selbst überlassen. Nun ist es in den Mosalla-Komplex mit einbezogen und wird seiner Bedeutung gemäß geschützt.

Basar

Um zum Basar zu gelangen, kann man der Kh. Tarbiyat folgen, die zu einer Fußgängerzone umgestaltet wurde. Der Basar mit seinen Gewölbegängen, Geschäften, Hofanlagen und Moscheen ist seit 2010 UNESCO-Weltkulturerbe. Einige Gebäudekomplexe gehen bis in safawidische Zeit im 16. Jahrhundert zurück, aber der überwiegende Teil entstand in qajarischer Zeit im 19. Jahrhundert (Grundriss → S. 242) Der Haupteingang liegt in der nördlichen Verlängerung der die Tarbiyat-Straße kreuzenden Kh. Ferdowsi. Am Basareingang befindet sich ein Büro des **Tourist Office** mit seinen

Iwan der ehemaligen Ali-Shah-Moschee

hilfsbereiten Mitarbeitern. Geht man etwa 100 Meter im Basar in östlicher Richtung an den Textil- und Schmuckgeschäften vorbei, trifft man auf die Hofanlage Sara-ye Amir mit gedeckten Timche-Hallen. Folgt man der Hauptgasse nach Nordwesten, erreicht man die prächtige Timche Mozaffari, eine zweistöckige Halle mit 52 Teppichgeschäften.

Jame-Moschee

Westlich vom Basar erhebt sich ein großer Moschee-Komplex. Dort steht die auf eine seldschukische Gründung des 11. Jahrhunderts zurückgehende Jame-Moschee (Masjed-e Jame), die nach verschiedenen Erdbebenschäden wiederholt aufgebaut oder renoviert wurde. Sie verfügt an der Hofseite über drei Arkaden. Die östliche der Arkaden bildet den Eingang, und an die mittlere Arkade schließt sich innen ein Quergewölbe an, das in einen quadratischen Raum von 16 Metern Seitenlänge übergeht, der wahrscheinlich früher ein Kuppelraum war. Diesem folgt ein Saal aus fünf Jochen mit weiten Querarkaden.

Hojatoleslam-Moschee

Der westlich an die Jame-Moschee anschließende Hallenbau der Hojatoleslam-Moschee aus dem 19. Jahrhundert ist wegen seiner fünf mal elf Säulenreihen und der zusätzlichen Wintergebetshalle sehr beeindruckend. Nördlich des Hofes liegt die aus dem 17. Jahrhundert stammende Talebiyeh-Madrese. Das attraktive Eingangsportal an der Westseite des Komplexes ist mit zwei Minaretten ausgestattet.

Haus der Verfassung

Etwa 100 Meter weiter in westlicher Richtung steht das Haus der Verfassung (Khaneh-ye Mashrutiyat) an der Kh. Ostad Motahari. In diesem qajarischen Bürgerhaus trafen sich die Anhänger der konstitutionellen Revolution (1905–1911). Nun dient es als Gedenkstätte für die Anführer Sattarkhan und Baqerkhan, die vergeblich versuchten, rechtsstaatlichere Verhältnisse für ihr Land gegen das qajarische Königshaus und die russischen Interventionstruppen durchzusetzen. Von den vielen Opfern der damaligen Zeit sei eines erwähnt. Bei den Kämpfen um Tabriz fand auch ein idealistischer amerikanischer Lehrer, Howard Baskerville, den Tod, da er von den hohen Zielen der konstitutionellen Bewegung überzeugt war und seine Schüler bei den Kämpfen nicht im Stich lassen wollte. Er wurde im April 1909 im Alter von 24 Jahren nahe dem armenischen Friedhof in Tabriz begraben.

Basarhändler mit Abakus

Haus der Verfassung

Öffnungszeiten tgl. 9–13 und 16–19 Uhr, außer Fr und an Feiertagen, Tel. 877954, 876454.

Maryam-Kirche

An der nächsten Kreuzung in südlicher Richtung, dem Meydan-e Namazi, liegt die armenische Maryam-Kirche (Kelisa-ye Maryam), die um 1785 erbaut wurde. Neben ihr ist in der Kh. Shariati ein kleines **armenisches Museum** (Muse-ye Aramane) eingerichtet, in dem man die lange Geschichte der christlichen Minderheit in dieser Provinz anhand alter Bibeln, Kirchentüren oder Glocken kennenlernen kann. Da es meistens geschlossen ist, fragt man am besten im Tourist Office am Basar nach oder in der **armenischen Prälatur** (Khalife gari-ye aramane, Kh. Shariati jonubi, nazdik-e Kh. Hefdah-e Shahrivar, ruberu-e Kafshe Bella, Tel. (0)411/5553059).

Dichterfriedhof

Auf diesem Friedhof (Maqbare-ye al-Shoara) nördlich des Mehran-Flusses an der Kh. Saqatol-Eslam befinden sich über 400 Gräber von Dichtern, Mystikern, Theologen und Wissenschaftlern. In dem hellen modernen Denkmal aus Toren und Pfeilern ist auch das Grab des beliebten Dichters Ostad Shahriyar untergebracht, der 1988 in Tabriz starb. Sein Gedicht ›Heydar Baba‹ in azerischer Sprache ist dem Landleben am Berge Heydar Baba gewidmet. Eine der Stro-

phen lautet: ›Heydar Baba, wenn Fasane ihren Flug nehmen und Hasen dem Gebüsch entspringen, Deine Gärten in Blüten schwelgen, dann, falls möglich, erinnere Dich an uns und erfreue unsere betrübten Herzen.‹
An der westlichen Seite des Dichterfriedhofs liegt das **Seyed-Hamze-Mausoleum** (Boqe-ye Seyed Hamze), das von 1314 stammt. Die dazugehörige Moschee wurde 1676 restauriert. Der Kuppelsaal, in dem sich der von einem silbernen Gitter geschützte Sarkophag befindet, ist mit Spiegelmosaiken ausgekleidet.

Qajarisches Museum

Geht man von der Mitte des Dichterfriedhofs aus durch die eine schmale Gasse etwa 200 Meter in östliche Richtung, erreicht man an der Kh. Farhang das **Amir-Nezam-Haus** (Khaneh-ye Amir Nezam), Tel. 5236568, in dem ein qajarisches Museum untergebracht ist. Das etwa 200 Jahre alte Haus war in qajarischer Zeit zeitweilig die Residenz der azerbaijanischen Gouverneure.
Man findet weitere sehenswerte **qajarische Bürgerhäuser** etwa 200 Meter südlich des Meydan-e Shardari in der Kh. Shahid Tahbazan, ehemals Kh. Maqsudiyeh. Sie werden von der Architekturabteilung der Universität Tabriz verwaltet. Man fragt nach dem Haus **Khaneh-ye Behnam**. Weitere Häuser in diesem Komplex sind das Khaneh-ye Ghadaki und das Khane-ye Ganjizadeh.

Tabrizer Hausberg Eynali

An seinem Ausläufer stehen das **Eynali-Mausoleum** und ein modernes Gefallenendenkmal. Zu ihnen führen ein kurzer Wanderweg oder eine im Jahre 2010 von Fa. Doppelmayr konstruierte Kabinenseilbahn (Telecabin).

▲ Karten S. 236, 238

Verschwundene Schätze

Auf zwei wichtige, nicht erhaltene Architekturensembles aus der ilkhanischen Glanzzeit der Stadt sei noch hingewiesen. Das eine lag im Zentrum des von Ghazan Khan (1295–1304) gegründeten Stadtteils **Ghazaniyeh,** der sich mit Palastbauten, Wohnhäusern, Studieneinrichtungen und Observatorium etwa einen Kilometer nördlich des Bahnhofsplatzes (Meydan-e Rah Ahan) im heutigen Shanb Ghazan befand. Hier stand auch das prächtige Mausoleum Ghazan Khans inmitten eines Gebäudekomplexes, der gemäß Ibn Batutta unter anderem einen großen Palast, Koranschulen und ein Sufi-Kloster umfasste. In einem offenen von Arkadengängen umgebenen Hof erhob sich der zwölfeckige Grabturm von über 45 Metern Höhe bei 25 Metern Breite, was fast den Maßen des Turmbaus des Oljeitu-Mausoleums in Soltaniyeh entspricht. Er war mit Mosaikfliesen in Flechtornamentik in den Farben Türkis, Kobalt und Schwarz geschmückt. Auf jeder Seite war ein Tierkreiszeichen abgebildet, und das Inschriftband aus goldenen Lettern hob sich von einem Untergrund aus Lapislazuli-Fliesen ab. Leider wurde alles durch Erdbeben zerstört und später als Steinbruch benützt, so dass nichts mehr davon übriggeblieben ist.
Auch vergangen ist das **Rashidiyeh**-Viertel, welches Ghazan Khans Wesir Rashid adDin Hamadani um 1300 am Ostende der damaligen Stadt anlegen ließ. Dieser Stadtteil, der etwa dem heutigen Baghmisheh entsprach, bestand aus dem Shahrestan-e Rashidi mit Gärten, Wohnhäusern, einem Basar, mehreren Moscheen, Badehäusern und anderen öffentlichen Einrichtungen sowie aus dem eigentlichen Rab-e Rashidi, einem ausgedehnten Mausoleumskom-

plex, der jetzt noch als Wüstenei in Form eines gleichseitigen Dreiecks von etwa 400 Metern Seitenlänge im nördlichen Baghmisheh erkennbar ist. Dort steht noch eine steinerne Plattform von 21 Metern Durchmesser, deren Funktion unbekannt ist. Zu den vielen Bediensteten dieses Komplexes gehörten beispielsweise 150 Gärtner und 24 Koranrezitatoren, von denen drei ständig in der Grabmoschee Koranverse vortrugen. Man weiß, dass der Sufi Sheikh Safi aus Ardebil, der den dortigen erhaltenen grandiosen Mausoleumskomplex gründete, sich um 1330 einige Zeit im hiesigen Konvent aufhielt.

Ausflug nach Sohrol

Ein schon aus landschaftlichen Gründen empfehlenswerter Ausflug von Tabriz aus ist die Fahrt nach Sohrol (Sorhul), wo die **Hovhanes-Kirche** auf einer Anhöhe steht und mit der kargen rötlich bis ockerfarbenen Gebirgslandschaft eine grandiose Szenerie bildet. Die Kirche ist ein Ziegelbau, der um 1840 errichtet wurde. Eingebundene Pfeiler und Blendarkaden gliedern die Außenwände, über denen sich in einer Reihe drei verschieden hohe Türme erheben. Im Zentrum des Innenraums befindet sich eine Innenkuppel, die mit Fischgrätenmustern, Rippen und sich überschneidenden Bögen geschmückt ist.

Sohrol ist nur 25 Kilometer von Tabriz entfernt. Man fährt die Ausfallstraße Richtung Marand am Tabrizer Flughafen entlang und biegt nach 5 Kilometern nördlich ab. Dann geht es weiter über Zabarlu, Pardul und Arzaneh. Die Straße ist noch nicht vollständig asphaltiert, aber mit normalem PKW befahrbar.

Der Norden

i Tabriz

Vorwahl: +98(0)411.

Telefonamt (Edare-ye Telefon), Kh. Shariati (nördlich der Kh. Imam Khomeini).

Postämter: (Edare-ye Post), Meydan-e Shohada-Platz (östl. des Basarhaupteingang) und Hauptpostamt (Markaz-e Post), Kh. Artesh (etwa 1,5 km südlich des Meydan-e Shahrdari).

Tourist Office, im Gebäude über dem Basar-Haupteingang, Kh. Ferdowsi, Tel. 5246235, tgl. außer Fr 9–14 und 16–19.30. Der dort beschäftigte Herr **Nasser Khan** ist ein empfehlenswerter Fremdenführer und organisiert auch Ausflüge in die Umgebung wie nach Kandovan, Sohrol oder an den Orumiyeh-See. Nach Büroschluss ist er erreichbar unter (0)914/1160149 (mobil), amicodelmondo@yahoo.com.

Kulturbehörde (Sazman-e Miras-e Farhangi), Tel. 335228-1 (bis -5).

Visumbüro (Edare-ye Gozarname), Kh. Saeb (nazdik-e Kh. Shariati), 2. Stock. Geöffnet Sa–Mi 7.30–13 Uhr, Do 7.30–11 Uhr, Tel. 4776666.

Konsulate:

Türkisches Generalkonsulat, Kucheh Farhangian 8 (Kuy-e Vali-ye Asr, Falake-ye Homafar), Tel. 3001070, -1, info@tebbk.org.

Aserbaidschanisches Generalkonsulat, Kamarbandi Khiabani Shahid Ayatollahi, Tel. 335990-1, -2, -3, office@azconsulatetebriz.ir.

Ein **armenisches Konsulat** in Tabriz ist im Gespräch. Armenische Botschaft in Teheran: Tel. 66704838, emarteh@yahoo.com.

Reisebüros:

Azar Parvaz (Azhans-e Mosaferat-e Azar Parvaz), Kh. Shariati 129 (im Zentrum), Tel. 553858-0, -1, -2.

ALP Tour, im Osten der Stadt im Viertel Kuy-e Vali Asr (Falake-ye Bozorg, nazdik-e Kh. Mokhaberat), Tel. 331 03 40. Arrangiert Ausflüge.

Für Reisen nach Aserbaidschan: ein empfehlenswertes Reisebüro in Baku ist ›Geo Travel‹, Mrs. Gulnara Mirzayeva, Tel. +994/12/418 80 00, g.mirzayeva@geo-travel.az.

Iran Air, Kh. Abresani (Chaharrah-e Kh. Haft-e Tir), Tel. 33 43 51-5, -6. Iran Air am Flughafen: Tel. 260 61 77.

Krankenhaus: Bimarestan-e Imam Khomeini, Kh. Daneshgah. Tel. 33 47-05-4 (bis -9).

Bank-e Melli, Meydan-e Shohada (östlich des Basarhaupteingangs).

Deniz Internet Cafe, 120 m südwestlich der Kreuzung Kh. Imam Khomeini mit der Kh. Shariati, in der Kh. Ahrab/Maghazaha-ye Sangi. Fast alle Hotels besitzen gute Internet-Zugänge.

Der Flughafen (Forudgah) liegt etwa 7 km nordwestl. des Zentrums an der Straße Richtung Marand. Verbindungen der Iran Air gibt es nach Teheran, Mashhad, Istanbul und Damaskus. Aseman Airlines verkehrt nach Teheran, Türkisch Airlines nach Istanbul.

Der Bahnhof (Istgah-e Rah Ahan) liegt etwa 5 km westlich des Zentrums. Das sehenswerte moderne Bahnhofsgebäude wurde in den 1960er Jahren von Heydar Giai entworfen. Es gibt tägliche Verbindungen nach Teheran, Jolfa und wöchentliche nach Istanbul, Damaskus und Nakhichevan. Neueste Fahrpläne sind über ›Rajatrains‹ im Internet abrufbar.

Vom **Terminal-e Otobus-e Bozorg-e Jonub**, der sich 3 km südlich des Zentrums befindet, bestehen Verbindungen nach Orumiyeh, Maragheh und in andere Städte.

Ausländische Zielorte wie Van, Dogubayazit, Istanbul, Jerewan und Batumi (Georgien) werden täglich vom Busbahnhof am **Meydan-e Azerbaijan** (s.u.) aus bedient. Von der Kh. Imam Khomeini/Ecke Kh. Ferdowsi aus fahren Busse nach Baku. Abfahrten erfolgen ca. 21–22 Uhr. Tickets zu entfernteren Zielen kosten 50–60 Euro. Nicht nur die Türkei, auch Georgien sind visafrei. Für Armenien gibt es 2-Wochen Visa für 10 US-Dollar am Grenzübergang. Für die Rep. Aserbaidschan erhalten Sie innerhalb von 2 Tagen ein Visum für 50 US-Dollar von deren Tabrizer Konsulat. Das Tourist Office, Herr Nasser Khan, ist gerne behilflich oder wenden Sie sich an Busunternehmer wie Seir-o-Safar, Tel. 5557797.

Vom **Terminal-e Otobus-e Shomal-e Gharb** nordwestlich am Meydan-e Azerbaijan verkehren nicht nur die oben erwähnten Fernbusse, sondern auch Mini-Busse und Savari-Sammeltaxis nach Marand-Maku, Khoy, Jolfa.

Nach Ahar, Richtung Ardebil und Teheran ist der Ausgangspunkt der **Terminal-e Otobus-e Jaddeh-ye Tehran** bzw. Darvazeh Tehran.

Für Ausflüge nach Osku-Kandovan wählt man am günstigsten den **Terminal-e Osku**, der sich in einer schmalen Gasse gegenüber der Ostseite des Golestan-Parks befindet.

M

Die erste Linie ist im Bau und wird vom südöstlichen El-Goli-Park in einem Bogen zum Basar führen, weiter über

▶ Karte S. 236, 238

die südwestliche Laleh-Straße bis zur neuen Stadt Sahand bei Osku. Sie soll 2014/2015 eröffnet werden.

Mietwagen: Die erwähnten Reisebüros und das Tourist Office am Basar vermitteln Wagen mit Fahrern. Europcar hat eine Niederlassung in der Kh. Imam Khomeini, Tel. 5560861.

Hotel Pars El Goli*****, Bolvar-e El Goli (ruberu-e Park-e El Goli, südöstl. Randbezirk), Tel. 38078-20 (bis -30), www.parshotels.com (Q4–5/P5).

Hotel Tabriz International****, Kh. Imam Khomeini (nazdik-e Falake-ye Daneshgah, östlich des Zentrums), Tel. 33410-80 (bis -90), www.hoteltabriz.com (Q3–4/P4).

Hotel Gostaresh****, Kh. Imam Khomeini (Chaharrah-e Abresani, östl. des Zentrums), Tel. 334202-2, -3, www.gostaresh-hotel.com (Q3–4/P4).

Hotel Sina**, Meydan-e Bagh-e Golestan (etwas westlich des Zentrums), Tel. 5566211 (Q2/P1).

Hotel Ghods**, Kh. Felestin, Meydan-e Terminal. Tel. 5568098, sauber, einfache Zimmer, günstig. (Q2–3/P1)

Daria (Gästehaus/Mosaferkhane), Kh. Mohagheghi, nazdik-e Meydan-e Terminal. Zi. auch mit Dusche/ WC, Tel. 5540008, (Q0/P0a).

Bagh (Gästehaus = Mosaferkhane), Kh. Ferdowsi, nazdik-e Kh. Mohagheghi. Mit Etagendusche/ WC, Tel. 5552762 (Q0/P0b)

Die beiden letztgenannten sind für junge Reisende geeignet.

Empfehlenswerte 3-Sterne-Hotels gibt es derzeit nicht. Man sollte ggf. Hr. Nasser Khan vom Tabriz Tourist Office kontaktieren (→ S. 245)

Tabrizer Spezialitäten sind Kofteh Tabrizi (Fleischbällchen), das in Essig eingelegte Torshi-Gemüse, Dolmeh (Krautwickel), die Karbuze Tabrizi (Melonen), Ghorabiyeh-Kekse, Baklava und andere Süßigkeiten.

Restoran-e Honarmandan, Kh. Khomeini (dar sharq-e Arg-e Ali Shah, im Zentrum), Tel. 5534594. Gute persische Küche.

Modern Tabriz Restaurant, Kh. Khomeini (nazdik-e Park-e Golestan, im Zentrum, westlich der Shariati Straße), Tel. 5567411. Preiswert, große Auswahl, auch für Vegetarier geeignet.

Restoran-e Hamam-e Nobar, Kh. Imam Khomeini (nazdik-e Kh. Tarbiyat), Tel. 5540057. Stimmungsvolles traditionelles Restaurant in einem ehemaligen Badehaus.

Restoran-e Ulduz, Kh. Imam Khomeini (dar gharb-e Kh. Abresani, östlich des Zentrums, nahe beim Hotel Gostaresh), Tel. 3342484. Gute Kebabs.

Restoran-e Sadaf, Bolvar-e Bist-o-noh-e Bahman (nazdik-e Kh. Abresani, östlich des Zentrums, nahe Tabriz International Hotel), Tel. 3345346. Gute persische Küche.

Baliq, Kh. Golshahr (betaraf-e Park-e El Goli, im Osten der Stadt), Tel. 3859294. Fischrestaurant.

Talar-e Bozorg-e El Goli, im zentralen Pavillon des Park-e El Goli, Tel. 380-5263. Besonders große Kebabs.

Dach-Restaurant im Hotel Pars El Goli, mit Blick auf die Stadt, umfangreiches Buffet, internationale Küche.

Im Zentrum und im Basar gibt es zahlreiche **Teehäuser** und **Schnellrestaurants**. Gute **Pizzerias** und **Cafés** sind auch im Osten rund um den Kreisverkehr Falake-ye Bozorg zu finden.

Stephanus-Kloster

Sehenswert ist das ehemalige armenisch-christliche Kloster Sankt Stephanus (Kelisa-ye Estepanus), das zusammen mit Sankt Thaddäus (→ S. 230) im Jahre 2008 Weltkulturerbe-Status erhielt. Es liegt etwa 150 Kilometer nordwestlich von Tabriz.

Man fährt zunächst über **Marand**, wo es in der Jame-Moschee ein sehenswertes Stuckmihrab aus dem frühen 14. Jahrhundert gibt, nach **Jolfa**. Dieses war bis zu Beginn des 17. Jahrhunderts eine mehrheitlich armenische Stadt. Da damals die Gefahr ihrer Eroberung durch die Osmanen bestand, ließ Shah Abbas die handelstüchtigen und handwerklich erfahrenen christlichen Bewohner nach Isfahan und in die Umgebung deportieren. Jolfa ist Grenzübergangsstelle nach Nakhichevan, das zur Republik Aserbaidschan gehört. Es gibt ein einfaches Tourist Inn (Tel. (0)492/3022824), ein Vier-Sterne-Hotel ist im Bau.

Nach Sankt Stephanus folgt man von Jolfa aus dem Aras-Flusstal in nordwestlicher Richtung. Unterwegs kann man bei der **Hirtenkapelle** (Kelisa-ye Chupan) aus dem 13. bis 14. Jahrhundert halten, die nach 6,5 Kilometern links zwischen zwei Felsnasen auftaucht. Nach weiteren 500 Metern sieht man oberhalb des gegenüberliegenden Flussufers ein Gelände, wo sich noch bis vor wenigen Jahren das beeindruckende Gräberfeld des **alten Friedhofs von Jolfa** über drei Hügel hinzog. Dort standen ursprünglich hunderte rötlicher und okkerfarbener Khatchkar-Grabstelen aus dem 9. bis 16. Jahrhundert. Diese waren teilweise über zwei Meter hoch und mit christlichen Symbolen, floralen Motiven und Szenen des täglichen Lebens verziert. Bedauerlicherweise haben die Behörden der Republik Aserbaidschan diesen außergewöhnlichen Friedhof, dem man sicherlich den Status eines Kulturerbes hätte verleihen können, im Jahre 2005 abgeräumt. Die Straße begleitet nun noch zehn Kilometer den Fluss. Dann nimmt man die linke Abzweigung, die einen Kilometer das südliche Ufergebirge nach Sankt Stephanus hinaufführt.

Das Stephanus-Kloster

Die Kirche soll bereits im 4. Jahrhundert, als Armenien christlich wurde, ein Bischofssitz gewesen sein. Bis um 1830 war es Hauptkirche einer Diözese, die dann aufgegeben wurde und in die Zuständigkeit von Tabriz überging. Nach der Eroberung durch die türkische Armee am Ende des Ersten Weltkriegs wurde das Kloster geplündert und die Bibliothek verbrannt. Wegen der damit einhergehenden Verfolgungen verließen die Armenier die umliegenden Dörfer. Das Kloster ist zwar dem heiligen Stephanus geweiht, wurde aber der Legende nach bereits vom Apostel Bartholomäus gegründet, der bei Bash Kala in Ostanatolien nahe der heutigen iranischen Grenze den Tod gefunden haben soll.

▲ Karte S. 210

Der Klosterbereich wird von einer **Wehrmauer** mit Türmen und Bastionen geschützt. Die Klosterkirche geht auf das 13. Jahrhundert zurück, während Wohnhaus, Wirtschaftsgebäude und Stallungen im 15. Jahrhundert entstanden. Die gesamte Klosteranlage und die Kirche wurden zwischen dem 16. und 18. Jahrhundert grundlegend erneuert.

In das Kloster gelangt man durch den im Mittelteil der westlichen Wehrmauer zurückgesetzten Haupteingang. Von dort führen Durchgänge links in den Kirchen- und rechts in den Klosterhof.

Die **Kirche** besteht aus einem zentralen Kuppelbau mit kurzem Längsschiff, Apsis und zwei halbrunden Seitennischen. Die über 20 Meter hohe Kuppel ist außen mit einem sechzehnseitigen Faltdach versehen. Südlich des Kirchenbaus schließt sich der etwas niedrigere Glockenturm mit Pyramidendach an. Das Kircheninnere enthält drei Altäre mit Baldachinen. Innenkuppel und Wände sind teilweise mit floralen Fresken, Cherubimen und Stuckarbeiten geschmückt. Der Außendekor besteht aus den für armenische Kirchen des Spätmittelalters typischen Flechtbändern, Wülsten, Kreuz- und Heiligenreliefs.

Hervorzuheben ist die **Westfassade** der Kirche mit dem von einem Stalaktiten-Giebel geschmückten Eingangsportal und den Skulpturen von Widderköpfen und Fabelwesen an der Außenkuppel unterhalb des Faltdachs. Lohnenswert ist auch eine kleine Wanderung an den Gebirgshängen, um einen Blick von oben auf diese malerische Klosteranlage zu werfen.

Wer nach Verlassen des Klosters im Aras-Flusstal in westliche Richtung weiterfahren möchte, erreicht nach etwa 3,5 Kilometern das im Jahre 1914 aufgegebene armenische Dorf **Darrehsham** (Darrashamb) kurz vor einer Station der iranischen Grenzpolizei. Es gehörte zum Kloster St. Stephanus und seine aus dem 16. Jahrhundert stammende Kirche wurde 2005 in die Liste des iranischen Nationalerbes aufgenommen.

Von Jolfa aus sind es etwa 65 Kilometer zum östlich gelegenen **Norduz**, der Grenzübergangsstelle nach Armenien. Die Straße dorthin ist landschaftlich sehr reizvoll und folgt dem von Steilhängen gesäumten Aras-Flusstal in östliche Richtung. Über Norduz verkehren täglich Busse zwischen Tabriz und Jerewan. Sechs Kilometer weiter in östlicher Richtung liegt **Kordasht**, wo sich ein großes traditionelles Badehaus-Museum (Muzeye Hamam) befindet, dass König Fath Alishah Anfang des 19. Jahrhunderts bauen ließ. Um nach Tabriz zurückzukommen, müssen Busse über Jolfa zurückfahren, denn die direkte südliche Strecke von Norduz über Kharvana nach Tabriz ist noch nicht ausgebaut, könnte aber mittlerweile für PKW befahrbar sein.

Kandovan

Auch wenn das idyllische Felsen-Dorf Kandovan südlich von Tabriz besonders an den Wochenenden ein beliebtes Ausflugsziel voller Besucher ist, sollte man es nicht auslassen. Seine eindrucksvolle Architektur mit Höhlenwohnungen in den Tuffstein-Felswänden und -kegeln ähnelt der von Göreme. Es liegt am Ausläufer des Sahand-Gebirges in 53 Kilometer Entfernung von Tabriz. Die Fahrt dorthin führt über Khosrowshahr und Osku. Der Ort war bereits in vorislamischer Zeit besiedelt und diente in unruhigen Zeiten als Zufluchtsstätte. Die Wohnungen sind in mehreren Stockwerken übereinander angelegt, und einzelne Tuffkegel sind durch Treppen und Holz-

brücken verbunden. Von den älteren öffentlichen Gebäuden sind auch eine Moschee und ein Badehaus in die Felsen gebaut. Die einheimischen Frauen tragen zum überwiegenden Teil nicht die üblichen schwarzen Tschadors, sondern farbige Umhänge mit floralen und geometrischen Mustern. Die Besucher kaufen gerne das wegen seiner Heilkraft bekannte Quellwasser und picknicken in den Parkanlagen. Wer in einer komfortablen Höhlenwohnung nächtigen möchte, dem sei das edle Kandovan Laleh Rocky Hotel empfohlen, Tel. (0)412/3230191 (bis -7). Es ist aber teuer und bietet nur sieben Doppelzimmer und drei Zimmer mit vier Betten.

Östlicher Orumiyeh-See

Am nordöstlichen Ende des Orumiyeh-Sees liegt **Sharaf-Khaneh**. Von Tabriz aus beträgt die Entfernung 80 Kilometer. Der Ort soll zu einem Heilbad für Hautleiden ausgebaut werden. Man kann sich dort in das flache Wasser legen und spürt den starken Auftrieb wegen des hohen Salzgehalts. Das Sharafkhaneh Grand Hotel***, Khiaban-e Sahel, Tel. (0)472/21630-30 (bis -40) ist empfehlenswert, aber relativ teuer. Von Sharaf-Khaneh sind es weitere 23 Kilometer in westliche Richtung nach Tasuj, wo eine Moschee mit einer Gebetshalle steht, deren Decke von 24 Steinpfeilern und 35 Ziegelbögen gestützt wird.

Bandar-e Rahmanlu ist ein Ort am Orumiyeh-See, 95 Kilometer südlich von Tabriz bei Ajabshir. Hier sieht man, wie das Wasser des Sees schrumpft. Innerhalb der letzten zehn Jahre ist der durchschnittliche Wasserspiegel um etwa vier Meter gefallen, wodurch hunderte von Quadratkilometern der flachen Küstenregionen trocken liegen. So auch im Gebiet des dortigen Piers (eskeleh). Der Schiffsverkehr wurde deshalb eingestellt. Eine Ferienanlage mit Badeeinrichtungen liegt nun wie eine Geisterstadt weit entfernt vom Wasser und stellt sich als Fehlinvestition dar.

Im nahen **Ajabshir** gibt es eine ungewöhnliche Freitagsmoschee mit Holzsäulen und bemalter Holzdecke aus safawidischer Zeit. Unterwegs sollte man in **Azarshahr** auf die **Travertin-Vorkommen** achten, die direkt östlich von der Stadt am Berg Qezel Daghi und etwa 13 Straßenkilometer südwestlich davon bei Kolvanaq abgebaut werden. Die von dort stammenden roten, ockerfarbenen, gelben und hellbraunen Travertine haben Weltruf.

Ähnlich der Moschee in Ajabshir gibt es auch im südlich davon gelegenen **Bonab** eine Moschee, für deren Ausstattung hauptsächlich Holz verwendet wurde. Die Masjed-e Mehrabad besitzt hohe Holzsäulen und von Muqarnas geschmückte Kapitelle, welche die Decke mit floral bemalten Holzschindeln stützen. Diese von außen unscheinbare Moschee überrascht jeden Besucher, der das Innere betritt. Wer gerne Kebab isst, sollte dies einmal in Bonab tun, denn hier sollen sie besonders gut schmecken. Vielleicht ist dies darauf zurückzuführen, dass echte Bonaber Kebabs, wenn sie wie üblich angebraten sind, durch einen eingeführten erhitzten Spieß von innen fertig gegrillt werden. Ein typisches Bonaber Restaurant ist das ›Kebabi Neginshahr‹ am Basij-Platz, der sich am nördlichen Ende der Durchgangsstraße befindet.

Das Felsendorf Kandovan

Maragheh

Die Stadt Maragheh liegt 130 Kilometer von Tabriz entfernt in etwa 1450 Metern Höhe in einem weitläufigen Obstanbaugebiet an den südlichen Ausläufern des Sahand-Gebirges. Sie wurde in parthisch-sassanidischer Zeit gegründet und hat etwa 150 000 Einwohner.

Der Name bedeutet ›Ort der Viehweide‹, und besonders während der ilkhanidischen Herrschaft grasten hier große Pferdeherden. Maragheh hatte seine Blütezeit in der zweiten Hälfte des 13. Jahrhunderts, als es der Ilkhan Hulegu zur Hauptstadt machte. Auf einem Hügel westlich der Stadt befand sich die Rasadkhane, die berühmteste Sternwarte der damaligen Zeit. Da die Ilkhane bis 1295, als Ghazan Khan zum Islam konvertierte, in religiösen Dingen tolerant und dem Christentum gegenüber aufgeschlossen waren, wurden in Maragheh auch Kirchen und Klöster gebaut. Vorübergehend verlegten die Nestorianer, deren Einfluss bis nach China reichte, den Sitz des Patriarchen von Bagdad nach Maragheh. Nach der Konversion Ghazan Khans wurden nicht nur in Maragheh sondern im gesamten ilkhanidischen Machtbereich viele religiöse Stätten nicht-moslemischer Minderheiten zerstört. Patriarch Mar Yaballaha III. residierte zwar dort noch bis 1317 im verschonten St. Johannes Kloster, aber später wurde dieses auch aufgegeben. Nachdem Tabriz von Ghazan Khan 1295 zur neuen Hauptstadt und zum Verwaltungssitz des ilkhanidischen Reichs bestimmt wurde, schwand Maraghehs Bedeutung. Sehenswert sind vier Grabtürme, die bis auf den Gonbad-e Ghafariyeh freitags nicht zugänglich sind. Die beste Zeit, um zu fotografieren, ist der späte Nachmittag.

Der Blaue Turm

Der Rote Turm

■ Roter Turm (Gonbad-e Sorkh)

Der älteste ist der Gonbad-e Sorkh oder Rote Turm von 1147, den man von der Kh. Taleqani aus über die Kh. Aqalar erreicht. Erbauer war der damalige azerbaijanische Regent Abd al Aziz ibn

▲ Karte S. 255

Mahmud ibn Said. Wegen der klaren architektonischen Formen gilt er als der schönste frühe Ziegelbau Nordwestirans.
Sein quadratischer Grundriss wird an den Ecken durch kombinierte Pfeiler-Säulenbündel betont und die Seiten werden durch Blendarkaden gegliedert. Die zurückhaltende Außenornamentik wird durch abgesetzte diagonale Bänder aus Ziegeln gestaltet. Oberhalb des Portals werden einander überschneidende Kreise, die als erste auch farbige Fayencestücke enthalten, von Ziegelarbeiten in Kufi-Schrift eingerahmt. Das ursprünglich achteckige Pyramidendach ist nicht erhalten.
Die Innenkuppel wird von stalaktitenförmigen Trompen getragen. Interessant ist auch, dass das Bauwerk mit seinen Seitenwänden genau nach den Himmelsrichtungen orientiert ist und das südliche Fenster des eckigen Tambours so eingebaut wurde, dass die Strahlen der Mittagssonne des Frühjahr-Equinoktiums am 21. März genau in die Mitte des Eingangs fallen. An der Nordmauer der zugehörigen Parkanlage steht eine große Sonnenuhr, die 2005 installiert wurde.

■ Runder Turm (Borj-e Modavar)

Dieser Turm datiert von 1167. Wie der Name besagt, hat er einen runden Grundriss. Der Erbauer ist unbekannt. Die ursprünglich konische Bedachung stürzte ein und wurde durch ein Flachdach ersetzt. Bis auf die Eingangsseite weist die Außenwand keine Gliederung oder Dekoration auf. Im Bogenfeld über dem Zugang werden durch abgesetzte Ziegel sich überschneidende Vielecke gebildet, die von Kufi-Inschriften aus hellblau glasierten Fliesen eingefasst sind. Den Innenraum schmücken zehn Wandpfeiler.

■ Blauer Turm (Gonbad-e Kabud)

In demselben Hof steht der 1197 erbaute oktagonale Blaue Turm. Obwohl das frühere Kegeldach durch ein Flachdach ersetzt wurde und an den Seitenflächen Schäden bestehen, hat dieser Turm durch das auffällige Netzwerk sich überschneidender Ziegelbänder eine fast magische Anziehungskraft.
Die verschachtelten komplexen Muster, die aus einfachen geometrischen Figuren wie Sternen, Rhomben, Rauten und Vielecken gebildet werden, faszinieren Augen und Verstand. Erstaunlicherweise passen sie zu den von einem englischen Mathematiker 1974 entwickelten aperiodischen Penrose-Parkettierungen. Nach den Beobachtungen von Makovikky (1992) und Steinhardt & Lu (2007) kommt dem Flechtwerk dieses Turmes besondere Bedeutung zu, da man hier jahrhundertealte Kenntnisse der praktischen Anwendung dieser mathematischen Struktur erkennen kann. Dekorative Einheiten werden hier von jeweils zwei Nischenseiten gebildet, die sich endlos fortsetzen ließen. Hierdurch wird die Begrenztheit des Grabmals aufgehoben und mit der Unendlichkeit verbunden. Der Erbauer ist unbekannt. Der Legende nach soll hier die Mutter des Mongolenherrschers Hulegu (auch Hülegü) beigesetzt worden sein, was aber als ausgeschlossen gilt, da der Turm bereits vor der Zeit der mongolischen Eroberung erbaut wurde.

■ Gonbad-e Ghafariyeh

Der quadratische Gonbad-e Ghafariyeh wurde um 1328 fertiggestellt und könnte wegen des Wappens mit den beiden Polostöcken in einer fensterähnlichen Seitennische das Grab des Mameluken-Emirs Shams al-Din Qarasunqur al-Mansuri sein, der 1328 in Maragheh starb.

Sternenschmuck am Ghafariyeh-Turm

Alle Seiten sind durch Pilaster und schmale Blendbögen gegliedert. Der Eingang befindet sich in einer dreiteiligen Blendarkade, die eine Stalaktitennische enthält. Die Fassade fällt wegen des im Kontrast zu den roten Ziegeln stehenden blau glasierten prächtigen Sternenschmucks auf.

Observatorium

Das ilkhanidische Observatorium (Rasadkhaneh) befand sich auf einem Hügel westlich der Stadt. Der Mongole Hulegu ließ es auf Vorschlag des bedeutenden Astronomen und Wissenschaftlers Nasr al-din Tusi um 1259 erbauen. Es galt als modernstes Observatorium der damaligen Zeit. An ihm arbeiteten neben islamischen auch christliche und chinesische Astronomen und Mathematiker. Dem dreistöckigen Observatorium war eine Bibliothek mit 40 000 Büchern angeschlossen. Die dort bestimmte Präzession der Äquinoktien war die genaueste seit der Antike, und von dort stammende astronomische Tafeln verwandte Kopernikus bei seinen Arbeiten. Ein Himmelsglobus aus Maragheh befindet sich im Mathematisch-Physikalischen Salon in Dresden. Leider sind von dieser Sternwarte nur noch die Grundmauern erhalten geblieben, die von einer weithin sichtbaren Plastikkuppel geschützt werden. Maragheh ist Universitätsstadt und hat ein Forschungsinstitut für Astronomie und Astrophysik.

An der Auffahrt zum Observatoriumshügel gibt es einige aus dem Berg herausgehauene **Höhlen** mit Verbindungsgängen und Podesten. Alter und Funktion sind ungeklärt.

Weitere Sehenswürdigkeiten

Im Norden der Stadt, westlich der Kh. Khajeh Nasir, kurz vor dem Meydan-e Shahrivar, befinden sich das **Maragheh-Museum** (Muze-ye Maragheh) und die Kulturbehörde (Sazeman-e Miras-e Farhangi). Das Museum ist auf die Zeit der mongolischen Herrschaft in Persien spezialisiert, weist aber auch Funde aus prähistorischer, antiker und islamischer Zeit auf. Es wird als Anlaufstelle für Individualreisende empfohlen, da dort Fremdenführer und Mietwagen vermittelt werden können.

In der Nähe steht das moderne, konisch geformte **Mausoleum** des Mystikers Ohadi Maraghehi (1271–1338).

Die **Jame-Moschee** an der Kh. Beheshti, nördlich des Meydan-e Mosalla, ist in den vergangenen Jahren ausgebaut worden. Östlich davon befindet sich der weitläufige **Basar**.

Lohnenswert ist der Besuch der äußerlich relativ unscheinbaren **Molla-Rostam-Moschee**, die südlich der Kh. Qods liegt. Sie wurde Ende des 16. Jahrhunderts erbaut und besitzt eine schöne Wintergebetshalle.

An der Kh. Aqalar steht das **Aqalar-Mausoleum** (Maqbar-e Aqalar), ein Flachkuppelbau des 18. Jahrhunderts, in dem ein **Museum für Grabplatten**

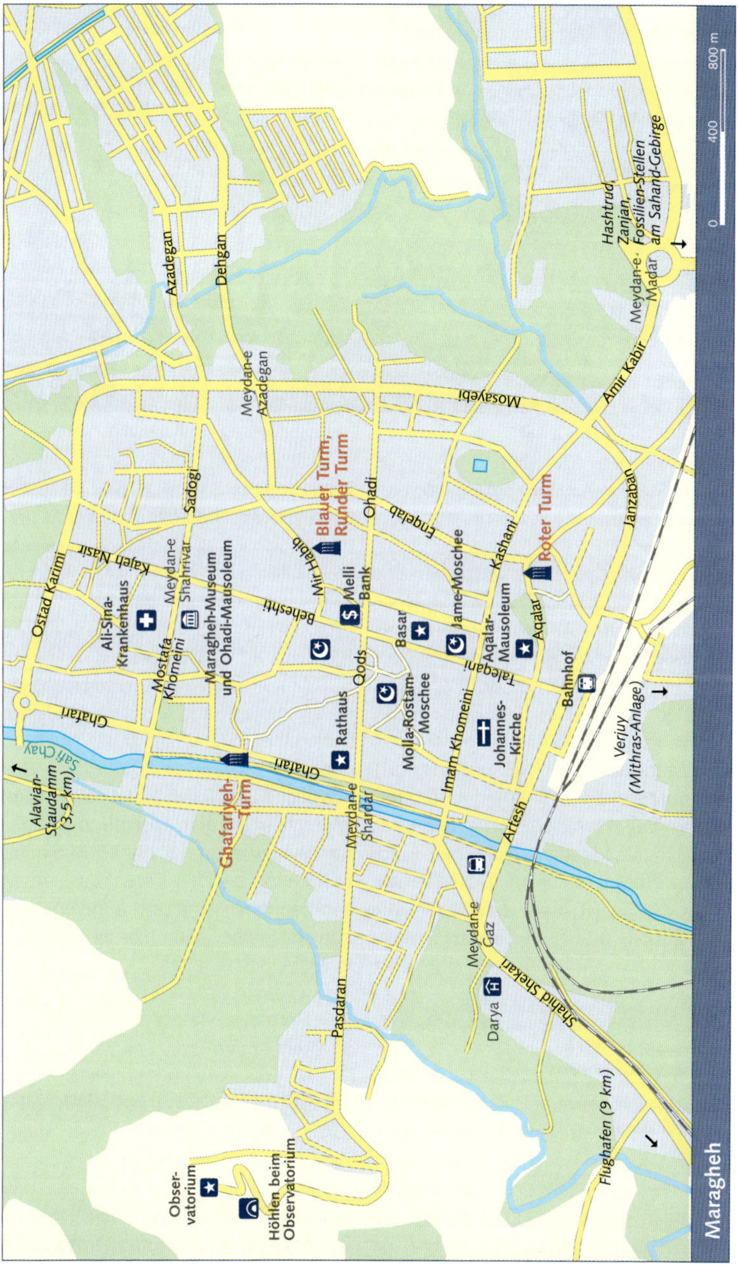
Maragheh
0
400
800 m
Hashtrud, Zanjan, Fossilien-Stellen am Sahand-Gebirge
Meydan-e Madar
Amir Kabir
Mosayebi
Janzaban
Roter Turm
Kashani
Aqalar
Aqalar-Mausoleum
Bahnhof
Verjuy (Mithras-Anlage)
Artesh
Shahid Shekari
Flughafen (9 km)
Darya
Meydan-e Gaz
Imam Khomeini
Johannes-Kirche
Jame-Moschee
Taleqani
Molla-Rostam-Moschee
Basar
Engelab
Ohadi
Melli Bank
Qods
Rathaus
Meydan-e Shardar
Pasdaran
Blauer Turm, Runder Turm
Mir Habib
Beheshti
Meydan-e Azadegan
Dehgan
Azadegan
Sadogi
Meydan-e Shahrivar
Maragheh-Museum und Ohadi-Mausoleum
Mostafa Khomeini
Ali-Sina-Krankenhaus
Kajeh Nasir
Ostad Karimi
Ghafari
Ghafariyeh-Turm
Safi Chay
Alavian-Staudamm (3,5 km)
Obser-vatorium
Höhlen beim Observatorium

Schülerinnen in Maragheh

und in Stein gehauene Ornamente eingerichtet wurde.

Die etwa 350 Jahre alte armenische **Hovhanes-Kirche** an der westlichen Kh. Imam Khomeini wird gegenwärtig renoviert. Sie hat drei Altäre und besitzt eine flache Holzdecke, die von Holzsäulen gestützt wird. Außen an der Westseite steht der für die damalige Zeit übliche Glockenturm mit Pyramidendach.

Eine **Mithras-Anlage** (Maabed-e Mehri) mit unterirdischen Räumen und zahlreichen Beisetzungsnischen in den offenen Gängen des angeschlossenen Friedhofs befindet sich im Dorf **Verjuy** (Verjovi). Sie ist etwa 2000 Jahre alt und gilt als ältestes erhaltenes Mithräum im Iran. Anhand eines einfachen Mihrabs ist zu erkennen, dass sie später auch als Moschee benützt wurde und wahrscheinlich dadurch erhalten blieb. Sie ist leicht zu finden. Man fährt in Maragheh östlich um den Bahnhof herum und dann 4,5 Kilometer in südliche Richtung. Im Ort Varjuy biegt man nach 500 Metern am Kreisel westlich ab, wo sie am nahen Rand des heutigen Friedhofs mit dem Grab des Molla Masoum liegt.

Fossilien-Fundstellen gibt es östlich von Maragheh an den Ausläufern des Sahand-Gebirges in 15 bis 30 Kilometer Entfernung bei den Orten Dash Atan, Mordaq, Shalilvand und anderen. Auskünfte hierüber kann man im Museum in Maragheh erhalten.

Maragheh

Vorwahl: +98(0)/421.

Kulturbehörde (Sazman-e Miras-e Farhangi), Mr. Alizadeh, Tel. 2247774, 2247775, beim Maragheh-Museum.

Aseman Airlines fliegt den etwa 9 km in östlicher Richtung liegenden Sahand Airport zweimal in der Woche von Teheran aus an.

Züge verkehren nach Teheran über Zanjan und nach Tabriz.

Busse u.a. nach Tabriz und Orumiyeh.

▶ Karte S. 255

Darya Hotel***, Tel. 3250304, 2252220, Bolvar-e Shahid Derakhshi (Q2-3/P2).

Restaurants gibt es im Hotel, beim Mosalla-Platz, an der Kh. Imam Khomeini (Kh. Armanestan) und der Kh. Taleqani.

Muze-ye Maragheh, Tel. 2223700, westlich der Kh. Khajeh Nasir, kurz vor dem Meydan-e Shahrivar, 9–16 Uhr, Fr und an Feiertagen geschlossen.

Arasbaran-Naturschutzgebiet

Für Naturfreunde empfehlenswert ist das waldreiche Arasbaran-Naturschutzgebiet im Nordosten Ost-Azerbaijans, südlich der Grenze zu Armenien und der Republik Aserbaidschan. In Höhen zwischen 300 und 2800 Metern leben Steinböcke, Mufflons, Maral-Hirsche, Gänsegeier, kaukasische Birkhühner und viele andere Tierarten. Erlaubnisse der Behörden für Fahrten im Naturschutzgebiet sind bisher nicht erforderlich.

Kalaybar

Der Ort mit der Festungsruine des Babak Khorramdin liegt am östlichen Rand des Naturschutzgebietes und ist als Ausgangspunkt empfehlenswert. In Kalaybar gibt es das einfache Hotel Aras (Tel. (0)427/4222290). Von Tabriz fährt man 175 Kilometer auf guten Straßen, entlang an beeindruckenden farbigen Berglandschaften bei **Khajeh**, über Ahar nach Kaleybar. Anfang Juni bis Anfang Oktober ist die günstigste Reisezeit.

Babak-Festung

Etwa sechs Kilometer südwestlich von Kalaybar erhebt sich die Festungsruine des Qale-ye Babak auf einem einsamen Berggipfel in 2600 Meter Höhe. Die Anfahrt führt am meistens geschlossenen Hotel Babak vorbei bis unterhalb der Ruine. Der Anstieg zu Fuß dauert etwa zwei Stunden und führt teilweise an Abgründen entlang. Hier lag der Hauptstützpunkt des Babak Khorramdin, der Anfang des 9. Jahrhunderts 23 Jahre lang den Armeen des Abbasiden-Kalifen al Mamun Widerstand leistete. Da sich hier jährlich Ende Juni national gesinnte Azeris und Perser treffen und dies zu großen Menschenansammlungen führen kann, sollte man die Festung um diese Jahreszeit meiden.

Routenvorschläge

Eine Möglichkeit ist die Fahrt von Kalaybar an der Babak-Festung vorbei über Bastamlu (Eskanlu) nach **Aynalu**, wo man ein Gehege mit Maral-Hirschen besuchen kann, oder von Kalaybar nördlich nach Ebriq und von dort westlich nach **Vinaq**, wo die malerische Ruine eines ehemaligen Handelshauses der armenischen Toumanian-Familie steht. Unterwegs bieten sich vielfache Möglichkeiten für Naturbeobachtungen, Treffen mit Dorfbewohnern, Hirten oder auch mit Nomaden, die vereinzelt von Anfang Juli bis Anfang September dort anzutreffen sind. In eine Richtung sind die Strecken etwa 60 Kilometer lang.

Während man nach Aynalu einen Tagesausflug von Tabriz unternehmen kann, ist die Tour nach Vinaq mit Zeltübernachtung zu planen. Von Vinaq aus könnte man eine andere Route (130 Kilometer) für die Rückfahrt wählen. Diese führt nordwestlich weiter zum **Aras-Fluss** und dann entlang an den sehenswerten mittelalterlichen Brücken bei

Khoda Afarin über Bastamlu (Eskanlu) zurück nach Kalaybar. Für die Vinaq-Strecke ist unbedingt ein Geländewagen erforderlich. Wegen der aktuellen Wegeverhältnisse kann man im Hotel Aras in Kalaybar fragen. Wenn man einen Führer mitnehmen möchte, sollte man dies besser schon in Tabriz über das Tourist Office am Basar vorbereiten.

Ein besonderes Erlebnis ist der Besuch der **Nomaden-Reiterspiele** (asb savary), die im Monat Mai in **Qareh Qayeh** stattfinden. Nach deren Abschluss beginnt die Wanderung zu den Sommerweiden. Da sich die Termine wegen der Wetterverhältnisse jährlich ändern, fragt man am besten im Hotel Aras nach. Qareh Qayeh liegt 115 Kilometer nordöstlich von Kalaybar. Die Fahrt dauert wegen teilweise unasphaltierter Straßen etwa dreieinhalb Stunden über Molok, Bastamlu (Eskanlu) und Hasratan nach Qareh Qayeh, das 15 Kilometer südlich von Hasratan liegt.

Wenn man diese Touren bereits von Zuhause aus abstimmen möchte, kann man sich an an Nasser Khan vom Tourist Office in Tabriz wenden (→ S. 245). Wegen Qareh Qayeh kann man auch mit Sabalan Tourism in Ardebil (→ S. 266) Kontakt aufnehmen.

Zwischen Tabriz und Zanjan

Die Stadt Zanjan ist 300 Kilometer von Tabriz entfernt. Wenn man von den abwechslungsreichen Landschaften, die zwischen Gebirge, fruchtbarem Flachland und öden Erosionsgebieten variieren, absieht, gibt es nur wenige Sehenswürdigkeiten direkt an der Strecke. Interessant sind die Marktveranstaltungen in kleineren Orten. So findet montags ein großer **Viehmarkt** im 65 Kilometer von Tabriz entfernten **Tekmah Dash** statt, dienstags im 80 Kilometer entfernten **Qarah (Siah) Chaman** und mittwochs in **Hashtrud** (Azaran) in etwa 100 Kilometer Entfernung von Tabriz.

Die Stadt **Mianeh** bietet keine nennenswerten Sehenswürdigkeiten, aber von dort aus kann man 27 Kilometer in nördliche Richtung zum **Dorf Tark** fahren. Dort steht eine kleine sehenswerte Moschee aus ilkhanidischer Zeit, deren Äußeres mit rustikalen Steinmetzarbeiten geschmückt ist und deren Decken im Inneren von unterschiedlichen Steinsäulen gestützt werden. Sie enthält zwei Steinmihrabs und die Innnenkuppel weist ein Spiralmuster aus Ziegeldekor auf, das kosmische Grenzenlosigkeit ausdrückt.

Viehmarkt in Tekmah Dash

▲ Karte S. 210

Etwa 25 Kilometer südlich von Mianeh an der Straße nach Zanjan stehen noch einige Pfeiler der **Pol-e Dokhtar** oder azerisch Qiz Korpusu, welche die wichtigste Brücke der ehemaligen Karawanenroute zwischen Tabriz und Qazvin war. Sie überspannte den Qezel-Ozun-Fluss und ist ungefähr 350 bis 400 Jahre alt.

Westlich, direkt oberhalb der Brücke befindet sich die Festungsruine **Qaleh-ye Dokhtar** oder Qiz Qalasi, von der aus dieser wichtige Flussübergang bewacht wurde. Sie gehörte zu den größten Bergfestungen Irans, und ihre wesentlichen Bauwerke dürften aus dem 13. bis 14. Jahrhundert stammen.

Eine sehenswerte etwa 350 Jahre alte Karawanserei mit Bauinschrift über dem Eingangstor befindet sich in **Jamalabad**, das zwölf Kilometer von der Hauptstrekke entfernt ist. Die dorthin führende Straße zweigt kurz nach der Stelle, wo die Pol-e Dokhtar steht, nach Osten ab.

Pavillon Qaleh-ye Zohak

Wer eine außergewöhnliche und unvergessliche Exkursion in die steilen Flusstäler des Qarangu machen möchte und dabei einen einsam gelegenen, etwa 2000 Jahre alten parthischen Pavillon (37°23'06"/47°10'00") in grandioser Lage sehen will, sollte ein geländegängiges Fahrzeug benützen oder muss zwei drei- bis vierstündige Fußmärsche absolvieren. Der Ort, wo sich dieser Pavillon befindet, ist als Qaleh-ye Zohak bekannt.

Die **Anfahrt** erfolgt über das im Zusammenhang mit den Markttagen vorher genannte Hashtrud (Azaran) zur zehn Kilometer südöstlich gelegenen Bahnstation Khorasanak oder ab der Autobahnausfahrt Hashtrud bei Qoyun Qeshlaq acht Kilometer direkt nach Khorasanak.

Qaleh-ye Zohak

Von dessen Bahnhof aus folgt man der Straße 1,5 Kilometer östlich parallel zur Bahnlinie, dann überquert man den Fluss in südliche Richtung und fährt 1,8 Kilometer bis kurz nach dem Hügelkamm. Dort biegt man ab in einen Steinbruch (Madan) links der Straße.

Von hier ab benötigt man für die nächsten fünf Kilometer einen Geländewagen oder muss die Strecke zu Fuß zurücklegen. Der Steinbruch wird östlich durchquert. Dann fährt man die Piste den nächsten Hügel hinauf, umfährt dessen südlichen Ausläufer und folgt dann oben am Hügelkamm der Piste in östlicher Richtung. 4,7 Kilometer vom Steinbruch entfernt kann man das Auto in einer Senke vor den Resten einer düsteren Sperrfestung aus sassanidisch-frühislamischer Zeit abstellen. Von dieser Senke aus folgt man dem Pfad, der die Festung am südlichen Ende umrundet, durchquert die folgende Senke mit vorge-

Teppichverkäufer in Bahraman

schichtlichen Siedlungsresten und ersteigt den östlich gelegenen Hügel. Auf dessen Gipfel kann man die Grundmauern von Gebäuden und Palästen erkennen, die bis in die achämenidische Zeit vor 2500 Jahren zurückreichen. Dort steht auch der parthische Pavillon hoch über der Abbruchkante des Steilufers. Die Sicht von hier ist atemberaubend, und oft ziehen Raubvögel im tiefen Flusstal ihre Kreise.

Dies ist eines der besterhaltenen und repräsentativsten Gebäude aus der parthischen Zeit im Iran. Der Bogenbau aus hochkant gestelltem Ziegelwerk auf einem Bruchsteinfundament wird von einem Tonnengewölbe überspannt, dessen Scheitelpunkt über neun Meter hoch ist. Sein Äußeres war mit eingeschnittenen Stuckplatten verziert, von denen einige noch erhalten sind. Nach den Ortsbeschreibungen antiker Historiker erscheint es als verhältnismäßig sicher, dass sich hier die parthische Stadt Phanaspa befand.

▲ Karte S. 210

■ Weiterfahrt in die Provinz Ardebil

Die ab Tabriz 290 Kilometer lange Strecke zur Stadt Ardebil über **Meshginshahr** nördlich um das Sabalan-Gebirge herum ist landschaftlich interessanter als die Südstrecke über Sarab, die allerdings 70 Kilometer kürzer ist. Das etwa 180 Kilometer entfernte Meshginshahr bildet einen günstigen Ausgangspunkt für die Besteigung des Sabalan (4811 m) oder um an seinen Ausläufern die Lager der Shahsavan-Nomaden zu besuchen. Meshginshahr und das Sabalan-Gebirge gehören zur Provinz Ardebil (→ S. 266).

Die ab Tabriz 220 Kilometer lange Strecke südlich des Sabalan nach Ardebil ist weniger abwechslungsreich als die vorher erwähnte Nordstrecke. In dem kleinen Ort **Bahraman,** etwa 25 Kilometer vor Sarab, findet donnerstags ein großer Vieh- und Gemüsemarkt statt. In **Sarab** ist in einem ehemaligen Badehaus (Hamam-e Jalal) ein **Nomadenmuseum** (Muze-ye Ashayer) eingerichtet worden.

Stadt und Provinz Ardebil

Die Provinz Ardebil wurde 1993 aus dem östlichen Teil Ost-Azerbaijans gebildet. Mit 17 800 Quadratkilometern und 1,2 Millionen Einwohnern gehört sie zu den kleineren iranischen Provinzen. Sie schließt die Gipfelregion des Sabalan-Gebirges, den nördlichen Ausläufer des Elburz-Gebirges und die Moghan-Ebene ein. Die Bewohner sind überwiegend turksprachige Azeris. Die Hauptstadt Ardebil zählt etwa 400 000 Einwohner. Das Umland liegt durchschnittlich 1300 bis 1400 Meter hoch und hat ein kühles, regenreiches Klima, das fast mitteleuropäischen Verhältnissen entspricht. Zusätzlich zur Viehzucht wird hier insbesondere Getreide-, Obst- und Kartoffelanbau betrieben.

Geschichte der Stadt

Die Stadt Ardebil soll vom Sassanidenkönig Peroz Ende des 5. Jahrhunderts gegründet worden sein. Zur Zeit der arabischen Eroberung war sie die größte Stadt Azerbaijans und im 10. Jahrhundert zeitweilig dessen Hauptstadt. Anfang des 13. Jahrhunderts wurde sie von den Georgiern erobert und einige Jahre

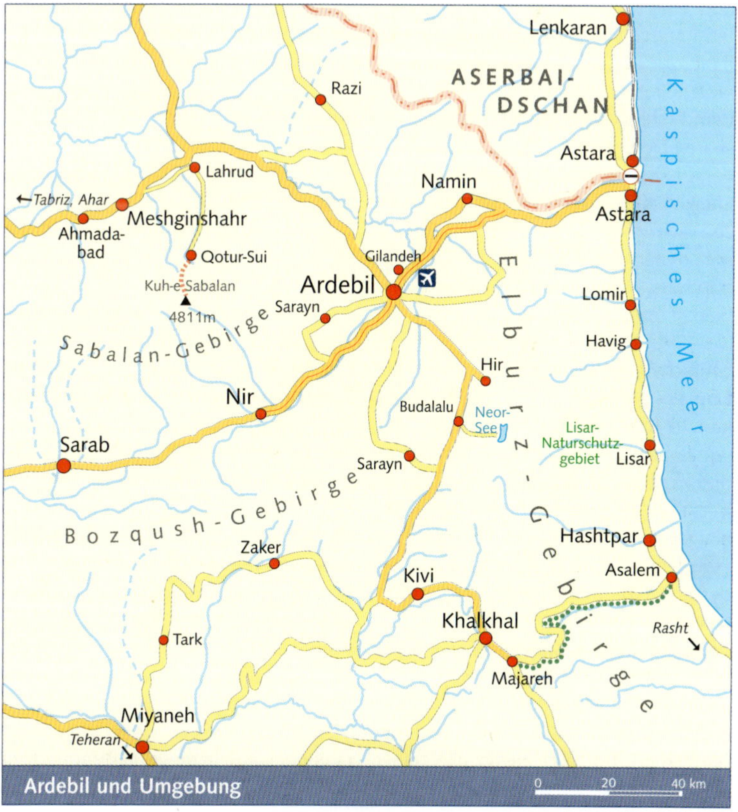

Ardebil und Umgebung

0 20 40 km

später von den Mongolen verwüstet. Im Jahre 1334 starb hier der Sufi-Sheikh Safi-al Din, dessen Nachfahre Shah Ismail (1501–1524) von Ardebil aus aufbrach, um die Herrschaft der Safawiden über ganz Persien auszubreiten. Dadurch, dass die ersten safawidischen Könige im noch existierenden prächtigen Sheikh-Safi-Heiligtum beigesetzt wurden, unterhielt die Dynastie immer eine besondere Beziehung zu dieser Stadt.

Am Ende der safawidischen Herrschaft eroberten 1725 die Osmanen Ardebil. Nader Afshar konnte aber die verlorenen Gebiete wieder zurückgewinnen und wurde 1736 bei einem großen Treffen iranischer Nomadenstämme in der nahen nördlichen Moghan-Ebene zum neuen Regenten (Nader Shah) ernannt, dem ersten König der kurzlebigen Afsharen-Dynastie. 1826 wurde Ardebil von russischen Truppen erobert und das Sheikh-Safi-Heiligtum beraubt. Russland zog sich zwei Jahre später wieder zurück, machte aber Anfang des 19. Jahrhunderts weitere Versuche, dieses Gebiet zu dominieren.

Sheikh-Safi-Heiligtum

Der als UNESCO-Weltkulturerbe anerkannte Komplex entstand in der Zeit von Sheikh Safi al-Din (1252–1334) als Sufi-kloster mit Wohngebäuden und Versammlungshalle. Sheikh Safi lebte einige Zeit in der Provinz Gilan bei seinem Lehrmeister Sheikh Zahed Gilani, dessen Grabturm mit pagodenförmigem Dach bei Lahijan an den Elburz-Abhängen nahe dem Kaspischen Meer steht (→ S. 280). Nach seiner Rückkehr wurde Ardebil der Treffpunkt für Sheikh Safis Anhänger. Auch nach seinem Tod verehrte man ihn, und auch viele seiner Nachfahren aus der frühen safawidischen Dynastie wurden hier beigesetzt. Die Anlage galt während der safawidischen Herrschaft als nationales Heiligtum und ihr wurden viele Schenkungen gemacht. Erst mit dem Niedergang der Safawiden am Anfang des 18. Jahrhunderts endete ihre überragende Bedeutung. Heutzutage ist die Anlage das sehenswerteste der älteren Mausoleen Irans.

▲ Karte S. 261

Besichtigung

Der Zugang führt von der Straße aus direkt in den Haupthof. Eine Inschrift über der linken Seitennische der südlichen Schmalseite des Haupthofs besagt: ›Erkenntnis ist Stärkung für das Herz des Wissenden und Heilung für den Leib des Frommen‹. Vielleicht sollte man bei aller Pracht der Anlage daran denken, dass ursprünglich ein bescheidener Sufi hier lebte.

Im Inneren des rechts stehenden **Grabturms** befindet sich Sheikh Safis Sarkophag. Der Turm ist mit vielfältigen blauen Ziegelornamenten geschmückt, die den Namen ›Allah‹ bilden. Dahinter steht ein kleinerer Turm, der das **Grab Shah Ismails I.** überwölbt.

Der **linke Iwanbau** war das **Dar al-Hadith**, das Haus der islamischen Überlieferungen. Es wird angenommen, dass hier besonders während der Zeit Shah Ismails, der den Schiismus zur Staatsreligion seines Reiches machte, Hadithe studiert wurden. Da dieser Bau danach auch für Verwaltungsaufgaben benützt wurde, bezeichnete man ihn später als Taq-e Motawalli, den Bogenbau des Verwalters.

Westlich davon liegen die Ruinen des **Chehel Khaneh** oder des ›Gebäudes der Vierzig‹. Hiervon existieren nur noch die Grundmauern. In dieses Gebäude zogen sich Sufis zu 40-tägigen Andachtsübun-

Das Sheikh-Safi-Heiligtum

Legende

1 Grabturm Sheikh Safis
2 Grab Shah Ismails I.
3 Dar al-Hadith
4 Chehel Khaneh
5 Haupthof
6 Grab Halime Khatuns
7 Haus des Paradieses
8 Qandil Khaneh
9 Marmortafel
10 Harem Khaneh
11 Chini Khaneh
12 kleiner Hof
13 Gartenhof
14 Stiftungsküchen (nicht mehr erhalten)
15 ehemalige Friedhöfe

gen zurück. Es war umgeben von vielen Sufi-Zellen und den Wohnungen der Spendenverwalter.

Die Längswände des **Haupthofs** sind oberhalb des Marmorsockels mit floralen Mosaikfliesen aus safawidischer Zeit verziert. Rechts vor dem Grabturm Sheikh Safis befindet sich die **Grabplatte** von Shah Ismails Mutter Halime Khatun, die 1497 verstarb.

An der nördlichen Schmalseite des Haupthofs steht das Jannatsara oder **Haus des Paradieses**. Um 1540 erbaut, diente es in safawidischer Zeit zeitweilig als Sufi-Versammlungshalle und wurde später als Moschee benützt. Hier lagen wahrscheinlich die wegen ihrer Größe (10,50 m mal 5,30 m) und Qualität berühmten ›Ardebil-Teppiche‹, die 1540 fertiggestellt wurden. Von diesem Zwillingspaar befindet sich eines im Victoria & Albert Museum in London und ein anderes, später wegen Schäden etwas gekürztes Exemplar im Los Angeles County Museum. In das Qandil Khane hätte keiner der Teppiche, ohne gefaltet zu werden, hineingepasst. Damit die Besucher in Ardebil sich eine Vorstellung von den Originalen machen können, wurde in den vergangenen Jahren ein neuer Teppich nach deren Mustern geknüpft, der jetzt im weiter unten beschriebenen Chini-Khaneh präsentiert wird. Die die rechte Längsseite des Haupthofs einnehmende Gebäudeseite gehört zum Dar al-Huffaz oder Haus der Koranleser, das unter dem Namen **Qandil Khaneh**, das Lampenhaus, bekannt ist, da in seinem Innern Öllampen brannten. Es ist das älteste erhaltene Gebäude der Anlage und wurde direkt nach dem Tod Sheikh Safis 1334 begonnen. Etwa in der Mitte seiner Längsseite befindet sich eine **Marmortafel** mit Verordnungen Shah Tahmasps (1514–1576). Wenn man das Qandil Khaneh betritt,

Das Sheikh-Safi-Heiligtum

▲ Karte S. 263

Im Garten des Heiligtums

fallen die feinen Wanddekorationen aus der Safawiden-Zeit auf. Dieser Raum war Andachtsstätte für die Verstorbenen und enthielt kostbare Korane, Teppiche, Kandelaber, Lampen und Vorhänge. Olearius, der zur Delegation des Herzogs von Holstein gehörte, besuchte dieses Gebäude 1637 und berichtete, dass vierundzwanzig Geistliche gleichzeitig aus dem Koran vorlasen. Am Ende der südlichen Schmalseite befand sich ein Platz, der dem jeweiligen safawidischen Shah vorbehalten war.

Von dort aus führt eine Tür in den runden **Grabturm Sheikh Safis**. In dessen Mitte steht sein mit feinem Schnitzwerk versehener Holzsarkophag. Zusätzlich sind hier einige Nachfahren beigesetzt, so bei der Eingangstür Sheikh Ibrahim (gest. 1447), daneben Sheikh Safis Sohn Sheikh Sadr ed-Din (1305–1392), der großen Anteil am Ausbau des Schrein-Komplexes hatte, und an der ferneren Seite Sheikh Heydar (1456–1488).

Links von der südlichen Schmalseite befindet sich der Zugang zum **Grab Shah Ismails**, mit dessen Krönung im Jahre

1501 in Tabriz die safawidische Regentschaft begann und der 1524 starb. In dieser Kammer befindet sich auch der Steinabdruck der sogenannten Hand Alis.

Neben diesem Raum führt eine Tür in das **Harem Khaneh**, einen Teil des ehemaligen Wohntrakts. Hier befinden sich noch weitere Gräber von Männern aus der safawidischen Dynastie, beispielsweise das Grab des 1334 verstorbenen Khwaja Muhiyy al-Din, eines Sohnes Sheikh Safis, wie eine Inschrift in der Kuppel aussagt.

Östlich des Qandil Khanes schließt sich das **Chini Khaneh** oder Porzellanhaus an. Wahrscheinlich wurde es bereits im 14. Jahrhundert erbaut. Die Innenausstattung ließ Shah Abbas etwa 1610 anfertigen. Sie enthält hunderte von kleinen Wandnischen, die zur Unterbringung von Porzellan dienten. Hier waren auch kostbare Korane und Manuskripte untergebracht, die zum überwiegenden Teil von der russischen Besatzung 1828 mitgenommen wurden und sich nun in der Russischen Nationalbibliothek in St. Petersburg befinden.

Nördlich an das Chehel Khane schließt sich ein kleiner Hof an, in dem sich

Im Porzellanhaus

früher die Pilger versammelten, die den ursprünglich westlichen Zugang durch den Gartenhof benutzt hatten, ehe sie das Heiligtum betraten. Im nördlichen, weitestgehend verfallenen Trakt befanden sich die Stiftungsküchen.

Weitere Sehenswürdigkeiten

Der aus qajarischer Zeit stammende **Basar** ist sehenswert. Es gibt hier des kühleren Klimas wegen auch einige Textilien, die im übrigen Iran selten sind, wie beispielsweise dicke Wollsocken, die unseren Hüttenschuhen entsprechen.

Die alte **Jame-Moschee** geht wahrscheinlich auf einen zarathustrischen Feuertempel zurück, den man im 11. Jahrhundert mit einer Moschee überbaute. Anfang des 13. Jahrhunderts wurde sie zerstört und trotz Wiederaufbaus setzte sich der Verfall fort. Ihre Kuppel ist eingestürzt, aber der Tambour ist erhalten.

Von den **alten Brücken** ist die **Pol-e Jajin** am sehenswertesten. Sie stammt aus safawidischer Zeit. In der ehemaligen armenischen **Maryam-Kirche** befindet sich jetzt ein Zurkhaneh (eine Stätte für traditionellen Kampfsport).

Wer den Ursprung der Safawiden noch weiter zurückverfolgen möchte, der sollte das drei Kilometer entfernte **Kalkhoran** aufsuchen. Dort steht das Mausoleum von Sheikh Jabrail (Gabriel), dem Vater Sheikh Safis. Über dem ursprünglichen, sicherlich bescheidenen Grab wurde im 17. Jahrhundert aus Ziegeln ein quadratisches Mausoleum mit Vorbau und Eingangsiwan errichtet, das eine doppelschalige Kuppel trägt. Der äußere Schmuck besteht aus dezenten blauen Fliesenmustern. Die Innenkuppel ist ausgemalt. Nach Kalkhoran fährt man vom Meydan-e Vahdat aus über die östliche Bozorgrah-e Basij und dann weiter Richtung Norden.

Ardebil

Vorwahl: +98(0)451.

Kulturbehörde (Sazman-e Miras-e Farhangi), Meydan-e Ali Qapu, Tel. 3334021. **Reiseagentur:** Hadi Seir Sabalan Tourism, Khiaban-e Imam 105, Mrs. Maryam Feizi, Tel. 7713235, mobil (0)914/4546080, hadiseir@gmail.com, mar56157@yahoo.com. Stadt-, Trekking- Teppich- (Verneh u.a) und Nomadentouren, auch Reiterfest Qareh Qayeh (→ S. 258).

Der Flughafen liegt ca. 15 km nordöstlich des Stadtzentrums. Iran Air verkehrt täglich zwischen Ardebil und Teheran.

Der Busbahnhof liegt am nordöstlichen Stadtrand südlich des Meydan-e Moqadas-e Ardebili. Es fahren Busse in alle nächstgelegenen größeren Orte und über Astara nach Baku (Aserb.).

Hotel Darya***, Meydan-e Basij, Tel. 7717 49-5, -6 (Q3/P3).

Hotel Shurabil**, Daryache Shurabil, Tel. 5513096. Dieses Hotel liegt am Shurabil-See am südwestlichen Stadtrand Ardebils mit Blick auf das Sabalan-Gebirge (Q2–3/P2).

Hotel Sabalan**, Kh. Sheikh Safi, gegenüber dem Heiligtum, Tel. 2232910 (Q2–3/P2).

Hotel Mahdi**, Kh. Besat, Tel. 6612 98-5, -6 (Q2/P2).

Restaurants gibt es im Darya- und im Sabalan-Hotel, weitere Restaurants liegen in der Nähe des Meydan-e Imam Khomeini.

Sheikh-Safi-Heiligtum und Porzellan-Museum (Muze-ye Chini), tgl. 8.30–17 Uhr, Mo und an Feiertagen geschlossen, Tel. 2248855.

Das Sabalan-Gebirge

An klaren Tagen hat man einen besonders schönen Blick auf das Sabalan-Gebirge bei Sonnenaufgang vom Dorf **Gilandeh** aus, das zehn Kilometer entfernt an der Ausfallstraße Richtung Flughafen liegt.

Meshginshahr

Das etwa 110 Kilometer entfernte Meshginshahr ist ein günstiger Ausgangspunkt für Sabalan-Besteigungen oder um die Sommerlager der Shahsavan-Nomaden zu besuchen.

In Meshginshahr gibt es ein einfaches Hotel in der Kh. Imam (Savalan**, Tel. (0)452/5232663). Für Architekturfreunde könnte eventuell der mit türkisfarbenem Ziegeldekor versehene, aus dem 15. Jahrhundert stammende **Grabturm des Sheikh Haidar** von Interesse sein. Das Museum am Busbahnhof, die Burgruine und die Seenlandschaft oberhalb der Stadt sind mehr von lokaler Bedeutung.

Die Vulkanität des Sabalan ist auch daran zu erkennen, dass es in seiner Umgebung sehr viele **Thermalquellen** gibt. Die heißeste Quelle Irans mit 86 °C tritt in **Qinarjeh** zutage. Man biegt von Ahar kommend 20 Kilometer vor Meshginshahr 6 Kilometer nach Süden ab.

▶ Karte S. 261

Talesh-Hirte auf der Sommerweide

Nomadenfrauen im Sabalangebirge

Lahrud

Die höheren Regionen des Sabalan erreicht man am besten über das 17 Kilometer östlich von Meshginshahr gelegene Lahrud, in dessen Umgebung Endmoränen und Findlinge der letzten Eiszeit zu sehen sind. Von dort fährt man weitere 25 Kilometer südlich Richtung Sabalan-Gebirge nach **Qotur-Suyi** (2500 m) oder zum etwas höher gelegenen **Shabil** (2700 m). Beides sind Orte mit warmen Quellen, wobei die Bäder in Shabil in einem ansprechenden modernen Gebäude untergebracht sind. Es lohnt sich deshalb, die Badesachen mitzunehmen.

Von dort aus kann man Pisten benützen, die in südlicher und südwestlicher Richtung zu den Sommerlagern der Shasavan-Nomaden führen, die dort etwa ab Mitte Juni bis Ende August anzutreffen sind. Es werden zwar schon moderne Zelte benützt, aber auch das traditionelle Filzzelt, das Alachiq, ist noch in Gebrauch.

Wer den 4811 Meter hohen **Sabalan** besteigen möchte, was ohne Kletterei auf den vorhandenen Pfaden möglich ist, sollte eine Zeltausrüstung mitnehmen. Normalerweise sind in der Saison von Mitte Juni bis Anfang September so viele Leute unterwegs, dass kaum Aussicht auf einen Platz in der Schutzhütte besteht. Zur Höhen-Akklimatisierung kann man bei der in etwa drei Stunden von Shabil aus erreichbaren Schutzhütte (3500 m) übernachten und am nächsten Tag in vier bis fünf Stunden den Gipfel erreichen, der einen schönen Fernblick bietet. Dort befindet sich auch ein Kratersee von etwa 150 Metern Durchmesser, der bis auf die Monate Juli und August zugefroren ist.

▲ Karte S. 261

Sarayn

Zum Heilbad Sarayn fährt man 20 Kilometer Richtung Sarab und dann nördlich sieben Kilometer die Ausläufer des Sabalan-Gebirges hinauf. In Sarayn werden rheumatische Beschwerden behandelt. Der Ort ist bei Iranern beliebt. Dort sind auch gute **Hotels** vorhanden: Laleh Hotel****, Chaharrah-e Abdarmani, Tel. +98(0)452/22 22 75-0 (bis -7); Atrak Hotel***, Kh. Chaldoran, Tel. 22 22 48 48.

Lisar-Naturschutzgebiet

Der 2500 Meter hoch gelegene **Neor-See** eignet sich als Ausgangspunkt für Trekking-Touren im Lisar-Naturschutzgebiet. Ab Mitte Juni ist der See normalerweise aufgetaut. Etwas entfernt von der Mitte des östlichen Seeufers ist ein Stützpunkt der Naturschutzbehörde. Von dort aus gibt es Trekking-Pfade zu den tiefer gelegenen Waldgebieten und Tälern an der Ostseite des Elburz-Gebirges. Man kann Wanderungen auf der kargen Hochebene, die von flachen Polsterpflanzen bestimmt wird, unternehmen, aber das nächste wirklich lohnenswerte Ziel sind die **Sommerweiden**

von Sobatan auf etwa 1000 Metern Höhe. Hierher kommen die Talesh-Hirten mit ihren Viehherden vom Flachland des Kaspischen Meeres ab Anfang bis Mitte Juni herauf. Das Gebiet ist etwa 20 Kilometer vom See entfernt. Für die Strecke benötigt man etwa sieben bis acht Stunden.

Unterkunft findet man in einer der Hütten, doch ist es besser, ein Zelt mitzunehmen. Je näher man Sobatan kommt, desto mehr werden die Wetterverhältnisse durch Nebel bestimmt, da hier die feuchte Luft des Tieflands auf die trockene Luft des Hochlands trifft. Die Grüntöne der Weiden, die aufragenden Gebirgszüge im Hintergrund und die oft in tieferen Tälern festsitzenden Nebelbänke bieten unvergessliche Eindrücke. Man kann von Sobatan aus die Wanderung durch das Waldgebiet hinab in das kaspische Tiefland fortsetzen und dafür die durch die Feuchtigkeit üblicherweise in schlechtem Zustand befindliche etwa 20 Kilometer lange Piste nach Lisar benützen.

Anfahrt: Von Ardebil aus erreicht man den Neor-See über die Landstraße, die nach Khalkhal führt. Etwa 35 Kilometer südlich von Ardebil biegt man bei Budalalu nach Osten ab. Von dort aus sind es zwölf Kilometer bis zum See.

Nebelwald bei Asalem

Von Ardebil zum Kaspischen Meer

Eine Strecke zum Kaspischen Meer führt über Namin nach **Astara** an die aserbaidschanische Grenze. Die Straße hinab in die Schluchten des Astara Chay ist beeindruckend, doch die Weiterfahrt ab Astara entlang dem Kaspischen Meer ist relativ eintönig. Fünf Kilometer südlich von Astara liegt das empfehlenswerte Hotel Espinas****, Tel. (0)182/525270-0 (bis -5). Da es immer populärer wird, mit dem Auto nach Baku zu fahren, kann die Abfertigung am Grenzübergang Astara mehrere Stunden dauern. Das Visum muss man vorher besorgen, in Teheran bei der aserbaidschanischen Botschaft, was zwei Tage dauern kann.

Die andere Strecke führt über **Khalkhal**, und **Majareh** hinab nach **Asalem.** Die Fahrt ab Majareh führt zuerst durch das Hochland und dann durch die Weidegebiete der **Talesh-Hirten**, die hier ab Mitte Juni mit ihrem Vieh den Sommer verbringen. In diesem Gebiet herrscht die niedrig wachsende Orientbuche vor, die persisch Rash heißt und wegen ihres sehr harten Holzes gerne für dauerhafte Möbel verwendet wird. Von dort geht die Fahrt an einsamen Imbissstätten für LKW-Fahrer vorbei, hinab in den üppigen Urwald auf der kaspischen Seite, wo feuchte Luft auf die trockene Luft des Hochlands trifft und sich häufig Nebel bildet. Die Durchquerung dieses dichten Waldgebiets bringt in Erinnerung, dass das Wort Dschungel mit dem persischen Wort ›Jangal‹ für Wald verwandt ist. Hier befindet man sich bereits in der fruchtbaren kaspischen Provinz Gilan.

Rasht und die Provinz Gilan

Gilan ist der wichtigste Reislieferant des Iran. Einst war auch die Seidenraupenzucht hier weit verbreitet. Jahrhundertelang wurde die hier gewonnene Seide in viele Länder exportiert. Diese hat aber ihre frühere Bedeutung durch die Produktion von Kunstfasern verloren. Heutzutage sind die Städte der Region wichtige Handelszentren für Agrarprodukte. Die etwa 20 Kilometer von der Küste des Kaspischen Meeres entfernt im Mündungsgebiet des Sefid-Rud-Flusses gelegene Hauptstadt **Rasht** hat sich zu einem der wichtigsten Industriestandorte des Landes entwickelt. Sie ist auch bedeutende Universitätsstadt und hat 600 000 Einwohner.

Rasht ist seit jeher die Drehscheibe für den Verkehr in der westlichen kaspischen Region, da es von allen Straßen entlang der Küste durchquert wird und die Straße von Qazvin über das Elburz-Gebirge hierher führt. Im Jahre 1990 verursachte ein starkes Erdbeben schwere Schäden in Rasht und südlich davon in den ländlichen Gebieten bis Rudbar und Manjil. In den Dörfern wurden dabei nicht nur neuere Ziegelhäuser, sondern auch viele der taditionellen gilakischen Holzhäuser zerstört.

Geschichte der Stadt Rasht

Rasht entstand bereits in vorislamischer Zeit. Dadurch, dass das Elburz-Gebirge wie eine Trennwand zum zentralen iranischen Hochland wirkte, konnte sich dieses Gebiet bis Anfang des 14. Jahrhunderts immer eine gewisse Unabhängigkeit von den Herrschern des iranischen Hochlands bewahren. Im Laufe der Zeit wurde es durch Handel stärker mit den anderen Teilen Persiens verbunden.

Anfang des 17. Jahrhunderts integrierte es Shah Abbas I. in das safawidische

Reisanbau bei Rasht

▲ Karte S. 273

Reich. 1669 wurde es von Stenka Rasin und aufständischen Kosaken geplündert und zerstört.

Seit Anfang des 18. Jahrhunderts diente Rasht mit dem Hafen Bandar Anzali als iranisch-russisches Handelszentrum, und als Ende des 19. Jahrhunderts die ersten Eisenbahnstrecken in Südrussland gebaut worden waren, benützten es die meisten Reisenden aus Mitteleuropa als Eingangstor nach Persien. Beispielsweise fuhr man von Berlin aus mit der Eisenbahn nach Odessa, von dort mit dem Schiff nach Batumi, dann mit der Eisenbahn über Tiflis nach Baku und von Baku mit dem Schiff nach Bandar Anzali. Von dort wurde die Reise über Rasht und Qazvin nach Teheran fortgesetzt.

Ein bedeutsamer Abschnitt der gilanischen Geschichte hängt mit Mirza Kuchek Khan zusammen, dem man in Rasht vor dem Rathaus ein Reiterdenkmal gewidmet hat. Russische Truppen waren seit 1911 in Nordpersien stationiert, nachdem der Zar die qajarischen Herrscher gegen Demokratisierungsbestrebungen unterstützt hatte. Das Verhalten der Russen erweckte den Eindruck, dass sie an eine längerfristige Kontrolle dieses Gebiets dachten. Sie kauften Land auf, förderten die Einwanderung von Landsleuten und bestärkten die herrschenden Schichten bei der Unterdrückung und Ausbeutung der Bevölkerung.

Als im Verlaufe des Ersten Weltkriegs Teile der russischen Truppen für den Fronteinsatz abgezogen worden waren, begann Mirza Kuchek Khan, der aus Rasht stammte, die Bauern zu organisieren, denen sich auch Stadtbewohner der Unter- und Mittelschichten anschlossen. Nach ihren Angriffen auf die russischen Truppen zogen sie sich in die unzugänglichen Wälder zurück und wurden deshalb ›Jangali‹ genannt. 1918 eskalierte die Situation. Nun erschienen auch britische Truppen, welche die Ölquellen in Baku sichern sollten und gemeinsam mit russischen Einheiten durch gilanisches Gebiet zum Hafen Bandar Anzali vorstießen. Da die Deutschen, die Georgien besetzt hielten, auch Interesse an Baku hatten, lieferten sie leichte Waffen an die Jangalis und stellten Ausbilder. Bei dem Kampf um die Brücke von Manjil am 12. Juni 1918 waren die Jangalis aber machtlos gegen Kanonen und gepanzerte Fahrzeuge der Briten.

Nach britischen Bombardierungen von Rasht und anderen Städten kam es am 12. August zwischen den Jangalis und Briten zum Waffenstillstand. Dieser bestimmte auch, dass die österreichischen und deutschen Ausbilder unter Major Wilhelm Paschen nach Tiflis ausreisen mussten. In den Gebieten, die die Jangalis unter Kontrolle hatten, führten sie Landreformen durch und begannen mit Schulunterricht.

Doch die Turbulenzen hielten an, denn die Russen kamen nun als Bolschewiken zurück nach Gilan und eroberten Rasht. Mirza Kuchek Khan war Patriot mit panislamischer und sozialistischer Grundeinstellung. Am 5. Juni 1920 ließ er die laut Vereinbarung mit den Bolschewiken unabhängige Iranische Sowjetrepublik Gilan proklamieren. Diese wurde durch persische Regierungstruppen unter Reza Khan im November 1921 wieder beseitigt. Dabei kam Mirza Kuchek Khan ums Leben.

Das in Rasht ansässige Russische Generalkonsulat ist bisher weniger als Anlaufstelle für Touristen gedacht, sondern es ist ein Symbol für den jahrhundertealten russischen Einfluss in Nord-Persien und kümmert sich primär um die im Iran tätigen russischen Berater.

Die kaspische Region

Bestimmender klimatischer und geologischer Faktor ist das Kaspische Meer (Darya-ye Khazar), das mit 386400 Quadratkilometern der größte Binnensee der Erde ist und die Fläche Deutschlands übertrifft. Es wird von Wolga, Ural, Atrak, Kura und anderen Flüssen gespeist. Sein Salzgehalt beträgt durchschnittlich 1,1 bis 1,3 Prozent. Seit 1978 steigt der Seespiegel stetig an. Wissenschaftler rechnen damit, dass dieser Trend anhalten wird und der Wasserstand bis in die zweite Hälfte dieses Jahrhunderts um etwa drei Meter steigen könnte. Der Hauptgrund hierfür sind anhaltende geologische Aktivitäten am Boden. Der Spiegel des Kaspischen Meeres liegt 27 Meter unter dem Meeresspiegel.

Unter dem Seeboden befinden sich große Vorkommen an Erdöl und Erdgas. Über die Nutzungsrechte sind sich die Anrainerstaaten uneins. Russland und Iran möchten, dass die Bodenschätze zu gleichen Teilen unter den angrenzenden Ländern aufgeteilt werden. Kasachstan und Turkmenistan, die über doppelt so lange Küsten wie Russland oder Iran verfügen, fühlen sich dadurch benachteiligt.

Die iranischen Provinzen Gilan, Mazanderan und Golestan umfassen die südliche Küstenregion des Kaspischen Meeres. Im Nordwesten Gilans nimmt der Einfluss von Aserisch zu, das zu den Turksprachen zählt. Im Nordosten Golestans wird Turkmenisch gesprochen. Die große Mehrheit der Einwohner dieser Provinzen hat Talisch, Gilaki und Mazanderani als Muttersprache. Da diese zu den westiranischen Sprachen gehören, ist es für sie unproblematisch, das verwandte Persisch zu lernen.

Gilan und Mazanderan teilen das gleiche regenreiche Klima, während in Golestan bereits der Übergang zum trockenen Klima des iranischen Ostens beginnt. Durch die vorherrschende Feuchtigkeit gibt es beträchtliche klimatische Unterschiede zu den ariden Provinzen des iranischen Hochlands. Selbst bei einem Vergleich mit Mitteleuropa zeigt sich, dass es am Kaspischen Meer reichlich regnet. Zwar gleichen die Niederschläge in Gilan und Mazanderan vom Frühjahr bis zum Ende des Sommers etwa denen in Mitteleuropa, doch ab August sind die Niederschlagsmengen in diesen Provinzen um bis zu sechsmal höher als hierzulande.

Die beiden Provinzen sind die ›Reiskammern‹ Irans. Auch bei Obst und Zitrusfrüchten werden regelmäßig Spitzenernten erzielt. Hinzu kommt der Anbau von Tee, Baumwolle und Getreide. Auch der Fischfang im Kaspischen Meer, in den Flüssen und Lagunen spielt nach wie vor eine große Rolle – trotz der Umweltprobleme. Der Bestand des Störs, dessen Rogen als Kaviar sehr geschätzt wird, ist stark rückläufig. Durch strikte Kontrollen, Nachzucht und Aussetzen von Jungfischen versucht man, dem entgegenzusteuern.

Trotz seiner zentralen Lage zwischen fünf Staaten (Iran, Turkmenistan, Kasachstan, Russland, Aserbaidschan), die alle Erdgas und Erdöl fördern, spielt das Kaspische Meer als Transportweg kaum eine Rolle. Unregelmäßige Schiffsverbindungen bestehen von Bandar Anzali aus in die aserbaidschanische Hauptstadt Baku. Üblicherweise fährt man mit dem Bus oder dem Auto über Astara nach Baku oder fliegt von Teheran aus. Auch in die anderen Anrainerstaaten des Kaspischen Meers würde man fliegen oder von Bajgiran (nordwestlich von Mashhad) den Landweg nach Ashgabat in Turkmenistan wählen.

Sehenswürdigkeiten in Rasht

Durch Zerstörungen und klimatische Bedingungen blieb von der alten Bausubstanz Rashts fast nichts erhalten. Es ist deshalb eine durchweg moderne Stadt, die im Zentrum auffallend viele niedrige Häuser aufweist, deren Stil an Bauten an der Schwarzmeerküste erinnert.

Bei der Fahrt auf dem Bolvar-e Imam Khomeini nach Rasht fällt auf der östlichen Seite des ersten großen Kreisverkehrs am Meydan-e Toshiba (Mosalla) die riesige neue **Mosalla-Moschee** auf.

Eine der Hauptsehenswürdigkeiten ist der große **Basar** mit offenen Gassen, in denen viele Stände frisches Obst, Gemüse und Fisch anbieten. In seinem nördlichen Bereich an der Kh. Shariati steht die neuzeitliche **Jame-Moschee**, und etwas südlich der Mitte befindet sich die **Safi-Moschee** mit Stuck- und Fliesenschmuck aus der ersten Hälfte des 17. Jahrhunderts.

Im Zentrum Rashts am West-Ende des Meydan-e Shohada steht das weißgetünchte zweistöckige **Rathaus** mit Uhrturm. Dieser Uhrturm und die Dächer waren durch das Erdbeben von 1990 beschädigt worden und mussten erneuert werden. In der Platzmitte gegenüber dem Rathaus steht die bronzene **Reiterstatue Mirza Kuchek Khans**.

An die Südseite des Rathauses schließt sich das Gebäude einer der ersten **öffentlichen Bibliotheken** Irans (Ketab-khane-ye Melli-ye Rasht) an. Sie wurde 1927 gegründet und ist an ihrem Arkadengang zu erkennen. Folgt man der Straße, an der die Bibliothek liegt, etwa 300 Meter, gelangt man an den **Sabz-e Meydan**, einen Platz mit Springbrunnen, Bäumen und Pavillon.

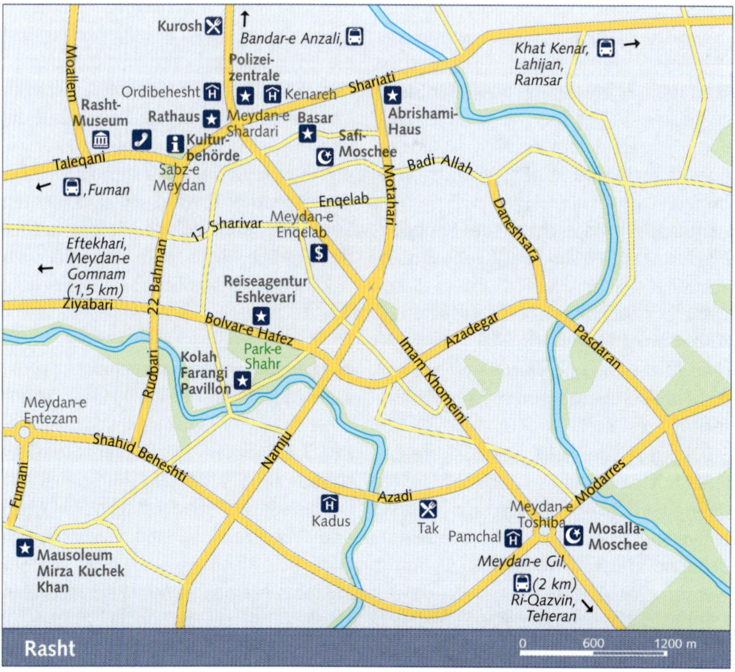

An dessen Westseite beginnt die Kh. Taleqani, die zum sehenswerten **Rasht-Museum** führt. Die Ausstellung umfasst sowohl schöne Keramiken in Gefäß- und Tierformen als auch getriebene Gold- und Metallgefäße aus prähistorischer und frühgeschichtlicher Zeit. Man zeigt eine Auswahl traditioneller gilakischer Handarbeiten, Gebrauchsgegenstände und Trachten, ein Demonstrationsobjekt für die verschieden Produktionsstufen bis zur fertigen Seide sowie Modelle, darunter eines der großen Festungsanlage von Rudkhan, und anderes.

Am Ende der Kh. Taleqani steht ein hübscher Heiligenschrein mit schmalen Säulen, Fliesenschmuck und einem kleinen pyramidenförmigen, blau-gelb gefließten Türmchen. Dieser **Haram-e Dana-ye Ali** teilt die Fahrbahnen, da er mitten in der Straßenflucht steht. Man erzählt sich, dass ein Bauingenieur, der dafür plädierte, diesen Schrein zu versetzen, überraschend starb, und so fand man es besser, ihn an seiner Stelle zu belassen. Der hier beigesetzte Heilige war bei einem reichen Mann als Knecht tätig und konnte Wunder vollbringen.

Achthundert Meter östlich des Shohada-Platzes am Meydan-e Basij geht südöstlich die Kh. Shahid Sadeqi ab. An dieser steht das **Abrishami-Haus** (Khaneh-ye Abrishami). Es gehörte Haj Mirza Ahmad Abrishami und wurde von der Kulturbehörde übernommen. Es ist kubusförmig gestaltet, und um den ersten Stock führt eine helle, umlaufende Galerie mit äußerer Fensterfront. In ihr befinden sich Abteilungen der Gilaner Universität für Kunst und Architektur. Besuche müssen vorher abgestimmt werden (Tel. 66903 81).

Vom Meydan-e Shohada aus zieht sich die Geschäftsstraße Kh. Saadi nach Norden. An ihrer rechten Seite liegt nach 250 Metern eine armenische Kirche, die **Kelisa-ye Mesrop Moqadas**. Sie ist an ihren seitlichen großen Rundbogenfenstern zu erkennen und hat einen zentralen Rundturm mit Spitzdach.

Nach weiteren 400 Metern in nördlicher Richtung, auf Höhe des Bolvar-e Moallem, können Fußgänger rechts zwischen den Häusern hindurch gehen und die schmale Kh. Golrang nach Osten benützen, um die im kaspischen Stil gebaute schöne **Moschee Jame Haj Samadkhan** zu sehen.

Folgt man der Kh. Saadi noch weiter nach Norden, beschreibt sie kurz vor ihrem Ende einen Bogen nach Osten, wo sie auf den Meydan-e Shahid Ansari trifft. Von dort aus führt der Bolvar-e Golsar nach Norden zum **Stadtteil Golsar**, wo Neubausiedlungen gebaut wurden und viele wohlhabendere Rashter leben. Nach 800 bis 900 Metern auf diesem Boulevard kann man dies bemerken. Es gibt hier moderne Geschäfte, Iran Air hat hier ihr Stadtbüro und die Bank-e Mellat ihren Hauptsitz. Hier findet man kurz oberhalb des abzweigenden Bolvar-e Towhid an der rechten Seite auch Imbisslokale wie das futuristisch-kultige ›Boof‹ und Cafés wie ›Babak‹, die bei jugendlichen Rashtis beliebt sind.

Mausoleum Mirza Kuchek

Zum Mausoleum Mirza Kuchek Khans fährt man vom Sabz-e Meydan auf der Kh. 22 Bahman etwa zwei Kilometer südlich zur Shahid-Beheshti-Schnellstraße. Dieser folgt man westlich zum Meydan-e Entezam, von dem aus man in südlicher Richtung nach 450 Metern links das Aramgah-e Mirza Kuchek Khan ›Jangali‹ auf einem Friedhof findet. Es ist ein kleiner Bau mit Pfeilern und Spitz-

▶ Karte S. 273

Auf dem Donnerstagsmarkt von Kalachay

bogendurchgängen und einem überstehenden Dach im Stil der Häuser in den Waldgebieten.

Auf der halben Strecke vom Sabz-e Meydan zur Beheshti-Schnellstraße kann man östlich zum Bolvar-e Hafez mit dem Shahr-Park abbiegen, in dessen südlichem Zipfel der **Kolah-Farangi-Pavillon** steht. Er ist im traditionellen kaspischen Stil mit zwei Galerien, Holzsäulen und weitem Dach gebaut. Oben bildet ein kleiner aufgesetzter Raum mit Rundumsicht den Abschluss.

Kulinarische Spezialitäten

In Rasht kann man die in ganz Iran berühmte gilakische Küche kennenlernen, Spezialitäten sind zum Beispiel: Zeytoun-e Parvardeh (Oliven in Granatapfelsaft eingelegt mit geraspelten Walnüssen), Torshi Sir (eingelegte Zwiebeln), Mast-e Khiar (Joghurt mit Gurkenstückchen), Mirza Ghassemi (eine Mischung von pürierten Auberginen, Tomaten, Zwiebeln und Eiern), Baqala Qatoq (Dicke Bohnen mit Dill und Eiern), verschiedene Fischgerichte, Reshteh Khoshkar (frittierte Süßspeise mit einer Füllung aus gemahlenen Walnüssen, Zucker, Kardamon und Zimt, die in eine Tasche aus sich kreuzenden Reismehlflädchen eingeschlossen ist) und Koluche-Kekse, die Hasel- oder Walnüsse enthalten.

Baden im Kaspischen Meer

Da Männer und Frauen getrennt baden müssen, wird von vielen Touristen darauf verzichtet. Wer baden möchte, nimmt am besten die Strecke am Flughafen entlang Richtung Norden über Khomam und fährt dort, wo die Straße sich bei Lijaraki gabelt (westlich geht es von dort nach B. Anzali), östlich in Richtung der Küste sechs Kilometer nach **Jafrud** und schaut sich dort nach einem geeigneten Strandabschnitt um. Weitere Möglichkeiten bestehen von Jafrud aus auf der Strecke zum 17 Kilometer östlich gelegenen Zibakenar.

Bauernhaus-Museum

Im ›Museum des bäuerlichen Erbes‹ von Gilan (Muze-ye Miras-e Rustaie Gilan) sind im Naturpark Saravan auf etwa 300 Hektar typische alte Bauernhäuser mit Verandas, holzsäulengestützten Galerien und Strohdächern aufgestellt worden, die aus verschiedenen Gebieten der Provinz Gilan stammen. Hinzu kommen Lagerhäuser, die auf umgekehrten

Kegelspitzen aus Holz stehen und durch den Bodenabstand die Reisvorräte vor Mäusen und Ratten schützten.

Es werden auch alte Handwerke, wie Töpfern, Weben, Korb- und Mattenflechten demonstriert und verschiedene gilakische Bauerntrachten gezeigt. Ein Teehaus lädt zur Pause ein. Das 17 Kilometer südlich von Rasht gelegene Museum trägt auch den Namen ›Musee du Patrimoine Rural du Gilan‹, da es mit Hilfe von Franzosen geplant wurde, die am elsässischen Eco-Museum mitgearbeitet hatten (→ S. 277).

Rasht

Vorwahl: +98/(0)131.

Postamt (Edare-ye Post), an der Nordseite des Meydan-e Shahrdari.

Kulturbehörde (Sazman-e Miras-e Farhangi), in der Kuche Ehtesab, nördlich des Sabz-e Meydan, Tel. 7754664. Sie steht für Informationen zur Verfügung.

Reiseleiter und private Gästeunterbringung: Mr. Hassan Mohit, englischspr., Tel. (0)911/1367796, hassan_mohit@yahoo.com, www.aryantour.com. Obwohl er abseits der Touristenstädte wohnt, hat sich sein exzellenter Ruf als Reiseführer bis ins ferne Ausland herumgesprochen. Beispielsweise holt er Touristen in Teheran ab und fährt sie zu den bedeutendsten Sehenswürdigkeiten. Erwähnenswert ist seine vorbildliche Zuverlässigkeit. Unterbringung von Gästen, die das dörfliche Leben in Nordiran kennen lernen möchten, ist bei ihm in seinem Heimatdorf Ebrahimsara möglich. Ausfüge in die Umgebung oder beispielsweise Angeln auf Karpfen, Barbe und Hecht kann arrangiert werden.

Für **Visaverlängerungen** ist die Polizeizentrale (Edare-ye Polis) am Meydan-e Shahrdari zuständig.

Russisches Generalkonsulat, Kh. Pasdaran 82, Tel. 3228430.

Der Flughafen liegt nördlich von Rasht in 6 km Entfernung vom Zentrum auf der Strecke nach Bandar Anzali. **Iran Air** verkehrt täglich zwischen Rasht und Teheran. Weitere Flüge werden von Aseman Airlines und Caspian Airlines angeboten.

Iran Air Stadtbüro, im Norden Rashts am Bolvar-e Golsar gegenüber der 97. Straße, Tel. 7222125, 7224043, Ag.Sanei@iranair.com.

Terminal-e Eftekhari, am Meydan-e Gomnam, der am Ende der Kh. Taleqani liegt. Dieser Busbahnhof ist Ausgangspunkt für die Strecke Fuman–Masuleh.

Terminal-e Bandar Anzali, am Meydan-e Vali Asr, der am Nordende des Bolvar-e Shahid Ansari liegt. Er ist Ausgangspunkt für die Strecke Bandar Anzali–Astara.

Terminal-e Khat Kenar, 400 m östlich des Meydan-e Janbazan. Um diesen Platz zu erreichen, fährt man entweder die Modarres-Ringstraße in nördliche Richtung oder vom Shohada-Platz aus östlich der Kh. Shariati und der Kh. Shohada folgend. Er ist Ausgangspunkt für die Küstenstrecke Lahijan–Ramsar–Chalus–Sari.

Terminal-e Otobus-e Meydan-e Gil, vom Zentrum aus erreicht man den Meydan-e Gil nach 5 km auf dem Bolvar-e Imam Khomeini. Hier ist der Ausgangspunkt für die Strecke Qazvin–Teheran, auf der nach 17 km das nur freitags geöffnete Bauernhausmuseum liegt und man nach weiteren

▶ Karte S. 273

13 km an der rechten Seite das von den Gilakis gerne besuchte Imamzadeh Hashem sehen kann.

Hotel Kadus (Hotel Bozorg Gilan)****, Bolvar-e Azadi, im Süden der Stadt, etwa 3 Kilometer vom Zentrum, Tel. 322307-5 (bis -9), www.kadushotel.com (Q4/P3–4).

Hotel Pamchal**, Bolvar-e Imam Khomeini, im Süden der Stadt am Meydan-e Toshiba (Mosalla), etwa 2,7 km vom Zentrum, Tel. 666382-2, -3, -4 (Q2/P1).

Hotel Ordibehesht**, Meydan-e Shohada (Shardari), zentral, an der Nordwestecke des Platzes, etwas zurückgesetzt, sehr empfehlenswert. Tel. 22292-10, -11 (Q2/P1).

Mosaferkhaneh Kenareh*, Kh. Shariati, ruberu-ye bazar-e bozorg-e talaa (geg. großem Goldbasar), sauber, mit Etagenduschen/WCs, Tel. 2222412, (Q1/P0b)

Restoran-e Kurosh, Meydan-e Shohada (Shahrdari), Kh. Saadi, Kucheh Gilantur, Tel. 2228299. Von der Nordwestecke des Shohada (Shardari)-Platzes aus 100 m die Kh. Saadi hinauf, dann die nächste Gasse links. Gute gilakische Küche.

Restoran-e Tak, Bolvar-e Azadi, im Süden der Stadt, östlich vom Hotel Kadus, in derselben Straße, Tel. 3232147. Gute gilakische Küche.

Rasht-Museum (Muze-ye Rasht) in der Kh. Taleqani, unweit des Sabaz-e Meydan, Tel. 7732765. Öffnungszeiten tgl. von 8.30–17.30 Uhr außer Mo und an Feiertagen.

Bauernhaus-Museum, ab Anfang April bis Ende September jeden Fr geöffnet. Man fährt von Rasht aus zuerst 17 km südlich auf der Straße Richtung Qazvin–Teheran. Dort biegt man westlich Richtung Fuman ab und erreicht das Museum nach 2 km an der südlichen Straßenseite. Auskünfte sind über Mobiltel. (0)911/1369743 oder die Kulturbehörde in Rasht (s.o.) zu erhalten.

Die **Märkte** in der kaspischen Region sind besonders geschäftig und farbenfroh. Hier die Termine in einigen wichtigen Orten:

Rudsar: So
Astaneh und **Siyakal**: Mo, Do
Fuman und **Rezvanshahr**: Di
Kuchesfashan: Mi, So
Kalachay: Do
Shandarman: Fr
Langerud: Sa, Mi
Bandar Anzali: Fischmarkt am Hafen tgl. außer Fr, zusätzlich großer Samstagsmarkt (Shanbe Bazar).

Die Umgebung von Rasht

Fuman und Masuleh

Fuman liegt 22 Kilometer südwestlich von Rasht auf der Strecke nach Masuleh. Bekannt ist der Ort für seine ausgezeichneten Koluche-Kekse mit Hasel- und Walnüssen. Der Basar hat noch seinen urtümlichen Charakter bewahrt. In der Umgebung wird Tee und Reis angebaut. Von Fuman führt eine schmale geteerte Straße zum 33 Kilometer entfernt an den Elburz-Abhängen gelegenen idyllischen Gebirgsdorf Masuleh. Es besteht überwiegend aus Lehmziegelhäusern, die sich in etwa 1100 Metern Höhe in Terrassenbauweise einen Gebirgshang

Die Umgebung von Rasht

hinaufziehen. Da die Häuser in der Regel mit Flachdächern ausgestattet sind, dienen diese oft als Gehwege für die darüberliegende Häuserebene. Durch die einheitliche Bauweise mit dem ockerfarbenen Verputz ergibt dies in Einklang mit der Gebirgslandschaft ein attraktives Gesamtbild. Auch bei näherem Hinsehen bleibt durch Kleinkunst und die Holzschnitzereien an Türen und Fenstern der positive künstlerische Eindruck erhalten.

Das Bergdorf Masuleh

Masuleh
Wer in der Umgebung noch wandern möchte, kann im **Hotel Mehran***, Tel. (0)132/7572096, oberhalb des Ortes übernachten. Dieses Hotel hat Mehrbettzimmer mit Bad und Kochecke und bietet von seiner Restaurant-Terrasse aus malerische Ausblicke.
Unten am Ortseingang liegt das **Hotel Masouleh****, ebenfalls mit Dachrestaurant, Tel. (0)132/7572245, mobil (0)911/1367253 (Q1-2/P0-1).

Rudkhan-Festung

Fährt man von Fuman aus in südliche Richtung über den Ort Gurabpas, erreicht man nach etwa 18 Kilometern das Dorf Qaleh-ye Rudkhan. Von dort aus liegen sechs Kilometer in südwestlicher Richtung die Reste der einsamen imposanten Rudkhan-Festung (Qaleh-ye Rudkhan) auf einem Bergrücken zwischen 600 und 700 Metern Höhe.
Der Weg dorthin führt über einen angelegten Pfad am Berg, da man sonst wegen des feuchten regenreichen Waldgeländes Schwierigkeiten hätte, die Festung zu erreichen. Die Wehrmauern von 1,5 Kilometern Länge ziehen sich über zwei Erhebungen des Bergrückens. Es gibt zwei Toranlagen, verschiedene Gebäude, große Festungstürme und über 40 Wachttürme, eine Zisterne und viele Treppen. Das Baumaterial waren gebrannte Ziegel und Steine.
Der Erhaltungszustand dieser beeindruckenden Anlage ist verhältnismäßig gut. Sie war im 12. und 13. Jahrhundert in den Händen der Ismailis und wurde nie eingenommen. Nach dem Abzug der Ismailis wurde sie von lokalen gilakischen Fürsten weiterbenützt und renoviert.

Rudbar

Diese Ortschaft liegt etwa 70 Kilometer südlich von Rasht auf der Strecke nach Qazvin. Sie ist das Zentrum des Olivenanbaus im Iran. Viele Reisende halten hier an, um Olivenprodukte einzukaufen.

Astaneh Ashrafieh

Etwa 30 Kilometer östlich von Rasht befindet sich im Ort Astaneh Ashrafieh das Mausoleum des Seyed Jalaledin Ashraf, eines Sohns von Imam Musa Kazem. Diese Anlage stammt aus dem Jahr 923 und wurde im 20. Jahrhundert renoviert. Sie ist mit sehenswerten Fliesen- und Spiegelmosaikarbeiten geschmückt.

Lahijan

Die Kleinstadt Lahijan ist ein Zentrum des Teeanbaus. Sehenswert ist das **Mausoleum Chahar Olya** oder Aramgah-e Chahar Padishah am Sardar-e Jangal Platz, in dem vier Fürsten einer örtlichen Dynastie des 13. bis 14. Jahrhunderts bestattet sind. Es wird durch Holzschnitzarbeiten an Türen und Sarkophagen sowie Malereien an den Außenwänden verziert, die das Martyrium von Abu Fazl Abbas darstellen, der für den dürstenden Hoseyn und seine Anhänger

Teernte in Lahijan

Der Norden

Das Zayed-Gilani-Mausoleum

bei Kerbela Wasser holte. An demselben Platz befindet sich auch das traditionelle **Golshan-Badehaus**.

Die **Akbariyeh-Moschee** in der Kashef-e-Gharbi-Straße stammt aus seldschukischer Zeit und wurde zwischenzeitlich mehrfach renoviert.

In Lahijan lebte auch Kashef as-Soltan, der durch das Einschmuggeln von Teesetzlingen um 1900 als Begründer des iranischen Teeanbaus gilt. In seinem ehemaligen Garten wurde zur Erinnerung ein **Tee-Museum** eingerichtet.

Am östlichen Stadtrand Richtung Langerud befindet sich ein populärer Park mit Wasserfall am **Sheitan Kuh** (Teufelsberg). Wenn man etwa 300 Meter auf den Sheitan Kuh hinaufsteigt, hat man bei gutem Wetter einen wunderbaren Ausblick auf die Küstenlandschaft des Kaspischen Meers.

Wenige Kilometer weiter an der Straße nach Langerud liegt das **Mausoleum des Sheikh Zayed Gilani** aus dem 15. Jahrhundert mit seinem ungewöhnlichen pyramidenförmigen Dach.

▲ Karte S. 278

Bandar Anzali und das Mordab

Das 40 Kilometer von Rasht entfernte Bandar Anzali ist die bedeutendste iranische Hafenstadt am Kaspischen Meer. Hier ist der Sitz der Fischereibehörde Shilat, die auch für die Kontrolle über den Störfang und die Kaviargewinnung zuständig ist. Es bestehen Schifffahrtsverbindungen für Passagiere nach Baku und für Handelsgüter zu den Anrainerstaaten.

Die Gebäude im Zentrum und um den Hafen herum zeugen mit ihren russischen Architekturelementen von der Vergangenheit der Stadt als iranisch-russisches Handelszentrum seit Beginn des 19. Jahrhunderts. Durch die internationalen Verbindungen stand die Stadt bei Neuerungen oft an erster Stelle, beispielsweise bei Schul- und Pressewesen, beim Postverkehr, und auch das erste Kino wurde um 1900 hier eröffnet.

In der Zeit der letzten beiden Könige, die Anzali in Bandar-e Pahlavi umbenannten, wurde es sehr gefördert und der Hafen ausgebaut. In den vergangenen beiden Jahrzehnten arbeitete man weiter an der Modernisierung der Kai-

Im Hafen von Bandar Anzali

Auf dem Fischmarkt

anlagen. Der Hafen liegt am Ausgang der etwa 30 Kilometer langen Mordab-Lagune, die ursprünglich eine Bucht war und im 15. Jahrhundert endgültig durch Sandbänke vom offenen Meer abgetrennt wurde. Die Stadt Bandar Anzali entwickelte sich ab dem 15. Jahrhundert an der verbliebenen Zufahrt zur Lagune und hat heute mehr als 110 000 Einwohner.

Das Stadtzentrum liegt westlich des Hafens. Vom zentralen Meydan-e Imam (Meydan-e Anzali), an dem auch der rote Ziegelbau des alten Bastani-Golsang-Hotels steht, sind die meisten Sehenswürdigkeiten nicht weit entfernt. Nördlich, in 150 Meter Entfernung, steht der alte **Leuchtturm** vom Anfang des 19. Jahrhunderts, den heute statt des Leuchtfeuers eine Uhr ziert. Östlich, wenig mehr als 100 Meter entfernt, steht das **Rathaus** und ihm gegenüber das **Hotel Iran**. Von dort aus sieht man die langgezogenen **Promenaden des Uferparks** am Hafenbecken. Dazu gehört auch ein runder **Musikpavillon** mit Säulen, der südlich des Rathauses an der Promenade steht.

Märkte

Der werktags täglich stattfindende **Fischmarkt** beginnt am Südende des Meydan-e Imam und zieht sich im Bogen bis zur nahen Anzali-Eisenbrücke. Dieser Fischmarkt ist mit seinem Angebot an Süßwasserfischen wie Hecht, Zander und Karpfen aus der Lagune und verschiedenen Meeresfischen der ursprünglichste Basar dieser Art im Iran. Typisch sind auch seine Stände mit geräuchertem Fisch, dem Mahi Dudi. Aufgelockert wird er durch eine Anzahl von Obst- und Gemüsegeschäften. Westlich der Anzali-Brücke findet samstags der große **Shanbe-Straßenbasar** statt.

Marine-Museum

Etwa 700 Meter südlich der Anzali-Brücke befindet sich an der Ostseite der Kh. Takavaran das Marine-Museum (Muze-ye Niru-ye Daryayi oder Muze-ye Nezami). In seinem Mittelpunkt steht der Miyanposhte-Palast der letzten beiden Shahs. In den elf Räumen des Palasts kann man Objekte sehen, die mit der Entstehung der iranischen Marine im Bereich des Kaspischen Meeres zu-

sammenhängen. Auf dem Palastgelände werden Boote, Kanonen, Panzer und anderes Kriegsgerät ausgestellt.
Öffnungszeiten: täglich von 9 bis 13 Uhr und von 14 bis 17 Uhr, außer Fr und an Feiertagen.

Fischereibehörde

Einen Kilometer weiter südlich, hinter der Ghazian-Brücke, befindet sich die Shilat-Fischreibehörde an der Südseite der Kh. Taleqani. Hier wird den im Kaspischen Meer gefangenen Stören der Kaviar entnommen. Dieser wird exportiert oder kann in lizenzierten Geschäften in Teheran und in der zollfreien Zone des Teheraner Flughafens gekauft werden. Dort werden Belege ausgestellt, die bei der Ausfuhr an der Grenzkontrollstelle vorgelegt werden müssen. Zwar ist die Shilat-Fischereibehörde in Bandar Anzali unter Tel. (0)181/3223002 zu erreichen, aber normalerweise sind Besichtigungen nur nach Voranmeldung über einen Reiseveranstalter wie beispielsweise Iran Doostan Tours möglich (→ S. 155). Dasselbe gilt auch für die beeindruckende staatliche Stör-Aufzuchtanlage (Sturgeon Rearing Complex, Tel. (0)132/5744255) in Sangar, etwa 12 Kilometer südöstlich von Rasht am Sefid-Rud-Fluss. Dort ist zu sehen, wie sich die Fischereibehörde bemüht, die Rückgänge der Stör-Bestände im Kaspischen Meer auszugleichen.

Jungstör in der Aufzuchtanlage

▶ Karte S. 278

Mordab-Lagune

Motorbootfahrten zum Mordab oder ›toten Wasser‹ starten von den Landungsstegen östlich der Anzali-Brücke aus, also nicht weit vom Süd-Ende des Fischmarkts entfernt. Sie führen unter der Ghazian-Brücke hindurch und in den breitesten Arm der Lagune hinein.
Das Mordab ist in der ›International Convention of Wetlands‹ erfasst, die 1971 in Ramsar in der Nachbarprovinz Mazanderan abgeschlossen wurde. Es ist drei Naturschutzzonen angegliedert und wird von mehreren Flüssen, die vom Elburz-Gebirge ausgehen, gespeist. Diese Flüsse tragen viele Sedimente mit sich, so dass das Gebiet des Mordab zunehmend verlandet. Die Wasserfläche nahm zwischen den 1950er und 1990er Jahren von 140 auf unter 100 Quadratkilometer ab.
Das Gebiet ist mit Rohrkolben und mit Schilfrohr bewachsen, das bis etwa fünf Meter hoch wird. Dazu kommen Wasserpflanzen wie Laich- und Nixenkraut, Wasserlinse, die interessante Wassernuss mit ihren harten, spitzen Fruchtkapseln, die sogenannte indische Seekanne mit ihren großen Schwimmblättern und hübschen weißen fransigen Blüten und Azolla-Algenfarne, deren Teppiche an der Wasseroberfläche zeitweilig rötliche Farbtöne annehmen. Dazwischen wachsen Seerosen (Nilufar) und der Kaspische Lotus (Laleh Mordabi). Dieser ist in der südwestlichen Kaspischen Region endemisch und bietet ein besonderes Schauspiel, wenn tausende von zartrosa

Ausflugsboote im Hafen von Bandar Anzali

Blüten sich Ende Juni bis erste Hälfte Juli öffnen. Die reiche Tierwelt umfasst Kormoran, Höckerschwan, Blässgans, Krick- und Löffelente, Silberreiher, Blässund Purpurhuhn, den Haubentaucher, den Zwergsäger mit seinem hellen Gefieder, die Weißbart-Seeschwalbe, den Seeadler, die Rohrweihe, die kaspische Wasserschildkröte und viele andere. Man sollte für den Mordab-Ausflug mindestens eine Stunde, besser noch eineinhalb Stunden einplanen, sonst er wegen der langen Anfahrt zu einer einzigen rasanten Motorbootfahrt.

Bandar Anzali

Vorwahl: +98(0)181.

Postamt (Edare-ye Post), 100 m östlich vom Südende des Meydan-e Imam in der Kh. Farhang. **Telefon-Büros** in der Kh. Motahari.

Bank-e Melli, 200 Meter östlich der Anzali-Brücke an der Uferstraße.

Hotel Sepid Kenar***, 8 km vom westlichen Stadtrand Richtung Astara, am Meeresstrand. Tel. 522300-1 (bis -8) (Q3/P2–3).

Hotel Kadusan **, Bolvar-e Pasderan, nördlich des Stadtzentrums am Strand. Tel. 4223001. (Q2–3/P2)

Hotel Iran*, Kh. Motahari, mit Blick auf den Hafen, Tel. 4248006 (Q1–2/P0).

Restoran-e Gilan, östlich des Fischmarkts in der Kh. Hafez, an der Westseite des Park-e Shahrdari. Die Besitzer sind Armenier. Gute iranische Küche, es gibt auch empfehlenswerte Fischgerichte wie z.B. Störfleisch-Kebab (Kebab-e Uzunburun). Tel. 4242984, 4246471.

Restoran-e Sogoli, unmittelbar nördlich des Restoran-e Gilan in der Kh. Hafez. Schmackhafte gilakische Küche. Tel. 4246764.

Aquarelle mit lokalen Motiven verkauft der Künstler Mohamad Rezai am Ostende des Fischmarkts an der Uferstraße (Kh. Farhang), 10–18 Uhr, Mobiltel. (0)935/2912693.

Die Provinz Mazanderan

Die Provinz Mazanderan schließt östlich an die Provinz Gilan an. Sie bildet den mittleren Abschnitt des zu Iran gehörenden fruchtbaren kaspischen Küstenstreifens und zieht sich im Süden hinauf bis in die spärlich bewachsenen Regionen der Hochgebirgskämme des Elburz. Die klimatischen Bedingungen ähneln denen in der Provinz Gilan. Der Riegel des Elburz-Gebirges war früher nur mit Schwierigkeiten zu durchdringen, und so wirkten sich die Eroberungen des zentralen Hochlands immer erst mit Verzögerungen auf dieses Gebiet aus, das erst während des safawidischen Reichs endgültig in den persischen Staatsverband integriert wurde. Die im vorigen Jahrhundert ausgebauten Verbindungswege waren technische Glanzleistungen, wie beispielsweise die Gebirgsstraße von Karaj nach Chalus oder die Eisenbahnstrecke von Firuzkuh nach Sari. Nun sind die Erwartungen hoch, wann die direkte Autobahnstrecke von Teheran zum Kaspischen Meer fertig wird. Touristen, die einen Badeurlaub am Kaspischen Meer machen möchten, sollten allerdings wissen, dass Männer und Frauen an nicht einsehbaren Stränden getrennt voneinander baden. In dieser Provinz leben etwa drei Millionen Menschen. Knapp 40 Prozent der Erwerbsbevölkerung arbeitet in der Landwirtschaft. Die Hauptstadt ist Sari.

Angler am Shirud

Im Azadi Grand Hotel wurde die Ramsar-Konvention beschlossen

Rund um Ramsar

Folgt man von Gilan her der Küste, kommt man zunächst nach Ramsar. Hier ziehen sich die bewaldeten Berghänge des Elburz fast bis zur Küste hinab. Von Palmen und Gartenanlagen umgeben steht hier das palastähnliche Azadi Grand Hotel, an dessen westliche Front vor kurzem ein großer moderner Hotelbau angefügt wurde, der nun das Bild dominiert. Hier wurde 1971 die **Ramsar-Konvention** zum Schutz von Feuchtgebieten beschlossen, die eines der bedeutendsten frühen internationalen Abkommen für Umweltschutz ist. Ram-

▲ Karte S. 285

sar ist der einzige Ort, wo ein Eindruck von ›Riviera‹ am Kaspischen Meer entstehen könnte. Deshalb war es in der Pahlavi-Zeit ein bevorzugter Standort. Von einheimischen Touristen werden die nahen Schwefelquellen für Kuren benützt. Der Basar mit neuzeitlichen Bauten ist typisch für diese Gegend.
Etwa neun Kilometer östlich von Ramsar, vor dem Flussbett des Chalakrud-Flusses, führt eine schmale asphaltierte Straße hinauf zu den idyllischen Elburz-Hochtälern mit kleinen Orten wie **Chorti**, das 1600 Meter hoch liegt.

Ramsar

Ramsar Azadi Hotel****, Kh. Shahid Rajaee, Tel. (0)192/52 23 59-2, -3, -4, http://azadiramsar.parsianhotels.ir (alter Bau: Q3–4/P5, neuer Bau: Q3/P3–4).

Trekking in der Kaspischen Region

Der mit einer Venezolanerin verheiratete Mr. Farzin Maleki hat sich in **Khoone Geli** (36°47'43"/50°47'12), etwa 12 Kilometer südwestlich von Tonekabon niedergelassen.Sie setzen auf Ecotourismus, nehmen Gäste bei sich auf und organisieren Trekking-Ausflüge in die kaspischen Wälder und Gebirge. Die Übernachtung mit Mahlzeiten und Ausflug kostet etwa 50 Euro pro Tag. Es werden verschiedene Programme und Abholung in Teheran angeboten. Mr. Maleki realisiert aber auch ungewöhnliche Wünsche wie Fahrten vom Alamut-Tal (→ S. 192) über den Salambar-Pass zu seinem Haus. Tel. (0)911/2910700, www.caspiantrek.com.

Zwischen Chalus und Nur

Chalus liegt im Mündungsgebiet des gleichnamigen Flusses und bildet den Endpunkt der landschaftlich beeindruckenden ›Chalus-Straße‹, die von Karaj aus am Karaj-Damm vorbei durch das Elburz-Gebirge zum Kaspischen Meer führt. Die Attraktion ist eine **Kabinenseilbahn** (Telecabin), die einen weiten Blick über die ermöglicht, sofern es Dunst oder Nebel zulassen.

Die Provinz Mazanderan

Die Hafenstadt **Nowshahr** liegt fünf Kilometer östlich von Chalus. Neben Bandar Anzali besitzt sie den zweitwichtigsten iranischen Hafen am Kaspischen Meer. Dieser wird zur Zeit ausgebaut. Zu ihren Basar gehört auch ein Fischmarkt. Fährt man von Nowshahr auf der Küstenstraße Richtung Nur, erreicht man nach 30 Kilometern den **Sisangan-Wald-Naturpark** (Park-e Jangali-ye Sisangan). Hier wachsen Orientbuchen, Eichen, Kaspische Buchsbäume, die bis zu acht Meter hoch werden, und wilde Granatapfelbäume. Die Strandpartien gehören zu den malerischsten am Kaspischen Meer.

Chalus

Parsian Khazar Hotel***** (früheres Hyatt Regency), 12 Kilometer westlich an der Straße Richtung Tonekabon, nahe der Namakabrud Telecabin, Tel. (0)191/216020-0 (bis -7), http://azadikhazar.parsianhotels.ir (Q4–5/P5).
Malek Hotel***, Bolvar-e Nowshahr, Tel. 0191/2224107 (Q3/P2).

Ab **Nur** in Richtung Mahmudabad beginnt ein Küstenabschnitt, wo einige moderne Hotelanlagen direkt am Strand stehen, wie das **Hotel Naranjestan******, Tel. (0)122/628111-1 (bis -8), was günstig ist, oder einige Kilometer weiter der teuere **Morvarid-Khazar-Komplex**, Tel. (0)122/6237888.

Kelardasht-Hochebene

Von Teheran aus erreicht man die Kelardasht-Hochebene, wenn man bei Marzanabad an der Chalus-Straße in westliche Richtung abbiegt. Kelardasht ist eine beliebte Sommerfrische. Der Hauptort **Hasankif** und die Umgebung haben alpines Flair.

An Hasankif schließt sich südwestlich **Rudbarak** an, wo teilweise noch Holzhäuser mit Schindeldächern stehen. Hier befindet sich ein Haus des Iranischen Bergsteigerverbands (Federasion-e Kuhnavardi) mit Übernachtungsmöglichkeiten. Es ist Treffpunkt von Bergsteigern und Bergwanderern, die das Massiv des Takht-e Soleiman mit dem Alam Kuh (4850 m) und dessen verschiedenen Wänden und Gletschern zum Ziel haben.

Etwa vier Kilometer nördlich von Marzanabad zweigt von der Chalus-Straße in westliche Richtung eine serpentinenreiche Strecke zum Valasht-Bergsee ab, den man nach etwa elf Kilometern erreicht. Der See liegt in malerischer Umgebung von Bergen umgeben auf 920 Metern Höhe. Auch von der Kelardasht-Ebene aus führt eine Straße hinab zu diesem See. Er ist ein beliebtes Wochenendziel.

▲ Karte S. 285

Bergtouren am Takht-e Soleiman

Wenn man hier Touren unternehmen möchte, so ist eine Anmeldung im vorher erwähnten Haus empfehlenswert, denn dann kann auch auch bei Schwierigkeiten Hilfe geleistet werden. Gleichzeitig kann man dort auch die Gipfelgebühr von etwa 15 Euro zahlen, die für das Ersteigen des Alam Kuh fällig wird (Tel. (0)192/2642627, 2642626, 2622579).

Die Gipfeltour auf der Route der Klasse 3, die keine technischen Anforderungen stellt, aber Trittsicherheit und Höhenverträglichkeit voraussetzt, dauert vier bis fünf Tage mit der An- und Abfahrt. Üblicherweise fährt man am ersten Tag von Teheran nach **Rudbarak** und am nächsten Morgen zum nahen Vandarbon (2300 m). Nun folgt ein fünfstündiger Trek zur Hesarchal-Ebene (3800 m), wo man im Zelt übernachtet. Am nächsten Tag geht es auf Pfaden, die über Schotter und Felsen führen, über den Marjikesh-Berg in fünf bis sechs Stunden zum Alam-Kuh-Gipfel (4850 m) und dann zurück zum Hesarchal-Lager. Alternative, aber anstrengendere Routen führen von Vandarbon über die Sarchal-Schutzhütte (3800 m) zum Alam Kuh.

Empfehlenswerte Bergführer sind Mr. Haj Abolfath und Mr. Reza Chahkanouei (→ S. 155).

Der Alam Kuh bietet weitere Routen mit höheren Schwierigkeitsgraden. Darunter die berühmte ›Germans Flank‹, eine vertikale Granitwand an der Nordseite mit Stufe 6 bzw. 5.9, die am 6. August 1936 von Ludwig Steinauer und Wolfgang Gorter in 17 Stunden zuerst durchstiegen wurde.

Teppichknüpferinnen bei Hasankif

Kelardasht-Hochebene

International Hotel****, Hasankif, Kh. Pardisan, Kh. Imam Khomeini, Tel. (0)192/2627 00-0 (bis -5). Dies ist ein Apartment-Motel (Q4/P5).

Maral Hotel**, Hasankif, Bolvar-e Pasdaran, Tel. (0)192/262 22 58, 262 67 26. Auch hier gibt es Apartments mit Kochecke (Q2/P3).

Hotel Park Chaman**, am östlichen Rand von Rudbarak, Tel. (0)192/264 31 59 (Q2/P2).

Im Zentrum von Hasankif gibt es mehrere Restaurants, darunter das empfehlenswerte **Arash**.

Amol und Babol

Amol

Eine Nord-Süd-Strecke führt von Teheran am Damavand-Gebirge vorbei und folgt dem Tal des Haraz-Flusses nach Amol. Da der parallel zur Küste fließende Verkehr hinzukommt, ist Amol mit seinen 200 000 Einwohnern ein wichtiger Verkehrsknotenpunkt. Von der sassanidischen bis in die ilkhanidische Zeit war es Hauptstadt dieser Region und zeitweilig auch Bischofssitz der assyrischen Kirche. Der Historiker Al Tabari aus dem 9. Jahrhundert stammte von hier. Timur ließ es im 14. Jahrhundert zerstören. Dann wurde es von der Dynastie der Marashi beherrscht, bis es 1596 zum persischen Reich kam. Zeugen der Vergangenheit sind mehrere Mausoleen und Grabtürme.

Das östlich des Basars gelegene **Mausoleum Mashhad-e Mir Bozorg**, in dem der Gründer der Marashi-Dynastie, Seyed Qavam oddin Marashi, beigesetzt ist, geht auf das Ende des 14. Jahrhunderts zurück. Shah Abbas, der mütterlicherseits Mazanderani war, ließ es im

17. Jahrhundert renovieren und erweitern. Das quadratische Ziegelgebäude hat 25 Meter Seitenlänge und wird außen durch Spitzbogennischen und Portale gegliedert. An die zentrale Grabkammer, die von einem flachen Pyramidendach überwölbt ist, schließen mehrere Seitenräume an. Es sind noch Teile des Fliesenschmucks und der kufischen Inschriften vorhanden.

Westlich des Basars befindet sich das kleinere **Imamzadeh Ibrahim** von 1517, in dem ein Nachfahre des 7. Imams bestattet sein soll. Es besteht aus einem ursprünglich frei stehenden Grabturm mit achteckigem Unterbau und Spitzdach. An die Vorder- und Rückseite wurden Räume angefügt.

Im Norden der Stadt, etwas oberhalb der Kh. Shahid Hadizadeh, gibt es einen weiteren achteckigen Grabturm mit Spitzdach, die **Boqe-ye Mir Heydar**. Die Seiten sind durch Bogenfelder gegliedert und unterhalb des Dachansatzes durch einen umlaufenden Fries mit kleinen Nischen geschmückt. Der Überlieferung nach sollen hier die Söhne des Seyed Qavam oddin Marashi begraben worden sein.

Im Zentrum der Stadt führen über den Haraz-Fluss zwei Brücken: die aus dem 18. Jahrhundert stammende 120 Meter lange Ziegelbrücke **Darvazeh-ye Pelleh** und eine auffällige moderne Stahlbrücke mit zwei Bögen.

Babol

In den Beschreibungen der frühen arabischen Reisenden erscheint der Ort unter der Bezeichnung Mamtir. Seit der Marashi-Herrschaft im 15. Jahrhundert hieß er Barforush, der Handelsplatz, und 1927 erhielt er den Namen Babol. Während der Zand-Zeit, Ende des 18. Jahrhunderts, war Barforush Provinzhauptstadt und baute seine Handelsbeziehungen nach Russland aus. Das heutige Babolsar, diente auch damals schon als Hafen und war von Babol aus mit flachen Lastkähnen zu erreichen.

▶ Karte S. 285

Der **Basar** von Babol besteht größtenteils aus Gebäuden des 19. und 20. Jahrhunderts mit vorstehenden Dächern, die vor Regen und Sonne schützen sollen. Die **Jame-Moschee** wurde anstelle eines safawidischen Vorgängerbaus nach einem Erdbeben Anfang des 19. Jahrhunderts neu erbaut. Sie entspricht dem damals hier üblichen Architekturschema für Vier-Iwan-Moscheen, wobei nur der Iwan des Kuppelraums betont wird.

Knapp 800 Meter nördlich der Jame-Moschee steht einer der typischen Grabtürme mit Spitzdach, das **Imamzadeh Ghassem**. Es wurde 1485 errichtet. Der hier beigesetzte Seyed ebne Musa Qassem war ein Sohn des 7. Imams.

Imamzadeh Zayn al-Abidin in Sari

Sari und Umgebung

Die Provinzhauptstadt Mazanderans hat 270 000 Einwohner. Ihre Geschichte lässt sich bis in die sassanidische Zeit zurückverfolgen. Sie besitzt eine Eisenbahnverbindung, und die Nord-Süd-straße über Firuzkuh führt hier vorbei. In ihrer Nähe befindet sich auch der wichtigste Flughafen im südöstlichen Bereich des kaspischen Meeres.

Das Wahrzeichen der Stadt ist der **Uhrturm** im Zuckerbäckerstil aus der Zeit Reza Shahs auf dem Meydan-e Saat. Die Stadt wirkt modern, was auch damit zusammenhängt, dass die meisten Verwaltungsgebäude im 20. Jahrhundert entstanden sind. Auch viele Wohnhäuser wurden wegen der Vervierfachung der Einwohnerzahl seit 1976 neu gebaut. Sari ist eine ausgesprochen dynamische Stadt und besitzt viele Hochschulen und Ausbildungsstätten.

Die **Jame-Moschee** befindet sich im südlichen Bereich des **Basars**. Vermutlich stand an ihrer Stelle vor der Islamisierung ein Feuertempel. Die erste Moschee wurde hier um 765 gebaut. Von ihr ist aber nichts erhalten geblieben. Der gegenwärtige Bau wirkt auch durch seine kräftige Farbgebung im Innenhof relativ neu. Außerhalb des **Basars** gibt es einen Fischmarkt (Mahi Forush-ha). Dieser ist in einer Halle unmittelbar nördlich der Westseite der Tajan-Brücke untergebracht.

Wie in den anderen größeren Städten dieser Region gehören auch hier einige **Grabtürme** zu den wenigen architektonischen Zeugnissen der Vergangenheit. Etwa 200 Meter westlich des Basarzentrums stehen die **Imamzadehs Soltan Zayn al-Abidin und Yahya** nahe beieinander auf einem Platz. Das zuerst genannte ist daran zu erkennen, dass es einen quadratischen Unterbau hat, an dessen Oberkante ein mit kleinen Nischen versehener Fries verläuft. Dann kommt ein Zwischengeschoss mit aufgesetzten Dreiecken, in denen innen die Trompen sitzen, das zu dem achteckigen Turm überleitet, auf dem einen Spitzdach sitzt. Der **Yahya-Turm** ist rund und besitzt auch ein Spitzdach. Hier soll Yahya, ein Sohn des 7. Imams, begraben worden sein. Beide Türme stammen aus der ersten Hälfte des 15. Jahrhunderts.

Das **Imamzadeh Abbas** befindet sich auf der anderen Seite des Flusses. Man erreicht es, wenn man die Tajan-Brücke überquert und nach 750 Metern nördlich abbiegt. Es ist ein typischer Grabturm mit Spitzdach. Hinsichtlich des Baudatums um 1491 könnte es einer der letzten Grabtürme gewesen sein, da diese Architekturform ab Beginn der folgenden Safawidenherrschaft nicht mehr verwendet wurde. In ihm wurden drei Nachfahren von Imamen beigesetzt.

i Sari

Vorwahl: +98(0)151.

Postamt (Edare-ye Post), Kh. Enqelab, nahe Meydan-e Mostazafin.

Touristeninformation (Edare-ye Miras-e Farhangi), Kh. Jam-e-Jam, nahe dem Meydan-e Imam Khomeini, Tel. 2291001.

Reisebüro Tirang Travel, Kh. Sheikh Tabarsi, vom südlichen Ende der Kh. Jomhuri in östlicher Richtung, Tel. 2227973.

Der Flughafen (Airport Sari – Dasht-e Naz, Tel. 2323793) liegt etwa 18 km nordöstlich des Stadtzentrums. Verbin-

dungen nach Teheran und Mashhad.
Iran Air, Bolvar-e Azadi, nahe dem Meydan-e Imam Khomeini, Tel. 226940-0, -1.

Die Züge nach Teheran fahren meist abends ab. Nachts verpasst man natürlich die Eindrücke von der phantastischen Streckenführung im Elburz-Gebirge, beispielsweise die Spiralen bei Veresk. Von Teheran aus fährt vormittags ein Zug ab, der für Leute, welche dies und die Gebirgsszenerie sehen möchten, geeignet ist.

Vom Busbahnhof (Terminal-e Otobus) an der nordöstlichen Ringstraße (Kamarbandi Sharqi) verkehren Busse in alle Richtungen.
Minibusse und Sammeltaxis **nach Behshahr und Gorgan** fahren ab der Gorgan-Haltestelle (Istgah-e Minibus Gorgan), sie liegt etwa 900 Meter östlich der Tajan-Brücke am Bolvar-e Imam Reza.
Minibusse und Sammeltaxis **nach Qaemshahr und Amol** fahren ab der Haltestelle am Meydan-e Imam Khomeini.

Asram***, Pol-e Tajan (westlich der Tajan-Brücke), Tel. 325509-0, -1, -2 (Q2–3/P2).
Salar Dareh***, Tel. (0)152/388210-1 (bis -5) (Q3/P2). Das Hotel liegt 10 km entfernt an der Straße Richtung Pol-e Sefid. Gegenüber einem Großbetrieb für Holzverarbeitung biegt man westlich ab, dann noch 1 km.
Badeleh***, Tel. (0)152/422254-8, -9 (Q3/P3). 10 km entfernt an der Straße Richtung Gorgan.

Sorena, Kh. Ferdowsi, Tel. 2227069. Auch im Hotel Asram bei der Tajan-Brücke gibt es ein gutes Restaurant.

Farahabad

Der Sommerpalast von Shah Abbas I. in Farahabad bildete den nördlichen Endpunkt der safawidischen Königsstraße, die von Isfahan über Kashan sowie den damals berühmten 30 Kilometer langen künstlichen Steindamm ›sangfarsh‹ durch die Sumpfwüste südwestlich von Garmsar und weiter über Firuzkuh nach Sari führte. Von Sari aus sind es 25 Kilometer in nördlicher Richtung über Akand nach Farahabad. Die zwei Kilometer vom Strand entfernte Palastanlage, die Shah Abbas ab 1611 erbauen ließ, muss nach Aussagen von Besuchern herrlich gewesen sein. Bis auf die Moschee wurde sie allerdings bereits 1668 von Stenka Razins Kosaken verwüstet, die von Russland aus einen Raubzug über das Meer unternommen hatten. Die quadratische Vier-Iwan-Moschee mit 16 Meter hohem Kuppelbau verbindet Architekturelemente Zentralirans mit denen des Nordens. Der von Mauern umgebene Palastbereich begann etwa 200 Meter weiter nördlich und zog sich am Ufer des Tajan-Flusses entlang. Dort stehen noch Mauerreste und ein Eckturm. In diesem Palast soll Shah Abbas I. 1629 gestorben sein. Südöstlich des Palastbereichs kann man noch zwei Fundamente einer Brücke entdecken und ein Gebäude, das früher ein Badehaus war.

▶ Karte S. 285

Lajim

Ein Ausflug in die dichten Waldgebiete des südlichen Elburz-Gebirges veranschaulicht, wie lange die kaspische Region ihr sassanidisches Erbe bewahrte. Der **Grabturm** von Lajim, der 1022 errichtet wurde, weist unterhalb des Turm-ansatzes zwei Inschriften auf, eine in arabischer Schrift und die andere in sassanidischem Pahlawi - und dies fast 400 Jahre nach der arabischen Eroberung des persischen Kernlands. Die runde Kuppel, die man jetzt sieht, ist der innere Teil des ursprünglich zweischaligen Turms, dessen Außenwand sicherlich wie bei den anderen Türmen der damaligen Zeit spitz zulief.

Von Sari führt die Route nach Lajim Richtung Firuzkuh. Etwa 14 Kilometer südlich von Pol-e Sefid bei Zirab biegt man östlich Richtung Otu (Atow) und Lajim ab, das man nach einer Strecke von 30 Kilometern durch herrliche dichte Wälder erreicht. Mit etwas Glück kann man in der Abenddämmerung die großen kaspischen Wildschweine sehen.

Die Eisenbahnstrecke bei Veresk

Bei der Entwicklung des iranischen Eisenbahnnetzes war die Realisierung der Nord-Süd-Strecke die größte Herausforderung, da sie quer zu den gewaltigen Elburz- und Zagrosgebirgsketten verlaufen musste. Zwei Streckenabschnitte waren mit besonderen Schwierigkeiten verbunden, zum einen die Strecke südlich von Dorud durch die engen Schluchten des Sezar-Flusses zum heutigen Dez-Stausee und zum anderen die Stelle bei Veresk, 28 Kilometer nördlich von Firuzkuh, wo das iranische Hochland schroff in die Täler des kaspischen Tieflands übergeht.

Die Arbeiten an der Nordstrecke wurden von einem deutsch-amerikanischen Konsortium begonnen, und 1929 waren die Gleisanlagen in der kaspischen Küstenebene von Bandar-e Turkoman nach Qaemshahr fertiggestellt. Für die Realisierung der Strecke von Qaemshahr bis zum persischen Golf war die dänische Firma Kampsax zuständig. Dabei kam es zu international kaum bekannten Meisterleistungen. Die Veresk-Brücke soll 1937 mit knapp 120 Metern die höchste Eisenbahnbrücke der Welt gewesen sein, und die mehrfachen Gleisspiralen in einem nahen Berg sind nicht minder beeindruckend.

Landschaft im Elburz-Gebirge

Naturschutzgebiete bei Sari

Dasht-e-Naz-Naturschutzpark: Auf einem kleinen Areal sind hier Reste der Bewaldung des kaspischen Tieflands wie Parrotie-Eisenholzbäume, die bis zu acht Meter hohen kaspischen Buchsbäume und andere konzentriert. Wer nicht lange nach zum Teil seltenen endemischen Baumarten suchen möchte, der findet sie hier. Hinzu kommen einige Rudel Mesopotamischer Damhirsche, die in ihrem Ursprungsgebiet an den Flüssen Khuzestans ausgestorben sind. Die Fahrt dorthin führt von Sari zuerst Richtung Flughafen, man biegt bei Surak nördlich ab, folgt dann der Strecke Shahabad–Bala Zeyd–Pain Zeyd östlich um den Flughafen herum und erreicht nördlich von Var Kola nach insgesamt etwa 27 Kilometern den Schutzpark.

Semeskandeh-Naturschutzgebiet: Hier wachsen dieselben Baum- und Pflanzenarten wie in Dasht-e Naz, aber dieses Gebiet ist weiträumiger und bietet sich für Wanderungen an. Es liegt an der Strecke Richtung Neka und ist nur sieben Kilometer von Sari entfernt.

Miankaleh-Naturschutzgebiet: In der nordöstlichen Küstenregion liegt die Halbinsel Miankaleh. Wegen ihrer herben Landschaft und der reichen Vogelwelt gilt sie mittlerweile über die Grenzen Irans hinaus bei Naturliebhabern und Ornithologen als Geheimtipp. Wer sich dafür interessiert, kann unter www.miankaleh.net Informationen und Kontaktadressen finden. Die Fahrtstrecke dorthin führt über Neka, wo man nördlich nach Bandar-e Amirabad abbiegt. Von dort folgt man dem östlichen Straßenverlauf parallel zur Küste bis zur Kontrollstelle der Naturschutzbehörde.

▲ Karte S. 285

Behshahr

In Behshahr, dem früheren Ashraf, das in einer fast mediterran anmutenden Landschaft liegt, ließ Shah Abbas I. im Jahre 1612 eine über 500 Meter lange Parkanlage, den **Bagh-e Shah** (jetzt: **Park-e Mellat** oder Volkspark) anlegen. Er beginnt am südlichen Hügel der Stadt, wo am Anfang der Anlage noch ein querstehendes Gebäude vom Anfang des 17. Jahrhundert steht. Auf einer Hügelkuppel westlich davon kann man den zweistöckigen **Safiabad-Pavillon** sehen, der auch in der Zeit von Shah Abbas I. errichtet wurde. Er gehört jetzt zu einem Militärstützpunkt und sollte nicht fotografiert werden.

Auf Shah Abbas I. geht auch der **Abbasabad-Palastkomplex** zurück, in den ein kleiner See integriert ist. Dorthin führt vom östlichen Stadtrand aus eine schmale Straße die Elburz-Ausläufer hoch. Es ist ein beliebter Ausflugsort, allerdings sind die Gebäude verfallen. Interessant ist das Wasserversorgungssystem aus dem 17. Jahrhundert im Bereich des Sees.

Drei Kilometer westlich der Stadt, an der Straße nach Neka, liegt der Ort Torujan. Von hier aus sind es etwa 500 Meter zu der südöstlichen Felswand, in der sich nebeneinander die **Kamarband- und Hotu-Höhlen** (Ghar-e Hotu) befinden. Beide Höhlen waren in vorgeschichtlicher Zeit bewohnt. In der Hotu-Höhle wurden etwa 9000 Jahre alte menschliche Skelette gefunden.

Beshar

Hotel Miankaleh**, Kh. Imam, Tel. (0)152/522215-0, -1, 5229161 (Q2/P2).

Eingang zur Kamarband-Höhle

Die Provinz Golestan

Die Provinz Golestan ging erst im Jahre 1998 aus dem östlichen Teil der Provinz Mazanderan hervor. Sie grenzt im Norden an die Republik Turkmenistan und im Osten und Süden an die Provinzen Nord-Khorasan und Semnan. Hyrkania, die klassische Bezeichnung der kaspischen Region, schloss einen großen Teil Golestans ein. Der Begriff Hyrkania leitet sich vom altpersischen Varkana, Land der Wölfe, ab, da Wolfsrudel ihre Reviere in den großen Waldgebieten hatten, welche die Gebirgshänge und teilweise die Ebenen bedeckten. Die fruchtbaren Landschaften der kaspischen Region setzen sich östlich von Gorgan fort, allerdings sind dort die Niederschlagsmengen geringer, und die Bewässerung erfolgt zum großen Teil über Kanäle, die mit Flüssen wie dem Gorgan-Fluss oder Schwemmfächern vom Elburz-Gebirge her, beispielsweise bei Aliabad, in Verbindung stehen.
Diese traditionellen Agrargebiete gehören zu den ältesten zusammenhängenden Kulturlandschaften Irans. Hier gibt es zahlreiche Siedlungshügel, von denen nur wenige erforscht sind, wie Turang Tepe, dessen Funde bis in das 5. Jahrtausend v. Chr. zurückreichen. Einige dieser Tepes bergen sicherlich noch Überraschungen und könnten nach ihrer Erschließung zu Touristenattraktionen werden wie der Hügel Qaleh Khandan im südwestlichen Stadtgebiet von Gorgan, oder die festungsähnliche Erhe-

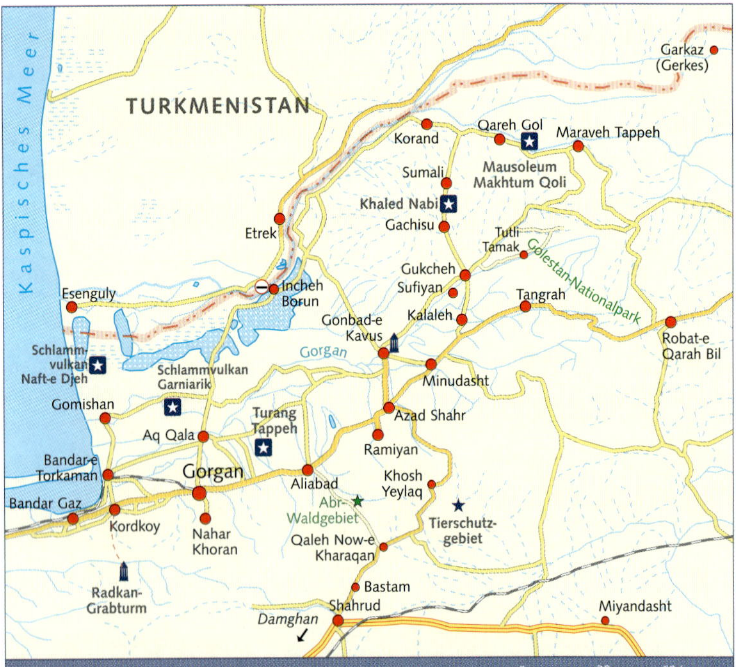

Golestan und nördliches Semnan

bung bei Qareh Tappeh Sheykh und der Tappeh Dasht-e Halqeh mit sieben Kilometern Umfang, die als parthische Städte gedeutet werden.
Das fruchtbare Gebiet wurde in sassanidischer Zeit durch eine etwa 200 Kilometer lange Befestigungsmauer aus gebrannten Ziegeln geschützt. Diese erstreckte sich von Gomishan am Kaspischen Meer entlang der Nordseite des Gorgan-Flusses und vorbei an Gonbad-e Kavus bis an den Rand des Golestan-Nationalparks nördlich von Tangrah. Nördlich dieser Linie beginnen die Steppenlandschaften, die wie die Städte Bandar-e Torkaman, Aq Qala und Gonbad-e Kavus von turkmenischstämmigen Iranern bewohnt werden.
Im Steppengebiet ist Viehzucht noch immer die Haupterwerbsquelle. In den vergangenen Jahrzehnten wurde dort die Sesshaftwerdung gefördert, so dass es kaum noch Nomaden gibt. Diese Region ist bekannt für ihre typischen Teppiche mit schwarzen geometrischen Mustern auf rotem Grund. Im Gegensatz zu dem im iranischen Straßenbild sonst vorherrschenden schwarzen Tschador tragen die Frauen hier häufig Umhänge mit farbigen Mustern und große geblümte Kopftücher. Die Provinz hat 1,6 Millionen Einwohner.

Bandar-e Torkaman

Die Hafenstadt Bandar-e Torkaman mit etwa 50000 Einwohnern liegt gegenüber der Halbinsel Miankaleh, an deren östliches Ende sich die Insel Ashuradeh anschließt. Die Eisenbahnverbindung zum Persischen Golf brachte es mit sich, dass Bandar-e Shah, wie es bis 1979 hieß, von den Alliierten während des Zweiten Weltkriegs als Umschlagsplatz für Hilfslieferungen an die Sowjetunion benützt wurde.

Teppiche auf dem Markt von Aq Qala

Die Stadt hat einen Handelshafen, und von einem Kai (Eskeleh) aus bestehen Bootsverbindungen nach Ashuradeh, wo Kaviar verarbeitet wird. Bandar-e Torkaman ist bekannt für seinen Montagsmarkt, der allerdings stärker kommerzialisiert ist als der Donnerstagsmarkt in Aq Qala (→ S. 299). Wie Gonbad-e Kavus besitzt es eine berühmte moderne Rennbahn für Turkmenenpferde.

Insel Ashuradeh

Für Ashuradeh hat man ein umfangreiches Eco-Tourismusprojekt geplant mit Hoteleinheiten, die auf Stelzen im Meer stehen werden. Ashuradeh hatte im 19. und 20. Jahrhundert eine bewegte Geschichte. Wegen der empfindlichen Störungen des Schiffsverkehrs durch turkmenische Piraten hatten iranische Regierungsstellen 1836 die russische Flotte um Unterstützung gebeten. Nachdem eine russische Niederlassung auf Ashuradeh eingerichtet worden war, wollten die Russen diese nicht mehr aufgeben. Erst 1921 wurde das Gebiet von der Sowjetunion wieder geräumt.

Gomishan-Lagune

Die Gomishan-Lagune mit ihren vielen Vogelarten beginnt etwa zehn Kilometer nördlich von Bandar-e Torkaman. Sie wurde im Jahre 2001 zum Naturschutzgebiet erklärt. Wenn man dorthin fährt, kommt man zuerst durch Khvajeh Nafas am Gorgan-Fluss. Dort gibt es ab Ende März normalerweise Rötelfalken (Dalijeh-ye Kuchek). Die Lagune zieht sich knapp 40 Kilometer an der Küste des Kaspischen Meeres in nördlicher Richtung entlang. Sie ist etwa einen Meter tief und ein Paradies für verschiedene Gänse- und Entenarten, Blässhühner, Spießflughühner, Stelzenläufer, Weißbart- und Zwergseeschwalben und während der Winterzeit auch für Schwärme von rosa Flamingos sowie seltener für Krauskopfpelikane und Kaiseradler.

Gorgan

Die Provinzhauptstadt Gorgan mit 280 000 Einwohnern liegt im Westen nahe dem Kaspischen Meer. Bei dem Tappeh Qaleh Khandan im Südwestteil der Stadt handelt es sich wahrscheinlich um Zadracarta, das von Alexander dem Großen auf seinen Eroberungszügen aufgesucht wurde. Im Jahre 716 wurde Gorgan von den Arabern erobert. Später nahm es eine herausragende Stelle als Handelsstadt an den Karawanenrouten nach Zentralasien ein. Es war aber auch häufig den Angriffen kriegerischer Nomadenstämme ausgesetzt. Ab 1845 gab es hier ein russisches Konsulat.

Astarabad, wie Gorgan bis 1937 hieß, war einer der Orte, wo Anfang des 20. Jahrhunderts Auseinandersetzungen wegen der Modernisierung der Verfassung stattfanden. Bei der anschließenden Besetzung durch russische Truppen im Jahre 1911 brannten große Teile des Basars ab. Erdbeben Anfang der 1930er Jahre verursachten weitere starke Gebäudeschäden. Die Einwohnerzahl hat sich seit 1976 verdreifacht, weshalb die Stadt expandiert und einen dynamischen, modernen Eindruck macht.

▲ Karte S. 294

Das Imamzadeh Nur

Sehenswürdigkeiten

Sehenswert ist der **Basar**, dessen Gänge wegen des feuchten, heißen Klimas nicht überdacht sind. Manche der Gebäude besitzen noch die typischen Holzbalkone und sind, im Gegensatz zu den üblichen modernen Beton- und Metalldächern, mit roten Dachziegeln gedeckt.

Die westlich des Shahrdari-Platzes (Meydan-e Shahrdari) im Basar gelegene **Jame-Moschee** wurde in seldschukischer Zeit gegründet. Nach häufigen Umbauten und Erweiterungen hat von der ursprünglichen Bausubstanz nur ein Minarett die Jahrhunderte überdauert. Dieses Minarett aus hellbraunen Ziegeln ist mit einem kufischen Inschriftband verziert und trägt ein Holzdach. Der geschnitzte hölzerne Predigtstuhl stammt von 1454 und das Mihrab von 1696. Der farbige Fliesenschmuck an den Iwanen wurde im 20. Jahrhundert angebracht.

Folgt man der Hauptgasse des Basars in nordwestlicher Richtung, erreicht man nach 100 Metern das renovierte **Taqavi-Haus** (Khane-ye Taqavi) mit zwei hübschen Innenhöfen. Es stammt aus qajarischer Zeit. Jetzt ist dort die Touristeninformation (Sazeman-e Miras-e Farhangi) untergebracht.

Weitere 100 Meter in nordwestlicher Richtung liegt das **Imamzadeh Nur**, ein zwölfeckiger Ziegelbau, der hinsichtlich seines Aufbaus, der Art des geometrischen Ziegelschmucks und der Kufi-Inschriften aus spät-seldschukischer Zeit stammt. Das einzig auffindbare Datum (1462) soll bei Renovierungsarbeiten angebracht worden sein. Er wird von einem Flachdach abgeschlossen, auf dem eine Ampel sitzt. Im Inneren befinden sich ein Stuckmihrab und ein mit geschnitzten Kufi-Inschriften verzierter Holzaufbau über dem Sarkophag. Hier wird Eshagh, ein Bruder Imam Rezas, verehrt.

Zum Shohada-Platz (Meydan-e Shohada), wo das **Museum** (Muze-ye Gorgan) liegt, sind es etwa 800 Meter in nördliche Richtung. Die wichtigsten Exponate stammen aus Turang Tappeh und aus Jurjan bei Gonbad-e Kavus. Auch gibt es einen beeindruckenden Hortfund aus der Bronzezeit. Öffnungszeiten sind täglich von 8 bis 17 Uhr, außer montags und an Feiertagen. Das **Imamzadeh Abdollah** steht auf dem an das Museum angrenzenden Friedhofsgelände. Man erkennt es an seiner weithin sichtbaren blauen Kuppel. Innen ist das Gebäude mit Spiegelfacetten ausgekleidet.

Eine Koranschule im typisch kaspischen Stil mit Holz-Balkonen ist die **Madrese Emadie**. Sie besitzt einen stimmungsvollen, überschaubaren Innenhof, um den die Studierzimmer gruppiert sind. Sie wurde in safawidischer Zeit erbaut und befindet sich nördlich der Kh. Khomeini im Gassengewirr des Darb-e-Now-Viertels vor dem Meydan-e Abbas Ali.

Wer sich für den Hügel **Tappeh Khandan** (oder Khalat-e Poushan) interessiert, unter dem sich wahrscheinlich die Zitadelle der achämenidisch-seleukidischen Stadt Zadracarta verbirgt, der kann diesen leicht finden. Er erhebt sich rund 40 Meter hoch und 250 Meter breit südlich des westlichen Endes der Kh. Khomeini.

Vom Westende Gorgans, am Meydan-e Basij, geht eine schmale Straße südlich ab, die in vielen Windungen den nächsten Ausläufer des Elburz-Gebirges hinaufführt. Die Strecke heißt ›**Hezar Pich**‹, was tausend Kurven bedeutet. Von der Anhöhe aus hat man bei gutem Wetter eine Fernsicht bis zum kaspischen Meer.

Weniger als fünf Kilometer vom südlichen Ortsende entfernt befindet sich das **Naherholungsgebiet von Nahar Khoran** an den waldreichen Ausläufern des Elburz-Gebirges. Die Waldwege und Picknickplätze sind an Wochenenden allerdings stark frequentiert. Das weitere sieben Kilometer auf dieser Strecke entfernte **Gebirgsdorf Ziarat** auf rund 1000 Meter Höhe bietet sich auch als Ausflugsziel an. Hinter diesem Ort gibt es in der Fortsetzung des Taleinschnitts einen Wasserfall (Abshar).

i Gorgan

Vorwahl: +98(0)171.

Postamt (Edare-ye Post), nördlich des Park-e Shahr, nahe Meydan-e Kakh.

Touristeninformation Golestan (Miras-e Farhangi), im Khaneh-ye Taqawi Haus zwischen Basar und Imamzadeh Nur, Tel. 226 18 02.

Umweltschutzbehörde (Sazeman-e Mohit-e Zist), an der Kh. Nahar Khoran in der Nähe des Tourismuskomplexes Nahar Koran, Tel. 552 46 61. Wenn diese nicht erreichbar ist, wendet man sich an die Touristeninformation.

Komeil Golestan Travel Agency (Azhans-e Mosaferat-e Komeyl Golestan), Kh. Vali Asr, Kh. Edalat. Tel. 2326664.

Bank-e Melli, Meydan-e Shahrdari.

Der Flughafen (Forudgah) liegt 6 km nordwestlich der Stadt. Es bestehen Verbindungen der Iran Air nach Teheran und Mashhad (Iran Air, Kh. Azar, Tel. 22 32 50-0, -1).

Der Bahnhof (Istgah-e Rah-e Ahan) liegt 2 km nördlich des Meydan-e Shahrdari, an der Kh. Shohada. Von hier aus verkehren Züge nach Teheran.

Der **Busterminal** (Terminal-e Otobus) befindet sich 500 Meter östlich des Bahnhofs am Meydan-e Enqelab.

Die Bushaltestelle für **Minibusse Richtung Gonbad-e Kavus** (Istgah-e Minibus Gonbad) liegt knapp 3 km östlich des Meydan-e Shahrdari bzw. 350 Meter östlich des Meydan-e Moallem.

Die Haltestelle für **Minibusse Richtung Kordkoy** (Istgah-e Minibus Kordkoy) befindet sich 2,5 km westlich des Meydan-e Shahrdari am Meydan-e Mofateh.

Hotel Azin***, Tel. 44 23 00-4 (bis -7), 5 km außerhalb an der Straße Richtung Behshahr (Q2–3/P3).

Hotel Jahangardi**, Tel. 552 00 34, im Tourismuskomplex Nahar Khoran südlich der Stadt (Q2/P2).

Hotel Ziarat**, Tel. 246 30 06, 12 km ab südlichem Ortsende über Nahar-Khoran-Tourismuskomplex im Gebirgsdorf Ziarat (Q2/P1–2).

Restoran-e Abshar, Kh. Imam Khomeini, nahe Meydan-e Shahrdari, Tel. 222 29 93.

Restoran-e Baba Taher, modernes Gebäude mit rundem Dach an der Westseite der Kh. Nahar Khoran, 1 km ab südlichem Ortsende, Tel. 2231334. Gut, aber teuer.

Die Umgebung von Gorgan

Radkan-Tal

Vom 20 Kilometer von Gorgan entfernten **Kordkoy** aus kann man einen empfehlenswerten Ausflug über die ersten Elburz-Gebirgskämme hinweg in das Tal von Radkan unternehmen. Hierzu ist ein geländegängiges Fahrzeug erforderlich, da dorthin nur eine Piste führt. An der Kreuzung östlich des Meydan-e Shahrdari in Kordkoy kann man entsprechende Fahrzeuge finden. Von dort benutzen die Einheimischen Geländewagen, Pick-ups, Minibusse etc. nach Radkan. Wer sichergehen will, dass er einen Geländewagen mit Fahrer findet, sollte sich an die Tourismusstelle in Gorgan (→ S. 297) wenden. Für die Strecke von 45 Kilometern sind eineinhalb bis zwei Stunden einzuplanen.

Der malerische Ort **Deraz Now** liegt auf 2200 Metern am höchsten Kamm, der zu überwinden ist. Die folgenden südlichen Abhänge sind besonders für Naturfreunde interessant, da sich hier ausgedehnte Polsterpflanzen-Biotope befinden. Das gesamte Gebiet ist für seine Heilkräuter bekannt.

▶ Karte S. 294

Im Tal steht der **Grabturm von Radkan** (Mil-e Radkan), der im Jahre 1020 errichtet wurde. Unterhalb des konischen Turms läuft eine Inschrift, für die zu zwei Dritteln arabische Schrift und zu einem Drittel Pahlawi verwendet wurde. Nur an dem Turm in Lajim von 1022 tritt noch einmal eine Inschrift in Pahlawi auf. Daran kann man erkennen, wie lange sich das vorislamische Erbe in diesem Gebiet gehalten hat.

Für Reisende zwischen Behshahr und Gorgan bietet sich in Kordkoy als empfehlenswerte Übernachtungsmöglichkeit das Hotel an der Durchgangsstraße westlich des Meydan-e Imam Khomeini an: Hotel Bahman***, Tel. (0)173/ 32 21 50-1 (bis -7), www.bahmanhotel.com (Q3/P3).

Aq Qala

Im 21 Kilometer entfernten Aq Qala, das von turkmenischstämmigen Iranern bewohnt wird, findet donnerstags zwischen 7 und 12 Uhr der wohl **ursprünglichste Markt** dieser Region statt. Hier werden landwirtschaftliche Erzeugnisse, turkmenische Teppiche und viele Artikel des täglichen Bedarfs angeboten.

Von Aq Qala aus kann man auch eine Fahrt entlang den **Resten der Mauer von Gorgan** (Divar-e Gorgan) unternehmen, die wegen ihrer monumentalen Ausmaße auch Alexanderdamm (Sadd-e Iskander) genannt wird. Dazu fährt man elf Kilometer nach Norden und biegt dann östlich nach Anbar Olum ab. Bis zu dieser 13 Kilometer entfernten Ortschaft verläuft die Straße parallel zu den ehemaligen Befestigungsanlagen, die an zwei von einem Graben getrennten Erdwällen zu erkennen ist. Bei Anbar Olum führt der Straßenverlauf dann von der Mauer weg. Um die Fahrt zu einer Rundreise auszuweiten, könnte man von dort 65 Kilometer auf Nebenstraßen bis Gonbad-e Kavus weiterfahren. Vermutlich wurde die Mauer gegen Ende des 5. oder Anfang des 6. Jahrhunderts n. Chr. errichtet und sollte vor den nördlichen Steppenvölkern schützen. Die Befestigungsanlagen setzten sich aus einem Erdwall, einem etwa 25 Meter breiten und 5 Meter tiefen Graben und einer bis zu zehn Meter breiten Ziegelmauer zusammen. Die mittlerweile verfallene Anlage erstreckte sich über 200 Kilometer vom Kaspischen Meer dem Gorgan-Fluss folgend bis zum heutigen Golestan-Nationalpark. Durchschnittlich alle viereinhalb Kilometer waren ihr Militärlager zugeordnet.

Schlammvulkane Gelfeshan

Die Caldera von 550 Metern Durchmesser des **Gelfeshan Garniarik** ist beeindruckend. Dorthin benützt man dieselbe Strecke, die nach Norden zu den Resten der Mauer von Gorgan führt. Nach insgesamt 13,5 Kilometern biegt man westlich Richtung Qolmas ab und nach weiteren sieben Kilometern südlich nach

Auf dem Markt in Aq Qala

Der Norden

Saqar Tappeh, wo sich in drei Kilometer Entfernung der Schlammvulkan befindet (37°07'03"/54°23'50").

Der etwas kleinere **Gelfeshan Naft-e Djeh** liegt im kargen Steppengebiet 18 Kilometer nordöstlich von Gomishan und ist nur über Pisten erreichbar.

Turang Tepe

Wer von Gorgan Richtung Aliabad fährt, kann unterwegs einen kurzen Abstecher zum Siedlungshügel Turang Tepe machen. Dazu biegt man zwölf Kilometer östlich von Gorgan von der Straße Richtung Aliabad nördlich nach Marzan Kalateh ab und erreicht Turang Tepe nach neun Kilometern. Turang Tepe ist mit 30 Metern die höchste Erhebung in der dortigen Ebene. Die ältesten Fundstücke werden bis in das 5. Jahrtausend v. Chr. datiert. In der ersten Hälfte des 1. Jahrtausends v. Chr. gab es dort einen gewaltigen zweistufigen Terrassenbau von 80 Metern Seitenlänge und gut 13 Metern Höhe, der aus gebrannten Ziegeln bestand. Seine Funktion konnte bisher nicht bestimmt werden. In sassanidischer Zeit wurde auf dem Gipfel eine Festung mit einem Feuertempel errichtet. Interessant ist auch, dass man hier Schmuckstücke fand, die belegen, dass rund 2800 Jahre v. Chr. bereits Handel mit Lapislazuli betrieben wurde.

Gonbad-e Kavus

Die Stadt hat etwa 130 000 Einwohner und ist das Zentrum des iranischen Turkmenengebiets. Bis zum 13. Jahrhundert hieß die Siedlung Jurjan und war die blühende Hauptstadt der Provinz gleichen Namens. In der Mongolenzeit, im 13. Jahrhundert, wurde Jurjan vollkommen zerstört und die überlebenden Bewohner siedelten sich einige Kilometer östlich neu an. Dort entstand die Stadt Gonbad, deren Name 1937 den Zusatz Kavus erhielt.

Ihre südwestlichen Außenbezirke reichen nun fast an die Kraterlandschaft der alten Stadt Jurjan heran, die am einen Kilometer entfernten Imamzadeh Yahya ebn Zayd beginnt. Von 928 bis 1090 war Jurjan auch Regierungssitz des einflussreichen Ziyariden-Fürstentums.

Karte S. 294

▲ *Turang Tepe*

Grabturm Gonbad-e Qabus

Aus dem Jahre 1006 stammt die einzige bedeutende Sehenswürdigkeit der Stadt, der Grabturm Gonbad-e Qabus (seit 2012 Weltkulturerbe). Er ist der älteste erhaltene Ziegelturm seiner Art und zählt durch seine monumentale, strenge Architektur zu den beeindruckendsten Bauwerken Irans. Der zylindrische Ziegelturm mit spitzem kegelförmigem Dach ragt bis zu einer Höhe von fast 55 Metern empor. Durch den geringen Außendurchmesser von 14 Metern, der sich dort um drei Meter verbreitert, wo die prismatischen Pfeiler vorspringen, wird das Emporstreben des Bauwerks besonders betont. Hinzu kommt, dass der Turm auf einem künstlichen Hügel steht, der sich 15 Meter über das flache Umland erhebt.

Zwischen den zehn angelegten Pfeilern umlaufen unterhalb des Turmansatzes und oberhalb des Eingangs Kufi-Inschriften aus Ziegeln den Bau. In der Nische des einzigen Eingangsportals befinden sich zwei kleine dreilappige Schmucktrompen, die zu den frühesten Beispielen der Trompengliederung im Iran gehören. Der Turm ist innen schmucklos.

Die Suche nach einer Grabstelle blieb erfolglos, obwohl russische Forscher um 1900 einen zwölf Meter tiefen Schacht in das Fundament trieben. Den Inschriften ist zu entnehmen, dass der Bau auf Veranlassung des Ziyariden-Fürsten Shams al Maali Qabus ibn Wushmgir errichtet wurde. Ibn Wushmgir betätigte sich als Dichter und Kalligraph und war als zeitweiliger Förderer Avicennas und des Astronomen al-Biruni bekannt. Der Legende nach soll sein Leichnam in einem Sarg, der von der Decke hing, beigesetzt worden sein. Dort wäre er nur mit großem Aufwand erreichbar gewesen, denn es gibt keinen Aufgang zum

Der Grabturm Gonbad-e Qabus

Dach. An der Ostseite des Spitzdaches befindet sich die einzige kleine Fensteröffnung zum Innenraum, in deren Lichtkegel sich der Sarg befunden haben soll. Ob diese Geschichte auf Tatsachen beruht, sei dahingestellt.

Pferderennbahn

Wer sich für Pferde interessiert, kennt die schlanken, ausdauernden turkmenischen Pferde, die als Achal Tekkiner bekannt sind. In Gonbad-e Kavus kann man turkmenische Pferde auf der modernen Pferderennbahn (Majmue-ye Sawarkari) nordöstlich der Stadt beobachten. Die Rennen finden in Frühjahr und Herbst an den Wochenenden statt und beginnen am frühen Nachmittag. Genaueres kann man hierzu über die Reiseagentur Turkmen Sahra erfahren.

Dasht-e Halqeh

Für archäologisch Interessierte könnte ein Abstecher zum zehn Kilometer südöstlich gelegenen Ruinengelände von Dasht-e Halqeh reizvoll sein. Dort haben bisher keine nennenswerten Ausgrabungen stattgefunden. Die beiden verfallenen Doppelwälle von vier und sechs Metern Höhe, die das dreieckig geformte Areal einfassen, haben eine Gesamtlänge von sieben Kilometern. Zwischen diesen Wällen befindet sich ein Graben, der bis zu 60 Meter breit ist. In der südöstlichen Ecke steht ein 20 Meter hoher Hügel, auf dem wahrscheinlich die Zitadelle stand. Es wird vermutet, dass es sich hier um eine parthische Stadtgründung handelte. Wer dorthin begleitet werden möchte, kann sich an Mr. Sarli von Turkmen Sahra Travel in Gonbad-e Kavus wenden.

Gonbad-e Kavus

Vorwahl: +98(0)172.

Turkmen Sahra Travel, Kh. Mihan Gharbi, Sakhteman-e Binaii, Tel. 5555685, Mobil (0)939/2327989, (0)911/2765919, Mr. Sarli, mahmoudsarli@yahoo.com. Er arrangiert Ausflüge nach Khaled Nabi, zu Turkmenen-Pferderennen hier, in Bandar-e Torkaman oder in Garkaz, traditionell im Mai.

Bank-e Melli, in der Kh. Motahari Sharqi, der zweiten Straße nordöstlich des Meydan-e Imam Khomeini.

Busterminal (Terminal-e Otobus Gonbad), an der Kh. Shahrivar, 600 Meter westlich des Meydan-e Shahrivar.

Minibusse und Savaris (Istgah-e Minibus), an der Kh. Imam Khomeini, etwa 500 Meter südlich des Meydan-e Shahrivar.

In Gonbad-e Qabus:

Hotel Qabus**, Meydan-e Imam Ali, am südlichen Stadtrand, Tel. 3345402 (Q2/P1–2).

In Azadshahr:

Hotel Iran**, Kh. Dr. Beheshti, Tel. (0)174/6722040 (Q2/P2)

In Minudasht:

Hotel Esteghlal**, Kh. Bojnurd, Tel. (0)174/5222585, 5222314 (Q2–3/P2–3).

In Gonbad-e Qabus:

Restoran-e Akbar Juje, Kh. Golshan-Sharqi.

Restoran-e Atrak, Kh. Taleqani Sharqi.

Restaurants in Azadshahr und Minudasht gibt es in den Hotels.

Durch die Turkmansahra

Die nun folgenden Ausflüge in die Turkmansahra, ein von turkmenischstämmigen Iranern bewohntes Gebiet, kann man alle selbst realisieren. Für den Besuch des auf einer Ebene zwischen Hügeln stattfindenden Pferderennens in Garkaz, wäre es jedoch sinnvoll, einen Begleiter mitzunehmen. Durch diesen können Kontakte zu den dortigen Zuschauern und Teilnehmern hergestellt werden, wodurch es ein besonders lohnenswerter Ausflug würde. Es wird empfohlen, sich bei entsprechenden Fragen oder Wünschen an Mr. Sarli von Turkmen Sahra Travel (s.o.) zu wenden.

▶ Karte S. 294

Khaled Nabi

Zu einer der landschaftlich schönsten Stellen führt die Fahrt nach Khaled Nabi (37°44'30"/55°24'40"). Nach Überquerung des Gorgan-Flusses unmittelbar nördlich von Gonbad-e Kavus nimmt man die nächste Landstraße in östliche Richtung. Auf dieser erreicht man nach etwa 35 Kilometern **Malay-ye Sheikh**. Am westlichen Ortsanfang sieht man links der Straße ein um etwa zwei Meter erhöhtes Areal von 300 mal 240 Metern. Es handelt sich um eines der Militärlager der ehemaligen Mauer von Gorgan.

Dem Verlauf dieser Mauer folgt man weitere fünf Kilometer nach **Qareh Tappeh-ye Sheykh**. Dort betrieb die mit einem Iraner verheiratete Amerikanerin Louise Firouz eine Farm, auf der sie turkmenische Pferde züchtete. Sie gilt auch als Wiederentdeckerin des kaspischen Pferds. Im Mai 2008 starb sie und wurde dort beerdigt. Sie organisierte mehrtägige Reitausflüge zum Golestan Nationalpark, woran Herr Ana Ghelichi aus dem nahen **Sufiyan** beteiligt war und, wie der Autor von der kanadischen Pferdekennerin Kerri-Jo Stewart erfuhr, dies nun in eigener Regie fortführt. Wer an Reitferien zu günstigen Preisen in der Turkmansahra interessiert ist, wendet sich an die Berliner Reiseagentur ATRO (S. 547), Herrn Akbarzadeh, der Kontakt nach Sufiyan unterhält.

Von Qareh Tappeh-ye Sheykh aus sind es sechs Kilometer zu den nahe beieinander liegenden Orten Gukcheh und Tamer, wo man nordwestlich nach Gachisu abbiegt, das 35 Kilometer entfernt ist.

Von Gachisu sind es weitere sechs Kilometer nach **Khaled Nabi**. Dies ist ein Komplex mit drei Mausoleen und einem Friedhof im Gipfelbereich eines Berges, der die umgebende Erosionslandschaft überragt, in der sich niedrige zackige Hügelkämme einander überschneidend bis an den Horizont erstrecken. Auf dem Gipfelplateau steht das Mausoleum Khaled Nabis, der ein Vorläufer des Propheten Mohammed war. Auf dem im östlichen freien Gelände angelegten Friedhof sind für die Verstorbenen vorwiegend Stelen aufgestellt worden, die stilisierte Krieger darstellen. Auf einem tiefer gelegenen nördlichen Vorsprung des Berges steht das Mausoleum seines Schafhirten, Choupan Ata. Dieser soll auf Khaled Nabis Wunsch hin in seiner Nähe beigesetzt worden sein.

Bei Qareh Tappeh-ye Sheykh

Der Khaled-Nabi-Komplex

Der Norden

Mausoleum Makhtum Qoli

Wenn man den Besuch des Mausoleums von Makhtum Qoli (Aramgah-e Makhtum Qoli) in eine Rundreise mit Khaled Nabi einschließen möchten, empfiehlt es sich, vorher die Reiseagentur Turkmen Sahra Travel oder unterwegs in Gukcheh oder Tamer zu fragen, in welchem Zustand sich die 20 Kilometer lange Strecke befindet, die von Somali nahe bei Khaled Nabi in nördliche Richtung zur Querverbindung von Korand nach Qarah Gol führt. Es ist geplant, diese auszubauen. Andernfalls müsste man nach Gukcheh/Tamer zurückfahren und von dort aus die viel weitere, aber gut ausgebaute Strecke über Maraveh Tappeh nehmen. Die Entfernung von Somali bis Qarah Gol beträgt 45 Kilometer. Von dort sind es sieben Kilometer bis zum östlich gelegenen Aq Toqeh, wo sich das hoch aufragende Denkmal für Makhtoum Qoli befindet. Von dort kann man die Reise auf 154 Kilometern Landstraße über Maraveh und Kalaleh nach Minudasht fortsetzen, wo sich ein Hotel befindet.

Makhtum Qoli (Machtumkuli) oder turkmenisch Magtymguly ist der turkmenische Nationaldichter. Er lebte von 1733 bis 1783 und gilt als Begründer der klassischen turkmenischen Literatur. Nachfahren von Makhtum Qoli leben in Garkaz, einem Dorf 90 Kilometer östlich von Maraveh. Dort findet jährlich zu Ehren des Dichters an dem Freitag, der auf den 18. Mai folgt, ein Treffen turkmenisch-stämmiger Iraner statt, dessen Höhepunkt ein Pferderennen ist.

Bei der Einweihung seines Mausoleums in Aq Toqeh am 18. Mai 1999 waren Vertreter iranischer und turkmenischer Regierungsstellen anwesend. Das Denkmal verbindet iranische Blumenmotive auf den Pfeilern mit turkmenischer Zeltform in der Kuppel sowie islamischen Spitzbogen. Es folgen einige frei übersetzte Gedichtzeilen nach der englischen Übersetzung von Yusuf Azemoun:

Das einzige Ende der Liebe

Der Wanderer zog weiter und ließ zurück die leere Schale.
Ein Feigling zerbrach das vom Held geschmiedete Band.
Durch die Geliebte mein Leben ward zur Hölle
Und Wahnsinnsschmerz bracht mich um den Verstand.

Du häuftest an viel weltlich Ding, dann lachtest Du,
Für einen Cent Du Tausende ließt schuften.
Auf reißenden Fluten, es gab nur ein zerbrechlich Floß.
Dein war der leichte Weg, obwohl nach Hilf wir ruften.

Nimmt jemand das Geringste mit aus diesem Leben,
in dem uns häufig Gram und Kummer wecken?
Doch Mensch, hier endet jeder Streit,
Wenn Asche und Staub die letzte Zuflucht decken.

Routen über Kalaleh

Da der eine oder andere Reisende vielleicht die Routen über Kalaleh statt über Gonbad-e Kavus wählen möchte, seien diese auch kurz aufgezeichnet:

Kalaleh – Richtung Maraveh – nach 13 Kilometern bei Gukcheh/Tamer westlich abbiegen nach Qareh Tappeh-ye Sheykh (6 km) oder nordwestlich nach Khaled Nabi (41 km) – weiter Richtung Maraveh. Nach 28 Kilometern kommt man

▶ Karte S. 294

Turkmenischer Reiter bei Garkaz

nach **Karim Ishan** mit gut erhaltener festungsähnlicher Madrese von 1910 – nach weiteren 56 Kilometern nach Maraveh. Dort geht es westlich ab nach Aq Toqeh (33 km) mit dem Mausoleum von Makhtum Qoli oder nordöstlich 90 Kilometer über Hesarcheh nach **Garkaz**, wo in der zweiten Maihälfte Reiterspiele der Turkmenen stattfinden.

Golestan-Nationalpark

Er besteht seit 1967 und ist Irans ältester Nationalpark. Etwas mehr als 40 Kilometer nordöstlich der Stadt Minudasht, vom Ort Tangrah aus, erstreckt er sich über 50 Kilometer Luftlinie nach Osten bis Robat-e Qareh Bil. Seine Nord-Süd-Ausdehnung beträgt zwar nur 20 Kilometer, aber innerhalb dieses Areals enthält er erstaunlich unterschiedliche Landschaften von kaspischen Wäldern im Westen bis zu den Steppen des Ostens bei Höhenunterschieden zwischen 2400 und 450 Metern. Die Pflanzenwelt reicht von Parrotia-Eisenbäumen über kaukasische Erlen, Zelkoven und Flügelnüsse bis zu wildem Safran, Tulpen und Orchideen wie Cephalanthera Caucasica. Es gibt Bezoarziegen, Urial-Wildschafe, Kropfgazellen, einheimische Hirsch- und Reharten und vereinzelt Braunbären, Leoparden und Wildkatzen. Steinadler, Lämmergeier, Falken, Bussarde, Chukar-Steinhühner sowie viele Singvogelarten können beobachtet werden. Für die Durchfahrt auf der Landstraße von Minudasht nach Bojnurd benötigt man keinen Erlaubnisschein.

Am westlichen Ausläufer des Parks im Dorf Tutli Tamak, 35 km nordöstlich von Kalaleh, (37°28'56"/55°43'38"), besteht seit wenigen Jahren ein Ecolodge, das der Autor noch nicht kennt. Sein Leiter, Mr. Kamran Anvari, organisiert botanische und ornithologische Exkursionen, auch Wildbeobachtung u.a., Mobiltel. (0)912 7206741, www.turkmenecolodge.com. Die Preise für Unterbringung sind günstig, für die Aktivitäten wie Fototouren wirken sie exklusiv, sollen aber leistungsgerecht sein.

Möchte man einen landeskundigen Führer bereits von Teheran aus dabeihaben, kann man sich mit dem Trekking Guide Mr. Haj Abolfath in Verbindung setzen (→ S. 155).

Turkmenischer Ältestenrat

Im Osten steht das Licht, ich stehe im West,
Schau weg von mir, der Sonn' ins Angesicht!

Friedrich Rückert über den Sufimeister Rumi

DIE LANDESMITTE

Stadt und Provinz Qom

Die Provinz Qom wurde 1995 wegen der steigenden Geltung der Stadt Qom gegründet. Vorher gehörte das Gebiet zur Provinz Markazi. Qom und Markazi zählen bevölkerungsmäßig mit 1,1 und 1,4 Millionen Einwohnern zu den kleineren iranischen Provinzen.

Die Stadt Qom mit knapp 1 Million Einwohnern liegt auf 930 Meter Höhe am westlichen Rand der Wüste Dasht-e Kavir. Sie ist durch Autobahnen und Eisenbahnstrecken mit Teheran verbunden, die weiter nach Kashan, Isfahan und Yazd führen. Da Qom nur 135 Kilometer von Teheran entfernt ist, kann man es von dort aus auch auf einem Tagesausflug besuchen. Qom besitzt mit der Grabmoschee von Fatemeh (Fatima) Masumeh, der Schwester Imam Rezas, nach Mashhad das zweitwichtigste schiitische Heiligtum Irans. Bekanntlich ist der achte Imam Ali Reza in Mashhad beerdigt.

Wegen seiner zahlreichen theologischen Hochschulen ist Qom von überragender Bedeutung für die schiitische Glaubensgemeinschaft und hat Najaf in Irak als wichtigste Ausbildungsstätte für schiitische Geistliche abgelöst. Es gibt hier über 50 Hochschulen und Seminare mit etwa 60 000 Studierenden, von denen über 15 000 ausländische Vollzeitstudenten aus mehr als 90 Ländern sind. Hinzu kommen noch etwa 4000 ausländische Teilzeitstudenten. Erstaunlich ist der hohe Studentinnen-Anteil. Alleine an der theologischen Hochschule Jamiat-e al-Zahra sind 12 000 Studentinnen eingetragen, von denen etwa 8 Prozent Ausländerinnen sind.

Qom liegt in einem jahrtausendealten Siedlungsgebiet. Dem arabischen Geo-

Legende

1. Heiligtum Fatemeh Masumeh
2. Bibliothek Marashi Najafi
3. Basarbrücke
4. Moschee Imam Hasan Askari
5. Neuer Basar
6. Alter Basar
7. Jame-Moschee
8. Madrese Jahangir Khan
9. Minarette der Qiasieh Madrese
10. Imamzadeh Shah Hamzeh
11. Imam-Khomeini-Haus
12. Garten der Drei Grabtürme
13. Imamzadeh Shah Ibrahim
14. Imamzadeh Ali ebne Jafar
15. Imamzadeh Shah Ahmad Qasem
16. Theolog. Hochschule Al Zahra
17. Theolog. Seminar Hojjatieh
18. Institut für islamische Bildung und Forschung
19. Postamt
20. Fernmeldeamt
21. Kulturerbe-Behörde
22. Reisebüro Homa Agency
23. Krankenhaus Neko-i
24. Mellat Bank
25. Melli Bank
26. Hotel Qom International
27. Hotel Olympic
28. Hotel Etminan
29. Hotel Khorshid
30. Hotel Ghasr Apartment
31. Restaurant Mihan
32. Bus-Terminal Nord
33. Bus-Terminal Haftad-Platz
34. Bushaltestelle West
35. Bushaltestelle Südost
36. Bahnhof
37. Jamkaran-Moschee, Molla-Sadre-Haus

▸ Karte S. 309

graphen Yaqut zufolge soll der vorislamische Name Kumandan gelautet haben. Die schiitische Glaubensrichtung fand hier früh viele Anhänger, wozu besonders die schiitischen Zuwanderer aus Kufa im 8. Jahrhundert beitrugen.

Als Fatemeh Masumeh im Jahre 816 auf einer Reise von Medina zu ihrem Bruder in Tus im nahen Saveh erkrankte, ließ sie sich zu ihren Glaubensgenossen nach Qom bringen, wo sie kurz darauf verstarb. Sie wurde nur 28 Jahre alt, galt

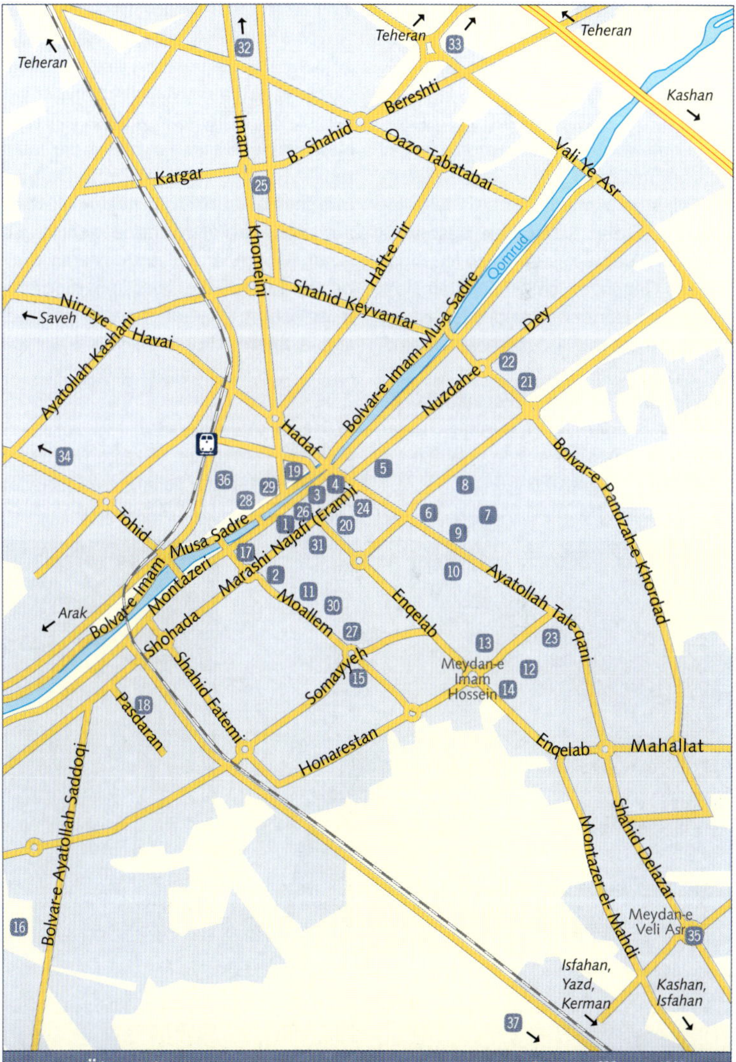

Qom, Übersicht

aber als sehr religiöse und gebildete Frau. Als Angehörige der unmittelbaren Prophetenfamilie errichtete man ihr ein Grabmahl, das im Laufe der Jahrhunderte immer prächtiger ausgebaut wurde.

Das Heiligtum der Fatemeh Masumeh

Das berühmte Heiligtum (Haram-e Mazumeh oder Haram-e Hezrat-e Fatemeh Masumeh) liegt im Zentrum Qoms. Nach den Zerstörungen in mongolischer und timuridischer Zeit wurde der weite Komplex ab Anfang des 16. Jahrhunderts von den Safawiden besonders gefördert, da sie zusätzlich zu Mashhad hier ein Gegengewicht zu den damals in türkischen Händen befindlichen Heiligtümern in Najaf und Kerbela schaffen wollten. Außerdem erhoben sie den schiitischen Glauben in Persien, das bis dahin in großen Teilen sunnitisch war, zur Staatsreligion, um sich von den Ottomanen abzugrenzen.
Wenn man auf dem Meydan-e Astaneh vor dem Haupteingang steht, läßt man sich zum ›International Relations Office‹ oder Edare-ye Ravabete Beynolmal im anschließenden Atabaki-Hof führen, wo man Besichtigungen der Höfe und Vorhallen arrangiert.
Eine erste Orientierung ist anhand der verschiedenen Kuppeln möglich. Die goldene Kuppel befindet sich über dem Grab der Fatemeh Masumeh, die etwas niedrigere, hellbraune Kuppel mit dem Netz weißer Ranken markiert die Tabatabai-Moschee und die große Kuppel mit hellblauen, sternförmigen Mustern auf ockerfarbigem Grund gehört zur Azam-Moschee. Im entfernteren Südosten der Anlage wird die moderne Imam-Khomeini-Gebetshalle (Shabestan-e Imam Khomeini) von einer flachen hellgrauen Kuppel überdeckt.

Neuer und Alter Hof

Durch die Torbauten des Alten Hofs und des Atabaki-Hofs gelangt man in das Grabgebäude. Den **Alten Hof** (Sahn-e

Betende im Imamzadeh Ali ebne Jafar

▲ Karte S. 311

Das Heiligtum der Fatemeh Masumeh 0 60 120 m

Legende

1 Haupteingang am Meydan-e Astaneh
2 Atabaki-Hof (Sahn-e Atabaki) oder Neuer Hof (Sahn-e Nou)
3 Spiegel-Tor (Ivan-e Ayeneh)
4 Alter Hof (Sahn-e Atiq)
5 Goldenes Tor (Ivan-e Talaie)
6 Grab Fatemeh Masoumeh (Haram-e Hezrat-e Masumeh)
7 Tabatabai-Moschee (Masjed-e Tabatabai)
8 Balasar-Moschee (Masjed-e Balasar)
9 Azam-Moschee (Masjed-e Azam)
10 Imam-Khomeini-Gebetshalle (Shabestan-e Imam Khomeini)
11 Hof des ›Herrn der Zeit‹ (Sahn-e Saheb Elzaman
12 Theologische Hochschule Feyzieh (Madrese Feyzieh)
13 Theologische Hochschule Dar Al-Shafa
14 Beyt Al-Nur – Haus des Lichts, auch Madrese Seatieh
15 Mausoleum Fath Ali Shahs (–1834)
16 Mausoleum Mohammed Shahs (–1848)
17 Mausoleen Shahs Soltan Hoseyn (–1722), Suleiman (–1694)
18 Mausoleen Shahs Abbas II. (–1666), Safi I. (–1642)
19 Grab Großayatollahs Borujerdi (–1962)
20 Grab der Dichterin Parvin Etesami (–1941, Kammer Nr. 1)
21 Museum des Harams (Muze-ye Haram)
22 Sheikhan-Friedhof (Gabrestan-e Sheikhan)
23 Theologisches Seminar Ayatollah Golpayegani
24 Marashi-Bibliothek
25 Qom International Hotel

Atiq) stiftete Shah Begi Begum, die Tochter Shah Ismails I., um 1520. Fath Ali Shah ließ den dazugehörigen Südiwan Anfang des 19. Jahrhunderts vergolden, der nun den Namen ›**Goldenes Tor**‹ (Ivan-e Talaie) trägt.

Vom **Atabaki-Hof** (Sahn-e Atabaki oder Sahn-e Nou), den Premierminister Atabaki um 1880 bauen ließ, führt der mit Spiegelmosaiken ausgekleidete **Spiegeliwan** (Ivan-e Ayene) zum Grabraum. Auf die Oberkante des bereits 14,80 Meter hohen Spiegeliwans sind die längsten beiden Minarette des Harams von 28 Metern Höhe aufgesetzt. Der Atabaki-Hof wird an seinen Seiten von attraktiven Fliesenbändern in weißem und gelbem Nastaliq begleitet. Auch befinden sich hier viele Gräber, darunter das der geschätzten Dichterin Parvin Etesami, die 1941 mit 35 Jahren starb.

Der zentrale Bau des Heiligtums mit dem Grab von Fatemeh Masumeh geht auf das 11. Jahrhundert zurück. Seine **Kuppel** wurde Anfang des 16. Jahrhunderts in der Zeit Shah Ismails I. erneuert. Fath Ali Shah, der sich dem Heiligtum besonders verbunden fühlte, ließ Anfang des 19. Jahrhunderts die Kuppel mit 12 000 Goldplättchen ausstatten, die man vor kurzem neu befestigte. Die Gesamthöhe bis zur Spitze beträgt 32 Meter.

Die **Grabkammer** wurde Anfang des 19. Jahrhunderts auf Veranlassung Fath Ali Shahs mit weiteren Fliesen und Spiegelfacetten verziert. Er ließ auch das silberne Trenngitter um den Sarkophag erneuern und stiftete die goldene Tür, die durch den Iwan vom Alten Hof her zur Grabkammer führt.

▲ Karte S. 311

Erwähnenswert sind die über 600 Jahre alten Glasurfliesen des **Sarkophags**, der durch die Trenngitter verborgen ist. Die starke Beanspruchung der Räumlichkeiten durch die Pilger bringt es mit sich, dass kontinuierlich renoviert werden muss. Entsprechende Arbeiten fanden deshalb in der Grabkammer wieder Mitte der 1990er Jahre statt. Die weihevolle Stimmung dieses zentralen Raums mit den vielen Pilgern ist beeindruckend.

Links vom Spiegeliwan führt ein Tor zur **Tabatabai-Moschee**, die Hojat ol-Islam Tabatabai um 1950 erbauen ließ. Während die angrenzende **Balasar-Moschee** relativ nüchtern wirkt, zeichnet sich die Tabatabai-Moschee durch Muqarnas und Marmor in gedeckten Farben aus. In beiden Moscheen sind viele hohe Geistliche beigesetzt. Südwestlich der Grabkammer der Fatemeh Masumeh schuf man in der zweiten Hälfte des 17. Jahrhunderts einen prächtigen **Grabbau für Shah Abbas II.** Fünf weitere Mausoleen safawidischer und qajarischer Könige befinden sich in zentralen Gebäudeteilen.

Azam-Moschee und Khomeini-Gebetshalle

Zum Heiligtum gehört auch die imposante Azam-Moschee im herkömmlichen Stil, die von Großayatollah Borujerdi gestiftet wurde, und die Imam-Khomeini-Gebetshalle mit der Hofanlage Saheb Elzaman. Diese Gebetshalle und der Hof zählen mit geraden Linienführungen unter Einbeziehung traditioneller Elemente und dem sparsamen geometrischen Schmuck zu den ansprechendsten modernen Sakralbauten Irans. Sie wurden von den Pirraz- und Ag-e-Bam-Architekturbüros geplant und 2005 fertiggestellt. Für Pilger interessant ist auch das Gebäude Beyt al-Nur, das an der Stelle steht, wo Fatemeh Masumeh gebetet haben soll. Gegenwärtig befindet sich darin die Madrese Seatieh.

Theologische Hochschulen

Das an das Heiligtum anschließende theologische **Seminar Feyzieh** ist eines der bekanntesten der islamischen Welt. Hier studierte und lehrte Imam Khomeini und einer seiner Schüler war der frühere Präsident Hashemi Rafsanjani. Nordöstlich davon liegt die **Lehranstalt Dar al-Shafa**, die von Fath Ali Shah als Krankenpflegeanstalt gegründet worden war. Weitere bedeutende Hochschulen sind die **Golpayegani**, die **Masumeh**, die **Al Mustafa**, die **Haqqanieh**, die viele der heute führenden Politiker hervorbrachte, und das **Imam-Khomeini-Institut**. Hervorzuheben ist die im Jahre 2007 reorganisierte Al-Mustafa-Universität (Jamiat al-Mustafa) mit über 20000 ausländischen Studenten.

Gläubige auf dem Weg zum Heiligtum

Die schiitischen Geistlichen

Die tiefe Religiosität der Schiiten, die man in Qom wahrnimmt, ist nur zum geringen Teil Ausdruck fanatischen Glaubenseifers. Die Ansichten der Gläubigen hinsichtlich der die Politik dominierenden Geistlichen sind vielschichtig. Auch bilden die Kleriker keinen monolithischen Block. Man sollte sich vor Augen halten, dass nur wenige die hohen Ansprüche an einen Ayatollah erfüllen können. Um so weit zu kommen, ist ein intensives Studium von durchschnittlich 25 Jahren notwendig, und dieses schließt nicht nur andere Religionen und Weltanschauungen, sondern auch westliche Philosophie bis zurück zu Aristoteles und Platon ein. So reicht das Spektrum der Ayatollahs von Traditionalisten wie Sadeq Rohani über Fundamentalisten wie Nuri Hamadani, regierungsnahe Konservative wie Mesbah Yazdi bis zu kritischen Geistlichen wie Yousef Saanei und Hoseyn Khorasani.

Einige Erläuterungen zu religiösen Instituten und klerikalen Rangordnungen mögen hilfreich sein. So ist die Hawzeh-ye Elmiyye ein Seminar, für das Gemeinschaften von mehreren Ayatollahs verantwortlich sind, während die Madrese der allgemeine Begriff für eine Schule oder theologische Lehranstalt ist. Der Talib (Mehrzahl: Talabeh) ist ein Schüler, der Mollah ein Geistlicher, der Hojjatoleslam ein Gelehrter, der Ayatollah ein hoher Gelehrter, der Marja entspricht einem Großayatollah oder Ayatollah al-Uzma, und der Marja-e Taqlid hätte den höchsten Rang inne. Dieser Rang ist seit dem Tode des Großayatollahs Hoseyn Borujerdis im Jahre 1961 nicht mehr vergeben worden.

Ein Turban (amameh) in Weiß bedeutet, dass es sich bei dem Träger um einen Geistlichen handelt, und bei einem schwarzen Turban, dass er Geistlicher und Nachfahre (Sayed) des Propheten ist. Die Geistlichen tragen oft noch die traditionellen braunen Aba-Umhänge, die aus Kamelhaar gewebt sind. Grüne Kopfbedeckungen besagen, dass die Träger Nachfahren des Propheten ohne geistlichen Rang sind.

Geistliche in Mashhad

Grabtürme

Zu den besonderen Sehenswürdigkeiten Qoms gehören seine zahlreichen Grabtürme, die mit ihren großartigen polychromen Stuckdekorationen für Kunstinteressierte ein weiterer Anreiz für einen Besuch Qoms sein sollten.
Zeitlich schließen diese Grabtürme an jene in Maragheh an und stammen aus spät-ilkhanidischer und muzaffaridischer Zeit des 14. Jahrhunderts.

Garten der drei Grabtürme

Drei der bedeutendsten Bauten dieser Art stehen im Garten der drei Grabtürme oder dem Garten des grünen Grabturms (Bagh-e Gonbad-e Sabz) nördlich des Meydan-e Golsar-e Shohada. Hier sind mehrere Mitglieder der Ali-Safi-Familie beigesetzt, die im 14. Jahrhundert in Qom herrschte.
Der **südlichste Grabturm** stammt von 1360. Er wird in neuerer Literatur unter dem Namen des 1357 verstorbenen **Khajeh Asil al-Din** geführt, ist aber auch unter Ali ebn-e Abil-Maali bekannt. Die zwölfseitigen Außenwände werden durch Wandpfeiler und Spitzbogennischen gegliedert. Da das ehemalige Faltdach fehlt, fungiert die Außenseite der erneuerten inneren Rundkuppel als Dachabschluss. Weitere Nischen sind in die acht Seiten des Gebäudeinneren eingelassen, das in der Übergangszone zur Kuppel sechzehn Blendbögen aufweist. Schön sind die dezenten, in orangen und rötlichen Farbtönen gehaltenen Stuckarbeiten, die Nischenumrahmungen in Kufi-Schrift und die beiden breiten Friese in Thulth-Duktus unter- und oberhalb der Blendbögen. Von Farbgebung, Wandgliederung und Zierfriesen her bestehen Verbindungen zu der Außengalerie des Oljeitu-Grabmals in Soltaniyeh.

Im Garten der drei Grabtürme

Der mittlere und der nördliche Kuppelbau fallen durch ihre türkisfarbenen, sechzehnseitigen Faltdächer auf. Im **mittleren Grabturm** von 1389, der dem vorherigen architektonisch entspricht, wurden Khajeh Ali Safi, Khajeh Jamal al-Din und Khajeh Imad al-Din beigesetzt. Deren Wertschätzung spiegelt sich in der Innenausstattung wider, die ein eindrucksvolles Beispiel für feine Stuckarbeit bietet, die durch bläuliche, rötliche und bräunliche Farbtöne betont wird. Das große Stuckmihrab enthält pflanzliche Ornamentik und wird von Schriftbändern eingerahmt. Unterhalb und oberhalb der Blendbögen zieren eindrucksvolle Friese in Naskhi und Kufi-Schrift den Raum. In der Innenkuppel wird die Verzierung mit geometrischem Flechtwerk und Medaillons fortgesetzt, wobei die Verjüngung der Ornamentik zur Mitte hin den Eindruck von zusätzlicher Tiefe vermittelt.
Der **nördliche Turm** ist nicht exakt datierbar, da entsprechende Inschriften fehlen und man weiß auch nicht, wessen Grablege er war. Er wird Gonbad-e Shomal oder Gonbad-e Sabz genannt, was nördliche oder grüne Kuppel bedeutet. Wahrscheinlich wurde er zwischen

Innenkuppel im mittleren Grabturm im Bagh-e Gonbad-e Sabz

1330 und 1365 errichtet. Er ist achteckig und hat stärker gegliederte Außenwände mit tieferen Nischen. Die Innenarchitektur und Ausstattung entspricht der des mittleren Turms, wobei aber hier die Felder der Blendbögen noch reichhaltiger ausgestaltet wurden. Die Farben der Nischen, Wandpfeiler und Friese im unteren Bereich sind in dunkleren Farbtönen gehalten, die sich nach oben hin immer mehr aufhellen. Dies setzt sich fort über das kräftige Flechtwerk im äußeren Bereich der Innenkuppel, in deren weiter Mitte helle Ockertöne vorherrschen. Dadurch wird die Blickrichtung nach oben gelenkt.

Die Öffnungszeiten für den Garten der Grabtürme sind nicht festgelegt. An Werktagen zwischen 9 und 17 Uhr kann man sich die Pforte zu dem Gelände von der Kulturbehörde (Sazeman-e Mirase Farhangi) öffnen lassen (siehe Infokasten Qom). Dies lohnt sich auf jeden Fall.

▶ Karte S. 309

Imamzadeh Shah Ibrahim

Nordwestlich an der gegenüberliegenden Straßenseite des Gartens der drei Grabtürme kann man das blaue Faltdach mit gelber Spitze des Imamzadeh Shah Ibrahim von 1321 erblicken, das innen mit Stalaktitenschmuck, Stuck-Ornamenten und Inschriften in überwiegend hellbrauner Farbe ausgestattet ist.

Imamzadeh Ali ebne Jafar

Besonders eindrucksvoll ist das achteckige Imamzadeh Ali ebne Jafar, das auch ein türkisfarbenes Faltdach besitzt und südwestlich vom Garten der drei Grabtürme, an der Ecke des Meydan-e Golsar-e Shahida auf einem Friedhofsgelände steht. Man sollte sich taktvoll verhalten, dann kann man diesen Grabturm von 1339 besuchen, der mit seinem verbliebenen Schmuck immer noch zu den schönsten Irans zählt. Der Eingangsiwan ist oben mit cremefarbenen

Stalaktiten ausgekleidet, die sparsam mit blau-braunen Pflanzenornamenten versehen sind. Darunter verlaufen zwei breite Inschriftenfriese in hellbrauner und blauer Farbe. Die Nischen schmücken blaue Kacheln mit Blütenmustern. In den Bogenzwickeln des Iwans bilden farbige Mosaikfliesen Sterne, geometrische Figuren und Flechtwerk. Das Innere ist mit polychromen Stuckdekorationen ausgestaltet. Die einst in den Sockelzonen angebrachten glasierten Sternfliesen aus Kashaner Produktion des frühen 14. Jahrhunderts sind nun in verschiedenen Museen der Welt zu finden, und der große Mihrab aus Lüsterfliesen von 1334 wird nun im Museum Islamischer Kunst in Teheran ausgestellt.

Trompendekor im Imamzadeh Ali ebne Jafar

Imamzadeh Ahmad Qasem

Am Meydan-e Moallem steht das Imamzadeh Ahmad Qasem, ein Grabbau von 1308, der an seinem türkisfarbenen turmartigen Kuppelaufsatz mit goldener Halbkugel zu erkennen ist. Er wurde zu Ehren Ahmad Qasems, eines Enkels des 6. Imams Jafar Sadeq erbaut. Die Stuckarbeiten sind schlichter als in den vorher aufgeführten Grabbauten. Der Mihrab befindet sich im Museum für Islamische Kunst in Berlin. Es gibt noch über zehn weitere Imamzadehs aus früher Islamischer Zeit in Qom, wie beispielsweise ein weiteres Imamzadeh Ibrahim mit fünf Kuppeln an der Kh. Niru-ye Havaie einen Kilometer nordwestlich des Bahnhofs.

Weitere Sehenswürdigkeiten

In der Kh. Marashi Najafi, südlich des Heiligtums der Fatemeh Masumeh, befindet sich die **Marashi-Najafi-Bibliothek** (Ketabkhane-ye Marashi Najafi). Sie zählt zu den drei bedeutendsten Bibliotheken der islamischen Welt und wurde von Ayatollah Marashi Najafi, der 1990 in Qom verstarb, gegründet. Sie besitzt über 37 000 handgeschriebene Manuskripte und über 800 000 Bücher. Besichtigung nach Voranmeldung ist möglich. Benutzerzeiten sind täglich von 7.30 bis 20.30, freitags werden nur Frauen zugelassen (Tel. 77 41 97-0 (bis -8), www.marashilibrary.com).

Wichtige **theologische Hochschulen** wurden bereits erwähnt. Falls sich weibliche Besuchergruppen für die **Al-Zahra-Hochschule** (Madrese-ye Jamiat-e al-Zahra) für Studentinnen am Bolvar-e Amin (Kh. Yasaman, Tel. 211 22 70) interessieren, könnten sie versuchen, einen Besuchstermin über dessen Department of International Affairs (intaffairs@j-alzahra.org) zu arrangieren.

Vielleicht haben Sie vor dem Erreichen des Heiligtums bereits die moderne **Basar-Brücke ›Dar Al Shahfa‹** (Pol-e Basar) gesehen, die am Nordende über den Qom-Fluss führt. Bei ihr handelt es sich um eine aus Beton und Ziegeln gefertigte gedeckte Fußgängerbrücke mit Verkaufsständen. Sie ist seit 1999 in Betrieb.

Geht man von hier die Kh. Astaneh Richtung Norden, erreicht man kurz vor der Kh. Taleqani die **Moschee Imam Hasan Askari**, die nach dem elften Imam benannt ist. Laut alten Stadtchroniken wurde dort eine Moschee Anfang des 8. Jahrhunderts an der Stelle eines ehemaligen Feuertempels errichtet. Von der ursprünglichen Moschee ist nichts erhalten geblieben. Der gegenwärtige Bau stammt aus dem 19. Jahrhundert.

Östlich der Askari-Moschee an der Nordseite der Kh. Taleqani ziehen sich in zwei Abschnitten von jeweils etwa 500 Metern die überkuppelten Korridore des **Neuen und des Alten Basars** (Basar-e

Melonentransport in Qom

Das Mausoleum des Shah Hamzeh

Nou, Basar-e Atiq) entlang. Zum Neuen Basar, der überwiegend im 19. Jahrhundert entstand, gehört eine sehenswerte Timcheh. Dies ist ein zweistöckiger Hallenbau von knapp 30 Metern Länge, dessen Übergangszone hinauf zu den drei hohen Kuppeln durch Muqarna-Felder aufgelockert wird. Der Alte Basar zeichnet sich durch drei parallel verlaufende Kuppelgänge aus und datiert teilweise bis in das 13. Jahrhundert. An seinem östlichen Ende, am Maydan-e Kohneh, stehen zwei zur Qiasieh-Madrese gehörende schlichte Ziegelminarette, die über 650 Jahre alt sind.

Etwa 200 Meter nördlich des alten Basars liegt die **Jame-Moschee.** Sie soll auf eine Gründung durch den Seldschukensultan Togrul II. um 1135 zurückgehen und bedeckt eine Grundfläche von 90 mal 60 Metern. Die beiden 30 Meter breiten Iwane des Innenhofs, die Pfeilerhallen mit neun Jochen und der

▲ Karte S. 309

Kuppelraum wurden um 1830 renoviert. Der große Südiwan stammt noch aus safawidischer Zeit, doch der Nordiwan wurde während der Renovierung erneuert. Das Innere der um 1350 errichteten Kuppel wurde in safawidischer Zeit sparsam mit geometrischem Stuckdekor ausgestattet.

Die unmittelbar westlich der Jame-Moschee stehende knapp 35 Meter im Quadrat messende **Jahangir-Madrese** wurde in safawidischer Zeit erbaut und in der Zeit Fath Ali Shahs renoviert. Mit ihrem farbigen Fliesenschmuck und der ausgewogenen Architektur ist sie ein schönes Beispiel des Madrese-Baus der safawidischen Zeit.

Gegenüber dem Alten Basar an der südlichen Straßenseite der Kh. Taleqani steht das Mausoleum **Imamzadeh Shah Hamzeh**, das durch seinen türkisfarbenen konischen Turmaufbau mit kugelförmigem Abschluss auffällt. Es wurde zu Ehren Shah Hamzehs, eines Sohnes des 7. Imams Musa Kazem, errichtet.

Etwa 1,5 Kilometer südwestlich von hier, dort, wo östlich des Meydan-e Shohada die breite Verkehrsinsel der Moallem-Straße endet, liegt das **Khomeini-Haus** (Khan-e Khomeini), in dem Imam Khomeini bis zu seiner Ausweisung durch den Shah im Jahre 1965 lebte. Es handelt sich um ein einfaches Gebäude mit Innenhof, das Anfang des 20. Jahrhunderts errichtet wurde. Nach seiner Rückkehr aus dem Exil im Jahre 1979 lebte Imam Khomeini in Nord-Teheran.

Qom

Vorwahl: +98(0)251.

Fernmeldeamt (Markaz-e Telefon), Kh. Marashi Najafi.

Hauptpostamt (Markaz-e Posti), Meydan-e Motahari, Kh. Sepah.

Funktaxi: 133.

Büro für Internationale Beziehungen im Heiligtum: Man fragt an an den Eingängen nach dem ›International Relations Office‹ oder Edare-ye Ravabete Beynolmelal. Es werden Besichtigungen der Höfe und Vorhallen arrangiert. Mr. Sharifi spricht Englisch, Tel. 7741441, mobil (0)912/7515074, info@masoumeh.com.

Kulturbehörde (Sazman-e Miras-e Farhangi), Kh. Enqelab-e, Kucheh Hefdahom, im traditionellen Zand-Haus, Tel. 7776320; oder Hauptbüro am Bolvar-e Pandzdah-e Khordad, Kuche Haftom, Tel. 7776320, Qom_Miras@yahoo.com.

Reiseagentur Homa Agency, Meydan-e Jahad, Bolvar-e Panzdah-e Khordad 108, sar-e Kh. Bajak, Tel. 7753311, homaagency@yahoo.com.

Krankenhaus Neko-i (Bimarestan-e Neko-i), Kh. Taleqani.

Mellat Bank, Kh. Marashi Najafi gegenüber dem Heiligtum.

Melli Bank, Meydan-e Imam Khomeini (etwa 3 km nördl. des Heiligtums Richtung Teheran) und in der Kh. Marashi Najafi.

Es gibt mehrere Internetcafés (Café Net) in der Kh. Marashi Najafi sowie am Shohada-Platz. Auch im Qom International Hotel gibt es Internetzugänge.

Zugverbindungen bestehen nach Teheran (mehrfach am Tag), Isfahan und Yazd.

Vom großen **Bus-Terminal Nord** (Terminal-e Otobus-e shomal), Bolvar-e Imam Khomeini, dar shomal-e Bolvar-e Imam Sadeq, gehen Nah- und Fernverbindungen aus.

Das **Bus-Terminal am Haftad-Platz** (Terminal-e Otobus-e Meydan-e Haftad bzw. Haftado-Do-Tan) ist Ausgangspunkt für Busse, Minibusse und Taxi-Savaris nach Teheran, Kashan, Isfahan und Yazd.

Von der Haltestelle am **Nabovat-Platz** (Meydan-e Nabovat) im Westen Qoms verkehren Busse und Minibusse nach Arak, Hamadan und nach Isfahan über Delijan.

Von der Haltestelle am **Vali-Asr-Platz** (Meydan-e Vali Asr) im Südwesten gibt es Minibusse und Taxi-Savaris nach Jamkaran und Kashan.

Taxis findet man hinter dem Qom International Hotel. Taxi-Savaris, die einen beispielsweise zu den Bus-Terminals befördern, stehen am Westende der Ahanchi-Brücke, die am Südende des Harams über den Qom-Fluss führt, und am Meydan-e Motahari.

Qom International Hotel****, Meydan-e Motahari, Kh. Helal Ahmar, unmittelbar nördlich des Heiligtums, Tel. 7719208, www.qomhotel.com (Q4/P4).

Khorshid Hotel****, am südlichen Ende der Kh. Imam Khomeini (nahe Heiligtum), Tel. 6500040, www.khorshid hotel.com (Q4/P4).)

Olympic Hotel****, Kh. Moallem, Tel. 7831881 (Q4/P3).

Ghasr Apartment Hotel***, Kh. Moallem, nazdik-e Hotel Olympic, Tel. 7831151 (Q4/P4).

Etminan Hotel*, Blv. Sadr, ruberu-ye Pol-e Ahanchi, Kuche Haramnama, Tel. 6500640, einfach, sauber, Q1/P0a.

Mihan Restaurant, Kh. Marashi Najafi gegenüber dem Heiligtum, Tel. 774-3433.

Geeignete Restaurants findet man auch in Hotels wie dem Qom International oder in der Taleqani-Straße oder am Shohada-Platz.

Autobahnraststätte **Mahtab**, etwa 30 Kilometer nördlich von Qom an der Autobahn Richtung Teheran bei der Tankstelle Aminabad. Sauberer Schnellimbiss mit Café.

Museum am Heiligtum (Muze-ye Haram), etwa 100 Meter außerhalb des Heiligtums am Astaneh-Platz, Tel. 7175243, tägl. 8–13 Uhr, außer Mo und an religiösen Feiertagen. Es enthält alte Korane, Keramiken, Teppiche, Kandelaber, Silberarbeiten, wertvolle Textilien wie Brokat und andere Gegenstände, die dem Haram im Laufe der Jahrhunderte gestiftet wurden.

Eine Spezialität Qoms ist **Sohan**, ein karamellisierter Keks mit Honig, Pistazien, Sesam und Safran. Man kann es in Lebensmittelgeschäften und auf dem Basar kaufen. Qom ist auch bekannt für die Herstellung von **Seidenteppichen**, **Keramiken** und den Verkauf von **Devotionalien** wie z. B. Gebetssteinen (Mohr-e Namaz) mit dem Abbild des Heiligtums.

▶ Karte S. 309

Die Umgebung von Qom

Jamkaran

Der Weg zum Heiligtum von Jamkaran führt am Meydan-e Vali Asr vorbei sieben Kilometer in südliche Richtung. Dort, wo in Jamkaran eine Moschee-Anlage auf einem Gelände von etwa 600 mal 500 Metern besonders mit der Unterstützung der gegenwärtigen Regierung weiter ausgebaut wird, soll am 20. Juli 1003, einem Dienstag, der zwölfte Imam Mehdi erschienen sein. Dienstags besteht auch immer großer Besucherandrang. Schiiten glauben, dass Imam Mehdi um 869 in Samarra in Irak geboren wurde und später verschwand. Er soll nun in der Verborgenheit leben und am Jüngsten Tag wieder erscheinen. Dabei würde er der ganzen Welt Frieden nach schrecklichen Zeiten mit Kriegen und Ungerechtigkeiten bringen. Nicht-Moslems dürfen das Innere des Heiligtums normalerweise nicht betreten.

Ziegelbrennerei bei Qom

Salzdom Kuh-e Namak

Für geologisch Interessierte ist der Besuch des Salzdomes Kuh-e Namak lohnenswert. Er liegt nordwestlich von Qom, und man erreicht ihn nach 22 Kilometern nördlich der Landstraße, die Richtung Jafariyeh–Saveh führt. Die Ko-

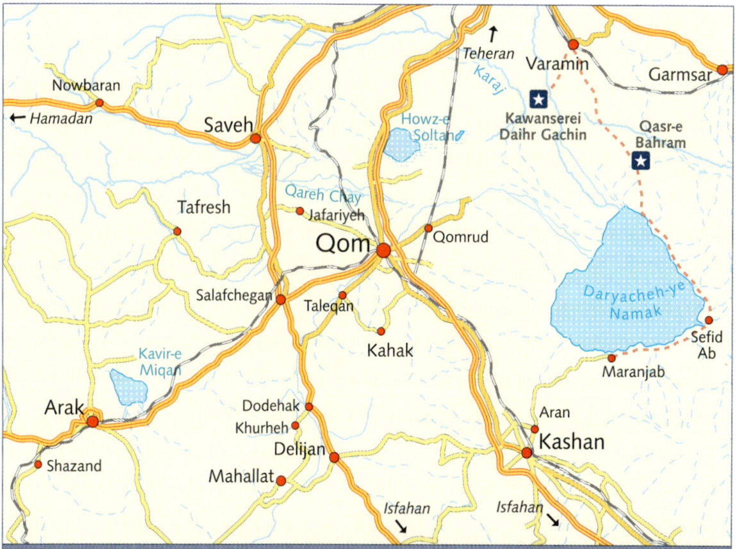

Die Umgebung von Qom

ordinaten lauten 34.75° Breite und 50.70° Länge. Er fällt durch die bei dieser Art von Formation an der Oberfläche häufig vorkommende rostbraune Färbung auf, die von oxidierten Sedimentablagerungen stammen, die das Salz bei seiner Aufwärtsbewegung aus tieferen Erdschichten mit anhob. Das Areal des Salzdomes ist verkarstet und von Erosion zersetzt.

Salzsee Howz-e Soltan

Auf der Fahrt von Teheran nach Qom, fällt etwa 35 Kilometer vor Qom östlich der Autobahn ein in der Sonne gleißend heller Salzsee auf. Er ist relativ flach, und seine Oberfläche beträgt etwa 15 mal 12 Kilometer. Bis 1883 war er wesentlich kleiner, und die direkte Karawanen- und Pilgerroute von Teheran nach Qom lief ohne Behinderung durch die Senke, in der sich heute dieser See befindet.

Im Jahre 1883 brach ein Damm, wodurch der Qareh Chay, der Zusammenfluss von Qomrud und Savehrud, in die Wüste nordöstlich von Qom geleitet wurde. Da der Dammbruch bei Pol-e Dellak/Qomrud trotz privater Spendengelder, die diese Route zumindest für Pilger sichern sollten, nicht behoben wurde, bildete sich der See im Laufe der folgenden Jahre. Die direkte Karawanenroute musste aufgegeben werden. Es war ein seltsames Zusammentreffen von Umständen, dass sich bereits eine neue über die westlichen Anhöhen führende Karawanenstraße im Bau befand, die von den Behörden als Alternative empfohlen wurde. Allerdings musste man dort dann Zoll zahlen. Diese neue Route entspricht der Landstraße, die heutzutage von den LKWs benützt wird.

▲ Karte S. 321

Der Große Salzsee (Daryach-e Namak) mit einer Fläche von 50 mal 45 Kilometern liegt etwa 80 Kilometer weiter östlich und ist von Kashan aus über Aran auf Pisten zu erreichen (→ S. 382).

Kahak

Im Mittelgebirge, 30 Kilometer südlich von Qom, liegt Kahak. Dort ist das in traditioneller Lehmziegelbauweise errichtete Haus von Molla Sadre zu besichtigen. Wahrscheinlich hat Molla Sadre wie kaum ein anderer Denker die schiitische Philosophie seit dem 17. Jahrhundert beeinflusst. Hier vollendete er während seines siebenjährigen Aufenthalts das Werk der ›Vier Reisen‹. Kahak besitzt noch einige Imamzadehs und ist auch unter dem Namen ›Nowfel low Shatow‹ bekannt, in Erinnerung an Imam Khomeinis Aufenthalt in Neauph-le-le-Château bei Paris.

Khurheh

Eine der wenigen aus seleukidisch-parthischer Zeit in Zentraliran gefundenen Ruinen ist in Khurheh zu sehen, das bereits zur Provinz Markazi gehört. Dort stehen von einer Palast- oder Tempelanlage noch zwei mit ionischen Kapitellen verzierte Säulen, die aber in ihren schmalen hohen Proportionen vom klassischen griechischen Stil abweichen und auf achämenidische Einflüsse hinweisen. Khurheh ist leicht zu erreichen, indem man die Landstraße nach Isfahan bei Dodehak nördlich von Delijan verlässt und an einer ehemaligen Karawanserei vorbei 16 Kilometer nach Westen fährt.

Reste eines parthischen Bauwerks bei Khurheh

Die Provinz Markazi

Arak

Die Hauptstadt der Provinz Markazi ist Arak mit 450 000 Einwohnern. Die Stadt wurde um 1810 unter dem Namen Sultanabad gegründet und war unter diesem Namen bekannt für Teppichherstellung. Ihr Kern wurde in Form eines schachbrettartigen Rasters angelegt.

Der überwölbte **Chahar Suq**, in dem die Basarstraßen aus vier Richtungen zusammentreffen, bildet den Kreuzungspunkt der Längs- und Querachsen des weiträumigen **Basars**. An seiner Nordostseite schließt sich die 1814 fertiggestellte ehemalige **Madres-e Sepahdar** an, die jetzt Hawzeh Elmiyyeh Imam Khomeini genannt wird, da Imam Khomeini dort zeitweilig ausgebildet wurde. Sie ist eine Hofanlage im Vier-Iwan-Schema mit flankierenden Arkaden, Stützhallen, Unterkunftsräumen und einem Kuppelgewölbe. Ein mit dem typisch bunten Fliesenschmuck der qajarischen Zeit ausgestattetes Badehaus kann jetzt als **Museum** besichtigt werden (Muze-ye Hamam-e Chahr Fasl).

Arak

Hotel Amir Kabir*****, Tel. +98/(0)8 61/312 40-61 (bis -71), www.hotelamirkabir.com. Das am Stadtrand an der Straße nach Teheran gelegene Hotel zählt zu den modernsten Irans und sorgt für die Unterbringung der Besucher des örtlichen Industriekomplexes und durchreisender Touristen.

Mahallat

Die Kleinstadt Mahallat östlich von Arak gilt als Stadt der Blumen und der Heilquellen. Durch ihre Mittelgebirgslage auf 1750 Metern Höhe besitzt sie ein angenehmes Klima. Pflanzenzucht wird in Gewächshäusern und auf Feldern betrieben und umfasst ein breites Sortiment von Nutzpflanzen und Blumen bis hin zu Kakteen. Man ist mittlerweile so erfolgreich, dass auch exportiert wird. Bei den Heilquellen wurde das Dreisterne-Hotel Ab-e Garm Jahangardi (Tel. (0)8 66/332 34 44) erbaut.

Laster bei Delijan

Karte S. 321

Im Süden Mahallats stand ein Gebäudekomplex mit dem Namen Qale-ye (Festung) Agha Khan, was darauf hinweist, dass sich hier einst die Residenz des Geistigen Oberhaupts der Ismailiten (→ S.96) befand. Durch die finanzielle Unterstützung ihrer Gläubigen hatten die führenden Ismailis Anfang des 19. Jahrhunderts eine solche Machtfülle erreicht, dass sie von den qajarischen Königen als Konkurrenten betrachtet wurden und Agha Khan I. 1841 gezwungen wurde, Persien zu verlassen. Mahallat und die nahen Orte Anjedan und Kahak (nicht zu verwechseln mit dem Kahak südlich von Qom) haben als letzte persische Residenzen immer noch eine besondere Bedeutung für die Ismailiten.

Ateshkuh-Feuertempel

Idyllisch liegt die Ruine dieses sassanidischen Feuertempels. Von Delijan aus fährt man elf Kilometer Richtung Nimvar und biegt dann südöstlich zum fünf Kilometer entfernten Dorf Ateshkuh ab.

Saveh

Saveh hat 120 000 Einwohner und bietet in seinem alten Zentrum ein traditionelles Stadtbild mit Lehmziegelbauten. Es wurde von Al-Muqaddasi Ende des 10. Jahrhunderts als wohlhabende, befestigte Stadt beschrieben, in der Sunniten lebten. Während der seldschukischen Zeit war es mehrfach Winterresidenz der Sultane. Savehs frühere Bedeutung rührt auch daher, dass es ein wichtiger Ort an der Seidenstraße war. Leider ging während der mongolischen Eroberung Anfang des 13. Jahrhunderts der größte Teil der Bibliothek verloren, die zu den bedeutendsten des Mittleren Ostens gezählt haben soll. Marco Polo berichtet aus Saveh von der Legende, nach der die Heiligen Drei Könige von hier aus zu ihrer Reise nach Jerusalem und Bethlehem aufgebrochen seien. Es soll sich bei ihnen um zarathustrische Würdenträger gehandelt haben. Auch in der zarathustrischen Religion wird an einen Erlöser geglaubt, und im 17. Jahrhundert unter den Safawiden gab es im Iran wieder Zarathustrier, die das unmittelbar bevorstehende Erscheinen eines Erlösers erwarteten. Zur Übernachtung ist das Dreisterne-Hotel Kaveh (Tel. (0)255/2342461) im Industriegebiet geeignet.

Freitagsmoschee

Die alte Freitagsmoschee (Masjed-e Jame) am südwestlichen Rand der Stadt geht in ihren Fundamenten und den Stützhallen mit halbrunden Bögen östlich des Kuppelraums auf die Mitte des 9. Jahrhunderts zurück. Um 1100 wurde sie größtenteils erneuert, und die meisten tragenden Wände der Anlage stammen aus dieser Zeit. Besonders in ihrem Innenhof mit den Spitzarkaden bietet sie ein altertümliches Bild.

Die alte Freitagsmoschee

Die beiden Iwane stammen aus ilkhanidischer Zeit, und die Kuppel sowie das Mihrab wurden Anfang des 16. Jahrhunderts erneuert. Dieses flache **Stuckmihrab von 1512** zählt in seiner dezenten Farbigkeit, mit den feinen floralen Verzierungen und den Inschriftbändern in Thulth-Schrift zu den eindrucksvollsten seiner Art. Die **Innenkuppel** ist mit einem Netzwerk sich überschneidender blauer Fliesenbänder geschmückt, die Sterne und andere geometrische Figuren bilden. An der Nordostecke der Anlage steht zudem eines der schönsten **seldschukischen Minarette**. Dieses Minarett von 1110 demonstriert, welche dekorativen Effekte sich durch das Versetzen einfacher hellbrauner Ziegel erreichen lassen. Es verfügt über mehrere Ornament- und Inschriftenbänder, von denen eines in Naskhi abgefasst ist, was dessen früheste Anwendung in einer Bauinschrift im Iran sein dürfte.

Seldschukisches Minarett an der Freitagsmoschee

Masjed-e Meydan

In der Stadtmitte steht die Masjed-e Meydan, die im Volksmund auch Masjed-e Qermez genannt wird. Sie stammt aus seldschukischer Zeit, und ihr nur knapp über die Seitenwände hinausragendes hellbraunes Ziegelminarett datiert auf 1061. Damit ist es eines der ältesten erhaltenen Ziegelminarette Irans. In dieser Moschee befindet sich ein weiteres sehenswertes Stuckmihrab vom Anfang des 16. Jahrhunderts.

Umgebung von Saveh

Östlich der Stadtausfahrt Richtung Isfahan befindet sich das **Imamzadeh Seyed Is'hags**, dessen Kuppelbau aus ilkhanidischer Zeit um 1300 stammt.

Die eindrucksvolle Ruine der Festung **Qiz (Qez) Qaleh** liegt südwestlich von Saveh am Gebirgsrand oberhalb des Flusses Qareh Chay auf einem schroffen Felsen. Sie sicherte die Karawanenwege und die Flussübergänge. Die Festung geht vermutlich auf sassanidische Zeit zurück und wurde in mehreren Phasen ausgebaut. Um dorthin zu gelangen, fährt man von Saveh aus 13 Kilometer Richtung Hamadan, biegt links zum Saveh-Damm (Sad-e Saveh) ab, wo man nach neun Kilometern Asianak erreicht. Von dort sind es in östliche Richtung weitere sechs Kilometer bis zum Dorf Qiz Qaleh, das unterhalb der Festungsruine liegt. Die gesamte Strecke ist mit normalem PKW befahrbar. Eine bequeme Aufstiegsroute liegt an der Ostseite des Felsens. Nach kurzer Zeit steht man auf einem Bergsattel, von dem aus man einen schönen Fernblick hat und über farbiges Erosionsgestein zur Ruine hinübergehen kann.

▶ Karte S. 321

Stadt und Provinz Isfahan

Die Provinz Isfahan liegt im zentralen iranischen Hochland. Im Südwesten grenzt sie an die Höhenkämme des Zagros-Gebirges, und im Nordosten geht sie über in die Salz- und Geröllwüsten der Dasht-e Kavir. Mit einer Fläche von 107 000 Quadratkilometern gehört sie zu den großen Provinzen, beherbergt aber nur eine Bevölkerung von 4,6 Millionen Einwohnern. Ihre Lebensader ist der Zayandehrud-Fluss, der im Westen am Zardkuh-Gebirge bei Chelgerd beginnt und östlich von Isfahan im großen Ghavkhuni-Sumpfgebiet verdunstet. Die wichtigsten Agrarprodukte sind Getreide, Reis, Tabak, Baumwolle, Obst, Gemüse und die berühmten Melonen, bei deren Anbau man früher Taubendung einsetzte. Die Tauben wurden hierfür in großen Taubentürmen gehalten, die mit ihren zylindrischen Formen noch heutzutage ein auffälliges Merkmal der Landschaft um die Stadt Isfahan bilden. Die Provinz ist auch bekannt wegen ihrer Textil-, Öl- und Stahlindustrie. Beispielsweise befinden sich zwei der wichtigsten Stahlwerke Irans in Mobarakeh und Zarrinshahr.

Isfahan

Im Raum Isfahan leben etwa 2,1 Millionen Menschen. Durch ihre Höhenlage von 1575 Metern und die nahe Flusslandschaft besitzt die Stadt ein angenehmes Klima, und selbst heiße Sommertage mit bis zu 40 °C im Juli und August sind wegen der Lufttrockenheit erträglich.

Blick auf die Moscheen am Imam-Platz

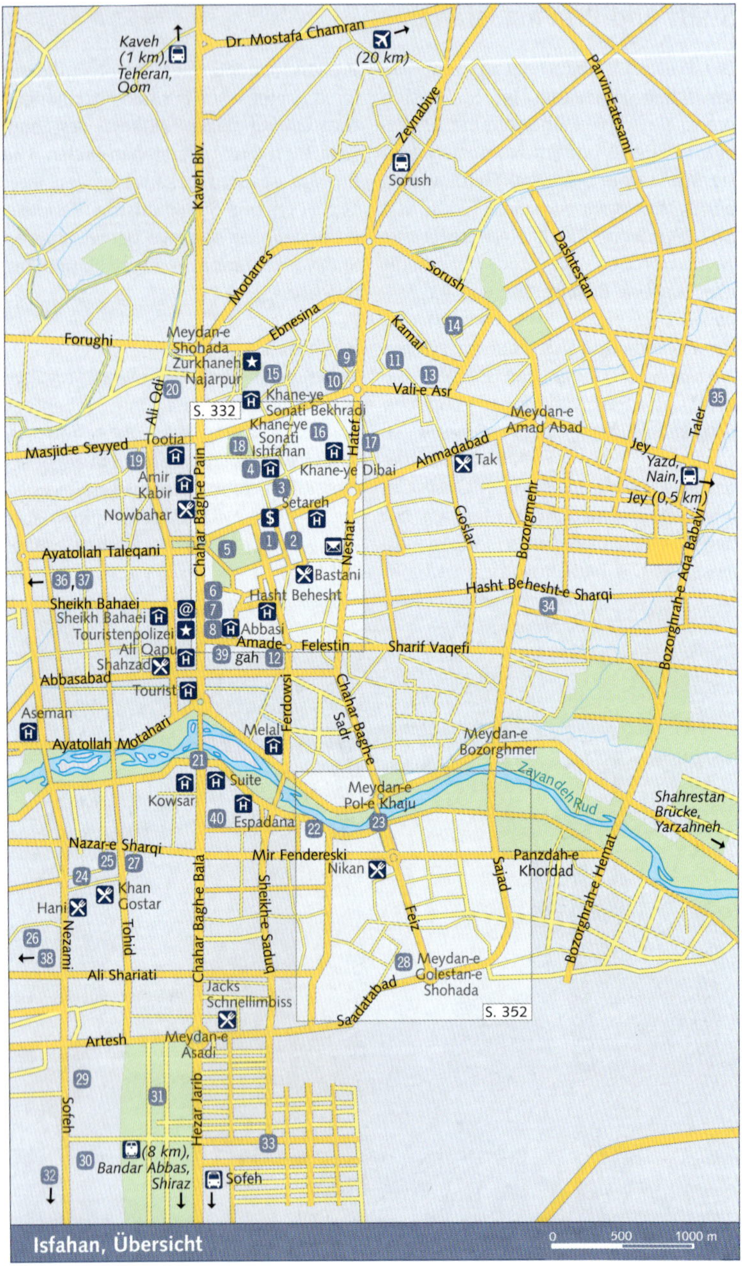
Kaveh (1 km), Teheran, Qom
Dr. Mostafa Chamran
(20 km)
Parvin-Eatesami
Zeynabiye
Sorush
Kaveh Blv.
Dashtestan
Sorush
Modarres
Kamal
Ebnesina
14
Foroughi
Meydan-e Shohada
Zurkhaneh Najarpur
9
11
13
15
10
Vali-e Asr
20
Ali Qodi
Khane-ye Sonati Bekhradi
S. 332
Meydan-e Amad Abad
35
Taler
Khane-ye Sonati Ishfahan
16
17
Hatef
Masjid-e Seyyed
Tootia
18
Ahmadabad
Jey
19
Tak
Yazd, Nain, Jey (0,5 km)
Amir Kabir
4
Khane-ye Dibai
3
Setareh
Nowbahar
Goslar
Bozorgmehr
1
2
Nesnat
5
Ayatollah Taleqani
Chahar Bagh-e Pain
Bastani
36, 37
6
Hasht Behesht
Hasht Behesht-e Sharqi
Sheikh Bahaei
Sheikh Bahaei
7
34
Touristenpolizei
8
Abbasi
Ali Qapu
Amade gah
Felestin
Sharif Vaqefi
Bozorghrah-e Aqa Babayi
Shahzad
39
12
Abbasabad
Tourist
Ferdowsi
Chahar Bagh-e Sadr
Aseman
Melal
Meydan-e Bozorghmer
Ayatollah Motahari
21
Zayandeh Rud
Suite
Kowsar
Meydan-e Pol-e Khaju
Shahrestan Brücke, Yarzahneh
40
Espadana
23
22
Nazar-e Sharqi
Mir Fendereski
Panzdah-e Khordad
25
27
Nikan
24
Khan Gostar
Sajad
Sheikh-e Saduq
Bozorghrah-e Hemat
Hani
Feiz
Tohid
26
Nezami
Chahar Bagh-e Bala
38
28
Meydan-e Golestan-e Shohada
Ali Shariati
Jacks Schnellimbiss
Saadatabad
S. 352
Artesh
Meydan-e Asadi
29
31
Sofeh
Hezar Jarib
33
(8 km), Bandar Abbas, Shiraz
30
32
Sofeh
Isfahan, Übersicht
0
500
1000 m

Neben Mashhad und Qom, wohin viele Pilger aus moslemischen Ländern reisen, ist auch Isfahan eine bei Touristen sehr beliebte Stadt. Sie ist zudem bekannt für ihre Teppiche, Kupferwaren, Stoffdrucke, Miniaturmalereien, Emaille- und Holzeinlegearbeiten und andere traditionelle handwerkliche Erzeugnisse.

Geschichte der Stadt

Schon in der Achämenidenzeit war Isfahan als Gabai oder Gabae, das am Nord-ufer des Zayandehrud nahe der späteren Shahrestan-Brücke gelegen haben soll, eine der Residenzstädte des Großkönigs.

In parthischer und sassanidischer Zeit wurde Isfahan als Provinzhauptstadt unter dem Namen Aspadana und später als Sepahan bekannt, was ›Ort der Armee‹ bedeutet. Auf dem Ateshgah-Hügel westlich der Stadt stand eine Festung mit zarathustrischen Feuertempeln.

Bereits damals muss das Gebiet um Isfahan mit seinen verschiedenen Religionsgemeinschaften einen kosmopolitischen Charakter gehabt haben, denn zu den Zarathustriern kam eine jüdische Gemeinde hinzu, deren Ansiedlung vermutlich bis in die Zeit des Königs Kyrus im 6. Jahrhundert v. Chr. zurückging. Damals wurden die Juden aus der babylonischen Gefangenschaft entlassen und viele blieben im persischen Reich. In der sassanidischen Zeit hatte auch das Christentum zahlreiche Anhänger, und so wird Isfahan Anfang des 5. Jahrhunderts als Bischofssitz in Synodalakten der ostsyrischen Kirche erwähnt. Zur gleichen Zeit förderte der sassanidische König Yazdegerd I., der mit der Jüdin Shushan-Dokht verheiratet war, die jüdische Gemeinde Isfahans.

Legende

1 Ali-Qapu-Palast
2 Meydan-e Imam
3 Großer Basar
4 Hakim-Moschee
5 Chehel-Sotun-Palast
6 Hasht-Behesht-Palast
7 Bazar-e Honar
8 Madrese Chahar Bagh
9 Jame-Moschee
10 Obst- und Gemüsemarkt
11 Jubareh (Jüdisches Viertel)
12 Davud-Synagoge
13 Minarette Dar ol Ziafeh
14 Sareban-Minarett
15 Imamzadeh Darb-e Imam
16 Harun-e Velayat und Ali-Moschee
17 Imamzadehn Jafar und Ismail
18 Haus Sheikh al-Islam
19 Seyed-Moschee
20 Ali-Qoli-Aqa-Bad
21 Brücke Si-o-se Pol
22 Brücke Pol-e Chubi
23 Brücke Pol-e Khaju
24 Vank-Kirche
25 Bethlehem-Kirche
26 Maria-vom-Rosenkranz-Kirche
27 Neuer Feuertempel
28 Friedhof Takht-e Foulad
29 Armenischer Friedhof
30 Al-Zahra-Krankenhaus
31 Universität
32 Richtung Aussichtsberg Kuh-e Sofeh (1,5 km)
33 Taubenturm
34 Imamzadeh Shah Zayd
35 Ruholla-Moschee
36 Schwankende Minarette (5 km)
37 Alter Feuertempel (8 km)
38 Visumsbehörde
39 Iran Travel
40 Reiseagentur Donya-ye Parvaz

Fresken am Basareingang

Nach der Einnahme durch die Araber im Jahre 643 bildeten sich auf dem heutigen Stadtgebiet zwei wichtige Ortsteile heraus. Zum einen war dies Jay oder Jey, als Nachfolger des in achämenidischer Zeit gegründeten Gabae, was man auch an dessen Namen erkennen kann, und zum anderen Yahudiyeh oder das ›jüdische Viertel‹ im Zentrum des heutigen Isfahan. Allerdings war auch im jüdischen Viertel die Bevölkerungsmehrheit muslimischen Glaubens, was man auch daran erkennen kann, dass hier sehr früh die große Jame-Moschee gebaut wurde. Im Jubareh-Ortsteil östlich der Jame-Moschee und in Pir Bakran, wo sich der jüdische Friedhof befindet, ist aber noch etwas vom jüdischen Erbe spürbar.

Im 10. und 11. Jahrhundert gehörte Isfahan neben Bagdad und Rey zu den kulturellen Zentren des buyidischen Reichs und war wegen seiner Seiden- und Baumwollwebereien bekannt. Nach der Eroberung durch die Seldschuken um 1050 wurde es deren Hauptstadt. Die seldschukischen Herrscher Toghrul Beg, Alp Arslan und Malek Shah ließen dort Moscheen, Karawansereien und Paläste errichten. Beispielsweise stammen die Jame-Moschee und die Ali- und Sareban-Minarette aus jener Zeit.

Auseinandersetzungen mit den Ismailis, die ihren Hauptsitz im Alamut-Tal nördlich von Qazvin hatten, führten zu Anschlägen, denen zuerst der seldschukische Wesir Nizam ol-Molk und dann im Jahre 1092 auch Malek Shah zum Opfer fielen. Ismailis legten 1121 Feuer in der Jame-Moschee und verbrannten dabei auch die berühmte Bibliothek.

Im 13. Jahrhundert folgte die mongolische Eroberung, die Isfahan aber ohne schwere Schäden überstand. In ilkhanidischer Zeit wurde Isfahan gefördert, und es entstand das schönste Stuckrelief Irans in der Jame-Moschee. Der nächste Tiefpunkt Isfahans war die Einnahme durch Timur im Jahre 1387. Sie kostete

Die Jame-Moschee stammt aus seldschukischer Zeit

▲ Karte S. 328

Die Khaju-Brücke südlich des Zentrums

70 000 Einwohner das Leben, deren Köpfe zu Pyramiden aufgetürmt wurden. Baumeister und Handwerker ließ Timur nach Samarkand (heute Usbekistan) umsiedeln, wo viele von ihnen bei der Errichtung der dortigen Prachtbauten eingesetzt wurden. Die überlebende Isfahaner Bevölkerung machte sich an den Wiederaufbau, der sich über viele Jahrzehnte hinzog.

Die Blütezeit Isfahans begann, als Shah Abbas I. im Jahre 1598 die Hauptstadt des Safawiden-Reichs von Qazvin hierher verlegte. 25 Jahre später hatte Isfahan etwa 600 000 Einwohner und war damit eine der bevölkerungsreichsten Städte der Welt. Damals wurde der stolze Satz geprägt ›Esfahan nesf-e Jahan‹ oder ›Isfahan ist die Hälfte der Welt‹. Isfahan war die wichtigste Handelsstadt Persiens, und ausländische Händler und Gesandte gehörten zum Stadtbild.

Den Nachfolgern von Shah Abbas I. gelang es nicht, das Machtpotential Persiens zu erhalten. Im Jahre 1722 wurde Isfahan von afghanischen Stämmen erobert und geplündert. Damit war seine Glanzzeit beendet. Der afghanischen Despotie folgte die des Nader Shah, und erst ab 1760, mit dem Regierungsantritt Karim Khan Zands, konnte sich Isfahan von den Rückschlägen erholen. In der folgenden Zeit traten von der qajarischen Dynastie geförderte nordpersische Städte wie Teheran und Tabriz in den Vordergrund. Isfahan blieb aber einer der wichtigsten Handelsplätze, und sein Großraum entwickelte sich in den letzten 50 Jahren zu einem der führenden Industrie- und Bildungszentren des Landes.

Es sollte nicht unerwähnt bleiben, dass in Isfahan ab 1942 bis Ende 1945 über zweitausend polnische Kinder untergebracht waren, die nach der Koalition der Westmächte mit der Sowjetunion aus deren Internierungslagern entlassen worden waren und im Iran Zuflucht fanden. Um eine Zukunft mit mehr gegenseitigem Verständnis zu schaffen, wurde 2001 die Städtepartnerschaft Isfahans mit Freiburg im Breisgau ins Leben gerufen. Bisherige Aktivitäten und zukünftige Projekte werden auf der Webseite www.freiburg.de dargestellt. Als äußeren Ausdruck dieser Verbindung trägt eine Straße im Süden des Takht-e Foulad Viertels den Namen Freiburg.

Imam-Platz

Der Imam-Platz (Meydan-e Imam), von den Einheimischen auch gerne Meydan-e Naqsh-e Jahan oder ›Abbild der Welt‹ genannt, wurde 1602 von Shah Abbas I. angelegt und gehört zum UNESCO-Weltkulturerbe. Mit 510 mal 160 Metern ist er nach Pekings Tiananmen-Platz der größte und zugleich einer der schönsten Plätze der Welt. Er wurde in safawidischer Zeit nicht nur für Paraden und Versammlungen, sondern auch für Polo-Spiele und andere unterhaltsame Veranstaltungen benützt. Die Polo-Torsäulen aus Marmor sind noch an beiden Längsseiten zu sehen. Der gesamte Platz ist von Arkadengängen umgeben, in denen sich Geschäfte und Werkstätten befinden. Zum Ensemble des Platzes gehören die imposante

Isfahan, Imam-Platz und Basar

Imam-Moschee am Südende, die herrliche Lotfullah-Moschee an der Ostseite, der Bazar am Nordende und an der Westseite der Ali-Qapu-Palast. Die Schauseiten der vorher genannten Gebäude, darunter das Eingangsportal der Imam-Moschee, waren 1616 fertiggestellt, sodass die Umrandung des Platzes seitdem ihr heutiges Erscheinungsbild aufweist.

Der Imam-Platz, Blick nach Südosten

Imam- oder Jame Abassi-Moschee

Der Bau der am südlichen Rand des Platzes gelegenen Imam-Moschee (Masjed-e Imam, früher Shah-Moschee) wurde 1611 begonnen und 1630 beendet. Die Moschee gilt als eines der Meisterwerke islamischer Baukunst. Das Portal am Imam-Platz ist zur eigentlichen Mosche hin in einem Knick angelegt, um die Gebetsrichtung des Mihrabs nach Mekka einzuhalten.

Das beeindruckende **Hauptportal** ist knapp 27 Meter hoch und wird von zwei 42 Meter hohen Minaretten flankiert. Der Eingang wird von zwei großen Panelen eingerahmt, deren Fliesenmuster Gebetsteppiche darstellen. Die große Thulth-Inschrift stammt von Meister Ali Reza Abbasi. Sie besagt, dass die Moschee von Shah Abbas finanziert wurde, dass jeder demütig eintreten solle und sie seinem Vorfahren Shah Tahmasp gewidmet sei.

Die prächtige Imam-Moschee

Unmittelbar über dem durchbrochen Fenster im zentralen Muqarnas-Bereich des Hauptportals befindet sich ein besonderes **Fliesenfeld**, auf dem eine von zwei Pfauen flankierte Blumenvase abgebildet ist. Dieses Feld setzt sich aus 3000 Mosaik-Fliesen zusammen. Ansonsten wurden fast ausnahmslos quadratische mit floralen Motiven in Blau-, Türkis- und Gelbtönen bemalte Fliesen verwendet, die zu den schönsten gehören, die im Iran hergestellt wurden. Gemeinsam mit der Architektur vermitteln sie einen überwältigenden Eindruck.

Der **Vier-Iwan-Moscheehof** mit dem Reinigungsbecken misst 68 mal 53 Meter. Der Hauptiwan vor der Gebetshalle wird von zwei 48 Meter hohen Minaretten überragt.

Die nach dem Prinzip der Doppelschalen gebaute **Hauptkuppel** über der Gebetshalle ist 54 Meter hoch. Sie ist mit Fliesen geschmückt, deren weiße und gelbe Rankengeflechte sich auf blauem

Grund überschneiden. Der Tambour weist in drei Stufen Inschriften in Thulth, Kufi und Banna'i, dem eckigen Baumeister-Kufi, auf. Innen erreicht die Kuppel eine Höhe von 36 Metern.

An die **Gebetshalle**, die eine sehr gute Akustik aufweist, schließen sich rechts und links je acht überwölbte **Gebetsräume** an und an den Außenseiten zwei **Madresen** mit ihren Innenhöfen. Der hölzerne Aufbau auf dem Westiwan ist eine Goldasteh, von der aus zum Gebet gerufen wurde.

Öffnungszeiten: täglich von 8.30 bis 18 Uhr, Fr für Touristen geschlossen.

Lotfullah-Moschee

Die Lotfullah-Moschee (Masjed-e Lotfullah) an der östlichen Längsseite des Platzes war die Privatmoschee der safawidischen Königsfamilien. Da hier auch die Damen des königlichen Gefolges zugelassen waren, wird sie auch als Frauenmoschee bezeichnet. Shah Abbas I. ließ sie zwischen 1602 und 1619 errichten. Sie ist nach einem Theologen aus dem Libanon benannt, der damals die schiitische Glaubensrichtung im Iran verbreitete. Da die Moschee nur für einen beschränkten Personenkreis bestimmt war, enthält sie keinen Hof und keine Minarette. Im Untergeschoss befindet sich ein kleiner Shabestan, eine Winter-Gebetshalle.

Die Lotfullah-Moschee

Karte S. 332

Das besondere Merkmal ist ihre 32 Meter hohe **Kuppel**, die mit Blumenmustern und Ranken auf sandfarbenem Grund verziert ist. Sie sitzt auf einem relativ hohen Tambour, der durchbrochene Fenster und kalligraphische Schriftbänder aufweist. Der **Eingangsiwan** ist mit Stalaktiten ausgestattet und ebenso wie das gesamte Innere mit wundervollen floralen Fliesenmustern geschmückt.

Die **Inschriftenbänder** in feiner Thulth-Schrift sowohl an der Außen- und Innenkuppel als auch über dem Eingang stammen von Meister Ali Reza Abbasi. Ali Reza Abbasi lebte um die Wende vom 16. zum 17. Jahhundert und war der bekannteste Kalligraph der damaligen Zeit.

Damit das Mihrab nach Mekka ausgerichtet werden konnte, führt auch hier vom Eingangstor her ein gewinkelter Korridor zum **Gebetsraum**. Dessen Innenkuppel wird durch ein ausgewogenes, sich zum Zentrum hin verkleinerndes netzförmiges Muster auf ockerfarbigem Grund verziert, ein Muster, das auch für Teppiche Verwendung findet. Der Schmuck der Wände und des Mihrabs wird durch feinen, vorherrschend blau und ockerfarbigen Fliesendekor bestimmt, der in Kombination mit der Lichterfülle der sechzehn Tambourfenster dem Innenraum eine besondere Leichtigkeit verleiht. Hinzu kommt eine durch die vollendete Symmetrie bedingte außergewöhnlich gute Akustik.

Öffnungszeiten: täglich von 8.30 bis 18 Uhr.

Zierwand im Ali-Qapu-Palast

Ali-Qapu-Palast

Von der Veranda des Ali-Qapu-Palastes (Kakh-e Ali Qapu) aus kann man den Imam-Platz gut überblicken. Der Palastname bedeutet ›Hohe Pforte‹. Der von Shah Abbas I. im Jahre 1597 in Auftrag gegebene 48 Meter hohe Bau bildete vom Meydan her den Zugang zum westlich des Platzes gelegenen safawidischen Palastbezirk. Wo er jetzt steht, befand sich vorher ein zweistöckiger timuridischer Gartenpavillon.

Zweihundert Meter nördlich des Ali Qapus hört man normalerweise das Hämmern der Schmiede. Durch die seitlichen Arkaden führt der Zugang zum traditionellen **Basar der Kupferschmiede**, der in einer hohen überkuppelten Halle untergebracht ist.

Die **Veranda** mit 18 Säulen, die ursprünglich mit Spiegeln verkleidet waren, um den Eindruck zu erwecken, dass das Dach frei in der Luft schwebt, ist das äußere Hauptmerkmal des Palastes. Die Räume in den unteren Stockwerken dienten dem Personal und den Wächtern, während die oberen Stockwerke dem König und seiner Familie vorbehalten waren.

Im fünften Stock, über 72 relativ hohe Treppenstufen erreichbar, befindet sich ein zentraler **Saal**, dessen Wände durch viele flaschen- und vasenförmige Gipsnischen aufgelockert sind, was ihm eine sehr gute Akustik verleiht. Er wird deshalb auch Musikzimmer genannt. Hier hielt Shah Abbas Audienzen im kleinen Kreis ab. Der größere, darunter befindliche **Thronraum** wurde für größere Empfänge benutzt. Die zahlreichen Wandmalereien des Ali Qapu stammen von Meister Reza Abbasi und seinen Gehilfen. Von der Veranda aus beobachteten der König und sein Hofstaat die Veranstaltungen und Vorgänge auf dem Platz. Dabei waren Polo-Spiele besonders beliebt.

Öffnungszeiten: täglich von 8.30 bis 18 Uhr.

Kesselschmied im Kupferbasar

Polo

Das Polo-Spiel (persisch: Chogan bazi) wurde bereits im 6. Jahrhundert v. Chr. im Persien der Achämeniden gespielt. Während der sassanidischen Dynastie erlebte Polo seine erste Blütezeit und verbreitete sich nach Ost-Rom und nach Asien. Von König Shapur II., der im 4. Jahrhundert n. Chr. regierte, wird berichtet, dass er bereits in früher Jugend ein guter Polo-Spieler war. Gegen Ende des 6. Jahrhunderts n. Chr. sollen am Hof des sassanidischen Königs Khosrow II., der mit Shirin verheiratet war, sogar die Hofdamen Polo gespielt haben. Im China der Tang-Dynastie zwischen dem 7. und 10. Jahrhundert war es die bevorzugte Mannschaftssportart. Möglicherweise wurde dies durch persische Adelige, von denen zahlreiche vor der arabischen Invasion nach China geflüchtet waren, mit beeinflusst.

Im 10. Jahrhundert ließ Fürst Qabus, für den der bekannte Grabturm in Gonbad-e Kavus in Golestan errichtet wurde, Polo-Regeln festschreiben. Ein weiterer Hinweis auf Polo findet sich am 1328 fertiggestellten Mausoleum Gonbad-e Ghafariyeh in Maragheh, das in einer Seitennische ein Wappen-Relief mit zwei Poloschlägern besitzt. Im safawidischen Persien des 17. Jahrhunderts erreichte Polo dann den Gipfel der Popularität. Selbst Shah Abbas I. beteiligte sich manchmal an den Spielen auf dem Meydan und wenn er den Ball spielte, wurden Fanfaren geblasen.

Mit der Eroberung Isfahans durch die Afghanen im Jahre 1722 begann der Niedergang des Polos in Persien. Da sich in Indien der unter den Großmoguln begonnene Aufschwung des Polos fortsetzte, lernten ihn britische Kolonialoffiziere dort kennen. Sie machten ihn in der zweiten Hälfte des 19. Jahrhunderts in England populär und gründeten 1872 den ersten englischen Polo-Club. Der älteste Club in Deutschland entstand 1898 in Hamburg. Bis 1936 war Polo einige Male olympische Disziplin. 1936 gewann Argentinien und hat seitdem seine Vorherrschaft im Polosport erhalten können.

Von der Veranda des Ali-Qapu-Palastes wurden Polo Spiele beobachtet

Großer Basar

Der Große Basar (Bazar-e Qeysariyeh oder Bazar-e Bozorg) ist einer der größten und aktivsten Basare Irans. In keinem anderen Basar Persiens ist das Kunsthandwerk in ähnlicher Vielfalt und Qualität lebendig geblieben wie hier, und kein anderer hat ähnlich ausgedehnte überkuppelte Basargassen und gut erhaltene Bauten aus verschiedenen Epochen. Den Bazar-e Qeysariyeh oder den kaiserlichen Basar, mit dem Eingangsportal in der Mitte der Meydan-Nordseite ließ Shah Abbas I. zwischen 1602 und 1619 erbauen.

Rechts oben am **Portal** befindet sich das in Fliesenmosaiken dargestellte Symbol der Stadt Isfahan, nämlich das Tierkreiszeichen des Schützen. Links ist der Aufgang zu einer Teestube, die einen schönen Blick über den Meydan bietet. In dem Nischenbogen oberhalb des Basareingangs befinden sich Freskenmalereien vom Anfang des 17. Jahrhunderts, die dem Künstler Reza Abbasi zugesprochen werden. Sie zeigen Schlacht- und Jagdszenen mit Shah Abbas I. Zusätzlich sind auf der rechten Seitenwand Europäer in der damals vorherrschenden Mode bei einem Bankett abgebildet. Die Öffnung im Scheitelpunkt gehört zu einem Neqar-e Khane, einem Paukenhaus, in dem musiziert wurde oder von dem aus Signale gegeben wurden.

Qeysariyeh-Bereich

Nach Betreten des Basars befindet man sich in der zweigeschossigen Hauptgasse des Qeysariyeh-Abschnitts, der geradeaus nach etwa 200 Metern hinter der zweiten linken Hofanlage endet. Der Qeysariyeh-Bereich ist etwa 180 Meter breit. Der erste Basar-Abschnitt weist besonders viele überkuppelte Kreuzungen oder Chaharsu auf. Die angrenzenden Gebäude stammen meist aus spätsafawidischer oder neuerer Zeit.

Hier werden Tischdecken bedruckt

Die erste Gasse rechts führt zu den **Stoffdruckern**, denen man bei der Arbeit zuschauen kann. Ihre bedruckten Tischdecken werden gerne als Souvenir gekauft. Wenn man die zweite Gasse rechts nimmt, findet man nach der zwei-

Eine überdachte Gasse im Basar

ten nördlichen Abzweigung die **Timcheh Malek**, eine hohe Halle mit mehreren Kuppeln und dazugehörigem Innenhof, deren vorstehende Dächer von Steinsäulen getragen werden.
Südlich dieser Gasse liegt der Eingang zur **Ölpresse** (Assarkhaneh Shahi) aus safawidischer Zeit. Dort stehen eine Ölpresse aus Holzstämmen und zwei Göpelwerke mit Mahlsteinen. Da sie nur unregelmäßig geöffnet ist, empfiehlt es sich, vorher die Tel. (0)9 13/225 53 65 anzurufen.

Mahlwerk im Basar

Nördlicher Bereich

Nördlich hiervon liegt die **Madrese Sadr**, die größte im traditionellen Stil errichtete theologische Hochschule Isfahans aus der zweiten Hälfte des 19. Jahrhunderts. Sie hat einen schönen gepflegten Innenhof. Auf das Fotografieren sollte man hier verzichten.
Folgt man der östlich davon verlaufenden Gasse einige Meter in nördliche Richtung gelangt man zum **Timche Haj Karim**, einer hohen Halle mit drei Kuppeln.
Nur 200 Meter weiter südöstlich liegt die architektonisch beeindruckende Hofanlage **Saray-e Sarutaqi**. Man betritt sie durch einen von zwei Seitenhöfen flankierten Eingangstrakt, der in den 30 mal 30 Meter großen Innenhof mündet. Sie wurde 1646 mit Mitteln des safawidischen Großveziers Sarutaqi erbaut. Die **Madrese Nimavard** entstand 1705 und ist mit schönem Fliesenschmuck, Stuck, Nastaliq-Schriftbändern und Muqarnas verziert.

Westlicher Bereich

An der Westseite des Basars, beispielsweise in der Gasse Bazar-e Darol-Shafa oder Bazarcheh Now bis zur Kh. Hakim, findet man viele **Teppichgeschäfte**.

▲ Karte S. 332

Die **Hakim-Moschee** steht im nordwestlichen Basarbereich. Sie wurde von Hakim Mohammad Davud, dem Hofarzt Shah Abbas II., im Jahre 1656 gestiftet und befindet sich an der Stelle einer buyidischen Moschee des 10. Jahrhunderts. Sie ist besonders wegen ihres geometrischen Fliesen-Schmucks und des feinen, mit Muqarnas verzierten Mihrabs sehenswert. Von dem buyidischen Vorgängerbau ist nur das Jurjir-Portal mit seinem urtümlichen Stuckdekor erhalten geblieben. **Öffnungszeiten des Basars**: täglich von 9 bis 19 Uhr, außer freitags.

Chehel-Sotun-Palast

Die Gartenanlage, in der dieser Palast (Kakh-e Chehel Sotun) steht, gehörte zur safawidischen Residenz und liegt an der Sepah-Straße nordwestlich des Meydan-e Imam. Von einem kleinen Iwan aus führt ein 110 Meter langes Becken auf den Palast zu, dem eine Terrasse mit zwanzig Säulen aus Zedernholz vorgelagert ist. Da sich diese Säulen im Wasser des Beckens spiegeln, entstand der Name ›Vierzig-Säulen-Palast‹. Dieser Palast wurde von Shah Abbas I. in Auftrag gegeben und im Jahre 1647, in der Zeit von Shah Abbas II., fertiggestellt. In seinem Hauptsaal empfing Shah Abbas II. Botschafter und Würdenträger. Über die Pracht dieser Empfänge gibt es Berichte ausländischer Gesandter.

Nach dem Betreten der **Haupthalle** durch den mit Spiegelmosaiken geschmückten Eingangsiwan sieht man an der gegenüberliegenden Wand drei große Fresken, die von links beginnend darstellen: **1. Shah Tahmasp I.** beim Empfang des indischen Sultans Homayun, der 1543 nach Persien floh und 1554 nach Indien auf den Sultansthron zurückkehrte. **2. Shah Ismail I.** wird in der Schlacht von Chaldiran 1514 von den Osmanen unter Sultan Selim I. durch den Einsatz von Kanonen besiegt. **3. Shah Abbas I.** beim Empfang des Vali Mohammed Khan von Turkestan im Jahre 1611.

Steht man in der Haupthalle und blickt zurück zur Eingangseite, sind von links beginnend dargestellt: **1. Shah Abbas II.** empfängt Nader Mohammed Khan von Turkestan um 1647. **2. Nader Shah Afshar** besiegt 1739 bei Karnal nahe Dehli den indischen Sultan Mohammad Shah, der auf einem weißen Elefanten sitzt. **3. Shah Ismail I.** besiegt 1510 die Usbeken unter Mohammad Sheybani bei Taher-Abad nahe Merv. Auf den Bildern mit Shah Ismail I. kann man die roten Embleme an den Turbanen seiner Qizilbash-Elitesoldaten erkennen.

Im **südlichen Vorraum** ist auf einem großen Wandgemälde die ausgelassene Feier vor dem Feuer am traditionellen Chaharshanbe Suri, dem letzten Mittwoch des persischen Jahres, zu sehen, während ein kleineres Bild eine Szene mit Khosrow und Shirin am Fluss zeigt. Die meisten Wandbilder wurden in der Zeit der afghanischen Herrschaft mit einer Gipsschicht überzogen, so dass sie erhalten blieben und in neuerer Zeit wiederhergestellt werden konnten. In dem Palastgebäude werden auch einige Gegenstände mit Bezug zur safawidischen Geschichte ausgestellt wie der

Der Chehel-Sotun-Palast

Helm von Sheikh Safi od-Din und die geschnitzte Holztür des Sheikh-Safi-Mausoleums in Ardebil. In den beiden rückwärtigen **Außengalerien** befinden sich einige Fresken mit Abbildungen von Europäern.

Geht man hinter dem Palast weiter bis an die westliche Mauer, findet man dort auf der linken Seite die beiden rekonstruierten **Fliesenportale** der verfallenen Masjed-e Qutbiyeh vom Anfang des 16. Jahrhunderts und des Heiligtums Darb-e Kushk von 1496. Interessanterweise ergeben die hellbraunen, schwarzen und türkisfarbenen Fliesen der Darb-e Kushk durch ihre geometrischen Muster die gleichen Effekte, wie man sie an der Darb-e Imam in Isfahan oder am Grabturm Gonbad-e Kabud in Maragheh beobachten kann (→ S. 253, 254) und passen dadurch zu dem von einem englischen Mathematiker 1974 entwickelten System der Penrose-Parkettierungen.**Öffnungszeiten**: täglich von 8.30 bis 18 Uhr.

Chahar-Bagh-Straße

Die Chahar-Bagh-Straße (Kh. Chahar Bagh oder Straße der vier Gärten) ließ Shah Abbas I. um 1600 als Prachtstraße bauen. Sie zog sich vom Chehel-Sotun-Garten über mehr als fünf Kilometer hinab bis nach Hezar Jarib am Ausläufer des Sofeh-Gebirges. Sie war gesäumt von etwa 30 Gartenanlagen mit Palästen und Pavillons, und in ihrer Mitte floss ein Wasserlauf, der sich in bestimmten Abständen zu breiten Bassins erweiterte. Der Wasserlauf wurde an beiden Seiten von Promenaden und je zwei Reihen Platanen begleitet. In Hezar Jarib, am südlichen Ende, befand sich eine große Parkanlage mit einem Palast, der auf die Chahar-Bagh-Straße ausgerichtet war. Die europäischen Besucher der damaligen Zeit beschrieben sie als die schönste und längste Promenade der Welt. Auch die heutige Kh. Chahar Bagh ist noch die wichtigste Nord-Süd-Achse. Sie ist ungefähr fünf Kilometer lang und knapp 50 Meter breit, und wie damals werden ihre nördlichen und südlichen Abschnitte über die Si-o-se Pol Brücke verbunden, die aber nur noch für Fußgänger zugelassen ist.

■ Madrese Chahar Bagh

Das Theologische Seminar Chahar Bagh (Madres-e Chahar Bagh) wurde unter Shah Soltan Hoseyn, dem letzten safawidischen König mit Residenz in Isfahan, zwischen 1704 und 1714 erbaut. Da es von seiner Mutter finanziert wurde, war die ursprüngliche Bezeichnung ›Theologische Schule der Shah-Mutter‹ (Madres-e Madar-e Shah). Die prächtige, mit schwarz-weiß-gelben Ranken auf hellblauem Grund geschmückte 37 Meter hohe Kuppel fällt schon von weitem auf. Dieser Komplex ist das letzte Meisterwerk der Safawiden-Zeit. Wenn man von der Kh. Chahar Bagh aus eintritt, kann man an der Innenseite des Eingangstors die wundervollen Silberschmiedearbeiten mit Pflanzenmustern und Inschriften bewundern. Die Minarette, die zweigeschossigen Innenwände und die Iwane sind mit ausgezeichneten farbigen Fliesenarbeiten in Pflanzen- und Arabesken-Ornamentik verziert. Da sie noch als Theologische Hochschule benützt wird, ist es manchmal nicht möglich, sie zu betreten. Es gibt keine regulären Öffnungszeiten.

Bildnis einer Prinzessin im Palast (17. Jhd.)

Im Innenhof des Abbasi Hotels

Hotel Abbasi

Die Hotelfluchten sind in den Gebäuden einer ehemaligen Karawanserei, die auch von der Mutter von Shah Soltan Hoseyn gestiftet wurde, untergebracht. Man nannte diesen Komplex deshalb früher Caravansarai-ye Madar-e Shah. Ihre Einnahmen dienten dem Unterhalt der benachbarten Madrese. Im Nordiwan des sehenswerten Hotel-Innenhofs, in dem man unschwer den Hof der ehemaligen Karawanserei erkennen kann, befindet sich ein traditionelles Teehaus.

Im Garten des Hasht-Behesht-Palastes

▲ Karte S. 328, 332

Bazar-e Honar

Der Bazar-e Honar grenzt an die Nordseite der Madrese Chahar Bagh. Er ist ein übersichtlicher Basar aus safawidischer Zeit, der aus einer etwa 220 Meter langen Hauptgasse besteht, an deren Seiten sich die Geschäfte aneinander reihen. Hier werden Goldschmiedearbeiten und feine handwerkliche Erzeugnisse verkauft. **Öffnungszeiten**: täglich von 9 bis 20 Uhr, außer freitags.

Hasht-Behesht-Palast

Folgt man der Kh. Chahar Bagh in nördlicher Richtung, erreicht man als nächstes den Rajayi-Park, der auch noch unter dem alten Namen Bagh-e Bolbol oder Nachtigallen-Garten bekannt ist. Auf dessen rechter Seite erreicht man nach etwa 200 Metern den Hasht-Behesht-Palast (Kakh-e Hasht Behesht oder Palast der acht Paradiese). Dieser wurde in den 60er Jahren des 17. Jahrhunderts unter Shah Soleiman errichtet. An drei Seiten werden die Fassaden durch Terrassen mit hohen Zedernholzsäulen unterbrochen, und an der vierten Seite befindet sich ein tiefer Iwan. Diese Terrassen und der Iwan treffen sich im Gebäudemittelpunkt, wo ein Wasserbecken für Kühlung sorgt. Um diese zentrale Halle gruppieren sich die Räumlichkeiten auf zwei Stockwerken. Europäische Besucher beschrieben diesen Pavillon kurz nach seiner Entstehung als einen der glanzvollsten Paläste Isfahans.

Obwohl das meiste des safawidischen Wanddekors in der Zeit des qajarischen Gouverneurs Zel al-Soltan, der hier von 1872 bis 1907 residierte, zerstört wurde, kann man sich anhand des noch vorhandenen schönen Freskenschmucks vorstellen, wie prächtig die Ausstattung einmal gewesen sein muss.

Öffnungszeiten: tgl. 8.30 bis 18 Uhr.

Die Brücken

Südlich der Kh. Chahar Bagh trifft man auf den Zayandehrud-Fluss, der das Stadtgebiet von Westen nach Osten durchfließt und 120 Kilometer entfernt in einem Salzsumpf verdunstet. Im Stadtzentrum wird er von einigen wichtigen Brücken überspannt.

Die **Si-o-se Pol** oder Pol-e Allahverdi Khan wurde im Jahre 1602 fertiggestellt. Sie ist 360 Meter lang und 14 Meter breit. Im Volksmund wird sie nach ihren 33 Bögen Si-o-se Pol genannt. Allahverdi Khan, ein berühmter General von Shah Abbas I., finanzierte den Brückenbau.

2,5 Kilometer westlich der Si-o-se Pol liegt die **Marnan-Brücke**. Sie wurde in safawidischer Zeit auf älteren Fundamenten erbaut. Sie ist ein einfach gehaltener Zweckbau und knapp fünf Meter breit.

Die **Pol-e Juyi** oder Kanal-Brücke ist allgemein bekannt als Pol-e Chubi oder Holz-Brücke. Die Chubi-Brücke stammt von 1665 und befindet sich 1,3 Kilometer östlich der Si-o-se Pol Brücke. Sie diente dazu, einen Wasserkanal über den Fluss zu den königlichen Gärten zu leiten. Dieser Kanal ist nicht mehr in Betrieb. In einem nördlichen Brückenpfeiler ist ein beliebtes Teehaus untergebracht.

Die **Shahrestan-Brücke** (Pol-e Shahrestan) befindet sich am östlichen Ende Isfahans, etwa sechs Kilometer vom Stadtzentrum entfernt. Die Fundamente und Rundbögen gehen wahrscheinlich auf sassanidische Zeit zurück. Im Laufe der Jahrhunderte wurde sie wiederholt renoviert. Da sie früher von den Karawanen benützt wurde, war in ihrem auf der nördlichen Stadtseite befindlichen Brückenhaus eine Kontroll- und Zollstelle eingerichtet.

Die Brücke Si-o-se Pol

Khaju-Brücke

Die vielbewunderte Khaju-Brücke (Pol-e Khaju) steht knapp zwei Kilometer östlich der Si-o-se Pol und wurde um 1650, in der Zeit von Shah Abbas II., erbaut. Sie hat 23 Bögen, ist 132 Meter lang und 12 Meter breit. Da sie zweigeschossig ist, kann man auf zwei Ebenen den Fluss überqueren. Sie hat auch die Funktion eines Dammes und besitzt Schleusentore unterhalb der Bögen.

Sehr reizvoll ist, dass sie auf der flussabwärts gewandten Seite bis zur Wasser-

Die Khaju-Brücke ist ein beliebtes Ziel

oberfläche hinab getreppt ist und man auf diesen Stufen sitzen kann. Dies ist besonders angenehm, wenn an heißen Tagen abends die Temperaturen sinken. Der mittlere Pavillon wurde in safawidischer Zeit von den Königen und ihrem Gefolge benutzt. In einem nördlichen Seitenpavillon ist nun ein **Teehaus** untergebracht.

Erwähnenswert ist auch das kleine **Mausoleum** in der Gartenanlage am Nordufer etwa 150 Meter östlich der Khaju-Brücke. Hier ist das amerikanische Ehepaar Phyllis Ackerman und Sir Arthur Upham Pope beigesetzt. Sie erforschten Anfang des 20. Jahrhunderts die Kunstschätze Persiens und veröffentlichten ihre Ergebnisse bis 1939 im sechzehnbändigen Werk: ›A Survey of Persian Art‹. Sie wurden für ihr Lebenswerk mit diesem Grabbau in ihrer Lieblingsstadt geehrt.

Nördlich des Zentrums

Jame-Moschee

Die ehrwürdige Jame-Moschee (Masjed-e Jame, seit 2012 Weltkulturerbe) liegt nordöstlich des Basars an der Kh. Allameh Majlesi beim Meydan-e Qiyam. Wegen der hier gefundenen vorislamischen Gebäudereste wird vermutet, dass hier einst ein Feuertempel stand.

Die Ursprünge der Moscheeanlage gehen auf eine einfache Pfeilerhallenmoschee des 8. Jahrhunderts zurück. Diese wurde in der buyidischen Zeit zwischen 908 und 932 erweitert. Um 1087 ließ der seldschukische Wesir Nizam ol-Molk den großen Kuppelbau im Süden fertigstellen. Taj ol-Molk, ein mit Nizam ol-Molk konkurrierender weiterer Minister Malek Shahs, folgte 1088 mit dem nördlichen Kuppelbau, der auch Gonbad-e Khaki oder ›erdfarbener Turm‹ genannt wird.

▶ Karte S. 328

Im Jahre 1121 wurde die gesamte Moscheeanlage außer den beiden Kuppelbauten durch eine von den Ismaelis ausgelöste Brandkatastrophe zerstört. Unmittelbar darauf begann der Wiederaufbau. Dabei wurde zum ersten Mal das vorherrschende abbasidische Riwaq-System, bei dem der Hof von Säulenhallen eingefasst ist, verlassen, und man errichtete eine Vier-Iwan-Hofmoschee im Stil sassanidischer Palastanlagen.

Betritt man die Moschee durch das kleine Tor von der Kh. Allameh Majlesi aus, gelangt man, wenn man sich links hält, zuerst in eine **seldschukische Säulenhalle** mit vielen kleinen Kuppeln, deren Ziegel unterschiedliche Muster bilden.

An der linken Seite des rund 67 mal 55 Meter großen Innenhofs steht der **Südiwan**, der von zwei 35 Meter hohen Minaretten aus der zweiten Hälfte des 15. Jahrhunderts flankiert wird. Die in Form eines gerafften Vorhangs angeordneten Muqarnas stammen wie der überwiegend blaue Fliesenschmuck ebenfalls aus der zweiten Hälfte des 15. Jahrhunderts, die Inschriftenbänder aus safawidischer Zeit. Dieser Iwan weist nach dem Urteil mancher Betrachter die schönsten Fliesen des Innenhofs auf.

Das dahinter liegende **Kuppelgebäude Nizam ol-Molk**, das als Gebetshalle dient, besticht durch Weiträumigkeit und Schlichtheit. Die Kuppel von 13,5 Metern Durchmesser erhebt sich über einer typischen Trompen-Konstruktion, die in sich ruht und keine seitlichen Stützen benötigt. Der folgende Westiwan wurde in spät-safawidischer Zeit, Anfang des 18. Jahrhunderts, mit eleganten Muqarnas und geometrischem Fliesenschmuck ausgestattet. Auf seinem Dach steht eine hölzerne Goldasteh, von der aus der Muezzin früher zum Gebet rief.

Im Innenhof der Jame-Moschee

In den **Gebetsraum** rechts vom Westiwan ließ Ilkhan Oljeitu 1310 das wohl schönste Stuckmihrab Irans einbauen. Dort befinden sich auch zwei alte hölzerne Minbars. Durch diesen Gebetsraum gelangt man in das schlichte dreischiffige Shabestan, eine beeindruckende **Wintergebetshalle** aus timuridischer Zeit von 1448.

Der auch aus seldschukischer Zeit stammende **Nordiwan** befindet sich dort, wo früher der Haupteingang war. Sein naturfarbener und deshalb unauffälliger Fliesendekor wurde teilweise in safawidischer Zeit ergänzt. Im Durchgang an seiner Ostseite sieht man die urtümlichen Säulen der Gebetshalle aus der muzzafaridischen Zeit des 14. Jahrhunderts. An dieser Stelle befand sich in seldschukischer Zeit die berühmte Bibliothek, die 1121 auch den Flammen zum Opfer fiel.

Hinter dem Nordiwan steht der **Kuppelbau Taj ol-Molk** (Gonbad-e Taj ol-Molk) von 1088. Er hat keinen Fliesenschmuck und besitzt nur eine aus Ziegeln gesetzte umlaufende Kufi-Inschrift, doch wurde hier, basierend auf Erfahrungen und unter Einhaltung geometrischer Regeln, eines der beeindruckendsten Gebäude Persiens geschaffen. Wenn man dem Wandaufbau über die Trompenzone zur Kuppel folgt, erfährt man Architektur in reiner und vollendeter Form.

Wenn man nun zum Ausgang geht, kommt man am **Ostiwan** vorbei, der Ende des 17. Jahrhunderts mit Muqarnas und einem weißen Fliesenband in Thulth-Schrift auf blauem Grund verziert wurde, aber auch noch Dekor aus seldschukischer Zeit enthält. Hinter diesem Iwan befindet sich eine **Madrese aus muzzafaridischer Zeit**, von 1375, die derzeit renoviert wird und sehr schönen Fliesendekor aus ihrer Entstehungszeit aufweist.

Ein Besuch dieser Moscheeanlage ist wie eine Reise durch die persische Architektur- und Kunstgeschichte und deshalb sehr empfehlenswert. **Öffnungszeiten**: täglich von 9 bis 17 Uhr, freitags etwa ab 14 Uhr bis 17 Uhr.

Gewölbeelement in der Rohullah-Moschee

Umgebung der Jame-Moschee

Der Basar im Umfeld der Jame-Moschee war Bestandteil des alten Basars von Yahudiyeh. Die Gebäude sind aber neueren Datums.

An der Westseite des Meydan-e Qiyam befindet sich der **Obst- und Gemüsebasar** (Bazar-e Sabz oder Bazar-e Mive), der sogar freitags geöffnet ist. Bevor der Meydan-e Imam 1602 angelegt wurde, erstreckte sich der Alte Meydan (Meydan-e Kohneh) vom westlichen Nordende des Qiyam-Platzes in südwestliche Richtung etwa 300 Meter bis zum Harun-e Velayat. Der damalige Platz war etwa 100 Meter breit.

Im **jüdischen Jubareh-Viertel**, das östlich der Jame-Moschee liegt, gibt es noch einige aktive Synagogen wie die Kanise-ye Bozorg oder Große Synagoge, die Kanise-ye Molla Neysan und die Kanise-ye Molla Yaqob. Es sei erwähnt, dass auch im Stadtzentrum eine Synagoge steht. Die Kanise-ye Davud liegt nur 500 Meter entfernt vom Hotel Abbasi an der Kh. Amadegah nahe dem Meydan-e Felestin. Die Synagogen sind normalerweise samstags für Besucher nicht zugänglich.

In der **Kanise-ye Molla Yaqob** befinden sich auch einige schön bearbeitete Stein-Sarkophage. Diese Synagoge liegt etwa 400 Meter entfernt von der Jame-Moschee in nordöstlicher Richtung am Park mit dem Mausoleum des Isfahaner Dichters Kamal od-Din Ismail (Aramgah-e Kamal od-Din Ismail), der 1237 während der mongolischen Besatzung starb.

Wenn man zur Synagoge geht, kann man auch noch die Doppelminarette der **Moschee Dar ol-Ziafeh** aus dem 14. Jahrhundert anschauen, die nur 250 Meter entfernt in südöstlicher Richtung liegt, oder auch das mit Ziegeldekor verzierte, über 40 Meter hohe seldschukische **Menar-e Sareban** besuchen, das 300 Meter östlich jenseits der breiten Kamal-Straße steht.

Ruhollah-Moschee

Die Moschee (Masjed-e Ruhollah) steht im Osten Isfahans. Vom Meydan-e Qiyam aus folgt man 2,3 Kilometer der Kh. Vali Asr und Kh. Jey, dann biegt man nördlich ab in die Kh. Parvin und nach 700 Metern östlich in die Kh. Emamzadeh Eshaq. Nach weiteren 600 Metern erreicht man die Kh. Talar, wo die Moschee südlich der Kreuzung steht.

Auch diese Moschee hat ihre besondere Geschichte. Haj Ali Haghighat, ihr Architekt, gelobte bei seiner Pensionierung, dass er eine Moschee in Eigenleistung bauen würde. Diese Moschee musste, da er zuerst alleine und später mit zwei bis vier Hilfskräften an ihr arbeitete, nach traditionellen Verfahren, also ohne Beton und Stahl, errichtet werden. Im Jahre 1978 begann er mit den Fundamentarbeiten. Das Baumaterial wurde ihm größtenteils privat gespendet.

▶ Karte S. 328

Wenn man heutzutage die mit feinem Mosaik-Fliesendekor geschmückte Zwei-Iwan-Anlage mit 20 mal 20 Meter großem Innenhof und seitlichen Gebäudeteilen sieht, zu der auch ein 28 Meter hohes Kuppelgebäude und eine Wintergebetshalle im Untergeschoss gehören, ist kaum zu glauben, dass die Initiative einer Privatperson mit wenigen Hilfskräften dies erschaffen konnte.

■ Heiligtum Harun-e Velayat

Das Heiligtum Harun-e Velayat (Boqeh-ye Harun-e Velayat), südwestlich des Meydan-e Qiyam in der Kh. Haruniye, ist ein weiteres der Glanzstücke Isfahans. Es stammt aus der frühsafawidischen Zeit um 1512 und lag damals am Südende des alten Meydans. Die Anlage umfasst zwei Portale, zwei Höfe und einen Kuppelraum mit Grab. Sie soll einem Nachfahren Imam Musas geweiht sein. Der Mosaik-Fliesenschmuck gehört mit zu den besten Arbeiten Persiens.

Man sollte am Eingangsportal die Seitenpaneele und die Felder mit den Vasen, Thulth-Schriftbändern und den darüberliegenden Wolkenbändern, die zwei Pfauen einrahmen, auf sich wirken lassen. Im Inneren überraschen die farbigen Wandbilder mit den Darstellungen von Imam Ali und Imam Hoseyn und anderen Personen. Diese Anlage dient auch als Tekiyeh für Aufführungen der Passion Imam Hoseyns.

Wer sich für weitere figürliche Wandmalereien interessiert, findet sie im Aramgah-e Aqa Hoseyn Khansari auf dem Friedhof Takht-e Foulad (→ S. 353) und im Imamzadeh Shah Zeyd aus dem 16. Jahrhundert in der Kh. Hasht Behesht Sharq nahe der Kreuzung Kh. Bozorgmehr.

Östlich an das Harun-e Velayat schließt sich die **Ali-Mosche** mit Minarett (Masjed-e Ali, Menar-e Ali) an. Während das etwa 50 Meter hohe Minarett mit geometrischen Mustern aus dem 12. oder frühen 13. Jahrhundert stammt, wurde die Mosche im Jahre 1521 erneuert und enthält ansprechendes blaues Fliesendekor.

Wandbilder im Inneren des Heiligtums

بسم الله الرحمن الرحيم الله لا اله الا هو الحي القيوم

Imamzadeh Jafar und Ismail

Sollte man die Kh. Hatef passieren, um zum Zentrum zurückzukehren, wird man an der westlichen Straßenseite das Imamzadeh Jafar, den Grabturm des Theologen Jafar ebn-e Mortaza mit Pyramidendach von 1324 sehen. An der gegenüberliegenden Seite steht das Imamzadeh Ismail, das an einer flachen schmucklosen Kuppel über einer zurückgesetzten Gassenkreuzung erkennbar ist. Hinter dieser Kuppel ist der Zugang zu der Anlage, die auf dem ältesten Moscheegelände Isfahans stehen soll. Die meisten Gebäude stammen aus safawidischer Zeit und sind mit schönen Fliesen geschmückt. Der Legende nach soll sich das Grab des Propheten Jesaja im südöstlichsten Teil des Komplexes befinden. Man kann darüber spekulieren, ob dies der Grund war, dass die älteren Jesaja-Prophezeihungen in den Versen 44 und 45 um die Lobpreisungen des persischen Königs Kyrus ergänzt wurden.

Imamzadeh Darb-e Imam

Siebenhundert Meter westlich der Jame-Moschee, aber leichter von der Kh. Ebnesina aus erreichbar, liegt das Heiligtum Darb-e Imam. Der turkmenische Herrscher Jahan Shah Qara-Qoyunlu gab es 1453 in Auftrag. Verehrt werden hier zwei Imam-Nachfahren, Ibrahim Batha und Zain al-Abedin. Es ist bekannt wegen seiner feinen Mosaik-Fliesen. Die geometrischen Muster in einigen Bogenzwickeln und besonders im Bogenfeld der Nische links vom nördlichen Iwan entsprechen erstaunlicherweise dem von einem englischen Mathematiker 1974 entwickelten System der Penrose-Parkettierungen. Die daraus resultierende Diskussion hat die Darb-Imam nun auch in wissenschaftlich interessierten Kreisen bekannt gemacht (→ S. 253).

Sheikh-al-Islam-Haus

Das Sheikh-al-Islam-Haus (Khaneh-ye Sheikh al-Islam) ist eines der schönsten traditionellen Herrenhäuser Isfahans. Es befindet sich in der Gasse gleichen Namens, die unmittelbar unterhalb der Takhti- Kreuzung (Chaharrah-e Takhti) von der Kh. Chahar Bagh aus in östliche Richtung führt. Seine mit Muqarnas, Stuckdekor, Spiegelfacetten und schönen Holzfenstern ausgestatteten Gebäuteteile gruppieren sich um einen Innenhof mit Wasserbecken.

Öffnungszeiten: täglich von 8.30 bis 15 Uhr, außer freitags.

Badehaus-Museum Ali Qoli Aqa

Ungefähr 350 Meter westlich der Takhti-Kreuzung führt die Kh. Ali Qoli Aqa nach Norden, wo sich in 300 Metern Entfernung das Badehaus-Museum Ali Qoli Aqa (Hamam-e Ali Qoli Aqa) befindet. Dieses liegt an der Westseite der Moschee gleichen Namens. Die Badeanlage ließ Ali Qoli Aqa, ein Höfling der letzten Safawidenkönige, Anfang des 18. Jahrhunderts als Teil eines Moschee- und Basar-Komplexes errichten. Sie umfasst zwei unterschiedlich große Badehäuser, die jeweils Ankleide-, Warmwasser- und Kaltwasserräume enthalten. Wachsmodelle im Inneren demonstrieren die verschiedenen Phasen eines damaligen Badehausbesuchs. Die Kuppelbauten sind mit Wandbildern und farbigen Fliesen geschmückt.

Öffnungszeiten: täglich von 8.30 bis 17 Uhr, freitags von 9 bis 15 Uhr.

Schöner Fliesenschmuck am Imamzadeh Jafar

Seyed-Moschee

Die Seyed-Moschee (Masjed-e Seyed) ist das Musterbeispiel einer qajarischen Moschee des 19. Jahrhunderts. Sie wurde auf Veranlassung von Seyed Mohammad Baqer Shafti, einer wichtigen Isfahaner Persönlichkeit, zwischen 1829 und 1893 erbaut und liegt an der Kh. Masjed-e Seyed, 600 Meter westlich des Chaharrah-e Takhti. Es handelt sich um eine Vier-Iwan-Hofmoschee, deren Innenhof sich über eine Fläche von 58 mal 50 Metern erstreckt. Man betritt die Moschee durch das Nordportal, an das sich im Innenhof ein hoher Iwan mit hölzerner Goldasteh anschließt. Der hohe Südiwan wird von einem Uhrturm überragt. Die niedrigeren Ost- und Westiwane enthalten schöne Beispiele persischer Holzgitterfenster. Die Innenausstattung und der vielfarbige Fliesenschmuck sind sehenswert. Man sollte sein Augenmerk besonders auf den Dekor der Innenkuppeln richten.

Südlich des Flusses

Armenische Spuren

Shah Abbas I. siedelte Anfang des 17. Jahrhunderts etwa 30 000 christliche Armenier im Stadtteil Julfa im Süden Isfahans an. Durch deren Verbindungen erreichte er, dass sich die internationalen Handelsbeziehungen verbesserten. Gleichzeitig ermöglichte er ihnen und auch Georgiern den Aufstieg in seinem Regierungsapparat, so dass er seine Abhängigkeit von den persischen und besonders von den militärisch dominierenden turksprachigen (Qizilbash) Führungsschichten seines Reiches vermindern konnte.

Kurze Zeit nach ihrer Ankunft begannen die Armenier mit dem Bau verschiedener Kirchen, von denen die **Vank-Kathedrale** (Kelisa-ye Vank) die größte und bedeutendste blieb. Sie wurde 1663 fertiggestellt. Es handelt sich bei ihr um einen Kuppelbau mit persischen, byzantinischen und europäischen Architektur-

Die armenische Vank-Kathedrale

▲ Karte S. 328

elementen. Ihre Innenausstattung ist prachtvoll. Auf vielen Bildtafeln wird die Geschichte der Christianisierung Armeniens durch St. Gregor den Erleuchter dargestellt, der ursprünglich von König Tiridates III. eingekerkert worden war. Später heilte er den König von einer schweren Krankheit, worauf er ihn und andere Angehörige des armenischen Königshauses im Jahre 301 taufen durfte. Der Glockenturm steht getrennt von der Kirche. Auf dem Gelände befindet sich auch ein **Museum**, in welchem die Geschichte der armenischen Christen im Iran und ihre Verfolgung in der Türkei während des Ersten Weltkriegs veranschaulicht werden.

Seitlich des Eingangs liegt ein Teil eines **Gedenksteins der ›deutschen Venusexpedition‹**. Hierbei handelte es sich um die seinerzeit sehr anstrengende Reise von F. Stolze und F. C. Andreas, die um 1874 den Iran mit Schwerpunkt Fars bereisten und den Durchgang der Venus vor der Sonne bei Isfahan beobachteten. Öffnungszeiten sind von 8 bis 12 Uhr und von 15 bis 18 Uhr, freitags aber nur von 8 bis 12 Uhr.

Von den anderen armenischen Kirchen ist besonders die **Bethlehem-Kirche** (Kelisa-ye Beyt ol-Lahm) von 1628 wegen ihrer Gemälde und der Fresken in der Innenkuppel hervorzuheben.

Der **armenische Friedhof** (Gabrestan-e Aramene) grenzt an die Kh. Sofeh, welche die südliche Verlängerung der Kh. Hakim Nezami in Richtung Sofeh-Berg bildet. Der Friedhof liegt etwa 2,5 Kilometer südlich der Vank-Kathedrale. Mangels anderer christlicher Ruhestätten befinden sich hier auch Gräber von Europäern wie jenes des Schweizer Hof-Uhrmachers Rudolf Stadler, der Anfang des 17. Jahrhunderts ums Leben kam, oder das des Deutschen Ernst Höltzer, der mit einer Armenierin verheiratet war und 1911 starb. Er war nach Sevruguin einer der ersten Fotografen in Persien. Dort fand 1955 aber auch Ernst Jakob Christoffel, der Gründer der von der WHO anerkannten und in über 100 Ländern tätigen Christoffel-Blindenmission, seine letzte Ruhe. Auf seinem Grabstein wird er gewürdigt als Vater der Blinden, Taubstummen und Niemandskinder.

Stätten anderer Religionen

Die römisch-katholische Kirche **Maria vom Rosenkranz** (Kelisa-ye Hezrat-e Maryam), die man nicht mit der Kelisa-ye Maryam nahe der Bethlehem-Kirche verwechseln sollte, steht in der Kuche Katolika an der Kh. Sang Tarashha, nordwestlich der Kreuzung Kh. Hakim Nezami und Mohtasham-e Kashani. Sie wurde 1706 auf dem Gelände eines kleinen Dominikanerklosters errichtet und bietet keine besonderen Sehenswürdigkeiten, ist aber stimmungsvoll. Normalerweise ist ein Wärter anwesend, der Besucher einlässt.

Die kleine zarathustrische Gemeinde hat einen neuen **Feuertempel** (Adorian-e Zartoshtian) in der Kh. Nazar-e Sharqi, Kuche Sichan no. 27. Dieser befindet sich etwa 200 Meter östlich der Bethlehem-Kirche.

Die zarathustrische Gemeinde der Stadt hat sich nie wieder von den Verfolgungen unter Shah Soltan Hoseyn zu Beginn des 18. Jahrhunderts erholen können. Vor Shah Soltan Hoseyn gab es zwischen 10 000 und 20 000 Zarathustrier im Stadtteil Gabrabad. Als die Afghanen seiner Herrschaft 1722 ein Ende bereiteten, war Isfahan praktisch zarathustrierfrei. Derzeit hat die zarathustrische Gemeinde Isfahans weniger als 500 Mitglieder.

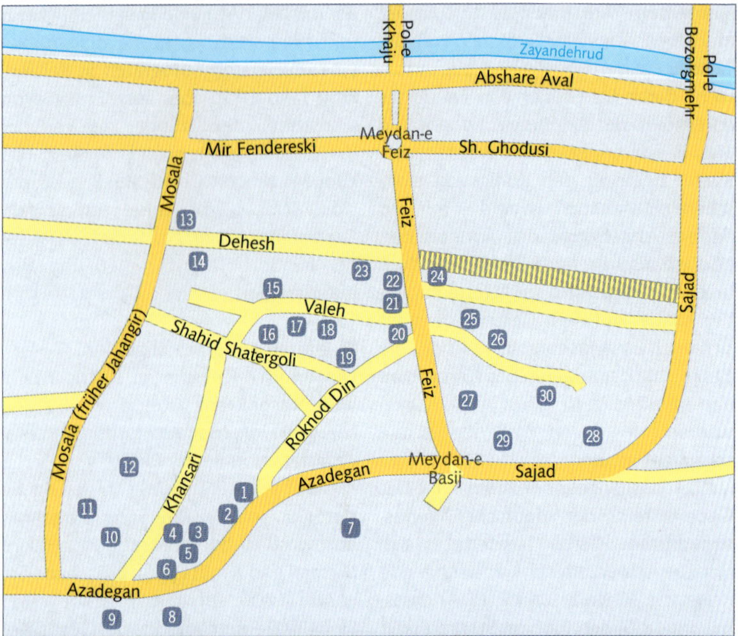

Isfahan-Foulad

0 200 400 m

Legende

1 Mausoleum Baba Rokn-od Din (Mystiker, gest. 1367, Gebäude mit gefliestem Pyramidendach)

2 Mausoleum Hojat Najafi (Gebäude mit Zwiebelkuppel ohne Fliesen)

3 Mausoleum Mader Shahzadeh (Mutter eines Prinzen)

4 Mausoleum Aqa Hoseyn Khansari (bekannte Persönlichkeit, gest. 1688, religiöse farbige Wandfresken)

5 Mausoleum Aqa Mohammed Bidabadi (Islam. Philosoph und Theologe, gest. 1783)

6 Mausoleum Aramgah-e Banu Amin (Seyedeh Nosrat Begum Amin, Theologin, gest. 1983)

7 Mausoleum Mir Zarifi

8 Mausoleum Borujerdi

9 Mausoleum Rizi

10 Mausoleum Aqa Razi

11 Mausoleum Mirza Mohammed Baqer

12 Moschee Masjed-e Mosala (großer religiöser Versammlungsort mit hohen Minaretten)

13 Mausoleum Aramgah-e Dehesh

14 Mausoleum Mir Fendereski (bedeutender Theologe und Metaphysiker, gest. 1640)

15 Mausoleum Baba Fulad Halvayi (Mystiker des 17. Jh.)

16 Mausoleum Mir Khatunabadi (Theologe, gest. 1788, Grabbau mit schöner Fliesenkuppel)

17 Mausoleum Agha Bashi (stimmungsvolle Architektur)

Friedhof Takht-e Foulad

Im Westen des Friedhofs (Gurestan-e Takht-e Foulad) wird derzeit die riesige neue Mosalla errichtet, die mit ihren hohen Minaretten nicht zu übersehen ist. Der Besuch des Friedhofsgeländes ist wie ein Gang durch die Geschichte. Man findet hier den Golestan-e Shohada mit den Kriegstoten und viele Gedenkstätten für Mystiker, Dichter und Theologen. Hier steht auch die Masjed-e Rokn ol-Molk mit einer überwältigenden Fliesen-Blumenpracht an ihrer Fassade. Dann gibt es den Wasserspeicher Abanbar Kazeroni mit modernen fliesengeschmückten Windtürmen, das Imamzadeh Aqa Hoseyn Khansari mit bildhaften Wandfresken, das moderne Mausoleum der Banu Amin, bei dem ein dünner hoher Betonmantel den Grabturm umhüllt, oder den schönen in einem Garten stehenden Kuppelbau für Valeh Isfahani. Die besten Besuchszeiten für den Friedhof sind Donnerstag und Freitag, da dann die meisten Mausoleen geöffnet sind.

Die neue Mosalla

Südwestlich des Takht-e Foulad steht ein Taubenturm (Borj-e Kabutar), wo sich Kh. Azadi und Kh. Sheikh Saduq kreuzen.

- **18** Mausoleum Seyed ol-Araghain (Fliesen mit Blumenmotiven an benachbarten Gebäuden)
- **19** Wasserspeicher Abanbar Kazeroni (Wasserspeicher 20. Jh., moderne Windtürme)
- **20** Karawanserei Malek
- **21** Mausoleum Haj Mohammed Jafar Abadi (Ruhestätte mit schönem Innenhof)
- **22** Masjed-e Rokn ol Molk (Moschee aus qajarischer Zeit, Fliesen mit Blumenmotiven)
- **23** Mausoleum Valeh Isfahani (Dichter und Mystiker, gest. 1814, schöner Grabbau)
- **24** Mausoleum Fazel Sarab (eigentlich: Alameh Mollah Mohammed, Theologe und Gelehrter, gest. 1703)
- **25** Mausoleum Jahangir Khan Qashqai (Anhänger der Schule von Rajab ali Tabrizi, gest. 1690)
- **26** Mausoleum Mir Kalbasi (durchbrochene Wände geben der Architektur Leichtigkeit)
- **27** Mausoleum Malek Ishmael Khajui
- **28** Mausoleum Lesanol Arz (Gedenkstätte für Prophet Yusheh/ Josua)
- **29** Friedhof Golestan-e Shohada (Friedhof für Gefallene des Iran-Irak-Krieges)
- **30** Mausoleum Takyeh Shohada (Märtyrer-Mausoleum)

Die Landesmitte

Die schwingenden Minarette am Grabbau von Abu Abdollah Soqla

Weitere Sehenswürdigkeiten

Der **Aussichtsberg Sofeh** (Kuh-e Sofeh) bietet einen weiten Blick über das Stadtgebiet.

Der **Grabbau des Sufis Abu Abdollah Soqla** mit den schwingenden Minaretten (Menar-e Jonban) ist sieben Kilometer von der Kh. Chahar Bagh aus in westlicher Richtung entfernt. Die Strecke dorthin führt über die Kh. Sheikh Bahaei und dann geradeaus zur Kh. Ateshgah. Das Gebäude mit den beiden Minaretten wurde im 14. Jahrhundert errichtet. Da man später herausfand, dass beim Bewegen eines Minaretts durch eine Person im Treppenhaus das andere mitschwingt, erhielt es diesen Namen.

Vom Sufi-Grabbau aus sind es weitere drei Kilometer auf der Kh. Ateshgah bis zum **alten Feuertempel** (Ateshgah), um den sich die Reste einer ursprünglich **sassanidischen Festung** ziehen. Der Örtlichkeit nach ist es sehr wahrscheinlich, dass hier ein Feuertempel stand. Auch die Reste eines quadratischen Gebäudes innerhalb des Ruinengeländes sprechen dafür. Der Rundbau auf dem Hügelgipfel war aber mit großer Sicherheit kein Feuertempel, denn alle bekannten Gebäude dieser Art sind rechteckig. Es wird deshalb angenommen, dass der Rundbau in islamischer Zeit errichtet wurde und als Beobachtungsposten diente. Er bietet auf jeden Fall einen schönen Blick auf Isfahan.

▲ Karte S. 328

Isfahan-Informationen

Allgemeines

Post, Telefon

Vorwahl: +98/(0)311.
Fernmeldeamt (Markaz-e Telefon), Kh. Behesht Nezhad östlich des Hasht-Behesht-Parks.
Hauptpostamt (Markaz-e Post), Kh. Neshat, östlich vom Meydan-e Imam gelegen.
Postamt (Edare-ye Post), etwa in der Mitte der Westseite des Imam-Platzes.
DHL Express, Kh. Amadegah 310, gegenüber dem Hotel Abbasi, Tel. 221-3520.

Internet

In den meisten Hotels stehen Computer mit Internet-Zugang zur Verfügung. Auch in der Städtischen Bibliothek (Ketabkhaneh Shahr-e Esfahan) in der Kh. Hasht Behesht an der Ostseite des Hasht-Behesht-Parks können Besucher das Internet benützen.
Aria Internet Café, Kh. Chahar Bagh-e Abbasi westliche Seite, gegenüber dem Bazar-e Honar, Tel. 2231905.

Touristeninformation

Im Erdgeschoss des **Ali-Qapu-Palasts** am Meydan-e Imam, Tel. 2213840, tägl. außer Fr 9–14 Uhr.

Reiseagenturen und Reiseleiter

Sehr gute, **deutschsprachige Reiseleiter** sind:
Herr Mehdi Rafie, Tel. (0)913/327-6675, mehdirafie@yahoo.com. Er arrangiert hauptsächlich Kulturreisen im gesamten Iran, kennt aber auch die Nomaden-Sommerweiden bei Chelgerd u.a. **Herr Hamid Reza Eslami**, Tel. (0)312/5281665, mobil (0)912/1470281, hamidreza_eslami@yahoo.de. Er organisiert auch Touren auf Studienreiseniveau. **Frau Nasim Ebrahimi**, Tel. 0913/2884212, nasim_dw@yahoo.com, ist eine sehr empfehlenswerte Isfahan-Kennerin, die als lizensierte Reiseleiterin aber auch Touren im ganzen Land durchführt.

Die folgenden **Reiseagenturen** vermitteln Mietwagen, buchen Hotels und

Die Moschee Rokn ol Molk aus qajarischer Zeit im Stadtteil Takht-e Foulad

besorgen Tickets, auch für internationale Eisenbahnstrecken.

Donya-ye Parvaz Tours (Azhanz-e Mosafert-e Donyaye Parvaz), Kh. Chahar Bagh-e Bala 8 (nahe dem Suite Hotel am Südende der Si-o-se-Pol-Brücke), Tel. 667310-1 (bis -4). In dringenden Fällen: Mr. Nasr, Mobiltel. (0)913/1037275, HosseinNasr24@yahoo.com.

Iran Travel (Azhans-e Mosafert-e Iran Travel), Kh. Amadegah (Kh. Shahid Medani), gegenüber dem Hotel Abbasi, Tel. 2223010. IranTravel1964@yahoo.com.

Medizinische Hilfe

Al-Zahra-Krankenhaus (Bimarestan-e Al Zahra), im Süden der Stadt, westlich des Universitätsgeländes in der Kh. Sofeh, Tel. 6684444.

Apotheken (Darukhane): Darukhane Almehdi, Kh. Amadegah, etwa 200 m östlich des Abbasi-Hotels, rechte Straßenseite, 24 Stunden geöffnet, englischsprachig; Tel. 2216008.

Behörden

Visumsangelegenheiten

Die zuständige Iranische Ausländerbehörde (Atba-e Khareje) befindet sich im Südwesten der Stadt. Man fährt von der Si-o-se Pol südlich die Kh. Chahar Bagh-e Bala entlang und biegt nach 1,7 km westlich in die Kh. Dr. Shariati und folgt deren Straßenverlauf 3,2 km bis in die Kh. Rudaki, wo an der Nordseite das neue Gebäude der Ausländerbehörde steht. Tel. 2215953. Öffnungszeiten Sa–Mi von 7.30–13.30 Uhr und Do von 7.30–12 Uhr.

Touristenpolizei

Polis Turist, Kh. Chahar Bagh-e Abbasi (im Mittelstreifen oberhalb der Ecke Kh. Amadegah, nahe dem Hotel Abbasi), Tel. 2215953.

Transport, Verkehrsverbindungen

Taxis

Ein großer Teil des öffentlichen Verkehrs erfolgt per Sammel- und Einzeltaxi. 10 km im Sammeltaxi kosten ca. 4000 Rials (0,35 Euro), im Einzeltaxi kostet es ungefähr das Zehnfache. Bitte beachten, dass sich dieser Preis wegen der hohen Inflation innerhalb eines Jahres um 1000 Rials erhöhen könnte. **Sammeltaxis (Savaris)** halten an jedem größeren Platz, **Einzeltaxis** bestellt man am besten über die Hotelrezeption oder bei den vielen Taxiagenturen, die es in jeder Hauptstraße gibt. Für Einzeltaxis sollte man die Preise vor Fahrtantritt aushandeln.

Stadtbusse

Das billigste Verkehrsmittel ist der Bus. Die Tickets für den innerstädtischen Busverkehr kann man im Bus oder vorher an den Kiosken der Haltestellen kaufen. Frauen sitzen im Bus hinten und Männer vorne. Die Bussituation ist leider unübersichtlich. Die meisten Menschen benutzen deshalb Sammeltaxis, obwohl sie etwas teuerer sind. Pärchen können in Sammeltaxis auch nebeneinander sitzen.

Die erste Teilstrecke der **U-Bahn** soll ab 2016 in Betrieb gehen.

Fernverkehsbusse

Kaveh Bus-Terminal (Terminal-e Otobus Kaveh), neuer großer Busbahnhof 4 km nördlich der Kreuzung Chaharrah-e Takhti in der Verlängerung der Kh. Chahar Bagh-e Pain. Von hier aus verkehren **Busse in alle Richtungen**.

Sofeh Bus-Terminal (Terminal-e Otobus Sofeh), 6 km vom Südende der

▶ Karte S. 328

Kunsthandwerk auf dem Basar

Brücke Si-o-se Pol entfernt in der Verlängerung der Kh. Chahar Bagh-e Bala. Von hier aus gibt es überwiegend **Verbindungen nach Shiraz und in Städte im Südiran**.

Jey Bus-Terminal (Terminal-e Otobus Jey), vom Meydan-e Ahmadabad aus 2,2 km in östliche Richtung. Von hier aus fahren Busse, Minibusse und Savaris **nach Nain und Yazd**.

Sorush Bus-Terminal (Terminal-e Otobus Sorush), 1,7 km nördlich des Meydan-e Qiyam gegenüber (ruberuye) Bagh-e Qush Khaneh. Von hier fahren Busse **zum 20 km entfernten Flughafen**.

Flughafen

Der Flughafen Isfahan ist 25 km vom Stadtzentrum entfernt. Die schnellste Strecke läuft 4 km an der nördlichen Verlängerung der Kh. Chahar Bagh entlang, dann östlich entlang der Dr.-Chamran-Schnellstraße, welche direkt zum Flughafen führt. Flugverbindungen bestehen nach Teheran, Shiraz, Ahvaz, zur Insel Kish und zu anderen iranischen Destinationen, außerdem nach Dubai, Kuwait und Istanbul. Wenn bei Ankunft am Flughafen keine Abholung vereinbart wurde, wendet man sich an den Schalter der **Airport Taxi Station**, der Taxifahrten zu angemessenen Preisen vermittelt.

Iran Air, Kh. Amadegah, gegenüber Abbasi-Hotel, Tel. 222 10 45, 222 82-00, 668 12 66.

Flughafen, Tel. 52 751 18, 527 51 01, IFNSNIR@IranAir.AERO.

Bahn

Der Bahnhof (Istgah-e Rah-e Ahan) liegt 11 km südlich der Brücke Si-o-se Pol in der Verlängerung der Kh. Chahar Bagh-e Bala.

Von hier aus bestehen Zugverbindungen nach Teheran und Bandar-e Abbas über Yazd. Die Strecke nach Shiraz wurde 2010 fertiggestellt. **Bahntickets** kann man in der Stadt bei den beiden angegebenen Reiseagenturen bestellen (→ S. 356).

Hotels

Abbasi Hotel*****, Kh. Amadegah (Kh. Shahid Medani), Tel. 222 60-10 (bis -17), Fax 222 260 08, www.abbasihotel.com. Das Hotel war im 18. Jahrhundert königliche Karawanserei, was die Zimmer zum Innenhof noch wiederspiegeln . Die Räume der neueren Anbauten sind teilweise etwas eng (Q4–5/P5).

Hotel Kowsar*****, Kh. Mellat (am Südende der Brücke Si-o-se Pol), Tel. 62 40 23-0 (bis -9), www.hotelkowsar.com. Modernes älteres Hotel (Q4–5/P5).

Aseman Hotel****, Kh. Motahari (nahe der Brücke Pol-e Felezi), Tel. 235 41 41, www.asemanhotel.com. Modernes neues Hotel, etwas außerhalb des Zentrums, Drehrestaurant (Q4/P3–4).

Ali Qapu Hotel****, Kh. Chahar Bagh, Tel. 222 79 29, www.aliqapuhotel.com. Mit traditionellem Flair (Q3–4/P3–4).

Sheykh Bahaei Hotel****, Kh. Sheykh Bahaei, Tel. 22077-14 (bis -16,) Mail: hotel@sheykhbahaeihotel.com (Q3–4/P3).

Hotel Setareh***(*), Kh. Hafez 220 (in der Nähe des Meydan-e Imam), Tel. 220 29 88, 220 32 60. Modernes renoviertes Hotel (Q3–4/P3–4).

Hotel Melal***, Kh. Kamal edDin Esmail (west. der Brücke Pol-e Ferdowsi), Tel. 22 24 53-2, -3, -4. Mittelklassehotel am Nordufer des Zayandehrud-Flusses (Q3/P2–3).

Suite Hotel***, Kh. Ayaneh Khaneh, Tel. 667 20 71. Modernes Hotel nahe dem Südende der Si-o-se-Pol-Brücke (Q3/P2–3).

Espadana Hotel***, Kh. Ayaneh Khaneh, Tel. 66 71 19-5 (-bis 9). Modernes Hotel am Südufer des Zayandehrud-Flusses (Q3/P2–3).

Preiswerte Hotels

Die folgenden Hotels bieten besonders preiswerte saubere Unterkunftsmöglichkeiten:

Tourist Hotel***, Kh. Abbasabad (Ecke Chahar Bagh-e Abbasi, etwa 200 Meter nördlich der Brücke Si-o-se Pol), Tel. 220 44 37, 220 44 79, www.esfahantouristhotel.com. Das Hotel liegt gegenüber dem Sharzad-Restaurant in einer Nebenstraße (Q3/P2).

Hasht Behesht Apartment Hotel***, Kh. Ostandari, Tel. 22 14 86-8, -9, www.ehbhotel.webs.com. Hier werden 17 Appartments mit bis zu 4 Betten angeboten. Die Lage etwa 250 Meter südlich des Imam-Platzes ist ideal: ruhig, aber mitten im Zentrum (Q2–3/P1–2).

Tootia Hotel**, Kh. Masjed-e Seyed (südliche Straßenseite, nazdik-e Chaharrah-e Takhti), Tel. 223 75 25. Dieses Hotel ist eine Alternative zum Amir Kabir Hostel, allerdings ohne dessen Ruf als Stelldichein der Weitgereisten. Es ist sauber, besitzt auch Zimmer mit mehreren Betten. Das Personal ist freundlich (Q2/P0–P1).

Amir Kabir Hostel (Mosaferkhane)*, Kh. Chahar Bagh-e Pain, kurz vor der Chaharrah-e Takhti Kreuzung. Tel. 2227273, mrziaee@hotmail.com. Treffpunkt junger Reisender, hilfsbereite, freundliche Inhaber und Personal. 3 EZ, 6 DZ, 17 3-Bett-Zi. und 7 Schlafsäle, Etagen-Dusche/WC (Q1/P0a).

Traditionelle Häuser

Bekhradi Traditional House**** (Khane-ye Sonati Bekhradi), Kuche Sombolestan 56 (nordöstlich der Takhti-Kreuzung, Kh. Ebn-e Sina), Tel. 448 20 72, mobil (0)9 13/118 32 93, www.safavidinn.com, mbekhradi@yahoo.com. Ein geschmackvoll renoviertes geräumiges

▲ Karte S. 328

Haus aus dem 17. Jahrhundert mit einem schönen Innenhof. Die fünf Suiten mit Badezimmern sind komfortabel eingerichtet. Der Preis ist angemessen (Q4/P4).

Isfahan Traditional Hotel*** (Khane-ye Sonati Samaeian), in der Kuche Bagh-e Qalandarha (Kh. Hakim, östlich der Hakim-Moschee, nördlich des Qeisariye-Basars), Tel. 222 40 80, 223 66 77, www.isfahanhotel.com. Zwei renovierte traditionelle Häuser mit zwei Innenhöfen, um welche die 16 Räume gruppiert sind (Q3/P3).

Khane-ye Dibai***, Kuche Masjed-e Ali (Kh. Haruniyeh vom Meydan-e Qiyam aus), Tel. 220 97 87, www.dibaihouse.com. Das Grundstück ist über Gassen erreichbar und grenzt südwestlich an die Ali-Moschee an. Die Innenwände dieses sorgfältig renovierten Hauses aus dem 17. Jahrhundert sind mit fröhlichen Farben bemalt. Diese Unterkunft ist sehr empfehlenswert für Reisende, die Wert legen auf eine aufmerksame, korrekte Hausverwaltung, die auch Exkursionen zu angemessenen Preisen arrangiert. Es gibt einen Innenhof und zehn Zimmer, davon weisen zwei Suiten Bäder auf, die fünf modernen Badezimmer sind auf die restlichen acht Zimmer aufgeteilt. Kinder unter 14 Jahren werden zur Zeit nicht aufgenommen (Q3/P3).

Wandmalei im Hasht-Behesht-Palast

Gastronomie

Restaurants

Restoran-e Bastani, Meydan-e Imam, Tel. 22 00 37-4, -5. Nach Verlassen des Platzes an der Südostecke, westlich der Imam-Moschee, sind es in südlicher Richtung nur wenige Meter zu diesem großen Restaurant, das allerdings zur Mittagszeit häufig von Touristengruppen benützt wird und dem etwas weniger Kommerzialisierung gut tun würde.

Naqsh-e Jahan Sonati, Meydan-e Imam, Tel. 221 90 68. Verlässt man den Platz beim nächsten Ausgang nördlich der Lotfullah-Moschee, muss man sich links halten. Diese Gaststätte bietet Isfahaner Spezialitäten wie traditionelles Biryani, das aus fein gehackter Lunge und Hammelfleisch mit Brot oder Reis besteht. Zur traditionellen Ausstattung des Lokals gehören auch die persischen Liegen, auf die man sich zum Essen mit gekreuzten Beinen hockt.

Restoran-e Mikhak, Meydan-e Imam, Tel. 222 32 91. Östlich der Nordostecke des Platzes in den Basargassen liegt diese von den Einheimischen gerne besuchte Gaststätte, die eine preis-

Teehaus in den Bögen der Si-o-se-Pol-Brücke

werte Auswahl an empfehlenswerten Kebab-Gerichten bietet.

Restoran-e Shahzad, Kh. Abbasabad (nördlich der Brücke Si-o-se Pol an der Kreuzung mit der Kh. Chahar Bagh-e Abbasi), Tel. 2202871, 2204490. Es bietet persische und internationale Gerichte. Der normalerweise große Andrang wird durch schnellen Service wettgemacht. Farbige Wandmalereien, Facetten-Spiegel und bunte Glasfenster verbreiten eine stimmungsvolle Atmosphäre.

Restoran-e Tak, Kh. Ahmadabad (an der südlichen Straßenseite, Ecke Kh. Golzar, südöstlich des Meydan-e Qiyam), Tel. 2251087, 2252648. Dieses empfehlenswerte und bei Einheimischen beliebte Restaurant hat eine große Auswahl an Kebabs und anderen persischen Gerichten. Die Menükarte gibt es in Englisch.

Restoran-e Nowbahar, Kh. Chahar Bagh-e Pain (an der westlichen Straßenseite, südlich der Takhti-Kreuzung), Tel. 2210800. Preiswert.

Restoran-e Khan Gostar, Kh. Hakim Kelisa (in der Querstraße Kh. Kelisaim im Stadtteil Jolfa, südlich der Vank-Kirche), Tel. 6278989. Dieses Restaurant befindet sich im Jolfa-Hotel. Es ist bekannt wegen seiner guten persischen Küche, zu der auch Fischgerichte gehören.

Restoran-e Hani, Kh. Hakim Nezami (Ecke Kh. Khaghani im Stadtteil Jolfa, südwestlich der Vank-Kirche), Tel. 6274849, 6271227. Es bietet preiswerte persische Gerichte.

Kleine Mahlzeiten, Imbisse

Naqshe-Jahan, im sehenswerten Abbasi Hotel (→ S. 358), an der rechten Seite der Hotel-Empfangshalle. Hier kann man kleine Mahlzeiten einnehmen und auf bequemen Sitzgelegenheiten eine Pause vor der nächsten Unternehmung einlegen.

Restoran-e Nikan, Kh. Mir Fendereski (südlich der Khaju-Brücke), Tel. 661-3375. Vom Meydan-e Faiz aus ist es nicht weit zu diesem bei Jugendlichen

▶ Karte S. 328

beliebten Lokal, das persische und internationale Gerichte, darunter auch Pizza, anbietet.
Jacks, Kh. Saadatabad (östlich des Meydan-e Azad, in der Nähe der Universität), Tel. 661 10 96. Wer im Süden der Stadt hungrig unterwegs ist und zwischendurch eine Pizza essen möchte, dem sei dieses Lokal empfohlen.

Teestuben

Isfahan ist bekannt für seine schönen Teestuben.
Teestube am Großen Basar: Vom Imam-Platz aus führen unmittelbar links vom Basareingang Treppen zum Teehaus im ersten Stock, von wo aus man einen herrlichen Ausblick über den Platz hat. Das Teehaus ist allerdings zeitweise geschlossen.
Azadegan-Teestube: In einer Gasse, die rechts vom Basareingang in Richtung Osten führt, stößt man nach wenigen Metern auf diese stimmungsvolle Teestube.
Sahel-Teehaus: Im Dachgeschoss des Sahel-Hotels an der Westseite des Meydan-e Enghelab, am Nordende der Brücke Si-o-se Pol, ist dieses Teehaus untergebracht, von dem aus man einen Blick über den Zayandehrud und seine Brücken hat.
Teestuben der Zayandehrud-Brücken: Ein Abendbummel entlang dem Zayandehrud lässt sich mit dem Besuch der Brücken-Teestuben verbinden. Bei der Khaju und der Si-o-se Pol, kann man unter den Brückengewölben direkt am Wasser sitzen, während sich die Teestube der Chubi-Brücke in einem großen Raum befindet, der mit verschiedenartigstem Nippes dekoriert ist.
Teehaus des Abbasi Hotels: Wegen seiner typischen Atmosphäre ist der Innenhof des Hotels abends ein beliebter Aufenthaltsort. Im nördlichem Torbogen ist ein Teehaus untergebracht.

Museen

Das **Museum für Naturgeschichte** (Muze-ye Tarikh-e Tabiat) ist in einem architektonisch interessanten Gebäude mit mehreren Hallen und einem mit Muqarnas geschmückten Eingangsiwan aus timuridischer Zeit (15. Jh.) untergebracht. Es schließt sich östlich an die Chehel-Sotun-Anlage an. Die groben Dinosaurier-Modelle vor dem Iwan wirken deplaziert. Öffnungszeiten tägl. 9–12 und 16–20 Uhr.
Südlich hiervon liegt das **Museum für Zeitgenössische Kunst** (Muze-ye Honarhai-ye Moaser), in dem interessante Gemälde, Grafiken und Skulpturen ausgestellt werden. Tel. 220 77 44. Öffnungszeiten tgl. außer Fr 9–12 und 15–18 Uhr.
Es sei erwähnt, dass der knapp 100 Meter östlich hiervon stehende hellbraune **Ziegel-Kuppelbau Towhid Khaneh** vom Anfang des 17. Jh. nun zur Isfahaner Kunstakademie gehört. Der Towhid Khaneh war in safawidischer Zeit ein Ort für Sufi-Versammlungen, denen auch die Könige beiwohnten, bis der letzte in Isfahan residierende safawidische Shah Soltan Hoseyn diese Versammlungen Anfang des 18. Jahrhunderts verbot.
Südlich an dieses Museum grenzt das **Museum für Dekorative Kunst** (Muze-ye Honarhai-ye Tazyini) an. Es ist in einem Gebäude aus safawidischer Zeit untergebracht, das zu den Stallungen gehörte und in dem man Pferdegeschirre lagerte. Der mehrstöckige Turm wurde erst in qajarischer Zeit hinzugefügt. Die Exponate stammen überwiegend aus safawidischer und qajari-

scher Zeit und umfassen alte Korane, Kalligraphien, Miniaturen, Textilien, Waffen und vielerlei fein gearbeitete Gebrauchsgegenstände. Öffnungszeiten tgl. außer freitags 8–13 Uhr.

Einkaufen

Kunsthandwerk

Zusätzlich zu den vielen Läden am Meydan-e Imam und im Großen Basar gibt es ein **staatliches Geschäft** (Forushgah-e Sanai-ye Dasti) in der Kh. Amadegah gegenüber dem Abbasi Hotel, mit einer großen Auswahl an unterschiedlichen Souvenirs zu angemessenen Preisen.

Kunst

Miniarurmalereien Fotowat, Kuche Posht Matbakh, an der Südwestecke des Imam-Platzes, Tel. 2221785.

Kunstgalerie Hozeh Honari, gegenüber dem Abbasi-Hotel in der Kh. Amadegah, Tel. 2215686, 2203265. Öffnungszeiten tgl. 9–12 und 16–19 Uhr.

Teppiche

Teppichhändler (Khane-ye Farsh) sind im **Westteil des Großen Basars** konzentriert. Bei Teppichfreunden bekannt wegen ihrer Qualitätsware aus eigener Knüpfung sind Haghighi (am Imam-Platz, rechts vom Eingang zur Imam-Moschee), Tel. 2222921, 2228542, und Seirafian, Kh. Motahari 159, Tel. 2335027.

Ein zuverlässiges Teppichgeschäft mit umfangreichem Sortiment ist **Khaneh-ye Farsh Pakdel**, Kh. Amadegah (im Pezeshgan-Gebäude in der Nähe des Abbasi Hotels), Tel. 223182-3, -4, mobil (0)913/1114222, Mr. Mahmoud Pakdel, mahmod_pakdel@yahoo.com.

▶ Karte S. 328

Süßigkeiten

Eine beliebte Spezialiät ist **Gaz**. Dieses basiert auf einer honigähnlichen weißen Substanz, die ursprünglich aus den Ausscheidungen winziger Insekten gewonnen wurde, die auf dem Gaz-Strauch, einem Tragant, leben. Die hierfür am besten geeignete Tragant-Art (Astralagus adscendens) wächst bei Khonsar. Heute wird auch Glykosesirup und Klee-Honig verwendet, aus dem mit Stärke und Eiweiß die Nougatmasse hergestellt wird, der grüne Pistazien oder Mandeln und Rosenwasser hinzugefügt werden.

Bekannte Sorten sind Sekkeh, Ashrafi, Kermani und Golden Meraj. Interessant schmecken auch die **Noghle** genannten, mit Gaz-Masse überzogenen Mandelstücke sowie **Poolaki**, karamelisierte Zuckerplättchen mit Safran, an denen beim Teetrinken gelutscht wird.

Unterhaltung

Wer sich für iranische Traditionen interessiert, könnte ein Zurkhaneh besuchen. Dort finden Kampf- und Kraftsportübungen statt (→ S. 142).

Zurkhaneh Najarpur, Kh. Ebn-e Sina, Ecke Krankenhaus Bimarestan-e Amin, Kuche Seydan, Tel. 4463625. Der Leiter, Morshed Zangane, ist über Tel. (0)913/1021352 (mobil) erreichbar. Trainingsstunden tägl. außer Fr ab 21 Uhr.

Zurkhaneh Ali-Gholi-Aqa, Kh. Masjed-e Seyed (Kh. Ayatollah Badibadi – nahe dem Hamam-e (Badehaus) Ali-Gholi-Aqa), Tel. 3383355. Trainingsstunden tägl. außer Fr ab 20.30 Uhr.

Die Umgebung Isfahans

Zur Mündung des Zayandehrud

Ein Geheimtipp für Architektur- und Landschaftsfreunde ist dieser Tagesausflug, der etwa 140 Kilometer den Fluss Zayandehrud entlang bis zu seinem Mündungsgebiet in den Gavkhuni-Sumpf führt. Von der Shahrestan-Brücke aus fährt man östlich in Richtung Varzaneh. Nach 15 Kilometern erreicht man das **Dorf Dashti**. Dort steht eine Moschee mit Zentralkuppel über Ecktrompen und hohen Spitzbögen, die in ilkhanidischer Zeit um 1325 erbaut wurde.

Auch aus dem 14. Jahrhundert stammt die fünf Kilometer weiter im Nordosten gelegene **Moschee von Kaj**, die der in Dashti ähnlich ist. Für deren Besuch muss man allerdings die Hauptroute verlassen und den Fluss nördlich überqueren. Östlich von Dashti folgt nach wenigen Kilometern die **Siedlung Jar** (Gar), wo sich die Reste eines seldschukischen Minaretts von 1121 und eines Mihrabs von 1262 befinden, die aber nicht zu den wichtigen Sehenswürdigkeiten dieses Ausflugs zählt.

Von Jar aus sind es acht Kilometer nach **Eziran** (Aziran) mit seinem aufragenden Moscheebau aus der ersten Hälfte des 14. Jahrhunderts. Sein Kuppelsaal weist feinen Ziegelschmuck, Kufi-Schriftbänder und ein Stuckmihrab auf und überzeugt durch seinen trompengestützten vertikalen Aufbau.

Weitere vier Kilometer in Richtung Varzaneh steht östlich in den Feldern

Die Umgebung von Isfahan 0 35 70 km

hinter **Ziar** ein knapp 50 Meter hohes seldschukisches Minarett von 1180, das durch zwei Balkone in drei Abschnitte geteilt wird. Es besitzt an der Spitze und unterhalb der Balkone umlaufende Kufi-Schriftbänder mit teilweise erhaltenen türkisfarbenen Fliesen.

Vom kunsthistorischen Standpunkt am bedeutendsten ist die seldschukische Moschee im zwölf Kilometer entfernten **Barsian**. Ihr großartiger Kuppelbau von 1134 ähnelt dem des Taj ol-Molk in der Isfahaner Jame-Moschee. Hinzu kommt ein mit Muqarnas geschmückter seldschukischer Stuckmihrab, der mit dem der Jame-Moschee in Neyriz, östlich von Shiraz, zu den schönsten frühen Gebetsnischen Irans gehört. Ältester Bestandteil der Moschee ist das etwa 34 Meter hohe Ziegelminarett von 1098. Neben der Moschee steht eine Karawanserei aus safawidischer Zeit.

Im 36 Kilometer entfernten **Sian** biegt man südlich ab und überquert im nahen Ezhyeh den Zayandehrud, um nach Varzaneh weiterzufahren. Beim Passieren der neuen Brücke in **Ezhyeh** sieht man westlich eine **safawidische Ziegelbrücke** mit elf Bögen und in entgegengesetzter Richtung ein Panorama mit **fünf Taubentürmen**.

Varzaneh

Varzaneh erreicht man nach 26 Kilometern. Die dortige **Jame-Moschee** stammt von 1444 und enthält noch den Stumpf eines älteren seldschukischen Minaretts. Es handelt sich um eine Zwei-Iwan-Anlage, die sich durch herrlichen floralen und geometrischen Mosaik-Fliesenschmuck der timuridischen Zeit, überwiegend in Blau-, Weiß- und Ockertönen, auszeichnet. Der Stifter, Imad ben Muzaffar, der mehrfach in den Fliesen-Schriftbändern erwähnt wird, ist wahrscheinlich identisch mit dem Bauherrn der Wintergebetshalle von 1447 in der Jame-Moschee in Isfahan. In safawidischer Zeit führte man Renovierungsarbeiten durch, die 1687 abgeschlossen wurden. Dabei ersetzte man die Mosaiken im Stirnfeld des Eingangsiwans oberhalb des hohen Inschriftbandes und in der folgenden Eingangskuppelhalle.

In Varzaneh sind zudem eine eindrucksvolle **Ziegelbrücke** mit zehn Bögen, eine **Karawanserei** und einige **Wasserspeicher** aus safawidischer Zeit erhalten geblieben. Im Straßenbild fallen die in weiße Chadors gekleideten Frauen auf. Wahrscheinlich geht diese Kleidung auf vorislamische Zeit zurück.

Die Karawanserei in Varzaneh

▲ Karte S. 363

Am Batlaq-e Gavkhuni

Gavkhuni-Sumpf

Von Varzaneh aus kann man die Fahrt östlich zum etwa 28 Kilometer entfernten Mündungsgebiet des Zayandehrud beim Schwarzen Berg (Kuh-e Siah) fortsetzen. Dort beginnt der sich über eine Fläche von 30 mal 25 Kilometern in südliche Richtung erstreckende Gavkhuni-Sumpf (Batlaq-e Gavkhuni), der aus dunklem Morast und weißen strukturierten Salzflächen besteht, in die im ersten Halbjahr auch schmale Rinnsale mit türkisfarbenem Wasser münden. Später trocknet fast das gesamte Mündungsgebiet aus. Um sicherzustellen, dass man auf der richtigen Strecke ist, sollte man nach der in derselben Richtung gelegenen **Khargushi-Karawanserei** (Caravansarai-ye Khargushi) fragen, die ab dem Schwarzen Berg über 30 Kilometer Piste zu erreichen ist.

Die gut erhaltene Khargushi-Karawanserei (32°11'55"/53°11'29") kann noch echtes Karawanen-Gefühl vermitteln, da sie an einsamer Stelle in der Wüste steht und man von dort aus erst nach weiteren 30 Kilometern Piste bei Sarv-e Bala wieder auf eine ausgebaute Straße, die nach Aqda führt, trifft.

Von Varzaneh aus kann man auch zu den beeindruckenden **Sanddünen** fahren, die sich am Westrand des Batlaq-e Gavkhuni erheben. Hierzu nimmt man die Asphaltstraße, die südlich von Varzaneh Richtung **Hasanabad** führt. Bereits nach zehn Kilometern beginnt das Dünengebiet, das sich bis zum insgesamt 40 Kilometer entfernten Hasanabad fortsetzt. Von Hasanabad aus kann man auch auf einer weniger interessanten Strecke von 120 Kilometern nach Isfahan zurückkehren.

Pir Bakran

Dieser Ort liegt im Südwesten Isfahans. Man folgt der Kh. Artesh und dem Bolvar-e Keshavarz Richtung Falaverjan. 1500 Meter nach dem Autobahn-Kleeblatt am Ortsende Isfahans verlässt man die Schnellstraße und fährt über Yazdabad und Baghe-Abrisham 18 Kilometer direkt in südliche Richtung, wo man Pir Bakran erreicht. Hier steht am südlichen Ortsrand gegenüber dem moslemischen Friedhof der **Mausoleumskomplex (Boqe-ye Pir Bakran)** des 1303 verstorbenen Sufi-Heiligen Sheikh Mohammad ebn Bakran oder kurz Pir Bakran.

Der Komplex besteht im wesentlichen aus einem hohen Iwan, einem über 13 Meter langen östlichen Eingangskorridor und einem nördlichen kleinen Kuppelbau, in dem der Sufi lehrte. Alle Gebäude wurden bereits zu seinen Lebzeiten errichtet. Im hinteren Bereich des hohen Iwans befindet sich das Sufi-Grab, während im vorderen, abgetrennten Bereich des Iwans eines der prächtigsten Stuckmihrabs der ilkhanidischen Zeit um 1310 angebracht wurde. Das Schriftband in schönem Flechtkufi ist von rankenden Pflanzenmustern eingefasst. Einige Farbreste der ursprünglich polychromen Bemalung sind erhalten geblieben. Die Gebäude sind innen mit Ziegel- und Fliesendekor überwiegend in hellen und dunklen Blautönen geschmückt. Hinzu kommen Muqarnas und florale Stuckornamente. Es bestehen keine offiziellen Öffnungszeiten. Auf Wunsch wird man aber eingelassen.

Jüdischer Friedhof

Sehr stimmungsvoll ist der etwa 400 Meter südwestlich gelegene Friedhof der Isfahaner Juden (Gabrestan-e Yahudiyeh). Dort soll um 1938 ein 2500 Jahre altes Bruchstück eines jüdischen Grabsteins entdeckt worden sein. Auf dem Friedhof stehen Grabbauten mit offenen Spitzbögen im persischen Stil. Auch gibt es viele alte Grabmäler, die schöne Steinmetzarbeiten aufweisen. Zu dieser Anlage gehört eine Synagoge, wo Serah bat Asher verehrt wird. Sarah oder Serach, die Tochter Assers, soll ihrem Großvater Jakob die Nachricht überbracht haben, dass sein Sohn Josef in Ägypten noch am Leben sei. Sie muss eine besondere Frau gewesen sein, denn außer ihr werden im 4. Buch Moses, Kapitel 26 nur männliche Nachfahren Jakobs aufgeführt. Nach einheimischen Legenden ist Sarah hier in einer Grotte erschienen. Damit man in den Friedhof eingelassen wird, sollte man sich vorher in Isfahan bei der Tourist-Information im Erdgeschoss des Ali Qapu Palasts, Tel. 2213840, oder in einer der angegeben Synagogen erkundigen.

Auf dem jüdischen Friedhof in Pir Bakran

▲ Karte S. 363

Oshtorjan

Etwa acht Kilometer Luftlinie westlich von Pir Bakran liegt Oshtorjan mit seiner alten **Jame-Moschee**. Ihre Kuppelhalle, der dazugehörige Iwan und das nördliche Eingangsportal stammen aus seldschukischer Zeit. Hervorzuheben sind das schöne Mihrab von 1315 und die Muqarnas und das Flechtwerk aus kobalt-, türkis- und kaum sichtbaren safranfarbenen Fliesen am Nordportal. Hier verwendete man das erste Mal gelbliche Safran-Glasur und Mosaikfliesen, die nach dem Brennen zugeschnitten wurden, was die Verarbeitung erheblich beschleunigte.

Shahr-e Kord und Bakhtiari-Nomaden

Die Stadt Shahr-e Kord, etwa 100 Kilometer südwestlich von Isfahan, hat etwa 150 000 Einwohner, von denen viele ehemalige Bakhtiari-Nomaden sind. Ab Juni bis Ende August kann man Bakhtiari-Nomaden (→ S. 78) im Kuhrang-Tal (→ S. 368) und in den Bazoft- und **Sabzkuh-Tälern** antreffen.
Von Shahr-e Kord ist das 145 Kilometer entfernte Chaman Goli im Bazoft-Tal über die Strecke Farsan bis kurz vor Chelgerd und dann südlich über Bid Amin und Samsami erreichbar. Eine kaum längere, alternative Route dorthin führt über Juneqan, Kaj und Samsami. Südwestlich von Naghan liegt das Sabzkuh-Tal mit dem großartigen Aussichtspunkt **Tang-e Zendan** (31°42'07"/50°58'42").

Rund um Chelgerd

Über Najafabad erreicht man nach 125 Kilometern Daran. Der Ort ist Durchgangsstation bei Fahrten von Isfahan nach Khoramabad, Kermanshah oder Hamadan. Als Übernachtungsmöglichkeit bietet sich das Daran Hotel**, Tel. (0)372/4222883, an.

Die Umgebung ist Ende April/Anfang Mai besonders interessant, da dann in den Bergen die attraktiven **Kaiserkronen** (Laleh Vazhgun) blühen. Fährt man nördlich nach Khansar, kann man sie nach 26 Kilometern auf dem westlich der Straße gelegenen Berg **Golestan Kuh** sehen.

Von dort sind es noch zwölf Kilometer bis **Khansar,** das bekannt ist für die Gewinnung von Honig und von Gaz für Süßigkeiten. Sehenswert ist dort das qajarische Habibi-Haus (Khane-ye Habibi) mit umlaufenden Terrassen im Innenhof.

In **Golpayegan**, 30 Kilometer nördlich von Khansar, befindet sich eine Jame-Moschee mit beeindruckender seldschukischer Gebetshalle von 1118, deren Kuppel sich über von Muqarnas gefüllten Trompen erhebt. Diese Gebetshalle enthält auch ein weitflächiges, leider nicht mehr vollständiges Mihrab aus der Entstehungszeit. Der Hof mit den Iwanen und Nebengebäuden wurde im 19. Jahrhundert erneuert.

Im traditionellen Ambiente einer ehemaligen Lehmziegelfestung kann man sechs Kilometer weiter östlich in **Gugad** übernachten. Es handelt sich um das Arg-e Gugad Hotel** mit einer schönen Teestube, Tel. (0)372/3230095. Von Gugad aus sind es 65 Kilometer bis zur Schnellstraße von Isfahan nach Delijan.

Wer Kaiserkronen in unberührter Natur blühen sehen möchte, sollte nach **Sibak** fahren. Dieses liegt neun Kilometer

Das Habibi-Haus in Khansar

südlich von **Fereydunshahr** auf über 2400 Meter Höhe. Fereydunshahr, das von Daran 37 Kilometer in westlicher Richtung entfernt ist, war einer der Hauptorte der von Shah Abbas I. Anfang des 17. Jahrhunderts umgesiedelten Georgier, die dort zum Islam übertraten. Die Berge mit den Kaiserkronen befinden sich etwa drei bis vier Kilometer direkt südlich von Sibak.

Es gibt aber von Sibak aus auch eine südöstliche, 56 Kilometer lange Mittelgebirgsstrecke mit mehreren von der Straße aus sichtbaren Vorkommen dieser Blumen. Sie führt über Bardasiab, Qaleh Sorkh und Kuganak (Guganak) zum Zayandehrud.

Chelgerd

Dem Zayandehrud kann man dann westlich 25 Kilometer nach Chelgerd folgen. Unterwegs passiert man die Dimeh-Quelle, deren Picknickplätze leider durch Betonierungen sehr steril geworden sind, und macht kurz vor Chelgerd einen Abstecher in die nahe Dasht-e Laleh, die Tulpenebene, die durch Schil-

Kaiserkronen bei Fereydunshahr

der gekennzeichnet, aber deshalb auch überlaufen ist. Die Blüte setzt hier Mitte April ein. Wenige Kilometer südwestlich von **Chelgerd** erstreckt sich das vom 4220 Meter hohen Zardkuh überragte Kuhrang-Tal, das ab Anfang Mai den Bakhtiari-Nomaden als Sommerweide dient. Die beste Zeit dieses Tal zu bereisen ist von Juni bis September. Dabei trifft man Nomaden an, sucht die Kuhrang-Quelle auf oder fährt mit 4-WD (arrangierbar über das Kuhrang-Hotel) das Tal aufwärts zu dem knapp 60 Kilometer entfernten, pittoresken Gebirgsdorf **Sar Agha Seyed**.

Chelgerd

Kuhrang Hotel****, Tel. (0)382/7622302. Der Englisch und Deutsch sprechende Inhaber, Herr Raissi-Dehkordi, arrangiert Nomadentouren, Skifahrten u.a. Mobiltel. (0)912/1144030 (Q3–4/P2).

Ghasre Ahmad Hotel*, Tel. (0)382/7622900, sauber, Zi. mit Dusche/WC (Q1/P0a–P0) .

Im Kuhrang Hotel ist eine detaillierte Karte des Kuhrang-Tals erhältlich.

▶ Karte S. 363

Westlich von Daran

Von Daran aus sind es 28 Kilometer in westlicher Richtung nach **Buin**. In seiner Umgebung wurden von Shah Abbas I. Anfang des 17. Jahrhunderts christliche Armenier angesiedelt. Biegt man vier Kilometer vor Buin südlich ab, erreicht man nach 1,5 Kilometern **Dash Kahan** (Dashegan) mit georgischstämmigen Iranern und nach weiteren 1,5 Kilometern **Khuygan** (Khoyegan) in 2350 Metern Höhe. Hier leben noch etwa 20 armenische Familien, aber 98 Tage nach Ostern treffen sich hier tausende Armenier und feiern gemeinsam das uralte Vartavar-Fest, das Fest der Rosen oder Blumen. Den Schlüssel für die Dorfkirche Kelisa-ye Maryam besitzt Grigor Margossian. Während in Khuygan der Anteil der moslemischen Azeris zunimmt, ist **Zarneh**, das acht Kilometer nordwestlich von Buin in Richtung Aligudarz liegt, ein überwiegend armenisches Dorf mit etwa 50 Familien. Auch dort gibt es eine kleine Kirche.

Rund um Shahreza

In südlicher Richtung ist Shahreza 76 Kilometer entfernt. Dort befindet sich am Ortsanfang an der Straße, die in die Stadt führt, das **Heiligtum Imamzadeh Shahreza** mit Friedhof und einer qajarischen Karawanserei.

Unterwegs passiert man 48 Kilometer südlich von Isfahan die renovierte **Mahyar-Karawanserei**, die im 19. Jahrhundert erbaut wurde. Da sie von Behörden benutzt wird, kann man sie nicht besichtigen.

42 Kilometer südlich von Shahreza, in **Aminabad**, liegt eine sehenswerte achteckige Karawanserei mit runden Ecktürmen, Portalbau und großem Innenhof. Sie stammt aus der ersten Hälfte des 17. Jahrhunderts.

Weitere 20 Kilometer in Richtung Shiraz lohnt es sich, die Fahrt in **Izadkhast** zu unterbrechen. Da sich dieser Ort in einer Senke verbirgt, ist es wichtig, darauf zu achten, dass man die Ausfahrt nicht verpasst. Auf einem aufragenden Felsrücken befinden sich dort die Ruinen eines befestigten Dorfes, das aus sassanidischer Zeit stammt. Wenige hundert Meter östlich davon liegt in malerischer Lage vor einer Felswand eine typische Hofkarawanserei mit Portalbau und vier Iwanen aus der 1. Hälfte des 17. Jahrhunderts.

Richtung Nain und Dasht-e Kavir

Die Ortschaft **Tudeshk** liegt 93 Kilometer östlich von Isfahan oder 47 Kilometer westlich von Nain. Es ist sehr empfehlenswert, die Reise bei dem aufgeschlossenen **Mohammad Jalali** zu unterbrechen, um mehr über das iranische Dorfleben zu erfahren und mit ihm Ausflüge beispielsweise zu wandernden Sanddünen zu unternehmen. Er ist auch bekannt dafür, Zweiradfahrer aus aller Welt bei sich unterzubringen. Mobiltel. (0)913/9165752, www.deserthome.ir.

Imamzadeh in Shahreza

Nain

Das als Teppichstadt bekannte Nain wurde bereits in sassanidischer Zeit gegründet und hat etwa 30000 Einwohner.

Ihre alte **Jame-Moschee** wurde um 960 im Stil abbasidischer Pfeilermoscheen erbaut. Sie besitzt ein schlichtes, beeindruckendes Mihrab und enthält schönen, ursprünglich polychromen Stuckdekor der damaligen Zeit. Das Minarett mit oktagonalem Schaft und von Palmetten geschmücktem umlaufenden Balkon stammt aus dem 11. Jahrhundert. Zur Ausstattung gehört auch ein hölzerner Minbar, der die Jahreszahl 1312 trägt. Die unterirdische Gebetsstätte erhält ihr Licht durch in die Decke eingelassene Alabaster-Platten.

Gegenüber der Moschee befindet sich das **Pirnia-Herrenhaus** von 1560, in dem ein **ethnologisches Museum** untergebracht ist. Im Iwan-Raum zum Innenhof kann man Wandreliefs mit Motiven traditioneller Liebesgeschichten sehen. Beginnend auf der linken Seite sind im zweiten Feld Khosrow und Shirin in einem Pavillon mit Musikanten und Tanzenden abgebildet. Im vierten Feld folgen Yusuf und Suleika, die unter einem Kuppelbaldachin sitzen, und im siebten Feld Farhad und Shirin, wobei Farhad versucht, den Felsen von Bisotun abzutragen. In anderen Räumen werden landwirtschaftliche Geräte, Keramiken, Webstühle und Handwerkszeug ausgestellt. Im Erdgeschoss des Innenhofs ist eine Teestube eingerichtet (→ S. 370).

Nain besitzt einen kleinen urtümlichen **Basar**. Von den ehemaligen **Stadtbefestigungen** ist noch ein Teil der Lehmziegel-Burganlage Narin Qaleh vorhanden.

In Nain lebt der Guide **Mahmud Mohammadipur**, der für vier bis fünfstündige Führungen in Nain und Mohamadiye mit Hauptsehenswürdigkeiten und weniger bekannten wie Hussainiyeh-Passionsspielhäusern, Zurkhaneh, Qanat-Wasserversorgung, Stoffwebern u.a. nur etwa 15–20 Euro berechnet. Er gibt Budgetreisenden auch gerne Empfehlungen für Übernachtungen und Weiterfahrtmöglichkeiten. Mobiltel. (0)939/8636090, www.naeinsun.ir.

Die **Kleinstadt Mohamadiyeh** liegt nur 1,5 Kilometer in östlicher Richtung von Nain entfernt. An der Strecke befinden sich nördlich der Straße Werkstätten, in denen man aus Kamelhaar die traditionellen Aba-Umhänge für Kleriker herstellt. In diesem Ort stehen zwei alte Moscheen aus dem 11. Jahrhundert. Die Masjed-e Jame besteht aus einem Kuppelbau mit unterirdischer Gebetshalle und offenem Qanat; die idyllische Masjed-e Sar-e Kuche hat Tonnengewölbe und Kufi-Inschriften. Hier gibt es auch die Reste einer großen mittelalterlichen Zitadelle, die besser erhalten ist als die Burganlage in Nain.

Das **Dorf Now Gonbad** liegt an der südlichen Strecke Richtung Ardakan und Yazd in 30 Kilometer Entfernung von Nain. Hier befinden sich drei Karawansereien in verschiedenen Erhaltungszuständen aus vor-safawidischer, safawidischer und qajarischer Zeit neben der Straße.

Nain

Mehmansara Jahangardi**, Kh. Shahid Rajai, Tel. (0)3 23/22 530 81. Das empfehlenswerte staatliche Touristenhotel mit Restaurant ist in einer karawanserei-ähnlichen Anlage untergebracht (Q2–3/P2).

Ethnologisches Museum, Mobiltel. (0)913/9170871, tgl. 8–17 Uhr außer montags und Feiertage.

▲ Karte S. 363

Das Dorf Anarak

Westliche Dasht-e Kavir

Von Nain aus führt die Route östlich über das **pittoreske Anarak** und vorbei an Madan-e Nakhlak, weiter nach **Chupanan** mit typischen Windtürmen. Dann passiert man die Ausläufer der Rigge-Jin und biegt nach 22 Kilometern östlich nach Chah Malek ab.

Fünf Kilometer hinter Farrokhi führt eine neu asphaltierte Strecke zum 43 Kilometer nördlich liegenden **Mesr** und der weitere drei Kilometer entfernten kleinen Oase **Farahzad** (34°05'45"/ 54°47'05"), die man nach insgesamt 285 Kilometern ab Nain erreicht. Dort kümmert sich die Familie des Seyed Tabatabaei rührend in traditionellen Lehmziegel-Gehöften um ihre Gäste. Tel. (0)324/4342188, (0)913/3234188, farahzad_tbtb@yahoo.com. Farahzad ist von Dünen umgeben und bildet den Außenposten am Südrand einer menschenleeren Wüstenregion. So spürt man hier die große Dashte-Kavir hautnah. Die Tagespauschale beträgt 28–30 Euro. Kamelritte arrangiert Hr. Tabatabaei über Ali Heydari, Tel. (0)913/

3234216 (nur Persisch) im nahen Mesr. Eine Reitstunde kostet 8 Euro und ein Tag 40 Euro. Hier möchte der Autor etwas Persönliches einflechten. Vor 12 Jahren gehörte er zu den ersten, welche die damals noch wilden Kamele ritten. Ali Heydari, Saeed Azam, der später das erste iranische Ecocamp (www.matinabad.com) einrichtete und Maziyar Ale Davood, aus Garmeh machten damals mit ihm die ersten längeren Ausritte. Besonders ist dem Autor die drei Kamelreittage entfernte malerische Oase Arusan in Erinnerung geblieben, die sich hinsichtlich Sven Hedins Beschreibung kaum verändert hat.

Zehn Kilometer östlich des vorher genannten Farrokhi befindet sich die Kleinstadt **Khur** mit dem neuen Wüstenhotel Kaviri Bali. Wenn man eine komfortable Unterbringung sucht, kann man dies als Ausgangspunkt für Ausflüge in die Kavir wählen (Tel. (0)324/4224572 -5, Ms. Samira Amini (0)913/8647002, www.balihotel.ir). Gelegentlich wirken die Bemühungen dort etwas überzogen, wie man Gäste an sich binden möchte. Das Doppelzimmer kostet etwa 30 Euro pro Person.

Maziyar aus Garmeh auf Kameltour

Empfehlenswert als Treffpunkt für Weitgereiste und iranische Ausflügler ist das Dorf **Garmeh**, 30 km südlich von Khur, wo Maziyar Ale Davood seine Gäste in drei traditionellen Häusern betreut. Tel. (0)324/4432156, (0)913/3643474 (mobil), www.ateshooni.com. Auch er arrangiert Ausflüge und Kameltouren.

Angenommen man möchte per **Bus anreisen**, ist Khur auch Haltestelle für Farahzad und Garmeh. Beispielsweise besteht täglicher Busverkehr mit dem Teheraner Terminal-e Jonub und anderen Städten. Einzelheiten kann man von den hiesigen Gastgebern erfragen, die auch für die Abholungen in Khur sorgen. Der Busticket-Preis Teheran–Khur liegt derzeit bei 13 Euro, und die Reisedauer beträgt etwa neun Stunden.

Rund um Natanz

Natanz, 78 Kilometer südlich von Kashan, entstand in sassanidischer Zeit. Die bedeutendste Sehenswürdigkeit, der Komplex der alten **Jame-Moschee** mit dem Sheikh abd al-Samad Heiligtum, stammt aus dem 14. Jahrhundert. Die Anlage besteht aus drei Teilen: der Jame-Moschee (Masjed-e Jame) aus dem Jahre 1304 mit Vier-Iwan-Innenhof, Mihrabhalle und einem Minarett von 37 Metern Höhe. Angeschlossen ist das **Mausoleum des Sheikh abd al-Samad** mit Zeltdachkuppel von 1307, deren Inneres mit sehenswertem Muqarnas-Schmuck ausgefüllt ist. Früher stand hier auch ein

Sufi-Kloster, von dem nur noch das Portal von 1316 mit blauen und türkisfarbenen Kufi-, Thulth- und Neskhi- Fliesenschriftbändern erhalten ist.

Nicht weit entfernt stehen die **Reste eines sassanidischen Feuertempels** (Chahartaq). In Natanz befindet sich auch die kleine **Moschee Kuche Mir** mit üppigem seldschukischem Stuckmihrab vom Anfang des 12. Jahrhunderts. Erwähnenswert ist auch das idyllisch gelegene Vaghefi-Mausoleum im Ortsteil Afushte. Die Ausgrabungsstätte Arisman, etwa 38 Kilometer nordwestlich von Natanz, belegt, dass das iranische Hochland zu den ältesten Gebieten mit Kupferverhüttung gehört, denn bereits 3500 v. Chr. wurde hier Kupfer durch Tiegelschmelze gewonnen. Interessant ist auch, dass von hier aus bereits im 3. Jahrtausend v. Chr. Handelsbeziehungen bis Mesopotamien bestanden.

In **Matinabad**, 26 Kilometer nördlich von Natanz, befindet sich ein empfehlenswertes **Eco-Camp** am Rande der Wüste Dasht-e Kavir. Es ist über Badrud erreichbar. Dieses liegt zwischen Kashan und Nain, von wo es 60 bzw. 144 Kilometer entfernt ist. Man kann dort wandern und Tiere beobachten oder Kameltouren, Trekking- und Biking-Ausflüge in einsame Sandünengebiete und zum Großen Salzsee unternehmen. Auch werden Kontakte zur einheimischen Bevölkerung hergestellt. Die Lebensmittel stammen aus ökologischem Anbau, und die Elektrizität wird aus Solarzellen gewonnen. Es stehen bequeme Zwei-Personen-Zelte mit komplettem Bettzeug und einige Zimmer der Drei-Sterne-Kategorie zur Verfügung. (Tel. (0)21/88104226, mobil (0)912/1172996, www.matinabad.com).

▲ Karte S. 363

Im nahen **Badrud** wird das Heiligtum von Ali Abbas und Shahzadeh Mohammad mit großem Aufwand ausgebaut. Besonders wegen der schönen Fliesenarbeiten ist es sehenswert. Die beiden dort verehrten Persönlichkeiten sind Söhne des 7. Imam.

Ardestan

Ardestan, das 94 Kilometer nördlich von Nain oder 70 Kilometer südöstlich von Natanz liegt, besitzt mit der Masjed-e Jame eine der ältesten Vier-Iwan-Anlagen Irans. Sie entstand im 11. und 12. Jahrhundert. Der ursprünglich seldschukische Stuckmihrab wurde in der Ilkhanidenzeit verändert. Die kufischen Inschriften datieren auf 1158 und 1160 und stammen aus der Zeit als das Gebäude zur Vier-Iwan-Moschee umgebaut wurde.

Zavareh, zwölf Kilometer östlich von Ardestan, ist ein sehr ursprünglicher Ort mit einer einfachen aber beeindruckenden Tekiyeh, einem Gebäude für Passionsspiele. Die Masjed-e Jame ist die älteste datierte Vier-Iwan-Moschee Irans von 1135/1136 mit feinem Stuckmihrab. Vom Dach aus hat man einen Rundblick über den Ort. Nicht weit entfernt befindet sich die Masjed-e Pa Menar; ihr Minarett stammt von 1068 und gilt als eines der ältesten des Landes.

Abyaneh

Nach Abyaneh fährt man von Natanz aus 21 Kilometer auf der alten Straße nach Norden Richtung Kashan und dann weitere 22 Kilometer südwestlich in die Karkas-Berge. Abyaneh ist ein maleri-

Dekor am Samad-Heiligtum in Natanz

Das Dorf Abyaneh

sches Dorf, dessen rotbraune Lehmziegelhäuser sich in Stufen einen Hang entlang ziehen. Die Gassen im Zentrum führen durch einen umgebauten ehemaligen Feuertempel. Es gibt eine hübsche, kleine Moschee mit Holzschnitzereien und türkisblauer Kuppel. Die Frauen tragen Kopftücher mit Rosendekor. Man verständigt sich noch in einem mittelpersischen Dialekt. Das Abyaneh Hotel**, Tel. (0)362/436222-3, -4, -5, ist eine akzeptable Unterkunft.

Von der Abzweigung nach Abyaneh aus sind es auf der alten Straße Richtung Kashan zwölf Kilometer bis zu der umstrittenen Uran-Anreicherungsanlage. Diese ist auch von der parallel verlaufenden Autobahn aus Richtung Kashan zu sehen. Fotografieren ist hier natürlich strengstens verboten.

Legende Kashan

1 Aqa-Bozorg-Moschee
2 Mausoleum Khwaje Taj od-Din
3 Borujerdi-Haus
4 Hamam-e Soltan Mir Ahmad
5 Basar
6 Imam-Madrese
7 Meydan-Moschee
8 Imamzadeh Habib ebne Musa
9 Jame-Moschee
10 Ameriha-Haus
11 Tabatabai-Haus
12 Abbasian-Haus
13 Ehemalige Jalali-Festung
14 Mausoleum Abu Lulu
15 Siedlungshügel Tepe Sialk
16 Imamzadeh Shahzadeh Ebrahim
17 Fin-Garten
18 Restaurant Sayyah
19 Restaurant Chehel Hesaran
20 Restaurant Golshan
21 Hotel Negarestan
22 Ehsan Traditional Hotel
23 Kowsar Apartment Hotel
24 Bahnhof
25 Busbahnhof
26 Hotel Khaneh Noghli

▶ Karte S. 375

Kashan

Wahrscheinlich geht die Gründung der Stadt auf die Sassanidenzeit zurück, aber sie liegt in einem jahrtausendealten zivilisatorischen Umfeld, wie man am knapp vier Kilometer vom Zentrum entfernten Tepe-Sialk-Siedlungshügel erkennen kann. Kashan war bereits im frühen Mittelalter bekannt für seine Textilverarbeitung und Herstellung von glasierten Fliesen, die als Kashi nach ihr benannt sind. Hinzu kommen Teppichindustrie und Rosenwasserherstellung. Nach Isfahan und seinen Residenzen am Kaspischen Meer fühlte sich Shah Abbas I. in Kashan am wohlsten. Besonders wegen ihrer Architektur, die sich in den Lehmziegelkuppelbauten des Basars, der Moscheen und der traditionellen Bürgerhäuser widerspiegelt, ist sie eine bemerkenswerte Stadt.

Sehenswürdigkeiten

Die **Moschee und Madrese Aqa Bozorg** ist eines der schönsten Ensembles Kashans. Es liegt westlich des zentralen Platzes Kamal ol-Molk und bietet beeindruckend klare Architektur mit dem hohen, von zwei Minaretten flankierten Hofiwan, dem Kuppelbau und dem versenkten Innenhof. Bemerkenswert ist auch der schöne florale Fliesenschmuck. Der Komplex entstand um 1840. Sein Name Aqa Bozorg rührt vom Prediger Mohammad Mahdi Naraqi her, für den die Madrese gestiftet wurde, und der unter dem Namen Aqa Bozorg bekannt war.

Etwa 50 Meter östlich des Hauptportals der Aqa Bozorg befindet sich die stimmungsvolle etwa 700 Jahre alte **Kuppelgrabanlage** Boghe-ye Kwaje Taj od-Din. Sie wurde für zwei Enkel des 7. Imam

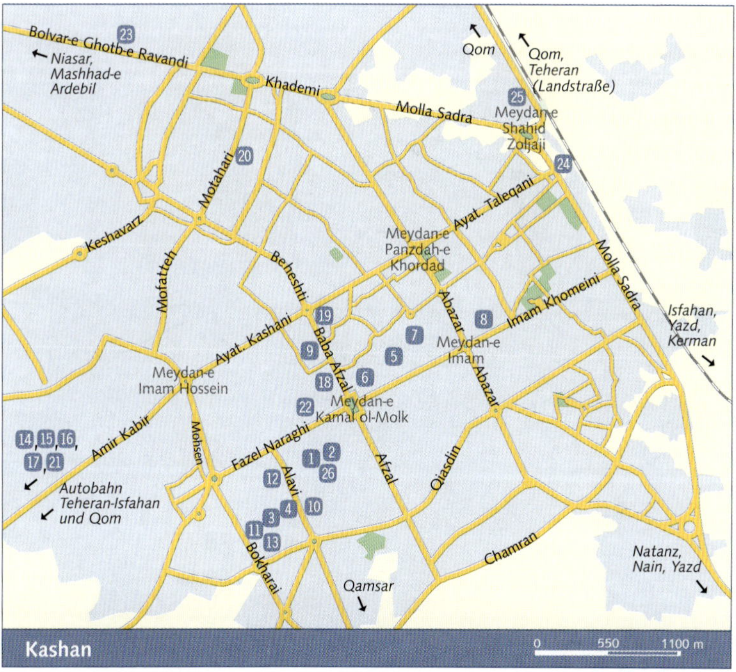

errichtet und enthält ein seltenes figürliches, farbiges Freskogemälde.

Die Soltani- oder **Imam-Madrese** östlich des Meydan-e Kamal ol-Molk ist ein sehenswerter Gebäudekomplex von 1814 mit stimmungsvollem Innenhof, der Wasserbassins und Bäume enthält.

Einen Kilometer weiter östlich an der Nordseite der Kh. Imam Khomeini liegt das aus seldschukischer Zeit stammende **Imamzadeh Habib ibn Musa** mit dem Sarkophag von Shah Abbas I., der nahe bei diesem Heiligen beerdigt werden wollte. Der links vom Eingangsportal stehende Sarkophag des safawidischen Königs besteht aus schwarzem Porphyr und ist mit Koranversen verziert. Diese Grabanlage wird derzeit renoviert. Von der Bausubstanz aus dem 13. Jahrhundert ist nur noch wenig vorhanden. Ein sehr schönes Lüstermihrab aus diesem Imamzadeh wird im Islamischen Kunstmuseum in Teheran aufbewahrt.

Geht man vom Imamzadeh zurück zum Meydan-e Imam und folgt dort nördlich der Kh. Abazar bis zum Meydan-e Motahari und biegt westlich ab, gelangt man zur **Moschee Meydan-e Mir Emad** (Masjed-e Meydan). Sie wurde 1461, in der Regierungszeit von Jahan Shah Qara Qoyunlu, erbaut und später wiederholt restauriert. Hervorzuheben sind die Stalaktitengewölbe und Stuckinschriften des Portals und Inschriftstafeln der Fassade. Ihr Mihrab von 1226 mit schönen blauen und türkisfarbenen Lüsterfliesen befindet sich im Pergamonmuseum in Berlin.

Der anschließende **Basar** geht auf das 13. Jahrhundert zurück. Nach den Zerstörungen durch das Erdbeben von 1778 wurde er im 19. Jahrhundert neu erbaut. Er gehört zu den sehenswertesten Basaren Irans und zeichnet sich durch einheitliche Architektur und das auf Einheimische ausgerichtete Warenangebot aus. Seine Hauptgasse wird durch weite Chaharsuqs unterbrochen, von denen Nebengassen zu Höfen, ehemaligen Karawansereien wie der Haj Mohammad Malek al-Tojar und zu großartigen hohen Kuppelbauten wie der mit Muqarnas ausgekleideten Timche-ye Amin al-Dowleh führen. Unterwegs oder in der letztgenannten Timcheh sollten Sie versuchen, dass Ihnen jemand erlaubt, auf das Basardach mit den lehmfarbigen Gewölben und Kuppeln zu steigen. In der Timche-ye Amin al-Dowleh und im nahen Hamam-e Khan sind stimmungsvolle Teehäuser untergebracht.

In der westlich am Basar entlang führenden Kh. Baba Afzal steht die auf seldschukische Zeit zurückgehende **Jame-Moschee**. Leider wurde auch sie zum größten Teil durch das Erdbeben von 1778 zerstört. Das Minarett von 1074 blieb erhalten, aber die Kuppelhalle und viele andere Gebäudeteile stammen aus dem 19. Jahrhundert.

In keiner anderen Stadt Irans gibt es so viele eng beieinander liegende traditionelle **Bürgerhäuser** wie in Kashan. Kashan war besonders durch den Teppichhandel eine Stadt reicher Kaufleute, was sich in der großzügigen Bauweise und der reichen Ausstattung ihrer Häuser ausdrückt.

Das **Borujerdi-Haus** (Khane-ye Borujerdi) in der Kuche Amir Ahmad an der Kh. Alavi ist das bekannteste dieser Häuser. Der Kaufmann Haj Seyed Jafar Natanzi ließ es in der zweiten Hälfte des

Timche-Kuppelbau auf dem Basar

Das Borujerdi-Haus

19. Jahrhunderts erbauen. Typisch ist, dass zur Straße hin unauffällige Wände dieses Anwesen umgeben, während das Innere prunkvoll ausgestattet ist und farbige Glasfenster, Spiegelfacetten- und Stuckarbeiten aufweist. Der weite Innenhof mit Wasserbassin ist auf einen hohen Iwan ausgerichtet, hinter dem sich das Repräsentationsgebäude befindet, das von einer Kuppel mit Windfängern überwölbt ist. Gegenüber und an den Seiten des Innenhofs befinden sich Wohngebäude, die auch ein kühles Untergeschoss einschließen, wohin man sich an heißen Sommertagen zurückziehen konnte.

Das türkisfarbene Spitzdach, das sich 50 Meter westlich des Borujerdi-Hauses erhebt, gehört zum **Imamzadeh Soltan Mir Ahmad**, das auf seldschukische Zeit zurückgeht und im 16. Jahrhundert renoviert wurde.

Das **Tabatabai-Haus** (Khane-ye Tabatabai) steht 100 Meter westlich vom Haupteingang des Borujerdi-Hauses, während man zum **Ameriha-Haus** (Khane-ye Ameriha) östlich die Kh. Alavi überqueren muss. Diese großzügigen Anwesen aus der Qajaren-Zeit umfassen mehrere Wohngebäude und weite, mit Wasserbassins ausgestattete Innenhöfe, Hof-Iwane und eigene Hamams. Als Schmuckelemente werden Glasfenster, florale Fresken, Stuckarbeiten und Muqarnas verwendet. Das ähnlich ausgestattete **Abbasian-Haus** (Khane-ye Abbasian) steht 250 Meter entfernt im nördlichen Abschnitt der Kh. Alavi.

Besonders sehenswert ist das 50 Meter östlich des Borujerdi-Hauses gelegene **Hamam-e Soltan Mir Ahmad**. Dieses Badehaus wurde in safawidischer Zeit, vor über 400 Jahren, erbaut und gehört wegen seiner Ausstattung und des Wandschmucks mit dem Ali-Qoli-Aqa-Bad in Isfahan zu den schönsten seiner Art im Iran. In seinem Inneren befindet sich eine Teestube.

▲ Karte S. 375

Die **Reste der seldschukischen Stadtmauer** (Diwar-e Shahr) findet man in 300 Metern Entfernung am südlichen Ende der Kh. Alavi. Dort befinden sich auch die Ruinen einiger **Eishäuser** (Yakhchal), und in westlicher Richtung erheben sich die verfallenden Lehmziegel-Mauern der zehnseitigen **Jalali-Festung** (Qale-ye Jalali) mit 220 Metern Durchmesser. Sie wurde im 11. Jahrhundert auf Geheiß von Malik Shah I. erbaut.

Richtung Fin

In westlicher Richtung geht die Kh. Ayatollah Kashani nach dem Meydan-e Imam Hossein in die Kh. Amir Kabir über, die zur Fin-Gartenanlage führt. Unterwegs kommt man an einigen Sehenswürdigkeiten vorbei.

Nach drei Kilometern sieht man südlich der Straße das **Mausoleum Boqe-ye Abu Lolo**, dessen Spitzdach mit Fliesen in gelben und weißen geometrischen Mustern auf türkisfarbenem Grund geschmückt ist. Abu Lolo soll in seiner Jugend unter dem Namen Pirouz in Fin gelebt haben und später als Sklave nach Arabien verkauft worden sein. In Medina tötete er 644 den Kalifen Omar, in dessen Regierungszeit die Eroberung Persiens durch arabische Truppen begann.

Blick in den Hof des Ameriha-Hauses

Das prächtige Mir-Ahmad-Badehaus

Nach einem weiteren Kilometer erscheint der **Tepe Sialk**, ein bekannter Siedlungshügel, nördlich der Amir-Kabir-Straße. Erste Siedlungsspuren lassen sich bis in das 7. Jahrtausend v. Chr. zurückverfolgen. Die frühe Keramik ist berühmt. Sie umfasst Vasen mit Bergziegenmotiven aus dem 4. Jahrtausend bis zu den schönen, verzierten Gefäßen mit Schnabelgießern aus dem 1. Jahrtausend. Hier wurde auch eine der frühesten Terrassenanlagen um 2700 v. Chr. errichtet.

Knapp zwei Kilometer von hier, kurz vor dem Fin-Garten, werden an der Nordseite der Straße die beiden Minarette und und das mit gelber und weißer Ornamentik verzierte türkisfarbene Spitzdach des **Imamzadeh Shahzadeh Ebrahim** sichtbar. Es wurde Ende des 19. und Anfang des 20. Jahrhunderts zu Ehren eines Sohnes des 7. Imams erbaut.

Im Fin-Garten

Fin-Gartenanlage

Die Fin-Gartenanlage (Bagh-e Fin) ist 7,5 Kilometer vom Zentrum Kashans entfernt. Eine erste Gartenanlage soll bereits in achämenidischer Zeit, im 6. Jahrhundert v. Chr., bestanden haben. Damit befände sich auf diesem Gelände die älteste existierende Gartenanlage Irans. Von Reisenden des 9. und 14. Jahrhunderts wird hier ein Garten erwähnt. Um 1504 soll Shah Ismail I. hier Empfänge gegeben haben, und im 17. Jahrhundert ließ Shah Abbas I. die Anlage erneuern und erweitern. In ihrem Zentrum steht ein damals errichteter Pavillon, vor dem sich zwei Wasserbassins befinden, die durch Kanäle von einer nahen Quelle gespeist werden. Die Anlage enthält Blumenbeete, Ziersträucher und Bäume. Die Arkadengänge und der Pavillon sind mit floralen Fresken geschmückt. Im qajarischen Badehaus an der Südostseite der Anlage wurde im Jahre 1852 der Premier Amir Kabir auf Veranlassung von Nasseruddin Shah ermordet. Amir Kabir war ein beliebter Politiker, der Reformen einleitete und den ›Ausverkauf‹ Persiens bekämpfte.

Kashan

Vorwahl: +98(0)361.

Fernmeldeamt (Markaz-e Telefon), Kh. Abazar, nahe Meydan-e Imam Khomeini.

Hauptpostamt (Markaz-e Post), Meydan-e Panzdah-e Khordad.

Reiseagentur Safar Doostan (Azhanz-e Mosafert-e Safar Doostan), Kh. Ayatollah Kashani, westlich des Meydan-e Imam Hossein, Tel. 445 70 40.

Bank-e Melli, Kh. Mir Emad, nahe Meydan-e Panzdah-e Khordad.

Der Busterminal (Terminal-e Otobus) befindet sich etwa 500 Meter nördlich des Meydan-e Shahid Zoljaji. Von hier aus verkehren Busse in alle Richtungen. Wenn man per Minibus reisen möchte, kann man auch 1500 m westlich vom Meydan-e Montazeri aus fahren.

Der Bahnhof (Istgah-e Rah-e Ahan) liegt etwa 1,5 km östlich des Meydan-e Imam Khomeini. Von hier aus verkehren Züge nach Teheran, Isfahan, Yazd und Kerman.

▶ Karte S. 375

Negarestan Hotel ****, Kh. Amir Kabir, etwa einen Kilometer vor dem Fin-Garten. Neues empfehlenswertes Hotel der gehobenen Mittelklasse mit gutem Restaurant, Tel. 534700-0 -8. www.negarestan-hotel.com (Q3–4/P3).

Kowsar Appartment Hotel**, Bolvar-e Ghotb-e Ravandi, an der Ausfallstraße Richtung Qom, Niasar, Mashhad-e Ardehal, Tel. 55 60 32-0 (bis -5), www.hotelkowsarkashan.com. Für Reisende, die zu mehreren Personen in einem Zimmer übernachten, ist dieses Hotel bestens geeignet (Q3/P3).

Ehsan Traditional Hotel** (Khan-e Tarikhi Ehsan Hotel), Meydan-e Kamal ol-Molk, gegenüber der Gasse, die zur Aqa-Bozorg-Moschee führt (ruberu-ye Masjed-e Aqa Bozorg), Tel. 444 68 33, www.ehsanhouse.com. Wegen der beschränkten Zimmerzahl ist dieses in einem renovierten historischen Haus untergebrachte Hotel nicht für größere Gruppen geeignet, und die Toiletten entsprechen nur mittleren Ansprüchen. Da häufig kleinere künstlerische Veranstaltungen stattfinden, ergeben sich Kontakte zur einheimischen Bevölkerung (Q2/P2).

Sayyah Hotel*, Kh. Abazar, nördlich des Meydan-e Imam Khomeini, Tel. 444 45 35. Sehr einfaches Hotel. Zimmer teilweise ohne Dusche/Bad. Restaurant im Untergeschoss (Q1/P2).

Khaneh Noghli Hotel (Noghli Historical House) *–**, Kh. Fazel-e Naraghi, posht-e Masjed-e Aqa Bazorg (hinter der Aqa Bozorg Moschee) in der Kuche Ab Anbar. Tel. 4239346, mobil (0)913/2765984, www.noghlihouse.com (bisher nur in Persisch). Freundlicher Familienbetrieb in einem traditionellen Haus (Q2/P0a–P0).

Das bekannte Restaurant Delpazir wurde geschlossen. Leider reicht kein anderes an seine Qualität heran.

Restaurant Sayyah (Restoran-e Sayyah), im Untergeschoss des Sayyah Hotels, Kh. Abazar, zentral, nördlich des Meydan-e Imam Khomeini, Tel. 444 45 35. Kebab-Gerichte.

Restaurant Chehel Hesaran (Restoran-e Chehel Hesaran), Kh. Ayatollah Kashani, Kreuzung mit der Kh. Beheshti, Tel. 222 21 18. Kebab-Gerichte.

Restaurant Golshan (Restoran-e Golshan), Bolvar-e Motahari, Tel. 555-52 72. Kebab-Gerichte.

Verschiedene Gartenrestaurants gibt es an der Kh. Amir Kabir nahe dem Fin-Garten. Eines der besten ist das **Restaurant Sonati Javed** (Restoran-e Sonati Javed), Tel. 533 71 23.

Im Basar, im hohen Timcheh Amin ol-Dowleh Kuppelbau, ist ein **Teehaus** untergebracht, in dem auch guter Abgusht (Fleischeintopf) serviert wird.

Öffnungszeiten der traditionellen Bürgerhäuser, des Soltan Mir Ahmad Bads und des Fin-Gartens tgl. von 8–18 Uhr bzw. bis Sonnenuntergang.

Die Umgebung von Kashan

Qamsar

Qamsar liegt 28 Kilometer südwestlich von Kashan. In seiner Umgebung wird die ›Mohammadi-Rose‹ angebaut. Mitte Mai werden die Blütenblätter geerntet und das Rosenwasser wird teilweise noch nach traditionellen Methoden durch Destillation in Kupferkesseln gewonnen. In Qamsar gibt es das einfache, aber akzeptable Golestan Hotel**, Tel. (0)3 62/362 22 03.

Die Landesmitte

Niasar

In Niasar, 44 Kilometer westlich von Kashan, befindet sich ein teilweise renovierter **Feuertempel** (Chahartaq), der vielleicht das schönste Beispiel sassanidischer Trompenkonstruktion enthält. Wie es oft bei Feuertempeln der Fall ist, gibt es in der Nähe eine Quelle, deren Wasser sich über eine Abbruchkante ergießt und den Talar-Wasserfall (Abshar-e Talar) bildet. Nicht weit von diesem entfernt befindet sich der Eingang zu einer in vorgeschichtlicher Zeit angelegten Höhle (Ghare), die vermutlich auch als Mithrasheiligtum verwendet wurde. Auch in der Umgebung von Niasar werden im Mai die Rosenfelder abgeerntet und Rosenwasser hergestellt.

Am Großen Salzsee bei Marenjab

Mashhad-e Ardehal

Mashhad-e Ardehal liegt 48 km westlich von Kashan. Hier steht das **Heiligtum des Sultans Ali ibn Mohammad**, des Sohnes des 5. Imams Mohammad al-Baqer. Sultan Ali soll hier im 8. Jahrhundert mit Anhängern getötet worden sein. Ihre Leichen wurden zum Transport in Gebetsteppiche gewickelt. Diese wurden dann gewaschen. Daraus hat sich ein Teppichwasch-Ritual entwickelt, das am zweiten Freitag des Monats Mehr, der am 23. September beginnt, stattfindet. Auch die Ashura-Zeremonien sind hier besonders eindrucksvoll. Der Kuppelbau des Heiligtums stammt aus seldschukischer Zeit. Die Gebäudeteile wurden im Laufe der Jahrhunderte erweitert und mit Wandmalereien ausgestattet. Im Ostflügel befindet sich das Grab des 1980 verstorbenen populären Dichters und Malers Sohrab Sepehri.

Der Feuertempel von Niasar

Aran und der Große Salzsee

Über die Ortschaft Aran, etwa 12 Kilometer nördlich von Kashan, kann man mit Geländewagen auf einer 45 Kilometer langen Piste den Großen Salzsee erreichen. In Aran steht das **Grabmal**

▲ Karte S. 363

des Hezrat Mohammad Helal ibn Ali. Das von zwei hohen Minaretten flankierte Portal, die türkisfarbene Kuppel und die mit blauen und gelben Fliesen geschmückten Gebäudeteile bilden ein beeindruckendes Ensemble.

In Nushabad, drei Kilometer westlich von Aran, sollte eine in islamischer Zeit entstandene unterirdische Siedlung der Öffentlichkeit zugänglich gemacht werden. Allerdings konnten bisher die durch die unterirdischen Gänge laufenden Abwässer Arans noch nicht eingedämmt werden.

Um auf die Piste zum **Großen Salzsee** (Daryach-e Namak) zu gelangen, fährt man in Aran an der Westseite des Heiligtums entlang in nördliche Richtung. Der Salzsee mit einer Fläche von 50 mal 45 Kilometern ist ab Anfang Juni normalerweise ausgetrocknet und kann auf einer Stichstraße, auf der abgebautes Salz befördert wird, befahren werden. Am östlichen Rand des Großen Salzsees trifft man nach sechs Kilometern auf die renovierte Marenjab-Karawanserei mit einer Wasserstelle. Folgt man von dort aus dem Rand des Salzsees acht Kilometer in östlicher Richtung, erreicht man das Gebiet der hohen Sanddünen. Kurz vor den Sanddünen muss man über einen Ausläufer des Salzsees fahren, der bis zur Jahresmitte morastig sein kann. Von dort ist eine Umfahrung der Ostseite des Salzsees entlang dem Schwarzen Berg (Siah Kuh) nach Varamin oder nahe der Karawanserei Qasr-e Bahram, die nordwestlich des Schwarzen Berges liegt, weiter nach Garmsar (→ S. 174) möglich. Es ist allerdings zu berücksichtigen, dass man einen Nationalpark durchquert und hierfür die Ranger in der Station Sefid Ab, die etwa 35 Kilometer nordöstlich von den hohen Dünen entfernt ist, eine Genehmigung fordern könnten. Ein Besuch des Salzsees kann zum Beispiel über Doostan Tours oder Mr. Chahkanouei in Teheran organisiert werden (→ S. 155).

Heiligtum in Mashad-e Ardehal

Stadt und Provinz Yazd

Die Provinz Yazd liegt im zentralen Hochland. Durch ihren überwiegend wüstenähnlichen Charakter ist sie bei einer Größe von 130 000 Quadratkilometern mit ungefähr 1 Million Einwohnern nur dünn besiedelt. Sie gehört zu den Provinzen mit den geringsten Niederschlägen und höchsten Temperaturen, wobei diese wegen der Lufttrockenheit erträglich bleiben. Durch Pumpanlagen und unterirdische Qanatleitungen, die überwiegend von den Schwemmfächern der Gebirge gespeist werden, wird die Wasserversorgung der vielen Oasenorte der Region gewährleistet. Die wichtigsten Agrarprodukte sind Obst, Melonen, Granatäpfel und Pistazien.

Die auf etwa 1200 Metern Höhe liegende Provinzhauptstadt Yazd hat etwa 430 000 Einwohner und ist die interessanteste Wüsten-Großstadt Irans. Sie bietet ein relativ einheitliches Stadtbild mit ihren vielen Windtürmen und Kuppeln. Umgeben ist sie von den Shirkuh- und Kharanaq-Gebirgen und von Salz- und Sandwüsten.

Die Gründung der Stadt geht der Legende nach auf Alexander den Großen zurück, der hier achämenidische Gefangene festgehalten haben soll. Auch hat man in der Nähe 2500 Jahre alte achämenidische Siedlungen gefunden. Ob ihr Name mit dem sassanidischen König Yazdegerd, dem von Gott Gesegneten, zusammenhängt, der von 399 bis 421 regierte, ist nicht eindeutig geklärt. Ihre Lage am Knotenpunkt wichtiger Karawanenwege machte sie reich. Auch Marco Polo kam hier 1272 vorbei und beschrieb sie als eine prächtige Stadt. Durch geschickte Verhandlungen blieb sie von den Verwüstungen der mongolischen Zeit verschont. Ab 1319 war Yazd Residenz und Zentrum der muzzafaridischen Dynastie, die Architektur und Künste förderte und in der Umgebung viele Sehenswürdigkeiten hinterlassen hat. Yazd ist bekannt als Zentrum der Brokat-Herstellung und für Seiden- und Textilverabeitung. Gemäß der Volkszählung von 2006 weist Yazd mit etwa 5000 Zarathustriern nach Teheran und

Panorama von Yazd mit Windtürmen

▲ Karte S. 385

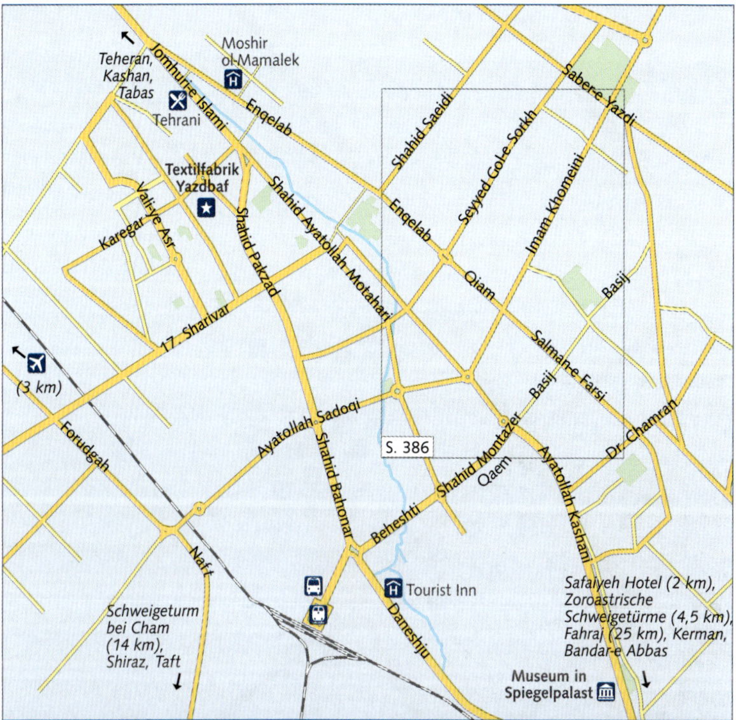

Yazd, Übersicht

vor Kerman die zweitgrößte Gemeinde dieses Glaubens im Iran auf.

In den letzten Jahrzehnten hat man sich in Yazd sehr bemüht, die historische Bausubstanz zu erhalten. So gibt es mehrere Hotels, die in renovierten traditionellen Herrschaftshäusern eingerichtet wurden. Außerdem wurden im Fahadan-Viertel, in der Nähe der Jame-Moschee, die Talaie- und Razvian-Häuser (Khaneh-ye Talaie) und die Kamal-Synagoge (Kenise-ye Kamal) wieder instand gesetzt. Auch hat man einen Mauerabschnitt der alten Stadtbefestigung mit Bastionen und einem Wachtturm an der Ecke Kh. Seyed Gol-e Sorkh und Kh. Fahadan erneuert.

Sehenswürdigeiten in Yazd

Für Yazd und Umgebung sollte man mindestens zwei Tage einplanen. Herausragende Sehenswürdigkeiten sind: Jame- und Rokn-od-Din-Moschee, die Gassen zwischen Jame-Moschee und Ziyai-Platz, Amir-Chaqmaq-Komplex, Wasser-Museum, Basar, Dowlatabad-Garten, Feuertempel und Schweigetürme. Desweiteren interessant sind die neue Hazireh Moschee, die Imamzadeh Jafar, das Zurkhaneh-Haus, das Alexander-Gefängnis und für Kunstinteressierte das Mausoleum der 12 Imame und das Mausoleum Shams od-Din. Für Halbtagesausflüge bieten sich Chak-Chak und Meybod mit Bondarabad an. Wollte

Yazd, Zentrum

man sich auch Kharanaq in Ruhe anschauen, kommt man mit Chak-Chak und Meybod auf einen Tag.

Jame-Moschee

In historischer und architektonischer Hinsicht am bedeutendsten ist die Jame-Moschee (Masjed-e Jame Kabir). Sie wurde zwischen 1324 und 1327 an der Stelle eines früheren Feuertempels und einer seldschukischen Moschee begonnen. Finanziert wurde sie von Seyed Rokn od-Din, der aus wohlhabender Yazder Patrizier-Familie stammte, die den sechsten Imam Jafar al-Sadeq zu ihren Vorfahren zählte. Seyed Rokn od-Din war Anfang des 14. Jahrhunderts Kadi oder Richter in Yazd und hatte auch am ilkhanidischen Hof großen Einfluss.

Zuerst entstand der Kuppelsaal und dann die seitlichen Gebetshallen, deren Dächer von quergestellten Stützbögen getragen werden. In muzzafaridischer Zeit, um 1375, wurde auch der hoch aufragende **Eingangsiwan** fertiggestellt und ein großer Teil des Fliesendekors angebracht. Die Ausschmückung zog sich aber noch in timuridische Zeit bis etwa 1430 hin. Zwischen 1523 und 1577 wurden auf dem Eingangsiwan zwei Minarette errichtet. Hierdurch ergibt sich eine Gesamthöhe von 48 Metern, was das Gebäude zu Irans höchstem Portaliwan mit Doppelminaretten macht. Seine hohe Bogennische wird von einem Muqarnas-Gewölbe abgeschlossen. In Verbindung mit der Fliesenausstattung erzielt diese Architektur eine beeindruckende Wirkung.

Der Eingangsiwan ist über und über mit floralen, geometrischen und kalligraphischen Fliesenmosaiken in Blau- und Türkistönen versehen. Diese setzen sich im Inneren der Moschee oberhalb der Sokkelzonen fort. Bemerkenswert ist auch die **Ornamentik der Eingangstüren** aus Eichenholz und der feine Fliesen- und Muqarnas-Schmuck des Mihrabs. Das Innere der **Hauptkuppel**, in deren Mitte sich ein stilisiertes Sonnenrad befindet, ist mit blauen und terracottafarbenen sechs- und siebenzackigen Sternen und geometrischen Figuren verziert. Alle Gebäude weisen eine sehr effektive Lichtführung auf. An der Längsseite des Innenhofs erstreckt sich ein Podest aus einheimischem mattem Marmor.

Im nördlichen Bereich des Innenhofs führen dreiundsechzig Stufen zu einem stillgelegten **ehemaligen Qanat** hinab, dessen Wasser durch unterirdische Kanäle vom Shirkuh-Gebirge herangeführt wurde. Die gedeckte **Wintergebetshalle** (Shabestan) mit 48 Pfeilern schließt an die Westseite des Innenhofs an.

In der Umgebung der Freitagsmoschee, im **Fahadan-Viertel**, gibt es viele malerische Gassen, die von Bögen überspannt

Eingangsiwan der Jame-Moschee

und von Windtürmen überragt werden. Die meisten Gebäude bestehen aus Lehmziegeln. Wer einen Eindruck vom ›alten Yazd‹ gewinnen möchte, kann dies auf einem zweieinhalbstündigen Rundgang von 1,5 Kilometern Länge tun, der an der Jame-Moschee beginnt und dorthin wieder zurückführt.

Mausoleum Rokn od-Din

Etwa einhundert Meter östlich der Jame-Moschee sieht man eine türkisfarbene Kuppel mit blauem Gitternetz. Diese gehört zum Mausoleum Rokn od-Din (Boqe-ye oder Emamzadeh-ye Rokn od-Din). Dieser Grabbau zeichnet sich durch die prächtigen, an florale Teppichmuster erinnernden **Ausmalungen der Innenkuppel** aus, um die ein Schriftband in Flecht-Kufi läuft. Hier ist Rokn od-Din beigesetzt, der die Freitagsmoschee gründete und viele Stiftungen (Waqf) schuf. Eine davon war der Komplex, zu dem dieser Grabbau von 1325 gehörte und der ursprünglich Madrese, Hospital, Bibliothek, Observatorium und eine große Uhr umfasste. Daran erinnert noch der Name des **Meydan-e Vaqt-o-Saat** (Platz der Zeit und Stunde), der zwanzig Meter nördlich des Grabbaus liegt. An der Westseite dieses Platzes befindet sich eine **Textilwerkstatt** (Terme-ye Bafi, Tel. 6210628), in der auf Webstühlen das begehrte Yazder Termeh-Tuch aus feinster Wolle hergestellt wird. Dies wird für dekorative Tischdekken, Überwürfe, traditionelle Kleidung oder ähnliches verwendet.

Madrese Kamaliyeh

Schaut man von der Gasse nördlich der Jame-Moschee in westliche Richtung, sieht man in etwa 100 Metern Entfernung eine Kuppel, deren türkisfarbene Fliesen große sternförmige Muster bilden. Hier wurden im Iran zum ersten Mal Fliesen für ein die gesamte Kuppel überziehendes Dekor verwendet. Vorher wurden an Kuppeln glasierte Ziegel oder Fliesen für kleinere Ornamente eingesetzt. Die Kuppel ist Teil der Madrese Kamaliyeh, die zu einem Gebäudekomplex gehörte, den der muzzafaridische Vizier Shah Kamal al-Din Abul

▲ Karte S. 386

Kuppel des Rokn-od-Din-Mausoleums

Maali, um 1320 gestiftet hatte. Das Gebäude enthält Reste von farbigem Stuck und geringe Reste feiner Mosaikfliesen. Es wurde vermutlich um 1325 fertiggestellt. Auf eine Innenbesichtigung kann verzichtet werden.

In nördlicher Richtung liegt 80 Meter entfernt die unauffällige ehemalige **Madrese Shah Abol Qasem** (Madrese Shah abedin Qasem Taraz). Sie wird jetzt als Moschee benützt. Ihr Nordportal und die dazugehörige Vorhalle enthalten Reste von hochwertigem Mosaikfliesen-Schmuck und Inschriften aus der Zeit der Fertigstellung im Jahre 1336. Weitere 30 Meter nördlich steht die dreistufige Tribünenwand einer **Hoseyniyeh**. Zu dieser Hoseyniyeh oder Tekiyeh gehören auch ein Kuppelbau und ein 30 mal 25 Meter großer Hof, in dem Passionsspiele in der Ashura-Zeit aufgeführt werden.

Nun geht man am **Wasserspeicher** (Abanbar) mit den **vier Windtürmen** vorbei durch winkelige Gassen nach Norden bis zum Ende des nach 50 Metern folgenden Platzes. Dort orientiert man sich in nordöstliche Richtung und erreicht nach weiteren 150 Metern den **Meydan-e Ziyai**. Hier ist auch das **Tourist Office** (Edare-ye Miras-e Farhangi).

Mausoleum der 12 Imame

Der an der Südseite des Ziyai-Platzes freistehende Kuppelbau ist das Mausoleum der 12 Imame (Maqbare-ye Davazdah-e Imam). Dieses wurde 1038 erbaut und ist deshalb bemerkenswert, da es die frühesten erhaltenen Beispiele unterteilter Trompen im Iran aufweist. Aus diesen dreifachen Trompengliederungen entwickelten sich später die Muqarnas oder Stalaktitengewölbe. Wahrscheinlich gab es in Nishapur im 10. Jahrhundert Trompengewölbe mit dreifacher

Traditioneller Tuchweber

Aufteilung, doch das älteste erhaltene Gewölbe dieser Art stammt von 978 und ist im damals zum persisch-samanidischen Reich gehörigen Tim bei Samarkand erhalten geblieben. Um die untere Kuppelverkleidung läuft ein Fresko-Inschriftsband in Flecht-Kufi, welches das moslemische Glaubensbekenntnis wiedergibt. Das dem Eingang gegenüberliegende Mihrab ist mit Stuckdekor verziert. Bauherren waren Abu Najm und Abu Yaqub. Sie dienten den in Isfahan residierenden Kakuyiden als Militärbefehlshaber.

Wenige Schritte weiter nördlich steht ein mit vierreihigem Stalaktitenfries verzierter zweiter Kuppelbau. Er gehört zu dem sogenannten **Gefängnis des Alexander** (Zendan-e Iskander oder Madrese Ziyai). Gemäß der Legende soll Alexander der Große hier aufständische achämenidische Adelige eingekerkert haben. Im Hof gibt es einen verliesartigen tiefen Raum, bei dem es sich wahrscheinlich um eine ehemalige Krypta handelt. Die Gesamtanlage von 1231 wurde als Madrese benützt, woraus sich ihr alternativer Name **Madrese Ziyai** ableitet.

Lariha-Haus

Von der Nordseite des Meydan-e Ziyai aus führt eine Gasse in westlicher Richtung zum nahen Lariha-Haus (Khaneh-ye Lariha), das 1865 erbaut wurde. Sein Besitzer war Haj Mohammed Lari. Mit den festungsartig wirkenden Außenmauern, den Wohngebäuden um den begrünten Innenhof mit Wasserbecken, den Terrassen und dem hohen Windturm ist es dafür beispielhaft, wie man unter den Wüstenklima-Bedingungen in Yazd lebte. Vom Meydan-e Ziayi geht man durch die Gassen in südlicher Richtung 450 Meter zurück zum Platz vor der Jame-Moschee.

Hazireh-Moschee

Die Besichtigungen kann man mit der neuen Hazireh-Moschee (Masjed-e Hazireh) fortsetzen. Diese liegt, wenn man von der Jame-Moschee aus in östlicher Richtung der Kh. Masjed-e Jame folgt, etwas südlich an der gegenüberliegenden Straßenseite der Kh. Imam Khomeini. Ihren von zwei Minaretten überragten schmalen, hohen Eingangsiwan kann man auf den ersten Blick mit dem der Jame-Moschee verwechseln. In ihrem Innenhof stehen ein rechteckiger Bibliotheksbau und eine überkuppelte Gebetshalle, die zahlreiche Säulen und Pfeiler enthält und mit einem schönen fliesengeschmückten Mihrab ausgestattet ist. Die überwiegend in Türkis-, Blau- und Beigetönen gehaltene Ornamentik der Innenräume schließt mit Spiralmustern an den Decken ab. Der Moscheekomplex wurde in den letzten beiden Jahrzehnten erbaut und ist sehenswert.

▲ Karte S. 386

Meydan-e Amir Chaqmaq

Fünfhundert Meter südlich trifft die Kh. Imam Khomeini auf den Meydan-e Amir Chaqmaq, der an der Ostseite vom im 19. Jahrhundert errichteten etwa 65 Meter breiten **Amir-Chaqmaq-Arkadenbau** (Tekiyeh Amir Chaqmaq) beherrscht wird. Dieser dreistöckige von zwei Minaretten überragte Bau dient als Zuschauertribüne bei den Ashura-Passionsspielen, in denen Kampf und Tod Imam Hoseyns in Szene gesetzt werden. Der Tribünenbau kann auch von Touristen bestiegen werden und bietet von der oberen schmalen Plattform zwischen den Minaretten einen Rundblick über Yazd. Das auf dem Platz stehende schwere ›Nakhl‹-Holzgerüst wird bei den Ashura-Riten mit schwarzen Tüchern behängt und auf den Schultern der Trauernden herumgetragen. Es symbolisiert den Schrein Imam Hoseyns. Der Name des Arkadenbaus und des Platzes gehen auf Amir Jalal ad-Din Chaqmaq zurück, der ab 1420, zur Zeit des Timuridenherrschers Shahrukh, Gouverneur in Yazd war.

Amir Chaqmaq und seine Frau Fatimeh Khatun, stifteten einen Gebäudekomplex, der hier angelegt wurde und Moschee, Madrese, Badehaus, Qanatanlage und Karawanserei umfasste. Einzig die **Amir-Chaqmaq-Moschee** (Masjed-e Amir Chaqmaq) von 1437 hat die Zeiten überdauert. Es handelt sich um eine überkuppelte Vier-Iwan-Hofmoschee aus Lehmziegeln, bei der man die architektonische Schönheit wahrnehmen kann, ohne durch üppigen Fliesenschmuck abgelenkt zu werden. Nischen, Arkaden und Durchbrüche lockern die Wandflächen auf, was sich bis in die prismatische Aufteilung der Trompen fortsetzt. Farbige Fliesen setzte man ein, um architektonische Strukturen zu ergänzen oder hervorzuheben. Sie sind von hoher Qualität wie beispielsweise die Schriftbänder am Eingangsportal. Der Mihrab besteht aus einer fein gra-

Das ›Nakhl‹-Holzgerüst

vierten Alabasterplatte mit umlaufenden Schriftbändern und der Darstellung einer Hängelampe im floral verzierten Mittelfeld. Der Tambour der Außenkuppel ist von einem Kufi-Schriftband umgeben und die Kuppel ist durch den Kranz ihrer türkisfarbenen keilförmigen Lotusblätter auch aus der Entfernung leicht zu erkennen.

Auf der gegenüberliegenden Seite des Platzes erheben sich **fünf Windtürme**, die zum **Amir-Chaqmaq-Wasserspeicher** (Abanbar-e Amir Chaqmaq) gehören. In ihm wurde eine Sportstätte, die **Zurkhaneh Saheb al-Zaman**, eingerichtet. Zu den dort ab 20 Uhr allabendlich, außer freitags, stattfindenden traditionellen Kraftsportübungen sind Touristen zugelassen.

An derselben Seite des Platzes Richtung Kh. Imam Khomeini liegt das bekannte **Konditorei-Fachgeschäft ›Shirini Haj Khalife**‹, das Ghatab-Plätzchen, Baghlava und andere Süßigkeiten anbietet.

Ein paare Schritte weiter, auf der gegenüberliegenden Seite der Kh. Imam Khomeini, Ecke Kh. Qiyam, liegt das informative **Wassermuseum** (Muze-ye Ab-e Yazd), wo Exponate zur historischen Wasserversorgung und Qanate zu besichtigen sind. Es ist in einem schönen traditionellen Haus untergebracht und täglich von 8 bis 19.30 Uhr geöffnet.

Rund um den Basar

An die Kh. Qiyam grenzt nördlich und südlich der **Basar**, der zu den buntesten und geschäftigsten Geschäftszentren Irans zählt. Er umfasst auch zahlreiche Juwelier- und Kunsthandwerksgeschäfte. Spezialitäten sind Termeh-, Brokat-Stoffe und Seide.

Einhundert Meter vom Meydan-e Amir Chaqmaq entfernt liegt an der Südseite der Kh. Qiyam die schiitische **Mosalla** (Mossala Atiq) mit einem großen offenen Hof, in dessen Zentrum ein überkuppeltes quadratisches Gebäude von etwa zehn Metern Seitenlänge steht.

Kupferartikel auf dem Basar

Dies ist ein ehemaliger zoroastrischer Feuertempel, der im Jahre 1545 umgebaut wurde. In dem versenkten Gebäudeteil im südlichen Bereich des Hofes ist eine Madrese untergebracht.
Wenn man nach weiteren 80 Metern an der Südseite der Kh. Qiyam den Basar betritt, sind es nur wenige Schritte zum **Malek al-Tojar Hotel**, in dessen hübschem Innenhof sich eine empfehlenswerte Teestube befindet.
Möchte man in stimmungsvoller, traditioneller Umgebung essen, folgt man der Kh. Qiyam weitere 150 Meter, wobei man die auf das Jahr 1369 zurückgehende **Rig-Moschee** passiert, der man von der Straße aus nicht ansieht, dass sie hinter ihrem Kuppelsaal eine große Wintergebetshalle mit Lehmziegelkuppeln besitzt. Man betritt den Basar an der Südseite der Kh. Qiyam und folgt den überkuppelten Gassen 150 Meter in südliche Richtung, wo man das **Restaurant Hamam-e Khan** findet, das in einem ehemaligen Badehaus von 1797 untergebracht ist. Wenige Schritte westlich des Badehauses liegt der Zugang zur **Mollah-Ismael-Moschee** (Masjed-e Mollah Ismail), die von 1807 stammt und mit ihrer Wintergebetshalle eine überdachte Fläche von etwa 120 mal 90 Metern einnimmt.

Imamzadeh Jafar

Sehenswert ist das Imamzadeh Jafar, das sich 350 Meter westlich in der Kh. Imamzadeh Jafar (Paknegad) befindet. Hier wurde der um 1004 verstorbene Abu Jafar, ein Nachfahre Imam Sadeqs, beigesetzt. Sein Grab ist die wichtigste Pilgerstätte Yazds. Im Jahre 1374 ließ Malek ol-Tojar das Grab mit Fliesendekor verzieren und zur gleichen Zeit stiftete Moin al-Din Ashraf, der Erbauer der Rig-Moschee, das prächtige Eingangstor. Bereits 1433 wurde der meiste Fliesenschmuck erneuert. Der Kuppelbau, die Minarette und der hübsche oktagonale Pavillon im östlichen Innenhof stammen aus den letzten einhundert Jahren. Auch wurden in diesem Zeitraum wieder viele Fliesen ersetzt oder neues Dekor angebracht.

Shams od-Din Mausoleum

Ungefähr 350 Meter vom Imamzadeh Jafar aus über die Straße hinweg in leicht südwestlicher Richtung befindet sich im Gassengewirr das Shams od-Din Mausoleum (Boqeh-ye Seyed Shams od-Din). Seyed Shams od-Din war der Sohn des Erbauers der Jame-Moschee und mit der Tochter des ilkhanidischen Großwesirs Rashid ol-Din verheiratet. Das Mausoleum ist Teil einer 1332 fertiggestellten Madrese, die zu einem Stiftungskomplex mit Basargebäuden, einem Sufi-Kloster, einem Badehaus und einer weiteren Madrese gehörte. Die hier zu sehenden Reste des Fliesen- und Stuckdekors aus der Gründungszeit sind von hoher Qualität. Die floralen Fliesenmosaiken zählt man zu den frühesten, die an einem Gebäude in Yazd erhalten blieben. Hinzu kommen geometrische und florale Freskomalereien.

Dowlatabad-Garten

Eine wesentliche Sehenswürdigkeit Yazds ist der Dowlatabad-Garten (Bagh-e Dowlatabad). Man folgt der Kh. Enqelab, der westlichen Verlängerung der Kh. Qiyam, einen Kilometer und biegt in die Kh. Saeidi südlich ab, wo man nach 350 Metern den Eingang erreicht. Die Gartenanlage gab Mohammad Taqi Khan Bafqi, der ab 1747 Gouverneur von Yazd war, um 1750 in Auftrag. Zu ihr gehören unterirdische Wasserkanäle (Qanate), Grünanlagen mit Sträuchern

▲ Karte S. 386

und Bäumen, Blumenbeete, Wasserbassins, Wohngebäude, Stallungen und ein sechseckiger Pavillon mit einem 33 Meter hohen Windturm. Die aus dem Windturm seitlich hervorstehenden Rundhölzer dienen der Stabilisierung und als Halterungen bei Renovierungsarbeiten. Holzgitterfenster mit farbigem Glas schmücken die zentrale Halle. Hier befindet sich auch ein Wasserbecken, das die Luftzirkulation unterstützt. Die kühlende Funktion des Windturms ist gut wahrnehmbar. Die Öffnungszeiten sind täglich von 8 bis 18 Uhr.

Zarathustrisches Erbe

Das zarathustrische Erbe ist auf einer Fahrt in den Südosten Yazds zu sehen. Vom Dowlatabad-Garten aus folgt man der an seiner südwestlichen Längsseite beginnenden Kh. Shahid Rajaei (Iranshahr) und folgt ihr und der folgenden Kh. 10 Farvardin knapp drei Kilometer bis zum **Meydan-e Markar**, der durch seinen in der Mitte stehenden **Markar-Uhrtum** (Borj-e Saat-e Markar) auffällt. Diesen Uhrturm ließen Yazder Zarathustrier aus Dankbarkeit für den 1965 verstorbenen indischen Glaubensbruder Pashotanji Markar errichten, der sie durch Spenden für Schulen, Waisenhaus und Gemeindezentren unterstützt hatte. Wenn man an diesem Platz in südwestliche Richtung schaut, sieht man ein großes Schulgebäude (Dabirestan-e Zartoshtian), das mit seinen Spenden errichtet wurde.

Von hier aus sind es noch weitere 500 Meter geradeaus bis zum **zarathustrischen Feuertempel** (Ateshkadeh), der in der Kh. Ayatollah Kashani an der Nordseite liegt. Der Feuertempel ist ein modernes Gebäude und wurde um 1940 von wohlhabenden Glaubensbrüdern aus Mumbay gestiftet. Die zarathustrische Gemeinde feiert dort ihre Gottesdienste. Das unterhaltene Feuer ist ein Symbol der Anwesenheit Gottes, was gewisse Parallelen zum Ewigen Licht in katholischen Kirchen aufweist. Das Feuer stammt aus Karyan südöstlich von Firuzabad in der Provinz Fars. Es soll dort bereits um 500 n. Chr. gebrannt haben und wurde 1174 nach Ardakan gebracht. Von dort gelangte es 300 Jahre später nach Yazd und wurde 1940 diesem Tempel übergeben. An Freitagen ist der Feuertempel für Besucher nicht zugänglich. An anderen Tagen kann er geschlossen sein. Deshalb sollte man sich, wenn man sicher sein will, dass er geöffnet ist, vorher mit dem Reiseführer Mr. Siamak Kolahduz (→ S. 395) in Verbindung setzen.

Zu den **Schweigetürmen** (Dakhmeha-ye Zartoshti) führt die Kh. Ayatollah Kashani 4,3 Kilometer weiter in südöstlicher Richtung bis an den Meydan-e Abuzar. Dort biegt man westlich ab in die Kh. Shahid Fallahi, an der auch das Safaiyeh Hotel mit gutem Restaurant liegt, und fährt drei Kilometer geradeaus bis zu dem Platz mit den Schweigetürmen. Der zarathustrische Glaube schreibt vor,

Der Neue Feuertempel

Ehemalige Schweigetürme am Stadtrand von Yazd

dass Erde, Feuer, Wasser und Luft rein gehalten werden müssen. Verstorbene wurden deshalb früher in diesen auf zwei Hügeln liegenden Türmen ausgesetzt, so dass die Geier nur noch die Knochen übrig ließen, die dann in Gruben in der Mitte der Turmplattformen gesammelt wurden. Seit Ende der 1960er Jahre werden die Türme aus hygienischen Gründen nicht mehr benützt und die Toten stattdessen in abgedichteten Gräbern auf dem Friedhof an der Nordseite des Platzes beigesetzt. Die Gebäude am Fuße der Hügel wurden für die Aufbahrung der Toten und auch für Trauerfeiern benützt.

Da der traditionelle Wasserspeicher mit den fünf Windtürmen am Meydan-e Amir Chaqmaq von den benachbarten Gebäuden weitestgehend verdeckt wird, sei auf den frei stehenden **Wasserspeicher Abanbar-e Rostam-e Giv** an der Ostseite der Kh. Basij hingewiesen. Diesen kann man auf dem Weg zum Feuertempel aufsuchen. Der **Wasserspeicher der sechs Windtürme** Abanbar-e Shish Badgirha ist zwar bekannter, aber auch durch andere Gebäude verdeckt.

i Yazd

Vorwahl: +98(0)351.

Telefonamt (Edare-ye Telefon), Kh. Motahari.

Tourist Information Office, zentral gelegen, unter dem Amir-Chaqmaq-Arkadenbau (Tekiyeh Amir Chaqmaq) hindurch das erste Geschäft auf der rechten Seite. **Mr. Mohsen Hajisaeid**, der als ausgezeichneter Reiseleiter bekannt ist, hat es eingerichtet. Tel. 6223005, mobil (0)913/3514460, yazdguide@yahoo.com. Er spricht sehr gutes Englisch, führt in Yazd und arrangiert Ausflüge und Rundreisen im gesamten Iran. Das Büro ist Treffpunkt für Stadtführungen und es gibt touristische Literatur. Um die für Touristen etwas langweilige Abendzeit interessant zu gestalten, bietet er Zurkhane-Vorstellungen (traditioneller Kraftsport), Abendessen im Dowlatabad-Garten und einen gefragten Astronomie-Ausflug in die Wüste südlich von Yazd an, den man in der Zeyn od-Din Karawanserei mit einem Abendessen in traditionellem Ambiente abschließen kann.

Reisebüro Yasna (Azhans-e Mosaferat-e Yasna), Chaharah-e Farhangian, am östlichen Ende der Kh. Motahari, Tel. 622 40 00.

▶ Karte S. 385

Reisebüro Saadat Seir (Azhans-e Mosaferat-e Saadat-e Seyr), Bolvar-e Imamzadeh-ye Jafar 21, Tel. 626-0693, 6266599.

Reiseführer Masoud Jaladat, Kontaktdaten unter Hotel ›Farvardin Desert Inn‹, spricht sehr gutes Englisch, arrangiert Ausflüge z.B. nach Kharanaq, Meybod sowie Kameltouren.

Reiseführer Mr. Siamak Kolahduz, mobil (0)913/1540887, Seyamkk@yahoo.com. Er ist Zarathustrier, spricht Englischund und ist touristisch tätig mit Schwerpunkt Zoroastrismus.

Bank Melli, Kh. Imam Khomeini sar-e Kh. Masjed-e Jame.

Der Flughafen (Forudgah) liegt etwa 9 km entfernt vom Stadtzentrum in westlicher Richtung. Es gibt täglich mehrere Flüge nach Teheran. **Iran Air**, Kh. Motahari 4, Tel. 6221700, 6222080, rh.bagheri@iranair.com.

Der Bahnhof (Istgah-e Rah-e Ahan) liegt 4,5 Kilometer vom Zentrum entfernt in südwestlicher Richtung. Es bestehen Verbindungen nach Teheran, Kerman, Mashhad und Bandar Abbas. Die Strecke nach Zahedan ist fertiggestellt, und die ersten regulären Personenzüge sollen in Kürze dorthin verkehren. Empfehlenswert ist der **Pardisexpress von Yazd nach Teheran**. Hierfür werden neue, schnellere Züge von Siemens benützt, die Gesamtfahrzeit nach Teheran beträgt mit ihnen etwa 6 Std. Wegen der Möglichkeit, den Zug aus Bandar Abbas nach Isfahan zu benutzen, fragt man bei der Touristinfo.

Der Busbahnhof (Terminal-e Otobus-e nazdik-e Istgah-e Rah-e Ahan) befindet sich ungefähr 4 km in südwestlicher Richtung beim Bahnhof. Tägliche Busverbindungen gibt es nach Tabas, Isfahan, Shiraz, Kerman und beispielsweise bis Bandar Abbas und Mashhad.

Yazd Laleh Hotel****, Bolvar-e Basij (nazdik-e Ab Anbar-e Golshan), Tel. 62250-48, -49, www.yazdlalehhotel.com. Taditionelles Golshan-Haus mit Innenhof. Gutes Restaurant (Q4/P4).

Hotel Dad****, Kh. Dahom-e Farvardin, Tel. 62294-00 (bis -07), www.hoteldadint.com. Das Hotel ist in einem ehemaligen Karawansereikomplex untergebracht. Bei den traditionellen Hotels in Iran gilt es mittlerweile als Geheimtipp hinsichtlich Komfort und Service (Q4/P3–4).

Moshir ol-Mamalek Hotel****, Kh. Enqelab (nazdik-e Bolvar-e Jomhuri-ye Eslami), Tel. 52397-60 (bis -65), www.hotelgardenmoshir.com. Bewährtes Hotel in renoviertem Haus mit Gartenanlage (Q3–4/P3–4).

Safaiyeh Hotel****, Kh. Shahid Fallahi (nazdik-e Meydan-e Abuzar), Tel. 8260 22-0 (bis -9). Motel mit einzelnen Pavillons in parkähnlicher Umgebung. Gutes Restaurant (Q3–4/P3–4).

Tourist Inn***, Bolvar-e Daneshju, Tel. 4912730. Bewährtes Hotel mit gutem Service (Q3–4/P3).

Hotel Malek al-Tojar***, Tel. 6261478, 6265455. In einem traditionellen Haus im Basar an der Kh. Qiyam (Q3/P2–3).

Silkroad Hotel**, Kuche-ye Khakestari (nazdik-e Kh. Masjed-e Jame), Tel. 6252730, www.silkroadhotel.ir. Vom Management des Silkroad Hotels werden auch das **Orient** und **Oasis Hotel** gesteuert. Alle diese Hotels sind in traditionellen Lehmziegel-Häusern in der Nachbarschaft der Jame-Moschee untergebracht, Die meisten Zimmer haben ein eigenes Bad. (Q2–3/P1–2).

Kohan Hotel (Kohan Kashaneh), in traditionellem Haus mit schönem Innenhof, in namenloser Gasse, ab der Stichstraße zur Jame-Moschee 500 Meter nördlich entlang Kh. Imam Khomeini, dann 200 Meter westlich Ri. Zendan-e Iskander (Alexandergefängnis). Tel. 6212485, 6211297, www.kohanhotel.ir. 8 DZ und mehrere Zimmer für 3 bis 6 Personen und ein Schlafsaal für 14 Personen,sehr empfehlenswert und sehr gutes Preis-Leistungsverhältnis: Q2/P0-1.

Farvardin Desert Inn, im 25 Kilometer Ri. Bafq entfernten Dorf Fahraj, Tel. (0)913/3524723, www.fardesertinn.com. Die Unterbringung im Lehmziegelhaus von Masoud Jaladat kostet etwa 18 Euro pro Person. Fahraj ist von Yazd aus gut zu erreichen. Eine Taxifahrt Yazd–Fahraj kostet etwa 7 Euro, und wenn man unterwegs die Dakhme-Schweigetürme besucht, etwa 10 Euro. Der Bus ab Meydan-e Abuzar im Süden Yazds (Terminal 100 m nördlich vor der Visumsstelle = istgah-e otobus jelo-ye atba-e khareje) verkehrt stündlich Ri. Bafq.

Restoran-e Hamam-e Khan, im Basar an der Kh. Qiyam, Tel. 6270366. Als Ambiente dienen die Räume eines ehemaligen Hamams. Gute Küche.

Restoran-e Tehrani, Bolvar-e Jomhuri-ye Eslami, Tel. 525 11 23. An der Straße Richtung Meybod, Nain. Gut und preiswert.

Restaurants mit persischer Küche gibt es auch im Laleh Hotel, Dad Hotel, Safaiyeh Hotel, Hotel Mamalek al Tojar, Silk Road Hotel und im Dachrestaurant des Orient Hotels, das sich weniger als 100 Meter südöstlich vom Eingang der Jame-Moschee befindet und einen wunderbaren Blick auf deren hohen Eingangsiwan bietet.

Teehäuser gibt es im Alexander-Gefängnis und im Hotel Malek al-Tojar.

Wassermuseum (Muze-ye Ab-e Yazd),Tel. 6268340, tgl. 8–19.30 Uhr. Sehr empfehlenswert.

Museum im Spiegel-Palast (Muze-ye Qasr-e Ayene), Kh. Ayatollah Kashani (ruberu-ye Park-e Haftom-e Tir), Tel. 627 03 66, tgl. außer Mo und Frei 8.30–17.30 Uhr. In dem palastartigen traditionellen Stadthaus werden Kalligrafien, Münzen, Keramiken, Waffen und Antiquitäten ausgestellt.

Die Umgebung von Yazd

Fahraj

Die aus dem späten 9. oder frühen 10. Jahrhundert stammende, urtümliche Jame-Moschee ist eine der ältesten, noch existierenden im Iran. Sie wurde aus Lehmziegeln im arabischen Stil mit Pfeilern um einen kleinen Innenhof ohne die später im Iran üblichen Iwane errichtet. Das einfache Minarett besitzt einen Zinnenkranz. Der Ort liegt etwa 25 Kilometer entfernt an der Strecke nach Bafq. Die Moschee steht im Ortsteil südlich der Straße.

▲ Karte S. 397

Mehriz und Umgebung

Von Yazd aus biegt man nach 36 Kilometern, 3,5 km südlich der Ausfahrt Mehriz und der **Karawanserei Aliabad**, westlich ab nach **Khormiz.** Kurz darauf wird die wuchtige **Dehuk-Festung** (18. Jh.) sichtbar und nach weiteren fünf Kilometern die **Festung** (6. Jh.) von Khormiz erreicht. Weiter geht es nach Mehriz, zum drei Kilometer entfernten **Bagh-e Pahlevan-Garten** (UNESCO-Weltkulturerbe) und dann in den Nordosten der Stadt zur großartigen **Mehrpadin-Festung** (14. Jh.) mit doppeltem Mauerring und der nahen Jame-Moschee. Auch die ein Kilometer östliche **Mongabad-Festung** (18. Jh.) weist dekorative Lehmziegel-Elemente auf. In der nahen nördlichen Anlage steht eine 1500 Jahre alte **Zypresse** (sarw) aus zoroastrischer Zeit. Im Westteil der Stadt liegt die **Hosseiniyeh Baghe Bahar**, und 400 Meter nördlich von ihr steht der 55 Meter hohe **Badgir-e Shakib-Windturm**, der höchste Irans.

Von hier führt eine Straße in nordwestlicher Richtung zum 18 Kilometer entfernten zoroastrischen **Pir-e Naraki Heiligtum**, das am Fuße einer steilen Felswand einen grandiosen Anblick bietet (31°41'10"/54°17'14").

In einem Bogen von 75 Kilometern könnte man über Tezerjan-Baqiabad, Taft und Cham (→ S. 398) nach Yazd weiterfahren oder bei Rückfahrt von Mehriz aus das östlich der Verbindungsstraße Kerman–Yazd nur sechs Kilometer entfernte Dorf **Saryazd** besuchen, wo sich eine Festungsanlage aus sassanidischer Zeit befindet und es drei Karawansereien gibt, eine mit Teehaus.

Karawanserei Zeyn od-Din

Sie zeichnet sich durch einen runden Grundriss, der für Karawanenbauten ungewöhnlich ist, aus und liegt in 60 Kilometern Entfernung einsam an der Straße nach Kerman. Die wuchtigen Außenmauern werden durch fünf Bastionen verstärkt. In ihr ist vor wenigen Jahren ein Hotel mit Restaurant eingerichtet

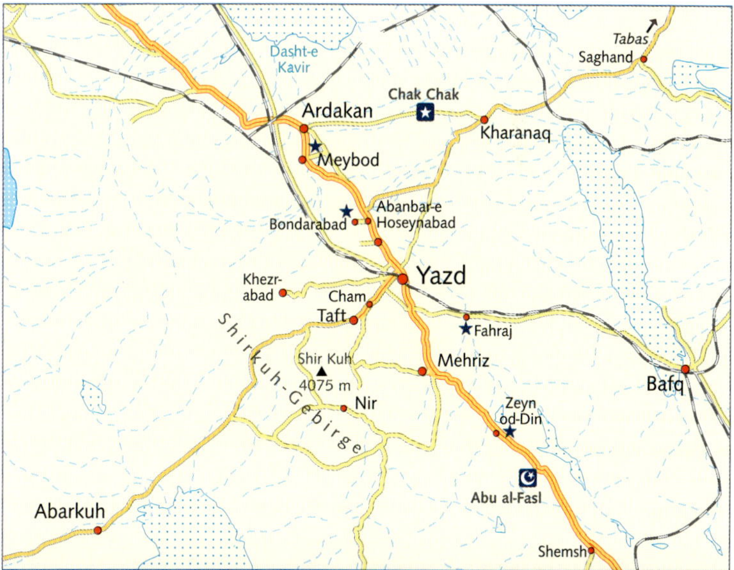

Die Umgebung von Yazd

worden, das traditionelles Flair vermittelt (Tel. (0)912/4500124 oder (0)351/8243338). Wer in einer Karawanserei unter den Sternen nächtigen möchte, kann dies hier tun, die Fernstraße ist immerhin 400 Meter entfernt.

Moschee Abu al-Fasl

Die neue mit Fliesen verzierte Masjed-e Hezrat-e Abu al-Fasl steht 85 Kilometer entfernt von Yazd an der Strecke nach Kerman. Um sie herum dehnt sich eine weite Parkfläche aus, die von LKW-Fahrern zum Pausieren benutzt wird. Das Moscheegebäude wurde in den späten 1990er Jahren mit Spenden von LKW-Fahrern errichtet. Hier befindet sich auch ein Eislager, aus dem die Fahrer kostenlos Eisstücke mitnehmen können.

Schweigeturm von Cham

Das von Zarathustriern bewohnte Dorf Cham liegt an der Strecke nach Taft und ist zwölf Kilometer von Yazd entfernt. Unmittelbar südlich von Cham führt eine schmale Straße nach Osten zu einem 2,5 Kilometer entfernten Schweigeturm (Dakhmeh-ye Zartoshtian) in einsamer, malerischer Gegend auf einem Hügel.

Taft

Die Ortschaft Taft ist 19 Kilometer von Yazd entfernt. Hier lebt eine zarathustrische Gemeinde als Minderheit und es gibt einen Feuertempel, der versteckt in einer kleinen Gasse im alten Ortsteil westlich der Straße liegt.

▲ Karte S. 397

Shirkuh-Gebirge

Um nach Deh Bala in einem Hochtal des Shirkuh-Gebirges zu gelangen, benutzt man in Taft die östliche Umgehungsstraße und biegt etwa in der Stadtmitte nach Osten Richtung Deh Bala ab. Dies ist 22 Kilometer von Taft entfernt und wegen der Höhenlage von 2300 Metern wesentlich kühler als Yazd. Von Deh Bala aus kann man an den Abhängen des 4075 Meter hohen Shirkuh-Gebirges wandern oder den Gipfel ersteigen, was nicht schwierig ist und als Trekking-Ausflug von Deh Bala aus in insgesamt neun bis zehn Stunden bewältigt werden kann.

Abarkuh

Die Kleinstadt Abarkuh liegt 140 Kilometer von Yazd entfernt auf der Strecke nach Shiraz. Von seiner zarathustrischen Vergangenheit kündet noch eine riesige, über 2500 Jahre alte Zypresse (Sarv), die von der Bevölkerung als Naturdenkmal in Ehren gehalten wird. Als Sehenswürdigkeiten bietet Abarkuh den am östlichen Ortsausgang auf einer Anhöhe oberhalb des Behesht-e Zahra Friedhofs stehenden **Turm Gonbad-e Ali** von 1057, ein Stuckmihrab aus ilkhanidischer Zeit in der teilweise seldschukischen **Jame-Moschee**, ein hohes **Eishaus**, das renovierte **Aqazadeh-Haus** mit Windtürmen und die **Doppelminarette** des abgetragenen Madrese-Moschee-Stiftungskomplexes von Nizam ol-Molk Abarquhi von ungefähr 1325.

Für kulturhistorisch Interessierte gibt es noch ein schönes seldschukisches Stuckmihrab im **Mausoleum Pir Hamzeh Sabzpush** (Maqbareh) aus dem 12. Jahrhundert zu sehen sowie den 25 Meter hohen **ilkhanidischen Grabturm Gonbad-e Se-ye Tan**, auch Seyed Tavus ge-

Der Ali-Turm in Abarkuh

nannt. Die Sehenswürdigkeiten befinden sich westlich und nördlich der Jame-Moschee. Für eine Essenspause bietet sich das Restaurant des Hotels Pouya (Tel. (0)352/682 10 30) an, das am westlichen Ortsausgang liegt.

Meybod

Die Stadt Meybod liegt 55 Kilometer nördlich von Yazd an der Strecke nach Nain und bietet ein fast einheitliches Bild einer mittelalterlichen persischen Stadt in Lehmziegelbauweise. Man nimmt die erste südliche Ausfahrt in Meybod und folgt dem Bolvar-e Basij westlich Richtung Meydan-e Helal Ahmar. Am Anfang der Straße passiert man einen **Taubenturm** (Kabutar Khane), in dem früher Tauben wegen ihres Dungs gehalten wurden, und nach etwa 1,5 Kilometern die **Festung Narin Qaleh**. 500 Meter weiter kommt man zu einem Ensemble traditioneller Lehmziegelbauwerke: an der südlichen Straßenseite das hohe **Eishaus Yakhchal-e Kheshti** und an der gegenüberliegenden Straßenseite, die **Zisterne Abanbar-e Kolar**, dahinter eine **Karawanserei mit Restaurant und Museum** für die typischen Zilu-Baumwollteppiche aus Meybod, die früher in vielen Moscheen Irans lagen. Wenige Meter westlich hiervon ist eine **renovierte Poststation**, ein Chaparkhaneh, zu besichtigen. Östlich der Karawanserei zieht sich die **Stadtmauer** nach Norden. Von der Lehmziegelfestung Narin Qaleh sind im Innenbereich kaum noch architektonische Details erhalten geblieben. Man sollte sich etwas in der Stadt umsehen und eine der vielen Keramikwerkstätten besuchen.

Bondarabad

In diesem Dorf befindet sich ein aufgegebener **ehemaliger Sufi-Komplex** aus dem 15. Jahrhundert mit Kloster (Khanegah), Moschee und Grabbau. Dort versammelten sich Anhänger des um 1300 verstorbenen Sufi-Meisters Sheykh Taqi al-Din Dada. Dass diese Lehmziegelanlage mit fünf Kuppeln, zwei Innenhöfen und teilweise erhaltenen Be-

Die Pilgerstätte Chak Chak

Karte S. 397

festigungsmauern und Bastionen in abge-schiedener dörflicher Umgebung liegt, mist besonders reizvoll. Den Kuppelsaal der 1474 errichteten Moschee verzieren noch Fliesenmosaike und Muqarnasdekor aus der Entstehungszeit.
Die Fahrt nach Bondarabad führt von Yazd aus 20 Kilometer Richtung Meybod. Bei dem Wasserspeicher mit vier Windtürmen in Abanbar-e Hoseynabad zweigt die Straße nach Bondarabad (Bandarabad) westlich ab. Dieser Straße folgt man elf Kilometer nordwestlich und fährt von Nordosten nach Bondarabad hinein.

Dünen in der Wüste Dasht-e Kavir

Chak Chak

Die **zarathustrische Pilgerstätte** Chak Chak (Pir-e Sabz Chak Chak) liegt in der Einsamkeit der Wüste an einem Berghang, wo eine Quelle sich durch tropfende ›Chack–Chak‹ Geräusche bemerkbar macht. Der Legende nach fand Nikbanu, eine Tochter des letzten sassanidischen Königs Yazdgerd III., dort nach der arabischen Eroberung Zuflucht. Etwas von dem Quellwasser rinnt durch den modernen Feuertempel, und auch die Zweige des alten Baumes am Hang wachsen bis an den Gebetsraum heran. Man findet an diesem Ort ein großes Maß an Harmonie. Jedes Jahr Mitte Juni treffen sich hier Zarathustrier aus aller Welt. Es bestehen zwei Möglichkeiten dorthin zu fahren: Die eine führt über das 60 Kilometer entfernte Ardakan, das östlich durch eine 40 Kilometer lange Asphaltstraße mit Chak-Chak verbunden ist, oder man fährt Richtung Kharanaq und verlässt die Straße dorthin auf halber Strecke und benutzt dann eine auch von PKW befahrbare nördliche Piste nach Chak-Chak, was einer Entfernung von 70 Kilometern ab Yazd entspricht.

Kharanaq

Dieses Dorf liegt 80 Kilometer von Yazd entfernt an der Strecke nach Tabas. Vor 15 Jahren war der alte Ortsteil mit seinen fotogenen Lehmbauten noch ein Geheimtipp. Mittlerweile gibt es in Kharanaq ein rustikales Gästehaus, das von den Managern des Silkroad Hotels in Yazd (→ S. 396) mit verwaltet wird, und seine Sehenswürdigkeiten wie die renovierte **safawidische Karawanserei**, das **schwankende Minarett** und das **Äquadukt** im Tal sind im Internet abgebildet.

Die Wüste Dasht-e Kavir

Im Nordosten Yazds liegen die großen Wüstengebiete der Dasht-e Kavir. Auf dem Weg nach Tabas, das insgesamt 390 Kilometer von Yazd entfernt ist, kann man Kharanaq als Zwischenstopp wählen. Dabei kommt man an **Robat-e Posht-e Badam** vorbei, der ›Karawanserei hinter dem Mandelbaum‹, für Iraner der Begriff des Hinterwäldlerischen. Ungefähr 42 Kilometer nach diesem Ort passiert man die Stelle, wo 1979 die Geisel-Befreiungsaktion der Amerikaner wegen eines Sandsturms scheiterte.

Tabas ist bis heute die Drehscheibe zwischen Yazd und Nordostiran. Es ist im weiten Umkreis die größte Oase und lag früher im Kreuzungspunkt der Karawanenwege zwischen Ost-, Nord- und Zentraliran. Im Jahre 1978 wurde es fast gänzlich von einem Erdbeben zerstört. Deshalb gibt es dort auch keine älteren Sehenswürdigkeiten. Die Stadt wird beherrscht von dem riesigen neuen **Heiligtum des Imamzadeh Hoseyn ibn Musa al-Kazem**, des jüngeren Bruders Imam Rezas. Dieses ist mit seinen Kuppeln, Minaretten und Portalen hier mitten in der Wüste sehr beeindruckend. Man kann es auch als Nicht-Moslem besuchen. Dazu müssen Damen allerdings einen (ausleihbaren) Chador tragen. Die einzige weitere Sehenswürdigkeit ist der in der dortigen Lage paradiesisch anmutende **Golshan-Garten** (Bagh-e Golshan) mit Palmen, dichten Sträuchern, Blumenbeeten, Springbrunnen und Wasserflächen. Er hat sich zu einem Treffpunkt der Vogelwelt entwickelt, selbst einige Pelikane fehlen nicht.

Kavir-Fahrten

Wer sich für kleine Oasen im Zentrum der Dasht-e Kavir interessiert und dort Exkursionen oder Ausflüge mit Kamelen machen möchte, dem werden die bereits unter Nain als Ausflugsziele beschriebenen Oasen Farahzad bei Mesr oder Garmeh empfohlen (→ S. 371).

Von Yazd aus bieten sich zwei Strecken an. Die eine mit Landschaften, die von Hügelketten, Sanddünen und Geröll geprägt sind, führt über **Robat-e Posht-e Badam** Richtung Khur ins 300 Kilometer entfernte Garmeh. Nach Khur verkehrt der Bus der Firma Taavoni trotz Fahrplans nur unregelmäßig. Die andere, gleichfalls 300 Kilometer lange Strecke führt über **Ardakan** und **Chupanan** nach **Jandaq**, wo man sich mit Seyed Tabatabaei aus Farahzad gemäß den Angaben unter Nain zur Abholung treffen kann. Wer kein Fahrzeug zur Verfügung hat, wendet sich wegen des Transports an den Yazder Reiseführer Mohsen Hajisaeid (→ S. 394). Die gesamte Miete für eine PKW-Sonderfahrt von Yazd zu den genannten Orten wird etwa 60 Euro betragen. Von dort aus kann man später mit Bussen über Nain nach Isfahan oder Teheran weiterfahren.

Es sei darauf hingewiesen, dass die Strecke von Ardakan nach Chupanan, obwohl sie asphaltiert ist, authentisches ›Wüstengefühl‹ vermittelt. Die Landschaften wechseln hier zwischen Eintönigkeit und dramatischen Szenerien. Beispielsweise beginnt etwa 60 Kilometer nördlich von Ardakan eine Landschaft mit zerklüfteten trockenen Salzschlammströmen, in deren Hintergrund sich die an ihren rotbraunen Kappen erkennbaren Salzdome erheben. Dann folgen mit Geröll gefüllte langgezogene Senken und schließlich erreicht man vegetationslose Gebirgslandschaften in stark kontrastierenden Farben und hinter Chupanan das Sanddünengebiet Rigg-e Jinn.

Tabas

Das **Hotel Bahman*** wurde renoviert und ist nun akzeptabel, Blv. Seda wa Sima, Tel. (0)353/4225951, mobil (0)913/1554260 (Q1/P1).

Das gute **Sabzeh Bagh Restaurant**, Tel. 4222484, liegt beim Golshan-Garten am Blv. Imam Khomeini.

Ein weiteres empfehlenswertes Restaurant, das **Restoran-e Hatam**, Tel. 4222776, befindet sich direkt beim Golshan-Garten.

▶ Karte S. 397

Stadt und Provinz Hamadan

In der 19 400 Quadratkilometer großen Provinz leben 1,8 Millionen Menschen. Diese Region war vor über 2500 Jahren das Kernland der Meder, die weite Teile des heutigen Irans beherrschten. Durch den gebirgigen Charakter der Provinz sind die Winter kalt und schneereich, und im Sommer wird es nicht übermäßig heiß. Es werden Obst, Gemüse, Getreide und Kartoffeln angebaut. Bereits vor fünftausend Jahren bestanden hier Siedlungen an Handelsrouten, die nach Mesopotamien führten.

Die Hauptstadt Hamadan hat 480 000 Einwohner und liegt auf 1820 Metern Höhe am Abhang des bis zu 3580 Meter hohen Alvand-Gebirges. Diese von den Medern Hagmatana ›Ort der Versammlung‹ genannte Stadt, wurde Anfang des 7. Jahrhunderts v. Chr. gegründet. Herodot bezeichnet sie im 4. Jahrhundert v. Chr. als Agbatana (Ekbatana) und beschreibt, dass sie an einem Hügel lag und von sieben Mauerringen eingefasst war, deren äußerster etwa der Länge der Athener Stadtmauer entsprach. Die Wehrgänge der inneren Mauern überragten die äußeren und waren bemalt. Im Zentrum befand sich der Königspalast. Diese Stadt wurde bisher auf dem Hegmatana-Hügel vermutet, doch gehen die Bebauungsschichten dort nur bis in parthisch-seleukidische Zeit zurück. Zu der Stadt gehören weitere, nicht erforschte Hügel.

Seit medischer Zeit wird Hamadan kontinuierlich bewohnt. Wegen seiner kühlen Höhenlage wurde es bereits in achämenidischer, parthischer und sassanidischer Zeit als Sommerresidenz geschätzt. Es wird vermutet, dass es seit der Freilassung der Juden aus der babylonischen Gefangenschaft um 539 v. Chr. eine jüdische Gemeinde hatte. Im Ganjnameh-Tal am Stadtrand ließen die achämenidischen Könige Darius I. und Xerxes I. zwischen 521 und 465 v. Chr. Felsinschriften anbringen. Im Jahre 330 v. Chr. wurde es von Alexander dem Großen eingenommen. Dieser schätzte Hamadan als bedeutendste Stadt auf dem persischen Hochland und ließ hier seinen General Parmenion mit starken Truppenverbänden zurück. Nach seiner Rückkehr von dem Indien-Feldzug fanden hier ausgiebige Feiern statt, und auch im letzten Jahr vor seinem Tod wählte er Ecbatana als Sommerresidenz.

Ab dem 1. Jahrhundert v. Chr. war Hamadan einer der persischen Hauptorte an der Seidenstraße, die von China kommend von hier aus weiter über Kermanshah nach Ktesiphon beim heutigen Bagdad führte. Im 4. Jahrhundert n. Chr., als König Yazdegerd I. mit der Jüdin Shushan-Dokht verheiratet war, vergrößerte sich die jüdische Gemeinde. Von den Arabern wurde die Stadt 644 erobert. 1037 starb hier der berühmte Arzt Ibn Sina, der in Europa als Avicenna bekannt ist. Im späten 12. Jahrhundert war Hamadan Hauptstadt der Seldschuken. Wie die meisten persischen Städte wurde es von Mongolen und Timuriden verwüstet und geplündert.

Nach der Eroberung Mesopotamiens durch die Osmanen im 16. Jahrhundert und dem Niedergang der Handelsroute nach Bagdad, ging die Bedeutung Hamadans zurück. Erst in der zweiten Hälfte des 19. Jahrhunderts, als Importe aus Großbritannien und Indien über Bagdad und Kermanshah nach Teheran transportiert wurden, begann die Stadt wieder aufzuleben. 1966 wurde sie zur Provinzhauptstadt ernannt.

Sehenswürdigkeiten in Hamadan

Hegmataneh-Siedlungshügel

Der Siedlungshügel (Tappeh-ye Hegmataneh) und sein Museum können täglich von 8 bis 17 Uhr, außer montags, besichtigt werden, Tel. 2528067. Der Eingang zu dem etwa 850 mal 450 Meter großen Areal befindet sich am Nordende der Kh. Ekbatan. Hier wurden Straßen und Mauerreste der parthischen Stadtanlage ausgegraben. Ältere Schichten als die der parthisch-seleukidischen Zeit hat man bisher auf diesem Hügel nicht lokalisiert.

Im **Museum** werden Funde aus den hiesigen Ausgrabungen, aber auch aus anderen Teilen Hamadans und der Umgebung gezeigt. Dazu gehören auch Keramiken und Metallgefäße aus achämenidischer, medischer und vorgeschichtlicher Zeit.

Armenische Kirchen

Am südlichen Abhang des Ekbatan-Hügels stehen zwei bis zu 160 Jahre alte armenische Kirchen (Kelisaha-ye Aramene), die von der einstmals großen armenisch-christlichen Gemeinde künden, die Anfang des 17. Jahrhunderts von Shah Abbas I. hier angesiedelt wurde. Mittlerweile sind die meisten Armenier nach Teheran umgezogen. Die Kirche mit Blechdach und Glockenturm über dem Portal ist die **Kelisa-ye Stepanus** und dahinter steht die **Kelisa-ye Grigor** mit dem Turm über der Mitte des Kirchenschiffs.

Mosalla-Hügel

Der etwas kleinere Mosalla-Hügel (Tappeh-ye Mosalla) liegt 400 Meter südöstlich. Der Überlieferung nach stand auf ihm ein Anahita-Tempel und er ist traditionell ein heiliger Ort. Reste parthischer und islamischer Befestigungen sind noch erkennbar. Seinen Namen gab ihm ein muslimischer religiöser Versammlungsplatz. Der Hügel wurde bisher nicht archäologisch erforscht.

Basar

Vom zentralen Imam-Khomeini-Platz (Meydan-e Imam Khomeini) gehen strahlenförmig sechs Straßen aus. Seit dem ersten Drittel des 20. Jahrhunderts zeigte sich Hamadan als aufgeschlossene Stadt, und die Stadtverwaltung ließ zwischen 1931 und 1934 nach den Plänen deutscher Architekten den Stadtkern ringförmig umbauen. Der Basar liegt unmittelbar nördlich des Platzes zwischen den Straßen Baba Taher, Ekbatan und Shohada. An der Kh. Baba Taher befindet sich der **Gold- und Juwelenbasar** (Bazar-e Zargarha) und an der Kh. Ekbatan nahe der Mirza-Qasem-Kara-

Legende

1 Hegmataneh-Hügel
2 Mosalla-Hügel
3 Basar
4 Jame-Moschee
5 Mausoleum Esther und Mordechai
6 Alavian-Grabturm
7 Mausoleum Baba Taher
8 Avicenna-Mausoleum
9 Qorban-Grabturm
10 Steinerner Löwe
11 Imamzadeh Abdollah
12 Armenische Kirche
13 Naturgeschichtliches Museum
14 Universität Buali Sina
15 Abbasabad-Hügel
16 Reisebüro Air Bouali
17 Reisebüro Ali Sadr
18 Internetcafés Javid und Sib
19 Visumsstelle

▲ Karte S. 405

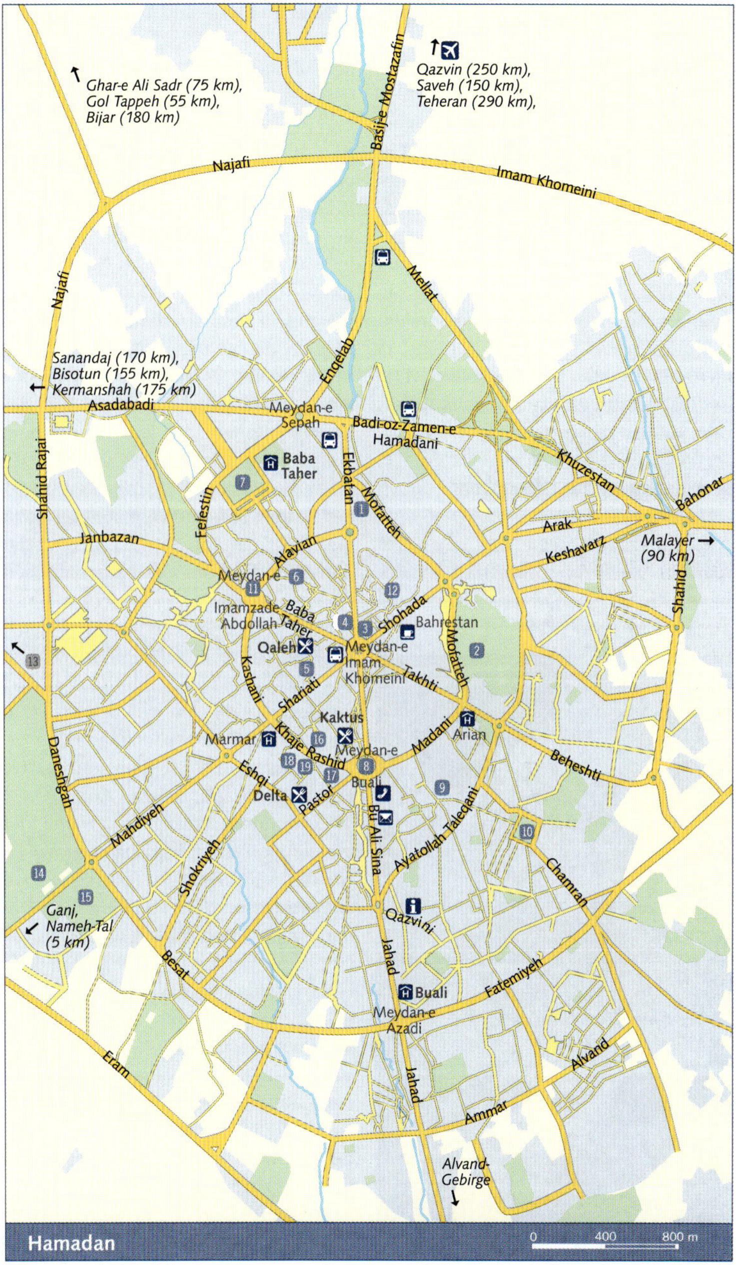

Die Landesmitte

wanserei konzentrieren sich die **Teppichgeschäfte**.

Der Eingang zur **Jame-Moschee** ist etwa 100 Meter vom Imam-Khomeini-Platz entfernt an der Westseite der Kh. Ekbatan. Es ist eine auf safawidische Zeit zurückgehende große Iwan-Hofmoschee, die Anfang des 19. Jahrhunderts renoviert und erweitert wurde. Ungewöhnlich ist der wuchtige Kuppelhallen-Iwan mit Rippenwölbungen, dessen Seiten durch vierreihige Arkadenfelder bestimmt werden. Die große Gebetshalle besitzt 9 mal 5 Säulenreihen. Das Eingangsportal zur Straße stammt aus den 1930er Jahren.

Mausoleum für Esther und Mordechai

Vom Imam-Khomeini-Platz aus geht man 80 Meter die südwestlich abzweigende Kh. Dr. Shariati hinab. Dort liegt an der nördlichen Straßenseite das Mausoleum für Esther und Mordechai (Boqeye Ester wa Mordkhay). Nach den Überlieferungen der uralten jüdischen Gemeinde Hamadans sollen hier Esther und ihr Onkel Mordechai beerdigt worden sein. In der Bibel wird geschildert, wie die mit einem achämenidischen König verheiratete Ester die jüdische Bevölkerung vor einem Pogrom bewahrte, was zur Entstehung des Purim-Festes führte. Die Bibel schildert, dass dieses Ereignis in Susa stattfand. Da achämenidische Könige zeitweilig in Hagmatana residierten ist es möglich, dass sie sich hier aufhielt oder nach dem Tod des Königs hierher zog. Das Mausoleum wurde immer besonders verehrt und war eine wichtige jüdische Pilgerstätte. Seit einiger Zeit wird vermutet, dass sich hier das Grab von Shushan Dokht, der jüdischen Ehefrau des sassanidischen Königs Yazdegerd I. (399–421 n. Chr.), befindet. Dies könnte aber nur durch eine wissenschaftliche Untersuchung der Gräber und des Unterbaus geklärt werden.

Der Grabturm für Esther und Mordechai

Der jetzige Grabbau entstand im 13. Jahr-hundert. Der schöne geschnitzte **Esther-Kenotaph** wurde Anfang des 17. Jahrhunderts angefertigt und der andere Holzsarkophag später erneuert. An das Mausoleum ist eine **Synagoge** angeschlossen (Tel. 252 22 85). Öffnungszeiten sind täglich von 9 bis 17 Uhr, außer freitags (eventuell bis mittags Einlass) und samstags.

Alavian-Grabbau

Vom Imam-Khomeini-Platz führt die Kh. Baba Taher in nordwestliche Richtung zum Meydan-e Imamzadeh Abdollah, in dessen Mitte ein überkuppeltes Heiligtum für zwei Nachfahren des siebten Imams steht. Dort biegt man rechts zum viereckigen Alavian-Grabbau (Gonbad-e

▲ Karte S. 405

Das mittelalterliche Alavian-Mausoleum

Alavian) ab, einem Gebäude aus spätseldschukischer bis ilkhanidischer Zeit des 12. bis Anfang des 14. Jahrhunderts. Von seinem Wandschmuck her ist er der künstlerisch bedeutendste mittelalterliche Bau Hamadans. Zu dem Flechtwerk im Bogenfeld der Eingangsseite kommen gut erhaltene, florale Stuckverzierungen um die Pforte hinzu, die sich im Innenraum an den Wänden und im Mihrab fortsetzen. Zu den Grabstätten der Alavi-Familie in der Krypta führt im hinteren Teil des Innenraums eine Treppe hinab.

Mausoleum des Baba Taher

Folgt man vom Alavian-Grabbau aus der einhundert Meter entfernten Kh. Ayatollah Masumi in nordwestlicher Richtung, stößt man auf das 1970 im modernen Stil erbaute Mausoleum des Baba Taher (Aramgah-e Baba Taher). Es besteht aus einem zylindrischen Körper, der von kantigen abstehenden Stützpfeilern umgeben ist. Hier befindet sich das Grabmal des Mystikers und Sufi-Poeten Baba Taher, der 1019 starb. Er gehört zu den bedeutendsten frühen Dichtern Irans und war vermutlich Anhänger der Yaresan oder Ahl-e-Haqq-Religionsgemeinschaft. Seine Gedichte, die oft die Sufi-Liebe zu Gott zum Inhalt haben, eignen sich gut, zu klassischer persischer Musik vorgetragen zu werden. Täglich geöffnet von 9 bis 17 Uhr, Tel. 422 23 43.

Mausoleum des Avicenna

Im Jahre 1037 starb der Arzt, Philosoph und Mathematiker Abu Ali Sina in Hamadan. Seinem Gedenken ist das auf dem Meydan-e Bu Ali stehende Mausoleum des Avicenna (Aramgah-e Abu Ali Sina) gewidmet, das in den 1940er Jahren nach den Plänen des Architekten Hushang Seyhun erbaut wurde. In seiner Form ist es dem ältesten Grabturm Irans in Gonbad-e Gabus (→ S. 301) nachempfunden, wo sich Avicenna auch zeitweilig aufgehalten hat.
Er war ein Universalwissenschaftler, Dichter und Philosoph. Zu seinen Stu-

Das moderne Baba-Taher-Mausoleum

dienfächern zählten Mathematik, Algebra, Geometrie, Sprachwissenschaften, Medizin, Theologie und Philosophie. In Europa gehörte seine medizinische Enzyklopädie mehrere hundert Jahre lang zu den Standardwerken an den Universitäten. In dem Grabbau gibt es auch ein kleines **Museum**, in dem einige seiner Werke ausgestellt sind und seine Erkenntnisse auf dem Gebiet der Heilpflanzen dargestellt werden (Tel. 826 10 08, täglich geöffnet von 8 bis 18 Uhr).

Qorban-Grabturm

Der weniger bedeutende Qorban-Grabturm (Borj-e Qorban) ist ein zwölfeckiger Ziegelturm mit Spitzdach, der wahrscheinlich aus dem 12. oder 13. Jahrhundert stammt. In ihm wird des theologischen Gelehrten Sheikh ol-Islam Hafez Abdol Ala Hamedani gedacht, der im 11. Jahrhundert lebte. Der Turm steht etwa 450 Meter östlich des Meydan-e Bu Ali in der Kh. Anvar Hakim.

Steinerner Löwe

In den Grünanlagen des Meydan-e Sang-e Shir liegt der Steinerne Löwe (Sang-e Shir). Diese stark verwitterte Figur, von der noch Kopf und Rumpf erhalten sind, hat in Hamedan den Ruf eines Talismans. Wahrscheinlich wurde sie in der Zeit Alexanders des Großen zwischen 330 und 324 v. Chr. geschaffen. Stellt man sich den Sang-e Shir aufrecht sitzend und auf die Vorderbeine gestützt vor, so wäre, wie der Archäologe Heinz Luschey meinte, die Ähnlichkeit mit einer 338 v. Chr. im griechischen Chaironeia aufgestellten Löwen-Skulptur sehr groß. An der Schlacht in Chaironeia war auch Alexander beteiligt. Vielleicht war die Skulptur hier auch als Kriegerdenkmal gedacht. Dass sie für Alexanders General Hephaistos bestimmt war, erscheint sehr unwahrscheinlich. Auch kann man letztendlich nicht ausschließen, dass sie in seleukidischer oder parthischer Zeit entstand.

Abbasabad-Hügel

Am Ende der Kh. Mahdiyeh, Richtung Ganjnameh, beim Meydan-e Qaem führt südöstlich eine Auffahrt zum Parkplatz unterhalb des Abbasabad-Hügels (Kuh-e Abbasabad). Von seinem Gipfel aus hat man einen schönen Blick über die Stadt.

Hamadan

Vorwahl: +98/(0)811.

Telefonamt (Edare-ye Telefon), Meydan-e Buali (Südseite)

Postamt (Edare-ye Post), in der Kh. Buali Sina, 200 m südlich des Meydan-e Buali, Tel. 8251760.

Touristeninformation (Sazman-e Farhangi). Vom Meydan-e Azadi aus 200 m in südöstliche Richtung in der Kh. Aref Qazvini, im Bagh-e Nazari Garten, Tel. 82 74 77-1, -2, -3.

Reisebüro Air Bouali (Azhans-e Mosaferat-e Air Bouali), Bolvar-e Khaje Rashid. Tel. 252 62 32, info@airbouali.com. Manager: Mr. Ardeshir Malekiparast, Mobiltel. (0)918/1 11 10 17.

Reisebüro Ali Sadr (Azhans-e Mosaferat-e Ali Sadr), Bolvar-e Khaje Rashid, Tel. 8282011.

Visumsstelle (Edare-ye Gozarname), Bolvar-e Khaje Rashid, Tel. 8262025.

Bank-e Melli, Meydan-e Imam Khomeini, Tel. 2520275.

Internet-Cafés (Cafenet) Javid und Sib, Bolvar-e Khaje Rashid.

▶ Karte S. 405

Der Flughafen (Forudgah) liegt ca. 10 km nördlich des Zentrums. Wöchentlich drei Flüge mit Kish Air nach Teheran.

Busbahnhof (Terminal-e Otobus), Bolvar-e Enqelab. Busse nach Teheran, Mashhad, Tabriz.

Busbahnhof (Terminal-e Qadim-e Otobus), südlich des Sepah-Platzes nahe der Kh. Ekbatan. Busse nach Kermanshah, Sanandaj, Isfahan, Shiraz.

Minibus-Terminal (Terminal-e Minibus), westlich des Meydan-e Sepah. Verbindungen in nahegelegene Städte. Wer mit dem Minibus zu den weiter unten beschriebenen Sehenswürdigkeiten wie der Ali-Sadr-Höhle fahren möchte, sollte sich an die angegeben Reiseagenturen wenden.

Hotel Buali (Parsian Buali)****, Kh. Buali Sina (nördlich Meydan-e Azadi), Tel. 825282-2, -3, 8250856, www.buali.parsianhotels.ir (Q3-4/P2-3).

Hotel Baba Taher****, Meydan-e Baba Taher, Tel. 422718-0 (bis -4) (Q3/P2-3).

Hotel Arian**, Kh. Takhti, Tel. 826-1266, 8261277 (Q2/P1).

Hotel Marmar**, Kh. Dr. Shariati nazdik-e Blv. Khajeh Rashid, 650 Meter entfernt vom Meydan-e Imam Khomeini. Tel. 8271840 (Q1-2/P0).

Restaurant Kaktus (Restoran-e Kaktus), Meydan-e Buali (Nordseite), Tel. 2527070. Gutes Kebab.

Traditionelles Restaurant Delta (Sofrekhane-ye Sonnati Delta), Kh. Eshqi (nazdik-e Kh. Pastor), Tel. 8261813. Sehr gute persische Küche. Es ist zu beachten, dass dieses Lokal im Keller des normalen Delta Restaurants untergebracht ist.

Traditionelles Restaurant Qaleh (Sofrekhane-ye Sonnati Qaleh), Kucheh-ye Hamam-e Qaleh, Tel. 251-1199. Hinter dem Esther-und-Mordechai-Grabbau, etwa 200 m westlich des Meydan-e Imam. Museale Einrichtung, empfehlenswerte Küche, etwas teuer.

Traditionelles Teehaus Baharestan (Chaykhaneh Sonnati Baharestan), Kh. Shohada, etwa 250 Meter vom Meydan-e Imam Khomeini entfernt, Tel. 2542777. Mit Imbiss und Abgusht-Fleischeintopf.

Restaurant im Buali Hotel. Bei gutem Wetter sitzt man im Garten. Persische und internationale Küche.

Viele urtümliche Imbisslokale gibt es im **Ganj-Nameh-Tal**.

Naturgeschichtliches Museum (Muzeye Tarikh-e Tabii), Aval-e Jaddeh-ye Heydareh bei der Landwirtschaftlichen Universität (Daneshgah-e Keshavarzi), westlich des Meydan-e Modares, Tel. 4424055, tgl. 9–17 Uhr, außer an Feiertagen. Es gehört zu den besten Museen seiner Art außerhalb Teherans und zeigt Fossilienfunde und präparierte Wildtiere wie Bergziegen und Vögel. Außerdem gibt es hier Aquarien und Terrarien.

Günstige Einkaufsmöglichkeiten für einheimisches Kunsthandwerk wie Keramiken, Einlegearbeiten und Lederwaren findet man im Basar und beispielsweise in der Kh. Buali Sina und am Meydan-e Baba Taher, wo es die beliebten Keramiken aus Lalejin gibt.

Die Umgebung von Hamadan

Ganj-Nameh-Tal

Das Tal erreicht man vom Meydan-e Qaem aus in südlicher Richtung nach einer Fahrt von fünf Kilometern. Es liegt auf knapp 2200 Metern Höhe an den Ausläufern des Alvand-Gebirges. In dem abschließenden Talkessel gibt es einen Wasserfall, und südöstlich davon sind in die Felswand zwei **Keilschrifttafeln** eingeschlagen, die wegen des jahrhundertelang unverständlichen Inhalts dem Tal den Namen Ganj Nameh oder ›Schatzbrief‹ gaben. Die linke, etwas höher angebrachte Inschrift stammt von König Darius (522–486 v. Chr.) und die rechte von König Xerxes I. (486–465 v. Chr.).
Die beiden Felder sind in jeweils drei Textblöcke aufgeteilt. Links werden altpersische, in der Mitte neuelamische und rechts neubabylonische Zeichen verwendet. Die linken Textversionen sind am längsten, da es sich beim Altpersischen um eine Buchstabenschrift und bei den beiden anderen um Silbenschriften handelt. Die Übersetzung der rechten Inschrift beginnt mit: ›Ein großer Gott ist Ahuramazda, der größte der Götter, der diese Erde geschaffen hat, der den Menschen geschaffen hat, der die Freude geschaffen hat für den Menschen, der Xerxes zum König gemacht hat‹. Etwas später betont Xerxes, dass er der König der Könige, Herrscher über viele Länder und Sohn des Dareius ist.
Die Inschrift von Darius I. ist entsprechend aufgebaut, mit dem Hinweis, dass sein Vater der Hystaspes war. In der Inschrift des Darius fehlt allerdings hinter Ahuramazda der Zusatz ›der größte der Götter‹. Von manchen wird dies so interpretiert, dass Xerxes dadurch, dass er Ahuramazda zum größten der Götter erklärte, anderen Gottheiten mehr Anerkennung zukommen lassen wollte. Das Ganj-Nameh-Tal ist ein beliebtes Ausflugsziel und Ausgangspunkt für Wanderungen. Es gibt hier viele Imbisslokale und Teehäuser.

Ali-Sadr-Höhle (Ghar-e Ali Sadr)

Die nordwestliche Route über Gol Tappeh nach Ghar-e Ali Sadr ist 75 Kilometer lang. Auf dem Weg dorthin kann man nach zwölf Kilometern einen Abstecher zu dem acht Kilometer nordöstlich

Hamadan und Kermanshah

von der Strecke gelegenen Lalijan machen, das wegen seiner vielen Töpfereien bekannt ist. Die Ali-Sadr-Höhle ist von Wasserläufen durchzogen, auf denen man sich mit Tretbooten bewegt. Sie weist mehrere kleine Seen und einige große Hallen auf. Eine davon misst über 100 mal 75 Meter bei 20 Metern Höhe und enthält einen großen Stalagmiten. An den Höhlenwänden und -decken begleiten Kristall- und Tropfsteingebilde die mehrere Kilometer langen Passagen. Diese Höhle ist ein beliebtes einheimisches Touristenziel. Deshalb sollte man die Wochenenden vermeiden. Es gibt Picknick- und Zeltplätze. Auch ein Hotel ist vorhanden, das Ali Sadr Hotel**, Tel. (0)812/553 33 38 (Q2/P1–2).

Tepe Nushejan

Der Tepe Nushejan befindet sich an der Strecke Richtung Malayer. Man durchfährt die 65 Kilometer entfernte Ortschaft Jowkar und biegt nach acht Kilometern westlich nach Shushab ab. Nach drei Kilometern sieht man nordwestlich der Straße den Hügel, auf dem ein Lehmziegelgebäude mit Schutzdach steht. Es handelt sich um eine teilweise erhaltene medische Festung, von der beispielsweise noch Schutzmauern mit Bastionen und Pfeilschussöffnungen stehen und die mit Lagerräumen ausgestattet ist. Westlich davon befinden sich die Grundmauern einer Säulenhalle mit Innenmaßen von 19 mal 15 Metern. Das Besondere an dieser Anlage ist jedoch, dass sich in ihrem Zentrum der erste nachweisbare Feuertempel befindet. Einige Innenwände dieses kreuzförmigen Tempels sind mit Blendfenstern verziert, die zwei Zahnmuster-Reihen aus Lehmziegeln aufweisen. Die gesamte Anlage stammt aus der Zeit zwischen 750 bis 600 v. Chr.

In der Ali-Sadr-Höhle

Grab des Propheten Habakuk in Tuyserkan

In der vorher erwähnten Ortschaft Jowkan zweigt eine Straße in westlicher Richtung ab, die ins 35 Kilometer entfernte Tuyserkan führt. An dessen westlichem Ortsende steht ein oktagonaler Grabturm aus dem 13. bis 14. Jahrhundert mit ungewöhnlichem konischem Dach, das aus 16 sich nach oben verjüngenden Wülsten aus hellen gebrannten Ziegeln besteht. In diesem Grabturm wird von iranischen Juden und Moslems der Prophet Habakuk (Habakuk-e Nabi) verehrt. Er enthält einen kastenförmigen, einfachen Kenotaph mit Metallwänden, der mit Prophet Habakuk und der Jahreszahl 586 B.C., also der Zeit des babylonischen Exils, gekennzeichnet ist. Im Innenraum werden auch zerbrochene Steintafeln aus neuerer Zeit mit hebräischen Schriftzeichen aufbewahrt.

Das Grab des Propheten Habakuk

Die Provinz Kermanshah

Die Provinz Kermanshah schließt sich mit ihren 25 000 Quadratkilometern westlich an die Provinz Hamadan an und erstreckt sich bis an die Grenze zum Irak. Im Süden grenzt sie an die Provinzen Ilam und Lorestan und im Norden an die Provinz Kordestan. Viele der knapp zwei Millionen Einwohner sind kurdischstämmig oder zählen zu den Loren, von denen noch vor wenigen Jahrzehnten ein großer Teil nomadisch lebte. Auch diese Provinz zeichnet sich durch ihren gebirgigen Charakter aus. Sie ist uraltes Kulturland, wie viele Tepes und eine erst vor kurzem gefundene, fast 12 000 Jahre alte dörfliche Siedlung bei Sheikhiabad nahe Sahneh belegen. Durch die Provinz führt die wichtige Verbindungsstraße in den Irak. Früher war dies ein wichtiger Teil der Seidenstraße. Der Pataq-Pass, der östlich von Zar-e Pol-e Zohab auf das Hochland hinaufführt, trägt berechtigterweise den Namen ›Tor von Asien‹. Hier zogen medisch-persische, seldschukische, mongolische und timuridische Armeen hinab und assyrische, makedonisch-griechische, arabische, türkische und zuletzt, 1988, mit Panzern ausgerüstete iranische Volksmujaheddin, die im Irak Asyl gefunden hatten, hinauf. Jetzt verkehren hier Busse, die iranische Pilger zu den schiitischen Heiligtümern in Najaf und Kerbala im Irak befördern.

Tempelruinen in Kangavar

▲ Karte S. 410

Kangavar

Von Hamadan sind es auf Straßen, die der alten Handelsroute Richtung Kermanshah folgen, 85 Kilometer nach Kangavar. Der Rest einer riesigen Plattform aus Kalksteinblöcken steht in der Mitte dieses Ortes an der Durchgangsstraße. Bisher konnte ihre Entstehungszeit nicht endgültig geklärt werden. So gibt es Einordnungen, die von seleukidischer bis sassanidischer Zeit variieren. Es könnte sich um einen im ersten Jahrhundert n. Chr. erwähnten Artemis- oder Anahita-Tempel handeln oder auch um ein Bauwerk aus sassanidischer Zeit. Die südliche Plattform, auf die man vom Eingang her zukommt, ist 209 Meter lang und, wie Ausgrabungen zeigten, über 8 Meter hoch. Zu ihr führen zwei 14 Meter breite Freitreppen hinauf. Die westliche Plattform ist 224 Meter lang. Die Plattformen waren von Säulen geschmückt, die mit Basen und Kapitellen 3,5 Meter hoch sind. Auf der westlichen Plattform stehen sie teilweise noch an ihren ursprünglichen Stellen. Sie sollen durch Bögen verbunden gewesen sein, wodurch sie umlaufende Arkaden bildeten. Etwa in der Mitte der Plattform stand eine Terrasse, deren südliche Mauer etwa 93 Meter lang war.

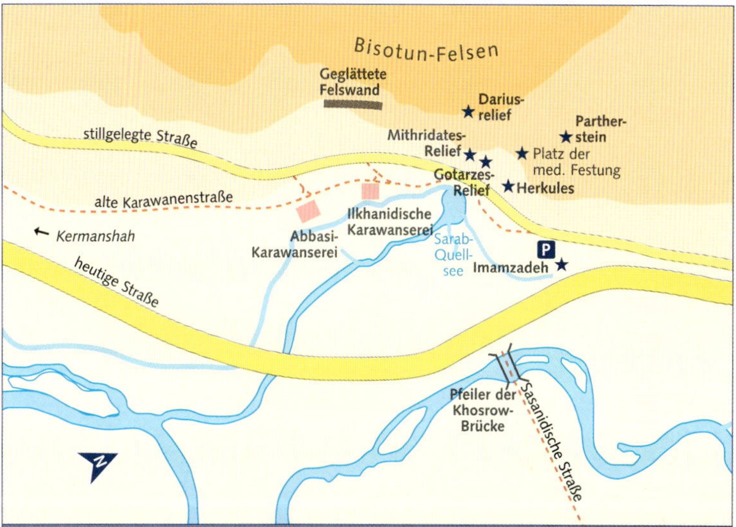

Lageplan Bisotun-Fels

Bisotun

Nach weiteren 60 Kilometern auf der Strecke nach Kermanshah ragt aus der 1300 Meter hohen Ebene der schroff abfallende Felsen von Bisotun bis zu einer Höhe von über 2600 Metern empor. Dieser faszinierende Anblick muss von alters her die Reisenden beeindruckt haben. Sein altpersischer Name Bagastana bedeutet ›Ort der Götter‹. Kurz bevor man den Felsen erreicht, überquert man den Gamasiab-Fluss bei der Ortschaft Bisotun und sieht rechts eine aus dem 17. Jahrhundert stammende Ziegelbrükke stehen, die anzeigt, wo damals der Karawanenweg verlief. Am Fuß des Bisotun-Felsens haben von 1963 bis 1967 deutsche Archäologen geforscht, und von dem ersten Ausgrabungsleiter, Heinz Luschey, weiß man, wie sehr er diese Landschaft bewunderte. Die Felsbilder und Inschriften und das Umfeld des Bisotun-Felsens sind seit 2006 als UNESCO-Weltkulturerbe geschützt.

Vom Parkplatz kommend, sieht man an der Böschung auf der rechten Seite ein Felsbild mit einer fast vollplastischen **Herkules-Figur**, die auf einem herabhängenden Löwenfell mit einem Becher in der Hand lagert. Typisch für ihn ist die abgebildete Keule. Diese Skulptur wurde dem seleukidischen Gouverneur Kleomenis 148 v. Chr. gewidmet. Links vom Weg sieht man den großen **Sarab-Quellsee**.

Als nächstes folgen an den Felsen der rechten Seite **zwei parthische Reliefs**. Das linke Relief wird größtenteils durch eine Stiftungsinschrift (Waqf) des safawidischen Ministers Sheykh Ali Khan Zanganeh von 1685 überlagert, in der auch die nahe Abbasi-Karawanserei erwähnt wird. Da das ursprüngliche Relief vorher gezeichnet worden war, weiß man, wie es aussah. Dort stand der parthische König Mithridates II. (123–88 v. Chr.) vor vier Personen, die ihm huldigten. Auf dem rechten Relief sind zwei

Das Darius-Relief in Bisotun

Lanzenreiter und die Siegesgöttin Nike mit einem Kranz abgebildet. Die griechische Inschrift bezieht sich auf den Parther Gotarzes Geopothros. Es könnte sich um König Gotarzes II. handeln, und dann wäre das Relief um 50 n. Chr. entstanden.

Das bedeutendste Relief der achämenidischen Zeit, das **Darius-Relief**, ließ König Darius I. um 520 v. Chr. hier anbringen. Der Bildteil entspricht in seiner Anordnung dem ungefähr 1500 Jahre älteren Siegesrelief des Königs Anubanini in Zar-e Pol-e Zohab, einem Ort, der weiter westlich auch an dieser Straße liegt. Das Darius-Relief befindet sich links von den parthischen Felsbildern in 70 bis 80 Metern Höhe und manifestiert seinen Sieg über aufständische Regenten, die ihm als ›Lügenkönige‹ die Herrschaftswürde streitig machten. In dem Felsbild ist König Darius I. mit zwei hinter ihm stehenden Leibgardisten abgebildet. Seine rechte Hand hebt er hinauf zu dem geflügelten Fravahar, seinem Schutzgeist, der den Ring der Königswürde hält. Sein linker Fuß steht auf dem liegenden Hauptgegner Gaumata. Vor ihm sind neun Gefangene aufgereiht, die durch ein Seil aneinander gefesselt sind. Das Relief des letzten Gefangenen, Skunkha mit der skytischen Spitzmütze, ragt in den neuelamischen Text hinein. Dieser war als erster geschrieben worden und wurde wegen dieser Beschädigung komplett in den ersten drei Textfeldern links unterhalb des Bildes wiederholt. Auf der Bildebene steht links der neubabylonische Text und unterhalb des Bildes der zuletzt angefertigte in Alt-Persisch. Die persische Keilschrift, die Buchstaben im Gegensatz zu Silben wie im Elamischen und Babylonischen verwendete, hatte Darius I. entwickeln lassen und sie wurde hier das erste Mal für ein Relief eingesetzt. In den Texten legitimiert sich Darius I. als Nachfahre von Achämenes, zählt die dreiundzwanzig damals zum Persischen Reich gehörenden Länder auf, darunter Ägypten, Babylonien, Assyrien, Ionien, Armenien, Baktrien, Choresmien und Gebiete bis zum heutigen Pakistan. Dann beschreibt er, wie er die Rebellion der oben dargestellten Gegner niederschlug und droht zukünftigen Aufrührern. Die Texte wurden im Jahre 1839 von Sir Henry Rawlinson an Seilen herabhängend kopiert. Gemeinsam mit den Arbeiten des Göttinger Lehrers Grotefend an den Persepolis-In-

▲ Karte S. 413

schriften dienten sie als Grundlage für die Entzifferung der persischen Keilschrift durch Rawlinson. Die beste Fotozeit für das Darius-Relief ist am späten Vormittag.

Folgt man dem Weg an der Felswand weitere 400 Meter, gelangt man zu der 200 Meter langen und etwa 30 Meter hohen geglätteten **Felsabarbeitung** (Farhad Tarash). Vor dieser befindet sich eine terrassenartige Aufschüttung fast gleicher Länge, wofür der größte Teil des abgearbeiteten Steinmaterials von ungefähr 40 000 Kubikmetern verwendet wurde. Da der Legende nach der in die sassanidische Königin Shirin verliebte Farhad am Bisotun-Felsen gearbeitet haben soll, wird diese Wand ›Farhad Tarash‹, Farhads Abschlag, genannt. Wahrscheinlich stammt sie aus der Zeit um 600 n. Chr. und war für ein Kolossalrelief bestimmt.

Dreihundert Meter vor der Terrasse stehen die Grundmauern einer aus Steinen errichteten **ilkhanidischen Karawanserei** aus dem 13. oder 14. Jahrhundert, die auf sassanidischem Baugelände steht. Eine **Vier-Iwan-Hofkarawanserei** aus gebrannten Ziegeln steht 200 Meter südlich der ilkhanidischen Ruine. Sie

Der Partherstein

wurde vor kurzem renoviert. Eine Inschrift erwähnt, dass sie 1681 auf Anordnung von Sheikh Ali Khan Zanganeh erbaut wurde.

Auf dem Rückweg zum Parkplatz kann man an den Felsen oberhalb der Herkules-Skulptur entlanggehen. Man befindet sich dann innerhalb der **medischen Befestigung** von ungefähr 150 mal 120 Metern, deren zerfallene Lehmziegelmauern einen Bruchsteinsockel hatten, der nur schwer erkennbar ist. Die Mauern zogen sich ab der Herkules-Figur unmittelbar oberhalb des Parkplatzes parallel etwa 150 Meter entlang und knickten dann in ungefährem 90-Grad Winkel nach Nordwesten ab und liefen den Hang hinauf auf eine Felszunge zu. Nördlich dieser Felszunge steht 60 Meter entfernt im Geröllfeld ein etwas größerer Steinblock: der Sang-e Balash oder **Partherstein** mit Abbildung eines parthischen Fürsten bei Opferritualen vor einem Altar. Seitlich ist der Fürst von Helfern flankiert. Um wen es sich hier handelt, ist unklar. Der eingravierte Name Balash weist auf den von mehreren parthischen Königen benutzten Namen Vologases hin. Wahrscheinlich entstand das Relief im 2. Jahrhundert n. Chr.

Von der aus sassanidischer Zeit stammenden **Brücke Pol-e Khosrow** sind noch die ursprünglichen neun massiven Strompfeiler im Gamasiab-Fluss erhalten. Die Brücke steht 700 Meter östlich des Sarab-Quellsees und ist nun mit einem Fußgängersteg ausgestattet. Sie ist am bequemsten von der neuen Straße Richtung Kermanshah aus zu erreichen. Diese Flussüberquerung zeigt den Verlauf der damaligen Karawanenroute an, von der ein Strang über Tuyserkan durch die Täler des Alvand-Gebirges an den Felsinschriften von Ganj Nameh vorbei direkt nach Hamadan führte.

Taq-e Bostan

Von Bisotun aus erreicht man nach 30 Kilometern in westlicher Richtung Taq-e Bostan. Dieses liegt am nördlichen Stadtrand von Kermanshah. Man verlässt am Meydan-e Imam Khomeini, auf der Höhe des Kermanshaher Flughafens, die Schnellstraße in nördlicher Richtung und folgt am nächsten Rondell der Hauptstraße in nordwestlicher Richtung. Nach etwa 2,5 Kilometern kommt man an einem links der Straße liegenden, von einem Wall und einer Mauer eingeschlossenen, unbebauten Gelände vorbei. Dies ist ein ehemaliges **Paradeisos** (Shekargah-e Khosrow Parviz) von ungefähr 900 mal 800 Metern, das in sassanidischer Zeit zur Jagd benützt wurde. Es lohnt sich allerdings nicht, anzuhalten.

Die **Grotten von Taq-e Bostan** befinden sich einen Kilometer nördlich am Fuß des Felsens gleichen Namens. Hier steht eine sassanidische Anlage, bestehend aus Grotten und Reliefs, die bei einem Quellsee angelegt wurde. Als erstes sieht man die große Grotte. Sie ist seitlich eingerahmt von Reliefs mit Akanthusblättern, Füllhörnern und Schutzengeln. Im Inneren steht unten eine überlebensgroße Wandplastik des sassanidischen Königs Khosrow II. (590–628) in voller Rüstung mit eingelegter Lanze auf seinem Pferd Shabdiz. Darüber in der Wölbung des Tonnengewölbes ist die Investitur Khosrows II. mit der Göttin Anahita links und dem Gott Ahuramazda rechts dargestellt. Beeindruckend sind auch die Reliefarbeiten an den Seitenwänden. Links ist eine Wildschweinjagd zu sehen mit Treibern auf Elefanten und musizierenden Hofdamen in Booten, rechts werden Hirsche in einem umwallten Gelände gejagt, das dem nahen Paradeisos entsprechen könnte. An der linken Wand wurde später noch ein qajarisches Relief mit dem qajarischen Gouverneur Mohammad Ali Mirza Dowlatshah angebracht, der 1848 verstarb. Rechts davon ist die kleinere Grotte mit den beiden Reliefs von König Shapur III. (383–388) links und dem ihn legitimierenden Großvater, König Shapur II. (309–379).

Rechts der Grotten wurde ein Relief direkt in die Felswand geschlagen. Es zeigt die Investitur König Ardeshirs II. (379 - 383), der an den ballonförmig gebun-

Relief an der linken Seite der Hauptgrotte

▲ Karte S. 410

Die Grotten von Taq-e Bostan

denen Haaren zu erkennen ist. Von rechts überreicht ihm Ahuramazda den Ring der Königsmacht, und von links segnet ihn der auf einer Lotusblüte stehende und von einem Strahlenkranz umgebene Mithra mit einem Bündel heiliger Barsomzweige. Unter den Füssen Ardeshirs II. liegt der römische Kaiser Julian II., bei dessen Niederlage nahe Ktesiphon er im Jahre 363 mitgewirkt haben soll. Sehenswert sind auch die ausgestellten Säulenkapitelle aus sassanidischer Zeit, von denen einige aus Bisotun stammen. Die beste Fotozeit ist spätnachmittags. Die Öffnungszeiten sind von 8.30 bis 20 Uhr, Tel. (0)8 31/ 423 60 45. Nordwestlich von Taq-e Bostan kann man noch zwei Kilometer im Kuhestan-Park den Berg hinauf zu einem Aussichtspunkt fahren. Von dort aus sind es auch nur wenige hundert Meter zu den nördlich am Berghang liegenden Do-Eshkaft-Höhlen. Dort wurden Steinwerkzeuge von Hominiden gefunden, die in der Zeit der Neanderthaler vor über 40 000 Jahren lebten.

Die Stadt Kermanshah

Die Provinzhauptstadt Kermanshah hat etwas mehr als 800 000 Einwohner und liegt auf 1350 Metern Höhe. Der bereits bestehende Ort wurde um 390 vom sassanidischen König Bahram IV. (388–399) mit einer Burg ausgestattet und erhielt die Marktrechte. Danach stieg Kermanshah schnell zu einem bedeutenden Zentrum an der Handelsstraße zwischen Hamadan und Ktesiphon auf. Von den Arabern wurde sie im Jahre 640 als erste Stadt auf dem iranischen Hochland erobert. Die Mongolen zerstörten sie im 13. Jahrhundert. Um die Angriffe der Osmanen aus dem mesopotamischen Raum abzuwehren, wurde sie ab dem 17. Jahrhundert stark befestigt, was die Reste einer großen Zitadelle, der Qaleh-ye Koneh, am Karkhe-Fluss nördlich des Stadtzentrums belegen. Die Industrialisierung setzte hier relativ früh ein und verlieh Kermanshah ein modernes Stadtbild. Die Stadt wird mehrheitlich von Kurden bewohnt. Dazu kommen Loren und Perser. Die größten Glaubensgemeinschaften bilden die Schiiten. Es gibt aber auch Sunniten, Yarsan (Ahl-e Haqq) und Bahais.

Textilverkäufer im Basar

Sehenswürdigkeiten

Der **Basar** hat noch seine Ursprünglichkeit bewahrt. Es werden hübsche Lederartikel angeboten. Auch werden hier noch die traditionellen Giveh-Schuhe in Handarbeit hergestellt. Große Schuh- und Kleidungsgrößen sind hier leichter zu erhalten, da die Bevölkerung durch-

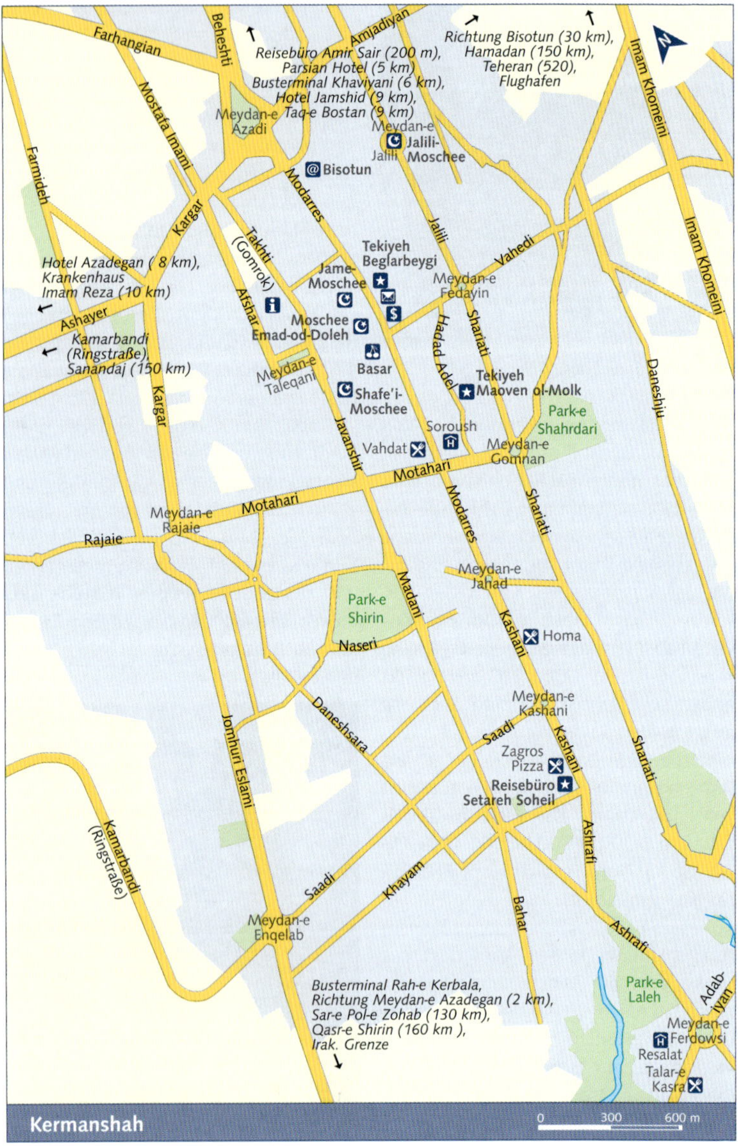

Kermanshah

schnittlich etwas größer ist als in den meisten anderen Landesteilen.
Nordöstlich des Basars in der Kh. Modarres steht die **Jame-Moschee** (Masjed-e Jame), ein großer Hallenbau mit fliesengeschmücktem Hochportal, das von zwei Minaretten überragt wird.
Die **Emad-od-Doleh-Moschee** (Masjed-e Emad od-Doleh) schließt sich südlich an die Jame-Moschee an. Sie wurde um 1868 von Nasseroddin Shah gestiftet und besitzt einen Innenhof mit vier Iwanen und eine schöne Pfeilerhalle.
In der Mitte des Meydan-e Jalili steht die **Jalili-Moschee** (Masjed-e Jalili). Sie ist an ihren beiden hohen hellblau-gelben Minaretten und der türkisfarbenen Kuppel zu erkennen.
Südöstlich des Meydan-e Taleqani kann man die **Shafe'i-Moschee** (Masjed-e Shafe'i) an ihrer Hauptkuppel und vier Nebenkuppeln erkennen. Sie ist sunnitisch und stand 1996 im Mittelpunkt religiöser Konflikte.
Die **Tekiyeh Beglarbeygi** liegt schräg gegenüber der Nordostseite der Jame-Moschee in der Kh. Modarres. Sie wurde 1898 im Auftrag von Beglar Beygi, einer führenden Kermanshaher Persönlichkeit, fertiggestellt. Innenhof und Innenraum sind für schiitische Passionsspiele eingerichtet. Sie ist von ihrem traditionellen Flair her sehenswert und enthält beispielsweise Holzrahmen-Schiebefenster mit farbigem Glas. Geöffnet täglich von 8 bis 17 Uhr, außer freitags (Tel. 728 65 79).

Tekiyeh Maoven ol-Molk

Viele betrachten die Tekiyeh Maoven ol-Molk mit ihren vielen farbigen Fliesenbildern als touristische Hauptattraktion der Stadt. Die gegenwärtigen Öffnungszeiten sind täglich von 9 bis 15 Uhr, außer freitags (Tel. 722 37 77). Das zentrale Gebäude wurde 1890 errichtet, um hier Taziyeh-Passionsspiele im Gedenken an den Tod Imam Hoseyns bei Kerbala im Jahre 680 aufzuführen. Um 1910 veranlasste Moaven ol-Molk, eine einflussreiche Kermanshaher Persönlichkeit, Renovierungs- und Erweiterungsarbeiten. Der Komplex **besteht** seither aus drei Teilen. Die **Hoseyniyeh** wird von den zentralen Innenhallen und -räumen gebildet. Dort befinden sich Fliesen-Bilder, welche die Vorgänge bei Kerbala darstellen. Dann gibt es die überkuppelte **Zaynabiyeh,** wo sich die Frauen versammeln, und die **Abbasiyeh,** die den Innenhof mit Wasserbecken und Gärten umfasst und wo gegenwärtig das Stadtmuseum untergebracht ist. In der Abbasiyeh befinden sich auch Fliesenbilder mit profanen historischen Motiven. Die Hoseyniye ist natürlich nach Imam Hoseyn benannt, die Zaynabiye nach seiner Schwester Zaynab, die Kerbala überlebte, und die Abbasiyeh zu Ehren von Abbas ibn Ali, der beim Wasserholen während der Kerbala-Geschehnisse ums Leben kam. **Erwähnenswerte Bilder** sind vom Eingang her beschrieben:

1. Geißler am Ashura-Tag.
2. Imam Hoseyn mit dem verletzten Kleinkind Ali Asgar und seinem Bruder, Abbas ibn Ali, dem die Arme fehlen.
3. Kampfszenen.
4. Überlebende Angehörige Imam Hoseyns in Damaskus vor dem gegnerischen Kalifen Yazid, der mit Wein und Spielbrett abgebildet ist.
5. Unterhalb des Throns steht der neue vierte Imam Ali Zeyn al-Abedin gefolgt von Hoseyns Schwester Zaynab.
6. Im Kuppelbau rechts: Ali Zeyn al-Abedin mit Hoseyns Angehörigen bei der Freilassung vor Medina.
7. Im Hof: König Salomon mit Beratern und Pfau, Löwe und anderen Tieren.

Wandfliesen mit Ali Zeyn al-Abedin bei Medina

8. Frühe iranische Könige in blau-weißen Fliesenbildern.
9. Repräsentanten des Zoroastrismus in blau-weißer Farbe, wobei all diese vorislamischen Könige und anderen Religionsangehörigen wohl auch als Mit-Trauernde gedacht sind.
10. Sufis.

Zu der Geschichte der Passionsspiele im Iran ist anzumerken, dass diese Taziyeh-Trauerspiele im 16. Jahrhundert, nachdem die Schia Staatsreligion geworden war, von den safawidischen Königen gefördert wurden. Ein Aufschwung für den Bau von Tekiyeh-Gebäuden in vielen Städten Irans entstand in der zweiten Hälfte des 19. Jahrhunderts durch die Förderung des qajarischen Königshauses. Beispielsweise ließ Nasroddin Shah 1873 eine riesige runde Tekiyeh, die nicht mehr existiert, im Golestan-Palastkomplex in Teheran bauen.

i Kermanshah

Vorwahl: +98(0)831.

Telefonate können von öffentlichen Telefonzellen mit Karten geführt werden, die es an Zeitungskiosken gibt.

Postamt (Edare-ye Post) gegenüber dem Basar, in der Kh. Modarres u.a.

Touristeninformation (Sazman-e Farhangi), in der Kh. Gomrok westlich des Basars, Tel. 721 47 57, 721 13 00.

Reisebüro Setareh Soheil (Azhans-e Mosaferat-e Setareh Soheil), Kh. Kashani etwa 100 m nördlich des Meydan-e Kashani, Tel. 727 11 15, www.starirantravel.ir.

Reisebüro Amir Sair (Azhans-e Mosaferat-e Amir Sair), am Anfang des Bolvar-e Beheshti, nördlich des Mey-

▶ Karte S. 418

dan-e Azadi. Tel. 822 66 66, amirsair_travel@yahoo.com.

Der **Reiseführer** Mr. Shapur Ataee spricht Englisch und kann direkt kontaktiert werden, Mobiltel. (0)918/856 62 20, kermanshah_iran@yahoo.com. Mr. Ataee ist ein freundlicher, erfahrener Guide und kennt nicht nur die üblichen Sehenswürdigkeiten, sondern auch vorgeschichtliche Tepes und abgelegene Felsgräber.

Visa: Man wendet sich an Mr. Ataee oder die Reisebüros.

Emam-Reza-Krankenhaus (Bimarestan-e Emam Reza), Bolvar-e Zakariya, westlich des Taq-e Bostan. Tel. 427-63-01 (bis -10).

Bank-e Melli gegenüber dem Basar, in der Kh. Modarres und viele weitere Bankfilialen, wo man Geld wechseln kann (z.B. am Meydan-e Kashani).

Internetcafé Bisotun (Cafenet Bisotun), Kh. Modarres südlich des Meydan-e Azadi, schräg gegenüber dem Nabovat Hotel.

Der Flughafen (Forudgah) ist von der Stadtmitte 7 km entfernt. Es bestehen Flugverbindungen mit Teheran und Istanbul, Tel. 432 55 88.

Iran Air, etwa 1,5 Kilometer nördlich des Meydan-e Azadi am Bolvar-e Beheshti nahe der Kh. 22 Bahman, Tel. 824 88 14, 824 96 77. Flugbuchungen auch über die Reisebüros möglich.

Savaris am **Meydan-e Azadi** fahren zu den Busbahnhöfen und umliegenden Orten.

Busbahnhof am Südende der Kh. Sabuni (Terminal-e Rah-e Kerbala). Von hier aus verkehren Busse nach Kerend, Zar-e Pol-e Zohab, Qasr-e Shirin und zur irakischen Grenze.

Hauptterminal für Busse und Minibusse (Terminal-e Otobus-e Shahid Khaviyani), Meydan-e Panzdah-e Khordad, nazdik-e forudgah (nahe Flughafen). Von hier aus gibt es Verbindungen nach Sanandaj, Bisotun, Hamadan, Teheran, Isfahan und in andere Städte.

Parsian Hotel*****, Blv. Shiroudi, Tel. 42191-51 (bis -60), www.kermanshah.pih.ir (bisher nur in Persisch). Neues, sehr gutes Hotel, mit vielseitiger Ausstattung. (Q5/P5)

Hotel Jamshid****, am Taq-e Bostan, Tel. 42 99 66-6 (bis -9), info@hotel-jamshid.ir. Das mit Zinnen bekrönte Gebäude erinnert an sassanidische Architektur. Schöne, saubere Zimmer (Q4/P3).

Hotel Azadegan****, Shahrak-e Tavon, westlich vom Taq-e Bostan. Tel. 42 25-59-1 (- 4). Modernes Hotel in relativ ruhiger Lage (Q4/P3).

Hotel Resalat***, Meydan-e Ferdowsi, im Südosten der Stadt, Tel. 72 46 36-5 (bis -9). Bewährtes Hotel aus der Zeit als es noch keine 4-Sterne-Hotels in Kermanshah gab. Ein Bonus ist das Restaurant Talar-e Kasra um die Ecke (Q2–3/P2).

Hotel Soroush**, Kh. Motahari östlich der Kreuzung mit der Kh. Modarres, Tel. 722 70 02 (Q2/P0a–P0).

Restaurant Vahdat, am Bolvar-e Motahari, etwa 50 m westlich der Kreuzung mit der Kh. Modarres, Tel. 722 10 72. Der Schwerpunkt liegt bei Kebabs, auf

Wunsch auch vegetarische Gerichte.
Restaurant Homa, Kh. Ayatollah Kashani, etwa 200 Meter südlich des Meydan-e Jahad, Tel. 723 42 46. Sehr gute persische Küche.
Restaurant Talar-e Kasra, Kh. Kasra (Kh. Jafari), etwa 30 Meter vom Meydan-e Ferdowsi aus auf der rechten Seite, Tel. 724 58 85. Gute einheimische Küche mit der Spezialität Khoresht-e Hallal, ein Gulaschgericht mit Mandelsplittern.
Restaurant im Untergeschoss des Jamshid Hotels am Taq-e Bostan. Große Kebab-Spieße, aber auch persische gekochte Speisen und lokale Spezialitäten. Im Parkgelände gegenüber dem Taq-e Bostan gibt es weitere Restaurants und Chelokebabis (Kebab-Restaurants) als auch Teehäuser.
Zagros Pizza, 200 Meter südlich des Meydan-e Kashani in der Kh. Ashrafi (Kh. Ferdowsi 320), empfehlenswerter Schnellimbiss.

Richtung irakische Grenze

Dem Verlauf der ehemaligen Karawanenroute folgt auch die moderne Asphaltstraße über Eslamabad-e Gharb, Kerend, Pataq-Pass, Zar-e Pol-e Zohab, Qasr-e Shirin zum iranischen Grenzübergang Khosravi, der 190 Kilometer von Kermanshah entfernt ist.

Auf dieser Straße erreicht man nach 40 Kilometern die Stelle, wo der Angriff der Volksmujaheddin im Juli 1988, am Ende des Iran-Irak Kriegs, zum Stillstand kam. Zur Erinnerung stehen hier am **Chahar-Zabar-Pass** einige zerschossene Volksmujaheddin-Panzer.

Man durchfährt Eslamabad-e Gharb, wo die Straße nach Ahvaz abzweigt, und erreicht nach 60 Kilometern ab dem Chahar-Zabar-Pass die Ortschaft **Kerend**, wo viele Angehörige der Yaresan-Glaubensgemeinschaft (Ahl-e Haqq) leben, deren Männer oft seitlich abstehende Schnurrbärte tragen.

Von hier ist der Pataq-Pass, das ›Tor nach Asien‹ noch 28 Kilometer entfernt. Dort, auf der Pass-Anhöhe, gabelt sich die Straße. Geradeaus geht es weiter nach Rijab und zum 30 Kilometer entfernten **Yaresan-Heiligtum Baba Yadegar**. Die neue Hauptstrecke führt in einer Linkskurve den Pass hinab. Wenn man 250 Meter vor der Gabelung an die Talseite der Straße wechselt, sieht man den alten Passweg. Fährt oder geht man diesen einen Kilometer hinunter, steht man vor dem **Taq-e Qara-Bogenbau**, der wahrscheinlich aus sassanidischer Zeit stammt. Seine Funktion direkt an dem alten Passweg könnte praktischer oder auch symbolischer Art gewesen sein.

Wenn man der neuen Straße weiter Richtung Zar-e Pol-e Zohab folgt, wird man nach einigen Kilometern den Ort **Pataq** im Tal sehen, an dem die alte Passstraße vorbeiführte. Dort steht die früheste teilweise noch erhaltene Karawanserei aus sassanidisch-frühislamischer Zeit.

Fährt man weiter Richtung Zar-e Pol-e Zohab, schiebt sich 13 Kilometer ab der Pataq-Passhöhe ein Gebirgsriegel von Südosten her an die Straße heran. An dessen Rückseite zweigt eine schmale Straße links ab zu einem nahen Friedhof der Yaresan-Gemeinschaft, der unterhalb der **Grabkammer Dokkan-e Dawud** (Davids Werkstatt) angelegt ist. Diese befindet sich in zwölf Metern Höhe an der glatten Felswand, wo man auch das Relief eines Priesters mit Barsom-Bündel erkennen kann. Es stammt aus achämenidisch-seleukidischer Zeit.

▶ Karte S. 410

Sar-e Pol-e Zohab

Im vier Kilometer entfernten Sar-e Pol-e Zohab befindet sich das am besten erhaltene frühe Relief Irans. Von dem großen Rondell am Ortsanfang folgt man 350 Meter der Straße, die geradeaus weiterführt, und biegt dann nach rechts ab. Nach weiteren 350 Metern erreicht man ein Schulgebäude auf der rechten Straßenseite. Das **Anubanini-Relief** (Naqsh-e Anubanini) befindet sich an einem Felsen oberhalb des Schulhofs, in den man Besucher zur Besichtigung hineinlässt.

Das Relief zeigt den Lullubäer-Fürsten Anubanini mit der Göttin Ishtar, deren Sternensymbol links von ihr angebracht ist. Sie trägt eine Hörnerkrone auf dem Kopf und Waffen auf dem Rücken. Sie hält dem Fürsten den Ring der Herrschaft entgegen und führt zwei Gefangene an einem Strick. Der Fürst hält Bogen und Streitaxt und setzt einen Fuß auf einen am Boden liegenden Gegner. In einem Feld darunter ist eine Reihe von Gefangenen zu sehen. Der Aufbau dieses Reliefs wiederholt sich in wesentlichen Bildteilen im Darius-Relief in Bisotun. Das Anubanini-Relief dürfte um 2000 v. Chr. entstanden sein. Die beste Fotozeit ist gegen 10.30 Uhr.

Unterhalb des Anubanini-Reliefs befindet sich ein stark verwittertes **parthisches Relief** mit nicht identifizierten Protagonisten. Es könnte aus dem 1. Jahrhundert n. Chr. stammen.

Es gibt drei **weitere Reliefs aus der Lullubäer-Zeit** in der Nähe. Sie sind aber weniger gut erhalten und zeigen einfachere Motive. Eines davon befindet sich weiter links an diesem Felsen, und die beiden anderen wurden auf der gegenüberliegenden Uferseite des Flusses an der linken Seite des Felshangs angebracht.

Darstellung des Lullubäer-Fürsten Anubanini

Qasr-e Shirin

Die Stadt Qasr-e Shirin liegt weitere 26 Kilometer entfernt in Richtung irakische Grenze. Ihr Name bedeutet ›Shirins Palast‹ und leitet sich von der christlichen Frau des sassanidischen Königs Khosrow II. (590–628) ab, der hier einen Palast errichten ließ. Wenn man

In Dokkan-e Dawud

nach Qasr-e Shirin hineinfährt, sieht man kurz nach dem Ortseingang rechts der Straße eine freie Fläche von 300 Metern Seitenlänge, in deren Mittelpunkt die Grundmauern eines 25 mal 25 Meter großen Bauwerks, des **Chahar Qapu** (vier Tore), stehen. Dieses war früher überkuppelt und stand innerhalb eines Gebäudekomplexes von 82,60 x 134 Metern. Es stammt aus sassanidischer Zeit. Seine Funktion ist nicht mit Sicherheit geklärt, aber sollte es sich um eine Feuertempelanlage handeln, so würde sie größenmäßig nach der Anlage von Takht-e Soleiman den zweiten Rang einnehmen. Bedauerlicherweise verursachte der iranisch-irakische Krieg starke Zerstörungen sowohl an dieser Anlage als auch an dem fünfhundert Meter nördlich gelegenen **Palastkomplex Khosrows II.** (Kakh-e Khosrow), der eine Ausdehnung von 370 mal 190 Metern hatte und zwischen 590 und 610 erbaut wurde. Über zwei Freitreppen an der Ostseite betrat man die acht Meter hohe Terrasse. Dann ging man auf einem über 70 Meter langen, mit Marmorfliesen belegten Vorplatz auf den hohen Portaliwan der überkuppelten Empfangshalle zu, der sich seitlich Gebäude mit Tonnengewölben anschlossen. Hinter diesen öffentlichen Gebäuden lag ein langer Innenhof, an dessen Seiten sich die Privatgemächer um zehn kleinere Höfe gruppierten. Hier wohnte natürlich auch Shirin, die große Liebe von Khosrow II.

Im 20 Kilometer entfernten **Khosravi** ist der Grenzübergang zum Irak. Gegenwärtig gibt es keinen Besichtigungstourismus, aber iranische Pilger fahren in organisierten Gruppen in den Irak, um die Heiligtümer in Najaf und Kerbala aufzusuchen.

Die Provinz Kordestan

▶ Karte S. 410

Die 29100 Quadratkilometer große Provinz Kordestan liegt nördlich von Kermanshah und grenzt im Westen an den Irak. Hier leben 1,5 Millionen der über 4,5 Millionen iranischen Kurden. Die meisten Einwohner sind Sunniten. Es ist eine Gebirgslandschaft, in der hauptsächlich Landwirtschaft betrieben wird. Besonders die westlichen, früher unzugänglichen Gebiete ermöglichten es den Kurden, über Jahrhunderte relativ unabhängig unter lokalen Herrschern zu leben. Seit safawidischer Zeit im 17. Jahrhundert machte sich die zentrale Regierungsgewalt aber auch hier verstärkt bemerkbar. Autonomiebestrebungen wurden immer wieder unterbunden, wie zuletzt nach der islamischen Revolution von 1979.

Sanandaj

Die Hauptstadt Sanandaj, die früher Senneh hieß, hat 320 000 Einwohner. Sie liegt auf 1500 Meter Höhe in einer Mittelgebirgslandschaft.

Der Knotenpunkt für den Durchgangsverkehr ist der große Meydan-e Azadi im südlichen Stadtbereich. Sechshundert Meter nördlich davon liegt der zentrale Meydan-e Enqelab. Unmittelbar östlich von ihm erstreckt sich der **Basar** an beiden Seiten der Kh. Enqelab.

Im nördlichen Basarbereich liegt das qajarische **Khan-Badehaus** (Hamam-e Khan), das mit seinem traditionellen Wandschmuck zu den sehenswertesten Bade-Museen Irans zählt. Öffnungszeiten sind von 9 bis 17 Uhr, außer montags.

In der Kh. Imam Khomeini etwa 400

Revolutionsdenkmal in Sanandaj

Meter westlich des Meydan-e Enqelab steht die **Masjed-e Jame**, auch Masjed-e Darolehsan genannt, eine Zwei-Iwan-Hofanlage mit zwei kurzen Minaretten über dem Hauptiwan. Zu ihr gehört eine Gebetshalle mit sieben mal fünf Jochen. Die Moschee ließ Gouverneur Amanollah Khani 1813 errichten.

Wenige Meter östlich der Moschee führt die schmale Kh. Habibi nach Süden zum **Sanandaj-Museum** (Muzeh-ye Sanandaj), in dem archäologische Funde und Kunstgegenstände ausgestellt werden. Es ist in einem eindrucksvollen Haus der qajarischen Zeit mit bunten Glasfenstern und Stuckarbeiten untergebracht. Sein ursprünglicher Besitzer war Molla Lotfollah Sheikh ol-Eslam, ein geistlicher Führer der damaligen Zeit. Die Kulturbehörde (Miras-e Farhangi) unterhält in diesem Haus ein Büro, das Touristen gerne behilflich ist und über Prospektmaterial verfügt. Die Öffnungszeiten sind von 9 bis 18 Uhr, außer freitags.

Wenn man zurückgeht zur Imam-Khomeini-Straße, findet man in östlicher Richtung an der gegenüberliegenden Straßenseite das **Asef-Haus** (Khaneh-ye Asef), in dem ein sehenswertes **ethnologisches Museum** eingerichtet wurde. Es zeigt kurdische Trachten, Gegenstände des täglichen Lebens und kunstgewerbliche Erzeugnisse. Die Öffnungszeiten sind von 9 bis 17 Uhr, außer montags.

Sanandaj

Vorwahl: +98/(0)871.

Kulturbehörde (Miras-e Farhangi), im Muzeh-ye Sanandaj in der Kh. Habibi. Tel. 2255440.

Bank-e Melli, nördlich des Meydan-e Enqelab in der Kh. Taleqani.

Der Flughafen (Forudgah) liegt 8 km südlich der Stadt. Tägliche Verbindung nach Teheran mit Aseman Airlines.

Savaris am Meydan-e Azadi.

Busbahnhof (Terminal-e Otobus), 3 km östlich des Meydan-e Azadi. Autobusse und Minibusse verkehren in alle Richtungen.

Hotel Shadi***, Bolvar-e Zarivar (Bolvar-e Pasdaran), 4 km südlich des Meydan-e Enqelab, Ri. Kermanshah, Tel. 6625112 (Q2-3/P2).

Mehmansara Jahangardi (Tourist Inn)**, Bolvar-e Zarivar, 3 km südl. des Meydan-e Enqelab, Tel. 6623675 (Q2/P1-2).

Hotel Kaj*, Kh. Ferdowsi, 200 m nördlich Meydan-e Azadi, zentral, Zi. mit Dusche/WC. Tel. 3231162 (Q1/P0a)

Restaurant Jahanname, nördlich des Meydan-e Enqelab in der Kh. Taleqani, Tel. 2264212. Gute Küche.

Die Umgebung von Sanandaj

Marivan

Eine Fahrt von Sanandaj nach Marivan am Zarivar-See gibt einen ersten Eindruck der schönen Gebirgsszenerien Kordestans. Dort kann man im neuen Hotel Zarivar*** mit Seeblick, Tel. (0)875/ 322 16 26 (Q3/P2), übernachten und Ausflüge unternehmen.

Eine der landschaftlich schönsten Bergstrecken Irans, die mit normalem PKW befahrbar ist, führt von Marivan aus über Paveh nach Kermanshah. Die Straße ist asphaltiert und sehr kurvenreich. Auf einem längeren Abschnitt folgt sie dem Verlauf der iranisch-irakischen Grenze. Zwar kann man sich im Iran frei bewegen, doch wenn man diese grenznahe Strecke ohne iranischen Fahrer oder Begleiter benutzen will, kann es nicht schaden, sich vorher in Marivan nochmal zu vergewissern, dass dies auch weiterhin ohne Einschränkungen möglich ist. Natürlich sollte man in der Nähe der Grenze nicht fotografieren. Von Marivan aus fährt man zuerst Richtung Sanandaj zurück und nimmt nach 17 Kilometern eine westliche Abzweigung zum 15 Kilometer entfernten **Dezli**.

Von Dezli geht es in südliche Richtung 60 Kilometer parallel zur irakischen Grenze nach **Nowsud**. Dort sollten Sie sich auch den sehenswerten alten Ortskern, der einen Kilometer nordwestlich liegt, anschauen. Die wenigen Häuser gruppieren sich auf einer hochgelegenen Felsnase mit weitem Ausblick um einen zentralen Platz. Von Nowsud sind es südlich weitere 40 Kilometer auf zahlreichen Serpentinen zu der Kleinstadt **Paveh**. Das folgende Dorf **Shamshir**, das sich einen Berg hinaufzieht, erreicht man nach acht Kilometern. Weitere 17 Kilometer sind es bis **Quri Qaleh**, wo es eine erschlossene Tropfsteinhöhle gibt. Kermanshah ist dann nur noch 100 Kilometer entfernt.

▸ Karte S. 410

Uramat-Tal

Naturliebhaber meinen, dass das Uramat-Tal alleine schon eine Reise nach Kordestan wert sei. Von dem oben erwähnten Dezli aus fährt man zuerst dieselbe Strecke südlich Richtung Nowsud. Nach ungefähr 20 Kilometern biegt man aber östlich ab und fährt zu dem 26 Kilometer entfernten Dorf **Uraman Takht** (Owraman Takht). Dieses beeindruckt durch seine idyllische Lage an einem Gebirgshang. Statt das Uramat-Tal südlich über Pisten zum 80 Kilometer entfernten **Palangan** zu fahren, das wegen seiner malerischen Lage am Sirvan-Flusses relativ bekannt ist, kehrt man zurück zur Strecke, die Richtung Nowsud führt und biegt von dieser nach 20 Kilometern ab zu dem nicht minder pittoresken Ort **Nowdesheh**, von wo es südlich über Vorra nach Paveh weiter geht.

Fahrt in den Irak

Das östlich von Nowdesheh gelegene Nowsud wäre der geeignete Grenzübergang nach Halabjah in Irak. Die südöstlichen Teile der kurdischen Provinz Iraks zählen nämlich zu den sichersten des Nachbarlandes. So gilt die gebirgige Strecke von Halabjah aus über Soleymaniya, dann durch ländliche Gebiete nordwestlich am Dukan-Stausee vorbei nach Kuysanjaq und weiter nach Arbil, derzeit als unbedenklich. Von Arbil gibt es Flüge nach Deutschland. Für die ersten zehn Tage ist kein irakisches Visum erforderlich. In dieses Gebiet bietet Ikarus Fernreisen auch Gruppenreisen an, oder man wendet sich an www.al-rafidain.com.

Die Provinz Lorestan

Die Provinz Lorestan liegt im Zentrum des Zagros-Gebirges und grenzt im Norden an die Provinzen Hamadan und Kermanshah und im Süden an Ilam und Khuzestan. Sie ist 28 300 Quadratkilometer groß und hat 1,7 Millionen Einwohner. Wie der Name sagt, ist sie die Provinz der Loren, deren Sprache zu der iranischen Sprachfamilie zählt. Wann Ihre Vorfahren hier einwanderten, ist nicht bekannt, aber sie gelten als Hersteller der ›Lorestan-Bronzen‹, die in vielen Museen der Welt vom frühen zivilisatorischen Aufbruch in dieser Region künden.
Wegen der teilweise unzugänglichen gebirgigen Landschaft konnten sich die Loren immer eine gewisse Eigenständigkeit bewahren. Im 17. Jahrhundert mussten sich ihre Fürsten dann doch den Safawiden unterstellen. Die wichtigsten Wirtschaftszweige sind Landwirtschaft und Viehzucht.

Khorramabad

Die Hauptstadt Khorramabad zählt 350 000 Einwohner und liegt in einem Talkessel auf durchschnittlich 1200 Metern Höhe. Im Zentrum steht die berühmte **Festung Falak-ol-Aflak**, die auf einem Hügel errichtet ist und das Häusermeer überragt. Ihren Namen kann man mit ›die bis in den Himmel Ragende‹ wiedergeben. Hier stand bereits in sassanidischer Zeit eine Festung, als die Stadt noch Shapurkhwast hieß. Im Laufe der Jahrhunderte wurde sie häufig umgebaut und war Sitz kurdischer und lorischer Fürsten, bis es Anfang des 17. Jahrhunderts Shah Abbas I. gelang, sie einzunehmen. Sie bedeckt eine Fläche von 5300 Quadratmetern, besitzt 8 Bastionen und ihre Mauern sind zwischen 20 und 23 Meter hoch. Ein über 40 Meter tiefer Brunnen sicherte die Wasserversorgung. In den letzten Jahren wurde sie renoviert und enthält nun ein sehenswertes **archäologisches Museum** mit einer Auswahl an ›Lorestan Bronzen‹ und einem Hortfund von schönen Silbergefäßen aus dem 7. bis 6. Jahrhundert v. Chr. Öffnungszeiten sind von 8 bis 18 Uhr, außer montags. Tel. 220 40 90.
Bei dem **Ziegelminarett** (Menar-e Ajor) aus dem 12. Jahrhundert, das östlich am Meydan-e Imam Hoseyn (Meydan-e Shaqayeq) steht, handelt es sich wahrscheinlich um einen Turm, an dem sich die Karawanen orientierten.
Wenn man vom alten Stadtteil westlich der Festung mit dem offenen Basar absieht, ist Khorramabad eine moderne Stadt, die sich durch Verwaltungsgebäude, mehrere hübsche Parks und die Flusslandschaft am Khorramabad-Fluss auszeichnet.

Khorramabad

Vorwahl: +98/(0)661.
Kulturbehörde (Miras-e Farhangi), in der Festung. Tel. 221 67 14, 221 67 18. Mr. Ebrahimi.
Reiseführer und Organisator für Ausflüge ist der englischsprachige Mr. Hassan Niknam (s. Karoun Hotel).

Der Flughafen (Forudgah) liegt etwa 7 km südlich. Verbindungen nach Teheran.

Busbahnhof (Terminal-e Otobus) etwa 3 km von der Innenstadt an der Ausfallstraße Richtung Isfahan.

Bushaltestelle am Meydan-e Imam Hoseyn (Meydan-e Shaqayeq). Richtung Andimeshk, Ahvaz.

Hotelübernachtungen haben hier aus verschiedensten Gründen wiederholt zu Enttäuschungen geführt. Eine Ausnahme bildet das **Hotel Karoun****, Kh. Shariati, Tel. 220 88 36, 220 54 08. Mr. Hassan Niknam, Tel. (0)916/ 361 11 35. niknamhassan@yahoo.com (Q2/P1-2).

Restaurant Yalda, Kh. Taleqani.

Die Umgebung von Khorramabad

Eine auch noch als Ruine sehr beeindrukkende **sassanidische Brücke** steht etwa 52 Kilometer entfernt in Richtung Kuhdasht. Die Kashkan-Brücke (Pol-e Kashkan) ist 325 Meter lang, hat 13 Bögen und ist über 20 Meter hoch.

Richtung Andimeshk, Ahvaz stehen noch die Reste von drei sassanidischen Brücken, welche die Bedeutung der Route von Susa über Shapurkhwast (Khorramabad) nach Hegmatana (Hamadan) und dem heutigen Kermanshah bezeugen. Die erste ist die **Pol-e Shapouri** (Pol-e Shekasteh), von der noch sechs bis zu elf Meter hohe Pfeiler etwa drei Kilometer südlich der Innenstadt an der westlichen Straßenseite zu sehen sind. In 70 Kilometern Entfernung, kurz vor Mamulan, stehen an einem Gebirgsdurchbruch des Kashkan-Flusses die hohen Pfeiler der **Kalhor-Brücke** und 55 Kilometer weiter südlich führt die Straße durch einen 18 Meter hohen Bogen der **Pol-e Dokhtar** hindurch. Diese ursprünglich etwa 270 Meter lange Brücke war bis zu 30 Meter hoch und wurde in der Regierungszeit von König Shapur I. (241–272) errichtet. Wer die Strecke Khorramabad–Andimeshk fährt, sollte 42 Kilometer südöstlich der Ortschaft Pol-e Dokhtar anhalten und sich die beeindruckenden **Schluchten des Karkheh-Flusses**, der nicht weit von der Straße einen Bogen bildet, anschauen.

▶ Karte S. 410

■ Oshtoran-Gebirge

Das Oshtoran-Gebirge liegt in einer Naturschutzzone und ist beliebt für Bergwanderungen. Schön ist vor allem die Gegend um den **Gahar-See**. Man fährt nach Dorud, das 90 Kilometer in Richtung Aligudarz und Isfahan entfernt ist. Dort führt eine asphaltierte Stichstraße nach Saravand in die Naturschutzzone auf 2000 Meter Höhe. Von Saravand aus besteht ein 15 Kilometer langer Wanderweg zum Gahar-See, der auf 2350 Metern Höhe liegt. Wer nicht nur wandern, sondern auch den 4150 Meter hohen **San Boran** besteigen möchte, kann dies von der Nordseite aus über die Orte Tian (Tiyoun) und Bidasteneh in zwei bis drei Tagen bewältigen. Auf dem Weg zum Gipfel gibt es eine Schutzhütte. Der Berg ist allerdings erst ab Juli im Gipfelgebiet schneefrei. Wer nähere Einzelheiten erfahren möchte, kann sich vorher bei Mr. Niknam oder der Kulturbehörde in der Falak-ol-Aflak-Festung in Khorramabad erkundigen. (Wegbeschreibungen im Internet: www.summitpost.org/oshtoran-kooh/150629).

■ Die spektakuläre Eisenbahnstrecke südlich von Dorud

Die Strecke folgt dem Durchbruch der Flüsse Sezar und Dez durch das Zagros-Gebirge. Sie zählt zu den attraktivsten Eisenbahnstrecken der Welt, ist aber außerhalb Irans fast unbekannt. Sie wurde 1938 von dem dänischen Kampsax-

Konsortium fertiggestellt und führt auf einer Länge von 210 Kilometern durch 110 Tunnel und über zahlreiche Brücken, da immer wieder Canyonseiten gewechselt und Bergschluchten überwunden werden müssen. Sie ist Teil der Eisenbahnroute von Teheran nach Ahvaz, auf der normalerweise Nachtzüge verkehren. Es gibt auch einen Schienenbus, der tagsüber die Strecke Dorud und Andimeshk oder umgekehrt befährt. Im Süden des Durchbruchs vereinigt sich der Sezar-Fluss mit dem Bakhtiyari-Fluss und bildet den Dez-Fluss.

Die schönsten Wasserfälle Irans

Zu den schönsten Wasserfällen Irans zählen Bisheh, Shevi und Margun.

Bisheh ist eine Eisenbahnstation im Sezar-Canyon. Von Khorramabad aus kann man aber auch auf asphaltierter Straße zu diesem 75 Kilometer östlich entfernten Dorf fahren. Von der Ortschaft sind es etwa 20 Minuten Fußweg zum 70 Meter hohen Wasserfall. Das Wasser ergießt sich am Fuße des Falls über getreppte Gesteinsformationen direkt in den vorbeifließenden Sezar-Fluss. Man sollte die Wochenenden meiden, da dann viel Andrang herrscht.

Das Dorf **Shevi** liegt 90 Kilometer Luftlinie südöstlich von Khorramabad in einem abgelegenen Tal. Um zu dem nahen 85 Meter hohen, vielleicht schönsten Wasserfall Irans zu gelangen, muss man den Zug benutzen, denn Shevi ist nur über einen Fußweg von der Bahnstation Taleh Zang (Talezang) im Südbereich des vorher erwähnten Zagros-Durchbruchs erreichbar. Dort wechselt man über eine Eisenbahnbrücke auf die östliche Seite des Dez-Flusses und nach insgesamt fünf- bis sechsstündigem Fußmarsch erreicht man den Wasserfall. Oberhalb von ihm ist ein kleiner, fast paradiesisch anmutender zweiter Fall mit einem Teich, der zum Schwimmen einlädt. Der Trek nach Shevi wird gerne von jungen Iranern unternommen. Da es erhöhte Stellen gibt, die an Bergwänden entlangführen, sollte man schwindelfrei und trittsicher sein. Da man frühestens am nächsten Tag von Taleh Zang mit dem Zug weiterfahren kann, benötigt man ein Zelt. Geeignete Zeiten sind Mitte März bis Anfang Mai und Ende September bis Ende Oktober. Wer noch relativ unberührte Natur liebt, sollte diese Wanderung unternehmen! Mr. Niknam in Khorramabad kann bei der Organisation helfen.

Den **Margun-Wasserfall** kann man als drittschönsten Wasserfall Irans bezeichnen. Er wird unter den Ausflugszielen von Shiraz beschrieben (→ S. 504).

Die Brücke Pol-e Dokhtar

Es will Abend werden. Der Sturm, der den ganzen Tag tobte, hat nachgelassen. Eine ergreifende Stimmung senkt sich über das Land. Wir fühlen, wir werden uns zurücksehnen nach dieser Wüste, die trotz ihrer Gefährlichkeit so erhaben und schön ist.

Alfons Gabriel, 1. Hälfte 20. Jh.

DER OSTEN

Stadt und Provinz Kerman

Die Provinz Kerman ist mit 180 700 Quadratkilometern die zweitgrößte Provinz Irans, hat aber nur etwa 2,7 Millionen Einwohner. Sie liegt im Südosten des iranischen Hochlands. In ihrem westlichen Teil verlaufen von Nordwesten nach Südosten Gebirgsketten wie Polvar, Jupar, Hezar und Jebel Barez. Den östlichen Teil kennzeichnet die Wüste Lut. Es herrscht trockenes Festlandsklima mit heißen Sommern und kalten Wintern. Wichtige landwirtschaftliche Produkte sind Datteln, Zitrusfrüchte und Pistazien, wobei Pistazien aus Rafsanjan wegen ihrer hohen Qualität besonders bekannt sind. Es werden Erze abgebaut, Textilien und Teppiche hergestellt und Automobile produziert. Von Zentraliran her verlaufen wichtige Verkehrsverbindungen durch Kerman und die anschließende Provinz Sistan und Belutschistan nach Afghanistan und Pakistan. Auch in dieser Provinz gibt es Zeugnisse früher Zivilisationen wie in Tal-e Iblis, Shahdad und Jiroft. In achämenidischer Zeit werden die Kermaner erwähnt, und im sassanidischen Reich war die heutige Provinz eine wichtige Satrapie.

Die Hauptstadt Kerman liegt auf 1760 Metern Höhe und hat 520 000 Einwohner. Ihre Gründung wird auf den sassanidischen König Ardeshir I. (224–241) zurückgeführt, und noch heute erhebt sich die Ruine einer sassanidischen Festung im Osten der Stadt. Im 10. Jahrhundert übernahm Kerman den Sitz der Provinzialregierung von Sirjan. Den Verwüstungen der Mongolenzeit konnte sie entgehen und stieg zu einer bekannten Handelstadt auf. Dies wurde auch von Marco Polo vermerkt, der hier im Jahre 1271 auf seiner Chinareise vorbei kam. Im 17. Jahrhundert hatte Kerman eine Blütezeit wegen des regen Indienhandels.

Legende

1. Vakil-Basar
2. Basar-Komplex Ganj Ali Khan
3. Madrese Ebrahim Khan
4. Jame-Moschee
5. Imam- oder Malek-Moschee
6. Moshtaqiyeh-Mausoleum
7. Pa-Minar-Moschee
8. Grabturm Khwaje Atabek
9. Eishaus Moayedi
10. Jabaliyeh-Kuppelbau
11. Moderner Feuertempel
12. Schweigeturm
13. Ruine der Dokhtar-Festung
14. Ruine der Ardeshir-Festung
15. Mausoleum Takht-e Darya Qoli Beyg
16. Harandi-Museum
17. Museum der Gegenwartskunst
18. Kriegsmuseum
19. Touristen-Information
20. Reisebüro Vatan Caravan
21. Iran Air
22. Internetcafé Alpha
23. Postamt
24. Telefonamt
25. Bank-e Melli
26. Visumsstelle
27. Krankenhaus Shohada
28. Hotel Pars
29. Hotel Akhavan
30. Hotel Tourist Inn
31. Motel Baghe Golestan
32. Privathaus Jalal Mehdizadeh
33. Restaurant Ganj Ali Khan
34. Restaurant Baharan
35. Restaurant Mehr
36. Hotel Omid
37. Sepanta Internet (2x)

▸ Karte S. 433

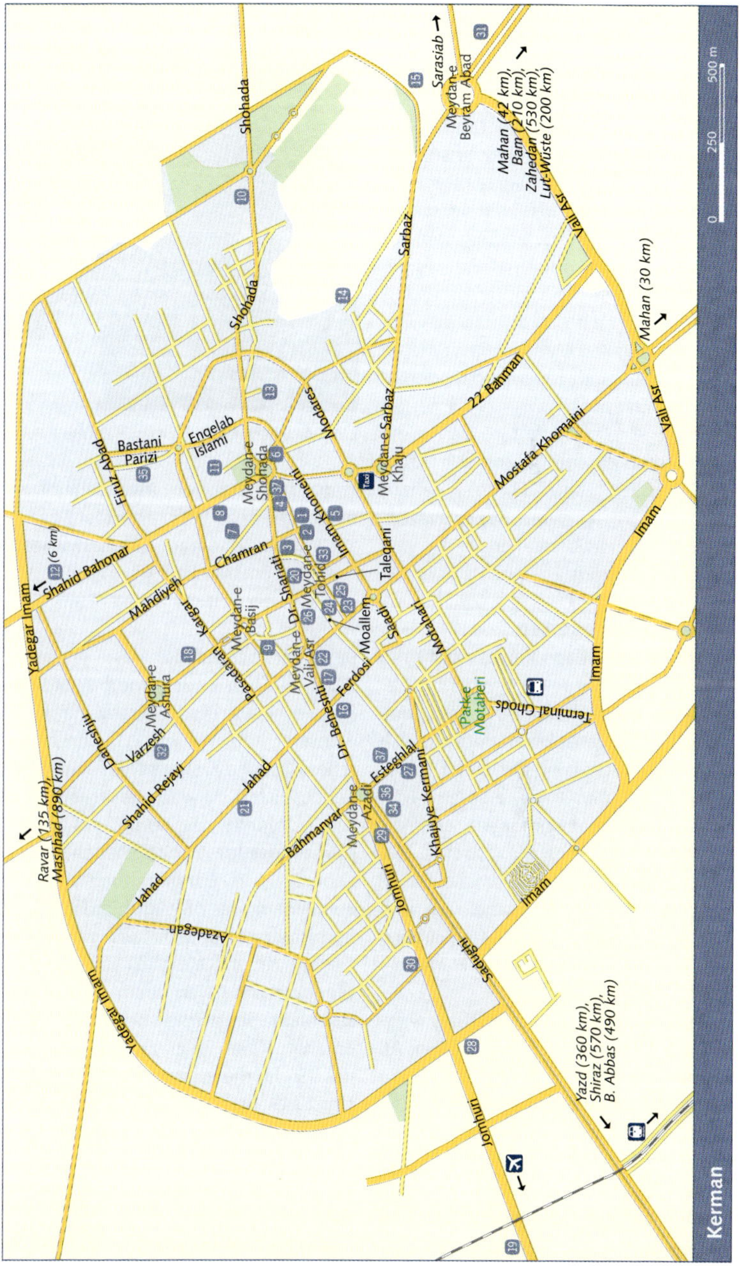
Kerman
0
250
500 m
Sarasiab →
Meydan-e Beyram Abad
Mahan (42 km), Bam (210 km), Zahedan (530 km), Lut-Wüste (200 km)
Mahan (30 km)
Vali Asr
Shohada
Sarbaz
Modarres
Meydan-e Sarbaz Khaju
Taxi
22 Bahman
Mostafa Khomaini
Imam
Engelab Islami
Bastani Parizi
Firuz Abad
Meydan-e Shohada
Imam Khomeini
Chamran
Shahid Bahonar
(6 km)
Yadegar Imam
Mahdiyeh
Meydan-e Basij
Dr. Shariati
Meydan-e Tohid
Taleqani
Moallem
Saadi
Motahari
Kargar
Pasdaran
Meydan-e Vali Asr
Dr. Beheshti
Ferdosi
Parke Motaheri
Terminal Ghods
Meydan-e Ashura
Varzesh
Daneshju
Shahid Rejayi
Jahad
Ravar (135 km), Mashhad (890 km)
Esteghlal
Meydan-e Azadi
Bahmanyar
Khajuye Kermani
Jomhuri
Azadegan
Saduqi
Yazd (360 km), Shiraz (570 km), B. Abbas (490 km)

Anfang des 18. Jahrhunderts musste sie unter dem Einfall der Afghanen leiden, die ihre Vorstädte verwüsteten und die Stadt plünderten. Das schrecklichste Ereignis ihrer Geschichte fand 1794 statt, als Aqa Mohammed Khan, der spätere erste Shah der Qajaren-Dynastie die Stadt stürmen ließ, da sie seinen Thron-Rivalen, den letzten Regenten der Zand-Dynastie, Lotf Ali Khan, aufgenommen hatte. Mit mittlelalterlicher Grausamkeit rächte er sich an den Einwohnern und ließ Männer massakrieren oder blenden und Frauen und Kinder als Sklaven verkaufen.

Wichtige Persönlichkeiten waren die Provinzgouverneure Ganj Ali Khan (1587–1629) und Ebrahim Khan (1802–1824), in deren Regierungszeiten auch einige bemerkenswerte Bauwerke entstanden.

Sehenswürdigkeiten

Im Stadtzentrum von Kerman steht der noch zum großen Teil aus safawidischer Zeit stammende **Vakil- oder Regenten-Basar**, dessen gedeckte Hauptgasse sich über 750 Meter vom Meydan-e Tohid, ehemals Meydan-e Arg, zur Jame-Moschee am Meydan-e Shohada, ehemals Meydan-e Moshtaqiyeh, erstreckt. Der Basar enthält mehrere Timches, eine Karawanserei aus qajarischer Zeit und ein Badehaus, das in ein empfehlenswertes Teehaus (Chaykhaneh Hamam-e Vakil) umgewandelt wurde.

Etwa 150 Meter nordöstlich des Meydan-e Tohid liegt der **Komplex Ganj Ali Khan**. Er ist ein Ensemble aus einem freien Platz, dem Meydan-e Ganj Ali Khan, mit östlich anschließender Karawanserei und Moschee, die ursprünglich als Madrese benutzt wurde. Dazu gehören auch ein Badehaus, das jetzt als Museum mit Wachsfiguren die

▶ Karte S. 433

Dattelpalmen in der Provinz Kerman

Hamam-Traditionen veranschaulicht, und ein nicht zu besichtigender Zugang zur Wasserversorgung (Qanat). Dieser Komplex entstand zwischen 1596 und 1606, in der Zeit des Gouverneurs Ganj Ali Khan.

Besonders sei auf die kleine **Moschee Ganj Ali Khan** in der Nordostecke des Platzes neben dem Eingang zur Karawanserei hingewiesen. Mit ihrem geschmackvollen Dekor in der Innenkuppel begeistert sie jeden Besucher.

Am Nordende des Komplexes ist ein **Münz-Museum** (Zarrab-Khaneh) untergebracht. Die **Ebrahim-Khan-Madrese** von Anfang des 19. Jahrhunderts liegt unmittelbar nördlich des Meydan-e Ganj Ali Khan. Sie enthält schönen Fliesendekor und ist an ihrem Uhrturm zu erkennen. Sie wurde vom Gouverneur Ebrahim Khan Zahir al-Dowla Anfang des 19. Jahrhunderts gestiftet.

Um 1349, in der Zeit der Mozaffariden-Herrschaft, wurde die **Jame-Moschee** erbaut. Sie ist eine Vier-Iwan-Anlage. Die Wände des Innenhofs sind durch Arkaden gegliedert, in die in neuerer Zeit verglaste Türen eingesetzt wurden.

Beeindruckend ist der Hauptiwan mit doppelstöckigen Seitenflügeln. Der Mihrab stammt aus safawidischer Zeit. Diese Moschee glänzt durch ihre wunderbare Fliesenmosaikausstattung, die teilweise noch aus dem 14. Jahrhundert stammt.

An der Kh. Imam Khomeini südlich des Basars liegt die Imam- oder **Malek-Moschee** (Masjed-e Malek). Sie geht auf das 11. Jahrhundert zurück, doch wurden später viele Umbauten und Renovierungen durchgeführt. Der einfache Stuckdekor des Hauptiwans kontrastiert mit dem später an den umlaufenden Arkaden angebrachten Mosaikfliesen. Besonders erwähnenswert sind die ehrwürdigen Stuckmihrabs aus dem 11. Jahrhundert mit teilweise erhaltener farbiger Bemalung auf dem Dachboden am Hauptiwan. Auch im Gebetssaal steht ein Mihrab aus der Entstehungszeit. Das kurze Minarett, dessen Spitze durch ein Erdbeben beschädigt wurde, ist auch seldschukisch.

Das **Mausoleum Moshtaqiyeh Ali Shah** (Gonbad-e Moshtaqiyeh oder Seh Gonbadan) südlich des Meydan-e Shohada entstand im 18. und 19. Jahrhundert.

Teehaus im Ganj-Ali-Khan-Komplex

Pateh-Stickerin

Es ist an seinen drei Kuppeln zu erkennen, unter denen sich die Gräber dreier Sufis befinden. Einer von ihnen, Moshtaq Ali Shah, wurde 1791 wegen seiner als ketzerisch empfundenen Ansichten vor der Jame-Moschee gesteinigt. Der zugehörige Garten ist eine friedliche Oase in der hektischen Stadt.

Die **Moschee Pa Minar** (Masjed-e Pa Minar) in der Kh. Fathalishah besitzt schönen Fliesenschmuck von 1390 am Portal, ist aber ansonsten nicht sehenswert.

Der kleine, vernachlässigte **Grabturm Khwaje Atabek** (Gonbad-e Khwajeh Atabek) enthält seldschukische Stuckmihrabs aus dem 12. Jahrhundert. Man findet ihn, wenn man vom Meydan-e Shohada aus 650 Meter die Kh. Bahonar in nördliche Richtung geht und dort westlich abbiegt zum 100 Meter entfernten Meydan-e Gonbad-e Amir Atabek.

Das **Eishaus Moayedi** (Jakhdan-e Moayedi) in der Kh. Kamyab, Ecke Kh. Rajayi stammt aus safawidischer Zeit. In ihm wurde im Winter gewonnenes Eis zwischen Strohschichten bis in den Sommer aufbewahrt.

Am östlichen Ende der Kh. Shohada steht der aus Bruchsteinen errichtete oktagonale **Kuppelbau Gonbad-e Jabaliyeh**. Man vermutet, dass er aus dem 12. Jahrhundert stammt. Aber nicht nur seine Entstehungszeit ist unklar, sondern auch seine ursprüngliche Funktion. Es könnte sein, dass er von Zarathustriern erbaut wurde. Er besitzt eine Doppelschalenkuppel, die möglicherweise die älteste im Iran ist. In ihm wurde ein **Museum für alte Grabsteine** mit kalligraphischen Inschriften eingerichtet.

Kerman weist nach Teheran und Yazd die drittgrößte zarathustrische Gemeinde Irans auf. Es gibt hier zwei **neuzeitliche Feuertempel** (Adorian-e Zartoshtian oder Ateshkade), die nahe beieinander liegen. In einem ist ein **Museum über zoroastrische Religion und Lebensweise** untergebracht. Bei Interesse geht man 200 Meter vom Meydan-e Shohoda die Kh. Shohada entlang in östlicher Richtung. Dort biegt die Kh. Bowzou Amiqi nördlich ab, wo man die Feuertempel gleich an der rechten Seite an dem geflügelten Fravahar-Zeichen erkennen kann.

Ein **ehemaliger Schweigeturm** (Dakhme-ye Zartoshtian) steht im Norden außerhalb der Stadt. Man fährt vom Meydan-e Shohada aus die Kh. Shahid Bahonar in nördlicher Richtung geradeaus und folgt in der Verlängerung einer Straße in schlechtem Zustand. Nach insgesamt sechs Kilometern sieht man rechts einen schmalen Bergrücken, an dessen südlichem Ende der Schweigeturm steht.

Die **Ruinen der sassanidischen Lehmziegelfestungen** Qaleh-ye Dokhtar und Qaleh-ye Ardeshir stehen südlich der Kh. Shohada. Auf dem Gelände der Qaleh-ye Dokhtar stand der Überlieferung nach früher ein Anahita-Tempel. Vom Hügel mit dem Qaleh-ye Ardeshir hat man einen weiten Blick über die Stadt.

▶ Karte S. 433

Wenn man Kerman in Richtung Mahan verlässt, sieht man nördlich des Meydan-e Beyramabad das M**ausoleum Takht-e Darya Qoli Beyg** auf einem erhöhtem Bruchsteinfundament. Es stammt aus safawidischer Zeit.

In Kerman gibt es drei interessante Museen: Das **Harandi-Garten-Museum** (Muze-ye Bagh-e Harandi), Kh. Beheshti Ecke Kh. Ferdowsi, Telefon 245 51 51, ist nicht nur wegen seiner prähistorischen Keramiken und Funde aus Jiroft sehenswert, sondern enthält auch eine bemerkenswerte Sammlung persischer Musikinstrumente. Öffnungszeiten sind von 9 bis 19 Uhr mit 2 Stunden Mittagspause. Montags ist es geschlossen.

Im **Sanati-Museum der Gegenwartskunst** (Muze-ye Sanati), Kh. Shariati, Telefon 222 18 82, werden Werke des Malers und Bildhauers Seyed Ali Akbar Sanati gezeigt, der 2006 starb. Sein Werk ist besonders in der Landschaftsmalerei beeindruckend. Hinzu kommen temporäre Ausstellungen anderer Künstler. Öffnungszeiten sind von 9 bis 18 Uhr. Freitags ist geschlossen.

Das **Kriegsmuseum** (Muze-ye Jang) in der Kh. Abaspur gehört zu den größten seiner Art im Iran. Hier wird der iranisch-irakische Krieg anhand von Dokumenten, Fotos, Filmen, Kriegsgeräten und dem Ausschnitt eines Schlachtfelds in Originalgröße mit Geräuschen dargestellt. Es ist täglich geöffnet von 8 bis 18 Uhr mit 3 Stunden Mittagspause.

In der Ganj-Ali-Khan-Moschee

Kerman

Vorwahl: +98/(0)341.

Telefonamt (Edare-ye Telefon), Meydan-e Tohid.

Postamt (Edare-ye Post), Kh. Edalat.

Reisebüro Vatan Caravan (Azhans-e Mosaferat-e Vatan Caravan), Kh. Ganj Ali Khan, Tel. 2237591, Mobil (0)913/3435265, vatan.caravan@yahoo.com. Mit **Mr. Hossein Vatani** kann man zwischen November und April zum Gandom-Beryan-Areal fahren, was im Sommer als heißeste Stelle der Erde gilt. Bei zwei Teilnehmern kostet die Exkursion pro Person etwa € 100 bzw. € 55 nur zum Yardang-Gebiet, was aber noch im Mai und später Besuche erlaubt. Er unternimmt Expeditionen an die östliche Seite der großen Lut-Sande, dem Gebiet mit den dritthöchsten Dünen (470 m) der Erde, und führt vom Mai bis September Touren zu den Afshar-Nomaden sowie Kameltouren durch.

Der erfahrene Reiseleiter **Jalal Mehdizadeh** spricht deutsch, Tel. 2710185, mobil (0)913/1423174, jalalguest house@yahoo.de Er fährt auch in das Yardang-Gebiet zu etwa € 50 p. P. bei zwei Teilnehmern mit Übernachtung und macht auch Lut-Exkursionen mit 4WD. Die Rundfahrt Rayen und Mahan kostet € 30 p. P. bei zwei Teilnehmern einschließlich eines Abstechers zu den farbigen Bergen östlich von Neybid. Er kann aber auch preiswerte Sammeltaxifahrten nach Rayen und Mahan arrangieren. Auf Wunsch werden längere Touren wie zum malerischen Felsendorf Meymand durchgeführt. Er nimmt auch Gäste in sein Haus auf (→ S. 439).

Die **Visumsstelle** (Edare-ye Gozarname) befindet sich in einer Polizeistation, Kh. Moalem, Ecke Kh. Taleqani. Tel. 222 22 21.

Krankenhaus Shohada (Bimarestan Shohada), Kh. Estghlal, Tel. 252 62 80.

Bank-e Melli, Kh. Edalat.

Internetcafé **Alpha** (Cafenet Alpha), Meydan-e Vali Asr, Tel. 226 72 70.

Sepanta Cafe Net, Kh. Dr. Shariati, unmittelbar westlich des Meydan-e Shohada an der Treppe zur Jame-Moschee, Tel. 2261112.

Sepanta Cafe Net, Kh. Esteghlal, etwa 100 Meter südlich des Meydan-e Azadi, Tel. 2477785.

Der Flughafen (Forudgah) liegt 4 km in Richtung Südwesten. Tgl. Verbindungen mit Teheran. **Iran Air**, Bolvar-e Jahad nazdik-e Jahad Bisto-do.

Der Bahnhof (Istgah-e Rah-e Ahan) liegt 3,5 km in südwestliche Richtung. Es bestehen tägliche Verbindungen nach Teheran, Kerman und Bandar Abbas. Die Strecke nach Zahedan wurde fertiggestellt, doch ist der Personenzug-Verkehr dorthin noch unregelmäßig.

Busbahnhof Ghods (Terminal-e Otobus-e Qods), an der gleichnamigen Straße südlich des Motaheri-Parks.

Stand für **Savari-Sammeltaxis** nach Mahan (Istgah-e Savari ta Mahan wa Jupar) am Meydan-e Khaju.

Hotel Pars *****, Bolvar-e Jomhuri Eslami Ecke Kh. Farhangian, Tel. 21193-01 (bis -32), www.parshotels.com.

▲ Karte S. 433

Das Hotel besitzt hohen Standard und hat mehrere Restaurants, Schwimmbad, Sauna u. a. (Q4–5/P4).

Hotel Akhavan ***, Bolvar-e Sadughi. Tel. 244 14-11, -12. Das Hotelmanagement ist sehr freundlich, und das Restaurant bietet gute persische Hausmannskost. (Q2–3/P2).

Hotel Tourist Inn*** (Hotel Jahangardi), Bolvar-e Jomhuri Eslami, Tel. 24 45 20-3, -4, -5. Sauberes, gutes Hotel. (Q3/P2–3).

Motel Baghe Golestan **. Die Zufahrt zum Motel befindet sich etwa 600 m ab Meydan-e Beyramabad Richtung Mahan an der nördlichen Straßenseite. Mit Kochgelegenheiten ausgestattete Suiten für 2–8 Personen, etwa 200 m von der Straße. Es gibt Möglichkeiten, Reisemobile abzustellen oder zu zelten. Preis etwa 25–30 US-Dollar pro Person. Informationen: Mr. Vatani, Mobiltel. (0)9 13/343 52 65.

Privathaus Jalal , vom Meydan-e Ashura aus westlich zur Kh. Varzesh und dann Nr. 11 der Kh. Gharbi 3, Tel. 271 01 85, mobil (0)9 13/142 31 74, jalalguesthouse@yahoo.de. Herr Mehdizadeh kann in seinem Haus bis zu ca. 10 Personen unterbringen. Preis für Übernachtung/Frühstück beträgt etwa 20 US-Dollar pro Person. Sehr empfehlenswert für Einzelreisende.

Omid Hotel, Meydan-e Azadi, Kh. Esteqlal (südlich), Kuche Afsheen (westlich). Tel. 2447488, Mobiltel. (0)913/9196127, Mr. Bagherzadeh. Etagenduschen und WC (Q0/P0b).

Restaurant Ganj Ali Khan, Tel. 222 77 16, Meydan-e Tohid, im Eingangsbereich des Basars. Gute Kebabs und Schmorgerichte (Khoresh).

Restaurant Baharan, Bolvar-e Sadughi, 30 Meter westlich des Meydan-e Azadi, 2454665, 2461117, Mobil 0913/1412422, Mr. Shahsavari. Gute persische Küche.

Teehaus und Restaurant Hamam-e Vakil, im Basar (Chaykhaneh Hamam-e Vakil), Tel. 222 59 89. Stimmungsvolles Teehaus und angeschlossenes Restaurant in einem ehemaligen Badehaus. Gute persische Küche. Freitags nur um die Mittagszeit geöffnet.

Restaurant Mehr (Restoran-e Mehr), Kh. Talasht, gegenüber dem Park-e Bastani Parizi nahe der Sherkat-e Farsh (Teppichfabrik), Tel. 312 26 19. Seinem vollen Namen ›Talar-e Sonnati Mehr‹ entsprechend, ist es ein traditionelles Restaurant. Es besitzt bunte Glasfenster zum Innenhof und bietet gute persische Küche. Die Besitzer sind Zoroastrier.

Kermaner Stickereien ›Pateh duzi‹ werden geschätzt und gerne als Souvenir gekauft. Die Kolompeh ist ein Reisplätzchen mit Dattelmusfüllung und eine lokale Spezialität.

Die Umgebung von Kerman

Mahan

Auf der neuen direkten Strecke ist Mahan 30 Kilometer von Kerman entfernt. Hier steht eine schöne **Sufi-Grabanlage** (Aramgah-e Shah Nematollah Vali) von 1437 mit späteren Erweiterungen. Die türkisfarbene Hauptkuppel und die Minarette sind bereits von der Ferne zu sehen. In einem Seitensaal steht der Sarkophag des Sufi-Meisters. Lassen Sie sich in der Südwestecke der großen Kuppelhalle die Meditationszelle mit den Kalligraphien an den Wänden und dem symbolischen Sonnenrad an der Decke zeigen. Vom begehbaren Dach des Gebäudes mit der Hauptkuppel kann man die Aussicht genießen. Ein kleines **Museum** über die Geschichte dieser Anlage liegt im ersten Stock des Gebäudes an der Ostseite des Innenhofs.

Knapp vier Kilometer südwestlich am Berghang befindet sich der reizvolle **Bagh-e Shahzadeh** (Prinzengarten) aus dem 19. Jahrhundert. Er wird über einen zweigeschossigen Torpalast betreten. Am Ende der stufenartig angelegten Terrassen, über die das Wasser in Kaskaden hinabläuft, steht die ehemalige königliche Pavillonanlage mit traditionellem Restaurant. In diesem Palast hielt sich die qajarische Königsfamilie auf, wenn sie Kerman besuchte.

Jiroft und Konar Sandal

Die Stadt Jiroft liegt 260 Kilometer von Kerman entfernt an der Straße in Richtung Bandar Abbas. Sie wurde in den letzten Jahren durch das südlich liegende Dorf **Konar Sandal** bekannt, wo im Jahre 2001 bei Überschwemmungen des Flusses Halil Rud Gräber freigelegt wurden, in denen Einheimische prähistorische Chloritgefäße und Keramiken fanden, die im Antiquitätenhandel nach kurzer Zeit illegal angeboten wurden. Die iranischen Kulturbehörden gingen der Herkunft der Objekte nach und entdeckten dabei nicht nur weitere alte Friedhöfe, sondern auch eine gewaltige, bis zu 4500 Jahre alte Terrassenanlage von jeweils 300 Metern Seitenlänge, die noch bis zu einer Höhe von 17 Metern erhalten ist. Dabei dürfte es sich um einen dreistufigen Tempel handeln, der zu einer städtischen Ansiedlung von zwei mal drei Kilometern Ausdehnung gehörte. Innerhalb des städtischen Bereichs fand man 1,5 Kilometer südlich der Terrassenanlage eine zweistufige von einer Mauer eingefasste, etwas steilere Pyramide mit den Resten einer Götterstatue.

Beide Anlagen bestehen aus Lehmziegeln und stehen auf älteren Siedlungsschichten, die bis in das 4. Jahrtausend v. Chr. zurückreichen. Alleine für die nördliche Terrassenanlage hat man etwa vier Millionen Ziegel verwendet. Wahrscheinlich war dies der Hauptort von Marhashi, das in späteren akkadischen Urkunden als wichtigster Staat jenseits von Elam benannt wurde und mit dem es dynastische Verbindungen durch Heirat gab. Vieles deutet mittlerweile darauf hin, dass mehrstufige Terrassenanlagen, deren erste man in Susa fand und zu denen auch die Terrasse von Tepe Sialk bei Kashan gehört, im iranischen

Die nördliche Terassenanlage in Konar Sandal

▲ Umschlagkarte

Keramik aus Konar Sandal im Museum von Jiroft

Bereich entwickelt wurden. Um die Basismaße der großen Terrassenanlage in Konar Sandal zu veranschaulichen, sollte man sich vor Augen halten, dass die ägyptische Cheops-Pyramide 230 Meter Seitenlänge hat. Mittlerweile wurden auch einige Tontafeln mit bisher nicht entzifferten sehr frühen Schriftzeichen gefunden.

In der Umgebung gibt es zahlreiche Siedlungshügel, von denen viele nach ersten Untersuchungen in die Zeit des 3. Jahrtausends v. Chr. und davor zurückreichen, so dass noch weitere Erkenntnisse, die Frühzeit des iranischen Hochlands betreffend, erwartet werden können. Wer einmal die Abenddämmerung auf der südlichen Pyramide mit dem umgebenden Flachland und den Gebirgszügen am Horizont erlebt hat, kann sich nur schwerlich dem Zauber dieses Ortes entziehen.

In Jiroft steht ein **Museum** am Bolvar-e Halil Rud, in dem Funde aus Konar Sandal ausgestellt sind, darunter viele sehenswerte über 4000 Jahre alte Chlorit-Vasen, deren Muster und Motive von hoher Kunstfertigkeit zeugen. Es ist montags geschlossen. In Jiroft gibt es auch die sehenswerte **Gartenanlage Bagh-e Omram-e Keshavarz**, an der man die Fruchtbarkeit dieses Landstrichs ermessen kann.

Auf der Fahrt von Jiroft ins 28 Kilometer entfernte Konar Sandal kommt man etwa zwei Kilometer südlich der Stadt an den **Ruinen von Shahr-e Daqyanus** vorbei, das im 12. Jahrhundert zu den wichtigsten Handelsstädten auf dem iranischen Hochland gehörte.

Man sollte die Monate von Mai bis September meiden, denn Jiroft liegt am nördlichen Ausläufer des heißen Jazmurian-Beckens.

Jiroft

Naji Apartments, nahe Meydan-e Enqelab – Tel. (0)348/2310104 od. (0)913/1480159, Mr. Naji (Q3/P2–3).

Jame Jam Hotel, Tel. (0)348/2210340 (Q1/P0)

Beide nur persischsprachig, Buchungen sind auch über Mr. Hossein Vatani in Kerman möglich (→ S. 438).

Rayen

In Rayen, das knapp 110 Kilometer von Kerman entfernt in Richtung Bam liegt, steht eine gut erhaltene, 170 mal 150 Meter große, museale Festungsstadt aus Lehmziegeln. Sie enthält einen Basar, Wohnhäuser, Verwaltungsgebäude, eine Gebetshalle und eine Zitadelle. Die Stadt wird von einer wuchtigen Mauer mit Stadttor und elf Bastionen umringt. Auch wenn sie nicht mit dem alten Bam vor dem Erdbeben vergleichbar ist, so vermittelt sie doch einen Eindruck von einer mittelalterlichen persischen Festungsanlage. In Rayen gibt es das Arg Hotel*, Tel. (0)342/6623578 (Q1/P1). Sehr empfehlenswert für Land-

Die Festungsstadt Rayen

schaftsfreunde ist das Gebiet etwa 6 bis 8 Kilometer östlich von **Neybid,** wo die Straße nach Golbaf ein Gebiet mit **farbigen Bergen** durchschneidet.

Krater Qaleh-Hasan-Ali

Fahren Sie von Rayen aus südlich in Richtung Hoseynabad-e Bala. Wenn man nach 18 Kilometern die erste Gebirgskette erreicht, biegt man unmittelbar hinter ihr östlich auf eine Piste ab und folgt dieser acht Kilometer südöstlich bis zur Siedlung Qaleh-Hasan-Ali, wo man oberhalb des Flussbetts parken kann. Im Flussbett geht man 250 Meter in östliche Richtung, quert es, steigt die Böschung hinauf und folgt einem Pfad zuerst südöstlich und nach einem Kilometer leicht nordöstlich, wo man einen kleinen Krater durchquert. Von diesem aus sind es östlich nur noch wenige hundert Meter bis zu dem 1200 Meter weiten Vulkankrater, der 200 bis 300 Meter tief ist (29°21'34"/57°33'03"). Die Wanderung dauert etwa eineinhalb Stunden in eine Richtung. Die Einwohner vor Ort nennen den Krater wegen des an seinem Boden angeschwemmten Salzes Madan-e Namak, was Salz-Steinbruch bedeutet.

▶ Umschlagkarte

Richtung Deyhuk

Auf der 450 Kilometer langen Strecke Richtung Deyhuk, wo sich die Straße nach **Mashhad** gabelt und westlich nach **Tabas** abzweigt, gibt es eindrucksvolle farbige Gebirgslandschaften, einige Orte mit traditionellen Lehmhäusern und eine malerisch gelegene, sehr gut erhaltene Karawanserei. Die nächsten Hotels von Deyhuk aus sind im 85 Kilometer entfernten Tabas oder Richtung Mashhad in **Bidokht**, das 185 Kilometer weiter bei Gonabad liegt.

Die erste Etappe von Kerman aus führt an beeindruckenden farbigen Gebirgslandschaften vorbei 140 Kilometer nach **Ravar**, von wo es 35 Kilometer weiter zur sehr gut erhaltenen **Karawanserei Chah-e Karo** geht. Die qajarische Hofkarawanserei aus gebrannten Ziegeln steht etwa 600 Meter westlich der Landstraße vor rötlich-schwarzen, vegetationslosen Gebirgsketten.

In 145 Kilometern Entfernung erreicht man den kleinen **Wüstenort Nayband**, dessen alte Lehmhäuser sich in gestaffelter Bauweise einen Berghang hinaufziehen. In **Zanughan**, 90 Kilometer weiter, steht das alte Dorf mit seinen schönen Lehmhäusern mitten in den bebauten Feldern. Nach weiteren 45 Kilometern kommt man nach **Deyhuk**, wo man im nordwestlichen, aufgegebenen Ortsteil die Lehmbauweise alter Siedlungen im Detail betrachten kann.

Meymand

Das Höhlendorf Meymand liegt auf 2200 Metern Höhe zwischen Rafsanjan und Shahr-e Babak. Alle Gebäude sind in die Böschungen eines hufeisenförmigen Gebirgstals oberhalb eines Flüsschens hineingebaut. Selbst Moschee, Tekiyeh und Badehaus sind in Höhlen untergebracht, und früher gab es ein kleines unterirdisches zarathustrisches Heiligtum. Die Kulturbehörde (Miras-e Farhangi) unterhält in einer Höhlenwohnung eine Außenstelle, um die 3000-jährige Geschichte des Dorfes zu erforschen. Es stehen mehrere Höhlenwohnungen zur Verfügung, wo man auf mit dicken Schlafrollen versehenen Pritschen für etwa zehn Euro übernachten kann. Herr Ebrahimi, der nur wenige Worte Englisch spricht, ist hierfür zuständig, Tel. (0)913/3926199. Buchen kann man auch über Jalal Mehdizadeh in Kerman (→ S. 438). Es gibt ein einfaches Restaurant mit guter Küche.

Im Höhlendorf Meymand

Die Karawanserei Chah-e Karo

Fünf Kilometer nördlich des Dorfes befindet sich eine **Höhle**, die **Eshkaft-e Lashkorguiyeh**, an deren nördlicher Außenseite einige alte Felszeichnungen zu sehen sind.

Bam

Die alte Stadt Bam mit ihren Lehmziegelhäusern, imposanten Befestigungen und der hohen Zitadelle war früher eine der Hauptsehenswürdigkeiten Irans und stand unter dem Schutz der UNESCO. Beim Besuch der alten Stadt wurde man wie in einer Zeitkapsel in das Mittelalter zurückversetzt. Die Altstadt war im Laufe des 19. Jahrhunderts von ihren Bewohnern verlassen worden, die sich unmittelbar daneben, in der neuen Stadt ansiedelten.

Die Altstadt von Bam vor dem Erdbeben ...

... und danach

Bam wurde durch ein starkes Erdbeben am 26. Dezember 2003 fast vollständig zerstört. Dabei kamen 35 000 Menschen ums Leben. Die alte Stadt war bis auf Teile der äußeren Befestigungen eine einzige Schutthalde, und auch die hohe Zitadelle war verschwunden. Renovierungs- und Aufbauarbeiten werden noch 10 bis 15 Jahre in Anspruch nehmen. In der ebenfalls zerstörten neuen Stadt verschwinden mittlerweile die Wohncontainer, und die Aufbauarbeiten gehen voran.

Überlieferungen besagen, dass die Stadt von Artaxerxes 1. (465–424 v. Chr.), dem Sohn des Xerxes, gegründet wurde. Die mittlere parthische Zeit ist durch Funde belegt. Während der sassanidischen Zeit wurde ein Feuertempel auf der Festung erbaut, dessen Grundmauern als Basis für den beim Erdbeben zerstörten Beobachtungsturm dienten. Die äußere Befestigungsmauer, die als einziger Bau das Erdbeben fast intakt überstand, ist knapp zwei Kilometer lang und hatte einst 29 Bastionen.

Trotz der starken Befestigungen wurde Bam Anfang des 18. Jahrhunderts zweimal von Afghanen eingenommen und teilweise zerstört. Im Jahre 1838 rebellierte Agha Khan Mahallati, der Führer der Ismailis gegen den qajarischen König Fath Ali Khan. Bei Kerman wurde Agha Khan besiegt, woraufhin er nach Bam flüchtete. Von dort wanderte die ismailische Führung nach Bombay aus. Heutzutage sind Ismailis in vielen Ländern anzutreffen.

Eine Spezialität Bams sind die wegen ihrer hohen Qualität bekannten Datteln.

Bam

Es gibt zwei empfehlenswerte Hotels mit guten Restaurants:

Hotel Azadi****, Bolvar-e Janbazan (Jahad), Tel. (0)344/22 10 09-5, -6, -7 (Q3–4/P3). Es gehört zur Parsian International Hotelkette.

Arg-e Jadid Hotel****, 10 km außerhalb der Stadt an der Straße Richtung Zahedan, Tel. (0)344/34 62 67-1 (bis -5).

▲ Umschlagkarte

Yardang-Formationen in der Wüste Lut

Die Wüste Lut

Die Strecke von Kerman über Shahdad durch die Lut-Wüste nach Neybandan ist nun durchgehend asphaltiert. Die Lut (Dasht-e Lut) zählt im ersten Drittel dieser Strecke zu den großartigsten Wüsten der Welt. Hier ist das Gebiet der **Yardang-Formationen**, die persisch **Kalut** genannt werden. Die Yardangs sind längliche Erosionsbildungen, die durch in eine Richtung blasende Winde aus dem Sedimentgestein herausgeschliffen wurden. In einem Areal von 150 mal 80 Kilometern verlaufen diese Hügelketten parallel von Nordwesten nach Südosten.

Für Ausflüge in dieses Gebiet stehen die kenntnisreichen Reisleiter Mr. Hossein Vatani und Herr Jalal Mehdizadeh in Kerman zur Verfügung (→ S. 438). Die Erschließung der Lut durch die neue Straße von Shahdad nach Nehbandan ermöglicht bessere Kontrollen des Opiumschmuggels aus Afghanistan und verbessert damit die Sicherheit enorm. Von Kerman nach **Shahdad** sind es 110 Kilometer. Von dort bis zum Dorf **Shafiabad**, dem Ausgangspunkt für Lut-Fahrten wegen des acht Kilometer weiter östlich befindlichen Wüstencamps Kamp-e Kaviri, sind es 25 Kilometer. All dies ist mit normalem PKW befahrbar. Man sollte bedenken, dass es ab Anfang Mai bis Ende September hier sehr heiß wird.

Im Südwesten der Lut türmen sich bis zu 470 Meter aufragende Sanddünen, die aus Material bestehen, das beim Abschliff der Yardangs entstand. Nur etwa 30 Kilometer nördlich des Yardanggebiets, im Areal der mit schwarzem Lavagestein übersäten **Gandom-e Beryan**, befindet sich mit bis zu 71° Celsius der heißeste Punkt der Erde.

In **Shafiabad** gibt es eine alte Karawanserei aus Lehmziegeln, die eine Station der Karawanenstraße von Shahdad nach Birjand bildete. Man sollte sich dort auch das sehenswerte unterirdische Qanat zeigen lassen.

Stadt und Provinz Semnan

Die Provinz Semnan erstreckt sich von Khorasan im Osten bis zur Provinz Teheran im Westen. Im Norden umfasst sie die Südhänge des Elburz-Gebirges, und im Süden zieht sie sich bis in das Zentrum der Wüste Dasht-e Kavir. Sie enthält daher weite unfruchtbare Gebiete, was auch erklärt, warum bei einer Fläche von 97 500 Quadratkilometern nur 600 000 Menschen hier leben. Der Hauptstrang der ehemaligen Seidenstraße verlief, von Hamadan und Rey kommend, durch den nördlichen Teil der Provinz nach Mashhad. Heute führen Landstraßen und Eisenbahnverbindungen entlang der alten Routen von Teheran nach Mashhad. Wichtige Industriezweige sind Bergbau, Textil- und Zementproduktion. Es werden Getreide, Obst, Melonen, Pistazien und Baumwolle angebaut.

In der 230 Kilometer östlich von Teheran liegen Hauptstadt Semnan leben heute 130 000 Einwohner. Sie liegt auf 1100 Metern Höhe und soll als Siedlung in achämenidischer Zeit entstanden sein.

Sehenswürdigkeiten

Südlich des Basars steht die um 1424 auf den Fundamenten einer seldschukischen Moschee errichtete **Jame-Moschee**. Ihr Innenhof ist relativ klein und misst nur 22 mal 22 Meter. Die Schlichtheit der aus hellen Ziegeln erbauten Gebäudeteile ist beeindruckend. Der 21 Meter hohe Hauptiwan ist lediglich mit einem blauen Schriftband im Thulth-Stil verziert. Von der früheren seldschukischen Moschee ist ein 31 Meter hohes Minarett aus der Zeit um 1035 mit Ziegel-Ornamentik erhalten geblieben.

▲ Karte S. 285

Torgebäude der Stadtfestung in Semnan

Unmittelbar östlich befindet sich die **Tekiyeh Pehneh**, deren Bedachung durch viele Holzsäulen gestützt wird. Durch sie gelangt man zu dem um 1445 erbauten **Hamam-e Hazrat** oder Pahneh-Badehaus, das in qajarischer Zeit renoviert wurde, wobei man an den Seiten des Eingangsportals Fliesenbilder anbrachte, die zwei Wächter in qajarischen Uniformen darstellen. Hier ist nun ein **Museum mit archäologischen Funden** vor allem aus Tepe Hissar untergebracht (geöffnet von 8.30 bis 12 und von 15 bis 18 Uhr, außer freitags).

Östlich schließt sich die große **Imam-Moschee** (Masjed-e Imam) an, die früher Soltani-Moschee hieß. Sie liegt an einem kleinen freien Platz an der Kh. Imam Khomeini gegenüber dem Südeingang des Basars. Sie wurde 1827 vollendet und ist eine typische Vier-Iwan-Moschee. Auftraggeber war Fath Ali Shah.

Der überwiegend aus qajarischer Zeit stammende **Basar** hat eine in Nord-Süd-Richtung verlaufende, etwa 400 Meter lange überkuppelte Hauptgasse.
Folgt man der östlich des Basars nach Norden führenden Kh. Taleqani einen Kilometer, erreicht man den Meydan-e Arg, wo ein **Torgebäude der Stadtfestung** (Darvazeh-ye Arg) aus der Zeit um 1800 erhalten blieb. Seine Eingangsseite ist durch Arkaden und Türmchen gegliedert. In seinem mittleren Bogenfeld ist ein farbenfrohes qajarisches Fliesenbild zu sehen, das den mythologischen Kampf Rostams mit dem weißen, bösen Geist (Div) darstellt.

Semnan

Vorwahl: +98/(0)231.
Fernmeldeamt (Edare-ye telefon oder makhaberat), Kh. Taleqani, nahe Kh. Shohada.
Postamt (Edare-ye Post), Kh. Taleqani, nahe Kh. Shohada.
Kulturbehörde (Edare-ye Mirase Farhangi). Kh. Taleqani, nahe Kh. Imam Khomeini, Tel. 332 16 02.
Reisebüro Semnan Gasht (Azhans-e Mosaferat-e Semnan Gasht), Bolvar-e Jomhuri Eslami, nahe Bolvar-e Moalem, Tel. 444 64 60.

Der Bahnhof (Istgah-e Rah-e Ahan) liegt 1,5 km südlich des Basars. Es bestehen tägl. mehrere Verbindungen nach Teheran und nach Mashhad über Damghan und Shahrud.

Savari-Sammeltaxis am Meydan-e Mashahir Richtung Damghan.
Minibusse und Savaris am Meydan-e Moalem nach Mahdishar.
Busterminal (Terminal-e Otobus) mit Bussen in alle Richtungen am Meydan-e Imam Hoseyn, am westlichen Stadtrand, etwa 3 km vom Stadtzentrum entfernt.

Semnan Tourist Inn*** (Mehmansara Jahangardi), Bolvar-e Basij (Jade-ye Mahdishahr), nördlich des Meydan-e Amir Kabir bzw. vom nördlichen Kleeblatt der Umgehungsstraße südlich in die Stadt hinein, nach 1,5 km an der westlichen Straßenseite, Tel. 444 14-33, -34, -35 (Q2/P1–2).

In der westlichen Kh. Imam Khomeini, nahe dem Meydan-e Imam, gibt es zwei Kebab-Restaurants. Empfehlenswert ist das Restaurant des Semnan Tourist Inn.

Die Umgebung von Semnan

Von der Benutzung der Straße von Semnan nach Moalleman in die Dasht-e Kavir wird abgeraten, da sie in Richtung militärischer Sperrbezirke in der Wüste führt. Man sollte stattdessen über Damghan nach Moalleman fahren.
Die Fahrt von Semnan nach Firuzkuh lohnt sich wegen der wundervollen farbigen Erosionslandschaften.

Sinterterrassen Badab-e Surt

Bei der abgelegenen Schwefelquelle Badab-e Surt befinden sich die schönsten Sinterterrassen Irans. Die Fahrtstrecke führt von Shahmirzad aus nordöstlich 60 Kilometer nach Foulad Mahalleh. Nach weiteren zehn Kilometern biegt man nördlich Richtung Kiasar ab. Diese Strecke verlässt man nach 13 Kilometern nordöstlich und fährt an

Kavat vorbei zum 16 Kilometer entfernten Qaleh Sar, einem Dorf, das sich malerisch einen Hügelrücken entlangzieht. Von dort folgt man weiter dem nordöstlichen Straßenverlauf an dem Ort Orast vorbei und sieht nach sieben Kilometern am nördlichen Berghang einen Feldweg zu den 1,4 Kilometer entfernten Terrassen hinaufführen.

Entlang der Seidenstraße westlich von Semnan

Die Route der ehemaligen Seidenstraße verband das südlich von Teheran gelegene Rey mit Semnan. Wenn man auf der heutigen Schnellstraße, von Teheran kommend, an Garmsar vorbeifährt, erreicht man nach 32 Kilometern das Dorf **Deh-e Namak** mit einer renovierten Ziegelkarawanserei und einer Zisterne, die beide dem 17. Jahrhundert angehören.

21 Kilometer weiter östlich, was etwa der klassischen Tagesetappe einer Karawane entspricht, folgt **Abdollah-Abad**, wo nördlich der Landstraße eine verfallende Karawanserei aus Lehmziegeln mit zellenähnlichen Anbauten steht. Sie stammt aus sassanidischer oder frühislamischer Zeit. Im Restaurant südlich der Straße gibt es empfehlenswerte Hühnchengerichte.

22 Kilometer weiter war einst **Lasjerd** der nächste Haltepunkt der Karawanen. Dort findet man eine aus dem 17. Jahrhundert stammende, gut erhaltene Hof-Karawanserei aus gebrannten Ziegeln mit einer Zisterne.

Östlich, im 36 Kilometer entfernten Semnan, standen mehrere Karawansereien am Umgehungsweg und im Stadtzentrum am und im Basar, von denen noch eine aus dem 17. Jahrhundert am Meydan-e Saadi östlich des Takhti-Stadions erhalten blieb.

▲ Karte S. 285

Entlang der Seidenstraße östlich von Semnan

Ein weiterer Abschnitt der alten Handelsstraße nach Asien führte von Semnan nach Damghan. 40 Kilometer östlich von Semnan liegt die **Karawanenstation Ahuan** mit einer großen Ziegelkarawanserei aus dem 17. Jahrhundert und östlich unmittelbar neben ihr die beeindruckende, aus Bruchsteinen gemauerte, Karawanserei **Anushirvan**, die aus sassanidischer oder frühislamischer Zeit stammt. Ihr Portalbau wurde in späterer Zeit erneuert.

Biegt man elf Kilometer weiter von der Landstraße südlich ab, erreicht man nach 2,5 Kilometern das Dorf **Abkhowri** oder **Ab Khory**. Hier befindet sich die wichtigste Quelle zwischen Ahuan und der 25 Kilometer entfernten früheren Stadt Hekatompylos bei Qusheh. Da Alexander der Große an dieser Strecke den von einem Satrapen ermordeten letzten achämenidischen König Darius III. nahe einer Quelle aufgefunden haben soll, ist es vorstellbar, dass dieses tragische welthistorische Ereignis hier stattgefunden hat.

In **Qusheh** führt in südöstlicher Richtung ein fünf Kilometer langer Feldweg zu den wenigen Resten von **Shahr-e Qumis** oder griechisch **Hekatompylos** – Stadt der hundert Tore. Sie war zeitweise Residenzstadt der Parther und blieb lange Zeit parthische Münzstätte. In sassanidischer Zeit begann ihr Niedergang und in frühislamischer Zeit wurde sie aufgegeben. Die auffälligste Ruine ist ein über acht Meter hoher **Lehmziegel-Rundbau** von 23 Metern Durchmesser, der auf einem 56 Meter breiten, runden Fundament steht, dessen Keramikreste auf seldschukische Zeit schließen lassen. Von hier aus kann man das nunmehr öde Gelände der ehemaligen

Stadt überblicken. Südöstlich, in etwa 1,5 Kilometer Entfernung, sieht man drei Hügel, deren Ausgrabungsergebnisse zeigten, dass sich darunter Ruinen aus parthischer Zeit mit Tonnengewölben, Spitzbögen und Bastionen befinden. Sie lassen auf zarathustrische Rituale, aber auch auf skythische Glaubenselemente schließen.

Gerdkuh-Festungsberg

In landschaftlich eindrucksvoller Lage befinden sich die Ruinen einer ehemaligen ismailischen Festung auf dem 300 Meter hohen, zylinderförmigen Gerdkuh. Hier spielte sich eines der letzten Dramen der mongolischen Eroberung ab, da sich die Festungsbesatzung erst nach siebzehnjähriger Belagerung im Jahre 1270 ergab und am Fuße des Berges hingerichtet wurde. In den Bachbetten am östlichen Bergausläufer liegen noch die teilweise zerplatzten Steinkugeln der Katapulte vor den Resten der mongolischen Belagerungswerke.

Um zum Gerdkuh zu gelangen, muss man 23 Kilometer ab Qusheh bzw. 13 Kilometer vor Damghan nördlich ins einen Kilometer entfernte Aliabad-e Motalebkhan abbiegen, wo eine weitere Dorffestung steht. Von hier fährt man 1,5 Kilometer weiter nach Hajiabad in nordwestlicher Richtung. Vor dessen kleinem Friedhof biegt man links ab und folgt 6,5 Kilometer der kaum wahrnehmbaren Piste in Richtung Nordwesten zum imposanten Gerdkuh. Vor dem Berg biegt man nach rechts ab und parkt an seiner östlichen Flanke, wo ein Pfad nach oben führt. Auch wenn man den teilweise steilen Aufstieg nicht wagen sollte, so lohnt sich diese Fahrt alleine schon wegen der großartigen Landschaft.

Der Gerdkuh-Festungsberg

Damghan

Damghan übernahm in spätsassanidischer Zeit von Hekatompylos die Hauptstadtfunktion der Region Kumish. Auch nach der arabischen Eroberung blieb es das Verwaltungszentrum von Kumish. Durch seine günstige Lage an den Handelswegen konnte es sich nach Zerstörungen durch Erdbeben und Kriege immer wieder erholen. Im Jahre 1772 wurde der spätere König Fath Ali Shah hier geboren. Sein Vater Hoseynqoli Khan war damals Gouverneur dieser Region. Heutzutage hat Damghan ungefähr 70 000 Einwohner.

Die zentrale Achse der Stadt bilden der westliche Meydan-e Chaharshir und der östliche Meydan-e Imam, die durch die Kh. Imam Khomeini verbunden sind. In einer Gesamtlänge von knapp 300 Metern zieht sich an der Südseite dieser Straße der aus qajarischer Zeit stammende **Basar** entlang.

Im Süden, Osten und Nordwesten der Stadt sind noch lange Abschnitte der im Jahre 920 teilweise auf sassanidischen Grundmauern errichteten **Stadtmauer** (Baru), die in qajarischer Zeit renoviert wurde, erhalten geblieben. Sie bietet mit ihren Bastionen ein beeindruckendes Bild.

Tarikhaneh

Etwa 600 Meter südöstlich des Meydan-e Imam, in der Kh. Motahari, steht die um 760 entstandene schmucklose, aber in ihrer strengen Architektur eindrucksvolle **Tarikhaneh**, das Haus Gottes. Sie ist die älteste erhaltene Moschee Irans. In ihr sind noch sassanidische Architekturelemente erkennbar wie parabolische Bögen, gedrungene Säulen und ein sich an der westlichen Hofseite öffnendes Mittelschiff mit iwanartig überhöhtem Tonnengewölbe. Der Mihrab und der Mimbar aus Lehmziegeln befinden sich an der Rückwand dieses Mittelschiffs, an dessen Seiten sich je drei mal drei von Säulen getragene Kuppelräume anschließen. Die Südseite des Innenhofs wird von fünf Arkaden begrenzt. Leider sind die Arkaden, die früher an den Ost- und Nordseiten des Innenhofs standen, nicht mehr vorhanden. Anfang des 11. Jahrhunderts wurde die Moschee renoviert und erhielt ein hohes Minarett (1026).

Seldschukisches Minarett

Auf dem Weg zurück zum Meydan-e Imam erkennt man an der Ostseite der Kh. Motahari ein weiteres Minarett mit reliefiertem Ziegelschmuck, das um 1058 errichtet wurde. Es ist 31 Meter hoch und trägt das früheste Inschriftband aus glasierten farbigen (hellblauen) Fliesen im Iran. Es gehörte zu der verschwundenen seldschukischen Jame-Moschee, die in qajarischer Zeit mit Kuppelsaal und Pfeilerhallen neu erbaut wurde.

▲ Karte S. 294

Grabturm Pir-e Alamdar

An der Nordseite der Jame-Moschee führt eine Gasse in östlicher Richtung zum Grabturm Pir-e Alamdar (Borj-e Pir-e Alamdar). Auch er unterstreicht die Bedeutung Damghans in früher islamischer Zeit, denn mit seinem Entstehungsjahr 1026 zählt er nach dem Turm in Gonbad-e Kavus zu den ältesten seiner Gattung im Iran. Er trägt eine flache Kuppel und ist mit neun dekorativen Bändern aus Ziegeln geschmückt. Abu Harb Bakhtiar, ein Adeliger mit Verbindungen zu den Ziyaridenfürsten in Gonbad-e Kavus, widmete ihn seinem Vater Abu Jafar Mohamad.

Imamzadeh-ye Jafar

An der Westseite des Meydan-e Chaharshir steht der Komplex der Imamzadeh-ye Jafar, in dessen Zentrum sich ein quadratischer Kuppelbau erhebt, der von Eckbastionen flankiert wird und aus dem 11. Jahrhundert stammt. In der Grabkammer unterhalb des vierfach gestaffelten Kuppeldoms wurde Jafar ebn Ali, ein Nachfahre des vierten Imams beigesetzt. Sein Grabstein, mit einer Kufi-Inschrift, die kurz nach 900 angefertigt wurde, gilt als einer der ältesten dieser Art im Iran. Das Innere des Gebäudes war zum Teil mit prächtigen sternförmigen Glasurfliesen des 14. Jahrhunderts geschmückt, auf denen Pflanzen, Tiere und Menschen abgebildet sind. Mehrere dieser Fliesen befinden sich nun im Louvre in Paris.

Rechts vom Haupteingang steht der kleine **Qabr-e-Shahrok-Kuppelbau**, der in der zweiten Hälfte des 12. Jahrhunderts entstand und im 15. Jahrhundert erneuert wurde. Er diente ursprünglich als Sufi-Versammlungsstätte, und am Ende des 18. Jahrhunderts beerdigte man hier den von Aqa Mohamad Khan getöteten Afscharen-Prinzen Shahrok Afshar.

Die Tarikhaneh in Damghan

Links vor dem Haupteingang steht ein **oktagonaler Kuppelbau** aus dem 15. Jahrhundert mit überwiegend glatten Wandflächen. In ihm befindet sich die Grabstätte des Imamzadeh Mohamad, eines Nachfahren des 7. Imams.

Grabturm Chehel Dokhtaran

Unmittelbar nördlich der Imamzadeh Jafar erhebt sich der Grabturm Chehel Dokhtaran (Gonbad-e Chehel Dokhtaran), der sechs dekorative Ziegelstreifen aufweist. Das im Jahre 1055 vollendete Gebäude ist 15 Meter hoch und war die Grablege der Familie Amir Abu Shuja Asfars, der Gouverneur Damghans in früher seldschukischer Zeit war.

Tepe Hissar

Der Tepe Hissar liegt im Südosten Damghans. Man fährt die Kh. Beheshti in östliche Richtung und biegt 100 Meter vor dem großen Kreisel am Ortsende südlich ab. Man folgt der schmalen Straße bis über die Bahngleise und unmittelbar dahinter dem Weg parallel der Gleise 500 Meter in westlicher Richtung bis zum vegetationslosen Gelände des Tepes. Bereits vor 7000 Jahren waren Menschen hier landwirtschaftlich tätig und züchteten Ziegen und Schafe. 1000 Jahre später benützte man bereits die Töpferscheibe, und Spezialisten begannen Keramik, Kupfer und Schmuck in frühindustriellem Maßstab zu verarbeiten. Die Keramik wurde mit Motiven wie Bergziegen, Vögeln und geometrischen Mustern verziert. Da diese Herstellung über lange Zeiträume fortgesetzt wurde, sind die Hügel mit grauen und teilweise bemalten beigefarbenen und rotbraunen Scherben übersät. Vor 5000 Jahren ging man aber zur Verwendung von Lehmziegeln über und baute größere Häuser.

Keramikscherben am Tepe Hissar

▲ Karte S. 294

Vor etwa 4200 Jahren wurde Tepe Hissar angegriffen und mehrere Häuser niedergebrannt. Das größte davon war das knapp 24 Meter lange ›**Verbrannte Haus**‹, dessen Grundmauern sich nördlich der heutigen Eisenbahnlinie in der Mitte des Grabungsgeländes befinden. Seine Lehmziegel wurden durch das Feuer gehärtet, und unter dem Schutt fand man zwei Dutzend Tote, die ihre Waffen, Schmuck und Wertgegenstände bei sich trugen. So wurde hier vieles wie in einer Zeitkapsel aufbewahrt.

Nur 200 Meter westlich des Tepes entstand im 5. bis 6. Jahrhundert n. Chr. eine sassanidische **Palast- oder Feuertempelanlage**. In dem 26 Meter langen Gebäudekomplex war vom südlichen, 34 Meter breiten Hof her eine iwanartige, 14 Meter tiefe und verschwenderisch mit Stuckdekorationen ausgestattete Säulenhalle eingelassen, an deren Ende sich der zentrale Saal von 13 mal 13 Metern anschloss. Im westlichen Raum befanden sich Wandfresken, darunter ein Reiterbild. Bei der Entstehung der Tarikhaneh könnten einige Bauelemente dieses Baus als Vorbild gedient haben. Etwa 300 Meter nordwestlich über die Bahnlinie hinweg steht die **Ruine einer islamischen Festung** aus dem Mittelalter.

Quelle Cheshmeh Ali

Nordwestlich von Damghan liegt die 26 Kilometer entfernte Quelle Cheshmeh Ali. Dort ließ Fath Ali Shah Anfang des 19. Jahrhunderts einen Pavillon bauen. Auf der Strecke dorthin kommt man nach 22 Kilometern an einem Hügel rechts der Straße mit der ismailischen **Mehrnegar-Festungsruine** (Qaleh-ye Mehrnegar) vorbei. Wahrscheinlich benützte Alexander der Große, von Hekatompylos kommend, dieses nach Norden führende Tal, um nach dem kaspischen Hyrkanien weiter zu ziehen.

Mehmandust

Auf der Strecke nach Shahrud ist Mehmandust 20 Kilometer entfernt. Am Südende des Ortes befindet sich ein schöner **Grabturm** von 1097, den Amir Abu Jafar Mohamad (→ S. 450) stiftete. Mehmandust war im September 1729 Ort des Sieges von Nader Shah über die Afghanen.

Damghan

Vorwahl: +98/(0)232.

Kulturbehörde (Edare-ye Mirase Farhangi), Meydan-e Imam, Tel. 524-6043.

Der Bahnhof (Istgah-e Rah-e Ahan) liegt 3 km südöstlich des Meydan-e Imam am Ende der Kh. Motahari. Tägliche Verbindungen bestehen nach Teheran und Mashhad.

Der Busterminal (Terminal-e Otobus) liegt etwa 1 km südwestlich vom Meydan-e Chaharshir.

Damghan Tourist Inn** (Mehmansara Jahangardi), Bolvar-e Azadi, etwa 300 Meter nördlich des Meydan-e Chaharshir, Tel. 5242070 (Q2/P1–2).

Shahrud

Shahrud ist eine schnell wachsende Industrie- und Universitätsstadt mit heute 140000 Einwohnern und wurde erstmals bereits im 14. Jahrhundert erwähnt.

Ihr modernes Stadtbild kann man vom Panorama-Fußweg aus sehen, der oberhalb des Park-e Abshar am westlichen Gebirgsrand entlangführt. Im ehemaligen Rathaus an der Kh. Ferdowsi, vierhundert Meter nördlich des Meydan-e Jomhuriye, ist ein **Museum** (Muzeh-ye Shahrud) untergebracht. Es enthält ethnologische und archäologische Exponate, darunter auch mehrere Funde aus Tepe Hissar (geöffnet von 9 bis 18 Uhr, außer freitags).

Shahrud

Vorwahl: +98/(0)273.

Der Bahnhof (Istgah-e Rah-e Ahan) liegt 4 km östlich des Meydan-e Jomhurieh. Tägliche Verbindungen bestehen nach Teheran und Mashhad.

Savari-Haltestelle (Istgah-e Savari), südlich des Meydan-e Jomhurieh.

Busterminal (Terminal-e Otobus), etwa 4 km südlich des Meydan-e Jomhurieh an der Kh. Tehran.

Shahrud Tourist Inn** (Mehmansara

Jahangardi), im Norden der Stadt, 300 Meter südwestlich des Meydan-e Azadi, am Berghang in der Kh. Dr. Shariati, Tel. 222 60 78 (Q1-2/P1).
Paramida Hotel*****, am Südende der Stadt an der Kh. Tehran. Tel. 333 33 63, www.hotelparamida.com (Q4/P3-4).

Empfehlenswert sind die Restaurants der beiden Hotels.

Bastam

Sechs Kilometer nördlich von Shahrud liegt Bastam, das einst die drittwichtigste Stadt der Region Kumis war. In den letzten Jahrhunderten fiel es aber gegenüber Shahrud deutlich zurück. Es besitzt jedoch hinsichtlich seines Alters das bedeutendste Sufi-Heiligtum Irans, das Mausoleum Bayazids (Aramgah-e Bayazid). Hier wirkte im 8. und 9. Jahrhundert der Sufi-Meister Sheikh Bayazid Bastami. Er gilt als Begründer der ekstatischen Schule des Sufismus und war bekannt für seine Beschreibungen des vollkommenen Aufgehens in Gott. Nach seinem Tode 848 wurde er in einem einfachen Grab beigesetzt, das heute noch, nur von einem Grabstein bedeckt und einem Gitteraufsatz umgeben, dort zu sehen ist.

Das Bayazid-Mausoleum

Nähert man sich dem Komplex durch einen alleeähnlichen Parkweg von Osten her, trifft man als erstes auf das hohe Eingangsportal, das durch Muqarnas und blaue und türkisfarbenen Fliesen in Flechtwerk-Mustern geschmückt ist. Es wird auch Oljeitu-Portal genannt, da dieser Ilkhanidenherrscher in einer Inschrift erwähnt wird. An dieses schließt sich westlich eine zehn Meter lange Vor-

▶ Karte S. 294

Das Bayazid-Mausoleum in Bastam

halle von 1313/14 an, durch die man in den Innenhof gelangt. Vor sich sieht man nun in 15 Metern Entfernung die Gitterkonstruktion des Sufigrabs.
An der Nordwestseite des Hofs steht ein großer würfelförmiger Grabbau, der von einem hellblau gefliesten Kegeldach überragt wird. Er wird dem Ilkhanidenherrscher Ghazan Kahn zugeschrieben, der 1295 zum Islam konvertierte und 1304 starb. Links davon liegt der hohe Westiwan, der wie Ghazan Khans Grabbau vom Ende des 13. oder Anfang des 14. Jahrhunderts stammt. Links davon, in der Ecke, ist eine Tür, die zu den engen Räumen führt, in denen der Sufi-Meister lebte und meditierte.
An der anschließenden Südwestseite erhebt sich ein blau gefliestes Kegeldach über der von hier nicht einsehbaren **Grabstätte des Imamzadeh Mohamad**, eines Nachfahren des sechsten Imams Jafar al-Sadeq. Sie entstand um 1300 und war aus dem Grunde wichtig, da nun zusätzlich zu sunnitischen auch ein schiitischer Verstorbener verehrt werden konnte.

Das Hauptgebäude betritt man durch den verglasten Südiwan, der geradeaus zum Männerbereich der Moschee führt, deren unmittelbarer nördlicher Bereich noch aus der Zeit des 9. Jahrhunderts stammt und in dem Sheikh Bayazid betete. Der schöne Stuckdekor der Innenräume und des Stuckmihrabs wurde Anfang des 14. Jahrhunderts von Ilkhan Oljeitu gestiftet. Das Ziegelminarett stammt von 1120.

Jame-Moschee

Die alte Jame-Moschee (Masjed-e Jame) liegt 200 Meter südlich an der Straße westlich des Mausoleum-Komplexes. Sie entstand in seldschukischer Zeit und wurde von 1301 bis 1307 grundlegend erneuert und innen mit Stuckarbeiten geschmückt, von denen der erhaltene Mihrab von 1306 hervorzuheben ist. Südöstlich ist die Moschee mit dem zwanzig Meter hohen **Kashana-Turm** verbunden. Sein Name könnte von Kashi, Fliesen, stammen oder von Ghazan, dem Ilkhanidenherrscher, in dessen Zeit der 1308 vollendete Bau begonnen wurde. Der Turm besitzt eine runde Kuppel und ist außen durch 30 vertikale, prismatische Rippen gegliedert, an deren oberen Enden insgesamt 120 quadratische Stuckplatten mit Kufi-Inschriften in hoher Qualität angebracht sind. Diese sehenswerten Arbeiten stammen ebenfalls von Mohammed ben Hoseyn ben Ali Talib.

Bastam

Das 500 Meter westlich des Heiligtums in einer Parkanlage liegende **Bastam Tourist Inn***** (Mehmansara Jahangardi) kann für einen Zwischenstopp im Raum Shahrud empfohlen werden, Tel. (0)274/5222262 (Q2-3/P2).

Die Umgebung von Bastam

Nördlich von Bastam befinden sich die dichten **Waldgebiete von Abr** (Wolkenwald) und **Khosh Yeylaq**, deren Lage auf der Karte → Seite 294 eingezeichnet ist.
Östlich von Shahrud erreicht man nach 100 Kilometern **Miyandasht** mit zwei Karawansereien, deren westliche aus dem 17. Jahrhundert und die östliche vom Ende des 18. Jahrhunderts. stammen.
70 Kilometer östlich von Miyandasht an der Straße nach Mashhad liegt der Ort **Kahak**. Kunstfreunde können von hier aus einen lohnenswerten Abstecher zu dem zwanzig Kilometer nördlichen **Forumad** unternehmen. Hier befindet sich die Ruine einer kleinen Hofmoschee mit zwei Iwanen, deren Wände in verschwenderischer Pracht mit Stuck aus dem 12. und 13. Jahrhundert in Blüten- und geometrischer Flechtwerkform überzogen sind. Hinzu kommt ein schöner Stuckmihrab und Muqarnasdekor vom Anfang des 14. Jahrhunderts. Forumad war damals wegen des Handels ein wohlhabender Ort. In Fariyumad, wie der Ort damals hieß, lebte der Dichter und Gnostiker Ebn-e Yamin, der 1368 starb. Über seinem Grab wurde 1975 ein modernes Mausoleum errichtet.

Die Karawanserei Miyandasht

Die Provinz Khorasan

Unter Khorasan verstand man von achämenidischer Zeit bis zum islamischen Spätmittelalter eine weite Region, die auch Städte wie Merv (heute Turkmenistan), Herat und Balkh (beim heutigen Mazar-e Sharif in Afghanistan) einschloss. Als typisches Durchgangsland hatte die Region nicht nur den Nutzen von den Handelswegen, die bis Zentralasien und China führten, sondern war auch vielen Eroberungen ausgesetzt. Nachdem Persien im Jahre 1903 auf das Gebiet um Herat als britische Einflusszone in Afghanistan verzichten musste, wurde es auf das heutige Khorasan beschränkt. Dieses überwiegend gebirgige Territorium teilte man im Jahre 2004 in drei Provinzen auf: **Khorasan-e Razavi** mit der Hauptstadt **Mashhad** erstreckt sich über 119 000 Quadratkilometer und hat 5,6 Millionen Einwohner, **Nord-Khorasan** (Khorasan-e Shomali) mit der Hauptstadt **Bojnurd** ist 28 000 Quadratkilometern groß bei nur 0,8 Millionen Einwohnern, und **Süd-Khorasan** (Khorasan-e Junubi) mit der Hauptstadt **Birjand** umfasst 95 000 Quadratkilometer und 0,7 Millionen Einwohner.

Sabzevar

Sabzevar mit seinen 220 000 Einwohnern liegt in einem landwirtschaftlichen Gebiet mit viel Obstanbau. Fünf Kilometer westlich vor der Stadt steht ein 30 Meter hohes **Ziegelminarett** auf einem Podest zwischen den Schnellstraßen. Es stammt von etwa 1100 und ist alles, was nach der mongolischen Zerstörung von der Stadt **Khosrowgerd** übrig blieb.

▲ Umschlagkarte

Am auffälligsten von den in den letzten zwanzig Jahren ausgebauten sakralen Bauwerken in der Stadt ist die **Imamzadeh Yahya** mit ihrem blockförmigen bis zur Kuppel 38 Meter hohen Portalgebäude, das überwiegend türkisfarben gefliest ist. Sie steht an der Hauptstraße, der Kh. Beyhaq, schräg gegenüber der mehrfach renovierten **Jame-Moschee**. Auch sind noch zwei Karawansereien aus safawidischer Zeit erhalten.

Sehenswert ist das Gelände mit den **traditionellen Ziegelbrennereien**, das sich südöstlich der Stadt über eine Fläche von 3 mal 1,5 Kilometern erstreckt.

In dem 47 Kilometer östlich entfernten **Zafaraniye**, steht die ehemals wichtigste, relativ gut erhaltene Karawanserei vor Neishabur. Sie stammt aus safawidischer Zeit.

Sabzevar

Das **Kamelia Hotel***** am westlichen Ortsausgang östlich des Meydan-e Sarabdaran ist empfehlenswert, Tel. (0)571/223 12 13 (Q3/P2–3).
Dreihundert Meter südlich liegt der **Busbahnhof** (Terminal-e Otobus).

In Sabzevar

Das Mausoleum für Omar Khayyam

Neyshabur

Neyshabur oder Nishapur liegt 110 Kilometer östlich von Sabzevar. Es wurde im 3. Jahrhundert n. Chr. zur Zeit König Shapurs I. gegründet. Nach der arabischen Eroberung war es Hauptstadt Khorasans und unter Sultan Sanjar ab 1118 fast 40 Jahre Hauptstadt des seldjukischen Reiches. Damals besaß es berühmte Hochschulen und Bibliotheken. Im Jahre 1221 wurde es von den Mongolen vollständig zerstört und westlich des alten Stadtgebiets wieder aufgebaut. Gegenwärtig hat die Stadt 210 000 Einwohner. Hauptwirtschaftszweige sind Landwirtschaft und Bergbau, wovon der Türkisabbau am wichtigsten ist.

Die bekannteste Persönlichkeit ist der 1123 hier verstorbene Dichter **Omar Khayyam**, für den im **Mahruq-Garten** (Bagh-e Mahruq) am östlichen Stadtrand ein modernes Mausoleum nach den Plänen von Hushang Sayhun im Jahre 1959 errichtet wurde. Man könnte das emporstrebende Denkmal, dessen Bestandteile aus Beton bestehen, so interpretieren, dass sich über dem Grab Iwanbögen diagonal überschneiden. Da Omar Khayyam auch als Mathematiker und Astronom tätig war, trägt das neue Planetarium westlich der Zufahrtsallee seinen Namen.

Im Mittelpunkt der Parkanlage steht das mit schönem Fliesendekor geschmückte **Mausoleum (Aramgah) des Imamzadeh Mohamad Mahruq**, eines Nachfahren des 7. Imams.

In einem weiteren, knapp 1,5 Kilometer westlich entfernten Park steht ein **Grabbau** mit blau gefliester Kuppel, in dem der Mystiker **Farid ud-Din Attar** beigesetzt ist, der während des Mongoleneinfalls 1221 getötet wurde. Er schrieb Heiligenlegenden, Fabeln wie die Vogelgespräche und viele mystische Texte. Von diesen hat der deutsche Orientalist Hellmut Ritter ›Das Meer der Seele‹ übersetzt, wofür man ihn hier mit einer Marmorbüste ehrt.

Wenige Meter vom Attar-Mausoleum entfernt steht ein aus Bögen bestehendes Denkmal über dem Grab des 1940 in einem nahen Dorf verstorbenen iranischen Künstlers **Kamal ol-Molk**. Er begann als qajarischer Hofmaler und wurde nach Aufenthalten in Europa zu einem der prägenden Maler der iranischen Moderne.

Das von Neyshabur acht Kilometer nordöstlich entfernte **Fushenjan** gilt als Geburtsort des Mystikers Haji Bektash Vali, der für Aleviten, eine schiitische Glaubensgemeinschaft, von großer Bedeutung ist.

Neyshabur

Übernachten könnte man im **Hotel Mehr****, Kh. Imam Khomeini, Tel. (0)551/333 3476 (Q1–2/P1–2).

Heiligtum Qadamgah

Das kleine Heiligtum Qadamgah erreicht man nach 37 Kilometern in Richtung Mashhad. Hier wird ein Fußabdruck in Stein, den Imam Reza hinterlassen haben soll, verehrt. Das idyllisch in einem Park gelegene überkuppelte Gebäude aus dem 17. Jahrhundert ist mit schönem Fliesenschmuck ausgestattet. Wegen der üblicherweise ungezwungenen Atmosphäre hat man hier die Möglichkeit, auch die Innenräume anzuschauen.

Karawanserei Fakhr-e Davud

Die aus safawidischer Zeit stammende Karawanserei **Fakhr-e Davud** befindet sich 30 Kilometer von Qadamgah entfernt an der östlichen Straßenseite. Sie hat keinen offenen Innenhof und ist vollständig überkuppelt, was sie zu einem Beispiel des ›Wintertyps‹ macht. Die ausgeprägten Bastionen geben ihr einen festungsartigen Charakter. Sie wird von Verwaltungsbehörden benützt, aber normalerweise kann man sie besichtigen und auf das Dach steigen. Von hier aus sind es noch 65 Kilometer bis Mashhad.

Mashhad

Mashhad ist mit 2,8 Millionen Einwohnern die zweitgrößte Stadt Irans. Sie liegt auf 980 Metern Höhe, und wie die Bedeutung ihres Namens ›Stätte des Martyriums‹ ausdrückt, verknüpft sich ihre Geschichte eng mit dem Grab Imam Rezas, des 8. Imams. Die nahe Stadt Tus war in frühislamischer Zeit die Hauptstadt dieser Region und das nahe Dorf Sanabad ein beliebter Erholungsort. Im Jahre 817 wurde hier Imam Reza vermutlich vergiftet. Er war durch Heirat mit der Familie des Kalifen Harun al-Rashid verwandt, der acht Jahre vorher auch hier verstorben war, und so ließ der neue Kalif Al-Mamun ein Grabmahl für Imam Reza neben dem Harun al-Rashids anlegen.

▲ Karte S. 459

Der Aufstieg Sanabads zum heutigen Mashhad hing auch damit zusammen, dass sich Einwohner aus Tus nach Verwüstungen durch die Mongolen und Timuriden im 13. und 14. Jahrhundert hier ansiedelten. Sanabad war damals bereits ein bedeutender Pilgerort und besaß die schönste Moschee Khorasans. Anfang des 15. Jahrhunderts stiftete Gawharshad, die Frau des Timuridenherrschers Shah Rukh, die prächtige, nach ihr benannte Moschee dem Heiligtum. Dieses wurde vor allem im 16. und 17. Jahrhundert von den safawidischen Königen, die den Schiismus zur Staatsreligion gemacht hatten, gefördert. Nader Shah, unter dem Mashhad von 1736 bis 1747 persische Hauptstadt war, tat sich ebenfalls als Gönner des Heiligtums hervor, und in qajarischer Zeit wurde beispielsweise der Komplex um den neuen Hof, den heutigen Sahn-e Azadi, errichtet. All dies kam natürlich auch der Stadt zugute.

Das Heiligtum Qadamgah

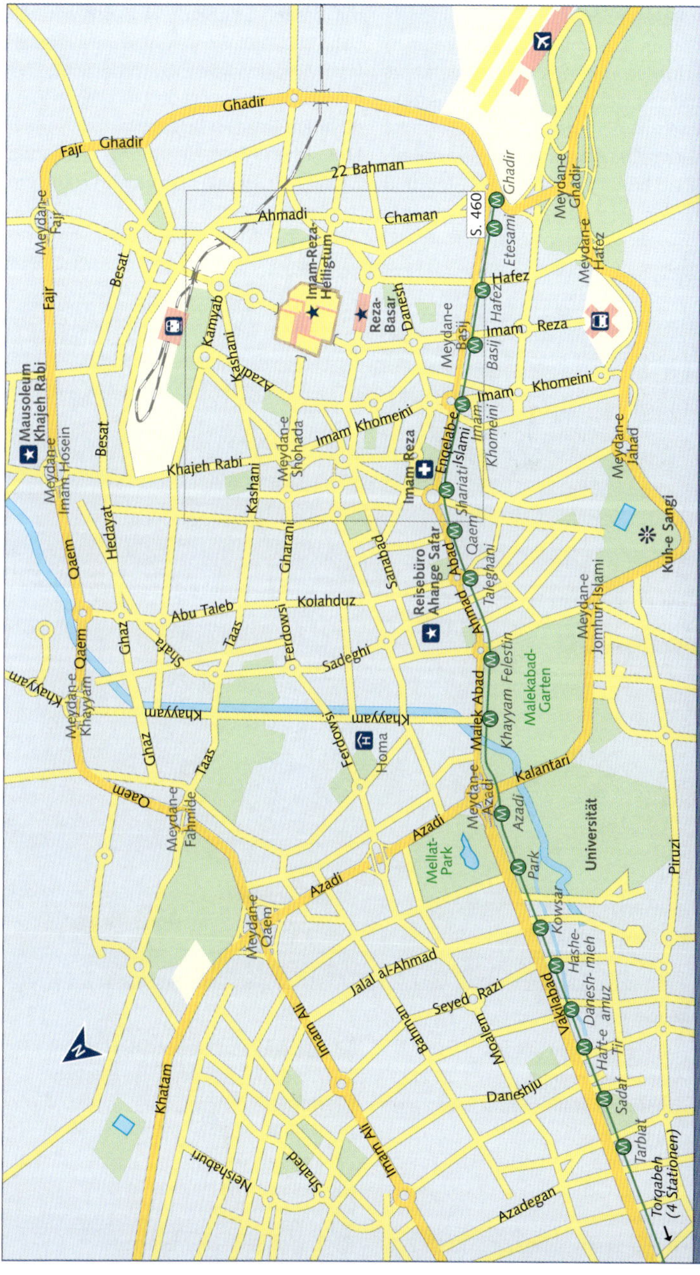

Mashhad, Übersicht

In der Pahlavi-Zeit des 20. Jahrhunderts passte man das umliegende Gelände an die Erfordernisse des Straßenverkehrs an, und seit der islamischen Revolution 1979 schritt der Ausbau des Heiligtums in bisher nicht gekanntem Maße voran. Mashhad bietet ein modernes Stadtbild mit breiten Straßen, die durch eine U-Bahn entlastet werden, und wird jährlich von Millionen von Pilgern besucht.

Imam-Reza-Heiligtum

Das Imam-Reza-Heiligtum (Haram-e Motahar-e Razavi) nimmt im Zentrum

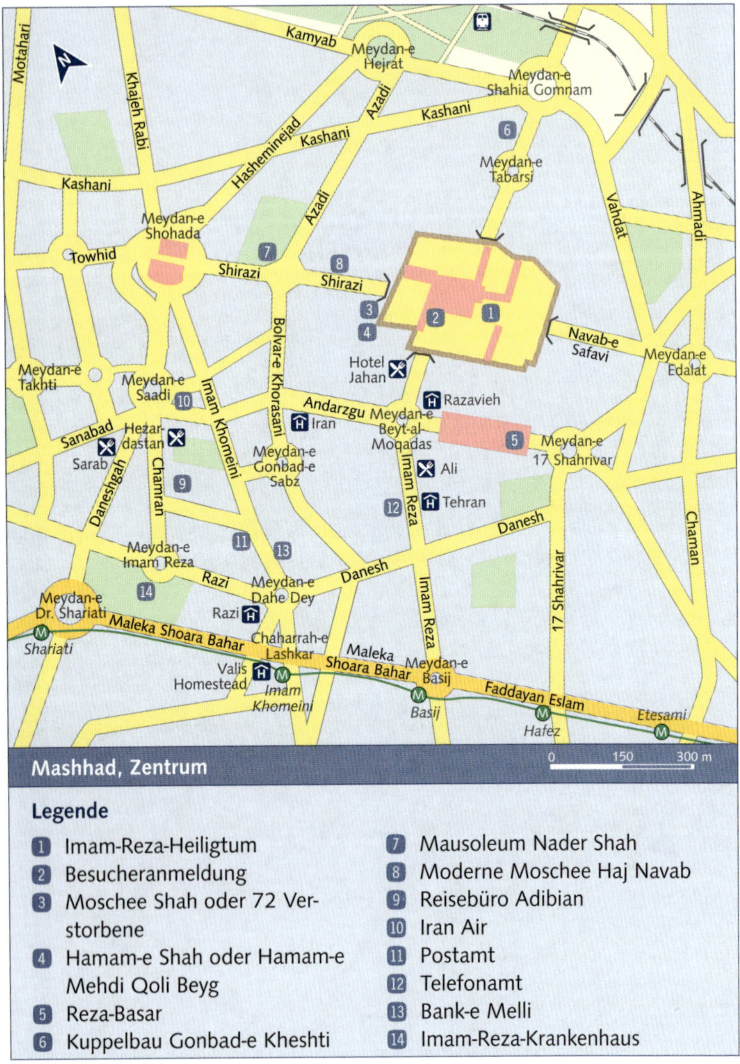

Mashhad, Zentrum

Legende

1 Imam-Reza-Heiligtum
2 Besucheranmeldung
3 Moschee Shah oder 72 Verstorbene
4 Hamam-e Shah oder Hamam-e Mehdi Qoli Beyg
5 Reza-Basar
6 Kuppelbau Gonbad-e Kheshti
7 Mausoleum Nader Shah
8 Moderne Moschee Haj Navab
9 Reisebüro Adibian
10 Iran Air
11 Postamt
12 Telefonamt
13 Bank-e Melli
14 Imam-Reza-Krankenhaus

Mashhads ein Areal von einem Kilometer Durchmesser ein. Für Schiiten ist dies der heiligste Ort Irans. Da man bei seiner Andacht ungestört bleiben möchte, **ist der zentrale Bereich für Nicht-Muslime nicht zugänglich**.

Für den **Besuch der Außenbereiche** wählt man den Eingang vom Shirazi-Boulevard her, da man von hier aus den kürzesten Weg zur Informationsstelle für ausländische Besucher an der Südseite des Sahn-e Jomhuri-ye Islami hat (Sahn ist der Begriff für Hof).

Vom Eingang her bietet sich ein beeindruckendes Panorama. Die vergoldete Kuppel erhebt sich über dem Grab Imam Rezas, und die türkisblaue große Kuppel gehört zur Gawharshad-Moschee. Drei Portale mit je zwei hohen Minaretten im südwestlichen Außenbereich markieren die Eingänge zu dem neuen, weiten Sahn-e Jame-e Razavi, wo sich große Pilgergruppen versammeln. Der wuchtige Iwan mit Uhrturm ist das Eingangsportal zum **Sahn-e Enqelab**, der früher als alter Hof oder Sahn-e Kohneh bekannt war. Er ist einer der großartigsten Vieriwan-Höfe Irans. Dort steht im Südosten der Iwan mit dem aufgesetzten zweistöckigen **Neqar-e Khaneh**, dem Paukenhaus, wo auch heutzutage noch Pauken und Trompeten bei Sonnenauf- und -untergang erschallen. Auch befindet sich dort der Shah Abbas II. zugeschriebene **Nordost-iwan** von 1649 mit wundervollem vorwiegend blauem Fliesendekor, der jeden Vergleich mit dem der Iwane der Imam-Moschee in Isfahan aushält. Der im Jahre 1481 vom timuridischen Verwalter und Dichter Amir Ali Shir Navai gestiftete Südwest-Iwan ist nun als **Iwan-e Naderi** bekannt, da Nader Shah die Iwan-Innenseite Anfang des 18. Jahrhunderts vergolden und mit einem herrlichen Schriftband schmücken ließ.

Die **Grabkammer Imam Rezas** ist nur 10 mal 10 Meter groß, da der heutige Kuppelbau auf den ursprünglichen Grundmauern steht. Der Kenotaph aus Marmor und die etwa 2,30 Meter tiefe Krypta werden durch einen im Jahre 2001 neu installierten Zarih-Gitteraufbau mit feinen Gold- und Silberschmiedearbeiten geschützt. Die Innenwände der Grabkammer sind mit eleganten blauen und türkisfarbenen Fayancen und mit Spiegelmosaiken verziert. Die Kuppel des Grabbaus wurde Anfang des 14. Jahrhunderts erbaut und mehrfach

Das Imam-Reza-Heiligtum im Abendlicht

renoviert, zuletzt nach dem Beschuss durch russische Artillerie im Jahre 1912. Die Vergoldung geht auf die Zeit Shah Abbas I. zurück. 1608 fügte der Meisterkalligraf Ali Reza Abbasi das 1,90 Meter hohe und 42 Meter lange Thulth-Inschriftband um den Tambour hinzu.

Ein weiteres bemerkenswertes Gebäude, dessen dunkelbraune Flachkuppel sich nur 15 Meter östlich des vergoldeten Grabturms erhebt, ist das um 1613 vollendete **Mausoleum des Allahverdi Khan,** eines zum Islam konvertierten Georgiers, der als General unter Shah Abbas I. diente und auch die Brücke Si-o-Se Pol in Isfahan erbauen ließ. Es besteht aus zwei oktagonalen Stockwerken mit jeweils acht Nischen, über das sich der mit ringförmig angeordneten Muqarnas gefüllte Kuppelraum wölbt. Seine vielfarbigen Mosaikfliesen bilden exquisite florale Muster und Kalligraphien.

Die nahe am Zentrum liegende **Gowharshad-Moschee** ist einer der glanzvollsten Sakralbauten Irans. Sie wurde von der oben erwähnten Gowharshad in Auftrag gegeben und 1418 fertiggestellt. Erbauer war der Shirazer Architekt Qavam ad-Din. Gowharshads Sohn Baisonqor, ein hervorragender Künstler, entwarf kalligraphische Inschriften und Dekor. Bis zur Spitze der türkisfarben gefliesten Kuppel ist das Hauptgebäude 41 Meter hoch. Der Blick vom Hof her durch den riesigen Iwanbogen in den hellen Gebetssaal mit dem großen marmorumrahmten Mihrab und dem Muqarnasfeld an der Rückwand beeindruckt durch seine großartige Tiefenwirkung. An seine Außenseiten schließen sich Hallen mit jeweils 40 Säulen an. Bis auf die Innenwände des Gebetssaals und der Säulenhallen sind alle Flächen mit feinen polychromen Mosaikfliesen in vorherrschend blauen Farbtönen geschmückt, die florale und geometrische Muster bilden. Diese sind teilweise mit sandfarbenen, reliefierten Kacheln kombiniert, was bezaubernde Kontraste erzeugt.

▶ Karte S. 460

Auch wenn die Enqelab- und Azadi-Höfe und die zentralen Teile des Heiligtums mit der Gawharshad-Moschee unter normalen Umständen für Touristen nicht zugänglich sind, so wird man dennoch durch die Außenhöfe oder die Aussicht von den oberen Stockwerken der Museen bleibende Eindrücke von diesem Heiligtum gewinnen.

Wenn man vom Eingang des Shirazi-Boulevards her einhundert Meter in Richtung goldene Kuppel geht, erreicht man den Sahn-e Jomhuri. In der **Informationsstelle** (Daftar-e Ravabet-e Beynolmal) wird ein kurzes Video über die Geschichte des Heiligtums und dessen zentrale Gebäude vorgeführt. Danach kann man sich durch die für Nicht-Muslime zugelassenen Bereiche begleiten lassen und Museen aufsuchen, in denen Ausstattungsteile aus dem Heiligtum wie die 2001 ersetzte Zarih-Gitterverkleidung des Imam-Reza-Grabs oder kostbare Korane und schöne Teppiche ausgestellt werden. Gepäck und Kameras dürfen aus Sicherheitsgründen nicht mitgenommen werden und müssen bei einer der Aufbewahrungsstellen abgegeben werden. Frauen müssen auf dem Gelände Chador-Umhänge tragen, die über die Informationsstelle ausgeliehen werden können (geöffnet täglich von 7 bis 19 Uhr, Tel. (0)511/2002362 oder 2213474, iro@imamrezashrine.com, www.aqrazavi.org).

Blick vom Eingang ins Heiligtum

Weitere Sehenswürdigkeiten

Einige Sehenswürdigkeiten befinden sich 200 Meter südwestlich des Eingangs vom Shirazi-Boulevard an der Außenseite des Heiligtums. Die **Moschee der 72 Märtyrer** (Masjed-e Haftado-do Tan oder Shah-Moschee) stammt aus dem Jahre 1451. Die Fassade des Kuppelbaus wird von zwei Minaretten flankiert. Sie zeichnet sich durch den für die timuridische Zeit typischen Mosaikfliesen-Schmuck aus. Die Innenräume, die auch schönen Fliesendekor in Blau-, Grün- und Ockertönen enthalten, bilden eine sehr harmonische Einheit aus Dekor und Architektur. Architekt war Shamseddin Mohamad Tabrizi, der 1465 auch die Blaue Moschee in Tabriz erbaute.

Das sich südlich an die Shah-Moschee anschließende Hamam-e Shah oder Hamam-e Mehdi Qoli Beyg ist als **Badehaus-Museum** eingerichtet und wegen seiner großen Kuppel und deren naturalistischer Ausmalung interessant (täglich geöffnet von 8 bis 12.30 Uhr, donnerstags und freitags von 8 bis 11.30 Uhr).

Zweihundertfünfzig Meter südlich des Sahn-e Jame-e Razavi führt vom Falakeye Ab (Meydan-e Beyt-ol-Moqadas) der **Reza-Basar** (Bazar-e Reza) in südöstliche Richtung. Er ist etwa 800 Meter lang und 30 Meter breit. Man sollte besonders auf den schönen Türkisschmuck achten, der aus den Minen bei Neyshabur stammt. Im Obergeschoss gibt es auch Werkstätten, in denen er bearbeitet wird. Außerdem ist der Safran aus der Gegend von Mashhad wegen seiner ausgezeichneten Qualität bekannt.

Türkisschleifer auf dem Reza-Basar

550 Meter nördlich des Heiligtums an der Westseite des Bolvar-e Tabarsi steht etwas abseits der Straße der Kuppelbau der **Imamzadeh Mohamad ebn-e Amir Taher-e Mousavi**. Der hier Bestattete gehörte zu einer Familie, die sich um den Erhalt des Heiligtums verdient gemacht hatte. Das Gebäude entstand im 16. Jahrhundert und zeichnet sich durch seinen verschwenderischen Stalaktiten-Dekor aus. Es kann auch von Nicht-Moslems besucht werden. Größere Gruppen sollten sich eine Erlaubnis vom International Department des Imam-Reza-Heiligtums geben lassen.

Das **Nader-Shah-Mausoleum** (Aramgah-e Nader Shah) liegt 500 Meter westlich des Heiligtums an der Kreuzung Bolvar-e Shirazi und Bolvar-e Azadi. Das Mausoleum mit angeschlossenem Museum wird von einer Bronzestatue überragt, die Nader Shah zu Pferd darstellt. Bekanntermaßen befreite er Persien von den Afghanen, unternahm einen Kriegszug bis nach Indien und starb 1747 durch ein Attentat. Das Mausoleum entstand 1959. Architekt der Anlage war Hushang Sayhun (geöffnet von 8 Uhr morgens bis eine halbe Stunde vor dem Abendgebet, Tel. 222 48 88).

Wenn man sich dem Imam-Reza-Heiligtum vom Bolvar-e Shirazi her nähert, passiert man ungefähr 100 Meter vor der Zufahrt zum Heiligtum an der nörd-

▲ Karte S. 460

lichen Straßenseite die durch ihr modernes Erscheinungsbild auffallende **Moschee Haj Nayeb** (oder Mollah Hashem) von 1999.

Von der Innenstadt entlang der Kh. Khajeh Rabi nördlich des Bahnhofs erreicht man nach sechs Kilometern das oktagonale **Khajeh-Rabi-Mausoleum** (Boqeh-ye Khajeh Rabi), das in einer Gartenanlage steht. Es wurde zwischen 1617 und 1621 erbaut. Das mit vorwiegend geometrischen farbigen Fliesenmustern geschmückte zweistöckige Gebäude wird von einer türkisfarbenen Kuppel überwölbt. Khajeh Rabi, der um 682 verstarb, gehörte zu dem Bekanntenkreis um den Propheten Mohammed und war zeitweise Heerführer unter Imam Ali. Im **Park Kuh-e Sangi**, viereinhalb Kilometer südwestlich des Stadtzentrums am Bolvar-e Shahid Kalantari, erhebt sich der Kuh-e Sangi (Felsenberg), ein beliebter Aussichtspunkt.

Etwa 10 bzw. 15 Kilometer südlich des Flughafens an der Autobahn nach Neyshabur liegen die kleinen Heiligtümer von **Khwaja Abasalt** und **Khwaja Morad**, letzteres ein Kilometer westlich der Straße, malerisch am Gebirgsrand. Beide Heilige waren Gefährten von Imam Reza.

i Mashhad

Vorwahl: +98/(0)511.

Telefonamt (Edare-ye Telefon), Kh. Imam Reza nahe Meydan-e Beyt ol-Moqaddas.

Postamt (Edare-ye Post), Bolvar-e Imam Khomeini, Chaharrah-e (Kreuzung) Kh. Pasdaran.

Touristeninformation bei der Besucheranmeldung im Hof des Heiligtums.

Englischsprachige Reiseführer: Mr. Vali Ansari ist empfehlenswert für Mashhad und Umgebung – Kontaktdaten siehe Vali's Homestay unter Hotels (→ S. 466).

Ein weiterer guter Reiseleiter ist Mr. Hassan Kheyr Khan, Mobiltel. (0)915/ s1104852, agha_hassan_mashad@ yahoo.com.

Reisebüro Ahange Safar (Azhans-e Mosaferat-e Ahange Safar), Kh. Sanabad 503, Chaharrah-e (Kreuzung) Rahnamaei, nazdik-e (nahe) Bank-e Sepah bzw. Moble Kurush, Tel. 845-8333, ahangsafar@gmail.com.

Reisebüro Adibian (Azhans-e Mosaferat-e Adibian), Kh. Pasdaran 56, Tel. 8592137, 8598151 www.adibiantours.com.

Turkmen. Konsulat, Meydan-e Dah-e Dey, Kh. Konsulgari 34, Tel. 8547066.

Krankenhaus Imam Reza (Bimarestan-e Imam Reza), Bolvar-e Ebnesina, Tel. 854303-1 (bis -9).

Bank-e Melli, Bolvar-e Imam Khomeini gegenüber Postamt, Tel. 2257222.

Der Flughafen (Forudgah) liegt 8 km südöstlich des Heiligtums. Es bestehen tägl. Verbindungen mit Teheran. Turkish Airlines fliegt mehrmals in der Woche nach Istanbul. **Iran Air**, Bolvar-e Modarres 7, Tel. 2252080.

Der Bahnhof (Istgah-e Rah-e Ahan) liegt 1,5 km nördlich des Harams. Die derzeitige Fahrtdauer von 22 Stunden nach Teheran soll durch Modernisierungsmaßnahmen verkürzt werden.

Der Bus-Terminal (Terminal-e Otobus) liegt 4 km südlich des Heiligtums. Vom zentralen, riesigen Terminal am südlichen Ende der Kh. Imam Reza verkehren Busse in alle Teile des Landes.

Grenze zu Turkmenistan: Nach Ashgabat benutzt man den Grenzübergang Bajgiran, der 230 km über Quchan entfernt ist. Das 185 km entfernte Sarakhs ist am besten geeignet für den direkten Transit durch Turkmenistan nach Uzbekistan. Visa für Uzbekistan sollten von Europa aus mitgebracht werden. Kirgisien ist während der ersten 60 Tage visumsfrei. Fragen Sie Mr. Vali Ansari von Vali's Homestay wegen aktueller Reisemöglichkeiten über Sarakhs.

M

Eine Ost-West-Linie ist seit 2011 in Betrieb. Sie beginnt an der Ghadir-Schnellstraße auf der Höhe des Flughafens und durchquert die Stadt etwa 1,5 km südlich des Heiligtums und endet 8 km nordöstlich von Torqabeh.

Hotel Razavieh****, Meydan-e Beyt ol-Moqaddas, nahe Nordeingang Bazar-e Reza, Tel. 3653611, www.razaviehhotel.ir (Persisch) (Q4/P4).

Hotel Iran****, Kh. Khosravi (Kh. Andarzgu). Tel. 2228010. www.irhotel.com. Gute Qualität, hilfsbereite Mitarbeiter (Q4/P4).

Hotel Tehran***, Bolvar-e Emam Reza. Tel. 8540091, Fax 8540046. Gutes Mittelklassehotel (Q3/P3).

Hotel Razi*–**, Kh. Razi, Meydan-e DaheDey, Tel. 8548222, Fax 8544099. www.hotelrazi.com (Persisch), sauber (Q1–2/P0).

Vali's Homestay, etwa 150 Meter westlich der Imam Khomeini Metrostation bzw. Chaharrah-e Lashkar, südlich beim Schild ›Mosque‹ in der Kh Malek-a-Shoara 38 (siohasht) 277. Privatunterkunft bei der Familie von Mr. Vali Ansari, der auch als Guide für Mashhad und Umgebung agiert und beispielsweise bei der Beschaffung von Visa für Turkmenistan hilft (10–14 Tage vorher melden. Er hat auch ein Teppichgeschäft. Tel. 8516980, mobil (0)915/1001324, www.valishomestay.com, Adresse in Persisch auf der von der Website ausdruckbaren Visitenkarte, Übernachtung ca. 15 Euro, ausgezeichnete persische Küche.

Restaurant im Hotel Jahan** mit schönem Blick auf das Imam-Reza-Heiligtum, Tel. 2250085 bis 7. Am Nordende der Kh. Imam Reza, etwa 80 m auf der westlichen Seite der Tunneleinfahrt zum Haram.

Restaurant Ali, Bolvar-e Imam Reza östl. Seite, etwa 150 m südl. des Meydane Beyt al-Moqadas, Tel. 8510097, 8516601. Kebabs, persische Standardküche.

Restaurant Hezardastan, Bazar-e Jannat. Tel. 2254757, 2222943. Traditionelles, stimmungsvolles Lokal, gute persische Küche, angemessene höhere Preiskategorie.

Restaurant Sarab, Meydan-e Saadi, etwas westl. des Hezardastan-Restaurants, Tel. 8410739. Gute Kebabs.

Hinweis: Die oben genannten Hotels besitzen ebenfalls gute Restaurants. Vali's Homestay bietet köstliche persische Gerichte für kleine Gruppen.

Eine Spezialität ist Zoulubiya, eine Mischung aus Stärke, Weizenmehl, Zukker und Rosenwasser in Form kleiner seitlich gerillter frittierter Biskuits.

▶ Karte S. 469/460

Die Umgebung von Mashhad

Binalud-Gebirge

Im 25 Kilometer von Mashhad entfernten **Torqabeh** (1400 m) gibt es viele rustikale Restaurants, wo man auch im Freien sitzen kann, beispielsweise im Restoran-e Chaharfasl-e Anbaran. Das Torqabeh Grand Hotel*** könnte man auch als Unterkunft in Betracht ziehen, Tel. (0)512/42 22 20 09 (Q3/P3). In Mashhad fährt man vom Meydan-e Dr. Shariati (Meydan-e Taghiabad) in westlicher Richtung den Bolvar-e Ahmadabad, Bolvar-e Malekabad und den Bolvar-e Vakilabad entlang bis zur westlichen Metro-Endstation, die man wegen der weiten Gleisanlagen nicht übersehen kann. Dort biegt man südlich ab und sieht nach etwa vier Kilometern das Hotel und kurz darauf Torqabeh.

Von Torqabeh sind es weitere 22 Kilometer mitten in die Gebirgswelt zum kleinen Ort **Kang** auf 1700 Metern Höhe. Er zieht sich terrassenartig einen Hang hinauf, zählt zu den malerischsten Dörfern Irans und ist auch als Ausgangspunkt für Wanderungen geeignet.

Tus

Von der Fernstraße Richtung Bojnurd biegt man 14 Kilometer vom Ortsrand Mashhads entfernt nordöstlich ab und erreicht Tus nach weiteren sechs Kilometern. Links der Straße steht der schmucklose Iwan-Ziegelbau **Harunieh**, der wahrscheinlich aus dem frühen 14. Jahrhundert stammt und fälschlicherweise als Grab Harun al Rashids bezeichnet wird, da dieser im Zentrum des heutigen Harams in Mashhad begraben wurde. Es ist zwar denkbar, dass es sich um ein Mausoleum für den großen islamischen Philosophen al-Ghazali handelt, der in Tus im Jahre 1111 verstarb, aber ein kleines, unscheinbares Grab, das auf al-Ghazali hinweist, wurde 1995 nahe beim ehemaligen Tus gefunden.

Die **Ruinen von Tus**, das von Mongolen verwüstet und von Timuriden im Jahre 1389 endgültig zerstört wurde, stehen 800 Meter nördlich von hier. Dort ist auch ein Museum, in dem einige Funde und Gemälde zu seiner Geschichte präsentiert werden. Der Ort bestand bereits in achämenidischer Zeit und ist wahrscheinlich das Sousia der Griechen, an dem Alexander der Große 330 v. Chr. vorbeikam. Es war wichtige Verwaltungsstadt und intellektuelles Zentrum. Zusätzlich zu al-Ghazali stammten weitere Persönlichkeiten aus Tus wie der seldschukische Vizier Nizam ol-Molk, der Astronom Naser al-Din Tusi und Ferdowsi, der Dichter der Shahname. Das **Ferdowsi-Mausoleum** wurde 1934 zu Ferdowsis 1000. Geburtstag eingeweiht, das große kubusförmige Gebäude entwarf der Architekt Karim Taherzadeh Behzad. Als Berater für die historischen Elemente des Denkmals standen ihm die prominenten Archäologen André Godard und Ernst Herzfeld zur Seite. Über einem abgestuften Podest erhebt sich das Gebäude, dessen Ecken und Seiten durch achämenidische Säulen mit Stierkapitellen gegliedert sind. Zwischen den Säulenpaaren der Seiten befinden sich blinde Toröffnungen, in deren Wandflächen Verse aus der Shahname eingemeißelt wurden. Im Inneren des Grabbaus befindet sich ein zentraler Raum mit Ferdowsis Sarkophag und Reliefs, die Szenen aus dem Shahname abbilden.

Akhangan-Grabturm

Von Tus kann man in einem Bogen nach Mashhad zurückfahren und dabei den schönen Akhangan-Grabturm (Borj-e Akhangan) besichtigen. Man nimmt vor der Eingangsseite zum Ferdowsi-Denk-

Der Akhangan-Grabturm

malsgelände eine schmale Straße, die östlich, nach rechts, in ein Dorf hineinführt. Nach 300 Metern biegt man nördlich ab und an der 800 Meter entfernten Gabelung folgt man der rechten Abzweigung Richtung Osten. Nach zehn Kilometern sieht man den Akhangan-Grabturm mit den schmalen, abwechselnd hellblauen, sandfarbenen und dunkelblauen Ziegelbändern, die sein ungewöhnliches Faltdach schmücken. An den durch Halbsäulen gegliederten Seitenwänden fallen hunderte sternförmige Vertiefungen auf, in denen sich früher hellblaue und dunkelblaue Fliesensterne befanden. Der Turm entstand im 15. Jahrhundert, und der Legende nach wurde hier Gowhartaj, die Schwester von Gowharshad, beigesetzt.

Radkan-Grabturm

Wer etwas Zeit hat, kann auf der Fernstraße Richtung Bojnurd 45 Kilometer weiter nach Chenaran fahren. 15 Kilometer hinter diesem Ort zweigt eine Straße nach Norden zum neun Kilometer entfernten Radkan ab, von wo aus Feldwege in südöstlicher Richtung zum Grabturm (Mil-e Radkan) führen. Er ist 24 Meter hoch und stammt aus dem 13. Jahrhundert. Seine Außenwand ist durch sechsunddreißig Halbsäulen mit Ziegelmustern geschmückt. Der Spitzturm ist schmucklos. Interessant sind die Untersuchungen des Iraners Manoochehr Aryan, der feststellte, dass der Turm wie eine Sonnenuhr funktioniert und beispielsweise Frühjahrsbeginn, Sommer- und Wintersonnenwende über den Sonneneinfall durch die Turmöffnungen eindeutig messbar sind.

Nomaden bei Shirvan

Nördlich von Shirvan ziehen die **Zafaranlu-Nomaden**, aus der Region südwestlich Maraveh Tappehs kommend, etwa Anfang Mai am Ort Lujali, 35 Kilometer nördlich von Shirvan, vorbei und dann über Ughaz (Owghaz Tazeh), 30 Kilometer nordöstlich von Shirvan, in das Sommerlager Takht-e Fatemeh Khanum

Zafaranlu-Nomadin auf dem Weg ins Sommerlager

▲ Umschlagkarte

auf knapp 2000 Metern Höhe. Dieses ist nur über eine 15 Kilometer lange Piste von Ughaz aus in nördlicher Richtung erreichbar. Die Zafaranlu-Nomaden sind kurdischstämmig und wurden im 16. und Anfang des 17. Jahrhunderts aus Gebieten nahe der türkischen Grenze hierher umgesiedelt. Zafaranlus bildeten das Rückrat der siegreichen Armeen Nader Shahs. Ihre Route, auf der sie über einen Monat ab Ende April und dann zurück ab Mitte August unterwegs sind, ist ungefähr 280 Kilometer lang.

Die Kabud-Gonbad-Moschee in Kalat

Kalat

Durch Gebirgs- und Hügellandschaften führt die Fahrt zum 150 Kilometer entfernten Kalat (Kalat-e Naderi oder Kabud Gonbad), das in einem nur durch eine Schlucht zugänglichen Talkessel liegt. Dies war das Rückzugsgebiet Nader Shahs. Er errichtete hier im Jahre 1737 in einer Gartenanlage den **Emarat-e Khorshid** (Sonnen-Palast). Dieser besitzt drei Stockwerke und weist im Zentrum einen zylinderförmigen, breiten Turmbau auf, der durch zahlreiche Halbsäulen gegliedert ist. Im Inneren befinden sich zwölf Räume und eine zentrale Halle. Hier soll Nader Shah die Schätze, die er von seinem siegreichen Indien-Feldzug mitbrachte, zeitweilig deponiert haben. Innen ist der Palast durch Stuckdekor und außen an den Iwanbögen durch florale Steinmetzarbeiten verziert. In Kalat befindet sich auch die **Kabud-Gonbad-Moschee** mit türkisblauer Kuppel, die Nader Shah um 1747 bauen ließ. Ihr auffallend hoher Tambour ist mit Fliesen in geometrischer Ornamentik in den Farben Blau, Weiß und Ocker geschmückt. Am Ausgang des Talkessels, kann man kurz vor dem Tunnel die Straße verlassen und einen Blick in die früher als Zugang benützte enge Schlucht werfen, an deren Ostwand eine Felsinschrift angebracht ist, die ein Lobesgedicht auf Nader Shah enthält.

Von hier kann man nach **Dargaz** (Darreh Gaz) weiterfahren. Man kommt dabei durch eine attraktive Hügellandschaft, wo sich zwischen Mai und August Jalayer-Nomaden in Zelten aufhalten. Zwei Kilometer nordwestlich von Dargaz hat man vor einigen Jahren eine sassanidische **Feuertempel-Palastanlage**, die Stuckreliefs mit Siegesszenen und floralen Motiven enthält, gefunden. Fragen Sie in Dargaz zuerst nach der Miras-e Farhangi (Kulturbehörde) und lassen Sie sich eine Besichtigungserlaubnis geben. Das Hotel Saram** an der Kh. Imam Khomeini, Tel. (0)5 82/52 251 47, (Q1-2/P1-2), ist akzeptabel.

Sarakhs

Auf einer Fahrt nach Sarakhs kann man eine der sehenswertesten Karawansereien Irans kennenlernen. Man fährt 125 Kilometer bis **Shurloq** und biegt dort südlich ab zu der sechs Kilometer entfernten **Robat-e Sharaf**. Sie entstand

in seldschukischer Zeit im Jahre 1115, und Sultan Sanjar ließ sie vierzig Jahre später ausbauen. Der von Wehrmauern und Bastionen eingefasste Komplex ist etwa 100 Meter lang, über 60 Meter breit und besitzt zwei Innenhöfe mit Portalen, die schönen Ziegeldekor aufweisen. Die verschwenderisch mit Stuckornamenten verzierte Anlage enthält Aufenthaltsräume, Stallungen und eine kleine Moschee mit Stuckmihrab.
Von Shurloq ist die Grenzstadt Sarakhs noch 60 Kilometer entfernt. Hier gibt es einen großen neuen Bahnhof, von dem Eisenbahnverbindungen nach Turkmenistan und in entferntere asiatische Länder ausgehen. Auch befindet sich hier das **Kuppel-Mausoleum** des Sheykh Baba Loqman (Gonbad-e Loqman), das auf das 11. Jahrhundert zurückgeht und um 1356 ausgebaut und mit Stuckdekor versehen wurde.
Einen seldschukischen Kuppelbau und ein Minarett, beide aus dem 12. Jahrhundert, kann man auf der Rückfahrt kurz vor Mashhad in **Sangbast** sehen, das 20 Kilometer südlich der Strecke liegt. Die Gebäude sind mit dezentem Ziegeldekor verziert. Ob der Kuppelbau Arslan Jadhib, dem Berater von Mahmud von Ghazni zugeschrieben werden kann, ist umstritten. Die Einwohner nennen die Anlage Borj-e Ayaz.

Von Mashhad Richtung Süden

Die Strecken in südliche Richtung sind für einen Ausflug meist sehr lang. Sollte man sie benützen, um nach Kerman weiterzufahren, gäbe es eine empfehlenswerte Übernachtungsmöglichkeit in **Bidokht** bei Gonabad, in 275 Kilometer Entfernung. Bidokht Tourist Inn (Mehmansara Jahangerdi)**, Bolvar-e Taleqani, Tel. +98/(0)5 33/733 32 32, bidokhtinn@yahoo.com (Q2/P1–2).

▶ Umschlagkarte

Torbat-e Jam

In Torbat-e Jam, 165 Kilometer von Mashhad entfernt, steht der sehenswerte **Mausoleumskomplex des Sufis Sheikh Ahmad** (Aramgah-e Sheykh Jami), der 1141 starb. Als erstes sieht man den über 25 Meter hohen, imposanten Eingangsiwan von 1360, der mit Mosaikfliesen in floralen Mustern und Inschriftenbändern geschmückt ist, die um 1614 angebracht wurden. Dahinter befindet sich der Kuppelsaal von 1236. Im Hof vor dem Eingangsiwan wachsen Pistazienbäume, unter deren Zweigen sich das einfache Grab (Mazar) des Sufi-Sheikhs befindet. Rechts vom Eingangsiwan erhebt sich eine türkisblaue Kuppel, die zu einem Madrese-Komplex von 1445 gehört. Links schließt sich an den Eingangsiwan die Masjed-e Kermani an, die um 1320 entstand und ein Sufi-Versammlungsort war. Sie enthält außergewöhnlich schönen floralen Stuckdekor an den Wänden und auf dem Mihrab. Der Meister hinterließ seine Signatur mit Khvajeh Zaki ben Mohamad ben Masoud Kermani. Nach ihm ist diese Moschee benannt. Man sollte unbedingt versuchen, dieses Gebäude zu besichtigen. Zwei weitere, fast schmucklose Moscheen, die sich an der Rückseite anschließen, stammen von Anfang des 14. und 15. Jahrhunderts.

Taybad

Das **Mausoleum** (Aramgah) **des Maulana Zeyn al-Din Taybadi** befindet sich in dem 230 Kilometer von Mashhad entfernten Taybad. Es besteht aus einem hohen Eingangsiwan mit dahinter liegendem Kuppelraum von 1445. Beim Dekor werden teilweise die sandfarbenen Ziegel mit den hellblauen Fliesen kombiniert. Hervorzuheben sind die schönen Mosaikfliesenfelder an den

Wächter im Mausoleum von Taybad

Wänden des Iwangewölbes und die Original-Inschriften, bei denen Terrakotta für die kalligraphischen Zeichen verwendet wurde. Auch hier befindet sich das einfache Grab des Sufi-Sheiks vor dem Iwan unter Pistazienbäumen. In Taybad gibt es das einfache Shahrdari Hotel*, Park-e Shahrdari Tel. +98/(0)529/422 22 69 (Q0/P0a).

■ Rund um Sangan

Fährt man von Taybad in Richtung Sangan, passiert man nach 30 Kilometern am Ortsende von **Karat** ein einzeln stehendes Lehmziegelminarett aus dem 12. Jahrhundert rechts der Straße, das **Mil-e Karat**. Es gehört mit seinem oktagonalen Grundriss einem ost-khorasanischen Typus an. Nach weiteren 40 Kilometern gabelt sich die Straße. Südlich führt sie zu dem vier Kilometer entfernten Sangan (Sangan-e Pain), wo es in der **Masjed-e Gonbad** ein altes Stuck-Mihrab aus der Zeit um 1140 gibt. Nördlich fährt man sechs Kilometer weiter und biegt dann südwestlich zum fünf Kilometer entfernten **Nashtifan** ab. Hier stehen auf einer Anhöhe über Lehmbauten zahlreiche **traditionelle Windmühlen** (Asbaadhayi), deren Blätter sich um senkrecht stehende Achsen drehen. Dies ist ein sehr empfehlenswerter Abstecher für jeden, der sich für traditionelle Arbeitsmethoden interessiert.

Zurück auf der Fernstraße, geht es nördlich sieben Kilometer weiter nach **Khargerd**, wo Irans schönste Madrese aus timuridischer Zeit erhalten blieb. Pir Ahmad ben Ishaq, der Wesir des Timuridenherrschers Shahrukh, wurde hier geboren und stiftete seinem Geburtsort dieses im Jahre 1445 vollendete Bauwerk. Der Bauplan stammt von Qavam ad-Din Shirazi, dem Erbauer der Gowharshad-Moschee in Mashhad. Die Fassade besitzt einen Eingangsiwan und seitliche Blendarkaden, die an den Ecken von Rundtürmen begrenzt werden. Im Eingangsbereich liegen sich zwei Kuppelräume gegenüber. Der rechte ist als Moschee mit Gebetsnische ausgelegt und der linke diente Vorträgen und Versammlungen. Die durch Nischen gegliederten Wände und Trompen sind mit Muqarnas verziert und die Wandflächen mit Ornamenten in Pastellfarben be-

Im Innenhof der Madrese von Khargerd

malt. Der Vier-Iwan-Innenhof ist durch doppelstöckige Arkaden gegliedert, deren Umrahmungen mit Mosaikfliesen in feinen floralen Mustern geschmückt sind, während man für die Gewölbe hell- und dunkelblaue Glasurziegel in geometrischen Dekors einsetzte.

Von Khargerd sind es 130 Kilometer bis **Torbat-e Heydariyeh**. Dort kann man versuchen, einen Blick in die Innenkuppel des Qutb al-Din Haydar Mausoleums (Aramgah-e Qutb al-Din Haydar) zu werfen, das sehr schöne geometrische Ornamente aufweist. Qutb al-Din Haydar war ein Gnostiker des 13. Jahrhunderts, und das Heiligtum geht bis auf diese Zeit zurück, wurde aber wiederholt erweitert und renoviert. Bis zurück nach Mashhad sind es 150 Kilometer.

■ Der Grabturm in Aliabad-e Kashmar

Während der Grabturm in Gonbad-e Kavus wegen seiner Größe und strengen Linienführung sicherlich der beeindruckendste ist, gilt der Grabturm in Aliabad-e Kashmar als einer der schönsten. Um dorthin zu gelangen, muss man allerdings von Torbat-e Heydariyeh aus einen westlichen Abstecher von 95 Kilometern über die Stadt Kashmar hinaus bis Khalilabad machen und 16 Kilometer hinter Khalilabad nördlich abbiegen zum fünf Kilometer entfernten Dorf Aliabad-e Kashmar. Der 18 Meter hohe Grabturm aus dem 14. Jahrhundert besitzt eine achteckige Grundfläche und ist 18 Meter hoch. Seine Außenseite ist durch 42 alternierende prismatische Rippen und Halbsäulen gegliedert.

Die Provinz Sistan und Belutschestan

Mit 181785 Quadratkilometern ist dies die größte iranische Provinz. Hier leben aber nur 2,4 Millionen Menschen, da nur wenige Flächen landwirtschaftlich nutzbar sind und die Region überwiegend aus Steppen, Gebirgen und Wüsten besteht, die sich von der Wüste Lut her in dieses trockene und heiße Gebiet fortsetzen. Hinzu kommen drei weite, abflusslose Senken, die Hamun-e Jazmuriyan westlich von Iranshahr und die Hamun-e Helmand und Hamun-e Sistan westlich von Zabol.

Die Provinz bildet die Grenzregion zwischen Afghanistan und Pakistan. Da der 1300 Kilometer lange Helmand-Fluss, der in die Hamun-e Helmand mündet, im Hindukusch entspringt und in Afghanistan mehrfach gestaut wird, kann dies in niederschlagsarmen Jahren zu Interessenkonflikten zwischen Iran und Afghanistan führen.

Wie die über 5000 Jahre alte Ruinenstadt Shahr-e Sokhte belegt, ist dies altes Kulturland. Sistan war als Drangiana wichtiger Bestandteil des achämenidischen Reichs und wurde seit parthischer Zeit, als die Saken, ein arischer Skythenstamm, sich dort aufhielten, Sakastan genannt, woraus sich Sistan ableitet. Der südliche Teil der Provinz mit den Sarhad, Bashakerd- und Makrangebirgen wird nach der dort lebenden Bevölkerung Belutschestan genannt. Hier gibt es Nomaden, und in zahlreichen Dörfern verwendet man noch die traditionellen Toups-Rundhütten.

Die **Belutschen**, deren Sprache zur iranischen Sprachfamilie gehört, leben auch in Westpakistan und Süd-Afghanistan, da ihr Siedlungsgebiet 1871 zwischen der britischen-indischen Einflusszone und Persien aufgeteilt wurde. Über diese Grenzen hinweg gibt es auch heu-

▶ Umschlagkarte

te noch Beziehungen zwischen belutschischen Stämmen und, besonders in Pakistan, belutschische nationalistische Tendenzen.

Die iranische Provinz Sistan und Belutschestan gilt als **unsicher**. In den vergangenen Jahren wurden Ausländer von Drogenschmugglern entführt, und bis in die neueste Zeit kam es zu Bombenanschlägen auf iranische staatliche Stellen und schiitische Moscheen durch die Jundallah-Gruppe, deren Mitglieder wie die meisten Belutschen dem sunnitischen Glauben angehören. Von Reisen per Fahrrad und Motorrad in dieses Gebiet wird abgeraten. Man sollte unbedingt die jeweils aktuellen Sicherheitshinweise des deutschen Auswärtigen Amtes beachten (www.auswaertiges-amt.de). Wegen des Benzinschmuggels kann in grenznahen Gebieten der Treibstoff knapp sein. Man sollte deshalb bei jeder Möglichkeit auftanken.

Zahedan

In der Hauptstadt Zahedan auf 1380 Metern Höhe leben 580 000 Menschen. Die Stadt spielt eine wichtige Rolle bei der Abwicklung des Grenzverkehrs mit Pakistan. Es gibt einen großen lebhaften **Straßenbasar**, wo die Einheimischen in langen weißen Gewändern das Straßenbild beherrschen.

In Zahedan

Etwa vierhundert Meter westlich des Meydan-e Khayam steht eine große **sunnitische Moscheeanlage**, die Masjed-e Makki. Ihr Eingang ist eine von kleinen Zwiebelkuppeln geschmückte Toranlage, die westlich von zwei Minaretten überragt wird, die im pakistanisch-indischen Stil in Pastellfarbtönen bemalt sind.

Nördlich der Kh. Imam Khomeini an der Kh. Ayatollah Kafami liegt ein **Gurudwara-Tempel** der Sikhs (Ma'bade Henduha) nahe dem indischen Konsulat.

Ein **archäologisches Museum** (Muzeh-ye Zahedan) befindet sich 600 Meter östlich des Meydan-e Azadi am Bolvar-e Motahari in der Kh. Emdad. Tägliche Öffnungszeiten sind von 8.30 bis 17 Uhr, außer freitags.

i Zahedan

Vorwahl: +98/(0)541.

Reisebüro Moazzen (Azhans-e Mosaferat-e Moazzen), Kh. Amir Almomenin gegenüber (ruberu-ye) Masjed-e Hezrat-e Ali, Tel. 323 23 22, moazzen_agency@yahoo.com.

Reisebüro Khaterat (Azhans-e Mosaferat-e Khaterat), Kh. Azadi, nahe Bank-e Refah, Tel.322 50 01, khaterat_zahedan@yahoo.com.

Ausländerbehörde (Atba-e Khareje), Bolvar-e Motahari nahe dem Flughafen.

Indisches Konsulat, Kh. Ayatollah Kafami, Kreuzung (Chaharrah-e) Kh. Imam Khomeini, nahe Gurudwara-Sikh-Tempel, Tel. 322 23 37. Die Visumsbearbeitung dauert mehrere Tage. Freitags und samstags ist das Konsulat geschlossen.

Pakistanisches Konsulat, Kh. Pahlavani, östlich des Meydan-e Azadi, Tel.

322 33 89. Dort werden keine Visa mehr ausgestellt, man muss sich an die pakistanische Botschaft in Teheran wenden, Kh. Hoseyn Fatemi, Kucheh Ahmed Etimadzadeh 1, Jamshidabad, Tel. +98/(0)21/66 94 48 88.

Das **Grenzgebiet** gilt auf beiden Seiten als unsicher, Auto-, Motorrad oder Radfahrer werden evtl. eine längere Strecke eskortiert werden.

Der Flughafen (Forudgah) liegt 4 km südöstlich. Es gibt tägliche Flüge nach Teheran und in mehrtägigen Abständen in andere iranische Städte.

Der Bahnhof (Istgah-e Rah-e Ahan) liegt 1,5 km südwestlich des Stadtzentrums. Die Strecke von Zahedan nach Teheran ist durchgehend fertiggestellt, der Fahrplan ist noch sehr unzuverlässig. Von Zahedan bestehen gegenwärtig zwei Zugverbindungen im Monat nach Quetta (Pakistan). Wegen der Kontrollen, Aufenthalte und langsamen Geschwindigkeiten kann die Fahrt bis zu zwei Tage dauern. Die meisten Reisenden nehmen den Bus.

Bus-Terminals (Terminal-e Otobus) befinden sich im Westen der Stadt, 3 und 5 km entfernt. Erkundigen Sie sich bei den angegebenen Reisebüros, welches Terminal in Frage kommt.

Savari-Sammeltaxis und Minibusse zum 95 Kilometer entfernten Grenzübergang nach Pakistan bei **Mirjaveh** fahren vom Meydan-e Forudgah ab. Von Taftan auf der pakistanischen Seite der Grenze fahren täglich Busse nach Quetta, die für die 620 Kilometer lange Strecke ungefähr 14 bis 15 Stunden benötigen.

Hotel Esteghlal****, Meydan-e Azadi, im Stadtzentrum, Tel. 323 80 68, 32 38 05-2 (bis -5), www.hotelesteghlal-zahedan.com (Q3–4/P3–4).

Zahedan Tourist Inn** (Mehmansara Jahangerdi), Meydan-e Forudgah, Kh. Montazeri, Tel. 322 48 98 (Q2/P1).

Von Zahedan nach Zabol

Die Stadt Zabol mit 150 000 Einwohnern liegt etwa 220 Kilometer nördlich von Zahedan in der Helmand-Senke auf 480 Metern Höhe. In ihrer Umgebung gibt es zahlreiche vor- und frühgeschichtliche Ruinengelände. In sassanidischer Zeit, im 3. und 4. Jahrhundert, wurden im Mündungsgebiet des Helmand-Flusses Dämme und Bewässerungskanäle angelegt, die das Gebiet um Zabol zu einem der fruchtbarsten des persischen Hochlands machten. Im Laufe der Zeit nahm durch Sandverwehungen und Versalzung die Versteppung zu. Von den Zerstörungen der Dämme und Bewässerungsanlagen in timuridischer Zeit, in den Jahren 1383 und 1407, erholte sich die Region nicht mehr.

Shahr-e Sokhte

Nach insgesamt 165 Kilometern ab Zahedan an der Strecke nach Zabol führt westlich eine vier Kilometer lange Stichstraße zur Ausgrabungsstätte Shahr-e Sokhte. Dort begann vor 5200 Jahren die Entwicklung einer für die damalige Epoche ungewöhnlich großen Stadt. Sie besaß mehrere Viertel mit Gassen, Wohnhäusern und Werkstätten. Spezialisten bearbeiteten Kupfer und Bronze und stellten Keramiken und Schmuck

▸ Umschlagkarte

her. Dabei verwendeten sie häufig auch kostbaren Lapislazuli aus Badakhshan und Alabaster. Es bestanden Handelsbeziehungen nach Indien, Zentralasien und Mesopotamien. Auf einer flachen Anhöhe stehen die Grundmauern eines umfangreichen Gebäudekomplexes mit massivem Mauerwerk, der vor etwa 4000 Jahren niederbrannte und von dem sich der heutige Name Shahr-e Sokhte ›verbrannte Stadt‹ ableitet. Der Friedhof im Südwesten der Stadt mit tausenden von Gräbern bedeckt eine Fläche von 20 Hektar. Skelette der Toten und Grabbeigaben sind relativ gut erhalten, da alles von einer etwa 20 Zentimeter dicken Schicht aus Salz und Ton konserviert wurde. Die Stadt und ihr Umland wurden in ihrer Glanzzeit von einem Hauptarm des Helmand-Flusses versorgt, der später seinen Lauf nach Norden änderte.

Weitere 36 Kilometer Richtung Zabol oder zwei Kilometer nördlich von Mohamadabad biegt östlich eine Straße ab, die zu den nahe der afghanischen Grenze liegenden, teilweise verwehten achämenidischen Ruinen von Dahan-e Gholaman führt. Von Fahrten dorthin wird derzeit abgeraten.

Kuh-e Khajeh (auch: Khwajeh)

Etwa zehn Kilometer nördlich von Mohamadabad führt westlich eine Straße über 22 Kilometer bis zu diesem fast kreisrundem Berg von 2,5 Kilometern Durchmesser, der sich weithin sichtbar 130 Meter über der flachen Hamun-Senke erhebt. Wenn der Helmand-Fluss genügend Wasser liefert, ist der Berg bis zu zwei Meter tief im **Helmand-See** eingeschlossen, und man wird mit einem Boot einige hundert Meter übergesetzt. In den letzten Jahren allerdings blieb die Umgebung meistens trocken, und man konnte mit dem Auto bis an den Fuß des Berges heranfahren, an dessen Südosthang die Parther im 1. Jahrhundert n. Chr. eine **Palastanlage mit Feuertempel** über einem vermutlich achämenidischen Kultbau anlegten. In der gleichen Zeit entstanden auch zwei **Festungen** an der Oberkante des Bergs. Im 3. Jahrhundert ließen sassanidische Herrscher die Palastanlage renovieren und erweitern. So wurden damals zwei Iwane dem Hof hinzugefügt und der Feuertempel in einen Vierbogenbau umgewandelt. In einer nördlichen Halle des Palastbaus fand man farbige Wandfresken, die mittlerweile in Museen untergebracht wurden. Sie stellen unter anderen ein Fürstenpaar und drei Götter dar. Der Helmand-See und der Kuh-e Khajeh sind für Zoroastrier von besonderer mythologischer Bedeutung, aber auch Muslime suchen den Berg gerne wegen eines Heiligengrabs an der Nordsseite auf. Die Ruinen der Lehmgebäude, die morgens und spätnachmittags im Sonnenlicht stehen, bieten vor den dunklen Felsen einen eindrucksvollen Anblick.

Blick aus dem Feuertempel auf dem Kuh-e Khajeh

Zabol

Vorwahl: +98/(0)542.

Im **Reisebüro Nimruz** (Azhans-e Mosaferate) ist man hilfsbereit, spricht aber keine Fremdsprache, Kh. Sheykh Bagheri gegenüber der Polizeistation (ruberu-ye Niru-ye Entezami), Tel. 222 50 40.

Mahan Air fliegt zweimal wöchentlich vom nördlich gelegenen Flughafen nach Teheran.

Der Busbahnhof liegt im Süden.

Eine geeignete Unterkunft in Zabol ist das **Aram Hotel*****, Meydan-e Rostam (Meydan-e Yaghub), Tel. +98/(0)542/22 95 50-0 (bis -4), (Q2–3/P1–2).

Das akzeptable Nimruz Hotel, Bolvar-e Daneshgah, wurde auf unbestimmte Zeit geschlossen.

In der Kh. Ferdowsi gibt es ein **Archäologisches Museum** (Muzeh), das von 8 bis 14 geöffnet ist, außer freitags.

Chabahar

Die kleine Hafenstadt **Chabahar** am persischen Golf ist über tägliche Flüge der Iran Air von Teheran aus zu erreichen. Sie ist Ausgangspunkt für landschaftlich reizvolle Ausflüge, wobei allerdings die oben gegebenen Risikohinweise und das (geringe) Malariarisiko zu beachten sind.

In der Ortsmitte gibt es einen kleinen **traditionellen Basar**. Westlich zur Bucht hin, etwa 400 Meter südlich des Platzes

Erosionslandschaft östlich von Chabahar

Falakeh-ye Shilat, befindet sich das kleine Heiligtum **Imamzadeh Gholam Rasoul**. Es entstand im 14. Jahrhundert im indischen Stil. Jedes Jahr findet hier Ende Januar ein zehntägiges Fest statt, das zu Ehren des indischen Schiiten Seyed Gholam Rasoul veranstaltet wird, der hier vor etwa 1000 Jahren starb, als er seine persische Braut abholen wollte.

Am nördlichen Ortsende östlich des Lipar-Hotels befinden sich **moderne Einkaufszentren** in der Freihandelszone. In Chabahar wird in Kooperation mit einem indischen Konsortium der moderne Hafen ausgebaut. Da China den Hafen in Gwadar erweitert, das 170 Kilometer Luftlinie östlich in Pakistan liegt, lassen sich hier strategische Partnerschaften erkennen, die in Zukunft von großer Bedeutung werden können.

An der östlichen Küstenstraße Richtung Beris liegen ungefähr 30 Kilometer von Chabahar entfernt die sogenannten **Marsberge (Merrikhi)**, die zu den beeindruckendsten Erosionslandschaften Irans gehören.

▲ Umschlagkarte

Chabahar

Vorwahl: +98/(0)545.

Wer kein Reisebüro in Teheran einschalten möchte, kann die Ausflüge über die nachfolgenden Hotels oder das Reisebüro arrangieren lassen:

Lipar Hotel****, am Nordende der Stadt an der Chabahar Bucht, Tel. 44 42 10-1, -2 (Q3–4/P3).

Tourist Inn (Mehmansara Jahangardi)**, Bolvar-e Imam Khomeini, Tel. 222 24 44 (Q2/P2)

Rafia Reisebüro (Azhans-e Mosaferate), Kh. Imam gegenüber Kh. Bahonar, Tel. 333 45 45. Man spricht hier keine Fremdsprache.

Gando-Naturschutzgebiet

Zu dem Gebiet, in dem das **Gando-Krokodil** lebt, führt die Straße Richtung Rask–Iranshahr. Bis kurz vor Rask erstreckt sich das Gando-Naturschutzgebiet. Innerhalb dieses Territoriums kann man 105 Kilometer ab Chabahar bei Hutgat-e Pain, nördlich von Bahu Kalat, östlich der Straße in den Gewässern eventuell ein Gando-Krokodil sichten. 135 Kilometer weiter, nördlich außerhalb des Naturschutzgebiets kurz vor Sarbaz kommen diese Krokodile auch am Sarbaz-Fluss zwischen Bandan und Kuhmitag vor.

Schlammvulkane Gelfeshan

Zunächst folgt man der Straße nördlich in Richtung Flughafen Konarak, der gegenüber von Chabahar an der westlichen Seite der Chabahar-Bucht liegt. Nach sieben Kilometern, kurz vor Tis, liegt auf dem Hügel unmittelbar links der Straße am Rande der Bucht die Ruine einer **portugiesischen Festung** (Qaleh-ye Portoqali) aus dem 16. Jahrhundert. In dieser Zeit unterhielten die Portugiesen eine Handelsniederlassung auf der Insel Hormuz bei Bandar Abbas.

Dann fährt man 36 Kilometer parallel zur Chabahar-Bucht. Kurz vor dem Flughafen, gibt es eine westliche Abzweigung ins 52 Kilometer entfernte Kahir. Dort bleibt man auf der Straße Richtung Jask, von der man nach 18 Kilometern südlich Richtung Bandar-e Tang abbiegt. Nach sieben Kilometern erhebt sich westlich der Straße der etwa 30 Meter hohe Kegel des **Gelfeshan Napag** über die Ebene. Aus seinem Gipfel tritt Schlamm aus, der an den Abhängen herabrinnt und sich in der Ebene ausbreitet, was der vegetationslosen Landschaft einen urweltlichen Anblick verleiht. Der schwieriger zu erreichende **Gelfeshan Borborok**, mit mehreren kleinen Kegeln, liegt nordöstlich, 7,5 Kilometer Luftlinie entfernt. (25°30'26"/ 59°59'46").

Ein Krokodil im Naturschutzgebiet

Wenn Du Dir eine Perle wünschst,
suche sie nicht in einer Wasserlache.
Wer Perlen finden will,
muss bis zum Grund des Meeres tauchen.

Jalaleddin Rumi, 13. Jh.

DER SÜDEN

Die Provinz Fars

Fars bildet mit 122 600 Quadratkilometern die größte Provinz in der Südhälfte Irans. Sie war das Kerngebiet des achämenidischen Weltreichs, und aus ihrer alten Bezeichnung Parsa leitete sich der Landesname Persien ab, den Iran bis 1935 trug.

In Fars leben 4,4 Millionen Menschen. Abgesehen von Shiraz, wo es eine Erdölraffinerie, Zementfabriken, Kunststoff-, Textil- und Elektronikindustrien gibt, ist in Fars die Agrarwirtschaft mit Zitrusfrüchten, Weintrauben, Datteln, Getreide und Baumwolle vorherrschend. In der fruchtbaren Ebene des Kor-Flusses im Nordosten von Shiraz, zu der auch die Marvdasht-Ebene gehört, sind 7000 Jahre alte Siedlungshügel gefunden worden.

Als ein früher Hauptort bildete sich Anshan (Malyan) bei Tal-e Baiza, 45 Kilometer nordöstlich von Shiraz heraus. Anshan, das zeitweise größer als Susa war, bildete die Hauptstadt der zum elamischen Reich gehörigen Regionen mit den heutigen Provinzen Fars und Bushehr. Als die Perser vor etwa 2900 Jahren in dieses Gebiet vordrangen, bestand Anshan noch, und man geht davon aus, dass Herrschaftsanspruch und Verwaltungskompetenz der Achämeniden zu einem großen Teil auf den Kontakt mit der Zivilisation von Anshan und Elam zurückgehen. Beispielsweise nannte sich Kyrus auf einem Keilschriftzylinder, den er 539 v. Chr. in Babylon anfertigen ließ, König von Anshan.

Pasargadae war die erste Hauptstadt des achämenidischen Weltreichs. Um 518 v. Chr. folgte die Gründung von Persepolis. Drei Kilometer östlich von Naqsh-e Rostam am Polvar-Fluss begann in parthischer Zeit der Aufstieg von Istakhr, das in sassanidischer Zeit die bedeutendste Stadt der Persis war und erst nach den Zerstörungen im 7. Jahrhundert seinen Rang an Shiraz abtreten musste.

Die turkstämmigen **Qashqai-Nomaden** bilden in Fars einen bedeutenden Bevölkerungsanteil. Sie wanderten vermutlich ab dem 11. Jahrhundert in diese Provinz ein. Viele von ihnen sind sesshaft geworden, besonders südlich der Linie Firuzabad–Kazerun, doch werden noch die Sommerlager von Mai bis August in den nördlichen Regionen der Provinz bezogen. Einige der Schwerpunkte befinden sich dann am Dena-Gebirge bei Hana und Khafr, letzteres kennt Mr. Haj Abolfath (→ S. 155) sehr gut, im Chal-Ghafa-Gebiet östlich von Vanak oder bei Sedeh und Tang-e Boragh.

▲ Der *Konar-Siah-Feuertempel bei Firuzabad*

Karte S. 481

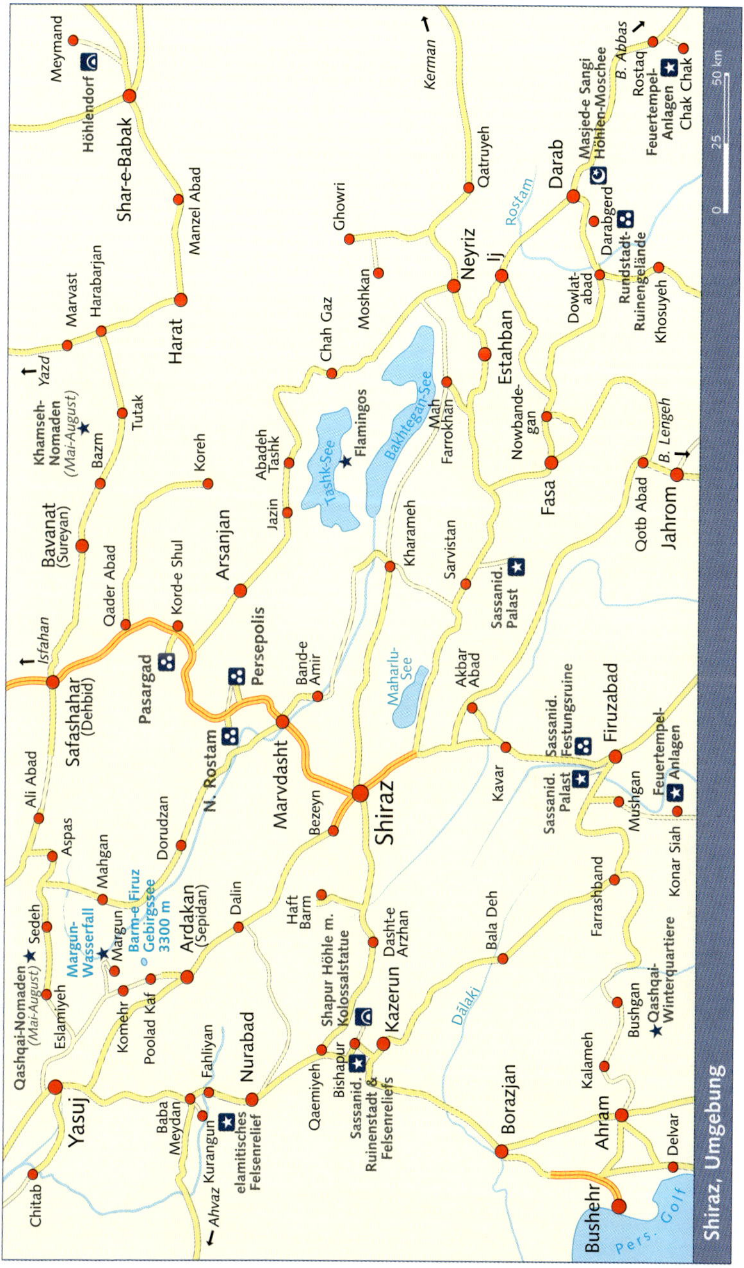

Shiraz, Umgebung

Der Süden

Shiraz

Die Hauptstadt der Provinz hat mit Vororten 1,5 Millionen Einwohner und liegt 1540 Meter hoch. Wegen ihrer vielen Gärten und Parks ist sie als Stadt der Rosen und Nachtigallen bekannt. Hinzu kommt, dass sie als Stadt der Dichter gilt, da sich hier die Grabanlagen der von allen Bevölkerungsschichten verehrten Dichter Hafis und Saadi befinden. Nach der weitgehenden Zerstörung Istakhrs in der zweiten Hälfte des 7. Jahrhunderts wurde Shiraz von den Arabern zur neuen Provinzhauptstadt bestimmt und ab 684 entsprechend ausgebaut. In buyidischer Zeit, von 933 bis 1055, war Shiraz Hauptstadt des Emirats von Fars. Dadurch, dass sich die

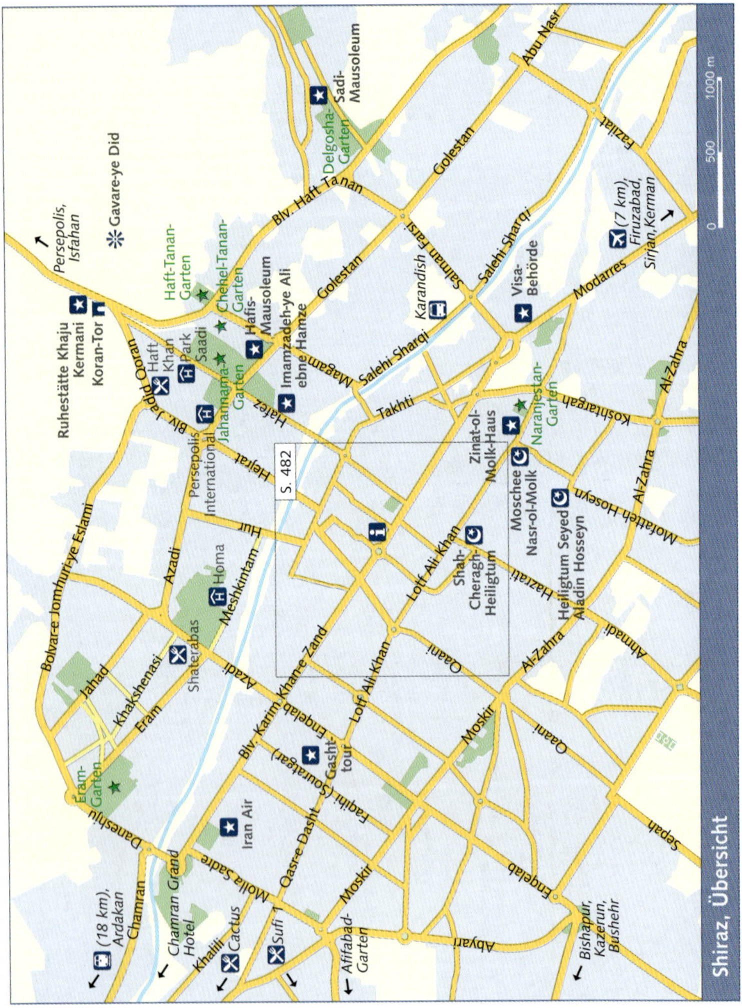

Atabegs von Fars den Mongolen unterstellten, wurde Shiraz im 13. Jahrhundert von Verwüstungen verschont.
Im Jahre 1503 eroberte der safawidische Shah Ismail die Stadt und zwang die sunnitischen Einwohner, zum Schiitentum zu konvertieren. Nach dem Ende der Safawidenherrschaft wurde Shiraz 1729 durch die Afghanen geplündert. Einer der gerechtesten Regenten der persischen Geschichte, Vakil Karim Khan Zand, verwaltete das Land zwischen 1762 und 1779 von Shiraz aus, das in dieser Zeit aufblühte und einige seiner herrlichsten Bauwerke erhielt wie den überkuppelten Vakil-Basar und die Vakil-Moschee. Nach seinem Tod brachen Thronfolgekriege aus, und der erste qajarische König Aqa Mohammad Khan verlegte die Hauptstadt nach Teheran.
Mit der Eröffnung des Suez-Kanals im Jahre 1869 gewann Shiraz als Handelsstadt an Bedeutung, da damals der Schiffsverkehr hauptsächlich über den nahen Hafen Bushehr abgewickelt wurde. Dies trug zum weiteren Aufstieg der reichen Patrizierfamilie Qavam bei, die Minister- und Bürgermeisterposten innehatte und gegen Ende des 19. Jahrhunderts den Naranjestan-Komplex und die Moschee Nasr ol-Molk erbauen ließ.
Shiraz besitzt bedeutende Universitäten und ist an erster Stelle der iranischen Städte zu nennen, in denen sich Moderne und Tradition harmonisch ergänzen. Seit Februar 2009 besteht ein Städte-Freundschaftsvertrag zwischen Shiraz und Weimar. Im Rahmen des ›West-Östlichen-Diwan-Festivals‹ fanden danach zahlreiche kulturelle Veranstaltungen in beiden Städten statt, und in Zukunft soll der Dichter Hafis (Hafez) jährlich an seinem Gedenktag, dem 12. Oktober, in Weimar geehrt werden.

Festung Karim Khan

Im Zentrum von Shiraz, am Meydan-e Shohada, steht die 125 mal 94 Meter großen Festung Karim Khan (Arg-e Karim Khan). Ihre 15 Meter hohen Rundtürme an den Mauerecken sind mit Ziegeldekor verziert. Über dem Eingangsportal an der Südseite befindet sich ein

In der Festung Karim Khan

farbiges Fliesenbild mit der Darstellung des mythischen Kampfes zwischen Rostam und einem bösen Geist. Der Innenhof enthält Grünanlagen und Wasserbecken. Parallel zu den Mauern verlaufen die Residenzgebäude Vakil Karim Khan Zands, der die Anlage um 1766 errichten ließ. Sie ist mit Fliesenschmuck, Holzschiebefenstern mit bunten Gläsern und Stuckdekor ausgestattet. Die Anlage kann täglich von 8 bis 19.30 Uhr (außer Mo), besichtigt werden (Tel. 224 76 48).

Pars-Museum

Das Museum (Muze-ye Pars) befindet sich im Garten Bagh-e Nazar, 200 Meter östlich des Shohada-Platzes in einem achteckigen Pavillon von 1770, den Karim Khan Zand für offizielle Empfänge benützte. Besonders schön sind die Verzierungen der zentralen Halle mit Pflanzen- und Vogelmotiven. Im östlichen Alkoven wurde Karim Khan Zand beigesetzt. Später ließ der qajarische Shah Aqa Mohammad aus Rache den Leichnam entfernen, der in der Pahlavi-Zeit wieder zurück gebracht wurde. In dem Gebäude befinden sich überwiegend Erinnerungsstücke an Karim Khan Zand. Es ist täglich geöffnet von 8 bis 12.30 und 14 bis 17.30 Uhr, außer montags (Tel. 222 41 51).

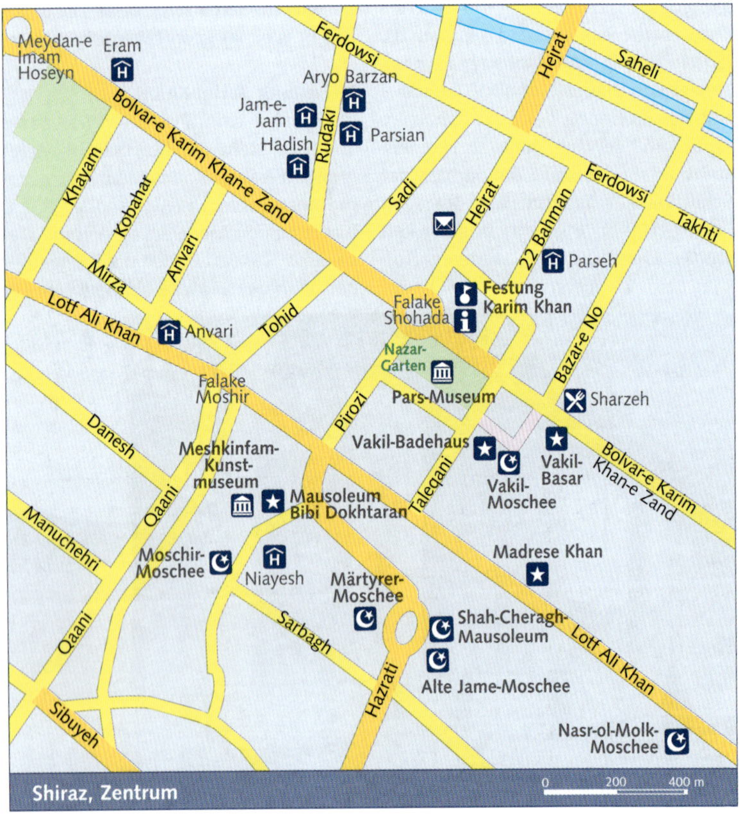

Vakil-Basar

Etwa 150 Meter östlich des Bagh-e-Nazar-Gartens liegt der Eingang zum Vakil-Basar (Bazar-e Vakil), den Karim Khan Zand um 1770 erbauen ließ. Die überkuppelte Hauptgasse ist etwa 225 Meter lang. An ihrem südlichen Ende befindet sich der **Moshir-Hof** (Seray-e Moshir), den der qajarische Gouverneur Moshir al-Molk um 1870 hinzufügen ließ. Der Vakil-Basar mit seinem Warenangebot an höherwertigen Textilien, Teppichen, Gewürzen, Schmuck- und Juweliergeschäften ist auch gegenüber neuen, außerhalb des Basars liegenden Geschäften konkurrenzfähig. Für Touristen ist besonders der südliche Teil um den Moshir-Hof mit seinen Kunsthandwerks- und Antiquitätengeschäften interessant.

Vakil-Moschee

Die Vakil-Moschee (Masjed-e Vakil) schließt sich westlich an den Vakil-Basar an und ist auch von der östlichen Straßenseite der Kh. Taleqani her zugänglich. Auftraggeber war Karim Khan Zand. Sie wurde 1773 vollendet und ist mit Außenmaßen von etwa 110 mal 104 Metern eine der größten Moscheen aus dem 18. und 19. Jahrhundert. Mit der Gradlinigkeit der Arkaden und Säulenhallen nähert sie sich dem früh-islamischen Architekturstil an. Ihre Ausstattung ist farblich zurückhaltender als in der safawidischen Zeit. Auffallend ist auch, dass die Pflanzen nicht stilisiert, sondern realistisch abgebildet werden und sich von einem einfarbigen, hellen Hintergrund abheben. Die große südliche Gebetshalle enthält 48 Marmorsäulen mit Akanthuskapitellen, die spiralförmig reliefiert sind. Der Fliesendekor konzentriert sich hier auf die Qibla-Wand mit der Mihrabnische, die mit Muqarnas überwölbt ist. Der vierzehnstufige Mimbar ist aus einem Marmorblock herausgearbeitet. Der Überlieferung nach soll Karim Khan Zand gescherzt haben, dass ihn dieser Block so viel gekostet hätte wie sein Gewicht in Gold.

Das Shah-Cheragh-Heiligtum

Vakil-Badehaus

Das Vakil-Badehaus (Hamam-e Vakil), Kh. Taleqani, befindet sich unmittelbar westlich vor der Vakil-Moschee. Es entstand um 1776 und enthält mehrere Kuppelräume. Bemerkenswert sind die Fresken in den Gewölbezwickeln, für die dunkle Kontrastfarbe auf dem hellen Stuckhintergrund verwendet wurde. Es werden sowohl florale Ornamente als auch religiöse Motive und Szenen aus der persischen klassischen Literatur abgebildet. Man hat hier ein Museum für traditionelle Webarbeiten eingerichtet (Öffnungszeiten von 8.30 bis 18 Uhr, außer freitags).

Shah-Cheragh-Heiligtum

Das Heiligtum für Shah Cheragh (Boqeh-ye Shah Cheragh oder Boqeh-ye Seyed Mir Ahmad) in der Kh. Hazrati am Meydan-e Ahmad enthält den drittheiligsten Schrein der Schiiten im Iran. Hier wird ein Bruder Imam Rezas, Seyed Mir Ahmad ibn Musa, der um 820 bei Kämpfen mit Truppen des Abbasidenkalifen Mamun in Shiraz getötet wurde, als Shah Cheragh oder König des Lichts verehrt.

Hinter dem mit Fliesenornamenten in überwiegend blauen Farbtönen verzierten Portalbau befindet sich der weite Innenhof, an dessen rechter Seite sich das Hauptgebäude mit säulengestützter Vorhalle anschließt. Darüber erhebt sich die 1958 errichtete, blau geflieste große Kuppel in der für Shiraz typischen Knospenform. Im Mittelpunkt des Schreins steht der von einer silbernen Zarih-Gitterverkleidung aus dem Jahre 1827 geschützte Sarkophag. Die Innenräume sind mit prächtigen Spiegelmosaiken ausgestattet. Frauen müssen einen Chador beim Besuch des Schreins tragen, der von Nicht-Muslimen nicht betreten werden darf.

Der 7. Imam Musa al-Kazem hatte achtzehn Söhne. Zwei davon waren Imam Reza und der hier verehrte Shah Cheragh. Zwei weitere Söhne, Seyed Mir Mohammad und Imamzadeh Ebrahim, sind in einem kleineren Grabbau an der Nordostecke des Hofes bestattet.

Alte Jame-Moschee

In der Südostecke des Hofs im Shah-Cheragh-Heiligtum befindet sich der Durchgang zur alten Jame-Moschee (Masjed-e Jame Atiq). Um zu ihr zu gelangen, kann man auch die Basargasse südlich der Kh. Lotf Ali Khan auf Höhe der Westseite der Madrese Khan benützen, die zum Shah-Cheragh-Hof führt oder eine Gasse unmittelbar östlich davon, die am Nordportal der alten Jame-Moschee mündet, die im Jahre 894 entstand. Allerdings ist von ihrer ursprünglichen Bausubstanz sehr wenig erhalten geblieben, da sie wiederholt im Laufe der Jahrhunderte nach Beschädigungen durch Erdbeben umgestaltet wurde. Hervorzuheben ist die von Gouverneur Imam Qoli Khan 1621 gestiftete äußere Eingangsseite des Nordportals mit fliesengeschmückten Muqarnas und

Knospenförmige Kuppelbauten sind typisch für Shiraz

▲ Karte S. 484

einem schönen Inschriftsband. Einmalig ist das im Innenhof stehende Khoda Khaneh oder Haus Gottes. Es ist ein rechteckiger, kioskartiger Bau mit Säulen und Ecktürmen, der 1351 vollendet wurde. In seinem Innenraum bewahrte man kostbare Korane auf.

Märtyrer-Moschee

Die Märtyrer-Moschee (Masjed-e Shohada), westlich gegenüber dem Shah-Cheragh-Mausoleum, wird auch Masjed-e Now genannt. Sie wurde 1218 als Vier-Iwan-Moschee erbaut. Nachdem sie einige Male von Erdbeben beschädigt wurde und erneuert werden musste, nannte man sie Masjed-e Now oder Neue Moschee. Mit 180 mal 130 Metern Grundfläche gehört sie zu den großen iranischen Sakralbauten.

Madrese Khan

An der nördlichen Straßenseite der Kh. Lotf Ali Khan, östlich der Südseite des Vakil-Basars, steht die berühmteste traditionelle theologische Hochschule von Shiraz, die Madrese Khan. Sie wurde von Allahverdi Khan, dem bekannten Militärführer von Shah Abbas I. gestiftet und unter seinem Sohn Imam Qoli Khan 1615 vollendet. Die Madrese ist ein typischer Vier-Iwan-Ziegelbau mit im Innenhof umlaufenden doppelstöckigen Arkaden. Ihr qualitätsvoller floraler Fliesendekor aus safawidischer Zeit ist noch vorhanden. Obwohl sie benützt wird, kann man sie mit der nötigen Zurückhaltung besuchen. In ihr lehrte der bedeutende Religionsphilosoph Molla Sadr.

Nasr-ol-Molk-Mosche

Etwa 250 Meter östlich der Madrese Khan, in einer Gasse südlich der Kh. Lotf Ali Khan, liegt die Moschee Nasr ol-Molk (Masjed-e Nasr ol-Molk), die um 1876 von Nasr ol-Molk, einem Mitglied der Qavam-Familie, gestiftet wurde. Sie enthält wie die Vakil-Moschee zwei Iwane und im Innenhof umlaufende Arkaden, ist aber etwas kleiner und damit intimer. Der von Minaretten überragte Südiwan wird von je drei unterschiedlich hohen Arkaden flankiert, was dieser Seite eine gewisse Dynamik verleiht. Muqarnas und Rippennetze schmücken Wölbungen und Innenkuppeln. Die westliche Wintergebetshalle (Shabestan) gehört mit ihrer Ausstattung an spiralförmig reliefierten Säulen, Akanthuskapitellen und bunten Glasfenstern zu den schönsten ihrer Art. Im Hintergrund des gegenüberliegenden, östlichen Gebetssaals liegt der Zugang zur unterirdischen Qanat-Wasserleitung.

In derselben Gasse etwa 30 Meter vor der Moschee liegt der Eingang zum **Nasr-ol-Molk-Haus**, dessen exquisite Innendekoration mit zur besten aus der Qajarenzeit in Shiraz zählt. In ihm ist die Kulturbehörde untergebracht. Besichtigungszeiten bestehen nicht, aber kleine Gruppen werden meistens eingelassen.

Naranjestan-Garten

An der Kh. Lotf Ali Khan, knapp einen Kilometer östlich des Vakil-Basars, liegt der von einer Mauer umgebene Naranjestan-Garten (Bagh-e Naranjestan-e Qavam oder Garten der Orangenbäume). Er bildet mit dem benachbarten Zinat-ol-Molk-Haus den Qavam-Komplex, den Ali Mohammad Qavam ol-Molk um 1880 anlegen ließ. Er war damals Bürgermeister von Shiraz und Koordinator der mächtigen Khamseh-Nomadenstämme. Dabei diente der Naranjestan-Garten mit seinen Gebäuden als Verwaltungssitz. Einfache Angelegenheiten wurden bereits in Büros im Eingangsbereich behandelt. Wer zu

Empfängen kam, ging durch den mit Palmen und Orangenbäumen bepflanzten Garten an Wasserbecken entlang auf den Talar, die säulengestützte Veranda des Hauptgebäudes zu, das von mehreren Ziergiebeln überragt wird. Auf diesen sind Herrschaftssymbole wie Löwe und Sonne abgebildet. Auffallend sind die schönen Holzschiebefenster an der Gartenfassade. Die Innenräume sind mit Spiegelmosaiken, Fliesendekor, Fresken und Einlegearbeiten ausgestattet, welche die Eleganz der qajarischen Oberschicht vermitteln. Hier wohnten Mitte des 20. Jahrhunderts der Amerikaner Arthur Upham Pope und seine Frau Phyllis Ackerman, die ein mehrbändiges Werk über iranische Kunst und Architektur schufen (Öffnungszeiten täglich von 8 bis 18.30 Uhr, Tel. 222 43 81).

Westlich steht das **Zinat-ol-Molk-Haus** (Khaneh-ye Zinat ol-Molk), das als Privathaus oder Frauenbereich (andaruni) benützt wurde. Seine Grundfläche ist etwa halb so groß wie die des Naranjestans, das als äußerer Bereich (biruni) galt und mit ihm durch einen unterirdischen Gang verbunden war. Zu seiner prächtigen Ausstattung gehören Spiegelmosaiken und Holzschiebefenster mit buntem Glas. Es beherbergt das **Fars-Geschichtsmuseum**, das täglich von 8 Uhr bis 18 Uhr geöffnet ist (Tel. 223 41 81).

Seyed-Aladin-Hoseyn-Heiligtum

Unmittelbar westlich des Zinat ol-Molk Hauses zweigt von der Kh. Lotf Ali Khan eine schmale Strasse in südlicher Richtung ab, die zum Meydan-e Astaneh mit dem großen Heiligtum des Seyed Aladin Hoseyn (Astan-e Seyed Aladin Hoseyn) führt. Er war ein Stiefbruder Imam Rezas und Shah Cheraghs und kam bei einer Rettungsexpedition für Imam Reza Anfang des 9. Jahrhunderts in Shiraz ums Leben. Auch diese Anlage wurde wiederholt renoviert und enthält einen Zentralbau mit Spiegeldekor, der von einer knospenförmigen Kuppel aus dem Jahre 1952 überwölbt ist. Die Eingangsfassade wird von zwei Minaretten mit vergoldeten Spitzen flankiert. Nichtmuslime werden gewöhnlich abgewiesen.

Eram-Garten

Der Eram-Garten (Bagh-e Eram oder Paradies-Garten) liegt drei Kilometer vom Stadtzentrum entfernt am westlichen Ende des Bolvar-e Eram. Nachdem

Gebetshalle in der Nasr-ol-Molk-Mosche

Karte S. 482

Der Palast im Eram-Garten

Nasr ol-Molk das Gartengelände einem Qashqai-Häuptling abgekauft hatte, ließ er dort um 1893 einen dreistöckigen Palast erbauen. Der Garten ist von Wasserläufen durchzogen und mit Zypressen, Pinien, Palmen und Orangenbäumen bewachsen. Hinzu kommen den Jahreszeiten entsprechend blühende Pflanzen. Die Ziergiebel der Palastfassade zeigen farbige Fliesenbilder, z. B. ein mythisches Königspaar mit Rostam, dann Nasseruddin Shah auf einem Schimmel, Farhad und Shirin, Josef und Sulaika und verschiedene Tierarten. Leider ist der Palast nicht zugänglich. Die Gartenanlage gehört der Shirazer Universität und ist täglich geöffnet von 8 bis 11.30 und von 14 bis 17.30 Uhr (Tel. 2272538).

Hafis-Mausoleum

Nördlich des Khoshk-Flusses, auf halber Höhe der Kh. Hafez Richtung Koran-Tor, biegt man östlich in den Bolvar-e Golestan ab, wo an der Nordseite das Hafis-Mausoleum (Aramgah-e Hafez oder Hafeziyeh) liegt. Durch den vorderen Gartenbereich gelangt man zu einem erhöhten Kolonnadenbau, dessen vier mittlere Säulen aus der Zeit von 1773 stammen, als Karim Khan Zand den Vorgängerbau errichten ließ. Um 1939 wurde die Anlage erneuert, wobei man den dahinterliegenden Grabpavillon auf oktagonaler Plattform schuf, an dessen Entwurf auch der französische Archäologe André Godard beteiligt war.

Unter der baldachinartigen Kuppel, die innen von Fliesenmosaiken geschmückt ist und die Form einer stilisierten Derwischmütze hat, liegt der Alabastergrabstein mit eingravierten Nastaliq-Inschriften. Bekanntermaßen war der Dichter Hafis nur zweimal in seinem Leben einige hundert Kilometer aus Shiraz verreist, doch hat er, als er 1389 starb, ein universales Lebenswerk hinterlassen. Die Liebe zu seiner Vaterstadt drückte er in zahlreichen Ghaselen aus, von denen eine lautet:

> *»Shiraz, und der Rukna Quell' und ein Windhauch voller Düfte,*
> *achte sie nicht gering, denn sie sind das Schönheitsmal auf der Wange unserer weiten Erde.«*

Hafis besang die Liebe und den Wein als mystische Gottesgeschenke und beschrieb gleichzeitig damit seine Liebe zu Gott. Seine Dichtkunst und Freiheit des Denkens wurde von Goethe zutiefst be-

Das Hafis-Mausoleum

wundert, der Hafis im ›West-östlichen Diwan‹ ein literarisches Denkmal setzte. In Hafis Werk drückt sich ein universaler Islam aus, der auch zoroastrische, christliche und indische Motive integriert. Es heißt, dass orthodoxe Geistliche ihm ein islamisches Begräbnis verwehren wollten, worauf seine in Scharen versammelten Anhänger darauf bestanden, dass darüber das Los entscheiden müsse. Das Ergebnis war für ihn günstig und so wurde er auf dem Friedhof nahe dem geliebten (Roknabad) Rukna-Bach beerdigt. Die Verehrung der Bevölkerung für ihn ist außerordentlich groß, und besonders auch glücklich und unglücklich Liebende möchten seinem Grab nahe sein. Im rechten vorderen Gartenbereich gibt es ein kleines Teehaus. Die Anlage ist täglich von 8 bis 22 Uhr geöffnet (Tel. 2284552).

Saadi-Mausoleum

Etwa 2,5 Kilometer vom Hafis-Mausoleum entfernt in östlicher Richtung steht das Saadi-Mausoleum (Aramgah-e Sa'adi oder Sa'adiyeh) am Ende des Bolvar-e Bustan in einer Gartenanlage. Der moderne überkuppelte Grabbau mit hohem von acht Pfeilern gestütztem Vordach wurde 1952 nach einem Plan von Mohsen Foroughi errichtet. Innen sind die Wände des zentralen Kuppelbaus, wo sich der Grabstein befindet, mit braun geäderten Marmorplatten verkleidet und die Nischen mit Zitaten aus Saadis Werken und floralen Fliesenbildern verziert. Saadi war ein an der Nizamiyeh-Hochschule in Bagdad ausgebildeter Gelehrter, der später dem Suhrawardi-Sufi-Orden beitrat und lange Auslandsreisen unternahm. Er starb 1292 in Shiraz. Seine bekanntesten Werke sind Bustan (›Der Fruchtgarten‹) und Golestan (›Der Rosengarten‹). Im UNO-Gebäude in New York wird er zitiert (Übersetzung nach Karl Heinrich Graf, 1846):

»Die Menschenkinder sind ja alle Brüder/Aus einem Stoff wie eines Leibes Glieder/Hat Krankheit nur ein einz'ges Glied erfasst/So bleibt den anderen weder Ruh noch Rast.
Wenn andrer Schmerz dich nicht im Herzen brennt/Verdienst du nicht daß man noch Mensch dich nennt.«

Westlich des Mausoleumsgebäudes gibt es ein Teehaus bei einem unterirdischen Qanat. Tägliche Öffnungszeiten der Anlage sind von 8 bis 22 Uhr (Tel. 7302300).

Delgosha-Park

Der Delgosha-Park (Bagh-e Delgosha) am Bolvar-e Bustan, westlich des Saadi-Mausoleums, wurde im 19. Jahrhunderts von der Familie Qavam erworben. Er enthält viele Orangenbäume und ist der Öffentlichkeit zugänglich. Allerdings sind das von etwa 1821 stammende dreistöckige Gartenhaus und auch Teile des Parks in den letzten Jahren vernachlässigt worden.

Gärten Chehel Tanan und Haft Tahan

Zwei kleine traditionelle Gärten mit Lehmziegelmauern sind nordöstlich des Hafis-Mausoleums zu finden. Der **Chehel-Tanan-Garten** (Bagh-e Chehel Tanan) am Bolvar-e Chehel Maqam enthält die Gräber von 40 Sufis. Der alte Grabstein von Saadi wird dort aufbewahrt. Öffnungszeiten sind täglich von 9 bis 17 Uhr, außer freitags.

Etwa 150 Meter nördlich davon lädt am Bolvar-e Haft Tanan der sehenswerte **Haft-Tanan-Garten** (Bagh-e Haft Tanan) mit Zypressen und Pinien zum Verweilen ein. Hier befinden sich auch einige alte Sufi-Grabsteine und ein Gartenpa-

▲ Karte S. 482

Das Koran-Tor bei Nacht

villon, dessen Terrasse mit Wandgemälden von Aqa Sadeq, einem bekannten Shirazer Künstler des 18. Jahrhunderts, geschmückt ist. Neben einigen Sufi-Motiven, sind ›Abraham opfert Ismael‹ und ›Moses mit einer Schafherde‹ dargestellt. Es wird vermutet, dass ein Mitglied der Zand-Familie dieses Gebäude errichten ließ. Der Garten ist täglich von 8 bis 19 Uhr geöffnet (Tel. 2277877).

Koran-Tor

Das Koran-Tor (Darvazeh-ye Qoran) erhebt sich am Ortsausgang Richtung Persepolis und Isfahan westlich der Straße am Ausläufer des Berges Baba Kuhi an einer Engstelle. Bis 1949 stand es in der Straßenmitte und musste dann wegen des dichter werdenden Verkehrs an die heutige Stelle versetzt werden. Es enthält in seinem mittleren Bogen einen Koran, der die Reisenden segnen soll. Wenn man aus Richtung Persepolis nach Shiraz fährt und die Kuppe des Berghangs vor der Stadt erreicht, ist dies der Ort, wo sich seit Jahrhunderten die ankommenden Reisenden über den Blick hinab auf die Stadt freuten und ›Allah Akbar‹ riefen, was dazu führte, dass man dieser Engstelle den Namen Tange-ye Allah Akbar gab. In der Umgebung gibt es einige Teehäuser.

Oberhalb des Koran-Tors führt ein Weg von 100 Metern in nordöstlicher Richtung zur Grabstätte des Sufi-Dichters **Khaju Kermani** (Aramgah-e Khaju Kermani), der hier als Einsiedler um 1354 verstarb. Ein Hotelneubau macht sich störend beim Blick hinunter zur Stadt bemerkbar.

Wer hoch hinaus zu einem unverbaubaren Aussichtspunkt möchte, kann von der gegenüberliegenden Seite der Engstelle aus 650 Stufen zu dem kleinen **Kuppelgebäude Gavare-ye Did** hinaufsteigen, einem mittelalterlichen Beobachtungsposten. Von hier aus hat man einen großartigen Blick über die Stadt und Umgebung.

Imamzadeh Ali ebne Hamze

Fährt man vom Koran-Tor aus auf der Kh. Hafez stadteinwärts, steht kurz vor dem Khosh-Fluss die Imamzadeh Ali ebne Hamze an der östlichen Straßenseite. Sie ist an ihrer Kuppel mit rautenförmigem blauem und gelbem Fliesendekor erkennbar. Ali ebne Hamze war der Neffe Shah Cheraghs und wurde in Shiraz bei der missglückten Rettungsexpedition für Imam Reza Anfang des 9. Jahrhunderts ebenfalls getötet. Der in Shiraz residierende Buyidenherrscher Azad al-Daula richtete an seinem Grab im 10. Jahrhundert eine Familienkrypta ein. Bei dem Erdbeben im Jahre 1824 wurden alle Gebäude auf diesem Gelände zerstört. Gouverneur Hoseyn Ali Mirza ließ die Anlage um 1845 neu errichten. Zugang besteht durch ein kleines Portal und einen Vorraum, der zu dem mit Grabplatten ausgelegten Innenhof führt. Hier befinden sich zwei hohe Zypressen als Lebensbäume und ein Wasserbecken. Die Fassade des Hauptgebäudes im Hintergrund ist von zwei Minaretten flankiert. In ihm befindet sich die Kuppelhalle mit dem durch eine Zarih-Gitterverkleidung geschützten Kenotaph im Mittelpunkt. Sie wird durch Spiegelmosaiken, verspiegelte Muqarnas in der Innenkuppel und eine im Tambour umlaufende schöne weiße Thulth-Inschrift auf blauem Grund geschmückt. Die Verwaltung dieser stimmungsvollen Anlage akzeptiert den Besuch von Nicht-Muslimen und stellt Chadore zur Verfügung.

■ Bibi-Dokhtaran-Mausoleum

Etwa 450 Meter westlich des Shah-Cheragh-Heiligtums liegt das Bibi-Dokhtaran-Mausoleum (Aramgah-e Bibi Dokhtaran) in der Kh. Dastqeib. Der von einer flachen Kuppel überragte Bau aus hellen Ziegeln geht auf das 14. Jahrhundert zurück, wurde aber in safawidischer Zeit umgebaut. Hier wird Bibi Dokhtaran, eine Tochter des vierten Imams Zeyn al-Abedin, verehrt.

▲ Karte S. 482

Das **Meshkinfam-Kunstmuseum** (Muzeye Meshkinfam) liegt nur 100 Meter westlich, in der Gasse Bibi Dokhtaran 24. Es ist in einem eleganten Haus der späten Qajarenzeit untergebracht und enthält Exponate Shirazer Künstler sowie Gemälde und Skulpturen der Meshkinfam-Familie (Öffnungszeiten täglich von 9 bis 13 und von 16 bis 19 Uhr.)

Geht man von der südlichen Schmalseite des Platzes am Bibi-Dokhtaran-Mausoleum aus eine Gasse 120 Meter südlich, erreicht man die **Moshir-Moschee** (Masjed-e Moshir), die von Gouverneur Moshir ol-Molk gestiftet und 1858 vollendet wurde. Sie ist die kleinste der hier behandelten Moscheen und auf den ersten Blick wirkt sie etwas bieder, doch enthält beispielsweise ihr Nordiwan sehr schönen floralen Fliesenschmuck in warmen Farbtönen. Hervorzuheben ist auch der Gebetsraum mit seinen spiralförmig reliefierten Säulen.

■ Afifabad-Garten

Der Afifabad-Garten (Bagh-e Afifabad) liegt etwa fünf Kilometer westlich der Stadtmitte. Der Zugang ist über die Kh. Afifabad vom Norden her. Er ist nach einer Frau Afifeh aus der Qavam-Familie benannt. Die Qavams ließen dort um 1867 einen großen zweistöckigen **Palast** anlegen. Es ist eine der größten und gepflegtesten Gartenanlagen der Stadt und seit 1962 im Besitz des iranischen Militärs. Im Untergeschoss ist jetzt ein **Militärmuseum** untergebracht, das den Zeitraum von den Safawiden bis zu den Pahlavis umfasst. Im Obergeschoss sind einige Räume so belassen, wie sie von der letzten Shah-Familie während ihrer Aufenthalte in Shiraz benützt wurden. Der Palast ist täglich von 8 bis 11 und von 15 bis 17.30 Uhr geöffnet (Tel. 626 73 43).

Shiraz

Vorwahl: +98/(0)711.

Postamt (Edare-ye Post), unmittelbar nordwestlich der Arg-Festung an der Kh. Hejrat.

Der weithin sichtbare gelbe Kiosk der **Touristeninformation** befindet sich in der Verlängerung des Bolvar-e Karim Khan Zand gegenüber der Arg-Festung am Shohada-Platz.

Reiseführer: **Herr Ahmad Pourzal**, sehr guter deutschsprachiger Stadt-, Persepolis- und Rundreiseführer; auch Nomadengebiete. Mob. (0)917/1121101, apourzal@hotmail.com. **Herr Mohsen Eghtesad**, sehr guter deutschsprachiger Stadt-, Persepolis- und Rundreiseführer. Mobil (0)917/7108424, mohsen_eghtesad@yahoo.com. **Mr. Arash Sadeghzadeh**, englischsprachig. Mobil (0)917/3171652, arash@triptopersia.com, vielseitig, auch Mountainbiking, Skifahren bei Shiraz.

Reisebüro Gashttour, Kh. Faqihi (=Souratgar), 300m südl. des westl. Blv. Karim Khan-e Zand, Tel. 2301900, shiraztours@gashttour.com, www.irangashttour.com. Vielseitiges Tourenangebot, besonders auch Qashqai-Nomadengebiete, Mr. Honari (Inbound Manager).

Visa-Verlängerungen: die Fremdenbehörde (Atba-e Khareji) befindet sich nahe dem Falakeh-ye (Rondell) Vali Asr am östlichen Ende des Bolvar-e Karim Khan Zand. Von hier 300 m in östlicher Richtung den Bolvar-e Modarres entlang und dann in eine nördliche Gasse. Sa–Mi 7.30–13 Uhr, Do 7.30–12 Uhr. Man sollte möglichst früh dort sein.

Der Flughafen (Forudgah) liegt 10 km südöstlich Richtung Neyriz bzw. Firuzabad. Es bestehen Flugverbindungen nach Teheran, Isfahan, Bandar Abbas und Istanbul.

Der Bahnhof (Istgah-e Rah-e Ahan) befindet sich in 20 km Entfernung nördlich Richtung Ardakan, unmittelbar östlich des Vororts Shahrak-e Golestan. Der Anschluss an das iranische Eisenbahnnetz über Isfahan wurde im Jahr 2010 fertiggestellt.

Der Busbahnhof (Terminal-e Bozorg-e Karandish) ist 2,5 km vom Zentrum entfernt am Bolvar-e Salman-e Farsi im Südosten der Stadt. Tickets kann man beim Reisebüro Gashttour kaufen.

Homa Hotel*****, Kh. Meshkinfam. Tel. 228800-0 (bis -9), www.homahotels.com. Älteres Hotel mit angenehmem Garten-Restaurant für heiße Tage (Q4–5/P5).

Persepolis International Hotel*****, Falakeh-ye Atlasi, Tel. 227128-0 (bis -9), www.persepolis-hotel.com. Neues Hotel (Q4–5/P4–5).

Shiraz International Parseh****, Kh. 22 Bahman, Tel. 2226600, www.parsehhotel.com. Neueres Hotel in zentraler Lage (Q3–4/P3–4).

Park Saadi Hotel****, Kh. Hafez, gegenüber (ruberu-ye) Bagh-e Jahannama-Garten, Tel. 2274901-9, http://parksaadihotel.com (Q3–4/P3–4).

Parsian Hotel****, Kh. Rudaki, Tel. 2330000, www.parsianhotels.ir. Entspricht dem guten Standard der Parsian-Hotelkette (Q3–4/P3).

AryoBarzan Hotel****, Kh. Rudaki, Tel. 224718-2, -3, -4. Freundliches Personal (Q3–4/P3).

Eram Hotel***, Bolvar-e Karim Khan Zand, nahe Stadtzentrum, Tel. 230081-4 (bis -6), www.eramhotel.com (Q3/P3).

Jam-e-Jam Apartment Hotel**, Kucheh Izadi, Kh. Rudaki. Tel. 230400-2, -3, 2302846 (Q2/P1–2).

Niayesh Hotel**, Kucheh Shahzadeh Jamali 10, südöstl. Aramgah-e Bibi Dokhtaran (→ S. 492), Tel. 2233623, www.niayeshhotels.com. Traditionell mit Innenhof (Q2–3/P2).

Anvari Hotel**, Kh. Anvari, Tel. 2337591. Sauber, Zimmer mit eigener Toilette, geeignet für anspruchlose Reisende bzw. wenn Niayesh ausgebucht ist. (Q1–2/P0)

Restoran-e Sharzeh, Bolvar-e Zand, nahe dem Eingang des Vakil-Basars, Tel. 2241963. Traditionelles Ambiente, gute Kebabs.

Restoran-e Haft Khan, etwa 550 Meter südwestl. des Koran-Tors am Blv. Jadid Qoran, Tel. 2280000, mob. (0)917/7878400, www.haftkhanco.com. Sehr empfehlenswert, großes Buffet, etwas teuer, aber angemessen.

Restoran-e Shaterabas, Khiaban-e Khakshenasi nazdik-e Falakeh-ye Gaz, Tel. 2271612. Gute persische Küche.

Restoran-e Sufi, Bolvar-e Sattarkhan (früher: Zargari), Tel. 6263877. Rustikales Ambiente, gute Küche.

Persepolis

Um den zeremoniellen Festlichkeiten des achämenidischen Weltreichs, das von Ägypten bis zum heutigen Pakistan reichte, einen angemessenen Rahmen zu geben, gründete König Darius I. um 518 v. Chr. die Repräsentationshauptstadt Parsa, welche griechische Geschichtsschreiber Persepolis, Stadt der Perser, nannten. Sie ist als UNESCO-Weltkulturerbe registriert und liegt 55 Kilometer nördlich von Shiraz am Fuß des Berges Kuh-e Rahmat auf 1620 Meter Höhe. Die Iraner nennen sie Takht-e Jamshid, Thron des Jamshid, eines mythologischen Königs, der in Ferdowsis Buch Shahname erwähnt wird. Diese Anlage diente auch der Feier des Neujahrfestes, an dem Abgesandte aller Völkerschaften des Reiches teilnahmen.

Die **Terrasse von Persepolis** mit den Palastbauten erstreckt sich über eine Fläche von 455 mal 300 Metern. Im ebenerdigen Stadtbereich von Parsa standen Lehmziegelhäuser hauptsächlich im Westen und Paläste der Adeligen südlich der Terrasse. Die Palastanlage war zur Bergseite hin durch eine Wehrmauer, die durch Türme verstärkt war, abgesichert.

Der Aufgang zu der aus riesigen Kalksteinblöcken ohne Mörtel zusammengesetzten und stellenweise über 14 Meter hohen Terrasse war in der Zeit des Dar-

Legende

1. Freitreppe
2. Tor aller Länder
3. Wasserbecken
4. Nordseite der Apadana mit spiegelbildlichen Reliefs der Ostseite
5. Ostseite der Apadana mit Delegationen-Reliefs
6. Apadana-Audienzpalast
7. Apadana: Fundstellen der Gründungstafeln
8. Tripylon-Gebäude mit drei Toren
9. Unvollendeter Torbau
10. Hundertsäulen-Saal
11. Archiv
12. 32-Säulen-Halle
13. Wirtschaftsgebäude

▶ Karte S. 481

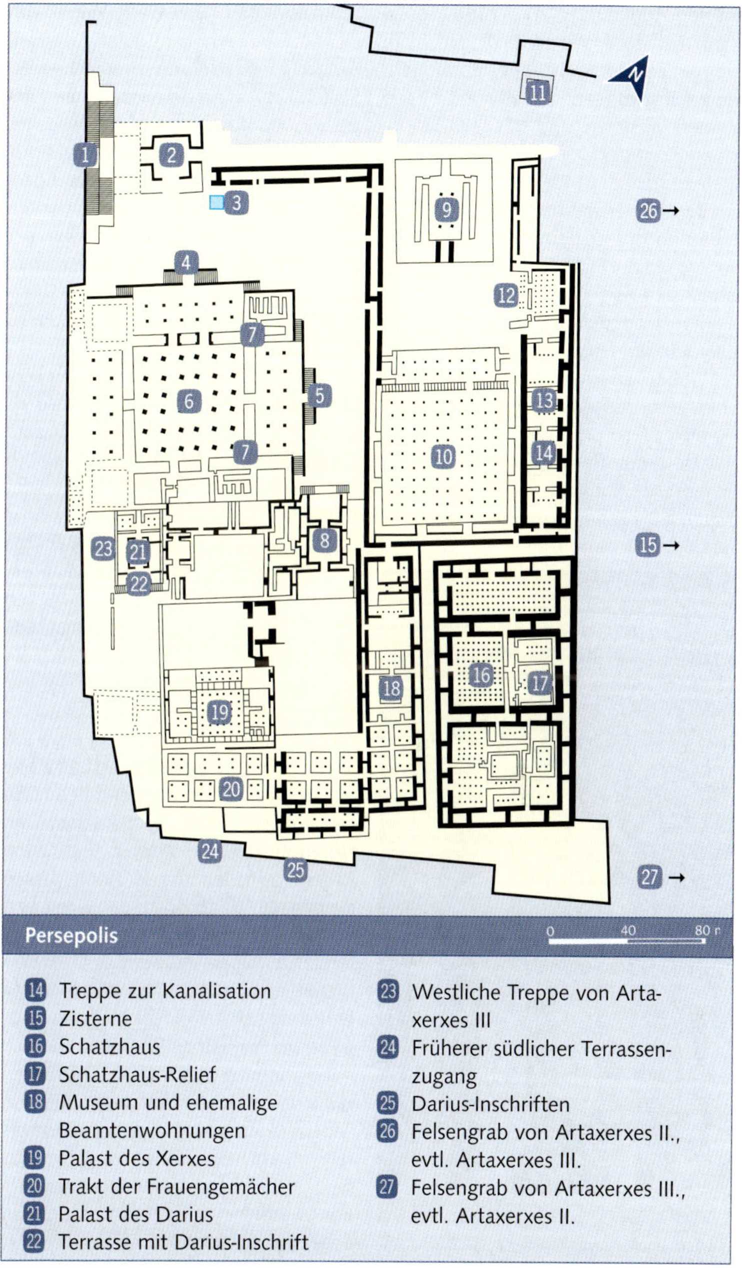

- 14 Treppe zur Kanalisation
- 15 Zisterne
- 16 Schatzhaus
- 17 Schatzhaus-Relief
- 18 Museum und ehemalige Beamtenwohnungen
- 19 Palast des Xerxes
- 20 Trakt der Frauengemächer
- 21 Palast des Darius
- 22 Terrasse mit Darius-Inschrift
- 23 Westliche Treppe von Artaxerxes III
- 24 Früherer südlicher Terrassenzugang
- 25 Darius-Inschriften
- 26 Felsengrab von Artaxerxes II., evtl. Artaxerxes III.
- 27 Felsengrab von Artaxerxes III., evtl. Artaxerxes II.

ius vom Süden her. Xerxes (486–465 v. Chr.) ließ an der Westseite die prächtige **doppelläufige Freitreppe** anbringen, deren Brüstungen mit zikkuratartigen Zinnen versehen sind, die den feierlichen Charakter der Anlage betonen.

Ersteigt man die 111 Stufen, die jeweils 38 Zentimeter tief und nur zehn Zentimeter hoch sind, damit auch große Personengruppen hinauf schreiten konnten, ohne sich gegenseitig zu behindern, steht man auf der Plattform vor dem **Tor aller Länder**. Dieses ist von sieben Meter hohen Stierfiguren auf der westlichen und von Mischwesen mit Menschenköpfen, die zylindrische Kronen mit Hörnermotiven tragen, auf der östlichen Seite flankiert. Diese Skulpturen waren assyrischen Vorbildern nachempfunden und hatten eine Abwehr- und

Säulen am Tor aller Länder

▲ Karte S. 495

Schutzfunktion. Das Dach wurde von vier 16,5 Meter hohen Säulen getragen. An der kompletten der drei stehenden Säulen kann man beispielhaft die Integration von Kunstformen verschiedener Kulturen erkennen. So besteht der untere Teil des Kompositkapitells aus Pflanzenstrukturen (Palmen) ägyptischen Stils, der mittlere aus Voluten ionischer Herkunft, und die Darstellung der Stiere des oberen Teils, auf dem die Dach-Tragebalken auflagen, ist nach babylonischen Motiven gestaltet.

Der östliche Ausgang des Tors aller Länder führt über einen Weg, der auch als Straße der Armee bezeichnet wird, zum **unvollendeten Tor**, an das sich südlich ein freier Hof anschließt, der wahrscheinlich als Appellplatz diente.

Durch den südlichen Ausgang des Tors aller Länder beginnt üblicherweise ein Rundgang, der an dem Wasserbecken vorbei zur Nordseite des Apadana-Audienzpalastes führt.

Apadana-Palast

Der Apadana steht auf einem etwa 2,6 Meter hohen Sockel und misst 112 Meter im Quadrat. In der zentralen Halle empfing der König die Besucher. Den Höfen im Norden, Westen und Osten waren Vorhallen mit je zwölf Säulen zugewandt, zu denen an den Nord- und Ostseiten doppelte, gegeneinander laufende Freitreppen führten.

Im mittleren Feld der **Apadana-Nordseite** befand sich ursprünglich ein Audienzrelief, das wahrscheinlich König Darius I. mit Kronprinz Xerxes und Höflingen zeigt und jetzt im Nationalmuseum in Teheran aufbewahrt wird. Es wurde bereits in achämenidischer Zeit gegen das heutige Relief mit acht überlebensgroßen Gardisten ausgetauscht und im Schatzhaus deponiert.

Kampfszene an den Apadana-Treppen

Auf den das Mittelfeld flankierenden Reliefs ist dargestellt, wie ein Löwe einen Stier angreift. Zu diesem Motiv gibt es bisher keine schlüssige Interpretation. Die Ansichten hierzu reichen von einer jahreszeitlichen Darstellung, da das Sternbild des Löwen dem des Stiers folgt und die Tage dann länger werden, über den Sieg der Königsmacht bis zur Entstehung neuen Lebens aus dem Ur-Stier zarathustrischer Kosmologie. Seitlich schließen sich Dattelpalmen als Fruchtbarkeitssymbole an.

Rechts, am westlichen Flügel der Nordseite, befinden sich Darstellungen von Geschenke tragenden Delegationen der Reichsvölker (siehe Abbildung S. 496). Die einzelnen Gruppen sind durch Zypressen als Lebensbäume von einander abgegrenzt. Links, am östlichen Flügel der Nordseite, sind Gardisten und Hofbeamte in drei Registern abgebildet, die durch Bänder mit zwölfblättrigen Blüten geschmückt werden.

Wenn man zur **Apadana-Ostseite** weitergeht, sieht man am Nordflügel auch Gardisten und Hofbeamte. Im mittleren Feld befindet sich ein Relief mit acht überlebensgroßen Gardisten. Auch hier wurde das ursprüngliche Audienzrelief mit dem König entfernt und im Schatzhaus deponiert, wo man es jetzt besichtigen kann.

Der Aufbau der Reliefausstattung an der Ostseite entspricht in spiegelverkehrter Weise dem der Nordseite, weshalb sich hier die Reliefs mit den Delegationen auf dem linken, südlichen Flügel befinden (siehe Abbildung S. 498). Der einzige Unterschied zwischen den Seiten ist, dass auf der Südseite das Textfeld in Keilschrift beschrieben ist, während der Text auf der Nordseite fehlt. In diesem Text beruft sich Xerxes auf seine Abstammung und bittet um Ahura Mazdas Schutz für die Bauwerke.

Die **zentrale Halle des Apadana**, deren Fassungsvermögen bis zu 10 000 Personen betrug, war 60 mal 60 Meter groß mit 36, je 19,2 Meter hohen Säulen. Darüber erhob sich ein Flachdach, das auf dem von den Kapitellen getragenen Holzgebälk auflag. Was die Kapitellformen betrifft, so ist auffällig, dass sie sich im gesamten Terrassenbereich auf Darstellungen von Stier, Löwe, Greifvogel und Mensch beschränken, die sich in den Symbolen der vier Evangelisten und

► Karte S. 495

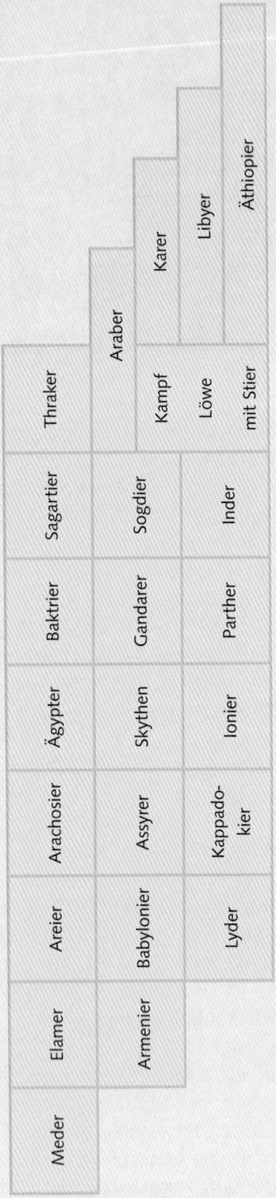

Delegationen am westlichen Flügel der Nordseite (Nr. 4 im Plan → S. 495)

Delegationen am südlichen Flügel der Ostseite (Nr. 5 im Plan → S. 495)

Ausstattung und Herkunft der Delegationen

Meder	mit Henkelkrug, Bechern, Schwert, Armreifen und Gewändern ► aus West-Iran, vor allem der Provinz Hamadan
Elamer	mit Bogen, Dolchen, Löwin und zwei jungen Löwen ► aus Südwest-Iran, der heutigen Provinz Khuzistan
Armenier	mit Pferd und Amphore mit zwei ›Greifen‹-Henkeln ► aus der heutigen Nordost-Türkei und Armenien
Areier	mit Gefäßen, baktrischem Kamel und Raubtierfell ► aus dem Nordwesten Afghanistans
Babylonier	mit Schalen, Gewand und Buckelrind ► aus dem mittleren Irak um Babylon bei Baghdad
Lyder	mit Krügen, Schalen, Armreifen und Pferdewagen ► aus der Westtürkei um Sardes (Sart)– östl. Izmir
Arachosier	mit Schalen, baktrischem Kamel und Raubtierfell ► aus dem südwestlichen heutigen Afghanistan
Assyrer	mit Schalen, Fellen, gefaltetem Tuch und zwei Widdern ► aus dem Nordwestirak und Syrien
Kappadokier	mit Pferd, Reithose und Gewändern ► aus der mittleren Osttürkei
Ägypter	mit Tuch und Stier
Skythen	mit Pferd, Armreifen, Reithose und Gewändern ► aus dem Amu-Darja-Gebiet bis an das Schwarze Meer
Ionier	mit Bechern, Schalen, Stoffen und Wollknäueln ► von der kleinasiatischen Küste der Türkei
Baktrier	mit Bechern, Schalen und baktrischem Kamel ► aus dem heutige Nord-Afghanistan - Provinz Balkh
Gandarer	mit Buckelrind, Speeren und Rundschild ► aus dem Indus-Gebiet Nord-Pakistans
Parther	mit Bechern, Schalen und baktrischem Kamel ► aus Nordost-Iran und Süd-Turkmenistan
Sagartier	mit Reithose, Gewändern und Pferd ► aus dem mittleren Ostiran und Afghanistan
Sogdier	mit Schwert, Armreifen, Streitäxten und Pferd ► aus dem heutigen Tadschikistan und Uzbekistan
Inder	mit Beuteln, Esel und Doppeläxten ► aus dem mittleren und südlichen Indusgebiet Pakistans
Thraker	mit Speeren, Schilden aus Flechtwerk und Pferd ► aus dem Gebiet des heutigen Bulgariens
Araber	mit Gewand und Dromedar
Karer	mit Speer, Rundschild und Stier ► aus der Südwest-Türkei (zwischen Ioniern und Lydern)
Libyer	mit Ziegenbock und zweispännigem Pferdewagen
Äthiopier	mit Gefäß, Elfenbein und Giraffe oder Okapi

den Sternbildern der vier Himmelsrichtungen wiederfinden. Friedrich Krefter, der als Architekt unter dem Grabungsleiter Ernst Herzfeld, einem deutschen Professor, an der ersten wissenschaftlichen Grabungsexpedition teilnahm, fand 1933 die goldenen und silbernen **Gründungstafeln des Apadana**, die jetzt im Nationalmuseum in Teheran aufbewahrt werden. Er stellte im Apadana auch schwere Brandspuren fest. Nach Arrian ließ Alexander 330 v. Chr. in Persepolis Brände legen. Bei den Ausgrabungen fanden sich entsprechende Spuren auch am Hundertsäulen-Palast und am Schatzhaus. Zugleich schien der Xerxes-Palast gezielt zertrümmert worden zu sein. Falls dies als Vergeltung für die Zerstörung der Athener Akropolis durch Xerxes-Truppen im Jahre 480 geschah, ist es Teil einer längeren Tragödie, denn den persischen Übergriffen in Athen war die Vernichtung der zum achämenidischen Reich gehörigen Stadt Sardes im Jahre 498 v. Chr. durch die Athener vorausgegangen, wofür König Darius I. Rache geschworen haben soll.

Tripylon und Hundertsäulen-Saal

Der **Tripylon-Zentralbau** schließt sich im Süden an die Apadana-Ostseite an. Zum Nordportal führt ein Aufgang mit zwei gegenläufigen Treppen, deren Fassaden und Wangen mit Reliefs geschmückt sind, die persische und medische Würdenträger und Gardesoldaten zeigen. Von ihm aus gelangt man durch ein östliches und südliches Portal zu Privat- und Verwaltungsgebäuden und zum nordöstlich gelegenen **Hundertsäulen-Saal**, einem mit zehn mal zehn Säulenreihen ausgestatteten Bauwerk, das bereits von Xerxes I. als Thronsaal benützt, aber erst unter seinem Sohn Artaxerxes I. (465–424 v. Chr.) vollendet wurde. Bemerkenswert sind die Reliefs des Königs mit seinen Gardisten an der Nordseite und mit seinen Thronträgern an der Südseite. Darstellungen des königlichen Helden im Kampf mit Monster-Mischwesen befinden sich in den seitlichen Türlaibungen.

Schatzhaus

Bis zur Plünderung durch Alexanders Truppen wurden im Schatzhaus Tribute, Kriegsbeute und Steuereinnahmen aufbewahrt. Bei den Ausgrabungen stieß man auf die beiden Audienzreliefs, von denen eines noch hier besichtigt werden kann. Außerdem fand man etwa 750 Tontäfelchen, welche die Verwaltung von Persepolis und Umgebung betreffen. Auf ihnen war auch die Entlohnung der hier beschäftigten Arbeiter und Handwerker festgehalten.
Ungefähr 60 Meter östlich, oberhalb des Schatzhauses, liegt eine 26 Meter tiefe **Zisterne**, in der man das Regenwasser des Berghangs sammelte. Westlich davon wurde in den Jahren 1931–32 ein Bauwerk des Beamtentrakts von Friedrich Krefter nach Originalmaßen rekonstruiert. Es diente als Unterkunft der Grabungsexpedition und wurde später in ein **Museum** umgewandelt.

Xerxes-Palast

Der Xerxes-Palast oder Hadish steht auf einer Anhöhe von drei Metern, zu der Treppen hinaufführen. Den Mittelpunkt bildete eine Halle mit 36 Säulen, an die sich nördlich eine Vorhalle mit zwölf Säulen anschloss. Der Erhaltungszu-

Blick vom Hundertsäulen-Saal auf das Grab von Artaxerxes II./III:

Äthiopischer Gesandter

stand ist schlecht, und die meisten Reliefs scheinen beschädigt worden zu sein, bevor man das Gebäude wahrscheinlich durch Entfernen der Säulen zum Einsturz brachte. Bei Ausgrabungen fand man Säulenteile in den tiefer liegenden, südlich angrenzenden Räumen des sogenannten **Harem-Komplexes**, die vermutlich vom Balkon des Xerxes-Palastes aus hinabgeworfen worden waren. Der Harem-Komplex erhielt seinen Namen wegen der vielen gleichartigen Räumlichkeiten, doch ist seine Funktion nicht eindeutig geklärt.

■ Darius-Palast

Der Darius-Palast oder Tachara, wie er in Bauinschriften genannt wird, hatte einen Mittelsaal mit zwölf Säulen, nördlich zwei anschließende quadratische Räume und eine Vorhalle mit acht Säulen im Süden. Treppen mit Reliefs, die Gardisten und Löwe-Stier-Motive zeigen, führen hinauf. In einer Türlaibung des Südeingangs ist König Darius abgebildet. Über seinem Kopf befinden sich Inschriften in Elamisch, Babylonisch sowie Altpersisch, was man an dem sich wiederholenden nach links geneigten Wort-Trennungskeil erkennen kann. Die altpersischen Inschriften an der Südseite benützte Georg Friedrich Grotefend 1802 in Göttingen zur ersten Entzifferung der altpersischen Keilschrift. Sie besagt: »Darius, der große König, König der Könige, König der Länder, Sohn des Hystaspes, der Achemänide, der diesen Tachara gebaut hat.«

■ Archiv

Nördlich der Wirtschaftsgebäude mit Speisesaal und Zugang zur Kanalisation fand man nahe am Terrassen-Rand ein Archiv mit etwa 30000 Tontäfelchen, welche sich auf die Verwaltung der Persis und Elams bezogen.

■ Felsgräber

Die Felsgräber am östlichen Bergabhang haben Fassaden in der Art und Größe des Darius-Palastes mit dahinter befindlichen Grabgewölben. Sie werden Artaxerxes II. (404–359 v. Chr.) und Artaxerxes III. (359–338 v. Chr.) zugeschrieben, aber es ist nicht sicher, welches welchem König gehört.

Naqsh-e Rostam

Am Hoseyn Kuh-Berg, etwa 4 km nördlich von Persepolis, liegt die Nekropole der Achämeniden. Ihre Felsgräber entsprechen denen, die sich oberhalb der Terrasse von Persepolis befinden. Auch bei ihnen sind eine Palastfassade und ein von Delegierten der Völker gestützter Thron zu sehen, auf dem der König vor einem Feueraltar im Angesicht sei-

▲ Karte S. 495

nes geflügelten Schutzgeistes betet. Die Rahmen der Felsgräber sind kreuzförmig, was die Einbeziehung der vier Himmelsrichtungen andeutet. Das einzige, bisher eindeutig identifizierte Felsgrab ist das von König Darius I. Über seiner Grabkammer verkündet eine Inschrift, dass König Darius, der Achämenide, vom großen Gott Ahura Mazda beauftragt wurde, die Welt zu befrieden. Ferner wird aufgerufen, die Gebote Ahura Mazdas einzuhalten mit besonderer Betonung darauf, die Wahrheit zu sagen.

Die etwa 12,5 Meter hohe Kaaba-ye Zardosht mit Scheinfenstern stammt aus achämenidischer Zeit und war wahrscheinlich eine Aufbewahrungs- oder Grabstätte, da der Zugang nach dem Einrasten der als Türe dienenden Steinblöcke endgültig blockiert war. In sassanidischen Inschriften werden wichtige Ereignisse der Regierungszeit Shapurs I. aufgeführt und von dem Oberpriester Kartir kommentiert.

Die sassanidischen Felsreliefs belegen die Bedeutung dieser uralten Kultstätte. Bemerkenswert ist, dass das Bild von Bahram II. (Nr. 12) ein elamisches Relief von 1800 v. Chr. überdeckt, von dem man rechts außen einen Elamer mit langem Gewand und nach vorne weisender Kopfbedeckung erkennen kann.

Hinsichtlich der beiden sogenannten **Feueraltäre**, die 200 Meter entfernt an der Westseite des Hoseyn Kuh stehen, wird verstärkt die Meinung vertreten, dass sie von Zarathustriern in sassanidischer Zeit als Ostodane errichtet wurden und die Vertiefungen an der Oberseite zur Aufbewahrung von Knochenresten dienten.

Istakhr, die Hauptstadt der Persis, die von den sassanidischen Königen wegen ihres berühmten Feuertempels gefördert wurde und drei Kilometer östlich von Naqsh-e Rostam am Polvar-Fluß lag, wurde 649 von den Arabern erobert und nach Aufständen zerstört, wobei viele Einwohner starben. Ihr Gelände, wo noch die Reste einer Toranlage und einzelne Säulen stehen, wird von den Einheimischen Takht-e Tavus (Pfauenthron) genannt.

Die ersten beiden der drei majestätischen **Tafelberge** in der Ebene westlich

Blick über Persepolis von Südosten

Naqsh-e Rostam

Legende

Gräber achämenidischer Könige

1 Xerxes I. (486–465 v.Chr.), Griechische Kriege
2 Darius I. (522–486), Herrschaft von Indien bis Ägypten
3 Artaxerxes I. (465–424), Verlust griechischer Städte
4 Darius II. (423–404), Autonomie Ägyptens

Gebäude aus achämenidischer Zeit

5 Kaaba-ye Zardosht

Sassanidische Felsreliefs

6 Investitur Narsehs (293–302)
7 Reiterkämpfe Bahrams II. (276-293) oder Bahram I.
8 Shapur I. (241–272) Triumpf über die römischen Kaiser Valerian und Philippus Arabs
9 Verwittertes Relief, evtl. Shapur II. (383–388)
10 Hormizd II. (303–310) im Reiterkampf
11 evtl. Hormizd I. (272–273) im Reiterkampf
12 Bahram II. (276–293) mit Familie und Würdenträgern (über elamischem Relief von 1800 v.Chr)
13 Ardeshir I. (224–240), Investitur durch Ahura Mazda (rechts)

von Naqsh-e Rostam, die auch von Persepolis aus in nordwestlicher Richtung zu sehen sind, wurden von den Einwohnern Istakhrs als Festungsberge benützt. Auf dem ersten Tafelberg, dem **Kuh-e Qaleh**, ist davon kaum noch etwas erhalten. Auf dem zweiten Berg, dem **Kuh-e Istakhr,** der von der Mitte der nördlichen Längsseite her bestiegen werden kann, befinden sich Reste von Mauerwerk, eine Zisterne von 50 mal 20 Metern aus dem 10. Jahrhundert und darüber eine einzelne alte Zypresse, die typisch für zarathustrische Orte ist.

▲ Karte S. 481

Naqsh-e Rajab

Etwas mehr als drei Kilometer nördlich von Persepolis, rechts der Abzweigung nach Naqsh-e Rostam, befindet sich ein kleiner Talkessel, wo sich vier weitere sassanidische Felsreliefs befinden, zwei davon mit König Shapur I. und je eines mit König Ardeshir I. und dem zoroastrischen Oberpriester Kartir.

Persepolis

Persepolis und Naqsh-e Rostam sind Apr.-Okt. tägl. 8-19 Uhr geöffnet, sonst 8-17 Uhr Tel. (0)728/3352135.

An der Ostseite der Zufahrtsstraße nach Persepolis liegt das **Restoran-e Parsian**, Tel. (0)728/4473555.

3 km ab Persepolis Richtung Naqsh-e Rostam liegt das **Restoran-e Laneh Tavus**, Tel. (0)917/1280057.

Pasargadae

Etwa 85 Kilometer nordöstlich von Naqsh-e Rostam, an der Straße Richtung Isfahan, liegt Pasargadae in 1850 Metern Höhe. An diesem Ort siegten die Perser im Jahre 550 v. Chr. über die Meder, und Kyrus der Große ließ daraufhin hier eine Residenzstadt errichten. Als erstes sieht man das **Kyrus-Grab**, das wegen seiner Zella mit Giebeldach einem nordischen Haus gleicht und auf einem Unterbau ruht, dessen sechs Stufen von unten noch oben in der Höhe abnehmen. Nördlich erreicht man nach 1,2 Kilometern den ehemaligen **Residenzpalast** mit einer fünf mal sechs Säulenreihen enthaltenden Halle, die von vier Vorhallen umgeben ist. Dieses Bauwerk grenzte an die erste der später oft nachgeahmten, viergeteilten Gartenanlagen (siehe auch Seite 109). Zu dem Gesamtkomplex gehörte auch eine kleinere **Audienzhalle**, wo Reste von Reliefs mit assyrisch beeinflussten Darstellungen von einem Stiermenschen und einer Figur in einem Fischschuppen-Gewand zu sehen sind. Alle Inschriften an den Pfeilern und Reliefs in der Residenz- und Audienzhalle verkünden: Ich Kyrus, der König, ein Achämenide.

Das im südöstlichen Außenbezirk befindliche **Torgebäude** war einst von kolossalen Wächterfiguren in geflügelter Stierform flankiert. Als einziges Relief blieb hier die Reliefplatte einer Türlaibung mit einem drei Meter hohen, geflügelten männlichen Genius mit ägyptischer Krone erhalten.

Im Nordteil der Anlage liegt noch die Ruine eines mit der Ka'aba-ye Zardosht in Naqsh-e Rostam vergleichbaren Baus, dessen Hintergrund ein Hügel mit einer erhöhten Plattform von etwa 98 mal 79 Metern Fläche bildet, auf dem eine jetzt zerfallene achämenidische Festung stand. Etwa 1,4 Kilometer westlich der Plattform und über einen Fußpfad zu erreichen, stehen ein Altarstein und ein naher Steinblock zu dem acht Stufen führen. Wahrscheinlich war dies eine Gebetsstätte der achämenidischen Könige.

Bavanat-Nomadengebiet

Etwa 60 Kilometer nördlich von Pasargadae liegt Safashahr (Dehbid). Östlich liegt das Bavanat-Gebiet, wo sich von

Das Kyrus-Grab in Pasargadae

Ende April bis Ende September die Sommerlager der Khamseh-Nomaden befinden. Mr. Abbas Barzegar, ein Dorfbewohner aus Bazm, 16 km östlich des Ortes Bavanat (auch: Suryan), wurde hier 2002 von einer Gruppe Deutscher als Guide ›entdeckt‹. Man empfahl ihn weiter und da er gerne sein Haus zur Übernachtung anbietet und seine Frau sehr gut kocht, hat sich daraus eine **Ecotouristen-Anlaufstelle** entwickelt, von der aus Ausflüge zu den Nomaden unternommen werden. Die Tagespauschale inkl. Übernachtung beträgt etwa 40 Euro. Er holt auch in Shiraz ab oder man nimmt den Morgenbus ab Karandish Terminal nach Mazayjan-Bavanat (etwa 2–3 Euro), der in Bazm hält. Tel. (0)752/3262363, (0)917/3173597.

Sarvistan und Neyriz

Im 80 Kilometer südlich von Shiraz entfernten **Sarvistan** befindet sich das Mausoleum des **Sheikh Yussuf Sarvestani** aus dem 13. Jahrhundert, das von einem Kuppel-Baldachin überdacht ist, der auf vier Säulenbündeln mit Muqarnas-Kapitellen und knollenförmigen Basen steht. Etwa 6,5 Kilometer nach dem Ortsausgang Richtung Neyriz führt eine südliche Straße zu den Ruinen eines überkuppelten **sassanidischen Palasts**, der auf König Bahram V. Gur um 430 n. Chr. zurückgehen könnte.

Die **Jame-Moschee** im weitere 130 Kilometer entfernten **Neyriz** hat zwei Iwane, von denen einer ein tiefes Tonnengewölbe besitzt, das mit einem der schönsten Mihrabs aus seldschukischer Zeit (1165) mit verschlungenen Stuckinschriften geschmückt ist.

▶ Karte S. 481

Firuzabad

Im 115 Kilometer von Shiraz entfernten Firuzabad sind einige Sehenswürdigkeiten aus der Entstehungszeit des sassanidischen Reichs erhalten geblieben.

Kurz vor der Stadt steht die **Festung Qaleh-ye Dokhtar** aus der Zeit um 224 n. Chr. auf einer Anhöhe, zu der ein halbstündiger Fußweg von der Südwestseite hinaufführt.

Folgt man der Straße nach Firuzabad, sieht man kurz darauf die Reste einer **sassanidischen Brücke** im Tangab-Fluss und gegenüber ein etwas grob wirkendes **Relief** mit der Investitur Ardeshirs I. von 226 n. Chr. Etwa 2,5 Kilometer weiter, kurz nach einem Straßentunnel, führt ein Wehr über den Tangab-Fluss, an dessen gegenüberliegender Seite ein über 22 Meter breites **Relief**, das man am besten vormittags bei Schräglicht erkennen kann, den Sieg Ardeshirs über den letzten Partherkönig Artabanus IV. abbildet. Dieser Kampf fand im Jahre 224 n. Chr. statt.

Wenn man sich am Ortseingang von Firuzabad rechts hält, gelangt man nach fünf Kilometern zu den Lehmwällen der **sassanidischen Rundstadt Gur**. In ihrem früheren Stadtbereich von 2000 Metern Durchmesser steht noch eine Plattform aus Steinquadern, die wahrscheinlich einen Feuertempel trug, und ein zentrales Turmgebäude. Sie ist eine Gründung Ardeshirs I., dessen sehenswerte **Palastanlage** mit drei großen Kuppelhallen man erreicht, wenn man etwa 2,5 Kilometer westlich weiterfährt und dann nördlich fünf Kilometer dem Flusslauf folgt.

Sollte man Interesse an einer großartigen, einsam gelegenen **sassanidischen Feuertempelanlage** haben, die im Gebiet der Qashqai-Nomaden liegt, dann fährt man an der vorherigen Abzweigung nicht links nach Gur zurück, sondern westlich 1,4 Kilometer weiter und biegt dort südlich ab, passiert Mushgan (Nowdaran) und erreicht nach 22 Kilometern die **Konar Siah** genannte Stelle, wo die Anlage gegenüber einem ausgedehnten westlichen Salzdom steht. Weitere drei Kilometer südlich liegt eine sassanidisch-frühislamische Karawanserei.

Wer beabsichtigt von Firuzabad aus nach Südiran weiterzufahren, würde normalerweise die Route über **Lar** wählen. Die wichtigsten Sehenswürdigkeiten dort sind der Qeysariyeh-Basar und die neue große Jame-Moschee. Empfehlenswert ist das Kowsar Hotel***, Tel. (0)7 81/224 28 54 (Q3/P1–2).

Bishapur

Die Ruinen der sassanidischen Stadt Bishapur sind 135 Kilometer von Shiraz entfernt. Man fährt westlich Richtung Qaemiyeh (früher: Chenar Shahijan) und biegt dort zum acht Kilometer südlich gelegenen Bishapur ab, das von König Shapur I. zwischen 260 und 266 n. Chr. gegründet wurde. Die Stadt erstreckte sich über eine Fläche von ungefähr 1500 mal 1100 Metern.

Am Eingang kann man noch **Teile der Stadtmauer** mit vorspringenden Bastio-

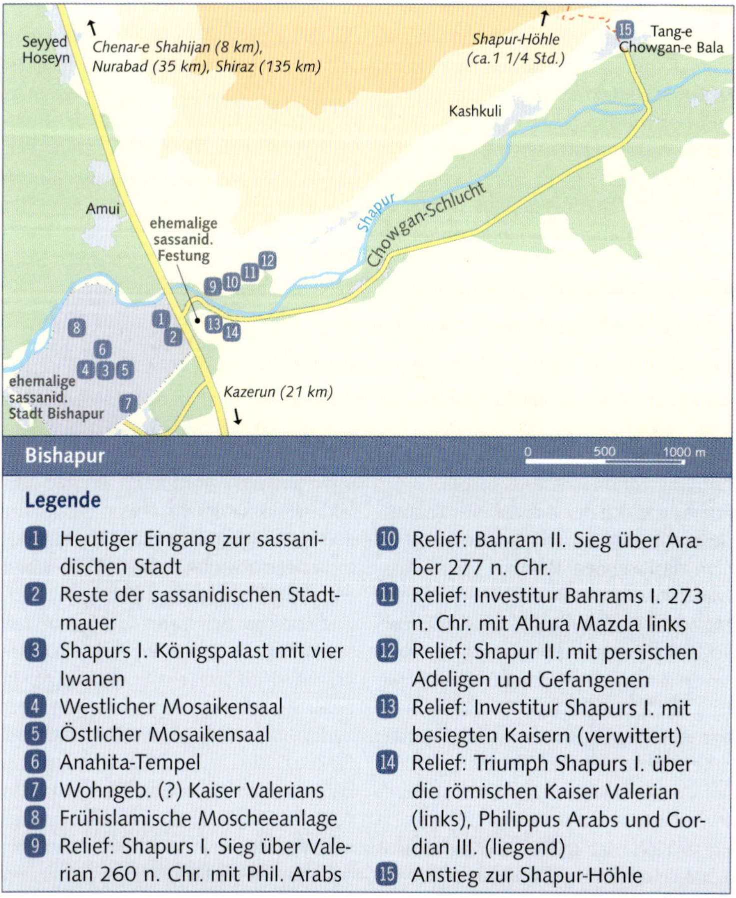

Legende

1 Heutiger Eingang zur sassanidischen Stadt
2 Reste der sassanidischen Stadtmauer
3 Shapurs I. Königspalast mit vier Iwanen
4 Westlicher Mosaikensaal
5 Östlicher Mosaikensaal
6 Anahita-Tempel
7 Wohngeb. (?) Kaiser Valerians
8 Frühislamische Moscheeanlage
9 Relief: Shapurs I. Sieg über Valerian 260 n. Chr. mit Phil. Arabs
10 Relief: Bahram II. Sieg über Araber 277 n. Chr.
11 Relief: Investitur Bahrams I. 273 n. Chr. mit Ahura Mazda links
12 Relief: Shapur II. mit persischen Adeligen und Gefangenen
13 Relief: Investitur Shapurs I. mit besiegten Kaisern (verwittert)
14 Relief: Triumph Shapurs I. über die römischen Kaiser Valerian (links), Philippus Arabs und Gordian III. (liegend)
15 Anstieg zur Shapur-Höhle

nen sehen. Der **Hauptpalast** im Norden besitzt einen zentralen Hof von jeweils 22 Metern Seitenlänge mit vier Iwanen. Er ist westlich und östlich von Gebäuden flankiert, in denen man Bodenmosaike fand, die jetzt im Nationalmuseum in Teheran und im Louvre aufbewahrt werden, z. B. eine Harfe spielende Frau.

Südlich davon stehen die starken Mauern eines Gebäudes, das der Legende nach zeitweise als Gefängnis des römischen Kaisers Valerian gedient haben soll. Nördlich der Palastanlage fällt der mit hellen Steinplatten verkleidete **Anahita-Tempel** auf, der einen unterirdischen Raum enthält, dessen Wasserbekken über Rinnen und Kanäle vom Fluss gespeist wurden.

Westlich davon hat man die Reste einer urtümlich wirkenden **frühislamischen Moschee** oder Madrese aus Bruchsteinen ausgegraben. Bishapur wurde im 10. Jahrhundert aufgegeben, als der Aufstieg der südlich gelegenen Stadt Kazerun begann. Östlich des Stadteingangs befinden sich in der **Tang-e Chowgan-Schlucht** zu beiden Seiten des Shapur-Flusses zahlreiche **Felsreliefs aus sassanidischer Zeit**. Für den Bereich des nördlichen Flussufers gelten die gleichen Öffnungszeiten wie für Bishapur.

Interessant ist der Besuch der **Shapur-Höhle** (Qar-e Shapur), in der eine fast acht Meter hohe Kolossal-Statue Shapurs I. steht. Man fährt an der südlichen Flussseite entlang fünf Kilometer in östlicher Richtung und überquert den Fluss nördlich zum Dorf Tang-e Chowgan-e Bala. Etwas westlich des Ortes lässt man das Fahrzeug zurück und steigt zu der 400 Meter oberhalb befindlichen Höhle auf. Auf- und Abstieg dauern insgesamt etwa zweieinhalb Stunden. Die Funktion dieser Höhle ist unklar, aber sie scheint keine Grabstätte gewesen zu sein.

▲ Karte S. 507

i Bishapur

Die sassanidische Stadt und die Felsreliefs sind tägl. von 8–17.30 Uhr zu besichtigen, Tel. (0)722/2422360.

Kurangun

Das Kurangun-Relief aus elamischer Zeit befindet sich am Gipfel eines Felsens über der Fahliyan-Ebene. Von Qaemiyeh fährt man nördlich 57 Kilometer bis Baba Meydan. Dort geht es auf einer schmalen Straße südwestlich zum Dorf Seh Talan (Dezak) weiter. Vor dem Gebirgsausläufer, etwa 300 Meter südwestlich des Dorfs, stellt man das Fahrzeug ab und ersteigt den Abhang in südlicher Richtung. Der schlecht erkennbare mittlere Teil des Reliefs oberhalb der Plattform stellt eine Anbetungsszene mit einem Gott auf einem Schlangenthron und einer Göttin dar und könnte aus der Zeit von 1900 bis 1500 v. Chr. stammen. Die Betenden an der linken Seite dürften jüngeren Datums sein.

Margun-Wasserfall

Der Margun-Wasserfall stürzt in vielen Kaskaden eine Felswand hinab und lohnt sich als Ausflugsziel. Zuerst fährt man von Shiraz 115 Kilometer nordwestlich über Ardakan vorbei an Poolad Kaf (Skiort) nach Komehr. Dieses durchfährt man und folgt weitere drei Kilometer der bisherigen Richtung. Dann biegt man östlich Richtung Zagros-Gebirgskette ab und erreicht nach zehn Kilometern den Kor-Fluss. Man bleibt weiterhin auf der asphaltierten Straße, die nach rechts in großem südlichen Bogen ins acht Kilometer entfernte Margan (Margun) führt. Etwa 1,5 Kilometer südlich von Margan befindet sich ein weiter Platz, wo das Auto abgestellt werden kann. Nach einem Fußweg von 700 Metern erreicht man die Wasserfälle.

Darab-Gegend

Von Shiraz führen gut ausgebaute Straßen in südöstlicher Richtung über Fasa zum 270 Kilometer entfernten **Darab**, wo es das preiswerte und saubere Mehmansara Jahangardi (1–2 Sterne) in der Bolvar-e Sepah, Tel. (0)73262/34495, gibt. Aus Richtung Fasa sieht man sechs Kilometer vor Darab rechts der Straße die zerfallenden Wallanlagen der Rundstadt **Darabgerd**, die einen Durchmesser von 1800 Metern hatte und auf deren zentralem Hügel früher eine Festung lag. Sie wurde in parthischer Zeit gegründet und diente Ardeshir als regionaler Herrschaftssitz ehe er zum ersten sassanidischen König aufstieg und Firuzabad ausbaute. In sassanidischer und frühislamischer Zeit war Darabgerd auch eine bekannte Münzstätte.

Einige hundert Meter nach dem ersten großen Verkehrskreisel in Darab führt eine Straße zum 2,5 Kilometer südlich gelegenen Dorf Mohamadabad. Folgt man den Gebirgsabhängen in östlicher Richtung auf Pisten weitere 2,5 Kilometer, erreicht man das wenig bekannte, aber gut erhaltene Felsrelief **Naqsh-e Rostam** oder Naqsh-e Shapur. Es erstreckt sich über eine Fläche von etwa 8 mal 6 Metern und zeigt König Shapur I. zu Pferd mit unterworfenen Römern und persischen Adeligen.

Die Feuertempelanlage ›Chak Chak‹

Fünf Kilometer nach dem Ortsende von Darab Richtung Rostaq zweigt eine Straße südlich zur 1,5 Kilometer entfernten **Masjed-e Sangi** bei Kheyrabad ab. Dieses interessante etwa 20 Meter lange Bauwerk wurde in den Felsen hinein gebaut und zuletzt als Moschee benützt, was ein frühislamischer Mihrab belegt. Die Entstehung dürfte auf sassanidische Zeit zurückgehen. Wegen ihrer Kreuzform könnte es sich ursprünglich um eine nestorianische Kirche gehandelt haben. Darabgerd war Bischofssitz. Andererseits könnte die zentrale Dachöffnung von etwa drei mal drei Metern und das darunter befindliche Wasserbecken auch auf die Nutzung als Anahita-Tempel hinweisen.

65 Kilometer von Darab entfernt auf der Strecke nach Gahkom liegt **Rostaq.** Biegt man von der Landstraße etwa 1,5 Kilometer nach der Durchfahrt Rostaqs in südlicher Richtung ab und folgt einer Piste neun Kilometer, findet man eine imposante aufgegebene Feuertempelanlage (28°23'05"/55°03'27") am Flussufer. Die Anlage besteht aus Ateshkade-Gebäude, wo das Feuer aufbewahrt und einem Chahar Taq (Vierbogenbau), wo das Feuer verehrt wurde. Dieser Ort wird von den Einheimischen **Chak Chak** genannt, da am Südufer in einer Felsnische von der Decke ständig Wasser in ein Becken tropft. Dieser Ausflug ist wegen der Verbindung von Natur und Sehenswürdigkeiten sehr empfehlenswert.

Die Provinz Khuzestan

Khuzestan liegt im Südwesten Irans und besteht aus dem fruchtbaren Tiefland südlich des Zagros-Gebirges, das sich bis an die nördliche Küste des Persischen Golfs erstreckt. Dem Zagros entspringen die drei großen Flüsse Karun, Dez und Karkheh. Bei einer Fläche von 64050 Quadratkilometern hat die Provinz 4,3 Millionen Einwohner. Im Sommer ist die Hitze wegen der hohen Luftfeuchtigkeit drückend. Die wichtigsten Agrarprodukte sind Getreide, Zuckerrohr und Datteln. Die Provinz besitzt große Erdölvorkommen, die über die Häfen Khorramshahr und Abadan exportiert werden, wo es große Raffinerien gibt.

Schleife des Karkheh

Ahvaz

Die Hauptstadt Ahvaz hat 1,4 Millionen Einwohner und liegt 18 Meter über dem Meeresspiegel an den Stromschnellen des Karun-Flusses. Es gab bereits vor der sassanidischen Stadtgründung im 3. Jahrhundert eine Ansiedlung. Um 638 wurde die Stadt von den Arabern erobert, die ihr den Namen Ahvaz gaben, was ›Markt der Khuz‹ bedeutet, wie man die Bevölkerung der Susiana seit den Achämeniden nannte. Die Stadt blieb dann jahrhundertelang eine Durchgangsstation an den südpersischen Handelsrouten. Nachdem der Schiffsverkehr durch den Persischen Golf gegen Ende des 19. Jahrhunderts rapide zunahm, war sie bis zum Anschluss des Seehafens Khorramshahr an das Eisenbahnnetz auch Seegüter-Umschlagplatz, da der Karun bis hierher schiffbar ist. Heutzutage ist Ahvaz eine moderne Handels-, Verwaltungs- und Universitätsstadt. Ältere Sehenswürdigkeiten sind nicht vorhanden, aber für Touristen ist sie als Zwischenstation für Besichtigungen von Susa, Chogha Zanbil oder Shushtar wichtig.

i Ahvaz

Vorwahl: +98/(0)611.

Postamt (Markaz-e Post), Kh. Felestin, bei der Moalaq-Brücke.

Bank-e Melli, Kh. Azadegan, südlich des Meydan-e Shohada.

Tayareh Travel Agency (Azhans-e Mosaferat-e Tayareh), Kh. Azadegan, 600 Meter nordöstlich vom Meydan-e Shohada, Tel. 2232956, taha_albecord@yahoo.com.

Reiseleiter Mr. Ashkan Nezampour, Tel. (0)916/6114373, nezampour@yahoo.com, www.travelguide.ir. Er ist engagiert und sehr empfehlenswert, hat auch Trekking Erfahrungen zu den Nomaden im Izeh-Gebiet oder leitet Wanderungen im Oshtoran-Gebirge und zum Shevi-Wasserfall (→ S. 429).

▲ Karte vordere Umschlagklappe

Der Flughafen (Forudgah) liegt 8,5 km in nordöstlicher Richtung. Es gibt Flüge nach Teheran und Isfahan sowie in mehrtägigen Abständen nach Shiraz.

Bahnhof (Istgah-e Rah-e Ahan), im westlichen Stadtzentrum. Tägliche Verbindungen nach Teheran.

Bus-Terminal Susa (Terminal-e Otobus-e Shush), 4,5 km westlich des Zentrums am Ende der Kh. Enqelab. Bus-Terminal Shushtar, 5 km nordöstlich, kurz vor dem Meydan-e Chahr Shir.

International Pars (Fajr) Hotel****, östlich der Moalaq-Brücke, T. 222-0091, www.parshotels.ir (Q4/P4).

Oxin Hotel***, Bolvar-e Pasdaran, östlich des Flughafens, Tel. 4474720. Gutes Restaurant (Q3/P2–3).

Iran Hotel**, Kh. Dr. Shariati, nahe der Kh. Imam Khomeini, Tel. 2217200, 2212372 (Q2/P1–2).

Tran (Train) Restaurant, Kh. Felestin, westlich des Postamts, Tel. 3339976. Gute persische Küche.

Khalij-e Fars Restaurant, Meydan-e Saat, östlich des Bahnhofs, Tel. 3333322. Gute persische Küche.

Chogha Zanbil

Chogha Zanbil, was ›korbförmiger Hügel‹ bedeutet, erreicht man über die Landstraße nach Shush (Susa), von der man nach 97 Kilometern östlich zu der weitere 28 Kilometer entfernten Zikkurat abbiegt. Die als UNESCO-Weltkulturerbe registrierte Tempelanlage ließ der elamische König Untash Napirisha errichten. In den Keilschriften wird sie als Dur-Untasch, Stadt des Untasch, bezeichnet. Das bisher angenommene Baudatum um 1250 v. Chr. wird von Elam-Experten, wie den Professoren Daniel Potts und Francois Vallat, in Frage gestellt, von ihnen wird die Zeit um 1340 v. Christus für wahrscheinlicher gehalten.

Die **Tempelanlage** war von einer mehr als vier Kilometer langen Mauer umgeben. Im zentral gelegenen, heiligen Bezirk erhob sich die fünfstufige Zikkurat, die nicht auf einem Hügel stand, sondern massiv aus Millionen von luftgetrockneten Lehmziegeln zusammengesetzt wurde. Die Seiten der ersten Stufe waren jeweils 105 Meter lang, und die Gesamthöhe betrug 52 Meter. An der Südwestseite führt ein Treppenaufgang, vor dem ein runder Altar steht, zur höchsten Ebene, auf der sich ein Tempel befand. Dieser war gemäß der Keilschriften auf den umlaufenden Ziegelbändern dem Schutzgott Susas Inshushinak und der Hochland-Göttin Napirisha geweiht. Blaugrün glasierte Ziegel oder knopfförmige Keramikplatten schmückten

Die Tempelanlage Chogha Zanbil

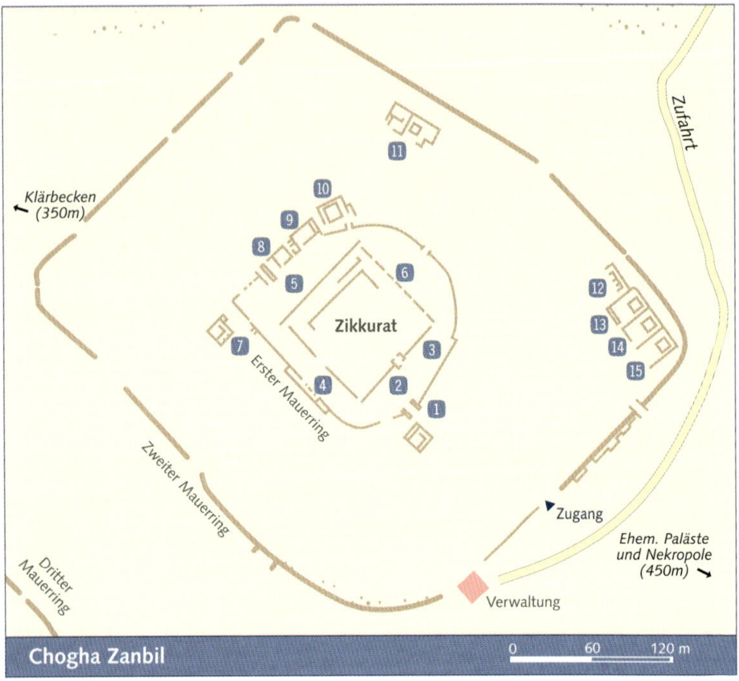

Teile der Außenwände. In den kleinen Tempeln, die die Zikkurat umgeben, wurden regionale Gottheiten verehrt.

Das einstige **königliche Viertel** liegt etwa 450 Meter östlich. Zu ihm gehört eine unterirdische Nekropole, in der man Tote mit Grabbeigaben fand.

Wie durchdacht die **Wasserversorgung** bereits war, kann man an den Resten eines 350 Meter nordwestlich befindlichen großen Klärbeckens erkennen.

Um 640 v. Christus wurde die Tempelstadt von den Assyrern zerstört.

Öffnungszeiten: täglich von 8 bis 18 Uhr. Tel. (0)916/8413463.

Dehno

Etwa sieben Kilometer Luftlinie nordöstlich von Chogha Zanbil, bei **Dehno**, befindet sich ein Siedlungshügel mit einer Grundfläche von 200 mal 180 Metern, der eine weitere elamische Tempelanlage verbirgt. Ziegelinschriften künden davon, dass der Tempel der elamischen Muttergöttin Manzat geweiht war. Umfassende Ausgrabungen wurden hier bisher nicht durchgeführt.

Haft Tepe

Nach Haft Tepe (sieben Hügel) fährt man von Chogha Zanbil aus zurück zur Landstraße Richtung Susa. Auf dieser setzt man die Fahrt 1,5 Kilometer in nördliche Richtung fort und biegt dann östlich zum 3 Kilometer entfernten Ausgrabungsgelände ab.

An diesem Ort befand sich eine städtische elamische Siedlung, die sich über eine Fläche von 1,5 Kilometern Länge und 0,8 Kilometern Breite erstreckte.

▲ Karte vordere Umschlagklappe

Legende

1 Königstor mit Tor-Tempel
2 Südost-Aufgang, davor unten Tempel-A Inshushinaks (Stadtgott v. Susa)
3 Zugang unten, zu Tempel-B Inshushinaks
4 Südwest-Aufgang zu oberen Terrassen mit Haupttempel Inshushinaks/Napirishas
5 Nordwest-Aufgang mit Altar und Fußabdruck in Boden-Ziegel
6 Nordost-Aufgang
7 Westtor mit Tor-Tempel
8 Tempel der Kiririsha, der großen Herrin Elams und Kriegsgöttin
9 Tempel des Ishnikarab, des Totenrichters und Gebet-Erhörers
10 Tempel des Napirisha, des Großen Gottes, bes verehrt im Hochland
11 Tempel von Ruhuratir und Hishmitik, Götter für Schöpfung u Namensgebung
12 Tempel von Naprataps, den Göttern der Nahrungsfülle
13 Tempel von Shimut, dem Gott Elams, und Gemahlin Belet-Ali (= Nin-Ali)
14 Tempel des babylon Wettergottes Adad und seiner Gemahlin Shala
15 Tempel der Himmels- und Fruchtbarkeitsgöttin Pinikir (Pinigir)

Fürst Tepti Ahar ließ sie im 15. Jahrhundert v. Chr. erbauen. Bei Straßenarbeiten in den 1960er Jahren stieß man auf zwei Grüfte aus gebrannten Ziegeln, die jeweils über zwanzig Tote enthielten. Das tonnenähnliche Gewölbe der unbeschädigten Gruft ist der älteste Beleg dieser ausgereiften Architekturform im Iran.

Bei den Bauwerken handelt es sich im wesentlichen um Tempel und Palastbauten, von denen aber nur noch die Grundmauern stehen. Die Anlage wurde etwa 100 Jahre nach der Entstehung aufgegeben. **Öffnungszeiten** sind täglich von 8 bis 17 Uhr. Das dazugehörige **Museum**, in dem auch Funde aus Chogha Zanbil ausgestellt werden, ist montags geschlossen (Tel. (0)642/2343413).

Susa (Shush) und Umgebung

Von der Abzweigung nach Haft Tepe ist Susa 15 Kilometer beziehungsweise von Ahvaz insgesamt 113 Kilometer entfernt. Wenn man auf die Stadt Susa zufährt, sieht man schon von weitem den hohen hellgrauen Tepe, der 1,5 Kilometer lang ist. Die Straße führt nördlich herum an seine Westseite, wo sich der Eingang zum archäologischen Gelände befindet. Die große zinnenbewehrte Festung auf der Hügelkuppe wurde von französischen Archäologen Ende des 19. Jahrhunderts errichtet. Rechts vom Aufgang befindet sich das Museumsgebäude, das montags geschlossen ist (Tel. (0)642/5213451).

Links, nördlich vom Aufgang liegt der Apadana-Hügel, dessen Hochfläche der mit drei Innenhöfen versehene 246 mal 155 Meter große **Palast des Darius I.** (522–486 v. Chr.) einnimmt. Nördlich schließt sich der quadratische **Apadana-Bau** von 109 Metern Seitenlänge an. In dessen Zentrum befand sich die Apadana-Empfangshalle. Zur Palastanlage gehörte auch der 100 Meter entfernte, monumentale **Torbau** im Osten, bei dem man die im Teheraner Nationalmuseum aufbewahrte Statue des Darius fand.

Leider sind wegen mehrerer Zerstörungsaktionen, beispielsweise um 220 v. Chr. in seleukidischer Zeit und um 339 n. Chr. durch Shapur II. bei einem Christenaufstand, wenige Gebäudeteile unbeschädigt. So sieht man nur noch Grundmauern und zerbrochene Kapitell- und Säulenreste. Man sollte aber bedenken, dass diese Residenz, die um die gleiche Zeit wie Persepolis errichtet wurde, auch die gleichen imposanten Maße hatte, was auch für den Apadana-Palast mit seinen 36 Säulen gilt. Man benutzte hier aber keine Reliefs, sondern nach elamischer Tradition farbige glasierte Ziegel, mit denen man Greife, Stiere, Löwen, menschliche Sphinxen und Gardisten auf den Wänden abbildete. Schöne Ziegelbilder von Gardisten sind im Museum zu sehen.

In diesem Palast spielte die Geschichte der biblischen Esther, und im Apadana versuchte Alexander der Große, Griechenland und Persien durch Hochzeiten seiner Offiziere mit persischen adeligen Frauen zu verbinden.

Die restlichen Hügel, wie die **Akropolis** südlich der französischen Festung oder die sogenannte **Königsstadt** und das **Handwerkerviertel** im Osten lassen nur noch wenige Strukturen erkennen. Auf der Akropolis standen früher die elamischen Tempelanlagen, die stufenartig angelegt waren. Die früheste Terrassen-

Legende

1 Apadana, Audienz- und Versammlungshalle, etwa ab 520 v. Chr. etwas früher erbaut als die nur 3m längere in Persepolis

2 Palast von König Darius I., etwa ab 520 v. Chr., mit farbigen Glasurziegel-Reliefs von Gardesoldaten und Tieren (Louvre und Susa-Museum)

3 Torbau, etwa ab 520 v. Chr., Fundstätte der Statue Darius I. (Nationalmuseum, Teheran)

4 Äußerer Inshushinak-Tempel, Mitte 1200 v. Chr., an der Fassade fast lebensgroße Ton-Reliefs mythologischer Figuren (Louvre)

5 Schichten von Wohnvierteln aus islamischen und vorislamischen Epochen bis zurück in die elamische Zeit des 2. Jh. v. Chr.

6 Archäologisches Museum Susa

7 Festung der französischen Archäologen, um 1897 erbaut mit hier vorgefunden Ziegeln

8 Terrassenbau (80 x 80 m) 4200 v. Chr. – später Ort für großes elamisches Zikkurat, das um 646 v. Chr. von Assyrern völlig zerstört wurde

9 Tempel des Inshushinak, des Stadtgottes von Susa und bedeutendsten Gottes Elams (alt- u. mittelelamisch)

10 Fundstelle der babylon. Hammurabi- und akkad. Naramsin-Stelen (elamisches Beutegut aus Mesopotamien) – jetzt im Louvre

11 Tempel der Göttin Ninkhursag, Herrin der Berge. Fundstelle der Bronzestatue Königin Napir-Asu's aus dem 14. Jh. v.Chr. (Louvre)

12 Tempel mit glasierten Ziegeln des Königs Shutruk-Nahunte, 7. Jh. v. Chr., gewidmet Gott Inshushinak

13 Südliche Erhebung von den Franzosen ›donjon‹ (Bergfried) genannt. Fundstelle achämenid. und seleukidischer Architekturelemente u.a.

14 Grabmoschee des Propheten Daniel

15 Palast von König Artaxerxes II., um 400 v. Chr. Die Standorte der Holzsäulen sind an deren steinernen Säulenbasen noch erkennbar.

▶ Karte vordere Umschlagklappe

Die französische Festung von Susa

anlage, die um 4200 v. Chr. entstand, hatte bereits beachtliche 80 Meter Seitenlänge. Auf der Akropolis fand man auch Beutegut, das der elamische König Shutruk Nahunte von seinen siegreichen Kriegszügen Ende des 2. Jahrtausends v. Chr. aus Mesopotamien mitbrachte, so die Siegesstele des akkadischen Königs Naram-sin (2254–2218 v. Chr.) oder die Gesetzesstele des Hammurabi (1792–1750 v. Chr.), die sich jetzt im Louvre in Paris befinden.

Susa diente auch in parthischer Zeit als Residenz, verlor aber in sassanidischer Zeit gegenüber nahen Städten wie Karkheh und Gondeshapur an Bedeutung. Auch wenn seine Bevölkerungszahl in der Zeit der mongolischen Eroberung stark zurückging, so ist doch Susa ein seit über 6200 Jahren bewohnter Ort, der gegenwärtig 55 000 Einwohner aufweist.

Im Westen des Apadana-Hügels, auf der anderen Seite des Sha'ur-Flusses, befinden sich Reste der Grundmauern des 37,5 mal 35 Meter großen **Palasts von Artaxerxes** II. (404 – 359 v. Chr.). Das Bauwerk war mit 64 Holzsäulen ausgestattet. Sein Besuch ist weniger lohnenswert.

Unterhalb des Susa-Siedlungshügels am Sha'ur-Fluss steht ein Heiligtum, das von einem weißem Zuckerhutdach überragt wird, das sogenannte **Danielsgrab**

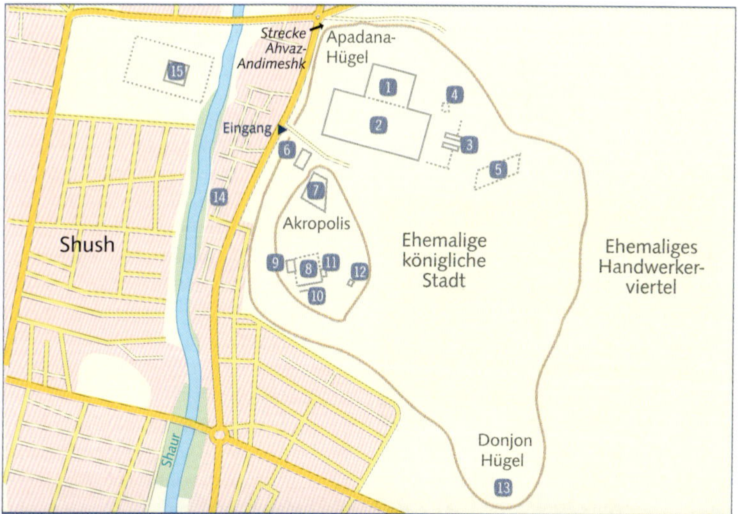

Susa

(Maqbar-e Danial Nabi). Hier soll der Überlieferung nach der Prophet Daniel begraben sein. Es wird von Moslems und Juden verehrt. Die Anlage entstand im 12. Jahrhundert und wurde mehrfach renoviert und erweitert.
In Susa gibt es zwei empfehlenswerte Restaurants: Ali Qomi, an der Durchgangsstraße nach Dezful, Tel. (0)642/ 522 46 00 und Shaterabbas, im Stadtzentrum, Tel. (0)642/521 31 30.

Dezful

Sehenswert in dieser 30 Kilometer nördlich von Susa gelegenen Stadt sind die Reste einer sassanidischen Dammbrükke, die Jame-Moschee, deren Gebetshalle aus dem 9. Jahrhundert stammt, die malerische Imamzadeh-ye Sadr-e Rudband aus dem 17. Jahrhundert mit Zukkerhutdach am Steilufer des Dez-Flusses bei der Brücke Pol-e Sevom und sowie das traditionelle Tiznu-Haus oberhalb der neuen Brücke mit einer Touristeninformation. Als Übernachtsmöglichkeit bietet sich die Mehmansara Jahangardi**, Kh. 15 Khordad, Tel. (0)641/ 6263000 (Q1–2/P1) an. Ein gutes Restaurant gibt es im Ronash Hotel, Tel. 224 00 85, Kh Saheli.

Wassermühlen in Shushtar

▲ Karte vordere Umschlagklappe

Sadr-e Rudband in Dezful

Gondeshapur

Auf der Fahrt von Dezful nach Shushtar kommt man nach 13 Kilometern an einer südlichen Abzweigung nach Islamabad (Shahabad) vorbei, die zu dem überwucherten Ruinengelände der Stadt Gondeshapur (Jondishapur – Beth Lapat) führt. Dieser Stadt kommt wegen der geistigen Bedeutung ihrer Akademie ein ganz besonderer Rang zu, allerdings lohnen die Ruinen einen Besuch nicht.
Die Stadt entstand in der Zeit König Shapurs I., der nach seinem Sieg über Kaiser Valerian im Jahre 260 n. Chr. hier römische Kriegsgefangene ansiedelte. Shapur I. gründete ein Krankenhaus mit Lehrbetrieb, eine Akademie und eine Bibliothek. Nestorianisch-christliche Gelehrte und Neoplatoniker aus Byzanz schlossen sich verstärkt im 5. und 6. Jahrhundert den wissenschaftlichen Instituten in Gondeshapur an. Diese arbeiteten auch nach der arabischen Eroberung weiter und bildeten den Kern der im Jahre 832 in Bagdad gegründeten Universität Bayt al-Hikma. Erst im 10. Jahrhundert wurde die Akademie geschlossen und die Stadt nach und nach aufgegeben.

Shushtar

Diese sehenswerte Stadt am Karun-Fluss, etwa 100 Kilometer nördlich von Ahvaz bestand als Siedlung bereits in elamischer Zeit und zeichnet sich durch bis in achämenidische Zeit zurückgehende Bewässerungssysteme aus. Nach dem Sieg des sassanidischen König Shapurs I. über Kaiser Valerian im Jahre 260 n. Chr. wurden hier Brücken und Staudämme unter Einsatz römischer Kriegsgefangener errichtet.

Diese Anlagen funktionieren noch heute und sind so meisterhaft gearbeitet, dass sie im Jahre 2009 von der UNESCO als Weltkulturerbe registriert wurden. Die Stadt hat heute etwa 90 000 Einwohner.

Schöne, moderne Architektur repräsentiert die 2006 eröffnete, 670 Meter lange **Kabelbrücke** (Pol-e Kable) über den Karun an der südwestlichen Umgehungsstraße.

Im Süden der Stadt steht die von einem Zuckerhutdach gekrönte **Imamzadeh-ye Abdollah** ebne Hasan, eines Nachfahren des 4. Imams, auf einer Anhöhe. Teile ihres Stuckdekors stammen noch aus der Entstehungszeit vom Anfang des 13. Jahrhunderts. Etwa einen Kilometer nördlich davon liegt die mehrfach renovierte **Jame-Moschee** (Masjed-e Jame) mit der pfeilergestützten Gebetshalle aus dem 9. Jahrhundert.

Die bei der sehenswerten sassanidischen Dammbrücke **Polband-e Gargar** durch die Felsen getriebenen Wassertunnel lieferten den Antrieb für etwa 40 **Wassermühlen** (Asiyabha).

Etwa 600 Meter nördlich an der Westseite des Gargar-Kanals erreicht man einen Aussichtspunkt, von dem aus flussaufwärts das 390 Meter lange **Mizan-Wehr** (Band-e Mizan) zu sehen ist, über dem sich am erhöhten Ufer der zweistöckige Kuppelbau der **Imamz-**

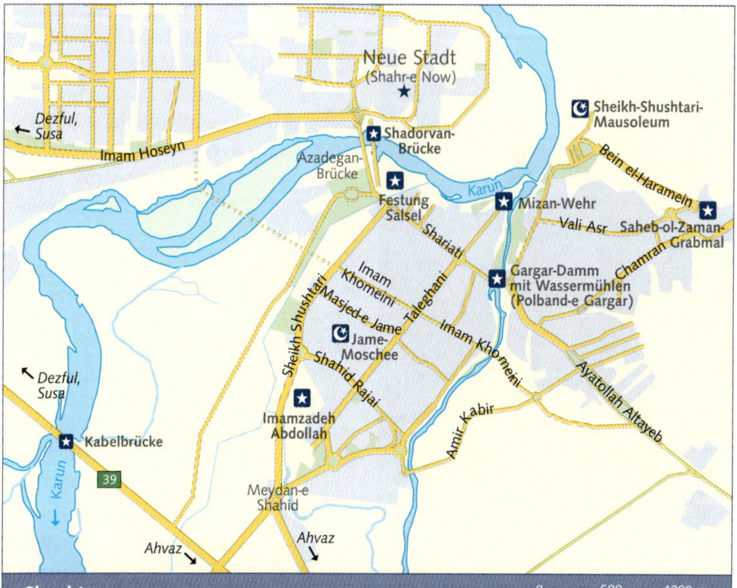

Shushtar

Der Süden

adeh-ye Sheikh Shushtari erhebt. Das Mizan-Wehr lenkt ein Drittel der Wassermassen des Karun-Flusses in den Gargar-Kanal, der nach über 80 Kilometern südlich wieder zum Karun zurückführt.
Etwa 700 Meter den Karun abwärts stehen die Reste der **Salasel-Festung** (Qaleh-ye Salasel), deren Geschichte bis in die achämenidische Zeit des 5. Jahrhunderts v. Chr. zurückreicht. Damals legte man eine Festung an und baute zwei Kanäle, die unter dem späteren sassanidischen und qajarischen Festungsgelände hindurchführen und den Dariun-Kanal bilden. Damit diese Kanäle genügend Wasser erhielten, wurde der Fluss 400 Meter unterhalb durch die Schleusen des großartigen, ehemals 543 Meter langen **Shadorvan-Brückendamms** (Polband-e Shadorvan) reguliert. Der Damm wird auch Polband-e Qaysar, Kaiserdamm, nach Kaiser Valerian genannt.
Städtebautechnisch sehr interessant ist die **Neue Stadt** (Shahr-e Now), die 700 Meter nördlich der Azadegan-Brücke (Pol-e Azadegan) liegt. Sie wurde von dem Architekten Kamran Diba in den 1970er Jahren geplant und erhielt den Agha-Khan-Architekturpreis.

Die Kultstätte Kul-e Farah

Am Ostende der Stadt steht die **Saheb al-Zaman Gedenkstätte** (Maqam-e Saheb ol-Zaman) zu Ehren des 12. Imams. Sie hat schönen farbigen Ziegeldekor, stammt aus dem 19. Jahrhundert und wurde um 1970 renoviert.
Vorzügliche persische Küche wird im **Restoran-e Mostofi**, im Mostofi-Haus (Kahneh-ye Mostofi) am Südufer des Karun, nahe der Shadorvan-Brücke, serviert (Tel. (0)6 12/621 09 09).

Izeh

Diese Ortschaft liegt im Gebiet der Winterquartiere der Bakhtiari-Nomaden, und in der Umgebung gibt es einige elamische Felsreliefs.
An der westlichen Umgehungsstraße liegt die **Grotte Shekaft-e Salman** mit vier neuelamischen Reliefs aus der Zeit König Khannis (um 700 v. Chr.), die ihn mit Familienmitgliedern zeigen.
Eine weitere neuelamische Kultstätte bei **Kul-e Farah** erreicht man, wenn man nach vier Kilometern von der Straße Richtung Shahr-e Kord bei Kubad-e Moradi nordöstlich abbiegt und auf einer Piste auf eine auffällige Einbuchtung in der Felswand zufährt. Dort befinden sich Reliefs aus dem 7. bis 6. Jahrhundert v. Chr. an den Felswänden und an einem isolierten Felsblock, auf dem huldigende Personen in vier Registern mit einem König abgebildet sind. In Izeh gibt es das einfache, saubere Hotel Anzan*, Tel. (0)692/523 00 27 (Q1/P1), doch sind einige Zimmer ohne Dusche, und das Restaurant Astareh, Tel. 5230268, beide nahe dem Meydan-e Imam Ali.

▲ Karte vordere Umschlagklappe

Die Provinzen am Persischen Golf

Die Provinzen Bushehr und Hormozgan ziehen sich vom Norden des Persischen Golfs etwa 1200 Kilometer an der iranischen Küste entlang bis Sistan und Belutschistan. Da die Zagros-Gebirgsketten nur einen schmalen Küstenstreifen frei lassen, sind die landwirtschaftlich nutzbaren Gebiete beschränkt. Dies ist auch der Hauptgrund, warum hier nur 2,3 Millionen Einwohner auf einer Fläche von 93400 Quadratkilometern leben. Es wird Fischfang betrieben, und besonders die Garnelen sind von hoher Qualität. Das wichtigste Agrarprodukt sind Datteln.

Diese Küstenregion ist von April bis Oktober sehr heiß und besitzt eine höhere Luftfeuchtigkeit als das iranische Hochland. Die beste Reisezeit für diese Region sind daher die Monate November bis März.

Bushehr

Die Hauptstadt der gleichnamigen Provinz liegt an der Spitze einer Halbinsel und hat 180000 Einwohner. Bis 1735 war Bushehr ein Fischerdorf. Dann wurde von Nader Shah dort ein Marinehafen angelegt. Sein Aufschwung begann unmittelbar nach der Eröffnung des Suez-Kanals im Jahre 1869. Bis zum 1. Weltkrieg war es der wichtigste Hafen am Persischen Golf und Standort mehrerer Konsulate, darunter auch eines britischen und eines deutschen. Die Briten besetzten 1915 Bushehr. Dies führte zu einem Aufstand, bei dem der Anführer der südlichen Küstenbewohner, Rais Ali Delvari, der als Nationalheld verehrt wird, im September 1915 den Tod fand. Den Kampf setzten mehrere Nomadenstämme bis zum Kriegsende gemeinsam mit dem ehemaligen deutschen Konsul, Wilhelm Wassmuss, fort, dessen Mut von Persern und auch Kriegsgegnern anerkannt wurde. Mit dem Anschluss von Bandar-e Shapur, dem heutigen Imam Khomeini, an das Eisenbahnnetz im Jahre 1938 und dem Aufstieg von Bandar Abbas verlor Bushehr seine Vorrangstellung am Persischen Golf.

Sehenswert sind die **traditionellen Häuser** mit umlaufenden hölzernen Balkonen und säulengestützten Veranden an der nordwestlichen Uferstraße Khalij-e Fars und in der Altstadt. Der mit modernen Flachdächern gedeckte **Basar** mit Fischmarkt befindet sich gegenüber dem Hafengelände. Etwa 220 Meter nördlich davon stehen die **Jame-Moschee** und eine **armenische Kirche** (Kelisa-ye Aramene).

Das **Stadtmuseum** (Muzeh-ye Bushehr) liegt an der Kh. Khalij-e Fars, etwa 500 Meter nördlich der Kh. Liyan. Die Pracht

Traditioneller Schiffsbau bei Bushehr

Der Süden

früherer Zeiten kann man noch am verfallenden **Malek-Herrenhaus** (Khane-ye Malek) erahnen. Dieses liegt in der Kh. Shahid Mahini südlich des Flughafens.

Zum **Marine-Museum** (Muzeh-ye Khalij-e Fars), in dem Kriegsschiffe und Unterseeboote ausgestellt sind, folgt man vom Rondell Meydan-e Hor-e Bahmani südlich des Flughafens drei Kilometer der Kh. Alamdar und der Jadeh-ye Sabzabad. Etwa 650 Meter nördlich des Museums, zweigt westlich die Kh. Rishahr ab, die an den wenigen Überresten der elamischen Stadt Liyan vorbei zu den Wällen der sassanidischen Hafenstadt **Rishahr** führt.

Das 1975 von der Kraftwerksunion begonnene **Atomkraftwerk** mit zwei geplanten Reaktoren liegt etwa 17 Kilometer südlich von Bushehr am Meer. Seit 1995 arbeitet ein russischer Staatskonzern an der Fertigstellung eines Reaktors, der im Jahre 2010 in Betrieb genommen wurde.

Busher

Vorwahl: +98/(0)771.

Reisebüro Setar-e Bandar Travel (Azhans-e Mosaferat-e Setar-e Bandar), Kh. Imam Khomeini, nahe Sinema Bahman, Tel. 2528878, Fax 2520745. Ticketverkauf.

Bank-e Melli, Kh. Imam Khomeini, südlich des Meydan-e Qods.

Valfajr Shipping Line, Kh. Valfajr, am Hafen, verkauft Tickets für Schiffspassagen nach Bahrain, Doha und Kuwait, Tel. 2533172, bushehr@valfajr.ir.

Flughafen (Forudgah), 3 km südlich des Stadtzentrums. Es bestehen Flugverbindungen nach Teheran und Dubai.

Bus-Terminal (Terminal-e Otobus), am Falakeh-ye Borj, 3 km südlich, am Südende des Flughafens.

Hotel Delvar***, Meydan-e Shahrdari (Daliran), Tel. 25409-10, -11, -12 (Q3/P3–4).

Bushehr Hotel** (Hotel Jahangardi Bushehr), Kh. Vali-e Asr (am westlichen Ende), Tel. 2522346, 2526881 (Q2/P2–3).

Restaurant Sahel, Kh. Khalij-e Fars (westliche Uferstraße), Tel. 2521279.

Restaurant Qavam (Ghavam), Kh. Khalij-e Fars, in der Qavam-Zisterne (Ab Anbar-e Qavam), auf Höhe der Kh. Liyan.

Die Umgebung von Bushehr

An der Küste entlang kann man einen Ausflug in die 240 Kilometer entfernte kleine Hafenstadt **Bandar-e Taheri** unternehmen. Vom Falakeh-ye Borj Platz im Süden Bushehrs fährt man 9,5 Kilometer Richtung Choghadak, dann biegt man südlich ab und erreicht nach 25 Kilometern **Delvar** mit einer Erinnerungsstätte für Rais Ali Delvari. Dann geht es weitere 25 Kilometer südlich nach **Gahi**, wo Lenj-Holzschiffe, die den arabischen Daus ähneln, hergestellt werden. Die nächsten 45 Kilometer nach **Kabgan** führen an der Meeresküste entlang.

In Kabgan hält man sich 20 Kilometer in südöstlicher Richtung, überquert da-

▲ Karte vordere Umschlagklappe

bei den **Mand-Fluss** und biegt dann nordöstlich zum 14 Kilometer entfernten Konari ab.
Auf den nächsten 28 Kilometern nach Abdan liegt in einem Durchbruch des östlichen Gebirgszugs einer der **schönsten Salzdome** Irans, der Kuh-e Namak Dashti. Über Jaziran (nach acht Kilometern östlich der Straße) könnte man einen lohnenswerten Trek von etwa vier Stunden zu dessen beeindruckenden Kristallgebilden unternehmen.
Von Abdan aus erreicht man über Bandar-e Kangan nach 75 Kilometern **Bandar-e Taheri**. Dort liegen im Strandbereich noch einige Mauerreste der sassanidisch-frühislamischen **Hafenstadt Siraf**. Einst galt sie als prächtigste Stadt am persischen Golf, wo sich auch Sindbad aufhielt, doch wurde sie durch ein Erdbeben im Jahre 978 zerstört, und Teile der Stadt versanken im Meer, wie man anhand der fehlenden südlichen Grundmauern der **frühislamischen Moschee** noch erkennen kann.
Mitten in Bandar-e Taheri, knapp 800 Meter östlich dieser ehemaligen Moschee steht auf einer Anhöhe die Ruine der **befestigten Residenz** der Familie al-Nasuri. Sehenswert sind die verzierten Säulen und der restliche Stuckdekor mit Shahname-Motiven im Innenhof.
Hinter der ersten Hügelkette befindet sich die sehr sehenswerte **Nekropole** (Gabrestan-e Qadimi) der ehemaligen Stadt mit hunderten von offenen Felsgräbern. Ein empfehlenswerter Führer für Siraf ist Mr. Kangani, der sein Büro Sirafpars bei der al-Nasuri-Festung hat. Er arrangiert auch Abholungen in Bushehr und Begleitungen am oben erwähnten Salzdom (Tel. (0)772/7252500).
Knapp 30 Kilometer weiter südöstlich beginnt der riesige petrochemische Komplex von **Asalouyeh** (Assaluyeh). Hier

Bandar-e Taheri

werden Erdgas und Erdöl aus den South Pars Ölfeldern verarbeitet und exportiert. Es gibt moderne Hafenanlagen, in denen verflüssigtes Erdgas verladen werden kann, und einen eigenen Flughafen. Bisher muss man mit dem einfachen Khalije Fars Hotel* im Zentrum der alten Ortschaft nahe der Post vorliebnehmen, Tel. (0)772/7263038 (Q1/P1).
Der zwei Kilometer nördlich gelegene Ort **Nakhl-e Taq**i besitzt einen traditionellen Hafen mit vielen Lenj-Holzschiffen.

Bandar Abbas

Bandar Abbas ist die Hauptstadt der Provinz Hormozgan. Dort befand sich das Fischerdorf Gambrun, das Shah Abbas ab 1622, nach der Vertreibung der Portugiesen von der Insel Hormoz, zum Handelshafen ausbauen ließ. Da Bushehr ab Mitte des 18. Jahrhunderts als Haupthafen dominierte und dieses Küstengebiet vernachlässigt wurde, geriet es Ende des 18. Jahrhunderts unter die Herrschaft des Sultans von Oman, der es 1868 an Persien zurückgab. Seit der

Bandar Abbas
Persischer Golf
(Straße von Hormuz)
Posht-Shahr-Hafen
Haqani-Hafen
Shahid Rajayi
Geno-Naturschutzgebiet (30 km), Kerman (490 km)
Emam Hoseyn
Jiroft (300 km), Zahedan (750 km)
Azadegan
Shahid Tabdar
Navvab-e Safavi
Parke Shohada
Khajeh Ata
Moallem
Golshar-Küste (5 km), Minab (100 km)
(3,5 km)
(6 km)
Meydan-e Imam Khomeini
Imam Khomeini
Shahid Chamran
Shahid Mohammadi
Jomhuri-ye Eslami
Shahid Naseri
Motahhari
Ghaffari
Modarres
Pandzar-e Khordad
Meydan-e Engelab
Meydan-e Meysam
Shariati
Shahid Haqqami
Meydan-e Abuzar
Shahed
Terminal Nord
Taleqani
Meydan-e Shahrbani
Shahrivar
Meydan-e Barq
Beheshti
Seyyed Jamal-od-Din-e Assad Abadi
Musa Sadr
Shohada
Sayyadan
Meydan-e Shohada
Kashani
Bushehr (930 km), Shiraz (620 km)
Pasdaran
(3 km)
Shohada-ye Mehrab
0
400
800 m

Mitte des 20. Jahrhunderts macht Bandar Abbas rasante Fortschritte und entwickelte sich zum wichtigsten Hafen Irans im südlichen Bereich des Persischen Golfs. Heute ist es eine moderne Stadt mit knapp 400 000 Einwohnern.

Der **Basar** nördlich des Haqani-Hafens am Bolvar-e Taleqani bietet das für diese Region typische bunte Treiben. Die von den Holländern um 1623 erbaute **Faktorei** ›Kolah-e Farangi‹ gehört jetzt zum Seminarkomplex Howze-ye Elmieh, der sich westlich an den Basar anschließt und nicht besichtigt werden kann.

Knapp 150 Meter weiter westlich steht die moderne **Jame-Moschee** (Masjed-e Jame), deren säulengestützte und mit Pastellfarben bemalte Vorhalle an den Bolvar-e Taleqani grenzt. Das **Badehaus-Museum Galehdari** (Hamam-e Galehdari) liegt unmittelbar westlich der Jame-Moschee an der anderen Seite der Kh. Seyed Qutb. Die Öffnungszeiten dieses aus safawidischer Zeit stammenden Hamams sind täglich von 8 bis 12 und von 15 bis 18 Uhr.

Lohnenswert ist der Besuch des geschäftigen **Fischmarkts** (Basar-e Mahi Forushi), der 600 Meter westlich, am Ende des Bolvar-e Taleqani, Ecke Kh. Seyyadan, in einer großen überdachten Halle untergebracht ist.

Auf dem Fischmarkt

Es gibt auch moderne **Einkaufszentren** wie die Markaz-e Kharid-e **Nili** und **Setareh-ye Jonub** am Bolvar-e Taleqani, östlich des Haqani-Hafens.

An der Kh. Imam Khomeini, westlich des Meydan-e Shahrbani (17 Sharivar)

Legende

1. Basar
2. Jame-Moschee
3. Fischmarkt
4. historisches Badehaus Galehdari
5. Gebäude Kolah Farangi
6. Ehem. Hindu-Tempel
7. Emamzadeh-ye Seyed Mozaffar
8. Einkaufszentren Nili und Setareh-ye Jonub
9. Bandar-Abbas-Museum mit Zisternen-Komplex (100 m)
10. Reisebüro Bala Parvaz
11. Reisebüro Hormoz Gasht
12. Valfajr Shipping Line (3 km)
13. Iran Air
14. DHL-Service
15. Telefonamt
16. Bank-e Melli
17. Hotel Homa (500 m)
18. Hotel Hormoz
19. Hotel Atilar und Reisebüro
20. Hotel Amin
21. Hotel Darya
22. Restaurant Ghadir
23. Restaurant Ghasr-e Honar

befindet sich ein an seiner stupa-artigen weißen Kuppel erkennbarer ehemaliger **Hindu-Tempel** (Ma'bade Henduha). Er wurde in ein Museum umgewandelt, das von 8.30 bis 18 Uhr, außer montags, geöffnet ist.
In der sehenswerten **Emamzadeh-ye Seyed Mozaffar**, ungefähr 3,5 Kilometer östlich an der Kh. Imam Khomeini, wird ein Nachfahre des 7. Imams verehrt. Man hat sie in den letzten Jahren ausgebaut und sie besitzt nun vier Minarette und farbigen Fliesendekor. Das **Anthropologische Museum** (Muzeh-ye Mardom-e Shenasi Khalije Fars) liegt etwa 800 Meter westlich des Meydan-e Shohada (Meydan-e Yadbud) am Bolvar-e Pasdaran. Hier werden archäologische Funde und Dioramen, beispielsweise über Perlentaucherei, ausgestellt. Öffnungszeiten sind täglich von 9 bis 13 und von 16 bis 19 Uhr, Tel. 5554007. Unmittelbar nördlich davon liegt ein interessantes Gelände mit sechs großen Zisternen (Majmue-ye Berkeha-ye Baran), das nach Beendigung der Sanierungsarbeiten vom Museum aus zu besichtigen sein wird.

Bandar Abbas

Vorwahl: +98/(0)761.
Postamt 50 m nördlich des Meydan-e Shahrbani (17 Shahrivar).
Reisebüro Atilar Safar Travel, im Atilar Hotel, Adresse siehe dort. Gut und englischsprachig., Tel. 2244033, atilar_safar.yahoo.com.
Reisebüro Hormoz Gasht (Azhans-e Mosaferat-e Hormoz Gasht), Bolvar-e Imam Musa Sadr Shomal, nahe Sakhtman-e Gabrik, Tel. 2242515, hormoz gasht@gmail.com.
Reiseleiter in Bandar Abbas können von Mr. Hamidreza Mohsenpour, hr.mohsenpour@yahoo.com, Mobiltel. (0)917/3682259, oder von Mr. Mahan Moghaddasi von der Agentur Sharvand Seir in Qeshm, mahan_moghaddasi@yahoo.com, Mobiltel. (0)939/0558484, vermittelt werden.
Iran Air (Daftar-e Havapeymaie Iran Air), etwa 400 Meter östlich des Meydan-e Imam Khomeini, Tel. 3337100.
Krankenhaus Shahid Mohammadi (Bimarestan-e Shahid Mohammadi), Bolvar-e Jomhuri-ye Eslami.
Bank-e Melli, Meydan-e Shahrbani (17 Shahrivar).

Das Büro der **Valfajr Shipping Line** befindet sich 3,5 Kilometer westlich des Meydan-e Shohada (Meydan-e Yadbud) am Bolvar-e Pasdaran (Bahonar) im Gebäude der ›Southern Shipping Lines‹, Tel. 5425034, Mr. Sadeghi, sadeghi@valfajr.ir, oder Mr. Askari, b_abbas@valfajr.ir.
Es bestehen Fährschiffsverbindungen nach Sharjah (VAE) und zur Insel Qeshm.
In Sharjah erhält man Schiffstickets **nach Bandar Abbas** bei der Oasis Freight Agency im Kayed Ahli Building 13 in der Jamal Abdul Nasser Road, Tel. 00971/6/5596320, Mr. Nazar, nazar@oasisdxb.com, sales@oasisdxb.com.
Haqani-Hafen (Eskele-ye Shahid Haqani): Verbindungen mit Linien-Motorbooten nach Hormoz und Qeshm. Man sollte versuchen, ein geschlossenes Boot oder eines mit Spritzschutz zu erhalten.
Hafen Eskeleh-ye Shahid Bahonar: etwa 7 km westlich der Innenstadt. Boote und Fähren nach Qeshm und Sharjah/VAE.

▸ Karte S. 522

Flughafen (Forudgah), etwa 11 km in östlicher Richtung. Tägliche Flüge nach Teheran und Shiraz.

Bahnhof (Istgah-e Rah-e Ahan), etwa 6 km nordwestlich. Tägliche Verbindungen über Yazd nach Teheran, 3 x wöchentlich nach Isfahan und Mashhad.

Bus-Terminal Ost (Terminal-e Otobus-e Sharq), 9 km östlich entlang dem Bolvar-e Azadi, in der Kh. Sadaf.

Hotel Homa*****, Kh. Meraj, Bolvar-e Pasdaran, Tel. 555308-0 (bis -9), www.homahotels.com. Etwa 2,5 km westlich des Zentrums (Q4–5/P4).

Hotel Hormoz*****, Meydan-e Enqelab, Tel. 334220-1 (bis -5), hormozhotel.com. Neues Hotel an der östlichen Meeresküste (Q4–5/P4).

Hotel Atilar****, Bolvar-e Imam Khomeini, Tel. 222742-0 (bis -5), www.hotelatilar.com. Sauberes Hotel, passabler Service (Q3–4/P3).

Hotel Amin***, Bolvar-e Taleqani, Tel. 224430-5, -6. Akzeptables Hotel mit Seeblick (Q3/P2).

Hotel Darya*, Kh. Bahador (17 Sharivar), nördlich des Meydan-e Shahrbani, Tel. 224194-3 (bis -9). Sauberes, einfaches Hotel; Etagendusche/WC (Q1–2/P0).

Restoran-e Ghadir, Bolvar-e Musa Sadr, Bazar-e Eweziha, etwa 200 Meter nördlich des Haqani-Hafens, Tel. 2223664.

Restoran-e Ghasr-e Honar, Meydan-e Shohada (Yadbud), nahe Bank-e Saderat, Tel. 2237475. Besonders empfehlenswert.

Sea-Restaurant im Hormoz-Hotel. Gute persische Küche, auch Fischgerichte.

Umgebung von Bandar Abbas

Minab

Diese Kleinstadt ist bekannt für ihre Datteln. Empfehlenswert ist der Besuch des Donnerstags-Marktes, der zu den malerischsten Irans zählt. Die Frauen tragen oft noch die traditionelle Borkeh-Maske, die nur die Augen freilässt.

Insel Hormoz

Die von Bandar Abbas südöstlich 18 Kilometer entfernte Insel Hormoz (Jazireh-ye Hormoz) ist etwa sieben mal sechs Kilometer groß. Motorboote fahren in halbstündigen Abständen vom Hafen Haqani (Eskele-ye Shahid Haqani) aus dorthin. Die Fahrt dauert eine halbe Stunde. Hormoz wurde ab 1507 von den Portugiesen beherrscht. 1622 eroberte es Shah Abbas mit Hilfe der britischen Marine zurück. Sehenswert sind die Ruinen der ehemaligen portugiesischen Festung. Heute besteht nur noch ein kleiner Ort mit etwa 4000 Einwohnern auf der ansonsten unbewohnten Insel, die auch für ihre Roteisenoxid-Vorkommen bekannt ist.

Geno

Dieses nahe Naturschutzgebiet weist auch Vogelarten der indo-malayischen Zone und die nur hier vorkommenden Zahnkärpflinge (kapurdandan-darha) Aphanius Ginaonis auf.

Bandar-e Lengeh

Wenn man von Bandar Abbas mit dem Auto nach Bushehr oder Shiraz fahren möchte, bietet sich als Zwischenstopp Bandar-e Lengeh an. Von dort aus gibt es auch Schiffsverbindungen nach Kish und Dubai. Einzelheiten kann man erfragen über die Büros der Valfajr Schifffahrtslinie in Bandar Abbas oder in Bandar-e Lengeh (Bolvar-e Imam Khomeini, Tel. (0)7 62/222 17 86, Mr. Kazemi, lengeh@valfajr.ir. Das Tourist Inn*** (Mehmansara Jahangardi), Bolvar-e Janbazan, wurde renoviert, Tel. (0)7 62/222 25 66 (Q2–3/P2).

Insel Qeshm

Wegen ihrer Naturschönheiten ist die Insel (Jazireh-ye Qeshm) besonders empfehlenswert. Sie ist mit 110 Kilometern Länge und durchschnittlich 18 Kilometern Breite die größte im Persischen Golf. Sie hat etwa 100 000 Einwohner und ist von Bandar Abbas 25 Kilometer entfernt. Hauptort ist die **Hafenstadt Qeshm**, die einen attraktiven **Basar** mit Fischmarkt besitzt. Im 16. Jahrhundert, als Hormoz von Portugal besetzt war, wurde hier eine **Festung** errichtet, deren verfallende Ruine (Qaleh-ye Portoghaliha) im Norden der Stadt an der Küste steht.

Wenn man von der Stadt Qeshm aus der Südküste folgt, erreicht man nach 9,5 Kilometern die **Kharbas-Höhlen** (Ghar-e Kharbas), deren Gänge und Räume in vorislamischer Zeit aus einer Felswand herausgeschlagen wurden. Man fährt dann südlich am Simin-Strand vorbei und biegt nach 6,5 Kilometern westlich zur Ortschaft **Berkeh-ye Khalaf** ab. Hinter dieser beginnt das zum Qeshm Geopark gehörige **Sternental** (Darreh Setareha), wo sich schroffe Erosionslandschaften erheben. Weitere elf Kilometer südwestlich liegt der Hafen von **Suza**, wo Lenj-Holzschiffe vor Anker liegen.

▶ Karte S. 529

Nach weiteren 70 Kilometern Fahrt, während der man ein Militärgebiet umfahren muss, erreicht man den **Namakdan-Salzdom**, an dessen Ostseite lange Gänge durch den Salzstock führen. Bisher ist nur die etwas versteckt liegende, weite Eingangshöhle zu besichtigen.

Etwa neun Kilometer weiter biegt eine Nebenstraße rechts ab, die nach 8,5 Kilometern auf die nördliche Küstenstraße trifft. Hier fährt man östlich 16 Kilometer nach **Chahu Sharqi**. Zwei Kilometer hinter diesem Ort zweigt von der Küstenstraße südlich ein Weg ab, der zur **Chahkuh-Klamm** (Tang-e Chahkuh) führt, die zu den touristischen Höhepunkten Qeshms zählt. Hier hat sich im Sedimentgestein der Berge durch Erosion eine begehbare kilometerlange Klamm mit ockerfarbenen Wänden gebildet.

Danach folgt man der Küstenstraße weitere 24 Kilometer östlich und erreicht das weite **Hara-Mangrovengebiet** (Jangal-e Hara), das den Lebensraum für viele Vogelarten bildet. Die Ablegestelle für Motorboote, mit denen man das Gebiet erkunden kann, befindet sich beim Ort **Tabl**.

Anschließend kann man südlich von Table noch das **Tal der Statuen** (Darreh Tandisha) mit säulenartigen Gebirgsformationen aufsuchen. Auf der Rückfahrt zur Stadt Qeshm kann man bei dem von Windtürmen überragten **Giyahdan** und in **Holor** an der Moschee mit den zahlreichen eiförmigen Kuppeln anhalten oder einen Abstecher nach **Laft** mit seinem historischen Hafen machen.

Insel Hormoz: Frauen in traditionellen Borkeh-Masken

Qeshm-Geopark

Das Konzept der Geoparks dient dazu, Regionen mit einzigartigen Landschaften und Lebensformen mit deren traditionell lebender Bevölkerung und einem nachhaltigen ›sanften‹ Tourismus zu verbinden. Weltweit gibt es 88 Geoparks in 27 Ländern.

Der Qeshm-Geopark ist seit 2006 anerkannt und bisher der einzige des Nahen- und Mittleren Ostens. Er umfasst mit 1550 Quadratkilometern fast die gesamte Insel Qeshm. Zu seinen Hauptsehenswürdigkeiten zählt der Namakdan-Salzdom, dessen 6,3 Kilometer lange Gänge zu den längsten in saliner Umgebung gehören. Sie sind für erfahrene Höhlenkletterer auf Antrag zugänglich, während Touristen das Äußere des Salzdoms und die Eingangsbereiche einiger Höhlen besichtigen können. Auch zum Geo-Park zählen die bereits beschriebenen Erosionsformationen des Sternentals, der Chahkuh-Klamm und des Tals der Statuen.

Führungen machen und arrangieren die Geopark-Manager Mr. Mohammad Dakhteh und Mr. Eghbal Zobeiri (→ S. 530). Sie vermitteln auch private Unterbringung (10 Euro Ü/Fr.) bei mehreren Familien, die nur Persisch sprechen, in vier verschiedenen Dörfern. Darunter ist auch Shibderaz, das nahe dem Gebiet liegt, in dem naturgeschützte Karettschildkröten (hawksbill turtles) im März ihre Eier ablegen und im Mai schlüpfen. Auf Antrag kann man dies auch beobachten.

Weiterhin sind Ausflüge zu den Delphinen bei der Insel Hengam möglich (etwa € 45 für 3–4 Std.) und die Beobachtung der dortigen Chinkara-Gazellen, Dornschwanzagamen (uromastyx aegypticus) und anderer Tiere. Im Zusammenhang mit dem Geopark soll auch nochmals auf das Hara-Mangrovengebiet hingewiesen werden, das bereits seit 1976 zu den international anerkannten Feuchtgebieten zählt.

Tipp: Vermeiden Sie wegen der vielen Besucher vom iranischen Festland die Nowruz-Feiertage zwischen 19. März und 4. April.

Krauskopfpelikane im Hara-Mangrovengebiet

▲ Karte S. 529

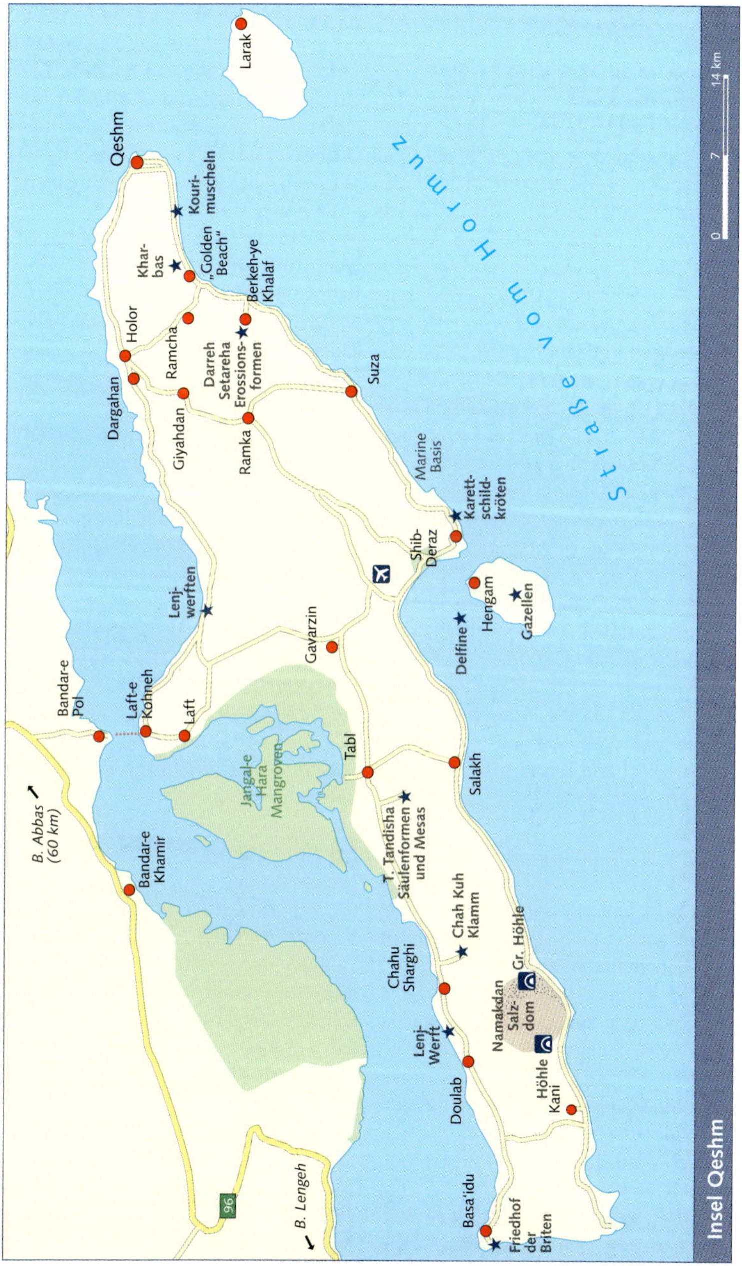
Insel Qeshm
Larak
Qeshm
Kouri-muscheln
„Golden Beach“
Khar-bas
Berkeh-ye Khalaf
Holor
Ramcha
Darreh Setareha Erossions-formen
Dargahan
Giyahdan
Ramka
Suza
Straße vom Hormuz
Marine Basis
Karett-schild-kröten
Shib-Deraz
Hengam
Gazellen
Delfine
Lenj-werften
Gavarzin
Bandar-e Pol
Laft-e Kohneh
Laft
Jangal-e Hara Mangroven
Tabl
Salakh
B. Abbas (60 km)
Bandar-e Khamir
T. Tandisha Säulenformen und Mesas
Chah Kuh Klamm
Gr. Höhle
Namakdan Salz-dom
Chahu Sharghi
Lenj-Werft
Doulab
Höhle Kani
Basa'idu
Friedhof der Briten
B. Lengeh
96
0 7 14 km

Insel Qeshm

Vorwahl: +98/(0)763.

Bank-e Melli, Meydan-e Pasdaran.

Qeshm-Geopark: www.geopark.ir, Büro-Adresse: Qeshm Island Global Geopark Building, Bolvar-e Imam Qolikhan, Kh. Nakhle Zarrin, Qeshm Free Zone. Manager: Mr. Mohammad Dakhteh, mobil (0)917/1631687, smdakhteh@yahoo.com, und Mr. Eghbal Zobeiri, mobil (0)917/7630454, zobeiri@yahoo.com.

Reiseagentur Shahrvan Seir (Azhans-e Mosaferat-e Sharvand Seir), Qeshm City, Gebäude 22, Nakhle Zarrin Complex, westlich des Hafens, arrangiert auch Rundreisen und Tauchausflüge. Tel. 5222299, Mobil 0912/3491128, 0939/0558484, Mr. Mahan Moghaddasi, mahan_moghaddasi@yahoo.com..

Einreise aus Dubai: Touristen, die aus Dubai kommen, erhalten automatisch bei Ankunft am Flughafen eine zweiwöchige Aufenthaltsgenehmigung für Qeshm, da die Insel Freihandelszone ist. Wer auch auf dem iranischen Festland reisen möchte, muss ein entsprechendes Visum bereits mitbringen.

Tauchen: Erfahrungen von Tauchfreunden in den Gewässern um Qeshm und um Kish haben gezeigt, dass man dieses Gebiet zumindest zeitweise nicht als Geheimtipp betrachten kann. Durch aufgewühlte See und Strömungen sind an manchen Stellen die Sichtweiten zeitweise eingeschränkt. Man sollte sich deshalb über die Verhältnisse der zu besuchenden Tauchorte erkundigen. Als zuverlässig für Qeshm gilt der Tauch-Veranstalter, Mr. Rastegar, Tel. 0917/1630366. Was die See um Qeshm betrifft, bietet sie zahlreiche Fischarten und farbige Korallen.

Die einfachste Fährverbindung für Busse und PKW ist die von Bandar-e Pol auf dem Festland zum 1,8 Kilometer entfernten Laft-e Kohneh im Norden der Insel. Die Fähren verkehren mehrmals am Tag und kosten für einen PKW etwa 300 000 Rials.

Nach Bandar Abbas verkehren Lenj-Holzschiffe mehrmals täglich vom Bahman-Hafen (Eskeleh-ye Bahman) aus. Bei ruhiger See kann man auch die kleinen Motorboote vom Sangi-Hafen (Eskeleh-ye Sangi) aus nehmen, die jederzeit abfahrbereit sind.

Für eine halbstündige Direktfahrt zur Insel Hormoz kann man am Sangi-Hafen ein Motorboot für insgesamt etwa 300 000 Rials mieten und von Hormoz aus mit einem der häufig verkehrenden Linien-Schnellboote nach Bandar Abbas weiterfahren.

Flughafen (Forudgah), 45 km westlich der Stadt Qeshm. Tägliche Flüge mit Iran Air nach Teheran. Flüge mit Fars Qeshm Airline und Kish Air unter anderem nach Dubai.

Naeem Restaurant, 200 Meter östlich des Meydan-e Imam Qoli Khan, Tel. 522 40 33. Gute persische Küche, Fischgerichte.

Bany Restaurant, 500 Meter südöstlich des Meydan-e Imam Qoli Khan, Tel. 522 89 01. Gute persische Küche, Fischgerichte.

Olympic Hotel***, Bolvar-e Azadegan, Tel. 524 22 15, reserve_olympic@yahoo.com (Q2–3/P2).

▶ Karte S. 529

Darya Hotel***, Meydan-e Imam Khomeini (am Südende des Sangi-Hafens), Tel. 522 16 30, 522 83 62 (Q2–3/P2).

Golden Beach Hotel** (Sahel Talaei Hotel), Bungalo-Hotelanlage ca. 10 Kilometer südwestlich der Stadt am Strand. Tel. 5342900, Mr. Mohammad Shahdadi. (Q2/P1–2). Für Tauchfahrten unterhält Mr. Rastegar, Tel. 0917/1630366, hier ein Büro.

Diplomat Hotel**, Bolvar-e Azadegan, ca. 1 km westlich des Sangi-Hafens, Tel. 522 55 57 (Q2–3/P2)..

Insel Kish

Die Insel Kish (Jazireh-ye Kish) ist wohl die bekannteste Insel des Persischen Golfs. Sie ist Freihandelszone und wird von der KFZO oder Kish Free Zone Organization verwaltet.

Für westliche Touristen ist es wichtig, zu wissen, dass auch dort die islamische Kleidungsordnung mit Kopftuch sowie das Alkoholverbot gilt. Die Strände sind nach Geschlechtern getrennt.

Die etwa 16 mal 8 Kilometer große Insel bietet schöne weiße Sandstrände und azurblaues Wasser. Die meisten Ferieneinrichtungen und der Hafen befinden sich in ihrem Nordteil. Ideale Luft- und Wassertemperaturen herrschen von November bis Anfang März. Neben Schwimmen gehören Schnorcheln, Tauchen, Windsurfen und Wasserscooter fahren zu den angebotenen Aktivitäten. Reizvoll ist die Möglichkeit, auf **Radwegen** die Insel zu umrunden. Es gibt ein modernes **Delphinarium**.

Sehenswert sind die unterirdischen Räume der ehemaligen **Wasserkanäle** (Kariz-e Kish) und die **Payab-Zisterne** (Ab Anbar-e Payab) im Nordwesten beim Sportkomplex. Dort stehen auch die Ruinen der **frühislamischen Hafenstadt Harireh**.

Die Sonnenuntergänge sind besonders beeindruckend beim Wrack eines 1966 gestrandeten griechischen Handelsschiffs (Keshti Yunan) im Südwesten der Insel.

i Insel Kish

Vorwahl: +98/(0)764.

Das Public Relations Office der Kish Free Zone Organization (Sazman-e Mantaqe Azad-e Kish) fungiert als **Touristeninformation**. Sie befindet sich am Nordende der Kh. Sanaei, Tel. 4423641, info@kish.ir. Man spricht English.

Tauchen: Für Tauchsportler gelten die unter der Insel Qeshm gemachten Hinweise. Das Kish Diving Center, Tel. 442 27 57, www.kishdivingcenter.com, hat seinen Stützpunkt am Strand vor dem Shayan Hotel. Ein anderer Anbieter ist Ali Tabarsi, Tel. (0)912/1725376, mit Büro im Dariush Hotel.

Visum: Da Kish Freihandelszone ist, kann man auf die Insel fliegen, ohne ein Visum zu besitzen. Man erhält dann dort am Flughafen eine zweiwöchige Aufenthaltserlaubnis, die aber nicht für das iranisch Festland gilt. Ein solches Visum sollte man sich vor der Abreise im Heimatland besorgen.

Generell ist die Valfajr Shipping Line, Kh. Sanaei, Tel. 4421767, zuständig. Für die empfehlenswerten täglichen Bootsfahrten zwischen Kish und Bandar-e Charak liegt die Koordination aber bei der Hafenbehörde in Kish, Tel. 4422300.

Der Flughafen liegt genau in der Mitte der kleinen Insel. Iran Air und Kish Air haben Büros am Meydan-e Sanaei. Sie fliegen verschiedene Ziele im Iran und in den Vereinigten Arabischen Emiraten an.

Dariush Grand Hotel*****, Tel. 444-4900-95, www.dariushgrandhotel.com. Wahrscheinlich derzeit das beste iranische Hotel. Im antikisierenden Persepolis-Stil gebaut, großes Freizeitangebot (Q5/P5+).

Maryam Hotel****, Tel. 4421 11-1 (bis -7), www.maryamhotel.com. Neues, empfehlenswertes Hotel (Q4/P3–4).

Venus-Hotel***, Tel. 44240-25 (bis -30). Neues Hotel in Strandnähe (Q3/P2–3).

Restaurant Mir Mohana, Kh. Parvin Etesami, Ostseite der Insel, Tel. 442-2855. Empfehlenswerte Fischgerichte.

Payab Restaurant, bei der Payab Zisterne, Tel. 4423638. Sehr gute persische Küche, angemessen teuer.

Die Payab-Zisterne auf der Insel Kish

▲ Karte vordere Umschlagklappe

Sprachführer

Aussprachehinweise finden sich auch auf Seite 14, von diesen sind besonders beachtenswert, dass ›ch‹ als ›TSCH‹, ›j‹ als ›DSCH‹, ›kh‹ als ›CH‹, ›sh‹ als ›SCH‹ und ›Z‹ als weiches ›S‹ ausgesprochen werden. Der besseren Verständlichkeit halber werden hier auch ›ß‹, das wie in ›weiß‹ klingt, und ›ā‹ für langes, dunkles ›A‹ verwendet. Die meisten Wörter werden auf der letzten Silbe betont.

Wichtige Redewendungen

ja/nein	bale/na
Bitte!	lotfan!
Danke!	moteshakeram/merßi!
Vielen Dank!	kheyli mamnun!
Entschuldigen Sie!	bebakhshid!
Keine Ursache!	khāhesh mikonam!
Guten Tag!	salām!
Herr/Frau	āghā/khānom
Wie geht es Ihnen?	hāl-e shomā chetor-e (=chetor ast)?
Gut, danke.	khubam, merßi.
Schlecht/Nicht schlecht.	bad/bad nist.
Auf Wiedersehen!	khodā hāfez!
Wo kommen Sie her?	shomā kojā'i haßtid?
Ich komme aus Deutschland.	az ālmān miayām.
Ich bin Deutsch(e)r.	ālmāni haßtam.
Ich verstehe nicht.	nemifahmam
Sprechen Sie Englisch?	shomā englisi baladid?
Wo ist ... ?	... kojā-st? (= kojā ast?)
Wo ist die nächste ... ?	... nazdiktarin ... kojā-st?
Touristen-Informationsstelle	daftar-e khadamat-e gardeshgari

Ich weiss es nicht.	nemidunam.
Wann ist (hier) geöffnet?	che sā'ati (injā) bāz mishe?
Haben Sie ...	shomā ... dārid?
Wieviel kostet das?	in chand ast?
Das ist teuer.	in gerun ast.
Das möchte ich haben.	in-rā mikhāham
Das möchte ich nicht.	na, nemikham
gut, besser, groß, klein	khub, behtar, bozorg, kuchek
Darf ich fotografieren?	ejazeh hast aks begiram?
Bitte helfen Sie mir!	lotfan be man komak konid!
Bitte rufen Sie die Polizei!	lotfan polis-rā khabar konid!

Gegenwartsformen von ›sein‹ und ›haben‹

ich bin/ich habe	(man) haßtam/ (man) dāram
Du bist/Du hast	(to) haßti/(to) dāri
er, sie, es ist/er, sie, es hat	(u) ast, auch: hast/(u) dārad
wir sind/wir haben	(mā) haßtim/(mā) dārim
Ihr seid, Sie sind/Ihr habt, Sie haben	(shomā) haßtid/(shomā) dārid
sie sind/sie haben	(ishān) haßtand/(ishān) dārand

Restaurant und Lebensmittel (→ S. 117)

Wo ist das Restaurant ...?	restoran-e ... kojā-st
Guten Appetit!	nush-e jān!
Bitte, eine Flasche ›Mineralwasser‹	lotfan, yek botr ›āb mādani‹
Tee/Kaffee	chāy/qaveh
Yoghurt/Yoghurt mit Gurken	māßt/māßt-o-khiyār
›Noch‹ zwei Yoghurts, bitte!	do māßt ›dige‹, lotfan!

Bier ohne Alkohol	maosha'ir
Fleischeintopf, Gerstensuppe	dizi (ābgusht), soup-e jo
Löffel, Gabel, Messer, Glas	ghāshogh, changāl, kārd, liwān
Fleischspieß mit Reis	chelo kebāb-e barg
Rind, Hammel, Lamm, Huhn	gāw, gußfand, barre, morgh
Hühnchen (oh. Knochen)	jujeh kebāb
Gebratene Garnele, Fisch	kebāb-e meygu, māhi
Haben Sie etwas ohne Fleisch?	chizi bedun-e gusht dārid?
Butter, Käse, Marmelade,Honig	kare, panir, morabā, aßal
Zwiebel, Ei, Spiegelei	piyāz, tokhm-e morgh, nimru
Brot, Salz, Zucker, Pfeffer	nun, namak, shekar, felfel
Rosinen, Kekse, salzige Kekse	keshmesh, biskwit, tord namaki
Wassermelone, Honigmelone	hendewane, kharbuze
Das Essen ist wohlschmeckend.	ghazā khoshmaze ast.
... ist kalt/ist nicht frisch	... ßard ast/... tāze nist
Die Rechnung, bitte!	heßāb, lotfan!
Wo ist die Toilette (Waschraum)?	tuālet (dastshuiy) kojā-st?
... für Frauen (Männer)	... barāye zanān (āghāyān)

Hotel

Haben Sie Zimmer frei ...?	... dārid? (nachgestellt)
(ein) Zimmer für zwei Personen	(yek) otāq-e do nafare darid?
(ein) Zimmer mit zwei Betten	(yek) otāq-e do takhte darid?
(ein) Zimmer für eine Person	(yek) otāq-e yek nafare dārid?
... Zimmer für eine Nacht	... barāye yek shab?
... Zimmer für zwei Nächte	... barāye do shab?

... Zimmer mit Frühstück	... bā sobhāne?
... Zimmer mit Toilette und Dusche	... bā tuālet wa dush?
Wie teuer ist dieses?	gheymat-e in chand-e?
Darf ich den Raum sehen?	ejāzeh hast otāq-rā bebinam?
Das ist kaputt/es ist schmutzig	in kharāb-e / in kaßif-e
Den Zimmerschlüssel, bitte!	kelid-e otāq, lotfan!
Kann ich direkt telefonieren?	mishe moßtaghim telefon konim?
Handtuch/Toilettenpapier	houle/kāghaz-e tuālet
Bitte ›waschen‹ Sie die Kleidung!	lotfan in lebāßhā rā ›beshuyid‹
›bügeln‹/›trockenreinigen‹	otu bezanid/khoshk shuyi konid

Gesundheit

Kennen sie einen guten Arzt?	doktor-e khub(i) mishenāßid?
Wo ist das nächste Krankenhaus?	bimārestān-e ba'di injā kojā-ast?
Ist eine Apotheke in der Nähe?	dārukhāne-ye nazdik kojā-st?
Ich habe Bauchschmerzen.	shekamam dard mikonad.
Ich habe Fieber.	man tab dāram.

Unterwegs (→ S. 154)

Ich möchte Euro wechseln.	mikhāham Yuro tabdil konam.
Wie ist der Wechselkurs?	nerkh-e tabdil chand-e?
Flughafen, Flugzeug, Flug	forudgāh, hawāpeymā, parvāz
Flugnummer ... hat Verspätung.	shomāre-ye parvāz ... takhir dārad.
Pass, Zoll, Koffer	gozarnāme, gomrok, chamadān
islam. Kleidung, Kopftuch, lange Jacke	hejab, rußari, manteau
Taxi	tāksi
Bitte zum Hotel ...!	lotfan be hotel ...!

Ich möchte telefonieren nach ...	mikhāham be .. zang bezanam.
Sammeltaxi	ßavāri
Sonderfahrt (ohne Mitnahme weiterer Personen)	dar baßt (wörtlich: bei geschlossener Türe)
Fahren Sie zur ... Straße?	shomā be khiābān-e ... mirawid?
geradeaus, rechts, links	moßtaghim, dast-e rast, dast-e chap
Bitte fahren Sie ›langsamer‹.	lotfan ›yavāshtar‹ berawid.
Bitte halten Sie an (hier/an der Straßen-Ecke/hinter ...).	lotfan negah dārid (injā/ßar-e khiābān/posht-e ...)..
Halt!	vaisa!
Warten Sie bitte ›20‹ Minuten.	lotfan ›bißt‹ daghighe ßabr konid.
Ich komme in ... Minuten zurück.	man ta ... daghighe barmigardam.
Ist es zu Fuß sehr weit?	piyāde kheyli dur ast?
Haben Sie einen Stadtplan? (Landkarte)	naqshe-ye shahr darid? (naqshe)
Bahnhof/Busbahnhof	ißtgāh-e rāh-e āhan /ißtgāh-e otobus
einfache Fahrt nach ...	belit-e yek ßar-e be ...
Rückfahrtkarte	belit-e do ßar-e be ...
Ich möchte nach ... fahren.	mikhāham be ... berawam.
Wann fährt der Autobus?	otobus key harekat mikone?
Wie viele Kilometer sind es nach ... ? (In Richtung)	be ... chand kilometre ast? (be taraf-e)
Ist die Straße asphaltiert?	jadde esfālt ast?
Wo ist die Reparaturwerkstatt?	tamirgāh injā kojā-st?
Polizeistation, Polizei, Tankstelle	kalāntari, polis, pomp-e benzin
Führerschein	gavāhināme-ye rānandegi
Botschaft, Konsulat	sefārat, konsulgari

Zahlen (in Klammern persische Ziffern*)

0 (۰)	ßefr
1 (۱), 2 (۲), 3 (۳)	yek, do, ße
4 (۴, ٤), 5 (۵, ٥), 6 (۶, ٦)	chahār, panj, shish
7 (۷), 8 (۸), 9 (۹)	haft, hasht, noh
10 (۱۰), 11 (۱۱), 12 (۱۲)	dah, yāzdah, dawāzdah
13 (۱۳), 14 (۱۴, ١٤)	ßizdah, chahārdah
15 (۱۵, ١٥), 16 (۱۶, ١٦)	punzdah, shunzdah
17 (۱۷), 18 (۱۸)	hiwdah, hijdah
19 (۱۹), 20 (۲۰)	nuzdah, bißt
21 (۲۱)	bißt-o-yek
30 (۳۰), 40 (۴۰, ٤٠)	ßi, chehel
50 (۵۰, ٥٠), 60 (۶۰, ٦٠)	panjāh, shaßt
70 (۷۰), 80 (۸۰)	haftād, hashtād
90 (۹۰)	nawad
100 (۱۰۰)	ßad
200 (۲۰۰)	diwist
300 (۳۰۰)	ßißad
400 (۴۰۰, ٤٠٠)	chahārßad
500 (۵۰۰, ٥٠٠)	punßad
600 (۶۰۰, ٦٠٠)	shishßad
700 (۷۰۰)	hafßad
800 (۸۰۰)	hashßad
900 (۹۰۰)	nohßad
1000 (۱۰۰۰)	(yek) hezār
2000 (۲۰۰۰)	do hezār

*persische und arabische Ziffern unterscheiden sich nur für die Zahlen 4, 5, 6 (arabische Variante an zweiter Stelle)

Zeitangaben

heute, heute Abend, morgen	emruz, emshab, farda
Jahr, Monat, Woche	ßāl, māh, hafte
Stunde, Minute	sā'at, daghighe
halb	nim
Samstag	shambe
Sonntag	yek shambe
Montag	do shambe
Dienstag	ße shambe
Mittwoch	chahār shambe
Donnerstag	panj shambe
Freitag	jom'e

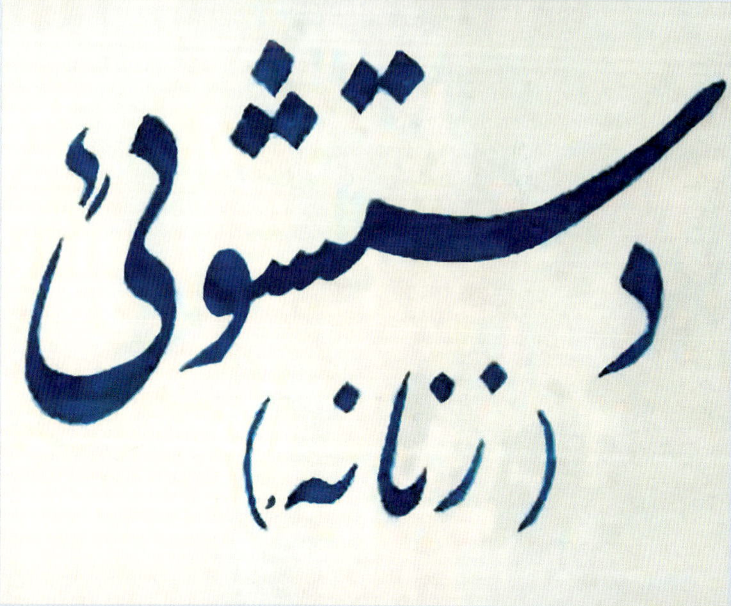

Hinweisschild auf Waschräume bzw. Toiletten

Reisetipps von A bis Z

Einreise und Visum

Für Reisen in den Iran wird ein Visum benötigt. Dieses ist bei der iranischen Botschaft in Berlin oder den Konsulaten in Frankfurt, Hamburg oder München zu beantragen. Das hierzu erforderliche Antragsformular können Sie von der Internetseite der Iranischen Botschaft oder des betreffenden Konsulats herunterladen.

Der Pass muss bei der Einreise noch sechs Monate gültig sein. Die Visumsgebühren belaufen sich gegenwärtig auf 50 Euro. Auf dem mit dem Visumsantrag einzureichenden Passfoto müssen Frauen kein Kopftuch tragen. Nach dem Visumseintrag ist die Reise innerhalb von 3 Monaten anzutreten.

Wegen der Feiertage zum iranischen Neujahrsfest Nowruz (31. März) werden Visumsanträge ab Anfang bis Ende März nicht oder nur verzögert vom iranischen Außenministerium bearbeitet.

Seit einiger Zeit ist es für deutsche, österreichische und schweizerische Touristen auch möglich, ein 14-Tage-Visum bei der Einreise an iranischen Flughäfen zu erhalten. Hierfür besteht jedoch keine Garantie. Bitte beachten Sie, dass an Grenzstellen für Landverkehr grundsätzlich keine Visa erteilt werden. Aktuelle Visumsbedingungen sind unter www.iranembassy.de einsehbar (→ S. 546).

Nowruz-Tisch mit Glücksbringern

Essen und Trinken

Die iranische Küche ist schmackhaft und nicht scharf gewürzt. Chelo Kebab, das aus gekochtem Reis (chelo) und gegrilltem Fleisch (kebab) von Hammel, Rind oder Geflügel besteht, ist das Nationalgericht. Das übliche Getränk ist Tee. Zum Essen werden hauptsächlich Cola- oder Limonaden-Getränke und Mineralwasser gereicht. **Der Genuss alkoholischer Getränke ist verboten**.

Feiertage

siehe → Seite 558

Fotografieren

Grundsätzlich darf – bei entsprechender Rücksichtnahme – alles fotografiert oder auf Video gefilmt werden. Ein Fotoverbot besteht bei militärischen, behördlichen oder verkehrstechnisch bedeutenden Anlagen. Einschränkungen der Fotogenehmigung kann es bei einigen religiösen Stätten geben.

Frauen – alleinreisend

Eine alleinreisende Frau hat keine Probleme zu erwarten, wenn sie die Kleidungsregeln (→ S. 541) beachtet und sich zurückhaltend verhält. In den Touristen-Hotels hat man sich an alleinreisende Ausländerinnen gewöhnt. Außerhalb der Hotels kann es in Restaurants bei der Bedienung Verzögerungen geben, da man eventuell denkt, dass eine einzelne Frau noch auf ihre Freundin oder ihren Mann wartet. In städtischen Bussen sitzen Frauen hinten, in Taxis auch neben Männern, in der Metro muss nicht das Frauenabteil benützt werden, und in Überlandbussen ist es unüblich, sich neben einen nicht verwandten Mann zu setzen. Hier sei nochmals darauf hingewiesen, dass der Iran ein überdurchschnittlich sicheres Reiseland ist.

Geld

Die Landeswährung ist der Rial. 10 Rial-Einheiten werden in der Umgangssprache Tuman genannt. Da Zahlungen mit Schecks und Kreditkarten nur selten möglich sind, sollte man ausreichend Bargeld in Euro mitnehmen. Es wird empfohlen, dies nur bei Banken, z.B. bei der Einreise am Flughafen, einzutauschen. In größeren Hotels ist der Geldwechsel ebenfalls möglich. Der Wechselkurs betrug Anfang 2013 etwa 30 000 Rial für 1 Euro. Wegen der sehr hohen Inflationsrate von fast 20 Prozent können die Rial-Preise sich innerhalb eines Jahres entsprechend erhöhen.

Gesundheit

Wenn man die üblichen Hygieneregeln beachtet, treten Magenprobleme nur selten auf. Es ist aber empfehlenswert, sowohl Salate und Kräuter als auch Hackfleischgerichte (kubide) nur in guten Restaurants zu essen. In Teheran, Isfahan und anderen Großstädten kann man Trinkwasser ohne Risiko verwenden, außerhalb sollte man auf Mineralwasser zurückgreifen.

Für Reisen in den Iran sind keine speziellen Impfungen vorgeschrieben. Empfehlenswert ist **Impfschutz** gegen Tetanus, Diphterie, Polio und Hepatitis A und B sowie ggf. gegen Typhus und Tollwut (z.B. bei gTrekkingtouren).

Im Südosten des Landes und am Persischen Golf kann Malaria auftreten.

Diese Touristen sind korrekt gekleidet

Es gibt gute Krankenhäuser und ausgezeichnete Ärzte. Für die Reise sollte eine **Auslandskrankenversicherung** abgeschlossen werden, die auch einen Rücktransport ins Heimatland einschließt.

Individualreisen

siehe → Seite 546

Internet

Internet-Zugänge sind in fast allen Hotels verfügbar. In allen größeren Städten gibt es Internetcafés, persisch ›Cafe Net‹. Die Mitnahme eines Laptops ist problemlos. Manche internationalen Websites werden aus politischen und sittlich-religiösen Gründen blockiert.

Kleidung

Die im Lande geltenden islamischen Kleidungsvorschriften müssen beachtet werden. Dies gilt bereits beim Einsteigen in ein Flugzeug einer iranischen Fluggesellschaft. Herren tragen keine kurzen Hosen. Damen tragen ein Kopftuch, das die Haare bedeckt. Da die Körperformen verhüllt sein sollen, tragen Frauen knöchellange Hosen und eine bis zur halben Oberschenkellänge reichende nichttaillierte Jacke oder einen kurzen

Staubmantel und geschlossene Schuhe. Falls man innerhalb des Trauermonats Moharram oder des Fastenmonats Ramadan (pers. Ramazan) reist, wird empfohlen, Kleidung in gedeckten Farben auszuwählen. Entsprechende dunkle Damenbekleidung kann man zum Beispiel in Teheran (→ S. 163) erwerben.

Preisniveau

In **Restaurants** mittlerer Qualität kostete Ende 2012 ein Chelo Kebab etwa 8–12 Euro, doch in Teheran und Touristenzentren wurden in sehr guten Restaurants/Hotelrestaurants auch Preise bis zu 25 Euro verlangt.

Reiseleiter

Reiseleiter, die man direkt vor Ort kontaktieren kann, sind auch in den Informationsteilen zu den einzelnen Städten aufgeführt (siehe auch → S. 547)

Reisezeiten

Zentrales Hochland (Teheran, Isfahan, Shiraz, Yazd, Kerman): März bis Anfang Juni und Mitte September bis Anfang November. Die Zeit zwischen 20. März und 4. April sollte man meiden, da wegen der Neujahrsfeiertage viele Einheimische verreisen und die Hotels überbucht sind. Bei Reisen in der Winterzeit muss man mit Schnee und Regen rechnen. Siehe auch → S. 548.

Küstengebiete am Persischen Golf: November bis März.

Westen, Nordosten (Kermanshah, Mashhad): April bis Juni und September bis Anfang November.

Nordwesten, Kaspische Region (Takht-e Soleiman, Orumiyeh, Tabriz, Ardebil, Rasht): Mai, Juni und September, Oktober.

Hochtäler des Zagros-Gebirges: Ende Juni bis Ende September.

Wüsten Dasht-e Kavir und Lut: März (teilweise), April, Mai und Ende September bis Anfang November.

Reiseveranstalter

Auf und Davon Reisen GmbH
Lebrechtstr. 35
51643 Gummersbach
Tel. 02261/50199-0
www.auf-und-davon-reisen.de

Diamir Erlebnisreisen
Loschwitzer Str. 58
01309 Dresden
Tel. 0351/312077
www.diamir.de

Djoser Reisen GmbH
Kaiser-Wilhelm-Ring 20
50672 Köln
Tel. 0221/9201580
www.djoser.de

Gebeco GmbH Co& KG
Holzkoppelweg 19
24118 Kiel
Tel. 0431/5446-0
www.gebeco.de.

Globiter
Monheimsallee 60
52062 Aachen
Tel. 0241/158994
www.globiter.de

Ikarus Tours
Am Kaltenborn 49–51
61462 Königstein
Tel. 06174/2902-0
www.ikarus.com

Iran-Reisen.de
Herr Behrous Yuson
info@iran-reisen.de
Tel. 040/65800728
v. a. Studentenreisen

Marco Polo Reisen
Riesstraße 25
80992 München
Tel. 089/150019-0
www.marco-polo-reisen.com

Nomad Reisen
Albertinumweg 5
54568 Gerolstein
Tel. 06591/94998-0
www.nomad-reisen.de

SKR-Reisen Gmbh
Venloer Str. 47–53
50672 Köln
Tel. 0221/933720, www.skr.de

Studiosus Reisen München GmbH
Riessstraße 25
80992 München
Tel. 089/50060-0,
www.studiosus.de.

Ventus Reisen GmbH
Krefelder Str. 8
10555 Berlin
Tel. 030/3910033-2, -3
www.ventus.com.

Windrose Fernreisen Touristik GmbH
Fasanenstr. 33
10719 Berlin
Tel. 030/2017 21-0
www.windrose.de.

Sicherheit

Iran ist ein überdurchschnittlich sicheres Land, auch für allein reisende Damen. Trotzdem sollte man mit Reisepapieren und Geld vorsichtig umgehen, da Diebstähle vorkommen können.

Sollte Ihnen eine Kontrolle, besonders von angeblichen Polizisten in Zivil, verdächtig vorkommen, bestehen Sie darauf, dass die Kontrolle auf einer Polizeistation oder im Hotel erfolgt.

Von Reisen in die Grenzgebiete zu Afghanistan, Pakistan und Irak wird abgeraten. Weitere Informationen finden Sie in den Sicherheitshinweisen des Auswärtigen Amts (www.auswaertiges-amt.de).

Souvenirs

Einkaufsmöglichkeiten für kunstgewerbliche Souvenirs, wie Kupferwaren, handbedruckte Baumwolltischdecken, Miniaturmalereien, Kalligraphien, Keramik, Emaillearbeiten und ähnliche Artikel gibt es in den traditionellen Basaren. Das Handeln ist dort ausdrücklich erlaubt!

In den offiziellen Geschäften der Iranian Handicraft Organization (z.B. in Isfahan am Imam-Platz oder in Teheran an der Vali-Asr-Straße) gibt es angemessene Festpreise.

Weitere beliebte Mitbringsel sind Pistazien und Kaviar, wobei letzterer in staatlichen Läden, beispielsweise am Flughafen, gekauft werden muss, um Probleme bei der Ausfuhr zu vermeiden (siehe Zollvorschriften).

Strafrechtliche Vorschriften

Die Einfuhr von Alkoholika ist verboten. Alkoholgenuss ist untersagt, zieht aber bei Nicht-Moslems keine Strafen nach sich.

Von jeglichem Rauschgiftgenuss wird abgeraten, denn schon der Besitz kleiner Rauschgiftmengen kann streng bestraft werden, bei größeren Mengen droht die Todesstrafe.

Sexuelle Kontakte sind für Moslems nur in der Ehe erlaubt. Bei sexuellen Kontakten eines Nicht-Moslems mit einer moslemischen Frau und homosexuellen Kontakten mit Moslems drohen schwere Strafen bis zur Todesstrafe. Für nichtmoslemische unverheiratete Paare gibt es normalerweise keine Probleme, gemeinsam in einem Hotelzimmer zu übernachten. Das Hotelpersonal ist Paare mit unterschiedlichen Familiennamen gewöhnt, da verheiratete Iranerinnen ihre Familiennamen behalten.

Stromspannung

Sie beträgt wie bei uns 230 bis 240 Volt Wechselstrom. Europäische Stecker passen in die Steckdosen, nicht aber Schukostecker.

Telefon

Das Telefonnetz ist gut ausgebaut. Die Landesvorwahl für Iran ist 0098. Deutschland erreicht man mit der Vorwahl 0049. Die Vorwahlen einiger wichtiger Städte lauten: Teheran: 021, Isfahan: 0311, Shiraz: 0711 und Yazd: 0351. Iran besitzt ein landeseigenes Mobil-Telefonnetz, mit dem verschiedene deutsche Netzbetreiber Kooperationsverträge haben. Wiederaufladbare SIM-Karten können Sie bei MTN Irancell kaufen, die auch ein Büro im Flughafen haben.

Die Polizei ist landesweit unter der Nummer 110 zu erreichen.

Trinkgelder

Im Restaurant gibt man etwa zehn Prozent Trinkgeld zusätzlich zum Rechnungspreis, auch wenn dieser bereits Trinkgeld enthalten sollte. Kofferträgern im Hotel sollte man 15000 Rials geben. Am Flughafen wäre etwa das Doppelte zu zahlen. Für Gefälligkeiten wie das Aufschließen von Türen bei nicht offiziellen Sehenswürdigkeiten oder für kurze Erklärungen inoffizieller Guides wären etwa 40000 bis 50000 Rials angemessen.

Persische Höflichkeit verlangt es, dass die Person, der Sie ein solches Trinkgeld anbieten, es zuerst ablehnt. Da sie es aber erwartet, bestehen Sie darauf, dass sie es annimmt, was sie nach dem zweiten oder dritten Insistieren erfahrungsgemäß auch tun wird.

Wenn Sie als Teilnehmer einer Reisegruppe unterwegs sind, sollten Sie für Ihren Reiseleiter bei einer zweiwöchigen Reise etwa 45 bis 50 Euro als Trinkgeld vorsehen und für den Fahrer etwas weniger. Die Gehälter der Reiseleiter sind relativ niedrig angesetzt, so dass sie auf das Trinkgeld angewiesen sind.

Unterkunft

Da der Iran als relativ exotische Destination gilt, ist die Anzahl der Touristen noch immer recht niedrig, und der Bedarf wird durch die bestehenden 3- bis 5-Sterne-Hotels abgedeckt. Seit 30 Jahren sind keine internationalen Hotelketten mehr im Iran tätig. Da es nur einheimische Konkurrenz gibt und viele Hotels in staatlicher Hand sind, entspricht die Qualität international betrachtet nicht den kategoriemäßigen Ansprüchen, sondern ist etwa einen Stern niedriger anzusetzen. Die Preise sind aber dem etwas niedrigeren Niveau angemessen. So kostet im berühmten Abbasi-Hotel in Isfahan eine Suite 180 Euro, die in anderen Ländern wahrscheinlich 100 Euro teurer wäre. Für ein Doppelzimmer in einem guten 3-Sterne Hotel zahlt man knapp 70 Euro. Leider sind gute 1- bis 2-Sterne Hotels selten, doch kann man das eine oder andere finden, wie den Hotelhinweisen unter den Städten zu entnehmen ist. Zu den Preiskategorien in diesem Buch siehe → Seite 15.

Teestube in einem ehemaligen Hamam

Verhalten

Traditionen und religiöses Verständnis erfordern Zurückhaltung im Umgang zwischen Männern und Frauen. Beispielsweise sollten Männer bei Begrüßungen von einheimischen Frauen kein Händeschütteln anbieten.

Nichtmuslime dürfen religiöse Stätten bis auf die Innenbezirke der schiitischen Heiligtümer in Mashhad, Qom und Shiraz betreten.

Siehe auch → S. 104.

Verkehrsverbindungen

Während noch vor wenigen Jahren nur Teheran vom Ausland angeflogen wurde, fliegt Turkish Airlines nun von Mitteleuropa zu günstigen Preisen über Istanbul folgende Destinationen an: Teheran und Tabriz (täglich), Shiraz (5 x wöchentlich), Mashhad (4 x wöchentlich), Isfahan und Kermanshah (2 x wöchentlich).

Im Inland gibt ein gutes und preiswertes Netz an Fluglinien, Überland- und Minibussen oder Savaris (Sammeltaxen) für Kurzstrecken. Wichtige **Zugverbindungen** sind unter ›Bahn‹ auf → Seite 158. aufgeführt.

Hinweise zu **Weiterfahrten** in die Türkei, nach Armenien und Georgien sowie nach Aserbaidschan finden Sie im Infoteil unter Tabriz – dessen Tourist Office kennt Details (→ S. 246) und unter Astara (→ S. 269), nach dem autonomen Kurdengebiet des Irak (→ S. 426), nach Turkmenistan unter Mashhad - siehe dort auch Vali's Homestay (→ S. 466), nach Pakistan unter Zahedan (→ S. 474) oder zu Schiffsreisen am Persischen Golf unter Bandar Abbas, Bandar Lengeh u. a. (→ S. 524, 526).

PKW und Geländewagen werden üblicherweise nur mit Fahrer vermietet. Eine Ausnahme hierzu ist Mahsun Rent-a-Car in Teheran (→ S. 155). Die iranischen Straßenverhältnisse sind ausgezeichnet und asphaltierte Straßen führen bis zu den entlegendsten Orten.

Wer mit dem **eigenen Auto** oder Motorrad einreisen möchte, muss beim ADAC ein Carnet de Passage erwerben, kompetente Auskünfte erhält man von Frau Stephani oder Herrn Schüller unter Tel. 089/76766334. Erforderlich sind auch ein internationaler Führerschein und eine grüne Versicherungskarte mit Gültigkeitseintrag für Iran.

Angaben zu Preisen für Benzin (derzeit 7000 Rials = 0,50 Euro) oder Diesel (derzeit 3500 Rials = 0,25 Euro, aber mit zusätzlicher Einmalzahlung von bis zu 70 Euro am Grenzübergang) finden Sie auch unter den Links www.adac.de//reise_freizeit oder www.oeamtc.at. Fahrradfahrer finden Informationen unter www.gashta.com oder www.cfi.ir (bisher nur in Persisch).

Verständigung

Wer kein Persisch spricht, ist auf Englisch angewiesen, das aber von relativ vielen jungen Leuten in Städten wie Teheran, Isfahan und Shiraz gesprochen wird. In Hotels unterhalb der 3-Sterne Kategorie wird es aber häufig schwierig mit der Verständigung. Andererseits findet man über die örtlichen Tourismus-Büros oder Reiseveranstalter auch deutschsprachige Reiseführer. Die Straßenbeschilderung ist überwiegend zweisprachig, in Persisch, das mit arabischen Buchstaben geschrieben wird, und in der in diesem Buch verwendeten Umschrift in lateinischen Buchstaben.

Zeitunterschied

Er beträgt +1,5 oder + 2 ½ Stunden, je nach aktueller Regelung von Sommer- und Winterzeit.

Zollvorschriften

Die Gepäckkontrollen bei Ein- und Ausreise werden normalerweise großzügig gehandhabt. Wie bereits erwähnt, ist die Einfuhr von Alkohol verboten. Dies gilt auch für Literatur oder Zeitschriften mit freizügigen Bildern sowie generell für bespielte Videos, DVDs, CDs, und Musikkassetten. Eine Kamera mit Filmen bzw. Speicherkarten und ein Videogerät kann jedoch mitgebracht werden.

Die Ausfuhr von Antiquitäten ist verboten. Mitnehmen kann man aber neueres Kunsthandwerk, Teppiche bis zu zwölf Quadratmetern Größe sowie Kaviar, wenn er in staatlichen Läden am Flughafen mit Devisen erworben wurde.

Kaviar darf nur in staatlichen Läden gekauft werden.

Hinweise für Individualreisende

Der weltweite Trend zu gruppenunabhängigen Fernreisen, ist auch in Iran feststellbar. Da dies in Iran kein Problem darstellt, aber bei der Vorbereitung zeitaufwendig sein kann, gibt es hier einige Hinweise zu diesem Thema.

Visum (siehe auch → S. 540)

Die iranische Botschaft oder die Konsulate in Hamburg, Frankfurt und München (www.iranembassy.de/de/bezirke) nehmen normalerweise keine Visaanträge direkt entgegen, sondern verweisen auf geeignete Reiseagenturen, welche die Visumsreferenznummer in Iran besorgen, anhand derer die Konsularstellen dann das Visum in den Pass eintragen. Die Kosten belaufen sich auf etwa 65 bis 70 Euro für die Beschaffung der Visumsreferenznummer sowie 50 Euro für die amtliche Visumsgebühr bei den hiesigen iranischen Konsularstellen. Unter Nennung der Referenznummer kann man dann den Pass mit Visaantrag und Einzahlungsbeleg an die Konsularstellen per Post einsenden und einen vorfrankierten Rückumschlag beifügen. Den Pass kann man aber auch persönlich abgeben, wird aber zur Abholung einige Tage später wieder dorthin gehen müssen. Die Agenturen erledigen auch diese Behördengänge gegen Service-Kosten von etwa 35 bis 50 Euro.

Beispielsweise sind geeignete Agenturen in Berlin die bewährte **Reiseagentur ATRO**, die auch Flugtickets besorgt und Hotels bucht: Otto-Suhr-Allee 73, 10585 Berlin, Tel. 030/3412093, atrotravel@t-online.de; Hr. Akbarzadeh. Ebenso die Firma **Visa Direct**, Herr Lehnig, Tel. 030/4866291, www.visa-direct.de.

Für deutsche, österreichische und schweizerische Touristen ist es möglich, ein auf 14 Tage beschränktes **Visum bei der Einreise am Flughafen** Imam Khomeini zu erhalten. Hierfür besteht jedoch keine Garantie. Auf jeden Fall muss man bei diesem Antrag eine Hotelreservierung oder den Kontakt zu einer iranischen Reiseagentur vorweisen können. Bitte beachten Sie, dass an Grenzstellen für Landverkehr **grundsätzlich keine Visa** erteilt werden.

Reiseorganisation durch eine Agentur

Auch Individualreisende werden für die Besorgung der Flugtickets und eventuelle Hotelbuchungen in Teheran ihre Reiseagentur einschalten oder die bewährte ATRO (→ S. 546). Arrangements in Iran sind über lokale Reiseveranstalter möglich wie Iran Doostan Tours, die der Autor seit über 15 Jahren kennt (→ S. 155), oder man kontaktiert Hotels und den unter ›Iranische Reiseleiter‹ empfohlenen Personenkreis.

Iranische Reiseleiter

Wer unabhängig, jedoch mit Einbeziehung iranischer Reiseleiter reisen möchte, wird auf den folgenden bewährten Personenkreis hingewiesen. Damit die betreffenden Personen entsprechend planen können, ist es empfehlenswert, sich rechtzeitig mit ihnen in Verbindung zu setzen. Für Teheran, Isfahan, Shiraz sind jeweils zwei deutschsprachige Reiseführer aufgeführt, die auch Rundreisen arrangieren. Für weibliche Individualreisende könnten die Studienreiseführerinnen Frau Dilmaghani und Frau Farzaneh in Teheran als Kontakt willkommen sein, doch führen sie auch Männergruppen (→ S. 155). Herr Rafie in Isfahan (→ S. 355) organisiert Kulturreisen und führt zu archäologischen Sonderzielen, worauf auch Mr. Sadrnia in Teheran spezialisiert ist, während Frau Ebrahimi gerne als Stadtführer für Isfahan genommen wird. Herr Pourzal und Herr Eghtesad führen in Shiraz, Persepolis und begleiten auf Rundreisen (→ S. 493). Rundreisen organisieren auch Mr. Sadeghzadeh aus Shiraz (→ S. 493) und Mr. Mohit aus Rasht (→ S. 276).

Die **Tagessätze der Reiseleiter** bewegen sich im Rahmen von 35 Euro ohne Auto bis zu 100 Euro mit Auto. Faktoren, die zu unterschiedlichen Preisen führen, sind Erfahrung, Qualität, Sprachkenntnisse und Örtlichkeit. So ist Teheran wegen der hohen Lebenshaltungskosten am teuersten. Ein Tag in Shiraz mit Ausflug nach Persepolis/Naqsh-e Rostam kostet etwa 80–90 Euro. Natürlich vermindern sich die Kosten pro Person entsprechend bei mehreren Teilnehmern.

Informationsquellen

Wer vollkommen unabhängig reisen möchte, weiß, wie nützlich bei Auskünften das Personal in solchen Hotels sein kann, die häufig Fernreisende beherbergen. Diesen Vorteil findet man jeweils bei den beiden zuletzt unter den Großstädten aufgeführten Hotels. Welche Fremdsprache eine aufgeführte Person jeweils spricht, ist an dem vorangestellten Herr/Frau oder Mr. zu erkennen.

Eine besonders gute Quelle für Auskünfte ist das **Tourist Office in Tabriz** mit Mr. Nasser Khan, was allen Reisenden aus und in die benachbarten Länder zugute kommt (→ S. 245).

Ebenso verhält es sich mit **Mr. Vali Ansari in Mashhad**, was die Weiterreise nach Turkmenistan betrifft (→ S. 466).

In Teheran erhält man nützliche Informationen von Mr. Hamid Mousavi oder von der Agentur Dore-Donya (→ S. 155). Geeignete **weitere Tourist Offices** sind in Isfahan (→ S. 355), Shiraz (→ S. 493) und in Yazd mit dem kompetenten Mr. Hajisaeid verfügbar (→ S. 394).

Für Städte wie Kerman, Nain und andere werden die in den jeweiligen Infokästen aufgeführten Reiseführer helfen.

Unterkunft

Wegen der Inflation und saisonbedingter Preisschwankungen, sind die Preise nicht stabil und besonders hoch während der iranischen Neujahrszeit vom 19. März bis 4. April, in der Iraner gerne verreisen. Deshalb werden im Buch Preiskategorien benützt (→ S. 15). Bei den unterhalb Kategorie ›P0‹ erfassten Unterkünften handelt es sich häufig um ›mosaferkhanehs‹ oder ›mehmanpazirs‹, also um Herbergen, die mit Etagen-Duschen/WC ausgestattet sein können.

Für Reisende, die das einheimische Leben näher kennenlernen möchten, werden **Privatunterkünfte** angeboten in: Tudeshk (westl. von Nain), Fahraj (bei Yazd), Bazm (Bavanat-Nomadengebiet), Kerman (Herr Mehdizadeh, → S. 439), Mashhad (Mr. Vali Ansari, → S. 466), Farahzad und Garmeh (Dasht-e Kavir Wüste), in Dörfern nahe des Elburz-Höhenkamms, in Dörfern auf der Insel Qeshm, Khoone Geli (nahe Tonekabon am Kaspischen Meer), in der Turkmen Ecolodge (→ S. 305) und in Ebrahimsara (bei Rasht). Zu der letztgenannten Unterkunft ist zu erwähnen, dass sie Mr. Mohit (→ S. 276) gehört. Dieser ist auch sehr empfehlenswert als Rundreiseleiter mit eigenem Auto.

Besondere Reiseempfehlungen

Iran ist vor allem bekannt für die modernen Großstädte Teheran (→ S. 122) und Tabriz (→ S. 235), die religiösen Zentren Mashhad (→ S. 458) und Qom (→ S. 308) sowie die großartigen Sehenswürdigkeiten in Isfahan (→ S. 327), Shiraz mit Persepolis (→ S. 482), Yazd (→ S. 384), Kerman (→ S. 432) mit Mahan (→ S. 439), Soltaniyeh (→ S. 202), Kashan (→ S. 375), Hamadan (→ S. 403), nahe Kermanshah (→ S. 417), nicht zu vergessen im Süden (günstig von Nov. bis März) Chogha Zanbil (→ S. 511), Susa (→ S. 513) und die Stadt Shushtar (→ S. 517). Abseits von diesen klassischen Zielen gibt es eine Reihe von Naturschönheiten und Orten, die zu besonderen Aktivitäten einladen. Die folgende Liste kann allerdings nur unvollständig bleiben. Außerhalb der angegebenen günstigsten Zeiten kann man auch reisen, muss aber mit Hitze bzw. Schnee oder spärlicher Pflanzenwelt rechnen.

■ **März – Mai**

Wüste Dasht-e Kavir: in der abgelegenen Oase Farahzad (→ S. 370) spürt man die Faszination der Wüste am unmittelbarsten – sehr empfehlenswert. Ein größeres Oasendorf ist Garmeh (→ S. 371).

Wüste Lut mit Kalut/Yardang Gebieten: Ausflüge mit oder ohne Übernachtung arrangieren der erfahrene Mr. Hossein Vatani oder Herr Mehdizadeh, die unter Kerman aufgeführt sind (→ S. 439).

■ **Okt. – März, evtl. Mai:**

Insel Qeshm: sie hat noch viel von ihrer Ursprünglichkeit bewahrt und besitzt beeindruckende Landschaften. Die Beobachtung von Karettschildkröten ist möglich (→ S. 528).

Die Merrikhi-Erosionsberge östl. von Chabahar sind sehr beeindruckend. In westlicher Richtung gibt es Schlammvulkane. Am besten einen Naturguide auf den Flug mitnehmen (→ S. 476).

■ **Juni, Sept. – Okt.:**

Großer Salzsee: die Fahrt dorthin kann vom Matinabad Eco-Camp aus (www.matinabad.com) arrangiert werden (→ S. 371).

■ **Mai – Juli, Sept.:**

DIe **Takht-e Soleiman** Feuertempelanlage: ist unbedingt einen Umweg wert.

Die artesische Kraterlandschaft beim nahen Berenjeh ist von ihrer Großartigkeit her als Naturdenkmal einzustufen (→ S. 211).

Armenische Klöster in Nordwestiran: St. Thaddäus ist als internationaler Treffpunkt armenischer Christen am Samstag, 15. Wochen nach Ostern, am bedeutendsten, dazu St. Stephanus und die Maryam-Kapelle (→ S. 230).

Qaleh-ye Zohak liegt bei Hashtrud zwischen Tabriz und Zanjan: die Wanderung zu dem parthischen Pavillon oberhalb der canyonartigen Steilufer des Qarangus ist unvergesslich (→ S. 259).

■ **Apr./Mai – Sept./Okt.:**

Turkmenen-Pferderennen (modern oder traditionell), der Donnerstagsmarkt in Aq Qala, das einsame **Heiligtum Khaled Nabi**: zentral hierzu liegt **Gonbad-e Qabus mit Grabturm**. Fahrten arrangiert die dortige Turkmen Sahra Travel (→ S. 302).

■ **März – Nov. :**

Eisenbahnstrecken Teheran–Sari mit Tunnelkehren und Brücke bei Veresk oder entlang den Sezar-Schluchten südlich von Dorud, über Reiseagentur Dore-Donya (→ S. 155).

Seidenstraße, östlich: evtl. als PKW-Selbstfahrer über Mahsun Safar, Teheran, auf modernen Straßen in drei Tagen von Teheran (Rey) nach Mashhad mit vielen Karawansereien, Gerdkuh-Berg, Damghan mit alter Moschee, Bastam-Heiligtum, Abr-Waldgebiet, Forumad-Moschee, Neyshabur, Qadamgah-Heiligtum, zusätzlich Robat-e Sharaf-Karawanserei.

Zayandehrud-Tagesausflug: von Isfahan zum Gavkhuni-Mündungsgebiet vorbei an seldschukisch-ilkhanidischen Moscheen, Ezhyeh-Taubentürmen, Varzaneh und evtl. zur einsamen Khargushi-Karawanserei.

Firuzabad-Tagesausflug: von Shiraz aus zum Konar-Siah-Feuertempel und der nahen sassanidisch-frühislamischen Karawanserei (→ S. 507), unterwegs Sehenswürdigkeiten in Firuzabad (→ S. 506).

Taybad-Tagesausflug: von Mashhad aus nach Torbat-e Jam, Taybad, Nashtifan mit vertikalen Windmühlen (→ S. 470), dann die Medresse in Khargerd (→ S. 471) und, falls noch machbar, den wohl schönsten Grabturm Irans in Aliabad-e Kashmar (→ S. 472).

■ **Juni – Sept.**

Gebirge: Damavand, Alamkuh, Sabalan mit den Naturguides unter Teheran-Info (→ S. 155), den Oshtoran mit Mr. Nezampour aus Ahwaz oder Mr. Niknam in Khorramabad. Sehr empfehlenswert hierzu ist das Buch ›Die Bergwelt des Iran‹ von K. Gratzl / R. Kostka.

Elburz-Höhenkamm-Überquerung mit Alamut-Tal und urigen Gebirgsdörfern (selbstständig machbar oder in Begleitung der Naturguides unter Teheran-Info (→ S. 155) beispielsweise bis Salambar-Pass und dann Abholung durch Mr. Maleki von CaspianTrek in Khoone Geli (→ S. 285)

Meymand: dieses urige Höhlendorf, ist eine Unterbrechung auf der Fahrt von Shiraz nach Kerman wert (→ S. 443). Alternative zur dortigen Übernachtung wäre das Fadak Hotel in Sirjan, Kh. EbneSina, Tel. 0345/3225525 – € 20 p. P. Halten Sie an der Stecke von Shiraz aus in Sarvestan und in Neyriz an der Jame-Moschee (Mihrab) (→ S. 506).

Provinz Kordestan/Weiterfahrt in den Irak: Landschaftlich sehr reizvoll ist eine Tour in das Uramat-Tal und nach Nowdesheh. Vom nahen Nowsud aus kann man in den kurdischen Teil Iraks nach Arbil weiterfahren (→ S. 426).

■ **Juni – Ende August**

Nomaden-Sommerweiden: Bakhtiaris im Kuhrang-Tal bei Chelgerd (üb. Herrn Rafie in Isfahan); Bakhtiaris im Kuhrang-Tal und Fahrt im 4-WD zum malerischen Ort Sar Agha Seyed; Übernachtung im Kuhrang-Hotel in Chelgerd (→ S. 367).

Bakhtiaris in den Bazoft- und Sabzkuh-Tälern (ü. Iran Doostan Tours, → S. 155); Khamseh-Nomaden im Bavanat-Gebiet (Mr. Barzegar in Bazm, → S. 506); Qashqais in der Gegend um Shiraz (üb. Gashttour in Shiraz, → S. 493); Qashqais in der Khafr-Gegend nördl. von Yasuj (üb. Mr. Hajabolfath in Teheran, → S. 155); Shahsavans am Sabalan-Gebirge (üb. Mr. Hajabolfath); Afshar-Nomaden am Laleh-zar-Gebirge (üb. Mr. Vatani in Kerman, → S. 438); sehenswert sind auch die Sommerweiden der Talesh-Hirten an der Strecke Asalem–Khalkhal (→ S. 269).

■ **Juni – Juli**

Radkan-Tal südwestlich von Gorgan: Ausflug durch die kaspischen Wälder und Elburz-Gebirgspflanzenwelt (→ S. 298).

■ **Ende April – Juli, Sept.**

Die **Blütezeiten auf dem persischen Hochland** setzen überwiegend Ende April/Anfang Mai ein, in den Mittelgebirgsregionen wie auf der schönen Route Zanjan–Dandy–Takht-e Soleiman verzögert sich dies um einen Monat.

Die **Kaiserkronen** bei Fereydunshahr und Chelgerd blühen zwischen zweiter Hälfte April bis Anfang Mai (→ S. 367).

Die **Rose ›Gol-e Mohammadi‹** blüht ab Ende Mai im Raum Kashan bei Qamsar und Niasar, wo man auch noch traditionelle Rosenwasserherstellung beobachten kann (→ S. 382).

Die **Kaspischen Lotusse** blühen in der Mordab-Lagune zwischen Ende Juni und Anfang Juli (→ S. 282).

■ **Ganzjährig**

Ornithologie, Tierfotografie: Mr. Seyed Babak Musavi ist ein Experte auf diesem Gebiet. Seine Fotos auf http://babakmusavi.com sprechen für sich.

Botanik: Mr. Dr. Valiollah Mozaffarian (mozaffarian89@yahoo.com) ist Fachmann und kennt auch die Vorkommen von Dionysia-Arten und anderen endemischen Pflanzen (→ S. 37).

■ **Zeitlich unterschiedlich**

Nationalparks werden auf → S. 36 und 37 vorgestellt.

Weiter oben nicht erwähnt und häufig abseits der üblichen Routen findet man Sehenswürdigkeiten für **archäologisch Interessierte**: Konar Sandal bei Jiroft, Kuh-e Khajeh (Khwajeh) südl. von Zabol, Shahr-e Sokhte, Tepe Hissar, Hasanlu, das urartäische Bastam, Tepe Nushejan, Darab und Umgebung, die Rostaq-Feuertempel, Shapur-Höhle u.a. Für architektonisch Interessierte: die Grabtürme in Maragheh, Radkan westl. von Mashhad, die alten Moscheen in Fahraj, Shushtar, Saveh und Varamin; etwas weniger im Vordergrund, aber lohnenswert sind auch die Harun-e Velayat in Isfahan, die Ali ebne Hamze in Shiraz, die Rokn od-Din in Yazd und in Kerman die kleine Moschee Ganj Ali Khan am Basar.

Reizvoll für **Naturfreunde** sind zusätzlich die Schwefelterrassen Badab-e Surt, die Vararu-Hochebene am Damavand-Gebirge, das Gelände der verschwundenen Stadt Semiran westlich von Manjil, die Rudkhan-, Babak- und Lamasar-Festungsruinen mit ihrer Umgebung und die Kraterlandschaft Hasan-Ali südwestlich von Rayen.

Reiterferien in der Turkmansahra (→ S. 303) arrangiert ATRO-Reisen (→ S. 547)

Junge Iranerin vor dem Darius-Palast in Persepolis

Iran, Übersicht über die wichtigsten Sehenswürdigkeiten

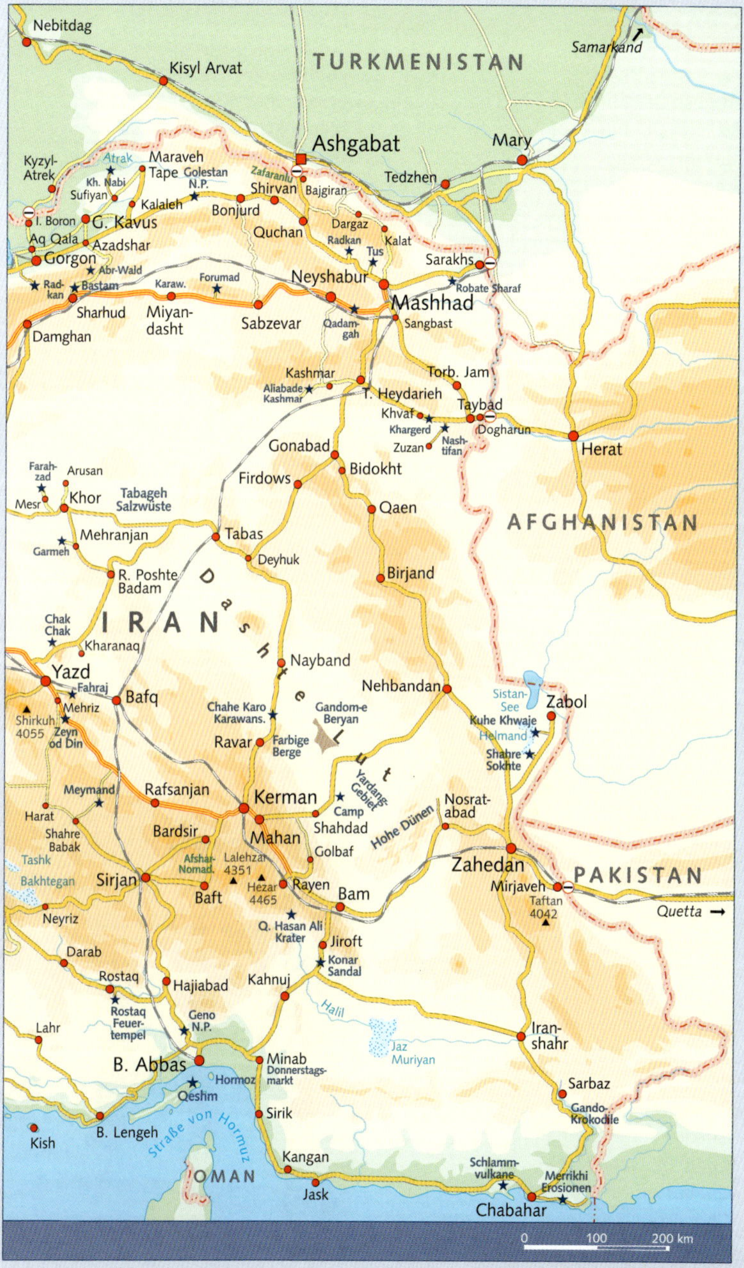

TURKMENISTAN
AFGHANISTAN
PAKISTAN
IRAN
OMAN
Dasht e Lut
Nebitdag
Kisyl Arvat
Samarkand
Ashgabat
Mary
Tedzhen
Kyzyl-Atrek
Atrak
Maraveh Tape
Golestan N.P.
Kh. Nabi
Sufiyan
Kalaleh
Zafaranlu
Shirvan
Bajgiran
Bonjurd
I. Boron
G. Kavus
Quchan
Dargaz
Aq Qala
Azadshar
Radkan
Kalat
Tus
Gorgon
Abr-Wald
Sarakhs
Rad-kan
Bastam
Karaw.
Forumad
Neyshabur
Robate Sharaf
Sharhud
Miyan-dasht
Sabzevar
Mashhad
Qadam-gah
Sangbast
Damghan
Kashmar
Aliabade Kashmar
Torb. Jam
T. Heydarieh
Khvaf
Taybad
Khargerd
Dogharun
Zuzan
Nash-tifan
Herat
Gonabad
Bidokht
Farah-zad
Arusan
Firdows
Mesr
Khor
Tabageh Salzwüste
Qaen
Mehranjan
Tabas
Garmeh
Deyhuk
R. Poshte Badam
Birjand
Chak Chak
Kharanaq
Nayband
Yazd
Fahraj
Bafq
Nehbandan
Sistan-See
Zabol
Mehriz
Chahe Karo Karawans.
Gandom-e Beryan
Shirkuh 4055
Zeyn od Din
Kuhe Khwaje
Helmand
Ravar
Farbige Berge
Shahre Sokhte
Yardang-Gebiet
Meymand
Rafsanjan
Kerman
Camp
Nosrat-abad
Harat
Shahdad
Hohe Dünen
Shahre Babak
Bardsir
Mahan
Tashk
Golbaf
Zahedan
Afshar-Nomad.
Lalehzar 4351
Bakhtegan
Sirjan
Hezar 4465
Rayen
Mirjaveh
Baft
Bam
Taftan 4042
Quetta
Neyriz
Q. Hasan Ali Krater
Jiroft
Darab
Konar Sandal
Rostaq
Hajiabad
Kahnuj
Rostaq Feuer-tempel
Halil
Geno N.P.
Lahr
Iran-shahr
Jaz Muriyan
B. Abbas
Minab Donnerstags-markt
Hormoz
Qeshm
Sarbaz
Gando-Krokodile
Sirik
Kish
B. Lengeh
Straße von Hormuz
Kangan
Schlamm-vulkane
Merrikhi Erosionen
Jask
Chabahar
0
100
200 km

Glossar

Ab Ambar Zisterne
Abgusht traditionelles Fleischgericht mit Kartoffeln und Brot, das zu Brei gestampft wird.
Ahura Mazda Gott (zarathustrisch)
Akanthus Distelart mit gezahnten Blättern, Dekorationselement
Amir, Emir Befehlshaber
Anahita zoroastrische Göttin des Wassers, der Fruchtbarkeit und Liebe
Andarune Inneres (eines Hauses)
Apadana Audienzhalle in der achämenidischen Palastarchitektur
Apsis halbrunder oder mehreckiger Abschlussraum
Aramgah Mausoleum
Arg Festung, Zitadelle
Ashura 10. Tag des islamischen Monats Moharram, der sich jedes Jahr gegenüber dem gregorianischen Kalender verschiebt (Mondkalender). Er wird unter anderem mit Prozessionen und rituellen Geißelungen begangen.
Astane Heiligtum, eigentlich ›Türschwelle‹ eines Palastes
Ateshkade Feuertempel (wörtl. Feuerhaus f. ewiges Feuer)
Azan Gebetsruf
Badgir Windturm
Bagh Garten, Park
Behesht Paradies
Bandar Hafen
Birune Äußeres
Bolvar Boulevard
Boqe Mausoleum
Borj Turm
Bostan Garten, Obstgarten
Bozorgrah Autobahn
Chador Frauenumhang
Chah Wasserstelle
Chahartaq (vier Bögen) Feuertempel
Chaharrah (vier Wege) Kreuzung
Chay Bach, Fluss
Dakhme Schweigeturm
Darvaze Stadttor
Diadem Kopfreif, Hoheitszeichen
Diwan Gedichtsammlung, literarisches Sammelwerk
Dizi entspricht Abgusht, siehe dort
Falake Platz (rund)
Faqih islamischer Rechtsgelehrter
Funduq Herberge für Reisende, traditioneller Kleinbasar um einen Innenhof
Ghare Höhle
Goldaste kleiner hölzerner Aufbau über einem Iwan, von wo aus früher an Feiertagen Musik mit Trommeln und Trompeten gemacht wurde.
Golestan Rosengarten
Gonbad Kuppel
Gurestan Friedhof
Hadith Traditionen gemäß Aussagen und Verhalten des Propheten
Hamam Badehaus
Handsymbol z.B. auf Kuppelspitzen, steht bei Schiiten für Mohammed, Ali, Fatemeh, Hassan sowie Hosseyn und erinnert an die fünf islamischen Grundpflichten (s.d.).

Ashura-Prozession in Teheran

Haram Heiliger Bezirk im Sakralbau, verbotener Bezirk im Profanbau
Hayat Hof
Hejra Flucht des Propheten Mohammed von Mekka nach Medina im Jahre 622
Hijab islamische Kleiderordnung
Hosseiniye Gebäude für Passionsspiele
Howz khane Brunnenhalle
Hypostyle-Moschee Moschee mit Stützenhallen, die sich beliebig durch Aneinanderfügen erweitern ließen, d.h. ohne überhöhte Portalbauten.
Ilkhan (wörtlich: Stammesführer) Herrschertitel
Imamzadeh (wörtlich: Sohn eines Imams) Grabbau eines Imam-Nachfahren
Inkrustation Verzierung von Flächen durch farbige Einlagen
Investitur Übergabe der Amtsgewalt an einen König
Islamische Grundpflichten Glaubensbekenntnis, Gebet, Haj (Wallfahrt nach Mekka), Fasten und Wohltätigkeit (→ S. 92)
Iwan Portalbau mit Tonnengewölbe und offener Halle an einer Seite, entwickelt in parthisch-sassanidischer Zeit.
Jaddeh-ye Abrisham Seidenstraße
Jame Versammlung
Jannat Paradies
Jaziya Steuerbelastung
Jub offener Wasserlauf (an den Straßenseiten)
Kahne Haus
Kakh Palast
Kalut (pers.) siehe Yardang
Kariz siehe Qanat
Kartusche umrahmtes Zierfeld in ovaler oder runder Form
Kavir Salzwüste
Kenotaph Gedenkgrab (Scheingrab)
Kh. Abkürzung für Khiaban (Straße)
Khanegah Sufi-Kloster
Khiaban Straße
Khutbe Freitagspredigt
Konsole vorspringendes Gebäuteteil (oft am Gesims)
Korsi traditionelle Heizung mit Holzkohle, über die Decken gebreitet werden.
Kuche Gasse
Kufi eckige Monumentalform der arabischen Schrift mit langen senkrechten Buchstaben, häufig in der frühislamischen Kalligraphie
Khwaja (Khaje) hochrangige Pesönlichkeit
Kuh Berg
Lut Wüste, eigentlich: leer
Maabed Tempel
Madrese/Medrese theologische Lehranstalt
Magnea haubenförmige Kopfbedekkung für Schulmädchen
Majlis iranisches Parlament
Majmue Gebäudekomplex
Manteau (franz.) Bezeichnung für Mantel, der aus ›Hijab‹-Gründen von Iranerinnen getragen wird.
Maqbar Mausoleum
Masjed Moschee
Masjed-e Jame Versammlungs-Moschee
Meydan Platz (eckig)
Mihrab Gebetsnische

Schulmädchen im Fin-Garten bei Kashan

Kuppel im Shomal-Grabturm in Qom

Minar Minarett
Mimbar, Minbar Predigtstuhl, Kanzel mit geradem Treppenaufgang
Mithras Sonnengott der altiranischen Götterwelt
Mohr Gebetsstein, auf den die Stirn aufgelegt wird.
Mojtahid übergeordneter Begriff für islamische Geistliche, die berechtigt sind, den Koran zu interpretieren.
Mosalla (offener) religiöser Versammlungsplatz
Muezin Gebetsrufer
Mullah Geistlicher
Muqarnas wabenartige Dekorelemente in Gewölben (Stalaktiten)
Nabi Prophet
Nakhl blattförmiges Holzgestell, das in Ashura-Prozessionen von mehreren Männern getragen wird.
Namaz Gebet
Naresideh be unterhalb, vor
Naskhi kursive Schriftform mit normal langen, vertikalen arabischen Buchstaben
Nastaliq Schriftform mit starker Neigung der Buchstaben und langgezogenen Anfangs- und Endformen
Nekropole Gräberstadt
Neqare khane Pavillon, in dem mit Trommeln oder Pauken musiziert wurde.
Nowruz iranisches Neujahrsfest am 20. oder 21. März
Ostodan Behältnis oder Kammer für Knochenreste
Palmette dekorative, symmetrische Abstraktion eines Palmenwipfels
Pilaster Wandpfeiler
Pishtaq Portalgebäude, das aus der Fassade hervortritt (Iwan).
Pol Brücke
Portikus eine von Säulen oder Pfeilern getragene Vorhalle
Posht-e hinter
Protome Skulpturen, die Oberteile von Tieren und Menschen darstellen, Kunstform ursprünglich aus Mesopotamien.
Qaleh Burg, Festung
Qanat unterirdische Kanäle zur Wasserversorgung
Qeshlaq Winterlager
Qibla-Wand Wand der Gebetsrichtung nach Mekka
Rah Weg
Rahbar Führer
Ramazan (pers.) Ramadan Fastenmonat
Riwaq äußerer Säulengang
Robat (eigentlich: Festung) Karawanserei außerhalb von Orten
Rud Fluss
Rudkhane Flussbett
Rusari Kopftuch westlichen Stils
Sadd Staudamm
Sahn Hof einer Moschee, Hof eines Heiligtums
Satrapie Verwaltungsbezirk des altpersischen Reiches
Savari Sammeltaxi
Saxaul-Strauch (pers. tagh) dient zur Festigung von Wanderdünen
Seyed Ehrenbezeichnung für Nachfahren des Propheten Mohammed
Shabestan große gedeckte Halle einer Moschee, Wintergebetshalle
Shahid (Plural: Shohada) Märtyrer
Sharia islamisches Recht

Sharif von edler Geburt, Nachfahre des Propheten Mohammed

Stalaktitendekoration wabenartige Dekorelemente; in Gewölben Muqarnas

Takht Thron

Talar Veranda (mit von Säulen gestütztem Dach)

Tambour zylinderförmiger Unterbau einer Kuppel

Tasbih Gebetskette der Moslems

Taziye Passionsspiel zum Gedenken an den Tod Imam Hosseins

Tekiye Platz oder Gebäude für Passionsspiele

Tepe (auch Tappe, Tappeh) Siedlungshügel

Thulth (persische Aussprache ›Sols‹) dekorative Schriftform mit langen vertikalen Buchstaben und verschlungenen Formen

Timche große Halle (in einem Basar)

Tripylon (griechisch: drei Tore) Toranlage mit drei Zugängen

Trompe Eckgewölbe in Form eines geteilten Hohlkegels als Überleitung von einem quadratischen Raum zur Kuppel, sassanidische Entwicklung.

Muqarna-Schmuck in der Kuppel des Hasht-Behesht-Palastes in Isfahan

Chlorid-Gefäß aus Konar Sandal

Ulama Gemeinschaft der islamischen Religionsgelehrten

Umma Gemeinschaft der Moslems

Velayate Faqih Herrschaft des obersten Rechtsgelehrten. Von Imam Khomeini entwickelte Regierungsform, nach welcher der auf Lebenszeit gewählte oberste Rechtsgelehrte (valiye faqih) geistiger und politischer Führer Irans ist. Gegenwärtig wird dieses Amt von Ayatollah Khamenei ausgeübt.

Volute spiraliges oder schneckenförmiges Bauornament, z.B. an Giebeln oder Kapitellen

Waqf Stiftung

Yakhchal (Yakhdan) traditionelles Lager-Haus für Eis

Yardangs längliche Gesteinsformationen, die durch Windschliff gebildet wurden, beispielsweise im sogenannten Kalut-Gebiet nordöstlich von Kerman (Google Earth: Breite 30.5° Länge 58.3).

Yelaq Sommerlager

Zakat Almosen

Zendan Gefängnis

Zikkurat Stufenpyramide im elamisch-mesopotamischen Bereich

Ziyaratgah Pilgerstätte

Zurkhane Haus für traditionelle Kampfsportübungen

Der iranische Kalender

Das iranische Kalenderjahr hat 365 Tage, die auf 12 Monate aufgeteilt sind. Die Jahreszählung beginnt ab 622 n. Chr. Ereignisse, die vor seiner Einführung im Jahre 1925 stattfanden, sind nach dem islamisch-arabischen Mondkalender erfasst, der aber nur 354 Tage hat. Deshalb rückt dieser, wegen komplexer Errechnungsgrundlagen jährlich um 10 oder 11 Tage variierend, gegen den iranischen und unseren Kalender vor. Beispielsweise beginnt Ramazan am 09.07. in 2013, am 29.06. in 2014 und am 18.06. in 2015. Feiertage aus dem iranischen Kalender, die mit ›f‹ gekennzeichnet sind, bleiben mit unserem Kalender synchron und sind nur in Schaltjahren um einen Tag voraus. So feierte man Nowruz im Schaltjahr 2012 bereits am 20.03. statt am 21.03. wie in normalen Jahren. Feiertage, an denen alle Sehenswürdigkeiten geschlossen bleiben, sind mit zwei Sternen gekennzeichnet. Tage, an denen nur Hauptsehenswürdigkeiten geöffnet sind, wie Persepolis, N. Rostam, Pasargadae oder Bishapur, sind mit einem Stern versehen. Wo keine Sterne angegeben sind, gibt es gegenwärtig keine nennenswerten Einschränkungen. Die iranischen Monatsnamen ab 21. März, dem iranischen Jahresbeginn, lauten: Farvardin, Ordibehesht, Khordad, Tir, Mordad, Shahrivar, Mehr, Aban, Azar, Dey, Bahman und Esfand.

Kalender mit Feiertagen für das jeweils laufende Jahr finden Sie beispielsweise unter dem iranischen Generalkonsulat in München: www.irangkm.de.

Jahr	Feiertag			Iranischer Kalender	Arabischer Kalender
2013					
03.01.	Arba'in (40. Tag n. Hoseyns Tod)	**			20. Safar1434
11.01.	Tod des Propheten Mohammed	**			28. Safar
12.01.	Tod Imam Rezas	*			29. Safar
29.01.	Geburt des Propheten Mohammed				17. Rab.Awal
10.02.	Sieg der islamischen Revolution 1391		f	22. Bahman 1391	
19.03.	Verstaatlichung der Erdöl-industrie		f	29. Esfand	
21.03.	Nowruz (Iranisches Neujahr)	*	f	01. Farvardin 1392	
22.03.	22.03.–24.03. Nowruz-Feiertage		f	02.-04.01.	
01.04.	Tag der Islam. Republik		f	12. Farvardin	
02.04.	Sizdah Bedar – Tag der Natur		f	13. Farvardin	

14.04.	Tod der Prophetentochter Fatima	**			03. Jum.Thani
04.06.	Tod Imam Khomeinis	**	f	14. Khordad	
23.05.	Geburt Imam Alis				13. Rajab
05.06.	Aufstand im Jahre 1963	*	f	15. Khordad	
06.06.	Erste Predigt des Propheten				27. Rajab
24.06.	Geburt des 12. Imams				15. Shaban
09.07.	Beginn des RAMAZAN–Fastenmonats				Ramadan
29.07.	Tod Imam Alis	**			21. Ramadan
08.08.	Eid-e Fitr, Fastenbrechen, E. Ramazan-	*			01. Shawal
01.09.	Tod Imam Jafar Sadegh	*			25. Shawal
15.10.	Eid-e Gorban, Opferfest				10. Dhul-Hijja
23.10.	Eid-e Qadir, Nachfolge-Ernennung Alis				18. Dhul-Hijja
05.11.	Beginn des Moharram-Trauermonats				Neujahr 1435
13.11.	Tasua, Vorabend Tod Imam Hoseyns	**			09. Moharram
14.11.	Ashura – Tod Imam Hoseyns	**			10. Moharram
24.12.	Arba'in (40. Tag n. Tod Imam Hoseyns)	**			20. Safar
2014					
01.01.	Tod des Propheten Mohammed	**			28. Safar
02.01.	Tod Imam Rezas	*			29. Safar
19.01.	Geburt des Propheten Mohammed				17. Rab.Awal
11.02.	Sieg der islamischen Revolution		f	22. Bahman	
20.03.	Verstaatlichung der Erdölindustrie		f	29. Esfand	
21.03.	Nowruz (Iranisches Neujahr)	*	f	01. Farvardin 1393	

Näheres zu den wichtigsten iranischen Festen auf → S. 103

Literatur

Historische Reiseberichte

Arndt, Helmut: Persepolis. Entdeckungsreisen in die Vergangenheit, Thienemann, Stuttgart 1984

Bird, Isabella Lucy: Journeys in Persia and Kurdistan, John Murray, London 1891.

Gabriel, Alfons: Im Weltfernen Orient, R. Oldenbourg, München 1929.

Gabriel, Alfons: Die Erforschung Persiens, A. Holzhausens Nfg., Wien 1952.

Gabriel, Alfons: Aus den Einsamkeiten Irans, Strecker & Schröder, Stuttgart 1939.

Gabriel, Alfons: Durch Persiens Wüsten, Strecker und Schröder, Stuttgart 1935.

Hedin, Sven: Zu Land nach Indien durch Persien, 2 Bände, Brockhaus, Leipzig 1910.

Kämpfer, Engelbert: Am Hofe des persischen Großkönigs 1684–1685, Thienemann, Stuttgart 1977

Leicht, Hans (Hrsg.): Ein Harem in Bismarks Reich. Reisetagebuch des Nasreddin Schah 1873, Thienemann, Stuttgart 1983

Niedermayer, Oskar von: Unter der Glutsonne Irans. Kriegserlebnisse der deutschen Expedition nach Persien und Afghanistan, Uhlenhorst, Hamburg 1925

Olearius, Adam: Moskowitische und Persische Reise. Die Holsteinische Gesandtschaft beim Schah 1633–1639, Thienemann, Stuttgart 1986

Polak, Jakob E.: Persien. Das Land und seine Bewohner, 2 Bände, Brockhaus, Leipzig 1865.

Polo, Marco: Die Wunder der Welt, Insel Verlag, Frankfurt/Main 2009.

Stark, Freya: The Valley of the Assassins, John Murray, London 1936

Stratil-Sauer, Gustav: Kampf um die Wüste. Bericht über unsere Fahrten in die ostpersische Lut, Reimer Hobbing, Berlin 1934

Belletristik, Lyrik

Attar, Fariduddin: Vogelgespräche, Ansata, Interlaken 1996

Firdausi: Geschichten aus dem Schahname (Hrsg. von Uta von Witzleben), Diederichs Verlag, Düsseldorf 1960

Goethe, Johann Wolfgang von: West-östlicher Diwan, Insel Verlag, Frankfurt/Main 1988.

Golschiri, Huschang: Der Mann mit der roten Krawatte, C. H. Beck, München 1998

Hafis, Mohammed Schemsed-Din: Der Diwan (Übersetzung von Joseph von Hammer-Purgstall) Bibliotheca Anna Amalia, Weimar (aufgelegt bei Süddeutscher Zeitung, München 2007)

Javadi, Fattaneh: Morgen der Trunkenheit, Suhrkamp, Frankfurt/Main 2007

Khayyam, Omar: Mystische Rubaiyate von Omar Khayyam. Genieße, wer nicht glauben kann, M + N Medienverlag, Graz 2007.

Maroufi, Abbas: Symphonie der Toten, Suhrkamp, Frankfurt/Main 1998

Nizami: Chosrou und Schirin, Manesse, Zürich 1980

Rumi: Das Lied der Liebe, Knaur, München 2005

Rypka, Jan: Iranische Literaturgeschichte, Harrassowitz, Leipzig 1959

Sadi, Moslicheddin: Rosengarten (übersetzt von Karl Heinrich Graf), Brockhaus, Leipzig 1846

Scharf, Kurt (Hrsg.): Die schönsten Gedichte aus dem klassischen Persien. Hafis, Rumi, Omar Chajjam, C. H. Beck, München 2009

Scharf, Kurt (Hrsg.): Der Wind wird uns entführen. Moderne persische Lyrik, C. H. Beck, München 2005

Sepehri, Sohrab, Der Klang vom Gang des Wassers (Übersetzung von Mostafa Arki), Int. Kulturwerk Hildesheim 2001

Geschichte, Geographie

Axworthy, Michael: Iran – Weltreich des Geistes. Wagenbach Vlg. 2011

Dabashi, Hamid: Iran, the Green Movement and the USA. Zed Books 2010

Gratzl, K./Kostka, R.: Die Bergwelt des Iran. Weishaupt Vlg. 2009

Keddie, Nikki: Modern Iran. Roots and Results of Revolution. Yale Univ. 2006

Kuhrt, Amelie: The Persian Empire. Routledge 2007 (wiss. Grundlagenwerk über die achämenidische Epoche)

Alltag

Afrashi, Neda: Die Persische Küche. (Kochbuch) Christian-Vlg. 2006

Bellaigue, Christopher de: Im Rosengarten der Märtyrer. Beck Vlg. 2006

Evangel. Gemeinde Teheran (Hrsg.): One-Way Ticket nach Teheran – Deutsche Frauen im Iran erzählen. Pro Business, Berlin 2009

Koutlaki, Sofia: Among the Iranians. Intercultural Press, Boston 2010

Persische Sprache

Djamtorki, Mina: Persisch Wort für Wort. Reise Know-How Vlg. 2003

Junker, Heinr./Alavi, Bozorg: Wörterbuch Persisch–Deutsch (für Studienzwecke). Harrassowitz 2002

Kazemeini, S.: Wörterbuch Deutsch–Persisch. Schiler-Vlg. 2003

Langenscheidts Universal Wörterbuch Persisch–Deutsch–Persisch, 2002

Quellen

Daftary, Farhad: The Ismailis. Cambridge Univ. Press 1990.

Ehlers, Eckart: Iran. Grundzüge einer geographischen Landeskunde. Wiss. Verlagsanst., Darmstadt 1980

Finster, Barbara: Frühe iranische Moscheen. Reimer, Berlin 1994

Gall, Hubertus von: Das Reiterkampfbild parthischer und sasanidischer Zeit. Mann Vlg. 1990

Godard, Andre: Die Kunst des Iran. Herbig Vlg. 1964

Gropp, Gerd: Archäologische Forschungen in Khorasan. Reichert Vlg.1995.

Haghnazarian, A.: Das armenische Thaddäuskloster. Diss. Aachen 1973

Halm, Heinz: Die Schia. Wiss. Buchg. Vlg., Darmstadt 1988

Harper, P.: The Royal City of Susa. Metropolitan Museum N.Y. 1992

Kleiss, Wolfram: Karawanenbauten in Iran. Reimer Vlg. 1996-2000

Kleiss, W./Calmeyer, P.: Bisotun. Mann Vlg. 1996

Koch, Heidemarie: Es kündet Dareios der König. Zabern Vlg. 1992

Koch, Heidemarie: Frauen und Schlangen. Die geheimnisvolle Kultur der Elamer. Zabern Vlg. 2007

Lambton, Ann: Qajar Persia. Tauris Ltd., London 1987

Le Strange, G.: The Lands of the Eastern Caliphate. Cambridge Univ. Press 1905

Lockhart, Laurence: The Fall of the Safavi Dynasty, Cambridge University Press 1958

Naumann, Rudolf: Die Ruinen von Tacht-e Suleiman und Zendan-e Suleiman, Reimer, Berlin 1977.

Picket, Douglas: Early Persian Tilework, Associated University Presses, USA 1997

Pope, Arthur Upham: Persian Architecture, Braziller Inc. New York 1965

Potts, Daniel: The Archaeology of Elam. Formation and Transformation of an Ancient Iranian State, Cambridge University Press 1999

Potts, Timothy: Mesopotamia and the East, Oxford University Press 1994

Renz, Alfred: Geschichte und Stätten des Islam von Spanien bis Indien, Prestel, München 1977

Richter, Markus: Moscheen und Madrasbauten in Iran 1785–1848, Brill, Leiden 2006

Robinson, Francis: The Mughal Emperors and the Islamic Dynasties of India, Iran and Central Asia, Thames & Hudson, London 2007

Schimmel, Annemarie: Mystische Dimensionen des Islam. Die Geschichte des Sufismus, Diederichs, München 1995

Schippmann, Klaus: Die iranischen Feuerheiligtümer, Walter de Gruyter, Berlin 1971

Shahbazi, Shapur: Persepolis, Institute of Achaemenid Research Publications, Teheran 1977

Trümpelmann, Leo: Zwischen Persepolis und Firuzabad, Philipp von Zabern, Mainz 1992

Internet-Seiten

www.iranbotschaft.de

www.parstimes.com/travel/iran (Viele Links)

http://german.irib.ir (Iran. Staatsrundfunk)

www.pbs.org/wgbh/pages/frontline/tehranbureau (Nachrichten/kritische Kommentare)

www.boell.de/presse/presse-4587.aspx (Monatlicher Iran-Bericht)

www.iranicaonline.org (Geschichte)

www.itto.org/tourismattractions (Tourismus)

Bildnachweis

Alle Fotos Peter Kerber, außer:

518, 511: Susanne Kerber

67, 127, 144, 145, 167, 306/307, 339, 357, 359: Annett Leuteritz

Titel: Aqa-Bozorg-Moschee in Kashan (Peter Kerber)

Vordere Umschlagklappe: Kuppel der Ganj Ali-Khan-Moschee in Kerman (Peter Kerber)

Hintere Umschlagklappe: Landschaft südlich von Yazd (Peter Kerber)

S. 20/21: Mädchen in Golestan (Peter Kerber)

S. 120/121: Teheran (Peter Kerber)

S. 180/181: In Azerbaijan (Peter Kerber)

S. 306/307: Isfahan, Imam-Platz (Annett Leuteritz)

S. 430/431: In der Wüste Lut (Peter Kerber)

S. 478/479: Lendj-Holzboote am Persischen Golf (Peter Kerber)

Über den Autor

Peter Kerber, geboren 1938, las mit 14 Jahren zum ersten Mal über den Iran in den Werken Sven Hedins (›Zu Land nach Indien‹) und Alfons Gabriels (›Durch Persiens Wüsten‹), was bereits früh sein Interesse für dieses Land weckte. Nach dem Wechsel vom Buchhandel in die Exportabteilung eines deutschen Chemiekonzerns hielt er sich viele Jahre als Delegierter in Iran auf. Dabei konnte er nicht nur die kulturellen Sehenswürdigkeiten, sondern auch viele landschaftliche Schönheiten des Landes kennenlernen. Sein Wunsch ist es, dass es ihm gelingt, den Lesern etwas von der Faszination dieses uralten Kulturlandes näher zu bringen.

Dieses Buch ist dem großartigen iranischen Reisefotografen Abbas Jafari gewidmet, mit dem der Autor viele Touren besonders in die Nomadengebiete und zu einzigartigen Landschaften wie auf der Insel Qeshm und in anderen Teilen des Landes unternommen hat. Abbas Jafari ist seit einer Wildwasser-Kajakfahrt in Nepal im September 2009 verschollen. Der Autor möchte auch hier sein Mitgefühl an die Familienangehörigen von Abbas ausdrücken.

Aktualisierungshinweise und Anregungen für die nächste Ausgabe können dem Autor gerne über kerberp@gmx.de mitgeteilt werden.

Letzter Besuch des Autors (links) bei dem bekannten iranischen Naturfotografen Nicol Faridani (Mitte), der 2008 in Teheran starb. Dem Reisefotografen Abbas Jafari (rechts) ist dieses Buch gewidmet.

Register

Anhang

Kartenregister

Übersichtskarten

Stadtpläne

Regionalkarten

Lagepläne

Kartenlegende

- Bahnhof
- Bank
- Brunnen
- Burg/Festung
- Busbahnhof
- Denkmal
- Dorfkirche
- Fähre
- Flughafen
- Hafen
- Hotel
- Internetcafé
- Kirche
- Kloster
- Moschee
- Museum
- Post
- Restaurant
- Ruine/Ausgrabungsstätte
- Synagoge
- Sehenswürdigkeit
- Theater
- Tor
- Touristeninformation

- Autobahn
- Autobahn im Bau
- sonstige Straßen
- 243 Straßennummern
- Eisenbahn
- Grenzübergang
- Staatsgrenze
- Hauptstadt
- Stadt/Ortschaft

Kartenregister → S. 571